HELVÉTIE

DU MÊME AUTEUR

AUX ÉDITIONS DENOËL

Les Trois-Chênes (1985), roman.
L'Adieu au Sud (1987), roman.
Les Années Louisiane (1987), en collaboration avec Jacqueline Denuzière.
L'Amour flou (1988), roman.
Je te nomme Louisiane (1990), récit historique.
La Louisiane du coton au pétrole (1990), album, en collaboration avec Jacqueline Denuzière.

COLLECTION FOLIO

Les Trois-Chênes (1989).
L'Adieu au Sud (1989).
Les Années Louisiane (1989).
L'Amour flou (1991).

AUX ÉDITIONS JULLIARD

Les Trois Dés (1959), roman.
Une tombe en Toscane (1960), roman. Prix Claude-Farrère.
L'Anglaise et le hibou (1961), roman.

AUX ÉDITIONS FLEURUS

Les Délices du port (1963), essai.

AUX ÉDITIONS JEAN-CLAUDE LATTÈS

Enquête sur la fraude fiscale (1973).
Lettres de l'étranger (1973), chroniques. Préface de Jacques Fauvet.
Comme un hibou au soleil (1974), roman.
Louisiane (1977), roman. Prix Alexandre-Dumas ; prix des Maisons de la Presse.
Fausse-Rivière (1979), roman. Prix Bancarella (Italie).
Un chien de saison (1979), roman.
Bagatelle (1981), roman. Prix de la Paulée de Meursault.
Pour amuser les coccinelles (1982), roman. Prix Rabelais.

AUX ÉDITIONS DE L'AMITIÉ

Un chien de saison (1981). Illustrations d'Alain Gauthier. Grand prix international du livre d'art de la foire de Leipzig 1982 (médaille de bronze).

La Trahison des apparences (1986), nouvelles. Illustrations d'Alain Gauthier.

AUX ÉDITIONS HACHETTE JEUNESSE

Alerte en Stéphanie (1982), conte. Illustrations de Mérel.

AU LIVRE DE POCHE

Un chien de saison (1982).
Pour amuser les coccinelles (1983).
Comme un hibou au soleil (1984).
Louisiane (1985).
Fausse-Rivière (1985).
Bagatelle (1985).

Toute ressemblance des personnages de fiction avec des êtres vivant ou ayant vécu ne pourrait être que fortuite. Toute infidélité à l'histoire et à ses acteurs authentiques ne pourrait être qu'involontaire.

MAURICE DENUZIÈRE

HELVÉTIE

roman

Denoël

L'ÉDITION ORIGINALE DE CET OUVRAGE A
ÉTÉ TIRÉE À VINGT EXEMPLAIRES SUR
VÉLIN DE ARJOMARI-PRIOUX DONT DIX
EXEMPLAIRES NUMÉROTÉS DE 1 À 10 ET
DIX EXEMPLAIRES HORS COMMERCE
MARQUÉS H. C. A À J.

Correction :
Brigitte Strauss et Jacques Maudieu.

© by Éditions Denoël, 1992
73-75, rue Pascal, 75013 Paris
ISBN : 2 20723943-8
B : 23943-1

La Suisse n'est un pays fermé qu'en apparence. En réalité,
elle est ouverte sur tous les horizons de l'Europe,
comme une maison à courants d'air.

Gonzague de Reynold (1880-1970),
le Génie de la Suisse.

Rappelons-nous le rôle, dit historique, qu'on nous prêtait,
placés comme nous sommes entre trois grands pays,
c'est-à-dire entre trois cultures,
de leur servir d'intermédiaire, d'opérer des rapprochements et,
jetant au creuset l'apport de ces divers métaux,
d'aboutir, j'imagine, à une sorte d'alliage.
Ça s'appelait l'esprit européen.

Charles-Ferdinand Ramuz (1878-1947),
Raison d'être.

J'allai à Vevey loger à la Clef;
et pendant deux jours que j'y restai sans voir personne,
je pris pour cette ville un amour
qui m'a suivi dans tous mes voyages,
et qui m'y a fait établir enfin les héros de mon roman.

Jean-Jacques Rousseau (1712-1778),
Confessions.

A ma tante Eugénie,
qui m'apprit les mots et la vie,
ce roman qu'elle ne lira pas.

PREMIÈRE ÉPOQUE

La Part du lion

1.

Au petit matin du 13 mai 1800, deux cavaliers trottaient botte à botte sur la route côtière du lac Léman, entre Lausanne et Vevey. Le plus jeune, de belle prestance, torse bombé, moustache et favoris bruns, menton carré, nez puissant, montait un anglo-arabe gris pommelé, portait le nouvel uniforme des chasseurs de la Garde des consuls, habit vert, culotte rouge, et les galons de capitaine. Le plumet à pointe écarlate qui frémissait au rythme du trot sur son colback d'ourson indiquait son appartenance à la compagnie d'élite.

L'autre cavalier, un maréchal des logis dont la puissante carrure paraissait idéalement proportionnée à la large croupe de son ardennais, gaillard d'aspect plus rustique et dans la force de l'âge, faisait, depuis trois mois, fonction d'ordonnance.

Le capitaine Fontsalte, Blaise de Fontsalte pour quelques amis qui connaissaient ses origines aristocratiques, et le maréchal des logis Jean Trévotte, dit Titus, se rendaient à Vevey, où le Premier consul passerait en revue, le même jour, à trois heures de l'après-midi, la division Boudet.

Six mille soldats de l'armée de réserve, rassemblés dans la petite cité vaudoise, devraient en effet, les jours suivants, comme leurs milliers de camarades déjà en route vers le col du Grand-Saint-Bernard, affronter les difficultés inconnues du passage des Alpes pour se rendre en Italie.

La guerre offrait, en ce printemps, des fortunes diverses. Si l'armée du Rhin, commandée par Moreau, venait de remporter une belle victoire à Stokach, où les Français avaient fait sept mille prisonniers et pris neuf canons, l'armée d'Italie ne connaissait, depuis les défaites de 1799 à Cassovo et Novi, que des déboires. Masséna, enfermé dans Gênes, avec quinze mille hommes faméliques, par l'armée du vieux général Melas[1], forte de cinquante mille soldats, ne disposait que de deux semaines de maigres rations. Le général Suchet, rejeté sur le Var, se cramponnait à la côte avec des soldats contraints de manger l'herbe des cimetières et du pain d'amidon. C'est, en tout cas, ce qu'un officier de liaison, qui avait échappé aux assiégeants autrichiens puis aux corvettes anglaises, était venu dire au Premier consul le 7 mai, alors que ce dernier, en route pour Genève, dînait à Avallon.

La nouvelle avait incité le général Bonaparte à gagner au plus vite Dijon, où achevait de se constituer l'armée de réserve, créée le 17 ventôse an VIII (8 mars 1800) par un arrêté des consuls pour porter secours à l'armée d'Italie.

L'escadre de lord Keith, interdisant le ravitaillement par mer, imposait aux renforts d'intervenir par terre, donc de traverser la Suisse et franchir les Alpes, pour prendre les Autrichiens à revers et desserrer l'emprise de Melas sur Gênes. Maintenant que l'avant-garde de l'armée de réserve s'était mise en route, il suffisait de marcher vers les cols alpins. Et, de Bourgogne en Valais, on marchait.

Les risques de l'expédition faisaient naturellement le fond de la conversation des deux cavaliers, encore que l'ascension du Grand-Saint-Bernard inquiétât plus l'ordonnance que les dangers des combats qui attendaient les troupes françaises dans la plaine lombarde.

— Croyez-vous qu'il y aura encore de la neige là-haut, citoyen capitaine ?

L'accent, doucement rocailleux, indiquait une origine bourguignonne. Le ton était plus familier que respectueux.

— Je t'ai déjà dit de laisser de côté le citoyen ! Citoyens, nous le sommes tous ! Alors, inutile de le rappeler à tout bout de champ !

Il y avait un peu d'humeur contenue dans la réplique de l'officier.

---

1. Michael-Friedrich-Benoît, baron de Melas (1729-1806), feld-maréchal autrichien, avait fait ses premières armes pendant la guerre de Sept Ans.

— Croyez-vous, capitaine, qu'il y aura encore de la neige sur la montagne ? répéta, sans se démonter, le maréchal des logis.

— C'est probable et nous le saurons toujours assez tôt, répliqua l'officier en poussant son cheval pour dépasser un convoi d'artillerie qui occupait toute la largeur de la route.

Tandis qu'il doublait l'attelage, l'officier fit mine de ne pas entendre les quolibets des artilleurs. Certains comparaient, à haute voix et sans vergogne, l'élégance du cavalier vêtu de neuf, chaussé de bottes à la hongroise, souples et lustrées, avec leurs uniformes disparates, élimés, et leurs souliers percés. Le chef de pièce, respectueux des galons, intima grossièrement à ses hommes l'ordre de se taire. Il regarda le cheval de charge qui, docile, suivait les chasseurs, puis évalua avec envie le volume des sacoches de cuir.

Ce matin-là, entre Genève et Villeneuve, entre Petit-Lac et Grand-Lac, comme disent les gens du pays, la route côtière était encombrée de chars, de tombereaux, de charrettes et de chariots transportant des caisses de biscuits, des rations, des tonneaux d'eau-de-vie, des couvertures, destinés aux unités qui bivouaquaient au long de la rive nord du Léman. La route épousait le tracé capricieux d'un ancien chemin muletier, un peu élargi et empierré par endroits, cinquante ans plus tôt, quand le développement de la culture de la vigne, et partant du commerce des vins, avait obligé les autorités à effectuer quelques travaux pour faciliter la circulation. Malgré ces aménagements, certains passages étaient encore si étroits que deux charrettes ne pouvaient s'y croiser. Le charretier habitué au parcours, qui entendait au loin les grelots d'un attelage venant à sa rencontre, rangeait le sien sur un des refuges aménagés pour faciliter les croisements et attendait patiemment. Dès les premières incursions des troupes françaises en Suisse, en 1798, quand le canton de Vaud, qui s'était proclamé République lémanique, avait demandé la protection de la France contre les Bernois, les sapeurs du génie avaient, par-ci par-là, rogné la montagne pour rendre moins malaisé le roulage des canons.

Depuis qu'au mois d'avril 1800 l'avant-garde de l'armée de réserve cheminait au bord du Léman, de nouvelles compagnies du génie, à la demande de l'état-major, s'efforçaient de rendre l'unique voie côtière plus carrossable. Les ingénieurs se déclaraient prêts à faire sauter des pans de roche et à entailler largement le flanc de la montagne pour élargir la route, mais les vignerons, pour qui deux pieds[1] carrés de terre retenus par trois cailloux s'évaluaient en sueur avant de s'estimer en décis[2] de vin, veillaient sur les parchets, le raclet ou la serpe à la main. Ils auraient sorti le fusil pour quelques pieds de vigne arrachés par les soldats. La troupe en déplacement devait donc s'accommoder de la topographie du vignoble vaudois, de la vigilance ombrageuse des paysans et passer son chemin sans trop causer de dégâts !

Les charretiers civils, loués sur place avec leur véhicule et leurs chevaux, circulaient adroitement et sans se plaindre. Ces gens connaissaient les chemins du pays, respectaient vignes et champs, savaient aborder posément les côtes et retenir leurs bêtes sur les pentes. Plus lents, plus hésitants et moins scrupuleux étaient les militaires conduisant les convois d'artillerie. Tirés par des attelages à six chevaux pour les grosses pièces de 12, à quatre chevaux pour les pièces de 8 et les obusiers, les canons, suivis de leurs caissons de munitions, devaient jouir, d'après l'état-major, d'une priorité que les artilleurs ne manquaient jamais de rappeler aux gêneurs avec une vigueur de langage qui amusait les paysans, faisait rougir les filles et se signer les pasteurs. D'où la difficulté des dépassements, même pour un officier en mission spéciale, suivi de son ordonnance et de son cheval de charge !

Après un temps de trot, les deux cavaliers s'écartèrent de la route, à l'entrée d'un village, et firent halte près d'un abreuvoir. Tandis que les chevaux se désaltéraient, Fontsalte, les mains croisées sur le pommeau de la selle, contempla le paysage qui s'offrait au regard. En contrebas de la route, le Léman, couleur d'étain, frissonnait sous le léger vent d'est, gorgé d'une saine fraîcheur aspirée sur les cimes enneigées. Une grande barque noire, ventrue, longeait la berge. Ses deux voiles latines, dressées en oreilles, lui conféraient, de loin, l'aspect d'un oiseau prêt à l'envol. De lourds écheveaux de brume blanchâtre s'effilochaient de l'autre côté du lac, devant la rive savoyarde, si bien que la partie apparente des montagnes coiffées de blanc semblait sans appui terrestre. Dénués de pesanteur, les sommets neigeux flottaient, tels des icebergs sur une mer de nuages.

1. Ancienne mesure de longueur divisée en 12 pouces et qui équivalait à environ 33 cm mais était variable selon les lieux. Le pied français, adopté sous Charlemagne, valait 0,325 m alors que la mesure anglaise vaut 0,3048 m. Institué en France le 7 avril 1795, légalisé le 3 novembre 1801, le système métrique fut rendu obligatoire en 1837.

2. Abréviation en usage en Suisse pour décilitres. De nos jours, dans les établissements publics, le vin est encore servi au déci plutôt qu'au verre.

La rive suisse, ensoleillée, livrait au contraire, jusqu'à l'horizon, le feston de ses baies minuscules, de ses caps camards et, appendus à flanc de montagne, retenus par rocs et murets de pierres sèches, les vignobles, fortune du pays. A distance, l'œil les prenait pour tapis multiformes roussis par l'hiver, qu'un Bacchus géant aurait étalés au soleil pour en raviver les couleurs.

— Les Savoyardes font bouillir la lessive, nous aurons la pluie demain, dit d'un ton placide et chantant un paysan à tignasse blanche, qui s'était approché de l'abreuvoir avec une couple de bœufs.

Le capitaine le salua et dit combien il trouvait beau le décor.

— Nous autres, Vaudois, ne craignons pas de dire que c'est bien là un paysage qui n'a pas son équivalent en Europe. Mais il est vrai, monsieur l'officier, que les gens de chez nous ne voyagent pas loin, sauf quand ils se louent pour faire les guerres des rois ou des princes. Ce qui ne leur réussit pas toujours, comme vous savez bien !

Le capitaine sourit, comprenant l'allusion au massacre des Suisses qui avaient tenté de défendre les Tuileries le 10 août 1792. Une triste boucherie, dont la Révolution ne devait pas être fière ; une affaire qu'il valait mieux ne pas évoquer dans ce pays.

— Bien qu'ayant voyagé jusqu'en Egypte, navigué sur le Nil et dormi à l'ombre des Pyramides, je suis prêt à soutenir que ce décor est un des plus beaux que j'aie vus. En matière de lacs, je ne connais que celui de Constance qui puisse offrir semblable attrait. Mais il n'est pas, comme le Léman, serti dans un écrin de montagnes et ce sont les îles, absentes de celui-ci, qui font le vrai charme de l'autre.

— Et puis, monsieur l'officier, notre Léman est le plus grand lac d'Europe, une vraie petite mer, qui a ses caprices, ses marées, qu'on appelle chez nous seiches, et qui ne sont qu'oscillations mystérieuses des eaux. Il a même ses tempêtes, quand souffle la vaudaire [1]. Savez-vous que, dans sa plus grande longueur, de Genève à Villeneuve, il mesure plus de trente-trois mille toises ? Et qu'entre Rolle et Thonon, sa plus grande largeur, il fait sept mille cinq cents toises ? Quant à sa profondeur,

1. Vent du sud-est, connu en Suisse alémanique sous le nom de *föhn*. Il débouche avec violence, de la vallée du Rhône, sur le Haut-Lac. D'après les Vaudois, il s'épuise avant d'atteindre Lausanne.

elle n'est jamais inférieure à trois cents pieds et là-bas, devant la falaise de Meillerie, elle atteint plus de mille pieds, conclut fièrement l'homme en désignant, bras tendu, un lieu de la côte d'en face, perdu dans la brume[1].

— Je sais que Voltaire en a vanté la beauté, dit aimablement l'officier, faisant signe au maréchal des logis d'éloigner les chevaux de l'abreuvoir.

— Oh! celui-là voyait plus juste pour les lacs que pour les hommes! bougonna le paysan en faisant avancer ses bœufs vers la fontaine.

L'ordonnance profita du mouvement pour poser à nouveau la question qui le préoccupait :

— Dis-moi donc un peu, mon gars, trouverons-nous de la neige au Grand-Saint-Bernard?

L'interpellé parut surpris par le tutoiement désinvolte du Français, haussa les sourcils et, ignorant le maréchal des logis, dédia sa réponse au capitaine.

— Pour sûr, monsieur l'officier, que vous aurez la neige après le bourg de Saint-Pierre[2] et peut-être même avant. Là-haut, elle tient jusqu'à mi-juin. Certaines années, plus longtemps encore. Et il n'est pas rare qu'elle revienne à la mi-août! Et puis, parfois, elle se met à tomber sans raison, quand ça chante au Bon Dieu! Y a que les chanoines de l'hospice qui, là-haut, savent dire le temps du lendemain. Mais on ne va pas le leur demander tous les jours! C'est la montagne!

Trévotte aurait bien posé d'autres questions, mais Fontsalte lui fit signe de se taire. Après avoir esquissé un salut militaire, l'officier souhaita bon labeur au paysan, tourna bride et, au petit trot, regagna la route. Quand l'ordonnance l'eut rejoint, le capitaine marqua sèchement sa réprobation :

— Ne sais-tu pas que les gens d'ici doivent rester dans l'ignorance de notre route exacte? Il y a plusieurs voies pour franchir les Alpes et personne ne doit savoir celle que vont emprunter les régiments qui passent par ici. Ce n'est qu'au bout du lac qu'on saura par où doit traverser le gros de l'armée. Ce pays est truffé

1. On a calculé depuis, de façon plus précise, que la longueur du Léman, dans son axe, est de 72,3 km et que sa plus grande largeur, entre Morges et Amphion, est de 13,8 km. Sa profondeur maximale est de 309,7 m. Avec une superficie de 582,4 km^2, il est considéré comme le plus grand lac d'Europe occidentale et centrale. Il n'est dépassé, en Europe orientale, que par le lac Balaton, en Hongrie, dont la superficie est de 596 km^2.
2. Aujourd'hui Bourg-Saint-Pierre.

d'espions, car bien des Vaudois ne nous aiment guère. Depuis trois ans que nos troupes parcourent le pays, elles n'ont pas laissé que de bons souvenirs, loin de là !

Le maréchal des logis savait évaluer l'humeur de son capitaine aux nuances changeantes du regard. Un étrange regard vairon, qu'on ne pouvait oublier, inquiétant ou charmeur suivant les circonstances, un regard bicolore, prompt à foudroyer l'insolent comme à enjôler les filles. Dans les moments de courroux ou d'impatience, l'œil bleu, le gauche, semblait l'emporter sur l'œil droit, couleur noisette. C'était le cas dans l'instant. Aussi le maréchal des logis se garda-t-il de répliquer.

En parlant ainsi, Fontsalte avait en mémoire la lettre que le président de la municipalité de Vevey, M. Couvreu, avait adressée deux jours plus tôt à la Chambre administrative cantonale et dont l'état-major du général Loison, stationné à Lausanne, avait eu copie.

« Les troupes françaises se regardent en Helvétie comme dans un pays conquis et les officiers qui les commandent n'ont pas pour les autorités constituées les mêmes égards qu'ils auraient en France pour les mêmes autorités [1] », constatait avec amertume le magistrat. Il se plaignait également de la désinvolture des généraux qui « fixent les logements d'après les cartes plutôt que d'après la connaissance exacte du pays ».

Le souci du jeune capitaine s'expliquait par le fait que sa mission ne consistait pas seulement à vérifier que tout était prêt à Vevey pour la revue du 13 mai. Formé dans le corps d'élite des Guides de Bonaparte — devenu Garde des consuls sous le commandement d'Eugène de Beauharnais, beau-fils du Premier consul — et détaché depuis peu au service « chargé de la partie secrète et des reconnaissances », Fontsalte devait aussi se renseigner sur l'état d'esprit de la population, recruter si possible des informateurs, détecter d'éventuels réseaux d'espionnage.

On savait, à l'état-major du général Berthier, que les Autrichiens disposaient, entre Lausanne et Villeneuve, d'agents attentifs aux mouvements de l'armée de réserve. Le capitaine tenait aussi du secrétaire-interprète alsacien, Théobald Bacher, attaché à la légation de Genève et correspondant du service des Affaires secrètes et des Reconnaissances, que des agitateurs britanniques, travestis en négociants ou colporteurs, entraient depuis peu en Suisse pour

1. Lettre du 10 mai 1800.

créer un climat anti-français, en attisant les conflits entre fédéralistes et centralistes. Si les citoyens suisses semblaient tenir, pour la plupart, au maintien de la « République helvétique une et indivisible », proclamée le 18 avril 1798 à Aarau, leurs choix politiques et économiques différaient. Les uns, pour mettre fin au désordre des affaires, exigeaient une large participation de la population aux décisions, les autres souhaitaient confier le destin du pays à une prétendue élite issue de l'ancienne oligarchie bernoise.

Depuis deux ans, les deux camps ne pensaient qu'à fomenter des coups d'Etat. Le dernier en date, du 7 janvier 1800, avait donné l'avantage à la réaction et les Vaudois, suspects d'être favorables aux idées nouvelles et nommés de ce fait, avec un rien de mépris, « patriotes » par les tenants de l'Ancien Régime, commençaient à souffrir d'une reprise en main jugée rétrograde. Bien qu'ayant toujours rempli leur devoir envers la République helvétique, respecté les lois du gouvernement central et payé régulièrement leurs impôts, les habitants du canton avaient vu, sans plaisir, les fonctionnaires publics qu'ils avaient choisis remplacés par des partisans de l'Ancien Régime. Le nouveau préfet du Léman, Henri Polier, et le sous-préfet, Pierre-Elie Bergier, appartenaient à cette coterie. Afin de s'attirer la sympathie que la population semblait leur refuser, les réactionnaires ne laissaient jamais passer l'opportunité, pour faire monter l'animosité contre la France et les Français, d'exploiter la gêne, les charges financières, les incidents et les dégâts causés par les troupes étrangères.

La veille, à Lausanne où, précédé du 12e hussards et de deux bataillons du 58e régiment d'infanterie de ligne, le Premier consul était arrivé à quatre heures et demie de l'après-midi, accompagné du général Berthier et de son état-major, l'accueil des Vaudois avait été chaleureux. Dans un rapport dicté à Bourrienne, son secrétaire, et envoyé le jour même à ses collègues consuls, Cambacérès et Lebrun, le général s'en était félicité : « Toute cette partie de la Suisse est absolument française : le soldat est accueilli dans les différentes maisons comme il le serait dans la sienne. »

Cependant, tandis que les généraux dînaient avec le préfet Polier, M. de Saussure, de la municipalité, et M. d'Auberjonois, membre de la Chambre administrative, Fontsalte avait appris que des libelles contre Bonaparte et contre le gouvernement français circulaient en ville. Des inconnus en avaient jeté dans les maisons. Bien qu'on eût fait immédiatement surveiller les gens susceptibles de colporter ces papiers, aucun suspect n'avait été pris en flagrant délit. Les rapports des agents n'avaient donné à Fontsalte qu'une certitude : les brochures incriminées sortaient des presses d'une imprimerie locale.

Dans le même temps, le service des Affaires secrètes avait été informé que les ennemis du préfet, les gens qui auraient dû être favorables aux Français, avaient fait réquisitionner et attribué à d'autres les chevaux retenus pour tirer la berline du général Bonaparte jusqu'à Vevey ! Cet incident avait mis le Premier consul de méchante humeur et le préfet, cherchant des excuses, s'était entendu répondre sèchement : « Je ne suis pas votre supérieur et ce n'est pas envers moi que vous êtes responsable. Je vous dirai seulement que, lorsque je donne des ordres à mes lieutenants, s'ils ne sont pas exécutés, je n'admets jamais d'excuses et n'en écoute point. »

Les généraux, Fontsalte et les autres convives n'avaient pas eu le temps de s'amuser longtemps de la confusion du haut fonctionnaire qu'ils savaient hostile au parti francophile. Un nouvel incident était survenu, qui, pour comique qu'il fût, avait augmenté l'irritation du général Bonaparte. Le maître d'hôtel chargé de servir le café avait vidé celui du Premier consul à côté de sa tasse !

Malgré ce climat peu favorable, le capitaine Fontsalte comptait fêter joyeusement son vingtième anniversaire, deux jours plus tard, le 14 mai, au bord du Léman. Aussi, l'accès de mauvaise humeur provoqué par l'indiscrétion de son ordonnance fut bref et son regard se porta, du côté de la montagne, vers les femmes qui, sur les parchets, minuscules terrasses plantées de vigne, travaillaient en cette saison à l'ébourgeonnage des ceps.

Agrippées aux vignobles pentus, courbées sur les rameaux, attentives à bien sélectionner les bourgeons prometteurs et à éliminer d'un coup d'ongle les rejets stériles mangeurs de sève, les paysannes ressemblaient, d'en bas, à de gros insectes astreints à butiner. Elles offraient aussi, avec innocence, par leur posture, un vaste choix de croupes rondes, dont la vue inspirait aux soldats des considérations plus grivoises que flatteuses !

Le maréchal des logis Trévotte, voyant l'intérêt que semblait porter le capitaine au spectacle, osa émettre un sifflement.

— On dirait que nous sommes attendus, capitaine !

— Ne rêve pas, Titus ! Ces demoiselles sont toutes huguenotes et de mœurs austères...

— Oh ! la religion ne change rien à la chose ! Dans les pays de vin, et j'en suis, les femmes sont chaudes et caressantes. Il doit bien se trouver, sous ces jupons tendus sur de bonnes fesses, de quoi réjouir sans façon le soldat ! Le printemps, bon pour la guerre, est aussi bon pour l'amour. En cette saison, mon père dit toujours : « Bruit de canons, bruit de baisers ! »

Comme pour donner raison au maréchal des logis, trois paysannes, qui travaillaient dans une vigne en bordure de la route, se redressèrent en se frictionnant le dos, qu'elles devaient avoir douloureux, et firent face aux cavaliers. Souriantes, le visage empourpré par l'effort, voyant qu'on les observait, elles ôtèrent leur chapeau de paille à large bord plat, dont la calotte demi-sphérique, surmontée d'une sorte de toton, évoqua aussitôt pour Fontsalte un tableau qu'il voyait enfant dans la chambre de sa mère, sainte Agathe, martyre de la foi, offrant au Christ, sur un plat, ses seins tranchés par le bourreau !

Ce ne fut, sous le soleil de mai, qu'un bref rappel de la mémoire. Les corselets noirs des jeunes filles donnaient un rebond coquin à des rondeurs que l'on devinait bien vivantes, sous les blouses de coton blanc.

Titus, plus émoustillé que Fontsalte, obligea son cheval à gravir le talus qui séparait le chemin du parchet.

— Dites-moi, mes toutes belles, n'auriez-vous pas une mignardise pour le va-t'en-guerre ?

Les filles se regardèrent l'une l'autre en pouffant de rire. Puis la plus audacieuse lança :

— Reviens aux vendanges, nous danserons à la fête de Cully !

— Je te prends au mot, mignonne. Aux vendanges, foi de Bourguignon, je serai là, pour le bal ! s'écria le maréchal des logis.

— Si les Autrichiens t'ont laissé tes jambes...

— Et si le grand froid de la montagne ne t'a pas rendu de glace ! compléta avec malice sa compagne, provoquant l'hilarité d'autres paysannes, qui s'étaient dressées entre les rangs de ceps pour mieux suivre la conversation.

— Je suis bien sûr que tu saurais me dégeler ! répliqua Titus sur le même ton, l'œil brillant.

Constatant que le capitaine avait poursuivi sa route, il envoya, du bout des doigts, un baiser au trio, qui lui répondit de même, et rejoignit l'officier.

— Vous les avez entendues, capitaine, vos huguenotes, hein, pas plus fières que d'autres, et, si nous avions bivouaqué par là, je suis bien certain que...

— Que tu aurais fait bernique, mon garçon. Les filles d'ici sont libres en paroles, prudentes en actes et d'une fidélité exemplaire. En disant ces mots, Blaise pensait aux amours de la Veveysanne Suzanne Roy et d'un camarade de combat, le chef de bataillon Charles Perrot. Ils s'étaient mariés en 98 et la jeune épouse avait usé de tous les subterfuges pour accompagner son mari en Egypte. L'officier y était mort de maladie, un an plus tard. « Qu'est-elle devenue aujourd'hui, cette fille du Léman ? » se demanda Fontsalte qui, depuis son engagement dans l'armée, avait perdu tant de bons camarades.

Jusqu'à Saint-Saphorin, où l'on fit souffler les chevaux, les cavaliers restèrent silencieux. La route, contrainte à grimper dans les vignes, développait, en quelques lacets, une rude montée. Elle franchissait un haut promontoire rocheux dont la proue, incontournable par la berge, plongeait dans le lac. Mais, au faîte, l'œil, le corps et l'esprit avaient leur récompense. Saint-Saphorin, posé sur son piédestal, ressemblait à un gros nid de maisons. Serrées autour d'une église au clocher massif comme un donjon, de toutes tailles mais faites des mêmes pierres d'un blond grisé, couvertes des mêmes tuiles brunes, hérissées des mêmes cheminées trapues, parées des mêmes persiennes, ces demeures exhalaient une inaltérable sérénité.

Cerné de vignes plantées sur des terrasses biscornues qui s'élevaient comme des marches sur les pentes, jusqu'à l'altitude où la végétation alpestre et les arbres reprennent leurs droits, le village parut à Fontsalte un site privilégié, en parfaite harmonie avec la nature environnante, comme enfanté par elle dans un moment de compassion, pour offrir aux hommes une chance de quiétude.

Le décor ajoutait, pour l'officier, à la douce mélancolie qu'avait fait naître en lui le rappel des amours de Suzanne et de Charles. De quoi faire accepter les dures réalités de la guerre, embusquées derrière les montagnes coiffées de nuages qui fermaient l'horizon.

Depuis des générations, les hommes d'ici avaient entassé, sur tous les replains, entre les barres rocheuses, dans tous les creux, anfractuosités, failles et cassures, la terre qu'ils montaient dans des hottes de roseau et tassaient derrière des murets, eux aussi apportés d'en bas, pierre à pierre, par les plus forts. Les grandes pluies et la neige défaisaient chaque année leur ouvrage, renvoyaient en coulées glaiseuses la chair du vignoble au pied des pentes, au risque de la faire se dissoudre dans les eaux du lac. Et les hommes, inlassablement, remontaient la terre lourde en ahanant.

Pour chasser la morosité, Fontsalte envoya l'ordonnance acheter un pichet de blanc chez le bottier[1] du village. Le vin blanc des vignobles de Lavaux passait pour le meilleur de la côte.

De retour avec son pichet de terre brune, le maréchal des logis rendit sa pièce au capitaine.

— Les gens d'ici sont braves. Le tavernier n'a pas voulu de vos sous. « Rapporte seulement la picholette quand vous aurez vidé ces deux décis », qu'il a dit. Et sa femme m'a donné deux croûtes au fromage, pour aller avec le vin. Paraît qu'au matin faut pas boire du blanc d'ici sans prendre une bouchée. Sont vraiment braves, ces gens, pas bien drôles, un peu bourrus, mais braves, conclut Titus en tendant sur sa large paume deux beignets au capitaine.

Fontsalte en croqua un, le trouva tiède et crémeux. Fouillant dans la fonte attachée à sa selle, il tira d'un étui de cuir une timbale d'argent, un peu cabossée mais marquée à son chiffre. Trévotte y versa du vin puis, sans façon, but une longue rasade au pichet. Les deux hommes reconnurent que le breuvage était frais, sec et, en même temps, chaleureux. Le vague à l'âme de Fontsalte se dissipa.

— Il y a une certaine magie dans ce vin, dit-il.

— Il l'a appelé dézaley, paraît que c'est leur meilleur. Bien sûr, ça vaut pas un meursault de chez moi, capitaine, mais ça se laisse boire !

L'ordonnance leva le pichet vers l'officier pour emplir à nouveau son gobelet, mais Fontsalte refusa d'un mouvement de tête. Sans une hésitation, Titus vida le pot et s'en fut le rendre au débitant, qui, sur le pas de sa porte, avait suivi la scène.

— Bien brave, mais pas très gracieux, ce tavernier. Il était bien obligeant de nous offrir à boire, mais je crois qu'il est aussi bien content de nous voir nous en aller, commenta Titus.

— Allons, en selle, maréchal des logis, il nous reste encore une bonne lieue avant d'arriver à Vevey, dit Fontsalte, après avoir adressé au marchand de vin un signe de la main.

Tandis qu'ils rendaient la bride à leurs montures pour descendre vers le bord du lac, Blaise de Fontsalte admira un nouvel aspect du paysage. Le soleil avait maintenant dissipé les brumes, le léger vent de l'aube était tombé et le Léman, gris et mat comme un vieil étain une heure plus tôt, offrait, sans une ride, des reflets lavande. Au loin, le vignoble s'amenuisait, cédait les contreforts arrondis des montagnes aux pâtures. Droit devant, au-delà du lac, derrière les

---

1. Il ne s'agit pas d'un chausseur, mais, dans le canton de Vaud, du marchand de vin.

premières chaînes qui semblaient soudain s'être rapprochées, les cavaliers distinguaient les cimes, dont les arêtes gelées prenaient, sous le soleil, l'éclat du cristal.

Ce décor, bien que lointain et figé comme une toile de fond sur une scène, impressionna le maréchal des logis Trévotte.

— Quand je vois ces montagnes, avec leur chapeau de neige, je me demande comment on va passer de l'autre côté. Paraît que la montagne du Grand-Saint-Bernard est encore plus haute que celle-ci. C'est l'ordonnance du général Marescot qui me l'a dit, fit Titus en désignant, sur l'autre rive du lac, la dent d'Oche, dont le sommet blanc émergeait de la brume.

— Nous devrons, en effet, grimper longtemps, mais cela ne doit pas être bien terrible. J'ai entendu le général Lannes dire : « Le Saint-Bernard est un petit monticule facile à franchir au pas de course », répliqua, avec un rien d'ironie, Fontsalte.

— Citoyen capitaine, vous savez bien que les généraux voient toujours les ennemis moins nombreux qu'ils sont, les étapes plus courtes sur les cartes que par les chemins et la soupe du soldat aussi bonne que la leur ! Sûr qu'ils nous escobardent aussi pour la hauteur des montagnes !

Blaise décida un arrêt, pour faire souffler les chevaux avant d'entrer à Vevey, dont on distinguait les premières maisons. Il ôta son colback, s'épongea le front du revers du gant, se recoiffa, lissa sur les flancs de son cheval sa schabraque de drap vert, agrémentée d'une soutache d'or à l'orientale, coquetterie de cavalier, et entreprit, une nouvelle fois, de rassurer Trévotte.

L'officier, imbu des principes éducatifs de la Révolution, ne manquait jamais de se faire pédagogue pour les gens simples. Ceux qui, comme lui, avaient, par leur naissance, bénéficié d'une substantielle instruction ne devaient-ils pas répandre leur savoir et partager leurs connaissances avec ceux qu'une basse condition avait maintenus dans l'ignorance ? Aux yeux de cet aristocrate altruiste et sincère, Trévotte représentait le peuple inculte. Il devait donc, à chaque occasion, être instruit et éduqué.

— Apprends, mon garçon, que l'hospice du Grand-Saint-Bernard, où je compte bien que nous coucherons dans trois jours, se trouve sur un passage des Alpes pennines déjà connu des Celtes et très fréquenté par les Romains, qui nommaient le Saint-Bernard mont Jovius. Ils y avaient même élevé un temple à Jupiter Poeninus, ou Pennin si tu préfères, et une maison de refuge. D'après les chroniques des Anciens, le col a été franchi par de nombreuses armées avant la nôtre. En 388 avant Jésus-Christ, une armée gauloise s'est introduite en Italie par ce passage, mais c'est 218 ans avant la naissance du Christ qu'a eu lieu l'escalade la plus spectaculaire, dit le capitaine.

En entendant la référence chronologique à un dieu fait homme, auquel son père lui avait interdit de croire, Titus esquissa une moue de contrariété, que Blaise de Fontsalte voulut ignorer.

L'officier avait appris dans Tite-Live, auteur admis par ses maîtres, les oratoriens d'Effiat, l'histoire et les exploits légendaires d'Hannibal, général carthaginois, pire ennemi des Romains.

— Ayant quitté Carthagène avec une armée de cent mille hommes, fantassins et cavaliers, plus une bande d'éléphants qui transportaient bagages et vivres, le fils d'Hamilcar franchit les Pyrénées, enjamba le Rhône et traversa la Gaule méridionale. Après avoir repoussé quelques tribus qui s'opposaient à sa progression, il trouva de bons alliés et des guides de confiance parmi les Allobroges, prévenus de son arrivée. Il s'engagea, avec son armée, dans la vallée de la Maurienne, pour franchir les Alpes, avec l'intention de tomber sur les Romains. C'était l'automne et, en altitude, le froid mettait du givre aux moustaches des hommes et aux naseaux des chevaux. La neige rendait dangereuse la marche sur d'étroits sentiers, au bord des précipices que le scribe Silenos, qui exagère un peu pour plaire à son général, estime insondables...

— Et les éléphants, comment qu'ils grimpaient? interrompit Trévotte.

— Les pachydermes vont lentement mais ont le pied très sûr. Ils passèrent, dit-on, sans difficulté le col que nous aurons à franchir dans de bien meilleures conditions que les soldats d'Hannibal, puisque nous sommes au printemps et que les sapeurs du génie ont dû élargir les mauvais sentiers, pour en faire des chemins muletiers. Quant aux éléphants, ils se comportèrent, d'après Polybe, aussi bien que les fantassins et Hannibal enleva Turin et prit la Cisalpine.

— En somme, c'est bien ce que le général Bonaparte veut faire, commenta Titus.

— Exactement et, crois-moi, le général Bonaparte a bien étudié les chroniques qui rapportent l'expédition carthaginoise. Je l'ai même entendu dire : « La marche d'Hannibal, de Collioure jusqu'à Turin, a été toute simple, elle a été celle d'un voyageur. »

— C'est bon, c'est bon, on verra bien, dit Titus, sceptique comme un vigneron à qui un citadin prédit bonne vendange.

— Mais, depuis l'ascension des éléphants d'Hannibal, d'autres armées sont passées par le chemin que nous allons emprunter. En l'an 55, douze légions romaines, commandées par Servius Galba, ont franchi les Alpes à cet endroit. En 1158, Frédéric Ier Barberousse emprunta le passage du mont Saint-Bernard, pour aller donner une leçon au pape Adrien IV et reprendre la Lombardie. Tu vois, Titus, que nous ne serons pas les premiers à passer ce col. J'imagine qu'au cours des siècles des tas de gens, déserteurs de toutes les armées, pèlerins, contrebandiers, marchands, bandits de grands chemins, exilés de toute espèce, ont dû passer discrètement. A moins qu'ils n'aient demandé asile aux bons chanoines de l'hospice qui veillent, avec leurs gros chiens, pour tirer des avalanches les égarés.

Cette dernière phrase n'était pas de nature à rassurer le maréchal des logis, mais, comme sa nature le portait à se répéter qu'à chaque jour suffit sa peine, il mit pied à terre, brossa la queue du cheval du capitaine, lui lissa la crinière et le poil de la croupe, afin que l'on fît bon effet dans une ville que l'on disait la plus belle et la plus riche du canton.

2.

Après avoir franchi une rivière torrentueuse, descendue du mont Pèlerin, dont le joli nom, Veveyse, était gravé sur le parapet du pont, Fontsalte et Trévotte furent arrêtés par le guet placé à l'entrée de la ville.

Un sous-lieutenant de gendarmerie jaillit du poste de garde établi en face d'un petit hôpital, dans une chapelle désaffectée, et s'avança à la rencontre de l'officier. Il portait, en prévision du passage du Premier consul et de la revue de l'après-midi, la grande tenue de service, habit bleu national à revers et parements écarlates, culotte de peau, bottes à l'écuyère. Le chapeau bicorne, orné de marrons à franges d'argent et plumet de coq, dont les gendarmes étaient si fiers, excitait toujours la verve du maréchal des logis Trévotte. Comme beaucoup de militaires, ce dernier n'appréciait guère ceux qu'il nommait grippe-coquins et qui, d'après lui, « fourraient leur nez partout sauf en première ligne » !

— Sont déjà là, ceux-là ! bougonna-t-il, pour n'être entendu que du capitaine.

Le gendarme se dit chargé d'identifier et d'orienter vers leur cantonnement les détachements et les isolés qui arrivaient en ville. Le nom de Fontsalte suffit à lui faire rectifier la position. On avait dû apprendre, dans la brigade de gendarmerie affectée à Vevey, que les responsabilités, et partant l'autorité, de ce capitaine de la Garde des consuls ne devaient pas être évaluées à ses seuls galons.

— Vous êtes attendu d'urgence au quartier général, installé au château baillival, comme on l'appelle ici, par le général Musnier et le colonel Ribeyre. Depuis ce matin, les troupes ne cessent d'arriver des bivouacs, capitaine, et la population est un peu... tourmentée.

Fontsalte connaissait et appréciait ceux que le gendarme venait de nommer. Louis Musnier de La Converserie et Claude Ribeyre de Béran, tous deux anciens cadets-gentilshommes de l'Ecole militaire de Paris, étaient de ces nobles sans fortune ralliés aux idées de la Révolution. Comme Blaise, ils avaient abandonné titre et particule pour n'être plus que soldats au service de la patrie.

Dans l'armée, on disait Musnier et Ribeyre, comme on disait Fontsalte, mais certains s'étonnaient parfois des manières Ancien Régime de ces citoyens officiers, hostiles à toute familiarité et que les plus ardents héritiers des jacobins disaient « à jamais gangrenés d'aristocratisme ». Promu général à trente-quatre ans, Musnier, qui s'était vaillamment battu lors de la première campagne d'Italie, assumait maintenant les fonctions de chef d'état-major du général Jean Boudet. Au contraire de son adjoint, ce dernier était un authentique roturier, ancien dragon du régiment de Penthièvre, élu lieutenant du 7e bataillon de l'armée de la Gironde en 1792.

Le capitaine Fontsalte voulut savoir quelles étaient les unités déjà présentes en ville.

— La division Boudet est en train de se regrouper pour la revue. Nous avons à Vevey, depuis le 16 avril, un bataillon, fort de huit cents hommes, du 9e régiment d'infanterie légère. Les autres bataillons ont rejoint ces jours-ci et puis sont arrivés le 30e et le 59e de bataille. On annonce encore quatre escadrons du 15e chasseurs. On a vu passer, il y a quelques jours, le 22e de cavalerie. Il marchait vers... le bout du lac, paraît-il. On attend encore des éléments de la division du général Loison, de la cavalerie et de l'artillerie du général Boudet.

Le gendarme apprit également à Fontsalte, tout en tendant les billets de logement à l'ordonnance, qu'il serait hébergé par la famille Métaz.

— Vous avez de la chance, capitaine, Rive-Reine est une des plus belles et plus vastes maisons de la ville. Une terrasse sur le lac, un jardin d'agrément, des écuries et dépendances, en somme, ce qu'on appelait autrefois chez nous une gentilhommière. Le propriétaire, M. Métaz, le bourgeois Guillaume Métaz — vous verrez qu'ici le titre de bourgeois a encore son importance — aime bien les Français et admire beaucoup le général Bonaparte. Vous ne pouviez mieux tomber.

Fontsalte avait noté l'inflexion pompeuse du lieutenant au mot gentilhommière, choisi avec intention. Il n'en demandait pas tant. Mais le gendarme se montra disert. Il apprit à Fontsalte, dont le regard bizarre intriguait toujours ses interlocuteurs, que M. Métaz possédait plusieurs vignobles, des barques de charge sur le lac, une carrière de pierre à Meillerie et le plus important chantier naval du canton.

— Naturellement, c'est un huguenot, un homme pieux, qui ne manque pas un service au temple, prévint le lieutenant. Mais, s'empressa-t-il d'ajouter, il n'est point compassé, plutôt bon vivant, sait rire et régaler ses amis. Son épouse, Mme Métaz, est toute jeunette, très instruite, catholique et papiste à ce que je crois savoir. C'est un cas dans le pays, car les mariages mixtes, autorisés depuis deux ans, sont encore rares et les catholiques tolérés mais plutôt mal vus. Je vous dis cela, entre nous, capitaine, car je crois qu'il est bon qu'un officier sache dans quelle famille il tombe. Cela évite parfois des bévues, n'est-ce pas ? Les gens d'ici sont assez susceptibles, surtout en matière de religion. Le mois prochain, ça fera six mois que je suis à Vevey : j'ai appris à les bien connaître.

— Votre faculté d'observation, votre perspicacité et l'aisance avec laquelle vous dispensez d'utiles informations font honneur à la gendarmerie, lieutenant, dit Fontsalte en saluant avant de s'éloigner.

L'ironie du compliment échappa à l'intéressé mais fut clairement perçue par Titus.

— Vous avez très bien tourné ça, capitaine. Pour l'observation, ils ne craignent personne ! Je suis sûr que ce barjaque aurait pu vous dire combien de fois par semaine ce bourgeois, chez qui vous allez dormir, mignotte sa femme ! commenta, hilare, le maréchal des logis.

Fontsalte ne releva pas le propos émis par Trévotte à l'égard d'un lieutenant qui, tout gendarme qu'il fût, méritait que l'on respectât ses galons.

Les cavaliers parcoururent un bout de rue et débouchèrent sur la place du Marché, qui occupait une vaste surface de terre battue.

— Un vrai champ de manœuvre, dit Trévotte, évaluant la superficie de l'esplanade, en pente douce jusqu'au lac et bordée, sur trois côtés, de maisons, dont quelques-unes de belle apparence. Côté sud, au-delà du Léman, dominant la masse sombre des montagnes, les pics savoyards, file de pénitents géants à cagoule blanche, se découpaient sur le ciel limpide où couraient quelques nuées. Blaise de Fontsalte apprécia la féerie du décor.

— Peut-on rêver pareil théâtre pour une revue militaire ! dit-il.

Il nota mentalement que les consignes, envoyées la veille à la municipalité de Vevey[1], enjoignant de « faire enlever de suite toutes les planches, pièces de bois ou autres embarras » qui encombraient la place avaient été suivies d'effet. Les tas de planches et de madriers subsistaient, certes, mais, empilés sur les côtés de l'esplanade, ils en laissaient, ainsi qu'il avait été demandé, « toute la surface complètement libre ».

Pratique, le maréchal des logis observa que le lieu manquait d'ombrage :

— C'est pas les dix marronniers qu'on voit là-bas — il désigna l'est de la place — qui protégeront six mille troupiers des rayons du soleil ! dit-il avec un peu d'humeur.

Au moins autant que la gendarmerie, Trévotte détestait les revues, qui occasionnaient toujours, pour les ordonnances, des astiquages supplémentaires. Le capitaine passait pour un maniaque du brossage, du lustrage, du repassage. Aussi, les consignes que donna l'officier, sans relever la nouvelle insolence du subalterne, ne prirent pas ce dernier au dépourvu.

— Va tout de suite chez ce bon bourgeois qui doit nous loger. Défais les bagages, prépare la grande tenue, n'oublie pas de faire briller les boutons. Tu as touché du blanc d'Espagne, hein, c'est le moment de t'en servir. Sans tacher le tissu, s'il te plaît. Et passe au tampon mes nouvelles bottes. Et ne te contente pas de bouchonner les chevaux. Use de l'étrille et de la brosse. Je veux voir au sol huit raies de poussière comme dans les écuries prussiennes. N'oublie pas de cirer les harnais. Et sois poli avec tout le monde !

— Comme toujours, citoyen capitaine !

— Mieux que toujours, Titus !

— Et pour votre manger, tout à l'heure ?

— Ne t'occupe pas de moi. Pour toi, je suis bien certain que tu trouveras chez le logeur une cuisinière sensible à ta tournure et qui te donnera un quignon de pain et un bout de fromage. Mais, prends garde, je ne veux pas d'histoire, comme à Genève avec la domestique de Mme de Saussure. Je ne sais ce que tu lui as dit ou

---

1. Lettre du général Musnier « aux citoyens composant la municipalité de Vevay [ancienne orthographe] », 22 floréal an VIII (12 mai 1800). Archives communales, Vevey.

fait, mais cela a failli causer un vrai scandale. Déjà que le général Bonaparte n'était pas de bonne humeur !

— Cette fille est une fieffée gourgandine. Elle voulait bien et puis, tout d'un coup, elle a plus voulu ! Et la veuve Saussure a cru ce qu'elle disait ! C'est des menteries de ci-devant !

Trévotte suffoquait encore d'indignation au rappel de l'incident : la servante de Mme de Saussure, une grosse fille qui s'était laissé embrasser sans façon dans sa cuisine, avait soudain poussé des cris d'orfraie quand le maréchal des logis s'était avisé de la renverser sur la table pour conclure à la hussarde. On avait perçu les cris de la fille jusqu'au salon où le Premier consul s'entretenait avec le dernier ministre des Finances de Louis XVI[1] !

— L'affaire de Genève est oubliée. Mais, dorénavant, tiens-toi à distance des femmes. Et ne laisse pas folâtrer tes grandes pattes ! Tu vois ce que je veux dire. La moindre plainte à ce sujet et je te renvoie à ton bataillon !

— Promis, capitaine ! Je bouchonnerai que les chevaux !

Comme ils atteignaient l'entrée d'une rue, parallèle au lac et qui s'enfonçait dans la ville, Blaise mit pied à terre, confia son cheval à Trévotte et s'enquit auprès d'un passant de la direction du château baillival et de la maison de M. Métaz. Renseigné, il laissa l'ordonnance se rendre seul à Rive-Reine, avec les trois chevaux, et se mit en route, à pied, pour rejoindre le général Musnier.

En marchant sur les pavés arrondis de la rue du Sauveur, il eut tout loisir de constater que sa présence ne suscitait pas grande curiosité. Les Veveysans étaient habitués, depuis deux ans, à voir, dans leurs rues et venelles, des militaires français de tout grade. Il remarqua aussi que la propreté semblait être une règle respectée par tous. On ne trouvait nulle part ces tas d'ordures ou de détritus qu'auraient, ailleurs, fouillés les chiens errants. Le seuil des maisons et des échoppes venait d'être lavé à grande eau. Aux fenêtres, il compta autant de pots de fleurs que de tricots ou camisoles mis à sécher. Les gens eux-mêmes, vêtus avec simplicité, allaient à l'aise dans des vêtements nets. Les habits des hommes connaissaient la brosse et le fer, certains bourgeois arboraient de beaux gilets brodés. Les blouses bleues des paysans ne montraient ni trou ni tache ou paraissaient convenablement

1. Au cours de son étape à Genève, le 11 mai 1800, Bonaparte, logé chez Mme de Saussure, veuve du naturaliste suisse Horace-Bénédict de Saussure, reçut la visite de Necker qu'il avait demandé à voir. Mme de Staël, fille de Necker, rapporte cette rencontre dans son ouvrage *Dix Ans d'exil,* publié en 1821.

ravaudées. Les bonnets et les tabliers des femmes rayonnaient de blancheur.

L'impression première du capitaine Fontsalte fut que cette ville paraissait riche, sans ostentation, et qu'on y menait, tout en prenant son temps, une vie active, organisée, mais dénuée de la componction étudiée qu'il avait remarquée chez les Genevois. L'officier ne se trompait pas.

Vevey, agréable cité vaudoise de près de trois mille habitants, séduisait tous ceux qui l'approchaient. Les vignobles, source de la prospérité locale, cascadaient sur les flancs du mont Pèlerin jusqu'à l'ancien rempart, clôture médiévale sérieusement ébréchée qui, du côté de la montagne, délimitait encore la zone urbaine. Celle-ci s'allongeait mollement, d'ouest en est, en épousant la forme d'un triangle effilé dont la base, constituée par la rive du lac, allait de la Veveyse, torrent capricieux, jusqu'à la rivière Ognonaz, frontière de la ville avec la commune jumelle de La Tour-de-Peilz.

L'artère majeure, reliant les quartiers extrêmes de l'agglomération, dits bourg de Villeneuve et bourg de Bottonens, suivait, à l'intérieur de la ville, une ligne parallèle au contour du lac. De chaque côté de cette rue principale s'échappaient, diverticules inégaux, des voies tortueuses conduisant soit au Léman, soit aux quartiers de l'intérieur et, par-delà, aux vignes et aux champs. Au long des berges du lac, le mur épais, autrefois construit pour protéger la cité médiévale des attaques par eau, et dont certaines parties dataient du xiie siècle, avait souvent fourni en pierres taillées tous ceux qui voulaient construire leur maison. Les vestiges de ce dépeçage ne constituaient plus qu'une succession de terrasses et de musoirs plantés de marronniers, au pied desquels s'étalaient des jardins potagers ou d'agrément. De place en place, sur la rive couverte de galets, des bosquets ombrageaient les espaces sans cultures, où les amoureux se donnaient rendez-vous à la nuit tombée, pour rêvasser, main dans la main, au clair de lune.

A chaque extrémité de la voie principale, qui s'étirait en changeant plusieurs fois de nom, mais que tous les Veveysans nommaient rue d'Italie, deux portes, à prétention monumentale, indiquaient au voyageur qu'il entrait ou sortait d'une cité protégée, où tous les avantages de la civilisation se trouvaient réunis.

Mieux encore que les citadins circulant dans les ruelles, les bateliers naviguant sur le lac apercevaient, à flanc de montagne, au-dessus des prés communaux et sous le grand cimetière, posée sur une esplanade boisée comme un reliquaire sur son piédestal, l'église Saint-Martin, sanctuaire de la ville. Dominant la cité, le gros clocher carré, véritable donjon flanqué, en guise de poivrières, de quatre clochetons effilés, rassurait comme un guetteur.

Construit par les catholiques au XIIIe siècle, l'édifice religieux avait été, ainsi que tous ceux du canton, dévolu au culte protestant quand la Réformation, introduite par Leurs Excellences de Berne, avait triomphé à Vevey, le 2 juillet 1536. Au cours de la nuit qui avait précédé cette conversion imposée, cinq nonnes de l'ordre des Clarisses, redoutant des exactions, avaient déserté leur couvent. Laissant l'église Sainte-Claire aux huguenots, elles s'étaient embarquées pour Evian. Dès cette époque, les catholiques, privés de leurs curés et de leurs lieux de culte, étaient entrés en clandestinité.

Il avait fallu attendre 1793 pour que, paradoxe historique, les Vaudois, convaincus depuis deux siècles du bien-fondé de la Réforme, mais indignés par les sanglants abus de la Révolution française, donnent des preuves de charité chrétienne et de tolérance religieuse. C'est avec la même générosité autrefois manifestée par leurs ancêtres pour héberger les huguenots persécutés qu'ils avaient accueilli les prêtres réfractaires, les nobles, les officiers et les immigrés catholiques français, promis à la guillotine.

La présence de ces monarchistes — plus de mille dans le canton de Vaud — avait vite inquiété le Directoire et c'est à sa demande que les immigrés français, nouveaux proscrits de la foi, avaient reçu, dès 1796, injonction du gouvernement de Berne d'avoir à quitter les rives du Léman pour s'installer dans les cantons suisses du Nord. Ces Français exilés avaient tenté depuis, avec le soutien des Autrichiens, de fomenter des troubles, vite réprimés, dans les districts de Schwyz et de Nidwald.

Au service des Affaires secrètes et des Reconnaissances, dont une des missions était la surveillance de ceux que l'on nommait en France les émigrés, on savait que tous les exilés n'avaient pas obtempéré à l'ordre des autorités de l'époque et que certains résidaient toujours à Lausanne ou dans les environs.

Fontsalte avait même acquis la certitude que plusieurs entretenaient, par l'intermédiaire des agences royalistes de Venise et de la Souabe, des relations avec Louis XVIII, que le tsar Paul Ier hébergeait, à Mitau, sur les bords de la Baltique.

Depuis qu'à Paris le Consulat avait remplacé le Directoire, les événements s'étaient précipités. La France avait soumis la Hollande, signé la paix avec la Prusse et l'Espagne et, en Suisse, la révolution de janvier 1798 avait profondément modifié, en quelques semaines, le visage du pays. Le canton de Vaud, dont le Directoire s'était institué unilatéralement le protecteur, en décembre 1797, avait pu se délivrer du joug bernois pour se constituer en République lémanique, avant d'être intégré dans la République helvétique sous le nom de canton du Léman. Et les Vaudois, enthousiastes, avaient adopté, le 9 février 1798, une Constitution helvétique, conçue et rédigée à Paris, avec le concours du Bâlois Pierre Ochs.

Or cette Constitution helvétique proclamait, dans son article 6 : « La liberté de conscience est illimitée. [...] Tous les cultes sont permis s'ils ne troublent point l'ordre public et n'affectent aucune domination ou prééminence. »

Ainsi avaient été sagement organisées, à la fois, l'indépendance du pays de Vaud et la séparation de l'Eglise et de l'Etat, que souhaitaient les vrais républicains. Du coup, les immigrés catholiques français avaient repris confiance en leur destin.

Souvent protégés par des catholiques étrangers, comme la baronne d'Olcah, une Allemande qui faisait célébrer la messe dans sa chapelle privée, à l'Avant-Poste, près de Lausanne, les « amateurs de supercheries papistes », comme les désignaient certains pasteurs, pouvaient se sentir à l'abri des lois nouvelles.

Les consuls, et tout d'abord Bonaparte, premier d'entre eux, faisaient preuve dans ce domaine, et non sans raison, des mêmes craintes et de la même méfiance que les Directeurs d'autrefois. Les libelles qui avaient circulé les 11 et 12 mai à Lausanne étaient peut-être inspirés par des agents de Louis XVIII, réfugiés en Suisse. Depuis qu'on avait raconté à Fontsalte qu'un prêtre réfractaire, l'abbé Pierre Baret, avait été, pendant trois ans, le précepteur des enfants du pasteur Secrétan, un des plus respectés de Lausanne, le capitaine estimait devoir ouvrir l'œil, et surtout l'oreille. Pas n'importe où, ni n'importe comment cependant, puisqu'il avait aussi appris que le général André Masséna avait fait baptiser, deux ans plus tôt, sa dernière fille, par un prêtre réfractaire, dans la chapelle de la baronne d'Olcah !

Il convenait donc d'être circonspect et de ne pas montrer un zèle répressif, qui aurait pu paraître intempestif à certains.

Fort heureusement, un paragraphe de l'article 6 de la Constitution, qui avait institué la liberté religieuse, donnait aussi à la République helvétique, « dans l'intérêt de la paix intérieure », le pouvoir de faire surveiller par sa police les communautés religieuses et les exercices des cultes, afin de « s'enquérir des dogmes et des devoirs qu'ils enseignent ». Le comportement des prêtres réfractaires français réfugiés en Suisse, qui ne pouvait que déplaire au Premier consul, restait donc officiellement contrôlable.

En attendant, sous ses dehors pimpants, Vevey ne semblait dissimuler aucune menace de complot ou d'attentat et c'est en toute sérénité que l'officier s'engagea dans la traversée de la ville.

Dès ses premiers pas, il repéra, sur une petite place, une maison massive mais point lourde, flanquée d'une tour, que le châtelain de Fontsalte identifia comme une noble demeure du temps passé. Il interpella un gamin, qui remplissait un seau à la fontaine voisine.

— A qui appartient cette belle maison ?

L'enfant prit le temps de retirer son seau de la margelle, de descendre les marches de la fontaine et, après avoir jeté, de bas en haut, un regard inquisiteur sur l'officier, se décida à répondre. Il s'exprima avec l'accent propre aux Vaudois, qui mettent dans leur élocution assez de lenteur pour que chaque syllabe d'un mot livre sa pleine sonorité significative et prolongent les finales chantantes en point d'orgue.

— On l'appelle la maison d'Oron, paraît que c'est là que les seigneurs d'autrefois tenaient le sel qu'ils vendaient aux gens. Maintenant, c'est une auberge... Vous êtes général, monsieur ?

— Non, mon garçon, je ne suis que capitaine et je cherche le château baillival.

— Je peux vous conduire, monsieur le capitaine, c'est vers chez mon père.

L'enfant reprit son seau et Fontsalte réduisit le pas pour ne pas obliger le gamin à trottiner à son côté. Chemin faisant, le petit Veveysan, croyant bien faire, signala avec fierté à l'attention de l'officier les bâtiments qu'il estimait remarquables. C'est ainsi que le Français sut que la cour au chantre, une grande maison dont l'entrée, accessible par un escalier à double révolution, était surmontée d'un fronton grec, avait aussi appartenu à la famille d'Oron et qu'elle abritait maintenant de simples bourgeois. Un peu plus loin, sur une petite place pavée et ombragée sur son pourtour par des marronniers, l'enfant désigna la façade de ce qu'il appela le nouvel hôtel de ville et, aussi, le poteau du pilori « où l'on attache les voleurs et les méchantes gens », précisa-t-il.

Une grande animation régnait sous les arbres. Des hommes du pays, la plupart vêtus de noir, allaient et venaient, entraient ou sortaient de la maison commune. Certains bavardaient avec des officiers français tandis que déambulaient des artilleurs et des fantassins, dont les uniformes délavés et rapiécés inspirèrent à Fontsalte, devant tous ces civils bien habillés, un vague sentiment de honte.

— C'est à cause qu'il va y avoir une grande revue ce tantôt sur la place du Marché, dit l'enfant, pour expliquer cette agitation.

Puis il ajouta, regardant le capitaine :

— Mais vous y serez, vous, peut-être. J'irai voir, avec ma tante, expliqua l'enfant.

— Et tu verras le général Bonaparte, et d'autres généraux, et tu entendras le canon. Mais, dis-moi, les gens d'ici aiment-ils les Français et le général Bonaparte ?

— Ça, je sais pas, monsieur le capitaine. C'est pas des choses que je sais, ça, non !

Tout en répondant, le petit Veveysan reprit son seau d'un geste si décidé qu'un peu d'eau se répandit. Il s'éloigna d'un pas ferme, comme si la question de Fontsalte contenait une menace. Le capitaine sourit. On lui avait déjà parlé de la prudente réserve vaudoise. On devait tôt l'apprendre aux enfants.

Le château baillival, grande bâtisse couverte d'une splendide toiture en bâtière, aux pignons à auvents, ne possédait qu'une porte modeste, sur la façade, côté rue d'Italie, mais ouvrait sur une vaste terrasse ombragée, côté lac. Quand Fontsalte traversa celle-ci pour pénétrer dans le bâtiment, elle était pleine de soldats qui fumaient et devisaient autour des fusils dressés en faisceaux. La sentinelle rectifia la position et un brigadier conduisit le capitaine, par un large escalier de pierre grise, jusqu'au premier étage, où se tenait l'état-major de la division Boudet.

— Heureux de vous voir, dit le général Musnier en venant, main tendue, à la rencontre de son visiteur, sur un parquet grinçant mais ciré comme pour le bal.

Après quelques échanges de politesse, le général fit appeler le colonel Ribeyre, chef du service secret de l'état-major. Il n'eut pas à faire de présentations, Fontsalte et Ribeyre se connaissant depuis l'expédition d'Egypte.

— Vous devez avoir des choses à vous dire, messieurs, conclut le général d'un air entendu.

Ribeyre conduisit Fontsalte à l'étage supérieur, dans la pièce qui lui tenait lieu de bureau, et offrit un siège au visiteur.

— Vous êtes mieux logé qu'à Lausanne, observa Fontsalte.

— C'est l'ancienne demeure des baillis, représentants de Leurs Excellences de Berne, mon cher capitaine. On m'a dit qu'ils avaient longtemps résidé au château de Chillon, en allant sur Villeneuve, où nous avons une petite garnison et un arsenal. Et puis ces messieurs grelottaient tout l'hiver, car Chillon est inchauffable. Nos hommes en savent quelque chose, qui n'ont ni draps ni traversins et couchent à même des paillasses, tandis que le directeur de l'hôpital français de Mont vend aux paysans des draps, des couvertures et même du sel, grommela le colonel.

Après un silence, il reprit, souriant, son exposé historique :

— Messieurs les baillis, qui ne devaient pas être, à Chillon, aussi mal lotis que nos hommes, emménagèrent à Vevey au milieu du xviie siècle. Ils se rapprochaient ainsi des vignerons, des paysans et des négociants, pour collecter l'impôt. D'où, au-dessus de nos têtes, ces combles gigantesques, avec ces ouvertures surmontées de poulies et cabestans. Car on payait l'impôt en nature ! Et messieurs les baillis entassaient tout ça dans leurs greniers. Et le meilleur vin, bien sûr, dans les caves qu'il y a là-dessous, conclut Ribeyre en frappant le parquet du talon de sa botte.

— Ces gens avaient le sens du confort, beaux plafonds, cheminée à cuire un bœuf, boiseries superbes et décor quasi princier, dit Fontsalte en désignant les meubles massifs et les tableaux accrochés aux murs.

— Ces Vaudois ne manquaient ni de goût ni d'instruction, en effet. Le gardien m'a dit que les baillis entretenaient tous une petite cour, recevaient poètes, musiciens et peintres. Je ne sais ce que sont devenus les poètes et les musiciens, mais les peintres ont laissé leurs œuvres. Des choses assez agréables à regarder, des vues du lac avec bateaux, des paysages de montagne, des portraits de paysannes. Tenez, ce tableau ne vaut-il pas ce que produisent nos artistes parisiens ?

En parlant, le colonel s'était levé et, prenant familièrement Fontsalte par le bras, l'avait entraîné devant une peinture qui représentait un panorama de Vevey et du Léman avec, en toile de fond, les montagnes que l'armée devrait bientôt franchir.

— Dommage que le peintre, un certain Michel-Vincent Brandoin, soit mort d'une indigestion il y a dix ans, après le banquet que la municipalité lui avait offert en le faisant bourgeois de la ville. Je lui aurais bien commandé une ou deux toiles pour ma maison. Les gens d'ici en étaient fort entichés parce qu'il avait visité toute l'Europe, connu le tsar Paul Ier et peignait à la gouache des paysages d'ici pour les Russes, Hollandais et Anglais qui connaissaient sa réputation. Vous verrez aussi, au mur du bureau que je

vous ai réservé près du mien, une peinture de François-Aimé
Dumoulin, un autre excellent peintre qui a voyagé aux Antilles et
exposé à Paris deux huiles qui furent acquises par le Directoire
pour orner, sans doute, l'intérieur... d'un Directeur! acheva le
général en riant.

Claude Ribeyre de Béran connaissait les origines de Blaise de
Fontsalte, dont il avait déjà eu l'occasion d'apprécier les qualités et
le comportement. Il pouvait, avec ce camarade instruit, comme lui-
même amateur d'art, parler librement. Sous les plafonds à caissons
des baillis, on était entre gentilshommes qui avaient choisi le métier
des armes. Aristocrates sans préjugés, épris de liberté et de justice,
ils se battaient tous deux pour la république comme leurs ancêtres
s'étaient battus pour le roi, c'est-à-dire, même si elle avait troqué la
fleur de lys pour la cocarde tricolore, pour leur dame, une et
éternelle, la France.

— Mais nous ne sommes pas là pour parler architecture,
peinture et fiscalité Ancien Régime, mon cher. Quelle est l'humeur
du Premier consul? Je me suis laissé dire par une estafette que
l'étape lausannoise n'a pas été des plus heureuses. La revue d'hier,
dans la plaine de Saint-Sulpice, des divisions Chambarlhac et
Loison lui aurait inspiré de sérieuses critiques, portant encore sur
l'équipement de l'armée.

— Il est exact que le Premier consul a encore pesté, comme il
l'avait déjà fait à Dijon, lors de la formation de l'armée de réserve,
après l'inspection sous une pluie diluvienne, vous vous en souvenez, de la division Boudet. La vue des sept mille hommes de la
9ᵉ demi-brigade légère, des 30ᵉ et 59ᵉ demi-brigades de ligne, dont
les trois quarts n'avaient, en guise d'uniforme, que des blouses en
calicot brun, des pantalons de coutil, des lambeaux de toile en guise
de guêtres et des sabots au lieu de souliers, l'avait mis fort en
colère. Ricard, le commissaire à l'habillement, en avait fait les frais
en des termes d'une rare violence.

— Je m'en souviens fort bien, il avait dit à Ricard : « Les
magasins sont pleins. Vous y avez, à Lyon, huit mille uniformes et
des chariots pour les transporter. Après tant de négligence, je
devrais vous faire fusiller! » rappela Ribeyre.

— Et il avait conclu : « Si, le 20 floréal, la division Boudet n'est
pas mieux habillée, ne paraissez pas devant moi. » Alors, général,
votre division, tout à l'heure, fera-t-elle meilleure figure ou faudra-
t-il chercher Ricard pour le faire fusiller ?

Le colonel eut un sourire mélancolique.

— Nous avons reçu des uniformes et des souliers, de quoi présenter de beaux premiers rangs à l'inspection! En espérant que Bonaparte ne se faufilera pas jusqu'à la dernière ligne, car il est difficile à duper, le bougre!

— Et les fusils? Trois cent mille ont été commandés à Saint-Etienne avec cinq millions de cartouches.

— Nous attendons toujours quatre mille de ces nouveaux fusils, modèle 1777 modifié. Nos hommes ont encore l'ancien modèle, qui pèse plus de quatre kilos et demi et dont la portée efficace est à peine de cent cinquante pas. Peut-être les aurons-nous avant de rencontrer les Autrichiens!

— Pour les vivres, je puis vous dire que Berthier a fait requérir à Lausanne, à Vevey et dans tous les ports tous les bateaux disponibles qui doivent aller charger, à Genève, deux fois cinq cent mille rations et les transporter à Villeneuve. Bonaparte a aussi réclamé la création immédiate d'un magasin entre Saint-Pierre et le pied du Grand-Saint-Bernard. Il faut réquisitionner, dans le bas Valais, les chars à bancs et cent cinquante mulets. Depuis trois jours, les boulangers et les fourniers de Lausanne sont occupés à fabriquer huit mille pains pour l'armée! Et puis je me permets de vous rappeler que nous devons trouver, cet après-midi, à Vevey, des chevaux de relais pour les berlines du Premier consul, de Berthier, de Murat, de Marmont et de quelques autres! Sitôt la revue terminée, Bona-parte court à Villeneuve. Il veut vérifier lui-même que les approvisionnements sont bien arrivés par le lac et inspecter l'artillerie des trois divisions du gros de l'armée.

— Le général Boudet a écrit à la municipalité, pour réclamer les chevaux qui devraient être prêts et harnachés, à l'heure qu'il est, devant la maison Denezy, où loge le général. Les ordres de réquisition pour vingt-trois chevaux ont été portés par le sous-préfet « en costume », sans doute pour impressionner les propriétaires. Mais ces derniers nous ont fait savoir que les gendarmes ont intercepté à Villeneuve les chevaux veveysans qui revenaient d'une corvée pour l'armée et qu'ils les ont pris pour conduire à nouveau munitions et subsistances en Valais. D'autres chevaux ont, paraît-il, été achetés par des officiers... sans plus de précision! Les gens d'ici commencent à être las des réquisitions de toute sorte et font tout pour y échapper. Tenez, voici la lettre que le président de la municipalité de Vevey adresse au préfet du Léman. J'en ai fait prendre copie pour vous, pensant que vous devez être tenu au courant de l'état d'esprit de la population, commenta Ribeyre avec malice.

Le colonel, visiblement excédé par ces questions d'intendance, tendit à Fontsalte une feuille de papier. Le capitaine la prit et lut à haute voix :

— « Nous avons l'honneur de vous observer, citoyen préfet, que la commune de Vevey, placée dans le vignoble, est de tout le pays celle qui, proportion gardée, a dans tous les temps le moins de chevaux, que cependant elle est tenue par sa position à fournir autant et même plus de voitures que d'autres qui ont trois ou quatre fois plus d'attelages, que prévoyant l'embarras dans lequel elle allait se trouver à cet égard elle a écrit et réitéré plusieurs fois à la chambre administrative pour la conjurer de lui faire passer quelques voitures et chevaux des communes hors de passage des troupes, sans avoir pu jusqu'à présent en obtenir même une réponse satisfaisante. Salut et Fraternité. Signé : Couvreu, président, et Dupraz, greffier. » Il semble en effet que les Vaudois nous supportent de plus en plus mal, concéda Fontsalte.

— D'autres signes doivent nous inquiéter, mon cher. Savez-vous qu'à la foire d'Orbe, le 13 février, des filous, venus pour détrousser les gens, ont fomenté des bagarres. Une a opposé un jeune Suisse à un canonnier français. Le Suisse à giflé le canonnier, qui a répliqué en lui jetant une pierre. Ce ne serait rien si, à cette occasion, on n'avait entendu des gens crier à travers la ville : « Vive l'Autriche » ! Les charretiers du Léman, que nous mettons à contribution depuis deux ans, se plaignent de nos façons. Vingt-deux d'entre eux, qui, avec leurs soixante-deux chevaux, ont conduit, au mois de mars, des subsistances et munitions de l'armée, affirment que le conducteur français du convoi, porteur de la feuille de route, a retiré à Mondon des bons de vivres et de fourrage sans leur en avoir remis leur part.

— Il est probable qu'il a vendu tout ça à des particuliers ?

— Sans doute. Mais, chaque fois que se produit un nouvel incident, les autorités nous ressortent de vieilles histoires que vous ne connaissez sans doute pas, mais qui ne sont pas réglées. Or les gens d'ici ont un sens très aigu de la pénitence. Par exemple, depuis que je suis à Vevey, on me demande aussi, sans arrêt, si l'état-major va tolérer longtemps les pillages organisés par le général Xaintrailles et son épouse. Quand ils sont arrivés ici, le 3 juillet 99, avec une escorte et beaucoup de chevaux, m'a-t-on dit, ils ont commencé à glapir, parce que l'appartement qu'on leur avait réservé ne leur plaisait pas, menaçant d'en choisir un eux-mêmes si on ne leur donnait pas satisfaction. Il paraît que les chasseurs et dragons de l'escorte troublaient les nuits veveysannes et que Philippe de Mellet, alors syndic de la ville, avait exigé le départ de ces gens, venus on ne sait d'où, pour faire on ne sait quoi. La gendarmerie a fait une enquête pour calmer les plaignants.

— A-t-on entendu des témoins ?

— Oui. Plusieurs ont porté, sous la foi du serment, des accusations très graves. Un certain Borgeaux dit avoir vu un domestique du général qui transportait, sur un char tiré par quatre chevaux, entre Vevey et Lausanne, un chargement si lourd qu'il a pensé que c'était de l'argenterie. Un bourgeois, Jean-Louis Roussy, explique qu'il a, pour le compte de Xaintrailles, chargé du vin volé sur la barque d'un Italien en partance pour Genève. L'aubergiste des Trois-Couronnes[1], Paschoud, a déclaré que Xaintrailles avait un plein fourgon de marchandises dans sa remise quand il est parti pour le Valais. D'autres témoins ont affirmé que l'épouse du général a vendu publiquement, à Lausanne, des effets et des meubles que des gens ont reconnus pour avoir été volés dans le haut Valais. Ne trouvez-vous pas que cela fait beaucoup ? Vous ne pourriez pas, aux Affaires secrètes, nous débarrasser de ces gens qui déshonorent l'armée ? Il faut qu'on arrête Xaintrailles, qu'on le juge et lui fasse rendre gorge !

— Hélas, dit Blaise de Fontsalte, les écumeurs ne sont pas rares. Hier, à Lausanne, on a surpris un chirurgien de l'armée qui vendait de l'argenterie d'église cassée et on a arrêté un garde-magasin qui venait de négocier, à son profit, dix des trente-cinq quintaux de farine qu'il détenait pour nourrir la troupe. Et peut-être ignorez-vous encore, ici, que des soldats de la division Watrin ont détroussé le courrier de Saint-Maurice !

Ce fut au tour du colonel de lever les bras, en signe d'impuissance.

— Mais, en ce qui concerne Xaintrailles, je puis vous assurer que la gendarmerie a des ordres. Il sera arrêté et jugé. Ce sabreur doit tenir de son ancêtre le maréchal Jean Poton, sire de Xaintrailles, qui, après s'être battu sous l'oriflamme de Jeanne d'Arc, au

---

1. Dès 1627, Vevey comptait dix auberges, dont la Couronne, le Lion et les Trois-Couronnes. Dans la première moitié du XIXe siècle, cette dernière, rue du Simplon, était exploitée par la famille Monnet, qui acheta bientôt la demeure des Belles-Truches et la fit démolir. L'actuel hôtel des Trois-Couronnes fut construit en 1842, sur l'emplacement de cette propriété.

siège d'Orléans, et avoir conquis la Mayenne, ne craignit pas d'utiliser les services des Ecorcheurs pour mettre à sac bourgs et villes, puis rançonner bourgeois et taverniers.

— Je crois me rappeler, capitaine, que ce sont les Suisses qui, sous Charles VII, débarrassèrent le pays des Ecorcheurs, compléta, avec un sourire satisfait, le colonel féru d'histoire.

— Il serait à la fois cocasse et moral que, trois siècles et demi plus tard, ce soit encore les Suisses qui aient raison d'un Xaintrailles pilleur !

Les deux officiers mêlèrent un instant leurs rires, puis, reprenant son sérieux, le colonel revint au sujet qui le préoccupait.

— Il y a une affaire de meurtre qui traîne et fait mauvais effet. Les gens de Cully voudraient être sûrs que le soldat de la 30e demi-brigade qui, le 2 novembre 98, a blessé mortellement, d'un coup de sabre dans le ventre, le maître charpentier Jacob Bardet a bien été jugé et exécuté comme le fut le canonnier Charles Gourdin, condamné à mort le 22 novembre 98 pour avoir grièvement blessé l'aubergiste de Bex, Jean-Jacques Mage.

— Je me renseignerai, promit Fontsalte, mais peut-être serait-il bon de rappeler de temps à autre, à la troupe, que l'article 4 du titre V de la loi du 13 brumaire an V est toujours en vigueur. Il est très clair, et a de quoi faire réfléchir : « Tout militaire ou autre individu attaché à l'armée et à sa suite, convaincu d'avoir attenté à la vie de l'habitant non armé, à celle de sa femme ou de ses enfants, en quelque pays ou lieu que ce soit, sera puni de mort », récita le capitaine.

— Je sais que vous connaissez la loi, mais les gens d'ici, qui attachent pendant des heures au pilori ou au tourniquet une femme qui a volé un fichu au lavoir, ou un homme qui a oublié de payer son déci de vin à la taverne, ne se satisfont pas d'articles du code militaire. Ils exigent qu'on applique la loi et que les Français qui se conduisent mal expient publiquement, afin que nul n'en ignore ! Tout cela, croyez-moi, n'est pas bon pour l'armée, ni pour l'honneur de la France. On commence à sentir, dans le canton du Léman, une sourde hostilité, chez les bourgeois comme dans le peuple, et à chaque occasion elle se manifeste.

— Regrettable en effet, admit Fontsalte en se levant pour prendre congé.

Le colonel l'accompagna jusqu'à la porte palière.

— On vous a logé à Rive-Reine, chez Métaz.

— J'espère qu'il n'aura pas eu à souffrir du comportement de

quelque soudard français et que je ne serai pas mal reçu !
commenta Fontsalte.

— Vous serez très bien reçu. C'est une bonne maison et je
crois savoir qu'ils n'ont encore jamais logé d'officier. Donc,
terrain vierge de mauvais souvenir. A vous d'en laisser de
bons ! La jeune Mme Métaz, que je ne connais pas encore,
passe pour une des plus jolies, sinon pour la plus jolie, bourgeoises du pays. Alors, mon cher, bonne chance !

Blaise de Fontsalte traversa le palier et découvrit le bureau,
très provisoire, qu'on avait prévu pour lui. L'heure de se mettre
en tenue pour la revue approchant, il n'eut que le temps de
jeter un regard au décor et au tableau signalé par le colonel.
Ce qu'il venait d'apprendre sur l'état d'esprit de la population
veveysanne invitait à la prudence et à la circonspection.

Avant de prendre possession de ses quartiers à Rive-Reine,
une mission restait à accomplir : remettre à la municipalité
l'ordre du général Bonaparte d'avoir à distribuer, à l'issue de la
revue, une ration de vin par soldat. A raison d'un demi-litre
par bénéficiaire, cela représentait, pour six mille troupiers, trois
mille litres de vin ! De quoi faire gémir les autorités locales !

Contrairement à ce que redoutait l'officier, l'exigence de
Bonaparte ne fut pas mal accueillie et le délégué de la municipalité rédigea devant lui, et avec le sourire, l'ordre pour la
Chambre de Régie d'avoir à faire porter, immédiatement, des
tonneaux sur la place du Marché, où ils seraient mis en perce,
après la revue, à la demande de l'état-major.

— Comptez-vous séjourner longtemps à Vevey ? demanda le
magistrat.

— Le moins de temps possible et avec le souci de causer le
moindre dérangement à vos concitoyens, monsieur le Délégué.

Le Veveysan ne releva pas le propos, ce qui donna à penser
à Fontsalte qu'on aurait sans doute aimé le voir, avec toute
l'armée, partir sur l'heure !

— Etes-vous descendu à l'hôtel de Londres ?

— J'ai l'avantage d'être accueilli par la famille Métaz, dit un
peu sèchement l'officier.

Le délégué parut surpris.

— Chez Guillaume Métaz, vraiment ! C'est bien la première
fois qu'il accepte d'héberger chez lui un Français qui ne soit
pas... heu... au moins général !

— Je ne pense pas qu'on lui ait demandé son avis, monsieur

le Délégué. Peut-être l'ignorez-vous, mais nous sommes en guerre !

La phrase du capitaine claqua en même temps que ses talons. Ci-devant marquis, respectueux des pouvoirs établis, courtois avec les hommes, galant avec les femmes, Blaise de Fontsalte n'était pas, pour autant, de ceux qui supportent passivement le persiflage.

Quittant l'hôtel de ville, Fontsalte prit, d'un pas vif, en faisant sonner ses éperons sur le pavé, la direction de Rive-Reine. Il bougonnait intérieurement, agacé par ces gens trop bien installés dans leur vie paisible, alors que des milliers d'hommes marchaient au combat à travers les Alpes.

Sans cette armée issue de la Révolution, qui, deux ans plus tôt, avait assuré leur émancipation en les délivrant de la tutelle bernoise, ces Vaudois n'auraient pas connu l'incomparable bonheur d'être libres. On ne leur demandait, en signe de gratitude, qu'un peu de vin... et de patience !

3.

Les anciens bourgeois de Vevey avaient coutume de donner à leur demeure, quand elle était de quelque importance ou d'une originalité architecturale reconnue, le nom du lieu-dit qu'elle occupait. Pour ne pas être en reste, les bourgeois de souche plus récente avaient attribué à des propriétés dépourvues de références topographiques ou historiques des appellations tirées de la geste familiale ou, à défaut, de leur seule imagination. Avec le temps, ces noms d'emprunt, dont on avait souvent oublié l'origine, s'étaient incrustés dans la mémoire collective de la cité, acquérant ainsi une patine patrimoniale jalousement entretenue de génération en génération.

Les gens bienveillants voyaient dans ces singularités les réminiscences romantiques d'une époque où, la circonscription de Vevey étant partagée entre plusieurs seigneurs, on identifiait les maisons de la ville par les noms des châtellenies dont elles dépendaient : Bottonens, Blonay, Cojonay, Preux, Vuippens, Belles-Truches, notamment.

Les malicieux et les envieux soutenaient en revanche que les riches propriétaires, admis à partager les privilèges de la grande bourgeoisie, ne faisaient que singer les nobles du temps jadis. Les parvenus de moindre envergure, qui ne pouvaient s'offrir les châteaux mis en vente depuis 1791 par des nobles ruinés, ne rêvaient que d'en construire de nouveaux !

Quand la Chambre administrative du canton du Léman s'était prononcée, le 27 août 1798, pour l'abolition des armoiries, après

avoir, le 7 mai précédent, fait supprimer le titre de « monsieur »
dans les actes officiels, certains patriciens veveysans, pourvus à prix
d'or, depuis deux ou trois générations, par des héraldistes dociles,
de blasons de fantaisie, s'étaient dit que l'égalité républicaine
exigeait bien des sacrifices d'amour-propre ! Plusieurs d'entre eux
avaient même regretté, ce jour-là, d'avoir dansé avec les paysans le
29 janvier 98 autour de l'arbre de la liberté planté, dans l'euphorie
générale, au milieu de la place du Marché et, encore plus, de s'être
réjouis de l'autodafé des armoiries du bailli !

Les petits-bourgeois, longtemps privés du droit de vote, les
boutiquiers, artisans, ouvriers, domestiques et bacounis[1] se
moquaient sans méchanceté, chacun dans son langage, des
manières de ceux qui restaient grands bourgeois comme devant. La
Révolution française, accommodée à la sauce helvétique, n'avait
entamé ni l'autorité, ni les fortunes, ni les habitudes des Vaudois
nantis. Ayant payé le plus clair de l'imposition de 700 000 F exigée
au printemps 1798 par le général Brune et les libérateurs français,
ils estimaient, de surcroît, avoir bien mérité de la patrie !

Les Rudmeyer appartenaient à cette caste de bourgeois libé-
raux... mais propriétaires. Quand ils avaient laissé à leur fille
unique, Charlotte, la pleine et entière jouissance, dès son mariage
avec Guillaume Métaz, de Rive-Reine, leur maison de ville, ils
avaient agi comme le prudent châtelain qui, tout en se montrant
généreux avec son gendre, met la dot de son enfant à couvert des
aléas de la vie conjugale.

Rive-Reine était une grande bâtisse en pierre de taille, à deux
étages, dont le plan au sol épousait la forme d'un U largement
ouvert sur le lac par une terrasse. Côté ville, par la rue Saint-
Sauveur, qu'emprunta le capitaine Fontsalte, on accédait à la
maison par une cour pavée, ceinturée d'une grille de fer forgé aux
torsades prétentieuses et exhaussée de piquets lancéolés et dorés.
Cette clôture conférait à l'ensemble un aspect à la fois carcéral et
cossu.

Blaise franchit la grille, traversa la cour et s'immobilisa devant
une porte en chêne ciré à double battant. Une poignée de cuivre,
suspendue à une tige de fer, pendait au chambranle. Il la tira et
entendit, assourdi par la distance, le tintement d'une cloche que
son geste, par un jeu compliqué de bielles et de cordons, avait mise
en branle quelque part dans la maison. Une bonne minute s'écoula

---

1. Nom donné par les Vaudois aux bateliers du lac.

avant que s'inscrive dans l'entrebâillement de la porte le plus joli visage de femme que l'officier ait vu depuis des semaines. Le regard, doux et bleu, où se mêlaient étrangement candeur et curiosité, la blancheur des dents, que découvrait un sourire, charmèrent le Français.

— Capitaine Fontsalte. Je crois avoir le privilège d'être logé dans cette maison. Mon ordonnance doit être déjà arrivée, dit-il.

La porte s'ouvrit largement, livrant aux regards de l'officier une jeune femme blonde et mince qui recula d'un pas pour le laisser entrer.

— Bienvenue chez nous, capitaine. Je suis Mme Métaz.

Blaise eut sans doute un mouvement involontaire des sourcils, traduisant son étonnement de voir une maîtresse de maison répondre elle-même au coup de cloche. Mme Métaz le remarqua, en même temps qu'elle découvrit que le visiteur n'avait pas les deux yeux de la même couleur. Cette anomalie retarda imperceptible-ment sa réplique.

— Notre Apolline, que nous appelons Polline, est bien vieille et un peu sourde, monsieur. Heureusement, j'ai entendu la clochette en passant, dit-elle, comme pour excuser sa présence.

Blaise s'inclina, son colback sur l'avant-bras replié, évaluant, d'un regard dans le décolleté carré, frangé de dentelle, une gorge d'adolescente, petite, mais bien pommée.

— Je vais vous conduire à votre chambre. Nous vous avons donné celle du bout de la maison. Vous aurez une jolie vue sur le lac et votre ordonnance, qui loge au-dessus de l'écurie, sera à portée de voix, dit la jeune femme.

L'officier constata que Mme Métaz s'exprimait sans accent et il en déduisit qu'elle n'était pas vaudoise. Sur les talons de son hôtesse, appréciant le froufrou d'une jupe virevoltante sous l'effet d'une démarche vive et assurée, comme la finesse d'une taille qu'il eût aisément enserrée dans ses mains, Fontsalte parcourut un long vestibule carrelé, rendu glissant par les encaustiquages répétés. Il eut le temps de remarquer, sur une console, un biscuit représentant un pâtre chargé d'un agnelet, deux commodes ventrues en bois fruitier, quelques sièges rustiques à haut dossier et, sur les murs, plusieurs tableaux aussi sombres que les lambris d'appui. Les pièces ouvrant sur ce hall, qui traversait la maison d'une façade à l'autre, lui parurent plongées dans une pénombre sinistre. « Un véritable intérieur huguenot », se dit-il.

Par une porte à double battant, réplique vitrée de l'entrée

principale, ils débouchèrent sur une terrasse, au centre de laquelle tintinnabulait une fontaine. Quatre dauphins de pierre, dressés sur leur nageoire caudale, soufflaient avec mollesse vers le ciel des jets d'eau irisés par le soleil, arcs-en-ciel liquides qui retombaient, pluies courbes et crépitantes, dans un bassin.

— Mais c'est Versailles ! lança Blaise.

— Ne vous moquez pas, capitaine. Nous sommes très fiers de nos fontaines, à Vevey. Avez-vous vu celle du guerrier, place du Vieux-Marché ? Elle date de 1635, c'est la plus ancienne de la ville. Et le soldat romain, certains disent qu'il s'agit de saint Martin, qui la domine fut sculpté dans du grès de La Sarraz par un artiste nommé Bugnion, qui reçut pour tout salaire 25 thalers[1] et un sac de blé !

— La vôtre doit être plus récente, j'imagine, observa Blaise.

— A peine. Elle ornait le parc d'un château en ruine à Saint-Gingolf, de l'autre côté du lac. Mon mari l'a fait démonter et l'a transportée ici sur un de ses bateaux. Quand elle a été reconstruite, nos ouvriers ont refait la tuyauterie et réparé je ne sais quel système. Depuis un an, elle fonctionne à merveille et nous nous réjouissons de sa fraîcheur... et de son chant !

Tout en racontant l'histoire de sa fontaine, Mme Métaz considérait les jeux d'eau avec un sourire enfantin. Elle tint encore à faire apprécier au capitaine le dessin des parterres, géométrie de fleurs printanières où dominaient pensées finissantes, primevères et tulipes, puis le conduisit sous deux vieux platanes dont les branches basses, torturées avec science depuis de nombreuses saisons par les élagueurs, formaient tonnelle.

— Le feuillage est encore pauvre, mais, en plein été, c'est un véritable salon de verdure !

Comme elle proposait de marcher jusqu'à la gloriette qui, au fond de la terrasse, dominait la berge et d'où, affirma-t-elle, on bénéficiait d'une vue exceptionnelle sur la côte, une violente détonation secoua l'air. La jeune femme sursauta et leva sur Blaise un regard inquiet.

— Mon Dieu, que se passe-t-il ? Ce n'est tout de même pas le tonnerre !

— Le canon annonce l'arrivée du Premier consul, madame, et

1. Le thaler, pièce d'argent de différents types, a été l'unité monétaire de divers pays germaniques. Le thaler de Marie-Thérèse, frappé à Vienne, à l'effigie de l'impératrice à partir de 1780, date de la mort de la souveraine, servait encore, il y a peu de temps, de monnaie de commerce dans plusieurs pays de l'Est africain. Le mot thaler a donné naissance au mot dollar, unité monétaire des Etats-Unis, et au mot talari, unité monétaire de l'Ethiopie.

cela signifie que je vais être en retard pour la revue. Puis-je vous demander où se trouve ma chambre, je dois encore me mettre en tenue.

— Bien sûr, monsieur, pardonnez mon bavardage ! J'oubliais que vous êtes ici pour la revue. Je vous conduis.

Elle trottina sur le gravier, vers l'aile gauche de la maison, poussa une porte, désigna un escalier.

— Voilà, voilà, c'est à l'étage. Votre ordonnance a dû tout préparer avec Polline. Ne soyez pas en retard.

Comme Blaise remerciait, en s'excusant d'interrompre un entretien qu'il eût volontiers prolongé en d'autres circonstances, l'hôtesse confessa :

— Je dois moi-même me presser. J'ai rendez-vous à l'hôtel de Londres, place du Marché, avec deux amies. On nous a réservé un balcon. Nous ne voulons pas manquer ce spectacle militaire car...

Un nouveau coup de canon couvrit la fin de la phrase.

— Vous avez un quart d'heure, mais pas plus. A l'heure qu'il est, le général Bonaparte doit descendre de sa berline à l'entrée de la ville pour monter à cheval.

Comme Blaise posait le pied sur la première marche de l'escalier, Mme Métaz se rapprocha.

— Mon mari aurait certainement voulu vous recevoir à notre table pour le souper, mais il est absent. Il est quelque part sur le lac, entre Genève et Villeneuve. Le préfet du Léman a loué ses trois bateaux pour transporter les subsistances de l'armée. Mais peut-être nous reverrons-nous dans la soirée ?

— Je le souhaite, madame, bien que je puisse être retenu fort tard par le service...

— Si, en rentrant, vous voyez de la lumière au grand salon, ne manquez pas de vous montrer, je vous prie. J'ai toujours des amis pour la veillée.

Fontsalte promit d'user de la permission et s'élança dans l'escalier.

Trévotte attendait, confortablement calé dans un fauteuil, l'arrivée du capitaine.

— Déjà deux coups, capitaine, va falloir vous hâter !

— Les femmes sont bavardes, Titus. Les jolies femmes surtout. Et l'hôtesse est jolie comme un cœur.

— Ça arrive aussi, capitaine, que les laides aient le fil bien coupé. Mais c'est pas le cas de la servante d'ici, par exemple ! Polline qu'elle s'appelle. Une vraie Carabosse, vieille, ratatinée, noiraude, bigleuse, torse, avec des mains comme des battoirs. Mais qui m'a pas dit trois mots. Quand je lui ai fait comprendre que je mangerais bien un morceau, sans déranger, elle a grogné. « Les Français nous prennent tout, notre vin, nos chevaux, notre avoine, des vrais pirates », qu'elle a dit. Comme vous m'avez dit qu'y faut pas faire d'histoire, j'ai pas répondu. Alors, elle a soufflé comme une chatte en fureur et elle est partie. J'y aurais demandé sa dernière dent qu'elle aurait pas été aussi colère. Un moment après, elle est revenue avec une assiette de viande séchée, du fromage, un pain et un pichet de vin blanc. Je me suis bien refait. Elle soufflait toujours. Mais je crois que c'est pas une mauvaise bête, cette vieille !

Tout en s'habillant, Blaise explora sa chambre du regard. Cette vaste pièce, claire, ouvrait sur le lac par une porte-fenêtre donnant accès à un petit balcon. Un grand lit-bateau, une belle armoire, une commode supportant une jolie barbière, une table, un fauteuil à oreilles et deux chaises constituaient l'ameublement. Une vraie chambre d'hôte, pas du tout le genre de local que les bourgeois contraints de loger un officier proposaient en général à l'importun. Les Métaz faisaient preuve d'un sens aimable de l'accueil, ce qui supposait, d'après ce que le capitaine savait des plaintes enregistrées depuis deux ans par les logeurs des militaires français de tous grades, une bonne dose de confiance et pas mal de témérité ! Cette attitude lui fut confirmée par les commentaires que fit Titus.

L'écurie était propre, la soupente où il logeait offrait un bon lit, avec une paillasse, certes, mais bien sèche. Le palefrenier des Métaz, qui l'avait aidé à étriller et brosser Yorick, le cheval du capitaine, lui avait offert un coup de marc du pays, « râpeux comme un hérisson, mais bien revigorant ».

— Il m'a dit aussi qu'y faudrait pas que j'allume de chandelle dans la soupente, pas même un rat de cave, ni mon briquet à amadou. Pour fumer ma pipe, faudra que je fasse comme lui, que j'aille à côté de l'abreuvoir, dans la cour ! Ici, les gens ont une vraie peur du feu. Paraît que dans les temps anciens, et y'a pas encore cinquante ans, des grands incendies ont brûlé beaucoup de maisons dans la ville. Jusqu'y'a pas longtemps, on donnait même des amendes aux fumeurs ! Et, avec ces sous, la municipalité achetait des échelles et des pompes, qu'ils appellent des seringues ! C'est des gens qui prévoient tout !

Quand le capitaine et Titus se mirent en selle pour se rendre place du Marché, le canon avait encore tonné deux fois. Les cavaliers, allant au pas à travers la ville, représentaient bellement la Garde des consuls. Blaise avait passé le gilet à manches, vert garni de soutaches dorées à trois rangs de dix-huit boutons, la culotte hongroise, écarlate à passepoil jaune, qui, serrée dans les bottes à la hussarde, mettait en valeur ses longues jambes. Le capitaine avait aussi troqué l'habit en drap vert, tenue de route, contre une pelisse rouge doublée d'agneau blanc, qu'il portait suspendue à l'épaule par un cordon à raquettes. Complétant l'uniforme, le plumet vert à pointe rouge du colback agrémenté de tresses, les gants blancs et, sur les avant-bras, trois larges galons d'or, insigne de son grade, ajoutaient à la prestance naturelle du cavalier une touche héroïque à laquelle sa monture participait par le harnachement de parade : licol bordé d'un feston de drap rouge, filet de grande tenue à fil d'or, bride et surfaix de cuir fauve.

Encapuchonné par la tension des rênes, le cheval levait haut les antérieurs, contraint à l'allure majestueuse du pas espagnol. Crins du toupet nattés avec un ruban rouge, sabots cirés et quoaillant, l'anglo-arabe semblait conscient de participer à une représentation. La schabraque de service avait été remplacée par une plus luxueuse, en peau de panthère, bordée d'un galon d'or sur fond écarlate et d'un feston de drap vert, qui s'étalait comme un manteau de cour dissimulant les fontes où, par précaution, Fontsalte serrait toujours deux pistolets chargés. Sur la croupe lustrée de Yorick, la tête naturalisée du fauve semblait, au rythme des pas, animée de tressaillements menaçants.

La place du Marché était maintenant occupée par les demi-brigades de la division Boudet. Les troupes, alignées sur trois côtés de l'esplanade, le quatrième, celui du nord, où débouchait la route de Lausanne, étant libre, offraient aux Veveysans un spectacle comme ils n'en avaient pas vu depuis la fête des vignerons de 1791. Blaise de Fontsalte regretta que le soleil eût soudain disparu derrière un écran de nuages gris, ce qui affadissait les couleurs des uniformes, des guidons, des drapeaux, fanait les buffleteries et ternissait l'acier fulgurant des sabres.

Au trot accéléré, le capitaine rejoignit l'état-major de la division, groupé au centre de la place. A peine avait-il salué les officiers supérieurs et quelques camarades qu'une salve d'artillerie annonça l'arrivée imminente du Premier consul. Blaise consulta sa montre de gousset. Elle indiquait deux heures trois quarts. Comme toujours, le général Bonaparte était exact.

Un peloton du 12e hussards, qui escortait le Premier consul

depuis son entrée en Suisse, surprit tous les assistants en déboulant sur l'esplanade au grand galop, dans un nuage de poussière. Tandis que le roulement des tambours et le crépitement des sabots se fondaient en un seul bruit de charge, les demi-brigades rectifièrent la position. Dès que le peloton de cavalerie eut trouvé ses marques, près du détachement de la Garde des consuls, le canon se tut, les musiques attaquèrent l'hymne des Marseillais et le général Bonaparte, montant un cheval de poil isabelle, s'avança au petit trot, à la rencontre du général Boudet et de l'état-major.

Le Premier consul avait endossé son uniforme de général de division, habit de drap bleu national à deux rangs de boutons dorés, collet et parements écarlates, broderie de feuilles de chêne en fils d'or sur le collet, épaulettes à torsades d'or, culotte de daim et bottes à l'anglaise. Seul ornement de son chapeau à cornes de feutre noir : la cocarde tricolore. Plusieurs généraux, ceints de leur écharpe de commandement, qui, eux, portaient la grande tenue, avec chapeau à plumet et galons d'or, escortaient le Premier consul. Blaise de Fontsalte reconnut Berthier, Victor, Murat, Bessières, Marmont, Lannes, Saint-Cyr et leurs aides de camp.

Les Veveysans, contenus derrière les troupes, partagés entre le silence respectueux et l'envie d'ovationner le guerrier, se hissaient sur la pointe des pieds, quand ils n'étaient pas montés sur des bancs, pour tenter d'apercevoir celui en qui tous les Suisses mettaient leur confiance depuis qu'il s'était écrié en 1797 : « Un peuple ne peut être sujet d'un autre peuple sans violer les principes du droit public et naturel. »

Les pères portant leur enfant à califourchon sur les épaules, les femmes penchées aux fenêtres et aux balcons, les gamins audacieux, qui se faufilaient entre les rangs des soldats et que menaçaient du sabre les sergents, tous voulaient connaître le guide choisi par les Français pour conduire leur destinée, celui dont la plus haute ambition était, disait-on, de faire de l'Europe un ensemble de peuples libres, pacifiques et prospères. Ce mardi 13 mai 1800, symbole du premier printemps d'un siècle porteur d'espérances, resterait dans la mémoire de ces gens, réputés méfiants et peu démonstratifs.

Blaise, ayant salué, sabre au clair, le passage du Premier consul, découvrit qu'il stationnait lui-même devant l'hôtel de Londres et pensa que Mme Métaz devait se trouver sur un des balcons. Il repéra sans peine la jeune femme vêtue de blanc et eut l'impression qu'elle l'avait, elle aussi, distingué. Comme Bonaparte s'éloignait pour passer sur le front des troupes, il fit pivoter Yorick, sous prétexte de se rapprocher du colonel Ribeyre. Ce mouvement l'amena face aux balcons de l'hôtel emplis, comme les loges d'un théâtre, de femmes élégantes et babillardes. Levant les yeux, il estima que son hôtesse l'emportait en grâce et en beauté sur toutes celles qui l'entouraient. Mme Métaz, pour bien marquer qu'elle appréciait que l'officier l'eût reconnue, adressa alors à Fontsalte un sourire et un geste de la main. Blaise, réfractaire aux minauderies féminines et qui, pyrrhonien courtois, ne demandait aux femmes que le délassement promis aux guerriers, crut percevoir dans cet échange de regards le signal fugace par lequel des êtres qui ne se sont jamais rencontrés se reconnaissent. Trop lucide pour magnifier ce genre de mirage né, dans la vacuité de l'imagination, de la conjonction soudaine du désir et de l'abstinence, Blaise acheva son mouvement tournant et vint botte à botte avec le colonel Ribeyre. Ce dernier avait suivi la manœuvre du capitaine et les mimiques échangées.

— Eh, eh! mon cher, vous ne perdez pas de temps. Un peu frêle, mais charmante. Est-ce une parente?

— C'est ma logeuse, Mme Métaz. Et je vous remercie de m'avoir logé dans cette maison qui...

— Remerciez-moi d'autant plus que j'ai envoyé le mari à Genève, avec ses bateaux, chercher des subsistances! souffla en riant le chef d'état-major.

Les deux hommes durent s'interrompre, la revue ayant commencé et le général Boudet s'étant approché pour faire part de son inquiétude à son chef d'état-major. Le Premier consul avait, en effet, mis pied à terre et s'était engagé entre les lignes, sachant bien qu'il ne fallait pas se fier à la bonne tenue des premiers rangs. Il parcourut ainsi, mains au dos, plusieurs rangées de la 9e demi-brigade légère et des 30e et 59e demi-brigades d'infanterie de bataille, interrogeant les soldats, détaillant leur tenue, se faisant montrer armes et chaussures.

— Nos hommes ont touché des chaussures neuves, dit un aide de camp, pour rassurer son chef.

— Trop neuves, elles leur mettent les pieds en sang et certains les ont déjà vendues à des paysans, commenta un autre.

— Alors, il faudra vraiment fusiller Ricard, lança en souriant Fontsalte, à l'adresse du colonel.

Ribeyre se tourna vers le capitaine et dit mezza voce:

— Je crains que cette inspection détaillée ne mette le Premier consul de mauvais poil. Et cela d'autant plus aigrement qu'il a appris, en arrivant ici, que Carnot, le ministre de la Guerre, qui vient de Bâle et a vu Moreau il y a trois jours, sera ce soir à Lausanne pour le rencontrer. Cela promet !

— Et voilà le ciel qui se met à l'unisson ! L'orage s'annonce ! soupira un aide de camp qui avait entendu la réflexion du colonel, alors que tombaient les premières gouttes de pluie.

L'averse ne fit pas accélérer le cérémonial de la revue. S'étant remis en selle, Bonaparte invita son aide de camp à commander les exercices de la charge et du feu, qui animèrent un moment l'esplanade, pour le plus grand plaisir des citoyens de Vevey. Ces manœuvres terminées, les troupes se mirent en ordre pour le défilé. Au son des musiques militaires, les demi-brigades, par peloton, passèrent devant le Premier consul et les officiers généraux avant de disparaître par le sud de la place.

Quand les officiers furent appelés à l'ordre, Fontsalte se joignit à eux. Le général Bonaparte n'était ni moins jaune ni plus aimable que d'ordinaire. Il se dit « satisfait de la bonne tenue de la 9e demi-brigade légère, mais peu des deux autres », puis il justifia, une fois de plus, pour les officiers, la reprise des hostilités contre l'Autriche que certains refusaient, à Paris, de considérer comme inéluctable : « J'ai offert la paix à l'empereur, il ne l'a pas voulue ; il ne nous reste plus qu'à le prendre à la gorge. »

La séance étant levée, le Premier consul, pour répondre à une invitation des autorités, parcourut sans perdre de temps une allée d'arbres de haute futaie conduisant à la belle maison de M. Denezy, rue du Bourg-aux-Favre. Tandis qu'on servait les rafraîchissements, Bonaparte se fit communiquer la position des différents corps d'armée en marche vers le « fond du lac ».

Les officiers généraux qui l'entouraient comprirent que son choix était maintenant définitivement arrêté. Le général Armand-Samuel Marescot, inspecteur général du génie, chargé de la reconnaissance des Alpes, avec qui le Premier consul s'était longuement entretenu la veille à Lausanne, s'était prononcé, après avoir comparé tous les passages possibles, pour le col du Grand-Saint-Bernard. L'officier n'avait pas caché que l'opération serait difficile. « Difficile, soit, mais est-elle possible ? » avait demandé Bonaparte. « Je le crois, mais avec des efforts extraordinaires », s'était empressé de prévenir le général. « Eh bien, partons ! » : telle avait été la réponse du Premier consul.

Ainsi, la décision étant prise, le gros des troupes, au moins quarante mille hommes, trente-cinq mille fantassins et artilleurs, cinq mille cavaliers, passerait par le Grand-Saint-Bernard tandis que quinze mille hommes, détachés de l'armée de Moreau et conduits par le général Moncey, entreraient en Italie par le Saint-Gothard, que le général Thurreau franchirait, avec quatre mille troupiers de Ligurie, le mont Cenis pour descendre sur Suze et, de là, sur Turin, que Chabran, entraînant la 70e demi-brigade et des bataillons de l'armée d'Orient, prendrait la route du Petit-Saint-Bernard avec mission de rejoindre le gros de l'armée à Ivrea.

Chacun ayant reçu, à l'écart des oreilles indiscrètes, des consignes précises, tous eurent confirmation d'un sentiment éprouvé depuis la formation de l'armée de réserve à Dijon : Bonaparte se comportait comme le véritable général en chef d'une entreprise militaire officiellement placée sous le commandement de Berthier. Si le Premier consul n'avait pas pris le titre de généralissime, c'était pour respecter un article de la Constitution, qui interdisait au premier magistrat de la République de commander en personne.

Avant de remonter dans sa berline, avec Berthier, pour se rendre à Villeneuve, Bonaparte eut un aparté avec le colonel chargé des Affaires secrètes. Un peu plus tard, ce dernier transmit à Fontsalte les recommandations du Premier consul : ne pas donner, pendant quelques jours, de nouvelles de l'armée de réserve à la presse ; dire seulement qu'elle est en pleine marche et que le Premier consul a traversé la Suisse venant de Bâle !

Sous la pluie cinglante, tandis que les soldats recevaient la ration de vin exigée par le Premier consul et offerte, bon gré mal gré, par les vignerons veveysans, Blaise de Fontsalte regagna le château baillival, siège de l'état-major de division. Il trouva sur sa table des dossiers transmis par les autorités locales. Comme d'habitude, il s'agissait de plaintes émanant de Vaudois qui avaient eu à pâtir des agissements des militaires français de passage.

Une dame Clavel se plaignait qu'un Guide de Bonaparte lui ait volé quinze mouchoirs de soie et mousseline ; Françoise Barroud avait constaté la disparition d'une jupe et de deux mouchoirs ; Pierre-Abraham Ansermoz réclamait le prix d'un tablier « tout neuf » et d'un bonnet ; César Petter affirmait que des soldats ivres avaient enfoncé sa porte ; David Drapel assurait qu'on lui avait pris deux chemises, deux rasoirs et douze pots de vin ; M. Corboz déplorait la disparition d'un gros fromage, de six tommes et de sept livres de lard ; le curé de la paroisse d'Aigle réclamait soixante-sept livres pour dégâts causés à son église et Jean Mennaud, le cabaretier de l'hôtel du Cerf, avait constaté, après le départ des soldats, que quatorze draps de lit, une marmite, douze demi-pots et huit assiettes d'étain manquaient dans son établissement [1].

A Vevey même, plusieurs bourgeois, qui avaient dû héberger des officiers français, s'insurgeaient contre leur mauvaise éducation. M. Denezy notamment, le riche propriétaire qui venait d'offrir des rafraîchissements au Premier consul, gardait un très mauvais souvenir d'un certain Gabineau qui s'était, affirmait-il, « logé de force chez lui ». D'autres logeurs s'étaient plaints, devant M. Philippe de Mellet, président de la municipalité, du fait que les officiers se comportaient comme en pays conquis, lançaient des invitations à dîner ou à boire aux frais de leur hôte et partaient souvent en emportant draps et couvertures ! Si l'on ajoutait à cela les rixes, fréquentes entre militaires ivres et civils, les chapardages de toute sorte dans les caves, clapiers et poulaillers, les détournements de subsistances, les outrages aux femmes, les molestations de boutiquiers et les destructions de gibier, qui avaient incité la municipalité à fermer la chasse dès le 1er février, on pouvait concevoir la méfiance, voire la détestation, que marquaient maintenant les Vaudois à l'encontre d'une armée dont ils supportaient de plus en plus mal la présence.

Depuis quelques semaines, les plaintes avaient été si nombreuses qu'elles étaient remontées du pays de Vaud jusqu'à Paris où M. Zelter, plénipotentiaire de la République helvétique, avait écrit à Talleyrand, ministre des Relations extérieures, en conclusion à une série de récriminations : « Les Suisses forment un peuple qui ne se laisse ni distraire par les plaisirs ni intimider par la force, mais dont la douceur seule peut venir à bout. »

Plus affligeante pour la réputation de l'armée parut à Blaise la mésaventure survenue, à Lausanne, à la veuve du général Henri de Charrière, qui avait vu arriver chez elle un adjudant du 18e régiment de cavalerie, porteur d'un billet de logement où il était expressément indiqué : « logera et fournira lumière et couche au porteur ». La suite était dans le rapport de la gendarmerie, reproduisant le récit de la plaignante.

« On montre la chambre à donner à l'adjudant. Elle semble lui plaire. Il y dépose ses bagages et sort. Comme à minuit il n'a pas reparu, Mme de Charrière envoie tout son monde au lit. A minuit et demi la maisonnée est réveillée par des coups violents frappés à la

---

1. Toutes ces plaintes figurent aux Archives cantonales vaudoises, Lausanne.

porte. C'est le militaire qui revient. Comme le domestique se montre, au gré du Français, trop lent à ouvrir, il tire son sabre et dit qu'il va l'éventrer pour avoir osé le faire attendre. Il monte dans la chambre qui lui a été attribuée. Celle-ci ne lui plaît plus. Il se met en colère, renverse la bassine de braise sur le plancher au risque de provoquer un incendie, renverse aussi le lit et menace " de brûler la baraque ". Il demande au domestique de le conduire à la chambre de la propriétaire : " Mène-moi à la chambre de cette femme, je veux la finir ! " exige-t-il. Comme le domestique refuse de conduire l'adjudant chez sa maîtresse — Mme de Charrière est âgée de soixante ans — le militaire, excédé, défonce les portes de deux chambres, en choisit une à sa convenance, y fait arranger son lit, se couche et s'endort. Au petit matin, l'adjudant quitte Lausanne pour Morges et Mme de Charrière dépose plainte. »

Fontsalte aurait volontiers classé cette affaire, comme bien d'autres, si une note du service des Affaires secrètes, annexée au rapport, n'avait attiré son attention. Mme de Charrière était, non seulement, la veuve d'un général mais la parente éloignée d'une femme de lettres célèbre[1], qui correspondait régulièrement avec un homme influent à Paris, le citoyen Benjamin Constant, ami de Talleyrand et membre du Tribunat. Le capitaine signa immédiatement, à l'intention de la gendarmerie, un ordre de recherche de l'adjudant coléreux, et sans doute ivrogne, du 18e de cavalerie. Il adressa aussi à l'état-major une note, qu'il fit viser par le colonel Ribeyre, par laquelle le service des Affaires secrètes demandait qu'un officier, au moins chef de bataillon, allât présenter des excuses à Mme de Charrière puis fît évaluer et indemniser tous les dégâts causés à la propriété de cette dame.

Une autre cause de souci pour l'officier des Affaires secrètes tenait aux déserteurs, dont on signalait la présence dans le haut Valais. La plupart paraissaient inoffensifs, vivaient de rapines et, courant le risque de mourir de froid dans la montagne, préféraient souvent se rendre, en essayant de faire croire qu'ils s'étaient égarés. Mais certains fuyards pouvaient être des espions à la solde des Autrichiens, ou des hommes de main royalistes, capables de commettre un attentat contre le Premier consul. Ainsi, depuis le 7 mai, on recherchait deux Suisses qui, engagés dans l'armée française, s'étaient brusquement évanouis dans la nature : Jean

1. Isabelle-Agnès Van Tuyl ou Van Zuylen, dite Belle de Zuylen, née à Utrecht en 1740, morte à Lausanne en 1805.

Schlegel, se disant de Corsier, Daniel Brun, se disant de Vevey. Or l'un et l'autre étaient inconnus dans ces communes.

On aurait bien voulu savoir, aux Affaires secrètes, où se cachait un homme réputé « dangereux pour la sécurité de l'armée », que l'on recherchait depuis plusieurs mois et qui devait être, dès son arrestation, conduit au quartier général de l'armée. La fiche remise à Blaise de Fontsalte ne donnait pas l'identité de l'individu, mais indiquait qu'il s'agissait d'un homme jeune, environ vingt-cinq ans, qui avait été vu, pour la dernière fois, à Davos le 17 brumaire an VIII (8 novembre 1799). Porteur d'un passeport signé Galertie, préfet du canton de Metz, il se disait cordonnier et à la recherche de travail en Engadine. Suivait son signalement : « taille cinq pieds trois pouces, cheveux et barbe noirs, habillé d'une veste de coton cannelé gris, pantalon pareil ».

Enfin et surtout, on s'efforçait, sans succès jusque-là, de localiser le général Barthélemy-Louis-Joseph Scherer, que l'on soupçonnait de comploter contre la République. Ministre de la Guerre sous le Directoire, de juillet 1797 à février 1799, puis commandant en chef de l'armée d'Italie en mars 1799, il avait été licencié par le Premier consul pour prévarication. Le service des Affaires secrètes souhaitait « connaître avec prudence le lieu de son séjour » car ce fils de boucher alsacien, ancien cadet de l'armée autrichienne, dont le courage n'avait d'égal que la rapacité, devait se trouver quelque part sur les bords du Léman. On savait seulement qu'un voiturier, nommé Vicat, l'avait conduit, à la fin de l'année 1799, de Genève à Saint-Cergue. La présence d'un tel homme, dont on imaginait l'esprit de vengeance, dans le pays de Vaud inquiétait la gendarmerie et l'état-major.

Les renseignements recueillis par les éclaireurs, qu'une estafette apporta à la fin de l'après-midi, rappelèrent au capitaine Fontsalte les réalités plus immédiates de la guerre. Depuis 1799, une trentaine de fantassins et d'artilleurs, dont les servants de deux mauvaises pièces de 2 livres, cantonnaient chez les religieux à l'hospice du Grand-Saint-Bernard. Ils avaient reçu pour mission essentielle de surveiller le versant italien de la montagne, mais devaient aussi assister les agents du service des Affaires secrètes et des Reconnaissances qui, au péril de leur vie, allaient chercher des informations sur les forces ennemies.

Une forte pluie, stimulée par la vaudaire, fouettait les vitres quand le maréchal des logis Trévotte annonça l'arrivée d'un courrier. L'homme, un sous-officier trempé jusqu'aux os et transi de froid, venait de Villeneuve par le lac, pour livrer un rapport expédié par relais à partir de l'hospice du Grand-Saint-Bernard, noyé dans le brouillard et les tourmentes de neige. Blaise envoya le sergent se sécher et prit connaissance du document. D'après les reconnaissances effectuées, les Autrichiens disposaient de dix mille hommes entre la Levantine et la vallée d'Aoste. Ils avaient construit des retranchements à Courmayeur, à Maggendone, à Ornavasso, où ils possédaient des magasins. Sur la descente du Saint-Bernard on ne comptait, comme force d'interception, qu'une quarantaine d'Autrichiens à Saint-Rhémy, une compagnie à Etroubles et deux compagnies à Aoste. On signalait aussi la présence de quelques pelotons de cavalerie, en tout mille cinq cents soldats dans ce même secteur.

Blaise de Fontsalte estima que, si les forces ennemies étaient de cet ordre, on en viendrait aisément à bout. Mais il avait appris à se méfier des informations trop optimistes et savait, par le général Herbin, que le fort de Bard, puissant verrou qui fermait la route d'Aoste à Ivrea, et partant l'accès à la plaine du Piémont, abritait quatre cents hommes et de nombreux canons. Derrière des murs épais et assez élevés pour décourager toute tentative d'escalade, la garnison pouvait tenir tête à une armée. Quelques semaines plus tôt, l'infanterie aurait peut-être pu tourner le fort pour l'approcher plus facilement par l'arrière, mais les dernières informations reçues faisaient état de nouveaux retranchements élevés par les Autrichiens. Conscients de cette faiblesse localisée de leur ouvrage, les spécialistes, ennemis des fortifications, l'avaient intelligemment renforcé.

Fontsalte referma ses dossiers, les confia à l'aide de camp chargé de la garde des documents confidentiels et alla jeter, par la fenêtre, un regard sur le lac. La pluie avait provisoirement cessé, mais, à mi-hauteur des montagnes de Savoie, de gros nuages boursouflés, couleur ardoise, roulaient en s'effilochant vers Genève, comme des chevaux rouans échappés de l'Apocalypse.

Las et affamé comme un gaillard qui a l'estomac vide depuis le matin, Blaise descendit à la salle de garde, où Titus attendait ses ordres, en fumant sa pipe, après avoir partagé le repas des ordonnances.

— Le colonel Ribeyre vous attend à la taverne, à main gauche en sortant, capitaine. Ils ont de fameux poissons dans leur lac, vous verrez. Si le tenancier vous propose de l'omble chevalier ou du féra, hésitez pas ! L'omble, c'est le meilleur poisson, surtout cuit dans le vin blanc d'ici.

Quand le maréchal des logis, questionné par Fontsalte, eut confirmé que les chevaux, séchés et brossés, pourvus d'une ration d'avoine, reposaient à l'écurie sur de bonnes litières et que tout était en ordre au cantonnement, Blaise donna les consignes pour la nuit.

— Ne te saoule pas avant que le Premier consul soit repassé par Vevey. Il doit rentrer ce soir à Lausanne, après avoir inspecté les approvisionnements livrés à Villeneuve. L'orage l'aura certainement retardé et le ministre de la Guerre l'attend. Il ne s'arrêtera devant la maison Denezy que pour relayer, mais il faut être prêt à tout, car les gens d'ici n'ont pas mis beaucoup de bonne volonté à trouver les chevaux réquisitionnés. Après le passage du général Bonaparte, tu seras libre de ton temps jusqu'à cinq heures. Je te conseille toutefois de dormir pendant que tu as un lit..., on ne sait de quoi la prochaine nuit sera faite ! Nous passerons en Italie par le col du Grand-Saint-Bernard, mais cela doit encore rester secret.

Titus jura ses grands dieux qu'il tiendrait sa langue, qu'il irait flâner, du côté de la place du Marché, jusqu'à ce que la berline du Premier consul soit passée. Et qu'après il irait dormir sagement. Puis il tendit à Blaise la capote qu'il avait apportée de Rive-Reine.

— J'ai pensé que cette pluie, c'est pas bon pour votre tenue, capitaine.

Fontsalte remercia, endossa son grand manteau de cavalerie et se prépara à sortir pour aller souper. Titus, timidement, le retint d'un geste.

— Excusez-moi, citoyen capitaine, mais j'ai eu le bonheur de ramasser ce fer, après la revue, dit-il en tendant à Blaise un fer à cheval usé.

— Eh bien ! c'est un fer, maréchal des logis, que voulez-vous que j'en fasse !

— C'est un fer, bien sûr, mais je sais, moi, d'où il vient. Je l'ai ramassé sur la place du Marché, on était trois à l'avoir vu, mais c'est moi qui l'ai eu. C'est un fer qu'a perdu le cheval du général Bonaparte et j'ai pensé que ça vous ferait plaisir de l'avoir. Il doit porter encore mieux bonheur que les autres, pas vrai !

Fontsalte contrôla son étonnement.

— Mais, voyons, Titus, garde-le, c'est toi qui l'as ramassé. Ce fer est plus qu'un porte-bonheur, c'est un souvenir, presque une relique, mon garçon !

— C'est pour ça que je veux vous le donner, capitaine. Je suis sûr que c'est mieux pour vous que pour moi.

— Eh bien ! je l'accepte avec plaisir, Titus. C'est un vrai cadeau et j'espère qu'il nous portera bonheur à tous deux ! Je te remercie et, maintenant, je vais manger. J'ai une faim de loup ! Ne manque pas de me prévenir s'il se passe quoi que ce soit, ajouta l'officier en marchant vers la porte.

Au fil des jours et des étapes, Fontsalte avait appris à connaître Trévotte, ce Bourguignon rustaud et jouisseur qui, souvent, l'étonnait par des attentions que seuls peuvent avoir les hommes de cœur.

Titus, lui, appréciait que le capitaine expliquât avec simplicité le pourquoi et le comment des choses, le mît un peu dans le secret de l'action, comme il venait de le faire, lui montrât ainsi qu'à son modeste échelon il jouait sa partie et que celle-ci avait son importance dans le grand tout de la guerre. Recevoir des ordres sans savoir à quoi s'en tenir sur le but poursuivi, s'entendre traiter comme un valet par l'officier auquel on est attaché avait quelque chose d'humiliant dont se plaignaient souvent les brosseurs des gradés sortis du peuple. On pouvait se moquer des manières Ancien Régime des officiers issus de la noblesse, mais eux, au moins, étaient polis avec les subalternes. S'ils tenaient au respect des distances hiérarchiques, ils n'exigeaient jamais rien qui ne relevât directement du service. Pour s'adresser à leur ordonnance, ils parlaient, les autres ne faisaient que commander !

En tirant sur sa pipe, les pieds sur les chenets, devant un bon feu ronflant, Titus se dit qu'il avait de la chance. Le fait que le capitaine Fontsalte l'ait choisi comme ordonnance lors du rassemblement de l'armée de réserve à Dijon avait changé sa vie. Sans cette promotion, il serait en train de trotter, avec son peloton, derrière les berlines des généraux et devrait se satisfaire, en guise de lit, d'une botte de paille jetée près de son cheval. Et puis le capitaine était un homme avec qui l'on pouvait partir en guerre avec confiance.

Trois mois après avoir été affecté au service de Fontsalte, Trévotte avait enfin compris la signification d'une phrase prononcée, un soir, à Dijon, par l'officier, au cours d'une conversation avec le colonel Ribeyre. Il était question, ce jour-là, entre les deux hommes, des gens qui, en s'appropriant les biens des nobles, s'étaient promptement enrichis pendant les années de la Révolution. Ribeyre racontait comment, pendant qu'il se battait en Prusse avec l'armée de la République, un parvenu de la politique s'était emparé de l'argenterie et du linge de sa famille, sous prétexte que le peuple, lui aussi, avait droit aux belles choses. « Ce butin n'a en rien amélioré sa façon de se tenir à table et au lit, d'après les confidences de celles qu'il invite à partager l'une et l'autre ! » avait commenté le colonel en riant. Et Fontsalte avait répondu : « Ce qu'ils veulent, mon cher, ce n'est pas ce que nous avons, ils l'ont pris, mais ce que nous sommes. »

Cette phrase, Trévotte l'avait longtemps retournée dans sa mémoire, jusqu'au jour où il avait admis que, quoi que puisse posséder un roturier, fortune bien ou mal acquise, et même initié aux belles manières, il ne pourrait jamais le confondre avec un ci-devant aristocrate. Ce dernier, même en haillons, aurait toujours l'air d'un seigneur, l'autre, même cousu de soie et d'or, aurait toujours l'air d'un esbroufeur. « C'est peut-être ça qu'ils appellent être né ! » conclut à part lui le maréchal des logis, satisfait par cette trouvaille.

Si le Bourguignon, fils de tonnelier de village engagé dans les armées de la Révolution, avait connu le passé du capitaine, il aurait su qu'on pouvait aussi, au temps des rois, être noble et pauvre.

Le capitaine Fontsalte, c'est ainsi qu'il se présentait ordinairement, était le dernier rejeton sans fortune d'une vieille famille forézienne. Il était né le 14 mai 1780 au château de Fontsalte, en Forez, près du Lignon à l'onde transparente, au pied d'un piton rocheux, planté tel un phare dans la plaine fleurie où s'étaient aimés, sous les saules, le berger Céladon et la bergère Astrée. Tandis que sa mère, née Marie-Adélaïde des Atheux, assistée d'une vieille servante, le mettait au monde, son père, le marquis Bertrand de Fontsalte, aide de camp de Rochambeau, lieutenant général commandant le corps expéditionnaire envoyé par Louis XVI pour aider les insurgents d'Amérique, attendait, à bord du *Jason*, qu'un vent favorable à l'escadre française se levât en rade de Brest.

Jean-Baptiste de Vimeur, comte de Rochambeau, connaissait la hardiesse de Bertrand de Fontsalte depuis que ce dernier, jeune cornette, s'était illustré sous ses ordres à la prise de Namur en 1747. Quand le roi avait confié à Rochambeau une armée de six mille hommes pour combattre les Anglais en Amérique, le lieutenant général, qui n'ignorait rien de l'impécuniosité de son ancien camarade de combat, l'avait engagé comme aide de camp par amitié plus que par nécessité. C'est ainsi que le marquis de Fontsalte s'était vaillamment battu pour l'indépendance des colonies anglaises d'Amérique jusqu'au jour où, lors de la bataille de

Yorktown, il avait été jeté à bas de son cheval, la hanche brisée par l'un des derniers boulets de Cornwallis. Rendu à jamais boiteux, le marquis était rentré en France sans argent, mais avec une foi enthousiaste dans les bienfaits de la république et de la démocratie, dont les Etats-Unis allaient bientôt, assurait-il, administrer la preuve à l'Europe.

Ayant été l'un des premiers à recevoir l'ordre héréditaire de Cincinnatus, créé par George Washington pour récompenser les Français qui avaient combattu avec lui, le marquis claudicant était revenu, en 1783, exploiter ses maigres terres foréziennes, suivant en cela l'exemple du dictateur romain Lucius Quinctius Cincinnatus, qui labourait avec simplicité son champ entre deux victoires.

En Forez, le marquis avait trouvé son château, en réalité une grosse ferme fortifiée, plus délabré que jamais, sa femme en haillons et un fils, couché comme un Jésus sur la paille, entre deux gouttières.

Si, du fait de sa longue absence, Bertrand avait eu un doute sur la réalité de sa paternité, celui-ci eût été levé dès le moment que la marquise lui mit son fils sur les genoux. Blaise avait le regard vairon des Fontsalte. Un très curieux regard, déjà remarqué par Godefroi de Bouillon chez un Pierre de Fontsalte engagé dans la première croisade et figurant, avec ses yeux bicolores, sur une des enluminures du manuscrit de Sébastien Mamerot les *Passages d'outre-mer*, exécuté en 1472 pour Louis de Laval.

Acceptant la pauvreté en vrai chrétien, le marquis avait inculqué à l'enfant les sentiments généreux dont tout aristocrate éclairé devait faire preuve envers le peuple, car l'heureux alliage de ses ascendances, arverne et ségusiave, le portait à la fierté ombrageuse et à l'optimisme.

Dès le commencement de l'agitation révolutionnaire, celui qui avait combattu pour la liberté des colons américains imagina que les transformations sociales dont il rêvait pour la France allaient enfin se réaliser. Les nobliaux des environs, attachés à leurs menus privilèges, l'avaient bientôt surnommé le marquis sans-culotte, ce qui, si l'on eût fait seulement référence à sa garde-robe, ne manquait pas d'à-propos ! C'était aussi une façon d'ironiser sur la misère des Fontsalte et de condamner l'exaltation réformatrice, souvent utopique et parfois déplacée, du chef de maison.

Par altruisme, mais aussi par détestation des prêtres — il avait un frère évêque poudré et bâfreur émigré en Angleterre — et des hobereaux outrecuidants, qui tenaient ses façons rustaudes pour empruntées aux Indiens d'Amérique, le marquis s'était fait le champion des idées les plus avancées. Déjà quand, en 1787, l'édit de Brienne, portant dissolution de l'assemblée des notables et création d'assemblées provinciales, avait été proclamé, le marquis, sollicité pour siéger à l'assemblée du département, formée de quatre représentants du clergé, sept de la noblesse, treize du tiers état, était entré en politique. Fidèle à ses convictions, Bertrand de Fontsalte avait aussitôt choisi de siéger avec le tiers état. De Montbrison à Sury-le-Comtal, les châtelains foréziens avaient considéré cette attitude comme une trahison et la marquise avait pleuré de honte pendant trois jours et trois nuits.

Elle s'était calmée quand, étant donné le prestige et l'honnêteté reconnue de son époux, ce dernier avait été nommé grand bailli et sénéchal d'épée. Cela avait mis quelques pommes de terre de plus dans le chaudron familial, sans rien changer au train de maison, le bailli refusant, au contraire de certains autres, de monnayer ses interventions.

Les paysans des alentours de Fontsalte paraissaient alors plus à l'aise que l'aristocrate en sabots qu'ils rencontraient, chevauchant une haridelle, sœur de la Rossinante du Quichotte, ou, quand sa monture refusait tout effort, traînant la jambe au long des chemins, suivi de chiens efflanqués comme lui ! Ses métayers, sachant n'avoir rien à redouter d'un propriétaire aussi bonhomme, lui donnaient à peine de quoi nourrir la marquise, le petit Blaise et sa sœur Laure, née dix mois après le retour d'Amérique du héros. Quant aux braconniers, que Bertrand refusait de poursuivre en justice, ils le privaient sans se gêner du gibier qui aurait amélioré l'ordinaire. Faute de posséder une seule toilette présentable, la marquise ne quittait jamais le château. On murmurait au village que ses robes étaient taillées dans les derniers rideaux de sa chambre. A défaut de vin, le marquis et les siens buvaient l'eau pétillante et un peu salée de la bienfaisante source qui avait donné son nom à la famille et autour de laquelle les Romains avaient, autrefois, construit des thermes dont les vestiges, pierres, dalles et fûts de colonnes, se retrouvaient, pour qui savait voir, dans l'appareil anarchique du château.

Le marquis, comme Jean-Jacques Rousseau, croyait à la bonne nature des hommes, à leur instinctive attirance pour la justice et l'égalité, et même à leur perfectibilité. *Du contrat social ou Principe du droit politique* figurait en bonne place dans la bibliothèque de Fontsalte, près de la traduction, de 1559, par Jacques Amyot des

Vies des hommes illustres de Plutarque, ainsi que *l'Enquête* d'Hérodote, *la Guerre du Péloponnèse* de Thucydide, *la République* et *le Banquet* de Platon, et *l'Astrée,* dix-sept volumes écrits par un pays, Honoré d'Urfé, dont le château de La Bastie, tout voisin de Fontsalte, menaçait ruine lui aussi. Les rayons de la bibliothèque du marquis avaient été autrefois mieux garnis, mais les belles éditions gainées de cuir patiné, dorées sur tranches, frappées aux armes des Fontsalte — « d'azur à deux yeux, l'un d'or l'autre d'argent, chacun surmonté d'une étoile de sable et accompagnés en pointe d'une eau jaillissante d'or » — comme les incunables, hérités d'ancêtres dévots, avaient été transformés, au fil des années de misère, par les soins empressés d'amateurs rusés ou de libraires fripons, en sucre, en café, en chandelles, en remèdes.

Instruit, bon orateur, persuadé que la monarchie devait se réformer ou disparaître, Bertrand de Fontsalte, plume facile, avait participé, avec un notaire et un curé, à la rédaction du cahier de doléances du tiers état local. Cependant, ce noble miséreux, même dépenaillé comme il allait, sentait l'aristocrate à vingt pas, jusque dans sa façon de boiter, de siffler son chien, de reprendre son souffle. Quand il voulait se montrer aimable chez les humbles et les entretenir avec conviction de la tragique égalité des hommes devant la faim, la soif, la maladie et la mort, ce qui justifiait de façon suffisante à ses yeux vairons l'égalité de tous devant les lois, ses paroles sonnaient comme tirade de bateleur ou boniment de sermonnaire.

Cependant, sa guerre d'Amérique l'ayant rendu populaire, quand il s'était agi de désigner les délégués de la province aux états généraux, qui devaient se tenir à Versailles le 5 mai 1789, il avait été spontanément choisi par les gens du tiers état pour les représenter alors que les nobles de la région envoyaient à Versailles son pire ennemi, un riche propriétaire de la plaine. C'est ainsi que Fontsalte avait été amené à signer, le 20 juin 1789, le procès-verbal de la séance historique du Jeu de paume. De retour en Forez, tandis que la plèbe parisienne prenait la Bastille, il avait mis le comble à sa déraison en amputant, dans un grand élan républicain prématuré, lyrique et stupide, son patronyme de la particule, en renonçant au titre de marquis pour se faire appeler Fontsalte tout court, comme un cul-terreux.

Sans l'intervention de la marquise, qui avait menacé ce jour-là de s'aller noyer dans la Loire avec sa fille, il eût fait échopper les armoiries de ses pères, sculptées en haut relief au linteau de la poterne d'un donjon branlant devenu, avec le temps, carrefour des vents, rendez-vous des musaraignes, havre des hiboux.

Malgré l'inconfort dans lequel vivaient les siens, ce qui rendait mélancolique cet homme de cœur, le ci-devant marquis n'avait eu de cesse de voir grandir son fils, afin d'en faire au plus tôt un soldat, ce qui donnerait une position au garçon, en allégeant les charges de la famille. La robustesse et l'endurance de Blaise, garçonnet vif et intrépide, étonnaient tous ceux qui connaissaient le régime alimentaire des Fontsalte. Le marquis avait aussi vu dans ce choix, accepté avec enthousiasme par l'enfant, le moyen de continuer à combattre, par rejeton interposé, les ennemis de la France et de la Révolution naissante.

C'est ainsi que Blaise de Fontsalte avait été envoyé, comme boursier, dès l'âge de huit ans, à l'Ecole royale militaire d'Effiat, fondée en 1627 par le maréchal d'Effiat et dirigée par les oratoriens de Riom. Ces derniers, qui n'étaient pas des tendres, logeaient leurs soixante boursiers, « enfants de la noblesse pauvre », comme les fils de familles aisées, dans des cellules séparées, ne leur donnaient aucun congé pendant les six années d'étude, pratiquaient une pédagogie « rude et rigoureuse », propre à « endurcir le tempérament et inspirer le courage qui est peut-être autant vertu d'éducation que don de nature ». Sous la férule des oratoriens, Blaise de Fontsalte avait appris le latin, l'histoire, la géographie, les mathématiques, l'allemand et l'anglais, le dessin, la musique, l'escrime, la danse, un peu de mécanique, l'art de la guerre qui comprenait dessin de paysage, fortifications, topographie, castramétation et lecture des cartes et plans. Cet enseignement était coupé de grandes courses viriles, hiver comme été, dans la campagne bourbonnaise. Comme ses camarades, Blaise avait lu tous les auteurs classiques « sans perdre de temps aux vers et aux amplifications de rhétorique » comme l'exigeait le règlement, appris par cœur le catéchisme de l'abbé Fleury et reçu des rudiments de philosophie « en écartant les superfluités métaphysiques ». Il avait aussi assisté à la messe chaque matin et s'était confessé de ses péchés une fois par mois. Les repas, sans être raffinés, avaient l'avantage sur les menus de Fontsalte d'être copieux et roboratifs.

Quand, en 1793, un décret de la Convention avait chassé les religieux des bâtiments de leur collège déclarés Biens nationaux depuis 1789, Blaise était rentré à Fontsalte avec le titre de cadet-gentilhomme, qui lui ouvrait les corps de troupes avec le grade de sous-lieutenant. Il avait trouvé son père heureux de le revoir mais fort en colère contre la société. Le marquis réprouvait maintenant, avec une dangereuse véhémence, les excès de la Révolution et ne comprenait pas que Rochambeau, fait maréchal de France en 1791, mais en désaccord avec Dumouriez, ait été contraint de démissionner en 1792 après qu'on lui eut injustement reproché son échec à Quiévrain, alors qu'il commandait l'armée du Nord. Bertrand de Fontsalte avait rendu visite au héros de l'indépendance américaine retiré sur ses terres de Vendôme.

La rupture des Fontsalte avec les zélateurs d'une révolution devenue terreur sanguinaire avait été consommée quand, en octobre 1793, on avait appris l'arrestation de Rochambeau par les sbires de Fouquier-Tinville, puis, en novembre, la publication, en Forez comme ailleurs, du décret ordonnant la célébration du culte de la déesse Raison. Aux exploits sanguinaires les suppôts de Javogues avaient ajouté la bêtise et le vandalisme. La destruction du superbe jubé de pierre de la collégiale de Montbrison, abattu à coups de marteau, pour faire place à une estrade où s'étaient succédé les palabreurs démagogues, le bris des vitraux, dont on avait récupéré les plombs comme les tuyaux des orgues, pour faire des balles, le concassage des cloches, étaient apparus comme autant d'actes criminels. Bertrand de Fontsalte avait osé le dire et le répéter à haute voix. Il aurait été arrêté par les agents de Javogues, pourvoyeur dément de la guillotine départementale, si les braves gens qui avaient autrefois envoyé le marquis à Versailles et que la Terreur venait de dégriser n'avaient organisé la fuite des Fontsalte. Cachés dans la plus misérable de leurs fermes, dans les monts du Forez, Bertrand et les siens avaient attendu, nourris par les paysans, que les têtes de Javogues et de Robespierre tombassent sous la lame d'acier dont ces exaltés avaient tant vanté le pouvoir purificateur !

Quand, en 1795, ils avaient regagné la plaine et leur château, vidé de ses meubles, pillé par les vandales et un peu plus délabré, le marquis, déçu et affligé par la bassesse et la méchanceté des hommes qui avaient souillé du sang des justes les belles idées révolutionnaires, s'était alité pour mourir. Sa dernière joie avait été de voir à son chevet le vainqueur de Yorktown, libre et tout fier que son fils Donatien, lieutenant général, eût réprimé la révolte de Saint-Domingue et chassé les Anglais de la Martinique. C'est au vieux maréchal, âgé de soixante-dix ans, qui ne pensait plus qu'à écrire ses Mémoires, que le marquis avait confié le destin de Blaise.

Quelques semaines après la mort de son père, l'héritier des Fontsalte avait rejoint l'armée du Rhin, pour se mettre aux ordres du général Jean-Joseph-Ange d'Hautpoul, qui commandait la cavalerie de Moreau. Le garçon, qui venait tout juste d'avoir seize ans, avait participé avec brio à sa première bataille, celle d'Alten-kirchen, le 4 juin 1796. Il s'était bien battu et avait reçu de Moreau les galons de lieutenant, quelques jours avant que ce dernier ne connaisse la disgrâce. Quand, en avril 1798, après avoir renoncé à envahir l'Angleterre, Bonaparte avait décidé de conquérir l'Egypte, le jeune officier qui ne rêvait que voir le monde, courir l'aventure et approcher les filles de Schéhérazade, dont il avait vu l'image dans un livre que sa mère dissimulait aux regards des enfants, s'était porté volontaire. Il s'était, encore une fois, assez vaillamment conduit d'Alexandrie aux Pyramides pour être remar-qué et avait fait preuve d'assez d'intelligence et d'audace pour séduire les généraux de l'état-major. Intégré à la compagnie d'élite des Guides de Bonaparte, il était rentré en France, avec ce dernier, en octobre 1799. Après le 18-Brumaire, Murat, chargé de former la Garde des consuls, « recrutée parmi les hommes qui se sont distingués sur les champs de bataille », l'avait appelé, promu capitaine et détaché au service des Affaires secrètes et des Reconnaissances.

Le 20 février 1800, le capitaine Fontsalte, inaugurant son bel uniforme de chasseur de la Garde des consuls, avait assisté au mariage du général Joachim Murat avec Caroline, sœur du général Bonaparte devenu Premier consul. Un mois plus tard, ayant à peine eu le temps d'aller à Fontsalte embrasser sa mère et sa sœur, leur laisser quelques pièces d'or, raflées en Egypte, et deux scarabées, trouvés dans une antique sépulture, il avait rejoint Dijon, où commençait à se rassembler l'armée de réserve.

D'où sa présence en Helvétie sur la route du Grand-Saint-Bernard.

Tel était l'homme à qui Trévotte le Bourguignon, sans rien savoir de son passé et de sa carrière, avait gaillardement lié son sort, pour la meilleure et la pire des guerres prochaines !

4.

Ce soir-là, au cours du repas que Fontsalte prit à la table du colonel Ribeyre, un lieutenant de la gendarmerie de la garde descendante informa les dîneurs que le Premier consul, venant de Villeneuve, n'était passé qu'à sept heures et demie à Vevey. Comme il ne pouvait être à Lausanne avant onze heures, on avait dû envoyer une estafette pour faire annuler la réception prévue à la Chambre administrative. Quant à Carnot, ministre de la Guerre, il avait été, lui aussi, prévenu du retard du général Bonaparte.

Le gendarme rapporta aussi que l'inspection de l'artillerie à Villeneuve n'avait en rien amélioré l'humeur du Premier consul. Si quatre bateaux avaient bien apporté de Genève quatre cent trente mille rations de biscuits plus quatre cent mille rations d'eau-de-vie, ne figuraient dans les cargaisons ni avoine pour les chevaux ni souliers pour les hommes. Quant aux cent quatre-vingt-dix quintaux de blé transportés par les barques, ils ne pouvaient être moulus par les meuniers de Villeneuve qu'à raison de vingt-quatre quintaux par jour ! Et l'on attendait toujours huit bœufs, qui devaient fournir huit mille rations de viande !

Malgré les ordres de réquisition envoyés dans tous les villages du bas Valais, l'armée manquait aussi de mulets pour transporter les subsistances. Il en aurait fallu deux mille afin d'assurer le ravitaillement de cinquante mille soldats pendant huit jours, cinq mulets étant nécessaires pour porter les rations journalières de mille hommes et un soldat ne pouvant prendre que quatre jours de vivres dans son havresac.

Un crépuscule blafard embuait lac et montagnes quand Fontsalte regagna Rive-Reine en s'éclairant d'une lanterne. Evitant l'entrée principale de la maison, Blaise suivit la berge caillouteuse du lac, gravit un petit escalier et accéda au jardin-terrasse. Contournant la fontaine aux dauphins, il allait se diriger vers l'aile qui abritait sa chambre quand lui parvint, venant du rez-de-chaussée du corps de logis principal, la voix d'une femme qui chantait, en s'accompagnant au piano, une mélodie française à la mode, qu'il avait déjà entendue dans un salon dijonnais. En évitant de faire crisser le gravier, il approcha d'une porte-fenêtre entrouverte. A la lueur des chandelles, il découvrit que la chanteuse n'était autre que Mme Métaz.

Plaisir d'amour ne dure qu'un moment,
Chagrin d'amour dure toute la vie [1],

disait le refrain de la chanson et la chanteuse y mettait assez de sentiment pour qu'on pût imaginer qu'elle ressentait intimement la tristesse de cette constatation !

Un instant plus tôt, Fontsalte ne pensait qu'à dormir, mais la voix de cette femme, dont il n'entrevoyait que le buste penché sur le clavier et les avant-bras blancs, l'incita à répondre à l'invitation formulée quelques heures plus tôt. Il attendit que le chant s'achevât, suivi de quelques bravos et d'un brouhaha admiratif, pour signaler sa présence en frappant au carreau. Le bruit sec de sa chevalière sur le verre provoqua un silence soudain et une silhouette masculine massive se profila derrière les vitres, suivie de celle, plus frêle, de Mme Métaz. Avant même que l'homme ait eu le temps de formuler un étonnement compréhensible, Charlotte Métaz reconnut l'officier et intervint gaiement :

— Comme c'est gentil... Nous vous attendions ! Entrez, capitaine, que je vous présente mes amis.

La pièce, un grand salon pourvu d'une cheminée où flambaient de grosses bûches, était chichement éclairée. En plus du candélabre posé sur le piano à queue, on ne comptait que deux chandeliers. La clarté du feu de bois ajoutait, opportune, par ses reflets mouvants, un peu de lumière, mais, tant que les yeux de Fontsalte ne furent pas accoutumés à la pénombre, les visages conservèrent leur mystère.

Dans cette ambiance ténébreuse et douillette, le capitaine

1. Mélodie composée en 1760 par Jean-Paul Martini, maître de chapelle du prince de Condé. Elle fut inspirée au musicien par *Célestine*, une nouvelle de Florian.

s'inclina devant la seule autre femme présente, une brune, qui lui parut un peu plus âgée que l'hôtesse, petite, sèche, regard noir et impertinent, teint mat, nommée Flora Baldini.

— Mon amie d'enfance, ma meilleure amie. Je pourrais dire ma sœur, crut bon de préciser Mme Métaz.

L'homme, grand et fort, qui avait le premier répondu au coup frappé à la porte se nommait Simon Blanchod. Blaise lui donna d'emblée la cinquantaine. Ses cheveux blancs, abondants, drus et frisés, prenaient à la lueur du foyer des reflets argentés. Blanchod offrait un visage large, charnu, un nez protubérant que Blaise imagina turgescent comme celui de bon nombre de vignerons qu'il avait rencontrés depuis son arrivée au pays de Vaud. Mme Métaz le présenta comme l'homme de confiance de son mari, intendant des vignobles et teneur de livres. Fontsalte apprécia le sourire placide et la poignée de main puissante du Vaudois. Moins plaisant lui parut l'autre personnage que Mme Métaz dut extraire du fauteuil qu'il n'avait pas daigné quitter à l'entrée du visiteur. Tirant par la main un garçon ébouriffé qui fumait une pipe à long tuyau, comme celles des étudiants allemands, Charlotte Métaz l'amena devant Fontsalte.

— Capitaine, voici notre poète, Martin Chantenoz. *Le Messager boiteux,* notre fameux almanach fondé en 1708, publie chaque année une œuvre de son cru et M. de Goethe l'honore de son estime. C'est aussi un savant polyglotte, un voyageur, mais c'est avant tout notre meilleur ami, mon ami d'enfance...

— Tu pourrais dire ton frère, persifla l'homme en jetant un regard moqueur à celle que l'hôtesse venait de qualifier de sœur.

« Il paraît certainement plus que son âge », pensa Blaise en considérant l'homme chétif et sec, un peu voûté, dont le regard de myope se diluait dans les reflets allumés par les flammes sur ses verres de lunettes.

Invité à s'asseoir près de Mme Métaz, le capitaine, ayant abandonné manteau, pelisse, colback et sabre, dut choisir entre une tasse de café, un petit verre de marc ou « tout simplement du vin blanc de Belle-Ombre, unique boisson de Blanchod depuis un demi-siècle », proposa plaisamment l'hôtesse. Blaise de Fontsalte opta pour le vin blanc, ajoutant qu'il en avait bu d'excellent, le matin même, à Saint-Saphorin.

— Vous allez goûter le nôtre. Et vous verrez, c'est autre chose, dit Blanchod en tendant un verre.

Bien conscient qu'il fallait, pour plaire au vieil intendant des

Métaz, déguster avec componction le jus de ses treilles, Blaise commença par mirer le vin à la lueur des bûches, puis en but une gorgée, en y mettant le sérieux et la lenteur convenables. Il déclara le vin de Belle-Ombre supérieur à tous ceux qu'il avait dégustés jusque-là, ce qui lui valut une discrète manifestation de reconnaissance.

Comme Blaise s'étonnait que la vigne pût accorder autant de faveur aux hommes, dans un pays de montagne, où sa culture exigeait une lutte incessante contre le relief et les intempéries, Blanchod, né dans le vignoble et rompu depuis l'enfance aux exigences de la viticulture, se lança dans un véritable cours.

— Ah! puisque vous semblez vous intéresser à nos travaux, monsieur...

— Attention, il tient son sujet, le père Blanchod! Son savoir en matière de cépage est encyclopédique, capitaine! Il fera jour avant qu'il ait terminé! coupa le fumeur de pipe.

— Tais-toi, Martin, laisse dire Simon. Il est au moins aussi poète que toi, dit Flora Baldini.

Le vigneron, que n'avait pas troublé l'interruption, attendit le retour au silence.

— Si j'ennuie monsieur l'officier, il saura bien me le dire, n'est-ce pas? Mais je devine qu'il aime s'instruire puisqu'il a soulevé une question que posent peu d'étrangers. Ceux-ci boivent notre vin comme de la petite bière, sans même se demander comment il est venu dans leur verre! Pas vrai!

— J'aime apprendre, en effet, comment des hommes entreprenants, tirant parti de ce que leur offre la nature, s'en font, à force d'intelligence, d'initiatives et de travail, une prospérité et une réputation. Alors, dites-moi, monsieur, comment cela a commencé sur vos coteaux!

L'encouragement donné au vigneron amena un sourire ironique sur les lèvres de Chantenoz, mais Mme Métaz empêcha, d'un regard, son ami de reprendre la parole. D'un signe de tête, en revanche, elle invita Blanchod à continuer. « Ce bout de femme ne manque pas d'autorité », pensa Blaise, tandis que l'intendant reprenait son discours.

— L'origine de nos vignes est romaine, monsieur, comme celle de votre vignoble de Bourgogne, j'imagine. On raconte, en effet, mais cela n'est point prouvé par les annales, qu'un jeune homme de Lavaux fut autrefois emmené comme esclave en Italie par des légionnaires romains. Il eut la chance de tomber sur un bon maître qui possédait des vignes et, rendu à la liberté, rapporta chez nous quelques ceps, qu'il planta dans la bonne terre vaudoise.

— Légende, légende ! Les Vaudois n'ont pas attendu les Romains pour planter la vigne et... se saouler, dit Chantenoz.

— Légende ? Peut-être, mais ce dont nous sommes sûrs, en revanche, c'est que les ecclésiastiques du chapitre de Vevey possédaient déjà, en l'an mille, trente et une vignes sur nos coteaux et que les cisterciens du monastère d'Oron plantèrent, en 1141, les premières vignes de Lavaux, au Dézaley. Depuis ce temps, la culture s'est perfectionnée grâce, en partie, aux agriculteurs huguenots, chassés du Languedoc et du Dauphiné, qui apprirent aux vignerons vaudois de nouveaux procédés de culture et de vinification. Mes ancêtres en étaient, monsieur, qui venaient de l'autre côté du lac. Ainsi, au fil des ans, les gens renoncèrent au provinage qui consistait à repiquer le bout d'un sarment dans la terre où il prenait racine et que l'on coupait afin qu'il se redressât pour donner, à proximité du pied mère, un nouveau cep. Cela faisait des vignes qui étaient de vraies broussailles. Maintenant, on plante des chapons, des boutures de vigne, et cela nous assure de beaux alignements de ceps. La nouveauté qui promet, c'est la culture en gobelet, qui consiste à lier à la paille les sarments autour du cep. Et puis les vignerons ont appris à sélectionner les cépages. Le chasselas est la base de tout. Il en existerait une centaine de variétés, dont le fendant, qui s'est bien adapté à notre climat et donne le vin blanc que vous venez de boire.

— Ainsi résumée, l'aventure de la vigne paraît simple, concéda Fontsalte.

— La vigne en elle-même, telle que Dieu nous l'a donnée, est simple, monsieur ; ce sont les soins qu'elle réclame pour produire le raisin qui sont compliqués et fatigants, surtout sur nos pentes. Il faut savoir qu'il y a peu de terre sur le roc. Au mieux, six ou neuf pieds d'épaisseur, sur les coteaux de Lavaux. C'est pour retenir cette mince couche, prête à glisser, que les anciens ont eu l'idée de bâtir des murs de soutènement solides, dont les fondations reposent toujours sur le roc, où qu'il se trouve, ce qui donne des formes irrégulières aux parchets. Dans le Dézaley, ces sortes de terrasses n'ont guère plus de vingt-quatre à trente pieds de largeur. Les plus grandes peuvent atteindre soixante pieds et, comme les ceps sont maintenant plantés à trois pieds de distance, et non plus en quinconce comme autrefois, vous voyez que chaque vigne n'a rien d'un domaine bourguignon !

— C'est bien pourquoi les propriétaires ne pensent qu'à marier leur fils à la fille du vigneron voisin. Pour augmenter le nombre de parchets patrimoniaux. Ici, la vigne est une dot, comme la vache chez les Africains ! commenta, goguenard, Martin Chantenoz.

Blaise de Fontsalte comprit, au pincement de lèvres de Mme Métaz et au sourire esquissé de Flora Baldini, que la phrase contenait une allusion réservée aux membres du clan.

Le vigneron s'empressa de poursuivre son exposé :

— De surcroît, notre pauvre couche de terre fertile est mêlée de cailloux, qu'on doit enlever et transporter à dos d'homme. Et puis il faut la nourrir de fumier naturel. Mais notre chance, c'est d'avoir deux soleils...

— Deux soleils !

— Oui, celui qui brille pour tout le monde et puis le nôtre, qui sort du lac. Le lac est un puissant réflecteur. L'été, il renvoie sur le vignoble la lumière et la chaleur du soleil, ce qui fait mûrir le raisin. C'est aussi un réservoir de chaleur qui atténue les rigueurs de l'hiver, car l'eau refroidit moins vite que la terre. Grâce à Dieu et à la nature, chaque fermier a son carré de vigne et fait son vin pour la consommation de la famille. Ceux qui produisent plus que leurs besoins vendent le surplus aux pintes[1] de la ville ou des villages. C'est un appoint d'argent, que les femmes s'empressent de dépenser pour s'offrir des bas de soie !

— Et les hommes donc ! Se privent-ils de tabac et de liqueur ? lança Flora Baldini.

— Ta sœur, l'épicière de La Tour-de-Peilz, ne s'en plaint pas ! rétorqua Chantenoz.

— Mais M. Métaz n'est pas fermier et vous ne buvez pas tout le vin de vos vignes, j'imagine, risqua Fontsalte, qui brûlait d'en savoir plus sur cette famille.

Cette fois, Charlotte Métaz prit les devants :

— Nous avons plusieurs vignobles et nous faisons commerce de notre vin. Mon mari livre des barriques à Lausanne, à Genève et même en Savoie, par le lac. Nos charretiers en portent jusqu'à Berne et Soleure, où les tonneaux sont embarqués sur des bateaux qui descendent l'Aar jusqu'à Berne. Cela prend trois jours pour aller d'ici à Soleure.

— Vous pensez bien que, pendant le voyage, les barriques ont des fuites... au bénéfice des charretiers. C'est pourquoi nous disons

1. Débits de boissons, buvettes.

de quelqu'un qui a trop bu : « il est sur Soleure » ; tout le monde comprend ! ajouta Blanchod en allant jeter une bûche dans la cheminée.

Comme la conversation menaçait de tomber, Martin Chantenoz la relança :

— Nous sommes tous à parler vigne et vin, alors que le capitaine est en partance pour la guerre. C'est un sujet bien autrement sérieux, ne crois-tu pas, Charlotte ?

L'interpellée approuva et dit combien elle regrettait l'absence de son mari, qui aurait aimé s'entretenir de la situation actuelle avec l'officier. M\ :^{me}$ Métaz était assez indifférente aux événements militaires en cours, aussi bien qu'à la politique. Elle évoqua cependant ce que Blaise prit comme le point de vue de Guillaume Métaz résumé par son épouse. Pour les Vaudois engagés dans les affaires, la guerre constituait une nouvelle entrave à l'industrie et au commerce du canton, en compliquant les rapports avec l'étranger, quand elle ne les supprimait pas complètement. Le gouvernement français n'avait-il pas interdit toute relation commerciale de la Suisse avec l'Angleterre, gros client des horlogers genevois ?

Le pays de Vaud, qui ne produisait pas que du vin et possédait, avec Vevey, un centre d'échanges important, n'avait donc rien à gagner et tout à perdre d'un nouveau conflit européen. Déjà, la Révolution avait porté un coup sérieux à l'activité industrielle développée au long des deux biefs de la Veveyse, la Monneresse de la rive droite et celle de la rive gauche. Ces deux canaux à ciel ouvert fournissaient, depuis le xiiie siècle, l'énergie hydraulique, d'abord aux moulins, plus tard aux tanneries, mégisseries, fabriques de bas, de peignes, de dentelles, forges, armureries, marbreries et chocolateries. Depuis que la République helvétique avait mis fin au protectionnisme organisé par Leurs Excellences de Berne, les industriels veveysans souffraient de la concurrence des autres villes suisses.

Ainsi, à la fin du xviiie siècle, sur les trois mille trois cents habitants de Vevey, plus de quatre cents travaillaient, à domicile, à la fabrication des pièces de mouvement pour les horlogers de Genève. Devenus moins nombreux, du fait du développement de l'industrie horlogère du Jura et de Neuchâtel, ils s'étaient fait, pour survivre, une spécialité de la confection des cadrans, boîtiers de montres et de la décoration des boîtes à musique, dont Sainte-Croix détenait le monopole. Certains, débrouillards, réussissaient encore à vendre, en contrebande, leur production aux horlogers étrangers,

mais la plupart des artisans veveysans végétaient. Le nombre des
fabricants de peignes en os était passé de six à trois, la disparition
des débouchés de la Savoie et du Piémont ayant sensiblement
réduit la demande. Les tanneries, dont celle d'Henri Brun, fondée
en 1738, traitaient encore, bon an mal an, trois ou quatre mille
peaux de mouton, de veau, de chevreau et la fabrique de gants
employait une cinquantaine d'ouvriers, mais plusieurs ateliers de
maroquinerie avaient dû fermer. Les cordiers fournissaient toujours en cordages les bateliers du lac, mais les exportations de
ficelle et de corde, autrefois fort rentables, s'amenuisaient. En
revanche, la fabrique de colle à bois, qui approvisionnait non
seulement les ébénistes de la région, mais ceux des grandes villes,
Genève et Lyon, était encore prospère, comme la fabrique d'étoffe
créée par la municipalité de Vevey pour assurer des fonds à la
caisse de secours publics. Les étoffes communales, marquées aux
armes de la ville, continuaient d'être partout appréciées pour leur
moelleux et leur solidité.

— Nous espérons tous que le Premier consul saura rendre la paix
à l'Europe et que nous pourrons bientôt reprendre les affaires d'un
Etat à l'autre, sans entraves ni restrictions, conclut Mme Métaz.

Fontsalte eut ainsi une aimable illustration de ce que pouvaient
être la naïveté politique d'une femme, l'égoïsme bourgeois et
l'arrière-plan affairiste du neutralisme helvétique.

Simon Blanchod, tout en approuvant les dires de Charlotte
Métaz, voulut montrer que les soucis des Vaudois ne se limitaient
pas à des préoccupations mercantiles. Républicain libéral, grand
lecteur de Jean-Jacques Rousseau, il avait toujours su, au cours des
périodes troublées, faire preuve de modération et de tolérance. Il
ne craignait pas de qualifier de simagrées les mouvements révolutionnaires vaudois et condamnait la démagogie comme la violence.

— Je reproche à vos consuls, au premier d'entre eux surtout,
dont j'approuve la volonté qu'il a de remettre de l'ordre en France,
les restrictions apportées à la liberté des citoyens : suppression des
journaux royalistes de Paris, répression sanguinaire de la chouan-
nerie, représailles contre les familles des émigrés. Je suis huguenot,
monsieur l'officier, et j'admets le progrès des sciences, tout en
pensant que Dieu saura bien mettre un frein à l'appétit de
connaissance des hommes, quand il le jugera nécessaire. La
mésaventure biblique d'Adam et Eve est là pour le prouver, n'est-
ce pas ?

Fontsalte allait répondre que la République comptait encore des ennemis et que toute faiblesse du nouveau régime renforçait l'audace des royalistes quand Flora Baldini, qui s'était tue jusque-là, prit la parole :

— Pardonnez-moi, capitaine, de vous dire ça tout à trac, mais je tiens M. Bonaparte pour un ambitieux, qui veut faire de l'Italie une colonie de la France et asservir l'Europe ! Les soldats français qui, depuis trois ans, circulent dans notre canton se conduisent comme en pays conquis. Il paraît qu'ils élisent leurs officiers, ce qui explique que ces derniers soient impuissants à faire régner la moindre discipline. Ce sont des brutes, des soudards qui ne pensent qu'à piller, boire et violer les femmes ! Peut-être trouverez-vous ici peu de gens qui oseront vous dire ces choses. Moi, je ne crains pas de le faire !

Mme Métaz, l'œil agrandi par la stupéfaction, ne trouva rien à dire ; Chantenoz toussota en s'absorbant dans le nettoyage de sa pipe et Blanchod se leva pour remplir le verre de Blaise. Ce dernier prit un instant de réflexion, tous les assistants ayant compris qu'il ne pouvait laisser pareille attaque sans réplique.

— Votre franchise me plaît, dit-il, et personne n'est mieux placé que moi pour savoir la détestable façon de se conduire qu'ont eue, par le passé, certains militaires français, même des officiers de haut rang. Je pense, par exemple, au général Xaintrailles, qui devra répondre des vols et détournements commis à Vevey et dans le Valais. Car sachez, madame, que les coupables, quand on les trouve, sont jugés et exécutés. Sachez aussi que le général Bonaparte n'a pour seul but que d'apporter le bonheur aux peuples. Pour cela, il doit, hélas, faire la guerre aux tyrans qui, comme l'empereur d'Autriche, refusent la paix et privent leurs sujets des libertés élémentaires.

Flora affichait une moue traduisant son incrédulité et Fontsalte choisit de dévier la conversation.

— Vous traitez les Français de soudards et de gens sans aveu, mais certaines de vos compatriotes, fort honorables, les trouvent assez bons pour s'en faire des maris ! Voulez-vous un exemple, qui est aussi une belle histoire d'amour ? Elle a commencé ici même, à Vevey, en 98.

— Oh ! oui, racontez, racontez ! Nous aimons tous les histoires d'amour, dit vivement Mme Métaz, enchantée de la diversion.

— Dites toujours, renchérit mollement Flora.

Sans plus attendre, Blaise commença :

— En janvier 98, quand le corps expéditionnaire français, formé

pour soutenir vos patriotes vaudois menacés par les Bernois et
commandé par le général Ménard, vint cantonner dans ce pays, un
jeune officier, le chef de bataillon Charles Perrot, s'amouracha
d'une jeune fille de Vevey...

— Suzanne Roy, coupa Blanchod.

— Si vous connaissez mon histoire, je n'ai plus qu'à me taire, dit
en riant le capitaine.

— Nous ne la connaissons pas, nous autres, s'écria Charlotte,
soutenue par Chantenoz.

— Elle se nommait Suzanne Roy, en effet, reprit Fontsalte.
C'était une belle fille, délurée mais sérieuse, d'origine modeste,
m'a-t-on dit, et robuste. Pour arriver à ses fins, Perrot, qui était un
bon garçon, dut l'épouser.

— Le mariage eut lieu le 26 février 98, monsieur l'officier, j'ai
assisté à la cérémonie dans le temple de La Tour-de-Peilz. Mais
c'est tout ce que je sais, se hâta d'ajouter Blanchod, pour faire
excuser cette nouvelle interruption.

— Merci pour cette précision qui a toute son importance, dit
Blaise avant de poursuivre. Ce que vous ne savez peut-être pas,
monsieur, c'est que, deux semaines plus tard, alors que sa demi-
brigade était engagée contre les Bernois à Fraubrunnen, le jeune
marié fut blessé. A peine remis de sa blessure, il fut, comme
beaucoup, envoyé à Toulon afin d'embarquer pour l'Egypte.
Comme j'étais du voyage, c'est sur le bateau que je fis sa
connaissance.

— C'est donc à Toulon que les époux se séparèrent, murmura
Blanchod.

— Ils ne se séparèrent pas! La veille de l'appareillage, Perrot
emprunta un uniforme de sous-lieutenant à un camarade de petite
taille, Suzanne l'endossa et embarqua avec la demi-brigade. Ce
n'est qu'après plusieurs jours de mer qu'elle se fit connaître pour ce
qu'elle était. Personne ne la blâma pour cette audacieuse supercherie. Au contraire, tous les officiers admirèrent son courage et sa
détermination. Car, contrairement peut-être à ce que pense
Mme Baldini...

— Mademoiselle! dit sèchement Flora.

— Contrairement à ce que semble penser Mlle Baldini, nous
avions tous au cœur une bonne dose de romantisme.

— Et, en Egypte, que devint-elle? demanda Charlotte, impa-
tiente.

— Elle suivit l'armée sur un dromadaire, réconfortant les

blessés, se dévouant, résistant mieux que nous aux fatigues, à la soif. Elle fut de toutes les batailles, à Rhamanié, à Chébreisse, aux Pyramides. Un soir, le général Bonaparte l'aperçut, couchée sur le sable près de son mari. Il dit « Voilà une petite femme qui dort bien ! » et félicita Perrot d'avoir trouvé en Suisse une aussi courageuse épouse. Il faut bien reconnaître qu'elle supportait mieux que son mari les rigueurs du climat et les privations. La mauvaise santé de Perrot étant connue du général Bonaparte, le commandant fut dispensé de la campagne de Syrie et nommé gouverneur du Vieux-Caire. C'est là que Suzanne mit au monde une fille, qui ne vécut que quelques jours. A peine avions-nous rembarqué pour la France avec le général en chef, Marmont et Murat, que Perrot tomba gravement malade. J'ai appris, depuis, qu'il mourut à Alexandrie, malgré les soins prodigués par son épouse et les médecins de l'hôpital militaire [1].

— Et savez-vous, capitaine, ce qu'est devenue la veuve ? demanda Charlotte.

— Non, personne n'a su encore me le dire. Il semble qu'elle soit restée en Egypte. Peut-être près de la tombe de l'époux qui l'avait emmenée si loin du Léman. En tout cas, peu d'hommes peuvent se vanter d'avoir reçu autant de preuves d'amour que ce camarade mort à trente-six ans, après dix-neuf ans passés sous les armes.

— Peut-être reviendra-t-elle un jour à Vevey pour nous raconter elle-même la fin de son histoire, car... Suzanne... je l'aimais bien... autrefois, conclut Blanchod, mélancolique et rêveur.

Martin Chantenoz, qui avait bourré et allumé sa pipe, fit observer que cette romance exotique et édifiante était de nature à émouvoir les bergères du pays d'En-Haut, une aventure « dans le ton du siècle ».

— Que voulez-vous dire par « le ton du siècle » ? interrogea Fontsalte, intéressé.

— Je veux dire que nous sommes entre deux moments de civilisation, que de ce fait les mœurs changent et que les gens ont besoin de nouvelles références. D'un côté subsiste l'ancienne société, attachée à des principes issus de la féodalité, et qui trouve réponse à ses questions, parfois consolation à ses déboires, dans la foi religieuse, et de l'autre se forge une société nouvelle, née de la

1. L'histoire authentique de Suzanne Roy et de Charles Perrot a été racontée en détail par son petit-fils, le pasteur Alfred Ceresole, issu du second mariage de la veuve de l'officier mort en Egypte dans : *Un épisode vaudois de 1798 : Suzanne Ceresole*, imprimerie Georges Bridel et Cie, Lausanne, 1900.

Révolution, qui découvre et admet l'audace des sciences, sources de réponses inédites. Quoi qu'en pensent les catholiques, comme Flora ou Charlotte, qui ne voient pas plus loin que leur bénitier, la nouvelle société, plus que l'ancienne, est attentive à l'homme, en tout cas plus attentive à l'homme qu'à Dieu, plus instinctive que mystique, plus avide de connaissances que de morale. La révolution française nous a révélé que l'homme peut influer sur son destin et que ce dernier n'est pas uniquement déterminé par des forces mystérieuses que commande, assis dans les nuées, un juge suprême, maître du monde visible et invisible, dont on ignore s'il est chair translucide ou imagination !

— Tais-toi, tu blasphèmes ! s'écria Charlotte.

— Bon, je blasphème. J'assume toute la responsabilité de mes blasphèmes, tu le sais ! Mais je suis bien certain que le capitaine Fontsalte sera de mon avis si je dis : en face de l'idéologie chrétienne, à base de prières, d'exhortations à la vertu, d'interdits, de menaces infernales et de résignations aux lois temporelles, la Révolution a opposé une idéologie neuve, pleine de générosité sociale, véhémente, naïve, souvent brutale, parfois sanguinaire, mais puissante parce que humaine et universelle. Au souverain de droit divin elle oppose les élus des citoyens. On parlait de soumission aux monarques et de contrainte, on parle maintenant de liberté et de bonheur. N'est-ce pas mieux ainsi ?

— C'est une façon bien utopique de voir les choses et il faut attendre un peu avant de juger, commenta Blanchod.

Blaise de Fontsalte se sentait assez proche de la pensée de Chantenoz et il osa le dire. Puis, cet auditoire lui paraissant réceptif, il se laissa aller à quelques confidences, ce qui n'était pas dans ses habitudes. Il raconta comment son père avait participé à la guerre d'indépendance des colonies anglaises d'Amérique et assisté à la naissance des Etats-Unis, première démocratie constitution-nelle.

— Une phrase de Thomas Jefferson, principal rédacteur de la Déclaration d'indépendance, résume à mes yeux l'idéal qui doit animer ceux qui, comme M. Chantenoz et moi-même, croient à l'avenir de la démocratie. Cette phrase, mon père m'a obligé à l'apprendre par cœur. Je peux vous la réciter : « Nous considérons comme allant de soi les vérités suivantes : tous les hommes sont créés égaux. Leur Créateur les a dotés de certains droits inaliéna-bles dont la vie, la liberté et la recherche du bonheur. C'est pour assurer ces droits que sont institués parmi les hommes les gouvernements, lesquels tiennent leurs justes pouvoirs du consentement des gouvernés. Dès lors qu'une forme de gouvernement, quelle qu'elle soit, tend à détruire ces buts, le peuple a le droit de la modifier ou de l'abolir et d'instituer un nouveau gouvernement, en le faisant reposer sur les principes et en organisant ses pouvoirs dans les formes qui lui paraîtront les plus susceptibles d'assurer sa sécurité et son bonheur. » Tel doit être, à mon avis, l'évangile moderne des hommes libres, conclut Fontsalte, qui avait apprécié l'attention de l'auditoire.

— Permettez-moi de vous faire remarquer que cette Constitution américaine, belle et bonne, a été inspirée par les philosophes, dont un Suisse, le professeur Jean-Jacques Burlamaqui [1]. Ses *Principes du droit naturel*, publiés à Genève en 1747 et qu'il enseigna à tant d'étudiants, ne prônent pas autre chose que la tolérance, la liberté de conscience et l'égalité naturelle des hommes. Les Pères fondateurs avaient dû lire Burlamaqui !

— C'était déjà la justification des révolutions et de leurs excès, s'indigna Flora Baldini.

— Ce sont des principes, Flora. Leur application dépend de la sagesse des hommes, fit observer Martin Chantenoz.

— Ce sont des principes dangereux car les hommes ne sont pas sages. Ces principes, qui font si bon effet dans les discours, conduisent à la perte des valeurs morales, à l'anarchie, au désordre. Vous semblez tous oublier ce qui s'est passé en France ! La guillotine n'a pas seulement tué des milliers d'innocents, avant de trancher la tête des plus fameux bourreaux, elle a aussi anéanti une civilisation. Et cette façon qu'on a, maintenant, de mettre la religion au niveau des lois laïques, nécessaires à l'encadrement du peuple, et d'adapter sa pratique aux mœurs nouvelles, comme on retaillerait un habit aux mesures d'un héritier nécessiteux, ne me dit rien qui vaille !

A travers la véhémence du ton, Blaise reconnut chez Flora une incontestable sincérité. Cette femme méritait qu'on lui répondît.

— Bonaparte, mademoiselle, veut concilier les vieux principes qui vous sont chers, et ne sont pas tous condamnables, avec les nouveaux. Il tient, en effet, la religion pour essentielle en tant

---

1. Publiciste genevois (1694-1748). Forcé par le mauvais état de sa vue d'abandonner l'enseignement, il fut nommé membre du Conseil d'Etat en 1740. Ses ouvrages formaient, au XVIIIe siècle, le fond de l'enseignement du droit dans de nombreuses écoles.

que discipline et morale à l'usage du peuple. Il ne nie pas l'existence de Dieu !

— Il a bien dit cependant : « L'homme est le héros de la création » ! Quelle outrecuidance ! lança la jeune femme.

Ce fut Martin Chantenoz qui répliqua avant Fontsalte :

— L'homme est bien une créature divine, non ? Alors, c'est bien le héros de la création au sens premier du terme, héros : celui qui est né d'un dieu ! Tu devrais être enchantée de cette promotion, exprimée par le général Bonaparte ! D'ailleurs, ce dernier est un bon chrétien et, de surcroît, catholique comme toi. Il a été baptisé à Ajaccio et il a eu pour parrain M. Laurent Giubeca, procureur du roi à Calvi. Et puis l'oncle du Premier consul a été ordonné prêtre en 1785. Cela devrait te rassurer, ironisa Chantenoz.

— Cela ne peut rassurer Flora car ce prêtre s'est défroqué pendant la Révolution, comme beaucoup d'autres. Et maintenant, il s'est mis aux affaires. Je le tiens de bonne source. Les fournitures de l'armée d'Italie lui rapportent plus que l'ancienne dîme, croyez-moi, dit posément Blanchod.

Le huguenot, venant au secours de Mlle Baldini, ne laissait pas pour autant passer l'occasion d'égratigner le clergé catholique et les papistes.

— S'il est devenu garde-magasin en 1793, ce fut uniquement pour sauver sa peau, et il n'est pas commissaire des Guerres comme certains veulent le faire croire. C'est un homme pieux. Un jour, il sera évêque, vous verrez, rectifia Blaise.

— Pourquoi pas cardinal ! s'écria Flora.

— Oh ! il y en eut de pires, demandez un peu, pour voir, à Julien Mandoz, le beau-frère de Flora. Les gardes pontificaux sont sans illusions. Il s'en passe de belles, au Vatican ! renchérit Blanchod en adressant un clin d'œil à la jeune femme.

La discussion aurait pu durer une partie de la nuit et Blaise de Fontsalte choisit de conclure en faisant observer qu'il devait se mettre en selle tôt le lendemain. Il salua la compagnie et s'apprêtait à prendre congé de l'hôtesse quand celle-ci, jetant un châle sur ses épaules, manifesta l'intention de l'accompagner.

— Jusqu'au bout de la terrasse, précisa-t-elle.

La lanterne que Blaise avait déposée sur le seuil avant d'entrer dans le salon s'était éteinte, mais la lune, suspendue dans un ciel nettoyé de nuages et parsemé d'étoiles, répandait assez de clarté pour que l'on pût distinguer les obstacles. Il offrit son bras à

Mme Métaz, qui le prit sans façon. Il sentit l'index de la jeune femme suivre le contour d'un galon.

— Est-ce vraiment de l'or ? demanda-t-elle d'un ton enjoué.

— Certes ! De l'or pris dans les coffres des aristocrates guillotinés ! C'est ce que penserait votre amie Flora, dit Blaise en riant.

L'officier eut la sensation que la jeune femme pesait sur son avant-bras, bien qu'elle se fût immobilisée près de la fontaine comme si elle tenait, par bienséance, à rester en vue de ses amis qui se trouvaient encore dans le salon.

— Il ne faut pas tenir rigueur à Flora de sa véhémence. Elle est malheureuse et a ses raisons de détester vos révolutionnaires. Vous ne pouviez pas savoir, bien sûr, que son fiancé, Pierre Mandoz, du régiment des Gardes-Suisses de Louis XVI, a été massacré, comme six cents autres Suisses, le 10 août 1792, en défendant le palais des Tuileries[1]. Le frère de Pierre, Julien Mandoz, qui échappa à la tuerie et épousa plus tard la sœur de Flora avant d'entrer dans la garde pontificale, a rapporté d'horribles scènes. Il a vu quatre de ses camarades coupés en morceaux dans la chambre de la reine par des sans-culottes ivres de haine. Ces déments égorgeaient, éventraient, saignaient, défenestraient tous ceux dont ils se saisissaient. Julien nous a même raconté en pleurant, et cependant c'est un homme dur à la peine, qu'il a vu des marmitons innocents jetés vivants dans des chaudrons d'eau bouillante !

— Je sais cela, et bien d'autres choses, dont nous devons avoir honte, mais le général Bonaparte a clairement désapprouvé les excès de la vile canaille, dit doucement Blaise en posant la main sur celle de Charlotte.

— Peut-être a-t-il désapprouvé plus tard, capitaine, mais Julien nous a assuré que Bonaparte se trouvait dans le jardin du palais pendant le massacre des Suisses. Au lieu de s'interposer, le général a quitté Paris pour Saint-Cyr, où se trouvait sa sœur Elisa qu'il conduisit en Corse !

— C'est exact. Il craignait pour elle, reconnut Fontsalte.

— Pourquoi, mais pourquoi, alors, avoir laissé tuer tant de gens !

1. Vevey conserve à sa façon le souvenir de ces six cents soldats suisses. Le restaurant Au 10-Août, avenue de la Gare, qui propose une carte typiquement vaudoise, contient une belle reproduction du Lion de Lucerne, monument offert par une souscription nationale à la mémoire des martyrs et inauguré, le 10 août 1821, par une centaine de survivants du massacre des Tuileries entourés par les familles des disparus.

— La plèbe déchaînée est incontrôlable, madame. Me croirez-vous si je vous dis que mon père et tous les siens auraient été assassinés par les révolutionnaires de Montbrison si de braves gens ne nous avaient cachés. Et, cependant, mon père était un héros de la liberté ! Nous n'avions qu'un seul tort, celui d'appartenir à une pauvre noblesse de campagne et d'habiter un château à demi ruiné !

— Et vous êtes officier au service d'un régime entaché du sang des justes, monsieur !

— Un jour, peut-être aurons-nous le temps, madame, de parler de ces choses. Pour l'instant, il est tard, vos amis peuvent s'impatienter... et, sous ce clair de lune romantique, je serais plus enclin à parler d'amour que de haine.

— Alors adieu, monsieur, dit-elle en quittant son bras et en ramenant son châle sur sa poitrine.

— Avant de quitter votre maison, je veux vous dire combien je m'y suis senti à l'aise. Un lieu béni où le vagabond que je suis aurait aimé mettre sac à terre, comme disent les marins. Je veux aussi vous faire un présent, dit Fontsalte en tirant de sa botte un court poignard à manche de nacre.

A la vue du couteau, Mme Métaz eut un mouvement de recul.

— C'est plus un bijou qu'une arme. Il m'a été offert en Egypte par une belle hétaïre de Jaffa, en échange de quelques grammes d'opium qui ont abrégé ses souffrances. Elle se mourait de la peste. Ce souvenir est une sorte de talisman.

Charlotte Métaz prit le poignard, considéra un instant le jeu de la clarté lunaire sur les pierres dont le manche était orné.

— Bien que ce ne soit pas le genre de présent qu'une femme puisse recevoir, je l'accepte venant de vous, d'un ami, dit Mme Métaz à voix basse.

— Vous pourrez l'utiliser comme coupe-papier pour ouvrir les lettres de vos galants, ce que devait faire sa défunte propriétaire !

— Je ne reçois jamais de lettres de galant et...

— Voulez-vous que je vous écrive, moi qui ne suis pas poète comme M. Chantenoz..., si vous m'y autorisez ?

La jeune femme eut un petit rire où entrait autant d'incrédulité que de plaisir.

— Si les belles Italiennes et la course à la gloire vous en laissent le temps, je serais heureuse d'avoir des nouvelles de tous ces soldats si jeunes et si forts que j'ai vus cet après-midi place du Marché... et des vôtres aussi..., bien sûr !

Blaise de Fontsalte s'inclina pour baiser les doigts de l'hôtesse.

La surprise, la gaucherie et la façon dont Charlotte raidit la main prouvèrent au capitaine que Mme Métaz n'était pas accoutumée à ce genre d'hommage.

Elle s'éloigna promptement, après un dernier sourire, et, à travers les massifs, Blaise atteignit sans encombre l'escalier qui conduisait à sa chambre. Il trouva près du lit une bassinoire de cuivre, dont les braises encore chaudes le firent sourire. Ces bourgeois veveysans, reconnut-il, avaient le sens du confort et de l'hospitalité. Mais, au cours de la soirée, il leur avait découvert d'autres qualités, auxquelles il était sensible. Aristocrate, fils adoptif de la Révolution, il avait pris grand plaisir à la liberté de parole de ces gens. L'aisance avec laquelle s'exprimaient sans retenue, en bon français, hommes et femmes l'avait touché. Les rythmes paisibles de la vie vaudoise, que troublaient depuis deux ou trois ans les échos des guerres et des révolutions, semblaient cependant inaltérables. La lenteur d'élocution et de réflexion des Veveysans découlait peut-être de celle qu'imposaient le relief et le lac à leurs déplacements. On ne pouvait grimper dans les vignobles pentus au pas de charge ni filer dix nœuds sur le Léman en absence de vent! Le climat lacustre lénifiant, « la molle du lac », comme disent les gens du pays, le décor virgilien, chef-d'œuvre naturel de proportion et de mesure, inscrit dans le rempart protecteur des hautes montagnes, ne devaient pas être sans influence sur un peuple rustique, sain, placide, plein de bon sens, parfois indécis dans ses engagements mais docile et loyal. Malicieux sans méchanceté et d'esprit plus curieux que délié, les Vaudois, durs au travail, âpres au gain et économes, manifestaient une susceptibilité inquiète devant l'étranger, surtout si celui-ci portait, comme les Français, un uniforme et un fusil!

Quand Blaise fut confortablement allongé dans l'obscurité, le souvenir de la jolie Charlotte Métaz l'empêcha, malgré la fatigue, de trouver le sommeil. L'image de la jeune femme s'imposait avec insistance et netteté. Il se remémora la façon qu'elle avait eue de l'observer et de l'écouter pendant toute la soirée, adossée aux coussins, près de Flora Baldini. Charlotte souriait aux anges et semblait prendre le même plaisir qu'au théâtre. A l'abri de la pénombre, peut-être n'imaginait-elle pas qu'on puisse remarquer son expression et son regard, dont la conjonction révélait l'intense curiosité, presque l'avidité, de l'enfant envieux ou subjugué. Et le tête-à-tête dans le jardin avait encore ajouté au sentiment qu'il aurait pu, avec un peu de temps, obtenir de cette femme... ce que d'autres lui avaient donné ! Blaise se garda cependant d'interpréter comme désir amoureux ces manifestations d'intérêt flatteuses et qu'une duègne eût trouvées excessives. Il définit plus prosaïquement l'attitude de son hôtesse comme la fascination naïve que pouvait exercer sur une jeune femme encore ignorante de la vie et des violences de la guerre un baladin de passage. Il ne se trompait que d'un ton : Charlotte Métaz avait vu Fontsalte comme un Lancelot, prêt à courtiser, avec la même désinvolture, la gloire ou la mort, jumelles tragiques, et la dame qu'un hasard place sur le chemin des batailles.

Ayant renoncé au sommeil, il ouvrit *la Nouvelle Héloïse* de Jean-Jacques Rousseau, ouvrage qu'il avait mis dans ses sacoches avec d'autres livres relatifs aux pays qu'il devait traverser. Il retrouva aisément le passage où Saint-Preux analyse, pour lui-même, l'ambiance lénifiante et romantique dont il ressent les effets sur les bords du Léman. « On y est grave sans mélancolie, paisible sans indolence, content d'être et de penser ; tous les désirs trop vifs s'émoussent, perdent cette pointe aiguë qui les rend douloureux, ils ne laissent au fond du cœur qu'une émotion légère et douce et c'est ainsi qu'un heureux climat fait servir à la félicité de l'homme les passions qui sont ailleurs son tourment. »

La lecture de ce fragment fit sourire l'officier. Saint-Preux souffrait d'une passion dévorante pour Julie et ne souhaitait que changer d'humeur, alors que lui, Fontsalte, était prêt à rire de sa propension à guetter chez les femmes un signe d'acquiescement devant l'invitation au plaisir et la promesse d'abandon qui s'ensuivait.

L'image de Charlotte Métaz dériva puis s'éloigna, mais le jeu inconscient des enchaînements de la mémoire ranima chez l'homme somnolent un fantôme rousseauiste.

A quelques douzaines de pas du lit de Blaise, près de la place du Marché où la division Boudet avait paradé l'après-midi, se trouvait la maison de Mme de Warens et aussi l'auberge de la Clef, où Rousseau avait logé « sans voir personne » en 1730, après s'être pris pour Vevey « d'un amour qui depuis l'avait partout suivi ». Pendant la revue, le colonel Ribeyre avait montré au capitaine la demeure de la « petite maman » incestueuse. De cette Veveysanne, que Rousseau avait si mal aimée, un membre de la municipalité, invité du colonel Ribeyre, avait fait, le soir au cours du dîner, un portrait bien différent de celui que la postérité voulait retenir.

Louise Eléonore, née à Vevey en 1700, il y avait tout juste un siècle, s'était découvert, à l'âge de vingt-cinq ans, du goût pour la bonneterie industrielle, activité jusque-là réservée aux hommes. Ambitieuse, entreprenante, généreuse aussi et toujours attirée par les jeunes gens en perdition, elle s'était prise d'une affection particulière pour Jean Laffon, un réfugié huguenot qui venait de fonder à Vevey une fabrique de bas de soie. Comme celui-ci ne possédait pas de quoi développer l'entreprise, Mme de Warens, sans consulter son mari et parce qu'elle croyait aux profits de la spéculation, avait investi pour prendre le contrôle de la manufacture et faire de Laffon un directeur appointé. Enfin informé, M. de Warens, membre du Conseil des Douze qui gérait la ville, n'avait pu refuser à sa femme un prêt communal de cinq cents écus, puis un deuxième de sept cents écus. Il s'agissait d'ajouter à la fabrique de bas de soie une fabrique de bas de laine ! On avait dû faire venir de France des ouvriers compétents, les Veveysans ignorant tout de la fabrication des bas. L'affaire, comme il fallait s'y attendre, allait péricliter d'autant plus vite que Mme de Warens, considérant que la caisse de l'entreprise était sienne, y puisait allégrement pour les bonnes œuvres destinées à parfaire sa réputation mondaine. Laffon en faisait autant, mais sans doute pour des œuvres moins pies !

En février 1726, M. de Warens avait dû négocier un troisième emprunt de huit cents écus. Les bas fabriqués à Vevey ne connaissant pas, en Europe ni même dans le pays de Vaud, la vogue escomptée, et le bilan devenant désastreux, Louise Eléonore avait alors choisi d'aller prendre les eaux à Aix-les-Bains. Bien que les griffons d'Aix n'aient jamais dispensé d'eau bénite, la Veveysanne, née huguenote, en avait profité pour abjurer la religion protestante et se faire catholique. A son retour à Vevey, ayant constaté que ses affaires ne s'étaient pas améliorées pendant son absence, elle avait mis la clé sous la porte et traversé le lac, le 14 juillet 1726, pour passer en Savoie ! Quand, le 7 août suivant, le baron de Warens avait appris que son épouse venait de quitter Evian pour suivre le roi du Piémont à Turin, il avait mesuré toute l'étendue de son infortune sentimentale et financière. Comme une soubrette indélicate, madame, née de La Tour du Pil, était partie avec l'argenterie du ménage !

L'anecdote avait mis tous les invités du colonel Ribeyre en joie et, comme la plupart vivaient un célibat opiniâtre et joyeux, on avait trouvé dans la mésaventure du mari de l'inspiratrice de Jean-Jacques une raison supplémentaire d'éviter le mariage.

Blaise laissa bientôt choir sur le parquet le livre de Rousseau et
oublia la bonne Mme de Warens. Celle-ci, depuis près de quarante
ans, reposait dans sa tombe, à l'abri des amours et des misères de ce
monde. Il souffla la chandelle et, sa mémoire ayant fait toilette,
s'endormit.

5.

Le capitaine Fontsalte estima qu'il venait de s'assoupir quand des coups violents ébranlèrent la porte de sa chambre. A son : « Qui va là ? » répondit la voix du maréchal des logis Trévotte.

— C'est Titus, citoyen capitaine. Faut que je vous parle tout de suite !

Le temps d'allumer une chandelle, de jeter un regard à sa montre qui lui apprit qu'il dormait en réalité depuis trois bonnes heures et Blaise, assis dans son lit, reçut en plein visage la lumière de la forte lanterne d'écurie que tenait Trévotte.

— Tu m'aveugles, sacrebleu, pose ce fanal ! Que se passe-t-il ? Tu n'es pas couché à deux heures de la nuit !

Le maréchal des logis, gilet déboutonné, habit ouvert, bonnet de guingois, paraissait si excité que Fontsalte le crut ivre.

— Faites excuse, citoyen capitaine, je viens de ramasser des espions, dit Trévotte en posant sa lanterne sur la commode.

— Des espions !

— Oui, une femme et un homme. Tenez, regardez ça, ajouta Titus en tendant à Blaise plusieurs feuilles de papier pliées.

— Approche ta lanterne et rectifie la tenue, ordonna Fontsalte en dépliant les feuillets.

Dès les premières lignes, l'officier comprit qu'il s'agissait d'un relevé des effectifs et de l'ordre de marche de l'armée de réserve.

« Près de cinquante mille hommes se préparent à passer en Italie par les cols du Grand-Saint-Bernard, du Saint-Gothard et du mont Cenis. L'avant-garde, déjà en route, est commandée par le général

Lannes. Les troupes sont cantonnées à Villeneuve, Saint-Maurice, Martigny, Saint-Pierre et autres lieux. Cette avant-garde, qui se mettra en route entre minuit et deux heures du matin, devrait passer le Grand-Saint-Bernard au cours de la nuit du 14 au 15 mai. Elle est composée de régiments d'élite bien armés et aguerris. Certains ont participé à la guerre de Vendée. Sous le commandement du général de brigade Mainoni : la 28e demi-brigade de bataille, un bataillon de la 44e demi-brigade, un bataillon helvétique, un bataillon de Piémontais qui marchent avec les Français. Sous le commandement du général de brigade Watrin : la 6e demi-brigade légère, la 22e et la 40e de bataille. Sous le commandement du général de brigade Rivaud : le 12e régiment de hussards et le 21e de chasseurs. L'artillerie comprend : quatre pièces de 4, deux pièces de 8, deux obusiers, quatre pièces de 4 genevoises, six petites pièces de 2 qui sont déjà à l'hospice du Grand-Saint-Bernard où se trouvent, depuis un an, deux cents fantassins et artilleurs. »

Suivait l'énumération des troupes composant les divisions Loison, Boudet, Chambarlhac, Chabran, tous les détails concernant les effectifs de l'infanterie et de la cavalerie, une situation de l'artillerie, du gros de l'armée et même le nombre de bœufs — près d'un millier — qui accompagnaient l'armée pour assurer la ration quotidienne d'une demi-livre de viande par soldat !

— Tudieu ! cracha Fontsalte en sautant de son lit.

Tandis qu'il passait sa tenue de service et glissait ses pistolets dans sa ceinture, l'officier apprit toute l'affaire de la bouche de Trévotte. Le maréchal des logis fumait sa pipe au bord du lac, en compagnie de deux chasseurs qui, comme lui, ne parvenaient pas à trouver le sommeil, quand une barque s'était approchée du rivage, sans faire de clapotis. A peine la proue du bateau avait-elle raclé en grinçant les galets de la berge qu'un individu, jusque-là caché sous les arbres, s'était avancé vers le batelier et lui avait tendu un petit paquet blanc. Les chasseurs avaient aussitôt pensé contrebandiers. Mais Titus, rendu, par ses fonctions auprès de Fontsalte, plus attentif aux menées anti-françaises, avait, lui, pensé espions.

— Les chasseurs étaient sans arme mais j'avais mon pistolet. On leur a tombé dessus comme des chiens. C'est là que j'ai vu qu'un des deux était une femme. Elle a essayé de déchirer les papiers et de les jeter dans l'eau, mais je les ai attrapés à temps. Sauf une feuille que j'ai repêchée et que voilà un peu trempée, conclut le maréchal des logis en tendant à Fontsalte un papier humide et froissé.

Bien que l'encre ait été diluée par l'eau, le capitaine déchiffra la suscription : « A remettre au général Wukassovitch. »

Ce général autrichien, Blaise de Fontsalte le connaissait comme un des vaincus de Rivoli, en janvier 97, et il savait qu'il commandait un corps de troupes, de l'autre côté des Alpes.

— Allons voir ces égipans, lança-t-il en dévalant l'escalier.

Une autre surprise attendait l'officier dans l'écurie où les interpellés avaient été enfermés par Trévotte, sous la garde des chasseurs. Si le bacouni, un vieux rabougri, édenté et penaud, dont Titus éclaira le visage, était inconnu du capitaine, ce dernier identifia au premier regard la complice. Autant l'homme paraissait confus et ennuyé, autant l'Italienne, campée, le menton haut, l'œil brasillant de défi, semblait prête à affronter son sort.

— Tiens, Mlle Baldini a donc des rendez-vous nocturnes au bord du lac ! Pareille conduite a de quoi surprendre, de la part d'une jeune fille de bonne éducation, persifla Blaise.

— Je n'ai aucun compte à vous rendre et dites à ces brutes de me laisser rentrer chez moi ! cria Flora.

Sa voix tremblait de colère et d'indignation. Fontsalte n'en fut pas impressionné.

— S'il s'agissait d'un rendez-vous galant, je n'aurais pas l'impudence de vous demander des comptes, mais il y a ceci ! dit sèchement l'officier en caressant le menton de la jeune fille avec les papiers saisis par Titus.

Flora rejeta la tête en arrière et rugit :

— Je n'ai jamais vu ces papiers... J'ignore de quoi vous parlez... Laissez-moi !

Fontsalte se tourna vers le batelier :

— Alors, ces papiers t'appartiennent ? Il faut bien qu'ils viennent de quelque part, puisque les voilà en ma possession.

L'homme n'était pas de force à résister. Pressé de s'expliquer, il confessa qu'il était venu à un rendez-vous pour recevoir une lettre.

— Et c'est Mademoiselle, ici présente, qui t'a donné les papiers que voilà ? Il n'y avait personne d'autre sur la berge et trois militaires, dont un maréchal des logis et un brigadier de la garde, ont assisté à la remise du paquet, suggéra Blaise.

— Ben... oui..., oui, c'est comme ça. Mais je sais pas ce que c'est que ces papiers, hein ! Moi, on m'a dit : « Tu vas à Vevey entre les Belles-Truches et Rive-Reine, à deux heures de la nuit, et on te remettra un courrier que tu rapporteras. » On m'a donné vingt batz[1] pour ce travail... parce que c'est un travail d'aller sur le lac la nuit... et sans fanal, que j'avais promis !

— Qui t'a envoyé, à qui et où dois-tu remettre ce... courrier ?

— C'est un pasteur qui m'a envoyé. Je veux dire un de la religion papiste, avec une robe comme les chanoines de Martigny. Au retour, je dois poser le paquet au-dessus du deuxième pieu du ponton de Villeneuve, entre deux planches. Le curé m'a montré. C'est là qu'on doit venir le prendre. C'est tout ce que je sais, monsieur l'officier. Je suis pas un espion, moi, comme y disent vos soldats.

— Imbécile, tiens donc ta langue ! intervint Flora.

Un des chasseurs la fit taire d'une bourrade. Fontsalte ignora et la phrase et le geste du soldat.

— Eh bien, vous voyez, nous avançons un peu. Ce brave homme doit être sincère. Ce n'est qu'un porteur de message salarié. Peut-être même ignore-t-il le contenu de ces papiers...

— D'abord, je sais pas lire, coupa l'homme, en partie rassuré par la tournure de l'interrogatoire.

— Ça ne te met cependant pas à l'abri de tout châtiment. Les espions, en temps de guerre, on les fusille. Mais enfin, nous verrons ton cas plus tard et tout dépendra de ta sincérité et de l'aide que tu accepteras de m'apporter.

— Je suis pas un espion. Je sais rien ! se contenta de répéter le batelier.

— Il ne sait rien, c'est un nioque[2], lança Flora.

Fontsalte se tourna vers la jeune femme et la fixa durement.

— Voyons, mademoiselle, vous ne pouvez plus nier avoir remis cet intéressant rapport à ce batelier. Il vous reste à m'expliquer d'où il vient, puisque je sais déjà qu'il est destiné à un général autrichien !

Flora, se voyant découverte, dénoncée par la couardise du bacouni et compromise, opta pour une autre forme de défense.

— C'est un homme que j'ai rencontré qui m'a demandé de porter...

— Allons, allons, cessons de jouer au plus fin ! Je n'ai d'ailleurs que faire de vos aveux et je n'en attends pas. Cela me suffit, dit Blaise en agitant les papiers.

Puis il s'adressa à Titus :

1. Monnaie de Suisse, frappée à partir du xve siècle à Berne et portant en effigie un ours. Le batz valait, au commencement du xixe siècle, environ quinze centimes français d'alors.
2. Lourdaud, sot, bêta. Mot suisse, sans doute dérivé de l'italien *gnocco*, lourdaud.

— Maréchal des logis Trévotte, vous êtes responsable des prisonniers. Attendez mon retour sans broncher.

Blaise tourna les talons, saisit une lanterne et se dirigea vers la porte de l'écurie. Ayant traversé la terrasse, il hésita un court instant devant la grande maison, noire et silencieuse, où tout dormait. Il se résolut enfin à forcer, d'une simple poussée, la porte-fenêtre du salon où, quelques heures plus tôt, se trouvaient réunis les amis de Mme Métaz. Fontsalte prit le temps d'allumer quelques chandelles puis, passant dans le corridor, avisa un chaudron de cuivre. « Exactement ce qu'il me faut. Nous allons sonner le réveil », pensa-t-il. Tirant de sa ceinture un de ses pistolets, il frappa de la crosse le chaudron qui retentit, tel un gong. Comme un coup de cymbale, le son cuivré se propagea en échos dans toute la maison. Du côté des cuisines, un chien se mit à aboyer rageusement, mais Blaise ne cessa de carillonner qu'au moment où s'ouvrit, au premier étage, sur la faible clarté d'une chandelle, une porte de chambre. Il reconnut aussitôt la voix apeurée de Charlotte Métaz.

— Polline, Polline, que se passe-t-il? Mon Dieu, c'est le feu. Polline, où es-tu? Polline...

— Ce n'est pas le feu, madame, rassurez-vous. C'est le capitaine Fontsalte, qui vous prie d'excuser cette intrusion en pleine nuit. Mais je dois, pour une question de service, urgente et grave, vous montrer quelque chose. Pouvez-vous descendre?

Le ton était aimable mais comminatoire.

— Mon Dieu, je descends tout de suite, capitaine..., le temps de passer un vêtement.

Blaise entendit Charlotte pester après Polline, qui ne se montrait pas.

Une minute ne s'était pas écoulée que Mme Métaz apparut dans le salon, où Blaise était retourné pour l'attendre. Peu de femmes sont au mieux de leur beauté quand on les tire brutalement du lit. La plupart de celles qu'avait connues Fontsalte redoutaient de se montrer avant une station, qui pouvait être longue, devant leur coiffeuse. Sans poudre ni fard, les cheveux en désordre, la peau luisante et l'œil embué, elles ne souhaitaient que cacher leur visage au naturel et dissimuler, sous une robe de chambre, un corps libéré du corset. Certaines contenaient de leurs bras croisés une poitrine que la verticale mettait en déroute!

Charlotte Métaz apparut, au contraire, plus belle et plus fraîche que la femme quittée quelques heures plus tôt. Visage rose et lisse, regard clair, coiffure aux gaufrures ordonnées, elle se présenta avec l'aisance d'une lady à l'heure du thé. Un déshabillé léger, fermé au cou par un ruban de velours rose, laissait deviner, à travers le fin lainage, la pointe framboisée des seins émergeant du décolleté béant d'une chemise de batiste. Fontsalte, qui savait son Racine par cœur, ne put s'empêcher de citer Britannicus :

— *Belle, sans ornements, dans le simple appareil*

» *D'une beauté qu'on vient d'arracher au sommeil*, déclama-t-il en s'inclinant.

— Monsieur ! Monsieur ! protesta Charlotte en rentrant dans l'ombre.

— Ce n'est hélas pas pour badiner, madame, que je me conduis en intrus dans votre maison et... dans votre nuit, car...

— Permettez un instant que je réveille Polline. Elle est sourde et dort à l'autre bout de la maison, interrompit Charlotte, rappelée aux convenances.

D'un geste, Blaise la retint.

— Ce que j'ai à vous dire et à vous montrer ne regarde pas, à mon avis, votre domestique. Quand vous serez informée, vous en userez comme il vous plaira, mais écoutez-moi d'abord. Je vais être bref. Connaissez-vous cette écriture ? dit Blaise en posant sur le piano, dans le cercle de lumière du chandelier, un des feuillets recueillis par Trévotte.

A dessein, il avait choisi un passage anodin où il n'était question que de fournitures de vivres.

Mme Métaz ne prit même pas le temps de la réflexion ; spontanée et franche, elle révéla sans méfiance qu'il s'agissait de la belle écriture de son amie Flora. Puis aussitôt elle s'inquiéta :

— Il ne lui est rien arrivé de fâcheux..., pas d'accident..., elle n'a pas écrit de libelle contre Bonaparte, au moins ? C'est une tête politique, Flora. C'est rare chez une femme... Dites-moi, capitaine ?

Fontsalte considéra Charlotte, revenue pour lire dans la zone de lumière et des transparences complices. Il la trouva fort désirable. « Tudieu ! se dit-il, si les hommes et les femmes obéissaient encore à leurs seuls instincts, répondaient sans honte aux appels primitifs du plaisir, si nous étions restés cavernicoles barbares et lubriques innocents, comme la vie serait simple ! »

Les circonstances voulaient qu'elle ne le fût pas et il dut, anthropoïde asservi, policé par mille civilisations hypocrites, détruire le charme du moment.

— Permettez-moi de vous amener votre amie. Elle est tout près d'ici.

Avant que Charlotte ait pu traduire son étonnement, Blaise avait disparu. Incapable de comprendre cette folle situation ni d'en imaginer la cause, elle saisit le chandelier et, par réflexe de coquetterie, approcha son visage d'un miroir. Mouillant son index de salive, elle redressa ses cils, fit mousser ses cheveux, puis s'acceptant, avec un soupir de résignation satisfaite, telle qu'elle se voyait, se laissa tomber dans un fauteuil en prenant soin de croiser sur ses genoux les pans de son déshabillé. Quand Fontsalte revint, poussant devant lui une Flora réticente et hargneuse, Mme Métaz offrait l'aimable spectacle d'une dame qui, à son jour, s'apprête à recevoir les habitués de son salon.

— Voyons, Flora, que se passe-t-il ?... Comment es-tu dehors à cette heure-là ? s'écria Charlotte en s'élançant vers son amie, prête à l'étreindre comme si la jeune fille venait d'échapper à un danger capital.

Le capitaine Fontsalte prévint le geste de Mme Métaz et présenta à cette dernière la liasse de feuillets compromettants.

— C'est bien la même écriture que celle que vous venez de reconnaître il y a un instant, n'est-ce pas ?

Charlotte s'empara des feuillets et se retourna vers le chandelier. Avant que la jeune femme ait eu le temps de lire et de proférer une parole, Flora tenta de se précipiter vers elle, mais Fontsalte la retint sans ménagement par les cheveux.

— Brûle-les, brûle-les, brûle-les donc ! cria Flora à Charlotte, tout en se débattant afin d'occuper l'officier.

Mme Métaz ne réagit pas et sa stupeur prouva à Blaise qu'elle n'avait encore rien compris à l'affaire. Il saisit le bras de Flora, le tordit jusqu'à ce que la douleur incitât la jeune fille à mettre un terme à ses gesticulations, fit deux pas vers Charlotte et réclama les papiers, qui lui furent remis sans réticence.

— Ces documents sont bien de l'écriture de Mlle Baldini ? demanda l'officier.

Charlotte, fixant Flora, parut hésiter sur la conduite à tenir.

— Je ne sais ce que je dois dire, fit-elle naïvement.

— Tais-toi ! Tais-toi ! hurla la captive.

— Dites la vérité, madame, c'est tout ce que je vous demande, ordonna, impératif, le capitaine.

— Je crois bien qu'il s'agit de l'écriture de Flora, en effet..., mais je ne comprends rien à ce qu'elle a écrit ! Est-ce un articulet sur la

revue de cet après-midi, pour le *Bulletin helvétique* de Lausanne ?
Flora en a déjà envoyé. N'est-ce pas, Flora ? demanda Charlotte
d'un ton mondain.

— Tu es une oie, Charlotte, une oie ! Tu ne te rends pas compte
du mal que tu fais ! Non, ce n'est pas un articulet. Ce n'est pas non
plus une ode à la Chantenoz ! C'est un rapport sur la sale armée des
Français ! Un rapport pour le général autrichien qui va les tailler en
pièces quand ils entreront en Italie, comme le maréchal de Melas a
étouffé l'armée de Masséna dans Gênes ! Oui, je suis une espionne et
une femme qui veut venger son fiancé et les six cents Gardes-Suisses
massacrés aux Tuileries en 92 ! acheva-t-elle en se tournant vers
Fontsalte.

Mme Métaz, entendant ces révélations, autant d'aveux, s'adossa
au piano.

— Ah ! non ! Tu ne vas pas te trouver mal ! C'est tout ce que tu sais
faire, ma pauvre Charlotte ! Mais, pour l'heure, épargne-moi ça.
Garde tes vapeurs pour quand je serai fusillée !

— Fusillée pour ça ! Fusillée ! Tu es folle ! Ce n'est pas possible,
capitaine. Dites-le-lui !

— Nous sommes en guerre et, si j'applique notre loi, Mlle Baldini
sera passée par les armes avant le lever du jour. Vous l'avez
entendue comme moi, la haine qu'elle porte à la France en fait une
alliée active de l'ennemi autrichien. Ignorez-vous que les gens de son
espèce en veulent aussi à la vie du Premier consul ? Les émigrés et
leurs complices ont déjà perpétré des attentats et notre ministre de la
Police, le citoyen Fouché, a déjoué il y a quelques jours une
conspiration montée en Suisse. Cette femme en fait peut-être partie.
Un tireur devait envoyer une balle au général Bonaparte quand il
passera vos montagnes. Dois-je vous rappeler aussi le sort que les
Autrichiens de Souvarov ont réservé à vos compatriotes en 1798 ?

Le ton de Blaise de Fontsalte ne prêtait pas à l'équivoque.
Charlotte reprit place dans son fauteuil et, la tête dans les mains, se
mit à sangloter.

Fontsalte se tourna vers la porte-fenêtre, restée ouverte, et appela
Titus.

— Conduis la prisonnière au château baillival, enferme-la, fais
bonne garde. Tu es responsable sur tes galons. Et attends mes
ordres.

L'ordonnance salua et fit mine d'entraîner Flora Baldini.

Devant la détermination de l'officier français, la jeune fille avait
perdu de sa superbe.

— Je voudrais embrasser Charlotte, j'ai été méchante et je ne voudrais pas la quitter sur des mots durs, demanda-t-elle.

Blaise fit signe à Titus de la laisser aller. Les deux femmes s'étreignirent fougueusement.

— Mon Dieu! Mon Dieu! Que dois-je faire maintenant? bafouilla Charlotte.

— Prie pour moi et fais tout le mal que tu pourras à ces assassins! rugit Flora en s'arrachant aux bras de son amie.

— Emmène-la, ordonna Fontsalte à Titus, sans marquer la moindre émotion.

Quand le maréchal des logis eut disparu avec sa prisonnière, Blaise ferma la porte-fenêtre et revint près du fauteuil où Mme Métaz restait prostrée, hébétée de stupéfaction et de chagrin. L'officier lui caressa les cheveux. Elle leva sur lui un visage mouillé de larmes.

— Vous n'allez pas la fusiller, dites! Dites-moi, vous n'allez pas la tuer…, cette jeune fille! C'est une malheureuse. Elle a eu tant de chagrins par les Français qu'elle ne sait plus ce qu'elle fait ni ce qu'elle dit!

— Elle sait en tout cas ce qu'elle écrit! Vous l'avez vu comme moi, n'est-ce pas! Les renseignements qu'elle se préparait à livrer à nos ennemis, qui sont aussi ceux de la Suisse, ne l'oubliez pas, auraient causé la mort de nombreux braves garçons, dont des Vaudois et des Valaisans qui marchent avec nous. Vous auriez pu compter encore plus de mères, d'épouses et de fiancées en deuil si ces papiers n'avaient pas été interceptés.

— Mais, puisqu'ils n'ont pas été livrés, puisqu'ils n'ont pu faire de mal, dites, épargnez-la! supplia Charlotte.

Elle s'était dressée et s'agrippait aux brandebourgs du dolman de Blaise, la joue contre la poitrine de l'officier. Le menton dans les cheveux de la jeune femme, Fontsalte s'efforçait à l'impassibilité. Il finit par prendre Mme Métaz aux épaules et, l'éloignant de lui, la fixa avec une telle intensité qu'elle baissa la tête.

— Vos yeux sont durs, si bizarres! Ce ne sont pas des yeux ordinaires. Ils sont différents l'un de l'autre, comme s'ils n'appartenaient pas au même homme. Ils font peur! D'ailleurs Flora l'a remarqué. En me quittant, elle vient de me souffler, parlant de vous : « C'est un cruel. Il a l'œil vairon. » Et c'est vrai, il faut être cruel pour faire fusiller une jeune fille, larmoya-t-elle.

— Il m'arrive cependant, madame, de me laisser attendrir!

— Que faut-il faire, mon Dieu, pour vous convaincre de ne pas tuer Flora ? dites-le ! Je suis prête à payer... beaucoup. J'ai de l'argent et même de l'or, là-haut, dans ma chambre !

Blaise recula d'un pas et posa sur Charlotte un regard de fausse commisération.

— Vous tenez les officiers français dans un tel mépris que vous imaginez que je pourrais vous... vendre une prisonnière !

La vivacité de la réplique comme le ton de Fontsalte laissèrent Charlotte décontenancée. Elle bafouilla un « Pardon, je ne voulais pas vous offenser », qui prouvait son désarroi. La proposition de cette femme, si proche et si peu vêtue, dont la chair tiède exhalait un parfum animal, avait agacé Blaise. Il eut soudain envie de lui faire payer son impudence.

— Sachez qu'il n'y a qu'une seule chose que je puisse accepter de vous, pour épargner la vie de l'espionne qui vous est si chère.

— Mon Dieu, dites ce que vous voulez ! Rien ne peut avoir plus de prix qu'une vie. Que voulez-vous ?

Blaise évalua la faiblesse de cette jolie nigaude qu'il dominait de sa haute taille et s'efforça de prendre un air rassurant, presque tendre. Les femmes, au fil des aventures, l'avaient rendu conscient qu'à certains moments il pouvait tirer profit de la dualité troublante de son regard. Le flux glacé de son œil sombre s'atténuait tandis que l'œil bleu irradiait un fluide enjôleur. Comme d'autres avant elle, Mme Métaz fut sensible à cette fascinante aptitude. Quand elle répéta d'une voix rendue rauque, plus par émotion que par crainte : « Que voulez-vous ? » elle connaissait déjà la réponse.

— Vous, dit Blaise en tirant le ruban rose qui fermait le col du déshabillé et en se penchant pour effleurer de ses lèvres l'épaule nue de Charlotte.

L'épouse de Guillaume Métaz, bourgeois de Vevey, se souvint à point nommé qu'elle était mariée, que l'adultère, même forcé, était un péché, qu'une femme ne devait pas céder à l'injonction bestiale d'un guerrier, si beau fût-il, que tout abandon, même résigné, équivalait, dans la circonstance, à un viol... accepté. Elle dit cela et beaucoup d'autres choses, se récria contre l'odieux marché, puis alla chercher refuge derrière le piano et, comme Jeanne Hachette sur les remparts de Beauvais, brandit, à défaut de hache, une mouchette d'argent. Le rire moqueur de Blaise, qui s'était accoudé à la cheminée où rougeoyaient encore les braises de la soirée, dérouta Mme Métaz. Elle se vit soudain ridicule. Le déshabillé ouvert, les seins hors du décolleté de la chemise et tressautant d'émotion, le bastion dérisoire du piano à queue, tout lui parut d'une fantaisie théâtrale.

— On dirait que nous jouons à cache-cache, lança Blaise, toujours hilare. Rassurez-vous, je lève le siège. Vous n'aurez pas à immoler votre vertu pour une espionne. Je n'ai, de ma vie, forcé une femme, pas même une de ces filles d'auberge, qui font souvent plus de manières que les dames ! J'ai seulement voulu jouer au féroce révolutionnaire, au soudard libertin, au ruffian, tel que votre amie Flora, vous-même et sans doute quantité de bourgeoises de votre espèce imaginent les soldats de la République. Vous pouvez dormir tranquille. Je ferai tout pour que Flora Baldini ait la vie sauve et il ne vous en coûtera rien. Un espion démasqué devient inoffensif..., parfois même utile !

Charlotte mit un temps à réagir puis quitta son refuge. Bras tendus, elle s'approcha lentement de Blaise.

— Merci ! Oh ! merci ! Je savais que vous n'étiez pas un mauvais homme. Je sermonnerai durement Flora Elle ne recommencera pas. Je vous le jure, ajouta-t-elle avec la conviction d'une mère d'élève dissipé assurant son soutien au maître d'école !

Blaise ne put que sourire devant pareille incapacité à évaluer la gravité de la situation. Cette candeur frisait la bêtise. La jolie Mme Métaz manquait d'esprit.

Comme il tendait à la jeune femme le ruban de velours arraché de son décolleté, elle lui saisit la main sans le prendre.

— Gardez-le, s'il vous plaît, en souvenir de la grande frayeur de cette nuit que je ne suis pas près d'oublier.

Puis, comme elle avait lu beaucoup de romans français qui finissaient sur une étreinte, elle posa ses lèvres sur la joue de Blaise qui, surpris par cet assaut enfantin, lui prit les mains et lui rendit sur la bouche un baiser moins innocent.

— Un jour, je reviendrai à Vevey pour vous faire une cour à la française, sans user d'autre argument que la tendresse que vous m'avez inspirée.

— Que Dieu vous ait en sa sainte garde, dit-elle en s'éloignant vivement.

Si le salon avait été mieux éclairé, Fontsalte aurait vu que Charlotte avait le feu aux joues et, dans les yeux, des larmes, sans amertume.

Quand elle eut quitté la pièce, le capitaine enroula le ruban rose sur son index. « Idiot sentimental ! » se qualifia-t-il. Il trouvait risible de se conduire comme le preux va-t'en-guerre portant les couleurs de sa dame en sautoir. Il glissa néanmoins le ruban sous son dolman, dans la poche de sa chemise.

Restait à régler le sort de Mlle Baldini et du bacouni. La décision de Blaise était déjà prise. Ayant soufflé les chandelles et tiré la porte, il se rendit dans sa chambre pour prendre un manteau et un bonnet de police, puis s'en fut au château baillival donner des consignes à Trévotte. Dès qu'on aurait arrêté, à Villeneuve, le mandataire du batelier et ses complices, il enverrait une estafette ordonner l'élargissement de Flora Baldini. Le commandant de la place devrait l'expulser du département du Léman dans les meilleurs délais.

— Et où devra-t-elle se rendre ? demanda Trévotte, étonné par la mansuétude du capitaine pour l'espionne.

— Au diable ! dit simplement Fontsalte.

Il confectionna, avec des pages arrachées à un vieux livre de comptes des baillis, un paquet de feuilles ressemblant à celui saisi par Trévotte, recopia la suscription : « A remettre au général Wukassovitch », et fit ensuite comparaître le batelier.

— Tu vas me conduire à Villeneuve et nous allons livrer le colis comme prévu. Après tout, tu n'auras que deux heures de retard. Si tu rencontres le curé qui t'a envoyé et s'il t'interroge, tu pourras toujours raconter que son correspondant de Vevey n'était pas au rendez-vous à l'heure dite. Embarquons, mon gars, et si tu fais le moindre signal à qui que ce soit je te casse la tête et te jette aux poissons, conclut Blaise en caressant la crosse de son pistolet.

Naviguer sur le Léman à l'aube fraîche d'un matin de mai est un plaisir de tous les temps. Blaise de Fontsalte, en dépit des circonstances, apprécia ces heures empreintes de sérénité primitive. Tandis que la barque, portée par sa voile latine, glissait sur l'eau mercurielle, il vit la lumière sourdre derrière les sommets, triompher peu à peu de l'ombre, peindre le décor aux tons austères des couleurs floridiennes chères à Pline, le ciel consommer toute la gamme des gris avant de virer au bleu de Prusse, les nuées blanchâtres se disperser sur le lac comme fantômes attardés que l'aurore surprend et chasse, puis, enfin, jaillir des créneaux alpins, cyclopéen, grandiose, magique, le feu grégeois allumé par un soleil neuf.

Allongé au fond du bateau, Blaise reçut comme une aubaine, en cadeau d'anniversaire, la munificence de cette aurore de printemps. Ce 14 mai était celui de ses vingt ans. Il pensa à sa jeune sœur, Laure, pensionnaire à Montbrison. Il imagina sa mère, seule à Fontsalte-en-Forez. Elle devait prier pour lui et, sans doute, se tourmenter de le savoir, une fois de plus, sur le chemin des batailles. Il se promit de lui écrire le soir même, afin de raconter à la chère femme qu'il avait eu vingt ans sur le Léman, seul entre le ciel et l'eau, sous le regard de Dieu... et celui d'un vieux bacouni !

Le souvenir d'un autre être s'inséra dans ses pensées : sa fille, l'enfant qu'il avait eue d'une saltimbanque. La fillette devait avoir maintenant trois ans et demi et il ne l'avait jamais vue. Ce temps paraissait si lointain ! Blaise avait alors seize ans et son père venait de mourir. Cadet-gentilhomme, frais émoulu du collège d'Effiat, il attendait à Fontsalte son affectation à l'armée du Rhin et s'ennuyait ferme. Un soir, une troupe de comédiens ambulants avait dressé un chapiteau sur la place du village. Il avait assisté à la représentation au premier rang et, pendant tout le spectacle, n'avait eu d'yeux que pour une femme. Corps souple, voix rauque, crinière brune, regards fulgurants, gestes lascifs, la gitane, sorcière enjôleuse, l'avait envoûté. La comédienne avait, elle aussi, remarqué le jeune homme au visage plaisant et distingué, au torse puissant, aux cheveux frisés et qui paraissait encombré de ses longues jambes comme un poulain. En quittant la scène sous les bravos des paysans, elle lui avait décoché une œillade engageante.

Après la représentation, Blaise n'avait eu aucun mal à retrouver la jeune femme et, dans l'instant, elle s'était offerte. En deux nuits, le cadet d'Effiat avait appris de l'inconnue toutes les nuances, audaces et fantaisies du plaisir d'amour. Pour un garçon robuste, n'ayant connu jusque-là que les étreintes à la sauvette, imparfaites, souvent inachevées, des servantes ou des bergères, les heures passées avec la gitane luxurieuse avaient été une révélation. Elle avait quitté Blaise à l'aube, pendant qu'il dormait encore, sans prendre sa bourse, qui était plate, mais en emportant ses bottes, qui étaient neuves. Au matin, le théâtre de toile avait disparu, la belle aux dents de loup aussi. Cette séparation désinvolte étant dans l'ordre des choses, le garçon ne s'en était pas formalisé.

Rien n'aurait subsisté de ces moments si, dix mois plus tard, alors que le sous-lieutenant Fontsalte se battait en Bavière, la gitane ne s'était présentée au château forézien, un bébé dans les bras. Avec un aplomb qui avait laissé la marquise de Fontsalte tremblante de stupéfaction, elle avait déposé l'enfant sur un banc en disant : « Voilà ! Il est à votre fils ! Qu'il en fasse ce qu'il voudra, moi, j'en ai déjà trop ! C'est une fille, elle s'appelle Adriana et je la lui donne ! » Avant même que la mère de Blaise eût pu réagir, la femme avait tourné les talons et grimpé dans la roulotte qui s'était éloignée.

En considérant le bébé, la châtelaine avait tout de suite compris que la bohémienne ne mentait pas. Adriana avait l'œil Fontsalte. Le lendemain, l'enfant avait été baptisée sous le nom d'Adrienne, plus chrétien qu'Adriana, et emmenée dans la ferme des monts du Forez où les Fontsalte avaient trouvé refuge sous la Terreur. Confiée à la fermière, promue nourrice, la fille de la gitane et de Blaise se révélait aux dernières nouvelles d'une parfaite santé et promettait d'être belle.

Tandis que le bateau longeait la rive, le capitaine Fontsalte chassa la pensée de cette paternité importune et se concentra sur le présent.

Il se posait une foule de questions, non sur la mission qu'il s'était donnée, mais sur Charlotte Métaz, dont il avait bien perçu l'émoi et aussi l'amitié ambiguë qui semblait la lier à Flora. Nul doute que la bourgeoise veveysanne eût fini par céder à son désir pour sauver l'Italienne. « Nous autres, mâles, attachons beaucoup d'importance à un don qui n'est précieux que venant d'une vierge. Or Mme Métaz ne doit plus l'être ! Bien que mariée depuis trois ans, elle est même sans enfant, ce qui indique peut-être une stérilité qui aurait rendu, cette fois, la chose sans conséquence, même sans risque », se dit-il, avec le vague regret de n'avoir pas eu l'audace de profiter de la situation.

Il était près de huit heures quand la barque approcha du ponton de Villeneuve. Une grande activité régnait depuis l'aube sur les berges de ce bourg de cinq ou six cents habitants, devenu point d'abordage et entrepôt des denrées destinées à l'armée d'Italie. Des caisses de biscuits, des barils d'eau-de-vie, des sacs de farine, des caissons de munitions, déchargés des grandes barques qui les avaient apportés de Genève, étaient entassés, en attente de chargement sur les mulets. Des militaires allaient et venaient, détachement en marche vers quelque poste ou contingent de recrues se rendant à l'exercice, car les officiers s'étaient aperçus que bon nombre des nouveaux incorporés ne savaient même pas charger un fusil ! Ce grand remue-ménage d'une armée en déplacement ne paraissait guère favorable à l'espion chargé de récupérer les documents attendus. Aussi fut-ce sans conviction que le capitaine ordonna au batelier de placer le paquet dans la cache prévue.

— Il est peu probable qu'on vienne prendre livraison de ces

papiers en plein jour, au milieu d'une telle affluence de militaires, observa l'officier.

Le bacouni, décidé à faire du zèle pour recouvrer la liberté, proposa de se mettre seul à la recherche du prêtre, qui ne pouvait pas être bien loin.

— Non, mon garçon, je ne te lâche pas. Nous allons filer à Martigny, où se trouvent l'état-major de l'avant-garde et le général Lannes. Le temps de demander une voiture ou des chevaux au chef de bataillon Robin qui commande la place, et nous filons. Huit lieues, huit heures. A l'arrivée, nous comparerons tes informations à celles de notre service des Affaires secrètes et nous verrons ensuite quoi faire de toi.

— Vous n'allez pas me faire du mal... J'ai rien, moi, contre les Français et...

— Nous verrons. En attendant, en route. Et, si tu reconnais un gaillard qui ressemble à ton curé de malheur, dis-le-moi.

Par chance pour le batelier, qui n'avait jamais enfourché un cheval, le commandant Robin put mettre une voiture de courrier à la disposition de Fontsalte. Bien que la route soit fort encombrée de convois et de détachements de toute sorte, la première concentration de troupes étant prévue dans la vallée entre Evionnaz et Martigny, le capitaine et son prisonnier arrivèrent dans la petite ville à la fin de l'après-midi. Ce fut pour apprendre que le général Lannes et son état-major se trouvaient déjà à Saint-Pierre, où bivouaquaient les douze mille hommes de l'avant-garde.

Les soldats de cette petite armée devaient être prêts à se mettre en marche à partir de deux heures du matin afin d'éviter, grâce au gel nocturne, pensait-on, les risques d'avalanche. Ils seraient, après trois ou quatre heures de marche périlleuse, attendus à l'aube devant l'hospice, pour recevoir une collation, pain, fromage et vin, offerte par les chanoines. Au petit matin, l'armée passerait le col et commencerait sa descente aventureuse sur le versant italien jusqu'à Etroubles, prochain bivouac prévu par l'état-major.

Etant donné le contenu si précis du rapport de Flora Baldini, et bien que ce document ne soit pas parvenu à son destinataire, le capitaine Fontsalte estima urgent de prévenir le général Lannes. Mlle Baldini n'était peut-être pas la seule à renseigner les Autrichiens sur les mouvements des troupes françaises. Blaise confia son prisonnier au corps de garde de Martigny, où l'on attendait sous quarante-huit heures l'arrivée du général Bonaparte, et se fit donner un bon cheval. Six heures plus tard, il était introduit près du général divisionnaire, à qui Bonaparte avait confié le redoutable honneur de passer le premier la montagne.

Après avoir informé Lannes, qui ne prit pas l'affaire au tragique, Blaise fut invité à se restaurer. Plus tard, il vit dans la nuit glaciale la troupe se mettre en route et s'engager dans la neige sur l'étroit sentier bordé de précipices qui conduisait en trois lieues au col du Grand-Saint-Bernard. C'est en imaginant ce que serait sa propre ascension dans les jours à venir qu'il s'endormit sur une botte de paille, dans une grange au-dessus d'une étable tiède et odorante. Le parfum douceâtre du foin, mêlé aux effluves des bovins, lui rappela son enfance, les parties de cache-cache dans les fenils, d'où l'on sortait les cheveux pleins de brindilles et les joues en feu pour avoir, maladroit dénicheur, exploré le corsage d'une servante délurée.

6.

Les aveux du batelier et ceux, moins spontanés, de Flora Baldini corroborèrent les informations recueillies à travers le Valais par des agents des Affaires secrètes. Déguisés en chasseurs de chamois, ces hommes avaient, pendant plusieurs semaines, inspecté les itinéraires et interrogé les paysans. Ils avaient ainsi acquis la certitude qu'un réseau d'espionnage renseignait l'état-major autrichien — par l'intermédiaire d'un émigré français, passé avec le grade de général au service de l'ennemi — et cantonnait à Aoste.

Le 17 mai au matin, un sous-officier vint rapporter au capitaine Fontsalte, redescendu de Saint-Pierre à Martigny, qu'il avait repéré, à trois lieues de la ville, près de Saint-Branchier[1], avec l'aide de Valaisans dévoués à la France, un prêtre inconnu des paroissiens, qui semblait se cacher. Fontsalte ordonna l'arrestation immédiate du suspect et quand, un peu plus tard, on le lui amena, il identifia sans peine, sous la soutane crottée, une vieille connaissance aux multiples identités. Cet Italien, qui se disait parfois savoyard ou français, espion patenté, dénué de toute attache patriotique, toujours prêt à servir le plus offrant, ne tenta pas de finasser.

Au service des Affaires secrètes, on se souvenait qu'il avait renseigné le général Sérurier au siège de Mantoue, en février 1797, après avoir, fort utilement, informé Bonaparte des mouvements des troupes du général hongrois Nicolas Alvinzi, lors des batailles

1. Aujourd'hui nommé Sambrancher.

d'Arcole et de Rivoli. Pour avoir peut-être permis aux généraux Masséna, Joubert et Murat d'écraser les Autrichiens et de faire cinq mille prisonniers, l'espion avait alors empoché une forte prime.

Confronté avec le batelier de Villeneuve, qui reconnut aussitôt son commanditaire papiste, le faux prêtre, en professionnel avisé, ne fit aucune difficulté pour admettre qu'il travaillait pour le général Wukassovich, lequel devait attendre le rapport saisi par Trévotte à Vevey.

— Sûr que le général Bonaparte, qui doit arriver demain, sera enchanté de te revoir, dit Fontsalte en confiant l'homme au piquet de garde.

A considérer la mine de l'espion, les Français comprirent que le plaisir ne serait sans doute pas partagé.

Le Premier consul avait quitté Lausanne la veille, à cinq heures de l'après-midi. Ayant, une fois de plus, changé de chevaux à Vevey, vers minuit il s'était arrêté à Saint-Maurice pour souper et dormir chez M. Jacques Quartéry, ex-châtelain, dont la maison, sur la place du Parvis, faisait face à l'abbaye [1]. Dès qu'il fut informé de cette étape, Blaise quitta Martigny au petit matin, pour aller jusqu'à Saint-Maurice, à la rencontre de l'état-major. En attendant le colonel Ribeyre, il décida de visiter la basilique, qui abritait, lui avait-on dit, de précieuses reliques.

Le capitaine ne manquait jamais, au cours de ses campagnes, quand les combats et ses obligations militaires lui en laissaient le loisir, de s'intéresser, en visiteur, à l'histoire du pays, aux vestiges du passé, aux curiosités locales. En Egypte, il avait souvent pris le risque de suivre un guide indigène pour découvrir une ruine isolée. Il avait, quelquefois, accompagné les savants de la commission des Sciences et des Arts, embarqués avec l'armée d'Orient par Bonaparte. Au printemps 99, Fontsalte avait même été désigné pour escorter la mission de Haute-Egypte, dirigée par Dominique Vivant Denon, antiquaire, graveur, ancien attaché d'ambassade, membre de l'Institut national, familier du salon de Joséphine. Rappelé au combat par son chef, le général Desaix, alors aux prises avec les mamelouks de Mourad, Blaise n'avait pu se joindre aux ingénieurs et aux archéologues en route sur le Nil pour étudier le cours du fleuve et les monuments pharaoniques. La guerre, grande faiseuse de ruines, primait sur l'archéologie !

1. D'après une chronique rédigée à l'époque par un religieux de Saint-Maurice et citée par le chanoine Bourban dans le numéro 11 de la revue militaire *le Drapeau suisse,* Lausanne, 10 mai 1910.

A Saint-Maurice, bien que l'on gardât encore, comme à Vevey, un assez mauvais souvenir de la division Xaintrailles qui, détachée de l'armée du Danube en mai 1799, avait cruellement réprimé la rébellion du Valais, les Français étaient cependant mieux accueillis qu'en Egypte ! Ce fut donc sans réticence que le sacristain de la basilique montra à l'officier l'objet le plus rare du trésor : un flacon cacheté de cire romaine et contenant, affirma le convers, le sang d'un des dix mille chrétiens, soldats de la légion thébaine, cernés et massacrés en 287, sur ordre de l'empereur Maximilien, pour avoir refusé de sacrifier aux dieux païens. Maurice, l'officier qui commandait les légionnaires, avait subi le même sort que ses hommes et accédé ainsi à la sainteté avant de donner son nom à la cité. Le sacristain invita l'officier à baiser la précieuse relique et, pour ne pas choquer les convictions de son guide, Blaise s'exécuta. Le dépôt brun sous le verre irisé offrait en effet l'apparence du sang.

— Sang de martyr, sang de soldat, sang de saint, sang de païen, où est la différence ? murmura Blaise de Fontsalte, sceptique.

— Le martyre sanctifie le sang chrétien, monsieur l'officier, répliqua le servant.

— La guerre n'est-elle pas le martyre du soldat, mon brave ? Et cependant, trouvera-t-on, de nos jours, une pieuse Valaisanne pour conserver dans une bouteille le sang de celui qui, passant vos montagnes, s'en ira demain mourir en Lombardie ? Lui bâtirez-vous un temple pour l'édification des voyageurs de l'avenir ?

Le sacristain, un de ces goitreux à l'esprit lent, nombreux dans le bas Valais[1], ne sut que répondre. Blaise lui glissa un batz pour sa peine et eut droit, pour cette générosité excessive, à l'exhibition d'autres pièces du trésor qui lui parurent plus authentiques que le sang du légionnaire thébain : un vase en sardonyx romain, transformé en reliquaire à l'époque mérovingienne, et une aiguière en or que le goitreux dit avoir été oubliée par Charlemagne lors de

---

1. Horace-Bénédict de Saussure rapporte qu'on attribue cette maladie, principalement observée dans les basses vallées des Alpes, « aux eaux de neige ou de glace fondue ; on dit que ces eaux étaient crues, sans attacher un sens physique bien précis à cette qualification. D'autres ont cru que c'étaient des eaux plâtreuses, séléniteuses, calcaires ou chargées de parties terreuses quelconques, qui produisaient ces engorgements [des glandes du cou]. D'autres les ont imputés aux vapeurs des marais qui occupent le fond de quelques vallées des Alpes ». *Voyages dans les Alpes*, tome IV, Louis Fauche-Borel, Neuchâtel, 1803. Saussure, né le 17 février 1740 à Genève, mort le 22 janvier 1799, fut le fondateur, en 1793, de la Société des arts de Genève et membre étranger de l'Académie des sciences de Paris.

son passage en l'an 800, alors que l'empereur « à la barbe fleurie » revenait de Milan par le col du Grand-Saint-Bernard.

Quittant la basilique, le capitaine Fontsalte s'en fut, pour tromper l'attente, se désaltérer à la taverne voisine. Deux décis d'un excellent vin blanc, que le tenancier nomma fendant en offrant à l'officier quelques fines tranches de viande séchée au vent des cimes, chassèrent l'agacement que provoquaient chez cet Arverne, qui croyait en Dieu mais se méfiait de ses ministres et interprètes, la vénération des reliques et la crédulité du peuple.

Depuis qu'il avait appris que les Toscans révéraient, avec une égale ferveur, trois pouces momifiés de sainte Catherine de Sienne, son scepticisme, devant une aussi miraculeuse multiplication digitale, s'était accru d'un tiers.

Tout en appréciant d'avoir vingt ans, d'être à l'aise dans son uniforme, seconde peau du soldat, et de ne connaître d'autre souci que celui du moment, Blaise suivait du regard les jeunes paysannes qui, en ce samedi, jour de marché, allaient faire leurs emplettes. La plupart d'entre elles étaient grandes, blondes au teint clair et plutôt jolies. Leur costume, cependant, ne mettait guère en valeur tailles dégagées et bustes saillants. La longue jupe de damas, sous le tablier d'indienne genevoise, ne laissait voir, chez les plus aisées, que les boucles d'argent des chaussures. Des manches de la camisole de soie noire, retroussées au coude sur la dentelle de la chemise, émergeaient d'assez beaux bras, mais nombreuses étaient les femmes qui portaient un mouchoir de cou, noué avec adresse, pour dissimuler un goitre disgracieux. En revanche, le petit chapeau d'étoffe à coiffe plate et enrubannée, bordé d'un réseau de paille, incliné sur le front, conférait aux jeunes filles une grâce primesautière. Les regards que plusieurs d'entre elles, riant et se poussant du coude, lancèrent à l'officier, assis au soleil devant la taverne, traduisaient un innocent penchant à l'effronterie.

Le capitaine achevait sa dégustation, en regrettant une fois de plus de n'être qu'un passant, quand un lieutenant de la Garde des consuls l'avertit que le général Bonaparte venait de se mettre en route pour Martigny.

Après un dernier verre, les deux hommes sautèrent en selle et, tout en trottant sur la rive du Rhône, pressé comme un adolescent courant se baigner dans le Léman, ils s'ébaubirent devant le décor grandiose des montagnes. La plaine, où, depuis Villeneuve, ils n'avaient vu qu'étangs, vergers, prairies, bosquets de vergnes et rangs de saules, se rétrécissait soudain, devenait gorge étroite, pierreuse, stérile. Toutes les armées qui, depuis les légions romaines, s'étaient engagées dans ce sombre défilé avaient connu l'angoisse des embuscades, entre pitons rocheux, éboulis et torrents.

Chemin faisant, les cavaliers rattrapèrent un jeune garçon du pays, qui se dépêchait de conduire sa mule à la réquisition. Comme d'autres paysans, il avait entendu claironner « à son de trompe dans toute la vallée que chaque pièce de canon avec ses affûts et caissons serait payée, pour son transport sur la montagne et la descente à Etroubles, six cents, huit cents ou mille francs, selon le calibre et le poids ».

Le Valaisan nomma, pour les officiers, quelques sommets débarbouillés des brumes matinales : les dents du Midi, la dent de Morcles, le Grand-Muveran, le Grand-Chavalard, qui tous culminaient entre deux mille cinq cents et trois mille mètres. Un peu plus loin, Blaise et son compagnon admirèrent la cascade de Pissevache « où la Salanche fait un saut de plus de deux cents pieds [1] », précisa le paysan. Comme il touchait au terme de son voyage, le garçon crut bon d'ajouter :

— Au-delà de Saint-Pierre, vous monterez peut-être dans la tourmente de neige et le brouillard, mais, si le temps est clair, vous verrez le Grand-Combin et le Grand-Vélan... et aussi le vallon des Morts, conclut-il d'un air lugubre, avant de bifurquer vers la place du Marché d'Evionnaz, où l'armée rassemblait les volontaires appâtés par le gain.

— Tout le monde semble connaître l'itinéraire du gros de l'armée, constata Blaise.

— On le sait depuis Genève. Malgré les consignes, il y a eu assez d'indiscrétions pour que les espions n'aient pas grand effort à faire, répliqua le lieutenant, qui ignorait l'appartenance de Blaise au service des Affaires secrètes.

Pour illustrer ce qu'il venait de dire, l'officier raconta comment, deux jours plus tôt, il avait repéré, sur la route de Lausanne à Villeneuve, un jeune gaillard, lourd de formes et de maintien, qui, lors d'une halte, prenait une leçon d'armes d'un grand blond ne manquant pas d'adresse.

— Quand l'assaut fut terminé, comme j'avais entendu dire que le pays était truffé d'espions, je m'enquis auprès du Suisse de la qualité du bon jeune homme, mis comme un bourgeois, dont les

1. En réalité soixante-quatre mètres.

bottes étaient cependant pourvues d'éperons et qui paraissait fort encombré d'un grand sabre de dragon. L'homme était bavard et ne se fit pas prier pour me renseigner. « C'est un aimable garçon de Grenoble, nommé Henri Beyle[1], dit-il, cousin et commis de M. Pierre Daru, inspecteur aux revues, qui s'en va rejoindre son parent en Italie. Il ne sait pas mieux se tenir à cheval que manier le sabre ou tirer au fusil. Entre Genève et Lausanne, son cheval, qui s'était emballé, a failli le conduire tout droit dans le lac. Sans mon domestique, qui a réussi à maîtriser la bête, notre gaillard se noyait ! C'eût été bien dommage, car c'est un homme instruit et sensible. Son portemanteau est plein de livres. Il ne parle que de Jean-Jacques Rousseau et d'Héloïse. A Vevey, il a voulu visiter la maison de Mme Warrens *[sic]*. Je crois donc utile pour sa sécurité de l'accompagner jusqu'au Grand-Saint-Bernard qu'il doit passer avec les bagages de l'armée. » Et l'homme, profitant de l'occasion, ajouta : « Peut-être pourrais-je, moi-même, trouver à m'employer dans la cavalerie française. J'ai trente-quatre ans, un bon cheval, mes armes, j'ai été capitaine dans la cavalerie helvétique et suis, pour l'heure, libre comme l'air. »

— Avez-vous pris son nom ? demanda Blaise.

— Il s'est présenté comme capitaine Burelvillers, de Genève.

Blaise se garda bien d'expliquer comment le gaillard avait déjà offert ses services à deux régiments de cavalerie, lors de leur étape de Lausanne. Renseignements pris, aucun chef de corps n'avait voulu de ce caracoleur au caractère difficile, capable de se battre avec vaillance, mais aussi de filouter. Un colonel suisse avait révélé la destitution de Burelvillers, puis sa réintégration dans l'armée helvétique, dont il venait, tout récemment, de démissionner pour d'obscures raisons.

Le Premier consul, qui allait en berline, sans accorder autant d'attention au paysage que les jeunes officiers de cavalerie, arriva vers midi, le 17 mai, à Martigny, où son logement était préparé à la maison prévôtale des chanoines réguliers de Saint-Augustin. Cette congrégation avait reçu mission par Bernard de Menthon, au milieu du xie siècle, de prêter assistance aux voyageurs en péril dans la montagne et de les accueillir dans les hospices édifiés par ses soins, dont celui du Grand-Saint-Bernard.

C'est à Martigny, au pied de la falaise de l'Ermitage, dans une vaste demeure aux murs épais, que les chanoines venaient se

1. Stendhal (1783-1842).

reposer après les mauvais jours passés dans la solitude du plus haut couvent d'Europe, situé, d'après les savants, à mille deux cent cinquante-sept toises au-dessus du niveau de la mer[1]. A demi enfoui, pendant des mois, dans dix-huit ou vingt mètres de neige, assiégé par les avalanches, fouetté nuit et jour par des vents furieux qui interdisent toute sortie pendant des semaines et font descendre le thermomètre à moins trente degrés centigrades, l'hospice du Grand-Saint-Bernard devenait, en hiver, une arche perdue, vaisseau de pierre à la cape, cerné de gigantesques vagues de rocs figées depuis des millénaires au cœur d'un océan de blancheur. L'hivernage mettait à rude épreuve la constitution des religieux qui avaient fait vœu de servir Dieu en célébrant la messe, en récitant l'office divin, de jour comme de nuit, mais aussi d'assurer, dans les solitudes alpestres, aide et protection au prochain. Certains chanoines, victimes d'hémorragies, de palpitations, de congestion des poumons ou de névrose dues à l'altitude, devaient regagner la vallée et servir dans d'autres maisons de l'ordre. Cependant, chaque profès ne souhaitait, comme le soldat volontaire pour un poste avancé, qu'être affecté là où les conditions de vie étaient les plus dures, à l'hospice du Grand-Saint-Bernard.

A l'endroit où le Rhône, bifurquant à angle droit vers le Léman, à la sortie de la vallée de Sion, avale les eaux tumultueuses de la Drance, Martigny, à l'ombre de la vieille tour de la Bâtiaz, vestige d'une forteresse du XIIᵉ siècle, apparaissait donc comme un havre douillet aux religieux fatigués. C'était aussi la dernière étape confortable pour ceux qui se préparaient à passer les Alpes.

Le général Bonaparte fut accueilli par le chanoine Louis-Antoine Luder, un saint homme aux longs cheveux blancs, âgé de cinquante-sept ans, prévôt de la communauté depuis vingt-quatre ans. Le prêtre avait reçu la bénédiction abbatiale de l'évêque de Sion le dimanche de Quasimodo 1776, ce qui l'avait autorisé à coiffer la mitre et troquer le bourdon pour la crosse. Pour l'heure, il ne se distinguait pas des autres religieux de l'ordre et, comme eux, portait soutane noire et rabat des prêtres séculiers avec, en façon de baudrier, pendant de l'épaule droite à la hanche gauche, une bande de toile blanche, large de trois doigts, modeste interprétation du rochet de dentelle des prélats d'autrefois. Cet ancien élève des barnabites d'Aoste était un enfant du pays et connaissait la

---

1. Mesuré par Horace-Bénédict de Saussure en 1778. On estime aujourd'hui que l'altitude du couvent est deux mille quatre cent soixante-treize mètres.

montagne tels les marronniers[1]. C'était aussi un homme fort instruit en droit, philosophie et théologie. Son accueil et sa conversation séduisirent d'emblée le Premier consul, dont l'humeur semblait meilleure depuis qu'il avait appris, à Lausanne, le débarquement, le 5 mai à Toulon, de son ami Desaix retour d'Egypte.

Retenu, comme le général Davout, pendant un mois à Livourne par les Anglais, Desaix avait annoncé par lettre son intention de rejoindre l'armée en remontant les vallées du Rhône et de l'Isère « afin de ne pas perdre un instant pour entrer en campagne ». Bonaparte lui avait fait répondre : « Venez le plus vite que vous le pourrez me rejoindre où je serai. »

Le Premier consul prit connaissance des dernières dépêches, réunit son état-major et, déjà informé de l'arrestation d'un espion, demanda qu'on le lui amenât. L'homme, qui s'attendait à la pire réception, fut bien aise de trouver le général prêt à écouter ses raisons. Après avoir renouvelé ses aveux, il crut apitoyer les Français en gémissant. Il avait sept enfants à nourrir et, pour ce faire, avait accepté les propositions des Autrichiens. Il était venu d'Aoste en soixante heures, en passant par Valpellina, pour monter au col de Fenêtre, à plus de deux mille mètres, avant de descendre, sur le versant valaisan, par la Ruinette, le lac de Mauvoisin et le bec de Sarrayer. C'est à Vollèges, à quatre lieues de Martigny, qu'il aurait dû rencontrer, la veille, un messager venu de Villeneuve, chargé de lui remettre un pli apporté de Vevey par bateau. Mais le messager ne s'était pas présenté.

— Il a été fusillé hier, comme tu vas l'être tout à l'heure, inventa le colonel Ribeyre.

Le Premier consul, appréciant l'exploit sportif du gaillard qui venait de franchir les Alpes seul, déguisé en prêtre, lui promit la vie sauve s'il livrait des informations sur les positions de l'armée ennemie à partir d'Aoste ou le peloton d'exécution, dans l'heure, s'il se taisait. L'homme savait à quoi s'en tenir sur le peu d'humanité des employeurs d'espions. Il livra aussitôt tous les

1. « Domestiques de l'hospice affectés à l'accompagnement des voyageurs ; ils se rendaient chaque jour de part et d'autre de la montagne à la rencontre des passants. » D'après une note de René Berthod, édition du bimillénaire du Grand-Saint-Bernard, 1989, *Essais historiques sur le Mont-Saint-Bernard*, ouvrage de Chrétien Desloges, publié pour la première fois en 1789. Les marronniers formaient une très ancienne institution ayant sa charte. Leur activité est attestée, dès 1128, par Rodolphe, abbé de Saint-Trond, qui utilisa leurs services pour franchir le Grand-Saint-Bernard.

détails qu'il pouvait connaître sur le dispositif autrichien, révéla que quatre cents grenadiers du régiment Kinski, disposant de vingt-six canons, tenaient le fort de Bard, commandé par le colonel Bernkopf. Il donna à entendre que ce vieux fortin constituerait certainement un obstacle à la progression des troupes françaises « en train d'escalader le Grand-Saint-Bernard », ajouta-t-il, d'un air détaché pour montrer qu'il était bien informé. Bonaparte lui fit offrir un salaire mensuel de mille francs pour renseigner l'état-major comme il l'avait fait, trois ans plus tôt, à Mantoue et à Rivoli, et l'invita à se débarrasser d'une soutane sacrilège, devenue compromettante.

Satisfait de l'arrangement, l'espion objecta que, pour bien servir le général français, il devrait repasser en Italie sous le même déguisement et, pour ne pas paraître suspect, rapporter quelques informations au général Melas. Le service des Affaires secrètes fut aussitôt chargé de préparer des données confidentielles, fausses mais vraisemblables, quant à la marche de l'armée de réserve et à l'importance de ses effectifs. Ces derniers furent généreusement gonflés, de manière à susciter, chez les Autrichiens, la crainte d'un prochain affrontement. Comme un aide de camp s'étonnait que le Premier consul accordât autant de confiance à un agent vénal et versatile, Blaise de Fontsalte le rassura. Les informations livrées par l'Italien étaient exactes et ne faisaient que confirmer ce que l'on savait déjà. Avant même que l'espion eût quitté Martigny, le service des Affaires secrètes avait fait partir un courrier pour prévenir Ange Pico, avocat piémontais, qu'il aurait à surveiller l'homme et à s'assurer de sa loyauté. Le réseau Pico fonctionnait au mieux, en Italie, pour la France, depuis la bataille de Mondovi, en 1796.

Dès que les agents recrutés dans le pays de Vaud et le Valais furent arrêtés, tant à Villeneuve qu'à Vollèges, le colonel Ribeyre, considérant que le réseau de la rive nord du Léman était déman-telé, autorisa Blaise à faire libérer, comme celui-ci s'y était engagé auprès de Mme Métaz, la jeune Flora Baldini.

— Tant que nous serons là, vous et moi, on ne fusillera pas une femme, fût-elle dangereuse. Car c'est toujours pour raisons senti-mentales qu'une femme espionne. Elle s'y risque par amour ou par haine, mais il y a toujours derrière ses trahisons ou ses machina-tions un homme qu'elle aime ou qu'elle exècre. Un homme qu'elle veut sauver ou détruire, n'est-ce pas, cher ami, dit Ribeyre en prenant Fontsalte par le bras.

— C'est en effet le cas de Flora Baldini. Elle rend le Premier consul et tous les Français, sauf les émigrés, responsables du massacre des Suisses, dont celui de son fiancé, le 10 août 92, aux Tuileries. Et ça, nous ne le lui sortirons jamais du cœur, je le crains..., ce qui la rend dangereuse.

— Bah ! nous devrons bientôt faire face à d'autres dangers, capitaine. Je pars la nuit prochaine pour le Grand-Saint-Bernard et vous suivrez, dès que l'état-major se sera mis en route et que votre ordonnance vous aura rejoint avec vos chevaux. Rendez-vous, donc, à Aoste. De là, je pense que nous irons à Novare et à Milan. La Scala donnera peut-être *Il Matrimonio segreto*, de Cimarosa, qui est une délicieuse niaiserie assaisonnée de mélodies tendres et mutines. Je vous présenterai, dans les coulisses, à d'aimables actrices, les jolies filles du tailleur Boroni, dont la belle Angela Pietagrua, que j'ai connue en 1796, et ses amies, qui aiment tant les militaires français ! Boroni taille, pour des sommes exorbitantes, de superbes redingotes. Mais on paie du même billet le plaisir de s'habiller et... de déshabiller sa fille ! Ah ! l'Italie, Fontsalte, vous verrez. Tous les bonheurs ! Ne vous faites pas tuer avant d'avoir goûté aux délices milanaises !

Le colonel se déganta pour serrer la main de Blaise, qui le regarda s'éloigner avec un peu de mélancolie. « Si tous les officiers des armées de la République étaient des gentilshommes de la qualité de Ribeyre, la guerre redeviendrait peut-être fraîche et joyeuse, comme au temps où chacun regardait l'ennemi dans les yeux et sentait son cœur battre à la pointe de l'épée ! » pensa Fontsalte.

Le général Bonaparte, qui résida trois jours chez les chanoines de Martigny, ne sortit pas de la maison prévôtale. Il passa le plus clair de son temps avec les généraux de son état-major, attendant des nouvelles de Lannes et de l'avant-garde, se renseignant sur la marche des seize mille hommes qui composaient le corps principal de l'armée et qui s'étaient mis en route les 17 et 18 mai. Les demi-brigades se succédaient dans les camps de relais établis entre Liddes et Saint-Pierre, pour se préparer à l'étape la plus pénible et la plus hasardeuse, l'ascension de la montagne jusqu'au col du Grand-Saint-Bernard. L'étroitesse du sentier, au-delà de Saint-Pierre, obligeait les hommes à marcher en file indienne, à deux pas de distance. Aussi ne laissait-on partir, de la dernière halte, avant l'aube de chaque jour, que des contingents de cinq mille hommes. Il fallait éviter l'engorgement du col, où les soldats prenaient un peu de repos devant l'hospice et se restauraient, avant de descendre le versant italien.

En attendant l'arrivée de Trévotte, le capitaine Fontsalte eut à informer les autorités valaisannes que le général Charles-Antoine-Dominique Lauthier-Xaintrailles, auquel on reprochait, de Vevey à Martigny, tant de crimes et de pillages, avait été arrêté comme le réclamait, depuis le mois d'août 1799, le général Masséna, présentement encerclé dans Gênes.

Interné dans la forteresse de Huningue, près de Mulhouse, celui que les gens du pays nommaient, avec un peu d'exagération sans doute, le boucher du Valais serait traduit devant le Conseil de guerre supérieur de la Ve division militaire, siégeant à Strasbourg, dès que l'enquête serait terminée et que les circonstances le permettraient.

Dans le mouvement de l'armée passant de Suisse en Italie, la justice militaire était un peu oubliée et Blaise de Fontsalte fut désigné pour recueillir les plaintes à transmettre. On reprochait particulièrement à Xaintrailles, maintenant âgé de trente-sept ans, bel homme brun aux « yeux orangés », si l'on en croyait le signalement contenu dans son dossier des Affaires secrètes, d'avoir toléré le pillage et l'incendie, de n'avoir pris aucune mesure pour les empêcher ni, les méfaits commis, pour punir les coupables.

Cet ancien élève du corps royal d'artillerie, né à Wezel, en Westphalie, avait opté pour la France à la Révolution. Confirmé dans son grade par le Comité de salut public, il avait servi comme capitaine au 6e bataillon d'infanterie légère, avant d'être affecté, en 1792, à l'état-major de l'armée du Nord. Promu capitaine général des Guides, puis général de brigade et enfin général de division en 1796, il avait prouvé de réelles qualités militaires dans l'armée du Danube, sous les ordres de Masséna. Envoyé dans le haut Valais avec quelques bataillons pour chasser les Autrichiens qui tentaient d'empêcher les communications entre l'armée du Danube et celle d'Helvétie, il avait délogé les Impériaux de Brigue et de Lax, puis avait dû faire face à la guérilla que menaient les Grisons et les Valaisans. Cette rébellion pro-autrichienne avait ses origines dans l'attachement des Valaisans à l'indépendance. La mainmise française, rendue nécessaire par la guerre contre l'Autriche et l'obligation de maintenir ouverte la route d'Italie, avait été mal acceptée par une population vaillante et pacifique, qui entendait rester à l'écart des conflits qui agitaient l'Europe. Cette neutralité avait perdu toute signification depuis que les Autrichiens avaient été admis en Suisse. Certains Valaisans l'avaient reconnu et s'étaient résignés au moindre mal, l'occupation française. Mais une grande partie de la population avait rejeté des considérations stratégiques qui dépassaient son entendement. D'où une rébellion attisée par les prêtres qui brossaient d'effrayants portraits de ceux qui voulaient imposer à l'Europe, par la terreur, le gouvernement des sans-culottes régicides, pilleurs et libertins.

Les agents autrichiens et russes encourageaient, et parfois armaient, ceux qui ne voulaient pas entendre parler de la Républi-que helvétique. La révolte avait été contenue, puis réprimée, par les troupes de Xaintrailles, mais les horreurs commises n'étaient pas oubliées. Un ressentiment subsistait et beaucoup de paysans graissaient leurs carabines en attendant une nouvelle insurrection, promise par des libelles vengeurs.

Pour inspirer un renouveau de confiance aux Valaisans, il fallait donc que la justice passât et que Xaintrailles, désigné comme premier responsable des crimes et exactions, fût jugé et condamné.

L'appel à témoins, lancé à la demande de l'état-major, produisit son effet. Des plaignants se présentèrent, qui se montrèrent le plus souvent précis. Le sous-préfet de Loèche, M. Mutter, raconta qu'il n'avait jamais pu obtenir de Xaintrailles la restitution de quatre vaches, prises par erreur dans le district insurgé. Un fonctionnaire expliqua comment le général vendait le sel de la République helvétique aux particuliers. Certains paysans vinrent rappeler des faits plus graves. Non seulement le général français avait fait fusiller des insurgés considérés comme prisonniers de guerre, mais il avait laissé massacrer, chez eux, des villageois qui ne demandaient rien à personne. De jeunes Valaisans qui, après s'être cachés dans la montagne par crainte des soldats français, étaient revenus dans leur village, sur la foi d'une proclamation rassurante de Xaintrailles, avaient été abattus de sang-froid. Le général avait, en outre, chargé son aide de camp, Schweisguth, et le citoyen David, employé aux liquides, de vendre à Martigny, à Sierres et ailleurs le butin de ses pillages : meubles, effets, chevaux, mulets, blé, cuirs verts.

D'après un garde-magasin, l'ancien élève du corps royal d'artille-rie, qui avait déjà été suspendu une première fois en 1793 pour « irrégularité de conduite » dans une affaire de gestion hospitalière, escroquait aussi le service des subsistances. Il avait exigé que l'officier responsable des fourrages commandât plus d'avoine que nécessaire pour les chevaux de l'armée. Le surplus, revendu à des particuliers, devait rapporter vingt-quatre mille francs au général !

Une femme vint raconter que des cavaliers du 27ᵉ chasseurs qu'elle avait hébergés, à Brigue, avaient emporté une caisse d'argenterie, dont le général Xaintrailles et sa femme s'étaient aussitôt emparés, sous prétexte de la rendre à sa légitime propriétaire, ce qui, naturellement, n'avait pas été fait !

De sa résidence forcée d'Huningue, Xaintrailles criait au complot et envoyait des mémoires. Il s'en prenait à Masséna, s'estimant « sacrifié à la haine d'un homme puissant pour le Directoire et plus encore pour Bonaparte qui, n'ayant pu trouver un collaborateur de ses actes concussionnaires, mais au contraire un improbateur tacite de toute exaction, croyait qu'il ne pouvait mieux satisfaire son unique vengeance qu'en accusant un frère d'armes ».

Hélas pour Xaintrailles, des officiers intègres, appartenant à l'état-major du général Thurreau, qui avait pris dans le Valais la relève de l'interné, attestaient, même dans leur correspondance familiale, que Xaintrailles s'était mal conduit. Aux Affaires secrètes, où l'on ne se privait pas de « surveiller » le courrier, une lettre du général Jean Hardÿ à sa femme, datée de Vevey le 3 thermidor an VII (31 juillet 1799), avait attiré l'attention. « Ceux qui les premiers ont occupé le Valais ont tout fait pour nous rendre odieux aux habitants et ils y ont parfaitement réussi. Tu vois que ma position n'est pas gaie ! Je ferai néanmoins en sorte de m'en tirer. Oh ! le détestable métier que la guerre en pays allié[1]. »

Le dossier de Xaintrailles[2] ouvert à Vevey s'étant singulièrement alourdi à Martigny, Blaise en fit une expédition à destination de la justice militaire de Strasbourg et s'arrangea pour que plusieurs habitants de la ville, connus et influents, ainsi qu'un jeune novice de l'ordre du Grand-Saint-Bernard qui lui avait servi de secrétaire, assistent au départ du courrier spécial. Celui-ci fut confié aux chasseurs helvétiques à cheval, qui assuraient la correspondance avec Berne. Le fait que le peloton soit commandé par un officier suisse, le lieutenant Weber, donnait aux victimes de Xaintrailles l'assurance que le catalogue des méfaits du général pillard arriverait au tribunal.

1. *Correspondance intime du général Jean Hardÿ de 1797 à 1802,* recueillie par son petit-fils le général Hardÿ de Périni, Plon, Paris, 1901.

2. Archives cantonales vaudoises, Lausanne ; archives de l'armée de terre, Vincennes.

Comme Fontsalte se rendait au réfectoire des chanoines, où il prenait ses repas avec les officiers de l'état-major, il entrevit le Premier consul. Enrhumé, ce dernier lui parut de méchante humeur. Par un secrétaire, Blaise connut bientôt les causes de cette morosité. Bonaparte venait de recevoir un courrier du général Marmont, commandant en chef de l'artillerie, qui faisait savoir, du bivouac de Saint-Pierre, les difficultés rencontrées pour faire passer les canons, faute de mulets. Ceux que Lannes avait réquisitionnés pour l'avant-garde ne semblaient pas pressés de revenir pour prendre de nouvelles charges. D'ailleurs, ces mulets n'étaient pas aussi intrépides qu'on le croyait. Ils hésitaient parfois à s'engager sur les sentiers glacés. Certains faisaient tout pour se débarrasser de leur bât et regagner les vallées.

— Quant à Lannes, il est déjà dans Aoste, dit l'aide de camp en tendant à Fontsalte une copie du courrier envoyé par le commandant de l'avant-garde.

La dépêche, datée d'Aoste, 26 floréal (16 mai), rapportait :

« Nous sommes arrivés à Aoste ce matin à onze heures avec la 6ᵉ demi-brigade d'infanterie légère et la 22ᵉ demi-brigade d'infanterie de bataille.

» Nous avons trouvé l'ennemi sur les hauteurs de cette ville ; un bataillon de la 6ᵉ avait ordre de le tourner. Il n'a pas attendu son mouvement, il s'est retiré dans la ville et a fait un peu de résistance sur le pont ; il a été culbuté à la baïonnette. Il a eu douze hommes tués et un officier blessé à mort. Il nous a laissé trois prisonniers. Aucun des nôtres n'a été tué ou blessé.

» Les vins et les fourrages ne nous manqueront pas, mais nous serons très pauvres en grains et denrées.

» Des lettres que nous avons trouvées à la poste de cette ville, et que je vous envoie, annoncent que Nice a été pris par l'ennemi et que Gênes, vigoureusement bombardé, ne tiendra pas longtemps.

» Il y a très peu de troupes dans la vallée. Six ou sept régiments de cavalerie sont cantonnés dans les environs de Turin. Presque toute l'armée est dans la rivière de Gênes[1]. »

— Le Premier consul a demandé que cette lettre soit envoyée à Paris et publiée dans le Moniteur. La nation apprendra ainsi que notre armée marche au secours de Masséna, dont on doit hélas

---

1. Cité par le capitaine de Cugnac dans *Campagne de l'armée de réserve en 1800*, volume II, librairie militaire R. Chapelot et Cᵢᵉ, Paris, 1901.

envisager la capitulation dans Gênes [1], ajouta l'aide de camp avant de révéler qu'un autre incident, certes très subalterne par rapport aux opérations militaires, avait augmenté la contrariété du Premier consul.

Le matin même, ce dernier avait dû faire reconduire à Lausanne un groupe de Françaises caqueteuses qui, toujours prêtes à partager activement le repos des guerriers, suivaient l'état-major depuis la formation de l'armée de réserve à Dijon. Elles agitaient des écharpes tricolores et, sur le passage de leurs voitures, les Vaudois et les Valaisans se moquaient de ces va-t'en-guerre enjuponnées. Les belles, plus souvent maîtresses qu'épouses, coiffées de grands chapeaux surchargés de plumes et de rubans, portaient, sur des fourreaux de gaze, des robes audacieuses.

L'absence de corsage, voulu par la mode « retour au naturel » des salons parisiens, dénudait aux trois quarts la rondeur des seins qui, redressés par une ceinture à la grecque, devenaient fruits exposés, offrande provocante. Ces toilettes, déjà vues sous les arcades du Palais-Royal, avaient été inspirées aux couturières par les modèles publiés dans le *Journal des dames et des modes*. Les coquettes ignoraient peut-être que ces dessins étaient l'œuvre d'un curé défroqué, Pierre de La Mésangère, dont l'érotisme, longtemps contenu, se libérait à coups de crayon, par l'invention de robes impudiques et de dessous féminins affriolants!

Une supplique des expulsées, transmise par le premier aide de camp Duroc, n'avait pu fléchir Bonaparte, dont l'épouse, Joséphine, devait, sur ordre et pour le moment, rester à Paris, « au milieu des plaisirs et de la bonne compagnie », comme il le lui avait écrit le matin même.

Les consignes transmises et les dames renvoyées, le Premier consul avait répété en bougonnant : « On ne doit pas emmener de femmes à la guerre! Un soldat doit avoir ses époques... comme un chien! »

Déjà, en 1796, lors de la première campagne d'Italie, Bonaparte avait désapprouvé les suites féminines. Les femmes mettaient la zizanie dans les unités, les catins apportaient des maladies dans les casernes et les bivouacs dont certains, à l'époque, avaient été considérés comme de véritables lupanars. Aussi avait-il décrété :

---

1. Le général André Masséna tint jusqu'au 4 juin et capitula avec les honneurs de la guerre. La résistance des Français assiégés eut pour effet de retenir autour de Gênes une partie des troupes qui manquèrent à Melas pour faire face à l'armée qui venait de passer les Alpes.

« Les femmes surprises à la tête de l'armée dans les quartiers généraux ou dans les cantonnements seront barbouillées de noir, promenées dans le camp et chassées hors des portes. »

Pendant quelques semaines, la menace avait produit son effet, puis les ribaudes, plus audacieuses que les maîtresses attitrées, avaient reparu dans le sillage des régiments et demi-brigades.

Quand l'aide de camp rapporta les propos du Premier consul, Blaise sourit. Bonaparte semblait oublier qu'en Egypte il avait, lui-même, eu pour maîtresse Pauline Fourès, l'épouse d'un lieutenant de chasseurs qui avait suivi son mari comme Suzanne Perrot le sien. C'était le temps où le général venait d'apprendre une infidélité de Joséphine et il ne se faisait guère scrupule, alors, de la tromper à son tour.

Au soir de ce jour, avant d'éteindre sa chandelle, Blaise lut quelques pages d'un livre emprunté à la bibliothèque de la maison prévôtale : *Lettres sur les Français*, par Béat-Louis de Muralt. Ce Bernois était mort en 1749 mais ses *Lettres*, publiées en 1725, ne parurent nullement périmées au lecteur qui entrait à vingt ans dans le xixe siècle. Du Français de son temps Muralt faisait l'éternel Français et ne se trompait point.

Quand il relevait dans un livre des sentences à retenir, Fontsalte les notait dans un cahier qui ne le quittait pas et qu'il appelait improprement son journal. Cette nuit-là, tandis que la petite ville, à peu près vidée des troupes, jouissait d'un semblant de calme, il recopia deux extraits du gentilhomme suisse qui s'exprimait à la fois avec franchise et relative indulgence. Tout d'abord ce paragraphe : « Sans être prévenu contre les Français, pour peu qu'on les connaisse, on s'aperçoit aisément qu'en estimant si fort l'esprit, les manières, l'extérieur, ils négligent le solide, qu'ils s'attachent à la bagatelle et que, généralement parlant, ils ne connaissent guère le prix des choses. » Et aussi cette appréciation sur les coureurs de jupons, dont Blaise se promit de faire son profit : « Ceux qui réussissent dans les entreprises sur les femmes, ou qui passent pour y réussir, et à qui, pour les encourager davantage, on donne le nom envié d'*hommes à bonnes fortunes*, avouent qu'ils aiment mieux qu'on les croie favorisés sans l'être, que de l'être sans qu'on le croie. En France, ces messieurs font un corps considérable par leur nombre : tout homme bien fait est censé en être. »

Blaise s'endormit en méditant sur le prix des choses et des amours, vécues, espérées ou... imaginaires !

Le 20 mai, vers une heure du matin, quand le général Bonaparte se mit en selle pour le Grand-Saint-Bernard, les chanoines eurent le sentiment que ce petit homme frileux, au teint jaune, au regard sombre et pénétrant, qui allait, enveloppé dans un grand manteau gris, coiffé d'un chapeau à corne sans plumet, et dont la frugalité monacale tranchait sur la gloutonnerie de la plupart des soldats, ferait rendre justice aux Valaisans en punissant Xaintrailles et ses semblables comme ils le méritaient.

Contraint de renoncer à sa lourde berline, le Premier consul l'offrit au prévôt Luder[1] puis, accompagné de Bourrienne, son secrétaire, de Duroc et de plusieurs aides de camp, du prieur de Martigny, Laurent Murith, et de Henri Terrettaz, chanoine procureur de la communauté, il prit, dans la nuit froide et pluvieuse, le chemin de Saint-Pierre, bourg situé à mille six cents mètres d'altitude où devait l'attendre le général Murat, lieutenant du général en chef de l'armée de réserve et commandant de la cavalerie.

Le Premier consul devait être près d'atteindre ce dernier bivouac de l'armée quand, vers midi, le maréchal des logis Trévotte se présenta devant la maison prévôtale de Martigny. Il conduisait Yorick, le cheval du capitaine, et la bête de charge, qui portait les bagages de l'officier. Titus, venu en deux étapes de Vevey — il avait dormi à Villeneuve — paraissait d'humeur plus que maussade. Comme toujours dans ces cas-là, le Bourguignon, d'ordinaire si prolixe, observait un silence renfrogné. Aussi ne répondit-il que par « oui » ou « non » aux questions du capitaine. Ce dernier apprit tout de même que Flora Baldini avait été libérée, comme prévu, mais ne tira aucun détail de son ordonnance.

Quand Fontsalte, qui avait revêtu sa tenue de campagne, annonça qu'on se mettait en route tout de suite, de maussade, Trévotte devint hargneux. Il fit observer que les chevaux venaient de parcourir huit lieues et demie en sept heures, qu'il serait bon de les laisser reposer, que lui-même, debout depuis quatre heures du matin, devait reprendre des forces et qu'il n'y avait pas le feu au lac, comme disaient les Vaudois ! Il arrivait que Titus, entré sans formation dans l'armée révolutionnaire, se montrât insolent au nom de la liberté de langage, de l'égalité des droits et de la fraternité d'armes.

Blaise de Fontsalte n'attachait pas grande importance à ces

1. Un an plus tard, le général Joachim Murat, beau-frère de Bonaparte, passant par Martigny, racheta la berline au prévôt pour trois cents livres.

mouvements d'humeur mais ne manquait pas, pour autant, de rappeler le soldat, sinon au respect de l'officier, du moins à la conscience de ses devoirs immédiats.

— Le feu n'est pas au lac mais il est dans le val d'Aoste, maréchal des logis ! Les nôtres ne se sont pas reposés, eux ! Ils ont chassé l'ennemi de Châtillon et progressent vivement, au long de la rivière Dora Baltea. A l'heure qu'il est, l'avant-garde est peut-être devant la forteresse de Bard, sous le feu des canons autrichiens. Le général Bonaparte a décidé d'aller coucher ce soir de l'autre côté du Grand-Saint-Bernard, à Etroubles. Alors, nos chevaux se reposeront à Saint-Pierre, qui n'est qu'à six lieues d'ici, et la nuit prochaine nous passerons le Saint-Bernard. Je te donne une heure pour panser et abreuver les bêtes et pour faire meilleure figure, dit sèchement Blaise.

Ils se mirent en route à l'heure dite, le capitaine allant devant, Titus dans ses pas, tirant le cheval de charge qui renâclait au moindre obstacle. Au-delà de Martigny, on se heurtait bientôt aux redans rocheux précédant l'impressionnant rempart des montagnes. A la sortie de la ville, la route quittait la vallée du Rhône pour suivre celle de la Drance. La rivière, fille de torrent, roulait des eaux tumultueuses, giflait en écumant les écueils qui freinaient sa course et déchiraient son flot. Des ponts de bois, plus solides qu'ils ne paraissaient, enjambaient l'affluent du Rhône, et la route passait ainsi d'une montagne à l'autre. Les hameaux blottis dans les crevasses de la Catogne, dont le sommet émergeait de la brume à plus de deux mille cinq cents mètres, ressemblaient à des ermitages abandonnés. Et cependant, les deux lieues qui séparaient Martigny de Saint-Branchier ne constituaient que l'antichambre du massif alpin. A peine les cavaliers s'étaient-ils élevés de trois cents mètres quand ils s'engagèrent sur la côte rude et sinueuse conduisant au val d'Entremont. Passé Orsières et son clocher roman, au pied duquel les chevaux soufflèrent un moment devant l'abreuvoir du village, la route s'étrécissait, devenait chemin muletier. Les charrois des jours précédents avaient creusé des ornières que la pluie remplissait d'eau jaunâtre. Sur les sombres contreforts des monts situés à droite du chemin, les mélèzes et les sapins dressaient leurs chandelles vertes. A gauche, sur les versants mieux exposés, on voyait, au voisinage des châtaigniers, de maigres cultures et des vignes peu soignées. Au contraire des vignobles ordonnés avec art sur les parchets étagés de la côte de Lavaux, en pays de Vaud, les vignes valaisannes, étiques et broussailleuses, se cramponnaient aux pentes ravinées, mal soutenues par des murets de pierre crue à demi éboulés.

Trévotte le Bourguignon retrouva la parole pour dire, devant un muletier requis pour le transport des rations de l'armée, son étonnement de voir la vigne croître à une telle altitude, sous un climat aussi âpre. Le paysan lui apprit que les étés étaient aussi chauds à flanc de montagne que dans la plaine, ce qui permettait au raisin de mûrir. L'hiver, la neige couvrait assez tôt les plants et protégeait les racines des ceps du gel qui leur eût été fatal.

Comme le maréchal des logis s'interrogeait sur la qualité du vin que pouvaient produire ces misérables vignes, le muletier lui tendit sa gourde.

— Goûtes-en un giclet, mon gars, tu verras !

Titus ne se fit pas prier.

— Râpeux, acidulé mais franc, dit-il avec l'assurance du dégustateur qualifié.

Puis, quand le muletier se fut éloigné et à l'adresse de Blaise, qui avait suivi l'expérience d'un air amusé, Trévotte bougonna :

— Par chez nous, à Meursault, ce vin à faire danser les chèvres, on le jetterait tout droit au tonneau à vinaigre !

A Liddes, au pied du mont Rogneux, où les cavaliers firent une nouvelle halte au milieu d'un bataillon de chasseurs à pied, Blaise apprit du curé Rausis que, vers sept heures du matin, le Premier consul était entré au presbytère, avec ses compagnons de route. Le prêtre leur avait servi du café.

Au cours de l'étape suivante, le capitaine Fontsalte voulut inspecter les deux bivouacs prudemment établis en dehors des villages, celui dit « des Prés » et, sous Saint-Pierre, celui que les gens du pays nommaient « camp des Français ». En ces lieux s'étaient succédé, depuis une semaine, les demi-brigades et les régiments en route pour l'Italie. Ils n'étaient plus peuplés maintenant que par les fantassins de la 40e demi-brigade et quelques attardés de la légion italique du général Lecchi, composée de volontaires piémontais. On y attendait l'arrière-garde de l'armée et les convois de bagages.

Les soldats avaient abattu des arbres pour alimenter leurs feux, enlevé des pierres aux murets, abandonné des os, des caisses de biscuits vides et des détritus que fouillaient les chiens de ferme. Dans le pur décor des pâturages, les immondices répandues sur l'herbe foulée par les hommes et les chevaux donnaient au site bucolique l'aspect d'une plaie hideuse. Et les paysans, excédés, se plaignaient, à tout ce qui portait galons, de vols de légumes et volaille, de disparition de marmites et chaudrons empruntés jamais rendus !

Une lieue et demie seulement séparait Liddes de Saint-Pierre, où les cavaliers arrivèrent à la fin de l'après-midi, après avoir franchi plusieurs torrents sur des ponts de planches. Là, finissait la zone des forêts et se raréfiait la végétation. Saint-Pierre apparut comme un gros hameau, dont les maisons de bois se serraient autour d'un clocher lombard du xie siècle. Près des habitations, les granges de rondins posées de guingois sur des socles de pierres sèches, destinés à les isoler de la neige et de l'humidité, ressemblaient à de grosses ruches aveugles. Au fond d'une gorge se ruait en grondant le torrent de Valsorey.

Sur ce plateau verdoyant de la haute vallée d'Entremont, sorte de vaste scène ménagée par le plissement alpin dans le cirque des montagnes, l'air paraissait plus léger et, entre deux ondées, d'une exceptionnelle transparence. En contrebas des cimes blanches, les pentes jonchées de croûtes de neige glacée, que l'été ne dissoudrait pas, semblaient, au grand soleil, moins revêches. Mais au crépuscule, en ce printemps pluvieux, les rochers nus qui dominaient les prairies et les derniers bois de mélèzes déjà nimbés d'une ouate grise, croulant des sommets vers le village, suscitèrent subitement, chez Blaise, une angoissante sensation d'isolement. Lui qui, à l'exemple des sages grecs, fuyait d'ordinaire le nombre et les nombreux apprécia l'animation insolite que les militaires apportaient dans ce village perdu.

Avant de prendre un peu de repos, le capitaine voulut inspecter le bivouac des artilleurs, établi sur une esplanade naturelle à l'entrée du village. Il délégua Trévotte à la recherche d'un gîte et d'un souper et s'éloigna en direction du plateau de Raveyre, une prairie pentue, où les canons et les obusiers avaient été démontés et emballés pour l'ultime trajet vers le Grand-Saint-Bernard. Le site, déboisé par les militaires comme par une tornade, n'offrait plus au regard que les derniers affûts, caissons, roues et piles de caisses de munitions en attente d'expédition.

Les premiers artilleurs, arrivés avec l'avant-garde de Lannes, apprenant, à Saint-Pierre, que la montée au col s'effectuerait dans la neige et sur un sentier glacé bordé de précipices, avaient compris que les traîneaux à rouleaux, fabriqués à

Auxonne à la demande du général Gassendi et attendus avec impatience, seraient inadaptés au transport des canons. Ils avaient donc abattu des sapins, évidé les troncs pour y enfermer leurs pièces comme fuseau dans son étui.

Devant Blaise de Fontsalte, un officier d'artillerie, qui surveillait le chargement des munitions sur les mulets réquisitionnés, attribua l'idée de cet emballage au Premier consul. Le capitaine se garda bien de le détromper, sachant que, depuis le 18-Brumaire, certains voyaient en Bonaparte un génie universel d'où procédait toute initiative.

Blaise savait cependant à quoi s'en tenir sur l'origine du système par une lettre qu'Alexandre Berthier avait adressée, de Saint-Pierre, le 16 mai, au Premier consul, qui se trouvait encore à Lausanne. Après avoir fait état des difficultés qu'il rencontrait pour faire passer l'artillerie de la division Boudet en Italie, le général ajoutait : « Tous les traîneaux sont inutiles ; les gens du pays s'y connaissent mieux que nous ; ils prennent une pièce de rondin de sapin qu'ils évident à moitié, ils placent la pièce dans le creux et, avec soixante hommes, ils traînent une pièce de 8 en haut du Saint-Bernard. »

Depuis toujours, les paysans de l'Entremont savaient en effet manier la hache courbe, au tranchant en demi-lune, pour évider les troncs des sapins à moelle tendre. Ils confectionnaient ainsi des auges, des abreuvoirs, des conduites pour détourner l'eau des torrents vers leurs moulins et s'en servaient en hiver comme traîneaux pour transporter les pommes de terre et les cruches à lait. L'un d'eux avait sans doute suggéré qu'on pouvait aussi bien y coucher des canons.

Les pièces de 8[1], les pièces de 4 et les obusiers, pesant respectivement mille six cent cinquante, mille cinquante et mille six cents kilos, avaient donc été démontés, séparés de leur affût et de leur caisson puis emmaillotés dans les sapins. Il ne restait qu'à atteler des mulets ou des hommes à ces charges, en prenant soin toutefois, pour diriger l'attelage et éviter les glissades incontrôlables, de placer dans la bouche du canon, dirigée vers l'arrière, une pièce de bois, sorte de gouvernail, fermement tenue par des canonniers.

Un bataillon de la 59e demi-brigade et six cents hommes de la

1. Le calibre des canons était désigné par le poids du boulet exprimé en livres. Le calibre de l'obusier était désigné par le diamètre de l'âme : six pouces, soit 165 millimètres. Des attelages de quatre chevaux étaient nécessaires pour traîner les pièces de 8 et de 4. Ces pièces sur affût et équipées de leur caisson pesaient, suivant les calibres, de trois mille cinq cents à deux mille cinq cents kilos.

division Loison, contraints, à raison de soixante par pièce, de tirer sur la neige et la glace jusqu'au col une douzaine de canons, avaient refusé de renouveler l'exploit. Le colonel Ribeyre avait appris aux Affaires secrètes, par un message de Marmont, qu'on avait, à cette occasion, frisé une rébellion. « Ils s'en sont tirés avec une peine excessive, et grâce aux coups que les officiers ont distribués ; mais ils sont si fatigués, harassés et mécontents qu'il est impossible de les faire recommencer », avait prévenu le commandant en chef de l'artillerie.

Depuis que le bruit s'était répandu, jusque dans la vallée, qu'une pièce de 8 avait entraîné trois canonniers dans un précipice d'où personne n'avait pu les tirer[1], l'état-major offrait aux paysans valaisans mille francs par pièce de 8 montée de Saint-Pierre au col du Grand-Saint-Bernard. Les gaillards qui avaient les premiers accepté cette proposition s'étaient récusés dès le deuxième voyage. Finalement, les soldats avaient dû s'atteler eux-mêmes aux traîneaux improvisés pour faire passer le col aux derniers canons.

Les grenadiers de la 96e demi-brigade, à raison de quarante hommes par pièce, avaient transporté sans regimber leur artillerie en Italie. Les uns, la corde à l'épaule, tirant les canons dans leurs berceaux de bois comme les esclaves de la Volga les chalands des boyards, deux hommes portant un essieu, deux autres une roue, d'autres se relayant pour charrier les constituants du caisson tandis que les moins robustes se chargeaient des fusils de leurs camarades. Et, pour prouver leur patriotisme, ces hommes, donnant un bel exemple à l'armée, avaient refusé la gratification de deux mille francs que leur attribuait leur général !

Tout cela n'étonnait guère les habitants de Saint-Pierre qui, en temps ordinaire, assuraient une forte part de leurs revenus grâce au transport des marchandises destinées à l'Italie ou qui en provenaient. Les muletiers et guides de Saint-Pierre, constitués en corporation fermée, étaient liés par un accord ancestral avec leurs collègues muletiers de Saint-Rhémy, premier village du versant italien. L'échange des marchandises d'un pays à l'autre se faisait au Grand-Saint-Bernard. Valaisans et Valdotains ne pouvaient entrer en concurrence tarifaire, ce qui eût été préjudiciable à tous.

Ainsi, en temps de paix, plus de soixante mulets bâtés partaient de Saint-Pierre, chaque matin, et y revenaient le soir, chargés

1. D'après le *Bulletin helvétique* du 25 mai 1800, ce fut le seul accident qu'on eut à déplorer.

chaque fois de trois cents livres de marchandises. Il en coûtait vingt-cinq batz pour la location d'un mulet et de son maître. Le commissionnaire chargé de l'organisation et de la coordination des transports percevait un batz par mulet.

Tandis que Blaise traversait le village à la nuit tombante, un attroupement de paysans attira son attention. Un muletier, qui revenait de l'hospice, racontait à ses amis qu'il venait de conduire le général Bonaparte, le prenant un long moment pour un simple capitaine. La mule du Premier consul ayant trébuché, il avait dû retenir ce dernier pour l'empêcher de tomber. Après cet incident, le général, s'étant fait connaître, lui avait demandé son nom avant de le féliciter pour son sang-froid. Bonaparte avait aussi promis d'envoyer une récompense [1].

— Il a voulu savoir combien coûte une maison à Saint-Pierre, conclut le muletier.

— Et qu'as-tu répondu ? demanda un paysan.

— J'ai dit comme ça mille ou douze cents francs.

— Mille francs, c'est ce qu'on nous a promis par canon monté jusqu'à l'hospice et beaucoup ne sont pas encore payés, bougonna un villageois qui s'était échiné gratis pour l'armée française.

Blaise savait que sa stature et ses galons de capitaine le désignaient trop souvent comme receveur des plaintes de toute sorte, aussi s'éloigna-t-il rapidement pour aller retrouver son ordonnance à l'auberge de la Colonne-milliaire, où le repas devait être commandé.

Quelques heures plus tôt, le général Bonaparte y avait été accueilli par Nicolas-Anselme Moret, notaire et châtelain du bourg. Le Premier consul, après s'être restauré d'œufs et de fromage, avait tenu conseil avec les généraux Murat et Marmont. Puis, suivi de

1. La tradition veut que le muletier Pierre-Nicolas Dorsaz, alors fiancé, aurait confié à Bonaparte que, démuni d'argent pour s'établir et acheter une maison, il était contraint de retarder son mariage. Le Premier consul aurait alors alloué une somme de 1 200 F à Nicolas, afin qu'il pût s'installer et épouser sa promise. La vérité est moins romantique. Le président de la municipalité de Bourg-Saint-Pierre, M. Fernand Dorsaz, descendant du fameux guide, a confié à l'auteur qu'en mai 1800, au jour où son ancêtre guida Bonaparte de Saint-Pierre à l'hospice du Grand-Saint-Bernard, Nicolas était marié, père de deux enfants et qu'il acheta, sans l'aide de Bonaparte, la maison qu'il occupait. Celle-ci était encore habitée, en 1991, par la sœur et le beau-frère du président Fernand Dorsaz. Bonaparte envoya, en 1801, une gratification de 1 200 F à celui qui avait guidé sa mule jusqu'à l'hospice. Une lettre de M. Verninac, ministre plénipotentiaire de la République française en Helvétie, adressée au prévôt de l'hospice du Grand-Saint-Bernard, le 24 septembre 1801, le confirme. Article de Joseph Morand, *Journal illustré des stations du Valais*, 27 juillet 1903.

son escorte, il s'était mis en route pour l'hospice, sur la mule de Nicolas Dorsaz.

Tout en faisant, à l'exemple du Premier consul, honneur au menu proposé par l'aubergiste, fier d'avoir servi « le plus grand soldat français », Blaise apprit que l'établissement, renommé jusqu'en Piémont, tirait son nom de la proximité d'une borne romaine trouvée dans un talus entre Liddes et Saint-Pierre [1]. Les paysans avaient déterré, transporté dans leur village et dressé près de l'église cette relique routière. Les chanoines du Grand-Saint-Bernard exhumaient souvent, autour de leur couvent, les restes de civilisations révolues attestant que le col était, depuis toujours, un lieu de passage fréquenté. Monnaies, ex-voto païens, médailles, instruments de sacrifice, certains antérieurs à la naissance du Christ, du temps où le Saint-Bernard s'appelait Mons Jou ou Mont Jovis, avaient été mis au jour et recueillis à l'hospice. La colonne, identifiée par un chanoine érudit, était restée à Saint-Pierre.

Bien qu'une pluie fine et glacée se soit mise à tomber, Blaise voulut voir la colonne romaine. Elle était de celles qui, tous les mille pas, jalonnaient, de Milan à Mayence par les Alpes pennines, le parcours décrit dans l'*Itinéraire d'Antonin* que Fontsalte avait étudié, dans la belle édition de Turin, au collège d'Effiat. A la lueur d'une lanterne brandie par Trévotte, Blaise déchiffra, gravés dans la pierre antique, une date, 338, le nom de Constantin le Jeune, « pieux, heureux, invincible, fils du divin Auguste », et l'indication *XXIV mille* [2].

— Sans doute la distance qui sépare ce village de Martigny, où l'on a trouvé une autre colonne portant le chiffre I marquant à la fois le départ de l'étape vers le mont Jovis et le site d'Octodurum, détruit par une inondation. Pensez, maréchal des logis, que cette borne a été taillée dans le granit il y a près de mille cinq cents ans ! observa Fontsalte, exalté par cette constatation.

— Le gars qui a fait ça doit pas avoir mal aux dents à c't'heure ! commenta Trévotte, indifférent, qui ne pensait qu'à dormir.

En retournant à l'auberge toute proche, ils rencontrèrent des

1. L'auberge, qui existe toujours, a pour enseigne Au déjeuner de Napoléon Ier. Jusqu'à ces dernières années, on pouvait y voir le fauteuil à oreilles où le futur empereur s'était assis. Le meuble a maintenant été « mis à l'abri en ville » par les propriétaires de l'hôtel.
2. Cette colonne est toujours en place. Le mille romain correspondait à 1 000 pas ou 5 000 pieds, soit 1 472,5 mètres.

muletiers, qui descendaient de l'hospice où ils avaient accompagné des officiers de l'état-major de Marmont. Blaise les interpella :

— L'un d'entre vous sera-t-il d'attaque pour nous conduire jusqu'au col au petit matin ?

Les Valaisans, qui ne s'engagent jamais à la légère et prennent le temps d'évaluer les avantages et inconvénients de toute entreprise, se concertèrent d'abord du regard, puis se mirent à parler entre eux dans un patois incompréhensible aux Français. Comme la réponse à la question de Blaise tardait à venir, Titus crut nécessaire de lancer avec un peu d'impatience :

— Le capitaine paye bien !

Les montagnards n'en continuèrent pas moins leur colloque et Fontsalte fit signe au maréchal des logis de ne pas insister.

Désignant d'un geste le mont Vélan, invisible dans l'obscurité, l'un des hommes se résolut enfin à s'adresser à Fontsalte.

— A un quart de lieue d'ici, en allant sur la cantine de Proz, le chemin est si fort gelé que la glace coupe les chaussures des soldats et blesse les pieds des mulets. Et puis une tourmente de neige s'annonçait quand nous sommes descendus. A l'heure qu'il est, il ne doit pas faire bon là-haut et toutes les traces doivent être effacées. Alors, si vous tenez à monter, départ d'ici à trois heures. C'est le moment du grand gel. Dès que le soleil chauffe, on risque les avalanches, car la neige fraîchement tombée glisse sur la neige gelée. Si vous n'êtes que deux, Paul, mon fils, vous montera. Mais à pied. Il vous faudra souvent mener vos chevaux à la bride. Et s'ils glissent, les laisser glisser. Il y en a déjà quelques-uns au fond de la ravine.

Fontsalte savait comment les guides-muletiers appliquaient à leur profit l'antique droit d'échute qui accordait autrefois aux chanoines les biens transportés par ceux qui périssaient en montagne.

— J'ai une troisième bête pour les bagages, précisa-t-il.

— Eh bien, laissez-la donc à l'auberge avec vos affaires. D'autres l'ont fait. Les gens d'ici sont honnêtes. Vous retrouverez tout comme vous le laisserez.

Avant que le capitaine ait eu le temps de répliquer, le muletier ajouta :

— Il vous en coûtera cent batz pour monter à deux !

Ce prix était double de celui habituellement pratiqué, mais on ne marchandait pas les services d'un guide patenté. Rendez-vous fut pris à trois heures devant l'église. Trévotte bougonna « Ça fera pas long à dormir ! » et se hâta de rejoindre la grange, garnie de bottes de paille, que l'hôtelier réservait aux ordonnances des officiers.

En entrant à l'auberge, Fontsalte vit que le cartel indiquait onze heures passées. Au contraire de Titus, il n'avait pas sommeil. Deux lieutenants de la légion helvétique, qui, depuis plusieurs mois, gardait les accès du haut Valais, lui firent place près de l'âtre où achevaient de se consumer de grosses bûches. Comme eux, il bourra sa pipe, accepta un verre d'eau-de-vie et entra dans la conversation. En apprenant que Blaise allait passer en Italie, les officiers, qui connaissaient le parcours, l'assurèrent que, des trois lieues et demie qui séparaient Saint-Pierre de l'hospice du Grand-Saint-Bernard, une seule était franchement mauvaise et qu'il ne fallait redouter qu'une chute dans la ravine où coulait le Valsorey. De montagne, on en vint à parler guerre et blessures, puis, comme toujours quand des hommes jeunes et sans attaches se trouvent réunis autour d'un feu et d'une bouteille, alors que les bouffardes tirent bien, on se mit à parler femmes.

Les Suisses évoquèrent l'air hautain et compassé des Genevoises, qu'il fallait « amadouer par friandises et flatteries », le charme des fortes paysannes du pays d'En-Haut, « tendres comme du bon pain » au dire de l'un d'eux, les faux abandons des vigneronnes du Lavaux, « plus promptes à donner un soufflet qu'un baiser ».

— Les filles des bords du Léman et celles du Valais ont vu passer trop de militaires, depuis deux ans. Elles se méfient du soldat et encore plus de l'officier. Ils ont fait trop de promesses, grugé trop de paysans et laissé trop d'enfants sans nom, observa le premier lieutenant.

Blaise confessa qu'il n'avait approché qu'une jolie bourgeoise veveysanne, et ce en tout bien tout honneur, alors que le mari était absent. Les jeunes gens s'étonnèrent en riant qu'un aussi bel homme n'ait pas mieux exploité son billet de logement, sauf-conduit des amours furtives.

— Vous avez raison, messieurs, reconnut Fontsalte. J'aurais dû pousser mon avantage. Je le regrette d'autant plus, ce soir, que le sort des armes ne me laissera peut-être pas d'autre occasion de tenir une jolie femme dans mes bras. Je puis mourir demain... ou après-demain. La belle Veveysanne eût été la dernière honorée. Elle eût pu en tirer gloire ! conclut-il en riant.

— Les femmes sont oublieuses, autant des absents que des morts, capitaine. C'est pourquoi il vous faut rester en vie jusqu'à la revoir.

— Jusqu'à Milan en tout cas. Je l'ai promis à mon colonel, qui a ses entrées dans les coulisses de la Scala !

— Ah ! les comédiennes ! soupirèrent les Helvètes en levant la séance.

A l'heure dite, Blaise de Fontsalte et le maréchal des logis Trévotte, emmitouflés dans leurs manteaux de cavalerie, retrouvèrent leur guide devant l'église. Le muletier s'étonna à la vue de trois chevaux.

— Tu auras vingt-cinq batz de plus, si mon porte-bagages arrive sain et sauf à l'hospice, dit le capitaine.

Cet argument suffit à faire admettre au garçon qu'un cheval de plus ou de moins ne changeait rien à la course.

— Le capitaine ne voyage jamais sans son argenterie, son habit brodé, son écritoire et ses livres, souffla Trévotte au Valaisan qui, impressionné, se mit en route sans tergiverser.

Comme prévu, au bout d'une demi-heure de marche sur un étroit sentier taillé à même le roc, où depuis le 12 mai plus de quarante mille hommes, cinq mille chevaux, cinquante canons et une douzaine d'obusiers étaient passés en file indienne, la petite troupe rencontra la neige. Si le trajet de Martigny à Saint-Pierre avait été parfois pénible, parfois plaisant, la dernière montée sur un sentier muletier, côtoyant des précipices que la nuit rendait insondables, avait de quoi impressionner les plus braves. Bien qu'il n'eût souvent que de trois à six pieds de large, le chemin n'était pas désert. Des soldats et des paysans, requis ou volontaires, grimpaient, ployant sous des charges ou conduisant des mulets rétifs, dont le souffle ressemblait à un râle. Des soldats transportaient des planches destinées à renforcer quelque pont branlant, d'autres ramassaient les pics et pioches qui avaient servi aux sapeurs du génie à rogner la montagne et élargir la voie.

L'obscurité n'existe pas en altitude. Bien qu'aucune clarté n'ait encore percé les nuages, la neige, comme éclairée par en dessous d'une vague lueur, la blancheur des derniers flocons tombés, permit bientôt à Blaise de distinguer les silhouettes de ceux qui, s'étant mis en route plus tôt que lui, allaient devant. Le guide qui tirait le cheval de somme se retournait souvent vers Fontsalte pour le mettre en garde : « Serrez contre le rocher, capitaine », ou : « Attention, suivez bien mes traces, il y a sous nos pieds une dalle de granit verglacée. » Et Blaise, entendant un bruit d'eau cascadante, se disait qu'il venait de franchir une fois de plus, sans l'avoir vu, le torrent Valsorey, dont le guide avait affirmé qu'il prenait sa source tout près du couvent.

Quand la progression parut plus facile, le guide annonça la plaine de Proz et fit halte près d'une cabane, où les muletiers surpris par une tourmente pouvaient s'abriter. Les montagnes, dont on commençait à distinguer les masses sombres, semblaient s'être écartées de part et d'autre d'un plateau pentu.

— Nous avons fait le plus pénible, le plus dangereux, n'est-ce pas ? risqua Fontsalte, se souvenant des propos des lieutenants helvètes.

— C'est ce que croient les gens quand ils arrivent sur ce faux plat. Mais vous allez voir qu'après cinq ou six détours dans la gorge nous allons entrer sur des champs de neige en tournant autour de monticules qui n'ont rien d'effrayant. Cependant, c'est là le vrai danger. Il y a un sentier là-dessous, qu'on ne voit que l'été venu, dit l'homme en frappant la neige durcie du talon. Mais, en cette saison, chaque chute de neige recouvre tout et celui qui n'a pas ses repères ne peut plus se diriger, acheva-t-il.

— On peut donc tomber dans un précipice, fit Trévotte, peu rassuré.

— Il n'y a pas de précipice par ici, seulement de grands creux, avec des épaisseurs de trente ou quarante-cinq pieds de neige. Celui qui tombe là-dedans est sûr d'y rester. Sauf si les chiens des chanoines le retrouvent avant qu'il soit étouffé ou transformé en statue de glace. Les chanoines en ont plein leur morgue, de ces imprudents.

Après cet avertissement, prononcé d'une voix tranquille, au débit lent et fortement teinté d'accent valaisan, la petite caravane se remit en route. Les chevaux, comme les hommes, semblaient avoir du mal à trouver leur souffle et, de temps à autre, le guide lançait un nom en désignant le lieu où l'on passait et qui ne se distinguait en rien du reste du paysage : le pont de Prou, le pont de Nudri, ou une direction sur la neige : la montagne de Pierre, la combe des Morts, les Tronchettes.

Le givre raidissait la moustache et les favoris de Blaise, lui tendait la peau. Au départ, il avait troqué son colback, suspendu à la selle de Yorick, contre un simple bonnet de police, dont les bords rabattus protégeaient les oreilles du froid. Trévotte, encapuchonné comme un moine dans une couverture de cheval, présentait à chaque arrêt une gourde et les trois hommes buvaient, à tour de rôle, une gorgée d'eau-de-vie.

Trois heures plus tard, alors que l'aube blafarde achevait de diluer dans une blancheur pesante la brume qui masquait les montagnes et les étendues neigeuses, le chemin s'élargit, devint presque plat. Ils découvrirent bientôt, dans la clarté dorée du soleil levant brusquement projetée au-dessus des cimes vers un ciel soudain limpide et bleu, les bâtiments gris de l'hospice, au bord d'un lac minuscule et gelé.

Devant cette bâtisse, perdue dans un univers de pierre, de neige et de lumière, la silhouette massive, trapue et rassurante du couvent révélait, au premier regard, la foi des bâtisseurs de cette arche et l'obstination de ceux qui avaient choisi d'y vivre.

Blaise de Fontsalte se laissa distancer par ses compagnons, qui allaient maintenant côte à côte en bavardant. Les chevaux, auxquels leur instinct annonçait l'étape, chauvissaient des oreilles et pressaient le pas.

L'officier s'arrêta pour jouir de cet instant de paix, du silence, de l'azur du ciel que raya, inattendu, un vol de perdrix blanches. Ici était peut-être la vraie vie, celle de l'esprit, de l'impassibilité, un lieu où l'âme pouvait acquérir cette immobilité de l'essieu de la roue qui tourne, équilibre entre action et contemplation. Lui revint alors à l'esprit une phrase de saint Thomas d'Aquin, souvent citée par son directeur de conscience au collège d'Effiat : « Ceux qui sont mieux adaptés à la vie active peuvent se préparer à la contemplation dans la pratique de la vie active, tandis que ceux qui sont mieux adaptés à la vie contemplative peuvent prendre sur eux les œuvres de la vie active, afin de devenir encore plus aptes à la contemplation. »

A ce moment de sa vie, Blaise de Fontsalte, étant engagé dans la guerre, suprême expression physique et mentale de l'action, se remit en route vers le couvent. S'il cédait un jour à l'impérieux besoin de solitude qui parfois l'assaillait, si, fuyant le monde, il essayait d'accéder à « l'indifférence sacrée » des contemplatifs, c'est en ce lieu qu'il viendrait tenter l'expérience.

Devant l'escalier à auvent de l'hospice, la neige avait été si souvent piétinée, pendant des semaines, par des milliers d'hommes, qu'elle était damée comme cour de ferme. La veille, le général Bonaparte, accueilli par le prieur Jean-Baptiste Darbellay, avait passé deux heures dans le couvent pour s'entretenir avec des religieux avant de descendre à Etroubles, sur le versant italien, où il devait passer la nuit. Le cuisinier avait servi au Premier consul un rôti « sauvé de la rapacité des soldats », précisa le chanoine qui reçut Fontsalte et lui apprit aussi que l'avant-garde de Lannes était bloquée devant le fort de Bard.

Blaise surprit le religieux en demandant, après une brève station

à la chapelle, à voir la morgue où, depuis plus d'un siècle, les
chanoines recueillaient les corps des victimes de la montagne.

Hors du couvent, dans un bâtiment bas ne comportant qu'une
grande salle voûtée éclairée par une unique fenêtre, il vit, alignées
contre les murs, des momies à face de cuir noirci par le gel, des
squelettes préservés de la dislocation par des lambeaux de vêtements ou d'uniforme, des ossements épars.

— Ils sont tels que nos marronniers, aidés depuis 1774 de nos
bons chiens, les ont trouvés, à la fonte des neiges, dans les
congères ; tels que nous les avons extraits, trop tard bien sûr, du
magma d'une avalanche. Il y en a de tout âge et de toute condition.
L'égalité est là, monsieur l'officier. Une mère, par là, avec son
enfant, un soldat, un contrebandier, un missionnaire. Le froid les
conserve longtemps, mais ils finissent par tomber en poussière.
Voyez cette poudre grise sur le plancher. Ce qui reste de nos plus
anciens morts. Car nous sommes là depuis le xiᵉ siècle, monsieur
l'officier !

Blaise s'en retourna, emportant cette vision macabre mais
goûtant à pleins poumons le plaisir égoïste d'être vivant. Un faux
pas au cours des heures précédentes, et il aurait pris place parmi ces
marionnettes oubliées !

Confiés par leur guide de Saint-Pierre aux bons soins d'un guide
de Saint-Rhémy, le capitaine et le maréchal des logis entrèrent en
Piémont. La descente vers Etroubles, sur le versant italien, ne fut
pas plus aisée que l'ascension du versant valaisan. A plusieurs
reprises, les hommes et les chevaux roulèrent dans la neige et
Trévotte finit par se faire une luge de deux planches enlevées à une
palissade. Il glissa, en s'amusant comme un gamin, au risque,
d'après le guide, de tomber dans une congère ou de se fracasser le
crâne sur un rocher. Cet exercice rendit au maréchal des logis la
belle humeur oubliée depuis deux jours. A l'étape d'Etroubles, où
se trouvaient encore une partie de l'état-major et assez de
provisions pour que le cuisinier de service pût confectionner de
bons repas, il se décida à dire à Blaise de Fontsalte ce qui le
tourmentait depuis trois jours.

— Excusez, citoyen capitaine, mais je voudrais savoir si ce qu'a
dit la fille Baldini, quand j'ai été la sortir de la geôle de Vevey sur
l'ordre du colonel Ribeyre, est bien vrai.

Surpris par la question, Blaise voulut savoir ce qu'avait bien pu
dire l'espionne qu'il avait épargnée.

— Elle a dit... elle a dit... comment dire ? Ben, elle a dit, comme ça, que c'est parce que la femme Métaz vous a… reçu dans son lit que vous l'avez pas fait fusiller, comme on fait toujours pour les espions. Voilà ! Je voudrais bien savoir, sans que vous soyez fâché contre moi, si c'est vrai, ce qu'a dit la Baldini.

Blaise eut du mal à dissimuler son étonnement, mais il estima que Trévotte avait le droit de connaître la vérité.

— Non, je ne suis pas allé jusqu'au lit de Mme Métaz. Je lui ai seulement fait croire, quand elle m'a supplié d'épargner son amie Flora, que le seul moyen de la sauver était de céder à mon plaisir. Elle a eu très peur, mais j'ai seulement voulu jouer devant elle le rôle que trop de femmes prêtent aux officiers français, soudards, libertins, pilleurs. Alors qu'elle était, je crois, prête à accepter le marché, je me suis moqué d'elle et je l'ai rassurée. Mais j'ai promis de faire libérer Flora Baldini. Car c'est grâce à ce que nous avons appris d'elle et d'autres que plusieurs espions, beaucoup plus dangereux, ont été pris. Voilà la vérité, Titus.

Le maréchal des logis se donna un furieux coup du plat de la main sur le genou et se pencha brusquement vers l'officier, l'œil enflammé.

— Ben, citoyen capitaine, vous avez eu fameusement tort de pas profiter de cette femme ! Tenez, voilà ce qu'elle a donné à son amie, quand on l'a embarquée à la geôle ! Hein, qu'est-ce que vous en dites ? C'était pour quoi faire, ça, je vous le demande ?

La véhémence et le courroux de Trévotte troublèrent encore plus Fontsalte quand il reconnut, dans l'objet que le maréchal des logis lui tendait d'un geste théâtral, le poignard égyptien offert à Charlotte Métaz.

— Tenez, voilà le couteau avec lequel l'Italienne a voulu me tuer quand je l'ai sortie de la prison et que nous marchions sous les marronniers. Vous le reconnaissez, je pense ? La Métaz avait dû vous le voler pendant que vous roucouliez avec elle sur la terrasse ! Ces femmes sans patrie, car elles sont sans patrie, ces femmes suisses, ne nous aiment guère, citoyen capitaine, croyez-moi !

— Elle a voulu te tuer, vraiment ?

— Et comment ! Mais j'y ai tordu le bras, qu'elle a crié que j'y cassais l'épaule. Elle l'a lâché, le couteau. Et puis je lui ai dit qu'on allait réveiller le prévôt et tout lui raconter. Et aussi tirer de son lit la Métaz, qui avait volé ce couteau à mon capitaine, car le couteau je l'avais reconnu, vous pensez ! Alors, elle s'est mise à pleurer, à dire que la Métaz était pour rien, qu'elle avait elle-même pris le couteau sur le piano, qu'elle savait même pas d'où qu'il venait et ci et ça, je vous en passe. Bref, elle a dit qu'elle ferait tout ce que je voudrais si j'arrêtais de faire des histoires. Eh, que je me suis dit, ma petite, tu vas pas regretter ! Moi, je suis pas un ci-devant noble qui fait des grâces mignardes aux filles. Je l'ai tirée sur la berge, dans un coin tranquille. Je la tenais par son joli cou et là, j'y ai dit ce que je voulais. Ou elle me payait sa liberté sur-le-champ, ou j'appelais la garde pour qu'on lui fasse son compte. C'est là qu'elle m'a dit que la Métaz avait déjà payé de cette façon avec vous pour qu'on lui fasse pas de mal. J'y ai dit que, moi, j'avais en compte un coup de couteau manqué, qu'il fallait aussi qu'elle paye, mais que, si elle faisait avec moi ce que la Métaz avait fait avec mon capitaine, je la laisserais aller comme si rien s'était passé entre nous ! Je l'ai couchée sous l'arbre et elle a cédé sans trop de façons, d'abord en pleurant... puis, après un moment, sans rien dire et en fermant les yeux. A la fin, je crois même qu'elle a pris son plaisir. Et ça devait pas être la première fois que ça lui arrivait. Si je la revois un jour, cette catin, peut-être bien que...

— Peut-être bien que, cette fois, elle ne te ratera pas ! dit Blaise, furieux de s'être laissé berner.

Il était convaincu que Charlotte Métaz avait donné à Flora Baldini le poignard offert dans un stupide accès de générosité sentimentale. Il laissa cependant croire à Trévotte que Mme Métaz avait subtilisé le couteau sans qu'il s'en rendît compte.

— Tu as raison, Titus, ces femmes sont de drôles de teignes !

— Drôles et mauvaises, citoyen capitaine, moi, je vous le dis. Vous auriez pas dû la laisser comme devant, la Métaz. Peut-être même que vous lui auriez fait plaisir, à elle aussi ! Ces femmes de bourgeois, c'est vicieux comme pas deux !

— Si je repasse un jour par Vevey, j'irai demander des comptes à la belle Mme Métaz, voire à son mari, dit Blaise, pour clore l'entretien.

Le lendemain matin, quand les cavaliers se mirent en route par une aube radieuse, ils croisèrent les premiers prisonniers autrichiens et apprirent de ceux qui les escortaient de bonnes nouvelles. Le fort de Bard, qui résistait encore, avait été contourné par l'artillerie, la division Boudet venait d'investir Ivrea, le général Bonaparte logeait chez l'évêque d'Aoste. Au nord et au sud du Grand-Saint-Bernard, les troupes, descendues du Simplon, du Saint-Gothard et du mont Cenis, entraient en Italie par toutes les vallées. Domodossola était aux mains des Français. Les routes de Turin et Milan étaient ouvertes et Blaise pensait déjà aux bras

blancs des comédiennes de la Scala. Avant d'y prendre repos et
plaisir, il s'arrangerait pour glaner, en chemin, sa ration de gloire,
cueillir de nouveaux lauriers, afin d'avoir des exploits à conter
aux belles, peut-être quelque cicatrice fraîche à offrir à leurs
baisers.

7.

Le cercle des Métaz passait pour le mieux informé de Vevey. Cela tenait d'abord aux multiples relations de Guillaume dans le commerce et l'administration, à l'attention avec laquelle il suivait les événements politiques et militaires du moment, toujours susceptibles d'influer sur les affaires. A ces sources s'ajoutaient la lecture quotidienne du *Bulletin helvétique* de l'avocat Miéville de Grandson, imprimé à Lausanne, celle, épisodique, des articles du doyen Bridel dans les *Etrennes helvétiennes, curieuses et utiles,* les comptes rendus publiés par *le Véritable Messager boiteux de Berne et de Vevey* et tous les potins, bruits, rumeurs, ragots et confidences que glanait Charlotte au cours des visites qu'elle rendait ou recevait. Car Mme Métaz, femme instruite et grande liseuse, était une des rares bourgeoises de Vevey à tenir salon, comme les dames de Lausanne et de Genève.

Si Genève, ville française, se trouvait à plus de vingt lieues de Vevey, Lausanne était proche. Fréquenté par les élites, habité par des familles distinguées qui entretenaient une vie mondaine de bon aloi, le chef-lieu du département du Léman affichait un cosmopolitisme intellectuel et artistique excitant pour l'esprit et de nature à nourrir autant les conversations que les rêves.

Charlotte aurait aimé se rendre souvent dans cette cité où vivait la sœur de son père, Mathilde Rudmeyer, riche et très lancée dans une société où l'on côtoyait des femmes de lettres comme Mme de Staël, Mme de Montolieu et Mme de Charrière, hôtesses attitrées des érudits et des artistes de passage. C'est grâce à sa tante que

Charlotte avait été présentée, en 1793, à l'âge de douze ans, au grand historien Edward Gibbon, qui s'apprêtait alors à regagner l'Angleterre. L'illustre auteur d'*Histoire de la décadence et de la chute de l'Empire romain* avait caressé le bras, puis la joue et le menton de la fillette avant de lui tendre la coupe de cristal d'où il tirait avec componction, entre pouce et index, des grains de raisin de Corinthe. Quand Gibbon était mort à Londres, un an plus tard, Mathilde avait offert à sa nièce un médaillon en Wedgwood bleu portant le profil de l'historien avec qui Mlle Rudmeyer avait entretenu, comme d'autres Lausannoises, une aimable correspondance. Ce médaillon figurait au-dessus de la coiffeuse de Charlotte, qui ne pouvait jamais sucer un grain de raisin confit sans se souvenir du regard mouillé de l'homme tout en rondeurs qui, le premier, lui avait fait goûter cette friandise. Tante Mathilde espérait bien aussi approcher William Beckford, un lord original, dont l'étrange conte oriental et gothique, *Vathek,* faisait ses délices et ceux de Martin Chantenoz.

C'est pourquoi Charlotte regrettait fort et souvent, en présence de son mari, que Lausanne fût « si loin de Vevey pour ceux qui n'ont pas leur propre voiture ». Les deux villes n'étaient cependant distantes que de quatre lieues et demie, mais s'y rendre par le char découvert, dit « à l'allemande », qui transportait les dépêches et un ou deux voyageurs, quatre fois par semaine, entre Lausanne et Vevey, prenait trois bonnes heures à cause des arrêts et des stations que le voiturier ne manquait pas de faire dans les estaminets. Non seulement le véhicule était inconfortable et les voyageurs exposés aux intempéries, mais ceux qui utilisaient ses services devaient obligatoirement passer une nuit à Lausanne, le départ de Vevey ayant lieu l'après-midi.

Seuls les Veveysans disposant de leur propre voiture pouvaient effectuer l'aller et retour dans la journée.

Guillaume Métaz n'était pas dupe des considérations de sa femme quant à la médiocrité des moyens de transport entre Vevey et Lausanne, ville de près de dix mille habitants, où l'on trouvait toutes les distractions. Mais il voulait encore ignorer avec obstination le désir manifesté, de façon oblique, par son épouse de posséder, au moins, un cabriolet.

D'abord, les affaires n'étaient pas assez prospères pour qu'il pût envisager une dépense à ses yeux inutile et ostentatoire. Guillaume Métaz, en bon Vaudois, ne souhaitait pas fournir les signes extérieurs qui permettent aux jaloux d'évaluer votre fortune. Et puis ne valait-il pas mieux, en cette période pleine d'incertitudes du fait de la guerre, des impositions françaises et surtout des menées fédéralistes tendant à obtenir une plus grande autonomie des cantons, investir dans quelques perches de terrain à bâtir, quelques arpents de vigne supplémentaires qui étendraient le vignoble familial ou, même, construire une nouvelle barque pontée pour transporter le vin, le bois et les pierres des carrières de Meillerie vers Nyon et Genève ?

Entreprenant, mais économe et pratique, Guillaume s'était cependant promis d'offrir une limonière à sa femme dès qu'elle lui aurait donné un fils. Or, mariés depuis trois ans, les Métaz attendaient toujours un héritier et Guillaume avec plus d'impatience que Charlotte. Cette dernière semblait en effet souffrir davantage du manque de voiture que de l'absence d'enfant !

La frustration de Mme Métaz s'augmentait du fait que ses parents avaient toujours possédé leur voiture, une berline à quatre chevaux, dont elle avait disposé jusqu'à la mort de son père. Mais, devenue veuve, Mme Rudmeyer, fervente papiste, s'était retirée dans le fief catholique d'Echallens, en conservant sa berline. Elle envoyait celle-ci à sa fille un samedi sur deux, afin que Charlotte vînt assister, à Echallens, à la messe dominicale qu'on ne célébrait pas à Vevey.

Mme Métaz se trouvait donc contrainte, pour se rendre à Lausanne, de prendre le char de la poste, ce qu'elle se refusait à faire, ou d'attendre que sa tante lausannoise l'envoyât chercher par son cocher, ce qui n'arrivait pas souvent et déplaisait fort à Guillaume. Ce dernier n'avait aucune sympathie pour la parente de sa femme, qu'il jugeait prétentieuse, écervelée et d'une vertu douteuse, parce que célibataire à plus de quarante ans « bien qu'entourée d'hommes » ! En bon huguenot, il affichait, de surcroît, une grande méfiance envers des « amusements » que l'on pouvait trouver dans une ville où vivaient autant d'étrangers, des Anglais surtout, que de Vaudois !

Comme il n'était pas homme à perdre son temps pour accompagner son épouse dans des salons où l'on jouait des tragédies, récitait des vers ou susurrait des mélodies endormantes, Guillaume Métaz demandait, à l'occasion, à Martin Chantenoz, poète et érudit, de remplir auprès de Charlotte le rôle de chevalier servant.

Guillaume tenait Chantenoz, ancien prétendant de Charlotte, toujours amoureux masqué, pour inoffensif. Il appréciait que le poète apportât à sa femme, par ses connaissances et son esprit, les satisfactions intellectuelles que lui-même ne goûtait guère et était incapable de procurer.

Aux yeux de la bourgeoisie locale, Martin Chantenoz, orphelin sans fortune ni propriété, maître de latin, de grec et de français au collège de Vevey, musicien, poète hermétique, auteur velléitaire qui n'avait jamais rien publié, passait pour un aimable et distrayant farfadet. On l'estimait certes bon à enseigner aux élèves de la deuxième classe et de la classe supérieure, qui préparaient les fils de bourgeois à l'auditoire des Belles-Lettres à Lausanne, mais on critiquait ses élucubrations philosophiques, inspirées par l'étude de l'*Encyclopédie*[1] française, que l'on distinguait de celle d'Yverdon[2]. Cette dernière était à la fois une réplique et une contrefaçon de la première, revue et corrigée par des chrétiens zélés, qui avaient remplacé les opinions et maximes des Encyclopédistes par les sentences édifiantes de pasteurs érudits.

Quand Martin Chantenoz célébrait trop hardiment la Révolution française, rappelait qu'il avait dû, étant enfant, s'agenouiller au bord du chemin quand passait le carrosse de Leurs Excellences de Berne, proclamait que les prêtres dévoués aux seigneurs avaient retardé la naissance de la démocratie et soutenait que la pauvreté n'est rien comparée au dénuement culturel, les gens se taisaient ou se détournaient, comme en présence d'un halluciné.

Le jour où Chantenoz avait déclaré, après boire à l'issue d'un banquet, que la Terreur de 93 avait été une bonne chose pour la France, que Robespierre avait droit au même respect que les autres révolutionnaires, qu'il fallait toujours se méfier des curés, des pasteurs, des aristocrates et des gargotiers, tous empoisonneurs de l'esprit ou du corps, quelques-uns avaient ri, mais beaucoup l'avaient qualifié d'anarchiste.

Charlotte portait, en revanche, à son ancien prétendant une affection fraternelle, le tenait pour l'homme le plus intelligent de son cercle, suivait quelquefois ses conseils en matière de lecture et, connaissant le pouvoir qu'elle exerçait encore sur ce soupirant éconduit et résigné, lui imposait ses quatre volontés.

1. *Encyclopédie ou Dictionnaire raisonné des sciences, des arts et des métiers*. Inspirée par l'ouvrage de Chambers (1729) et dirigée par Diderot (1751-1772), elle eut notamment pour collaborateurs Voltaire, Montesquieu, Rousseau, que l'on désigne pour cette raison sous le terme d'Encyclopédistes. Le *Discours préliminaire*, synthèse des connaissances de l'époque, est dû à d'Alembert.
2. Publiée en 42 volumes (1770-1780) par Fortuné-Barthélemy de Felice et dont les principaux collaborateurs furent Alexandre-César Chavannes, théologien, Mingard et Juventin, pasteurs.

Cinq ans plus tôt, Mlle Rudmeyer aurait pu épouser Martin Chantenoz, dont le charme désuet, les joues creuses, le regard incandescent, la pâleur romantique, les longs cheveux, la courtoisie aristocratique et les opinions tranchées rappelaient à la jeune fille Goetz de Berlichingen, le héros médiéval chanté par Goethe. Mais les familles Métaz et Rudmeyer avaient combiné de longue main le mariage de leurs enfants, qui permettait la réunion de deux beaux vignobles mitoyens et la concentration, en une seule main, d'entre-prises complémentaires : les carrières de pierre de Meillerie, propriété des Métaz, et le plus important chantier de construction de barques, fondé et exploité par Johann Rudmeyer.

Les parents avaient sagement passé sur une différence de religion, qui aurait pu opposer les deux familles, les Rudmeyer étant catholiques romains, les Métaz appartenant à l'Eglise réfor-mée. Depuis 1798, la Constitution helvétique autorisait les mariages religieux mixtes et, si les autorités lausannoises, invitées par le Directoire à chasser les prêtres et les papistes français, expulsaient de temps à autre un émigré ou un curé réfractaire, les rares Veveysans qui osaient encore se proclamer catholiques n'étaient pas inquiétés. Ils devaient, en revanche, soit pratiquer leur culte avec discrétion dans des maisons privées où venaient officier en cachette des prêtres clandestins, soit se rendre à Echallens, à huit lieues de Vevey, où les adeptes des deux confessions avaient toujours cohabité, tout en échangeant, il est vrai, des gracieusetés du genre « catholique, bourrique », et « protestant, sacripant »[1].

Charlotte avait été élevée, à la française et en catholique, à l'institut Sainte-Ursule[2], le pensionnat huppé de Fribourg, ville natale de son père. Du fait de cette éducation assez libérale, elle ne reconnaissait au rigorisme protestant aucune vertu supplémentaire. Elle jugeait qu'on pouvait être pieuse sans être austère. Si, le dimanche, quand elle n'allait pas entendre la messe à Echallens, elle s'habillait de noir, s'enveloppait la tête d'un voile et ne portait ni collerette de dentelle ni bijoux, c'était par respect pour les convictions de son mari et pour être en harmonie avec la toilette de

1. *Catholiques et protestants dans le pays de Vaud*, Bernard Reymond, professeur de théologie à l'université de Lausanne, éditions Labor et Fides, Genève, 1986.
2. Les religieuses ursulines avaient ouvert cet établissement d'éducation en 1634, soit un siècle avant la fondation à La Nouvelle-Orléans, par six de leurs sœurs, du premier pensionnat de jeunes filles de Louisiane.

sa belle-mère, chez qui les époux prenaient alors le repas domini-
cal. La jeune femme estimait devoir ce sacrifice vestimentaire à
Guillaume, puisque ce dernier l'autorisait, deux fois par mois, à
quitter la ville et à se rendre à Echallens. La chambre de Réforme
de Vevey, chargée de « surveiller les progrès de la religion et de
sanctionner les mœurs », n'avait pas manqué de relever ces
absences. Aux remarques du pasteur, Guillaume Métaz avait
répliqué sèchement qu'il entendait que la chambre de Réforme
respectât, comme la Constitution l'exigeait, la liberté de culte et
s'abstînt désormais de tout commentaire sur la mixité religieuse de
son foyer. Comme le père de Guillaume était conseiller d'église et
l'un des plus généreux donateurs de la communauté, le pasteur
avait compris la leçon.

Le ministre n'ignorait pas non plus que les Métaz n'avaient mis
qu'une seule condition au moment de la signature du contrat de
mariage de leur fils avec une papiste : les enfants mâles du nouveau
couple seraient élevés dans la religion réformée, les filles suivant le
désir de la mère, qui pourrait librement pratiquer sa religion.

Quand Guillaume, accompagné de son père, avait présenté sa
demande, quelques jours après celle exprimée beaucoup plus
discrètement et en vers par Martin Chantenoz, Mlle Rudmeyer
n'avait pas balancé plus de vingt-quatre heures entre ses deux
prétendants. D'abord parce que, jeune fille de son temps, c'est-à-
dire obéissante, elle était incapable d'entrer en rébellion ouverte
contre ses parents, dont elle connaissait depuis longtemps les
projets, ensuite parce que, ayant horreur de la pauvreté, du
manque de confort et très soucieuse de considération, elle ne
pouvait que choisir l'établissement le plus sûr et le plus flatteur.

Au cours des fiançailles, Guillaume, toujours pratique, avait eu
le temps de définir devant sa promise ce qu'il attendait d'une
épouse. Il souhaitait qu'elle apportât au foyer une gaieté de bon
aloi, se contentât de plaisirs simples, fût franche et sans dissimulation, discrète sur les affaires de son mari et la vie de famille, qu'elle
fût docile, fidèle et s'appliquât à ne jamais donner à penser qu'elle
pourrait ne pas l'être. Enfin, Guillaume, de nature pudibonde,
avait gardé pour la fin le plus important, ce qui justifiait à ses yeux
l'union d'un homme et d'une femme : qu'elle lui donnât de beaux
et nombreux enfants.

En trois années de mariage, Mme Métaz avait essayé de satisfaire
en tout point son époux. Mais elle ne lui avait pas encore donné
d'enfants.

Charlotte étant fille unique, les Rudmeyer avaient trouvé en Guillaume Métaz, de neuf ans plus âgé que leur fille et lui aussi enfant unique, le fils sérieux, sobre et travailleur qui leur avait fait défaut. Quant à Charlotte, qui n'avait jamais connu de passion amoureuse autre que par des romans comme *Paul et Virginie*, *Manon Lescaut*, *Hermann et Dorothée*, et tenait le mariage pour une institution obligée, elle s'était accommodée sans effort d'un mari attentionné, aimable, qui ne l'importunait pas avec ses affaires et ne manifestait que rarement, et toujours avec gentillesse, son autorité.

Guillaume, fier de la beauté et de l'instruction de sa femme, comme de ses barques et de ses vignes, s'interrogeait cependant quelquefois sur le peu de fécondité de sa belle-mère, de sa propre mère et craignait naïvement que la conjonction de sangs aussi peu productifs ne déterminât en Charlotte une désolante stérilité.

Dans ce milieu vaudois où le travail de la terre, la culture de la vigne, le commerce du vin et la batellerie lacustre étaient les activités les plus honorables, sources de profits honnêtes — et bénies par Dieu puisque venant toutes de la nature — le cercle des Métaz offrait, en dépit des incertitudes de l'heure, l'image d'un enviable bonheur.

C'est par le *Bulletin helvétique* du 20 juin que l'on apprit, à Vevey, la victoire de l'armée française à Marengo et les termes de la « convention d'armistice passée entre les généraux en chef des armées française et impériale en Italie ». A la fin du repas de midi, au moment de passer au salon, car Charlotte Métaz avait instauré le rite du café qu'elle jugeait aristocratique, Guillaume tendit la gazette à sa femme.

— Tiens, lis, c'est peut-être bien la fin de la guerre.

La dépêche, datée de Lausanne, le 20 juin, était ainsi rédigée :

« La nouvelle de la grande bataille livrée par Bonaparte à Melas se confirme par le rapport de tous les courriers qui se sont succédé hier et aujourd'hui. Ils ont annoncé que la bataille avait duré depuis les six heures du matin jusqu'à la nuit, que les Français avaient perdu six mille hommes et les Autrichiens un beaucoup plus grand nombre. Le général Desaix a, dit-on, été tué, et la perte a été extrêmement sensible à Bonaparte. Les mêmes courriers ajoutent que, le Premier consul s'étant fort exposé dans la bataille et les soldats l'ayant prié de se retirer, il leur répondit : " Mes amis je suis un soldat comme vous ". Un chef de bataillon, expédié en courrier à Paris, nous a communiqué le bulletin suivant, imprimé au quartier général. »

Suivait le texte de la convention d'armistice signée le 16 juin, à

Alexandria, par le général Berthier, pour la France, et le général Melas, pour l'Autriche. Il était décidé que l'armée française occuperait les pays compris entre la Chiesa, l'Oglio et le Pô, que les places de Tortone, Alexandria, Milan, Turin, Pizzighetone, Arona, Plaisance lui seraient remises, entre le 27 prairial et le 1er messidor (16 et 20 juin). Que les places de Coni, Ceva, Savone et Gênes lui seraient remises entre le 1er et le 4 messidor (20 et 23 juin).

L'article XIII retint particulièrement l'attention de Charlotte. Il stipulait notamment : « Aucun individu ne pourra être maltraité à raison des services rendus à l'armée autrichienne et de ses opinions politiques. »

— Nous pouvons donc faire savoir à Flora qu'elle peut rentrer. Elle n'a plus rien à craindre. Elle doit s'ennuyer ferme au milieu des paysans savoyards, dit Mme Métaz, privée depuis un mois de la présence de son amie.

Charlotte se reprit aussi à penser au beau capitaine Fontsalte, dont elle avait raconté à Guillaume le séjour sous leur toit et l'incident qui avait obligé Flora à se réfugier en Savoie, de l'autre côté du lac. La jeune femme, pratiquant la restriction mentale, avait édulcoré le récit des événements survenus en l'absence de Guillaume et ne s'était guère étendue sur la personnalité de Blaise de Fontsalte et les péripéties nocturnes qui avaient précédé l'arrestation de Flora. A la pensée que l'officier pouvait être au nombre des six mille morts annoncés par le *Bulletin helvétique*, elle eut un frisson vite réprimé. Après tout, ce Français, dont elle avait goûté la distinction, la courtoisie, un peu moins l'ironie, lui avait infligé une blessure d'amour-propre qu'elle était heureusement seule à connaître. Il avait certes tenu parole et laissé la vie sauve à Flora mais n'avait pas daigné lui écrire comme promis. Même s'il avait échappé à la mort, elle estima qu'il y avait peu de chance qu'elle revît jamais l'officier. Charlotte chassa toute vision macabre ou romanesque de son esprit et se réjouit, avec son mari, d'un retour à la paix qui ne pourrait qu'être profitable aux affaires.

— L'armistice n'est pas la paix, mais il peut y conduire et il nous faut attendre un peu avant d'entreprendre quoi que ce soit. J'espère bien que l'arrêt des combats facilitera le règlement de ce que me doit l'armée de réserve pour tous les voyages que mes barques ont effectués pour elle. Jusqu'à présent, je n'ai eu qu'un acompte. Avec le butin pris aux Autrichiens et ce qu'ils ont dû voler aux Italiens, les Français vont s'habiller de neuf et certainement ramasser un peu d'or ! Demain, j'irai présenter une nouvelle fois mes factures à M. Lecorps, commandant de la place de Lausanne.

Chantenoz, qui venait d'entrer dans le salon, confirma les informations du *Bulletin helvétique*. Le sous-préfet de Vevey, qu'il venait de rencontrer, lui avait annoncé que Polier, préfet national du canton du Léman, demandait aux municipalités de faire connaître à la population « qu'à la suite des victoires il ne peut survenir qu'une paix bienfaisante qui couronnera tout le bonheur des peuples ».

— Ce sont les termes du message préfectoral, conclut Martin avec un sourire sceptique.

Comme souvent les après-midi, Charlotte se rendit ce jour-là chez son amie Elise Ruty, épouse du notaire, qui venait de mettre au monde des jumelles. Les Ruty habitaient, au-delà du château de l'Aile, propriété de la famille Couvreu, une jolie maison posée au milieu d'un jardin ombragé qui méritait le nom de parc. Mme Métaz sortit par la porte du Sauveur, traversa la place du Marché et s'engagea au bord du lac, sur la longue esplanade plantée de marronniers, à l'ouest de la cité.

Les soirs d'été et les dimanches, la promenade était fréquentée par les familles. Elle offrait un point de vue unique sur le Léman. Par temps clair, on pouvait reconnaître, sur la rive savoyarde, Evian, Saint-Gingolf et les rochers de Meillerie. Sur la rive suisse, le regard portait à gauche jusqu'à Villeneuve, à droite jusqu'à Cully.

Entre ville et promenade, dans l'axe de la place du Marché, accostaient les bateaux, ce qui permettait aux Veveysans de parer ce morceau de rivage du nom de port. C'est là qu'était établi, depuis plus d'un demi-siècle, le chantier des Rudmeyer, devenu, par le mariage de Charlotte, celui de Guillaume Métaz.

Gendre respectueux, l'armateur-vigneron n'avait fait qu'accoler son nom à celui de son beau-père, fondateur de l'entreprise. Sur le site, on construisait et réparait les grandes barques pontées à deux mâts, à étrave haute et pointue, véritables navires marchands du Léman, dont les voiles latines donnaient une touche maritime et romantique au paysage lacustre. Toile de fond changeante, les montagnes de Savoie, tantôt nettes, tantôt floues, que l'humidité de l'air, la chaleur du soleil, l'évaporation, les brumes ou quelque mirage inexpliqué rendaient tour à tour proches ou lointaines, constituaient le meilleur baromètre des Veveysans. Certains jours de novembre, les riverains, ouvrant leurs volets, constataient que les montagnes d'en face s'étaient absentées, gommées du paysage, absorbées par le brouillard. Le lac gris prenait alors l'immensité factice d'un océan inconnu.

Quand la Savoie paraissait se rapprocher, les Vaudois assuraient que le temps allait changer. Des nuages bas s'effilochant à mi-hauteur de la dent d'Oche annonçaient la pluie.

La tranquille beauté du lac avait, depuis toujours, inspiré les peintres. Il n'était pas rare que l'on vît, installé devant son chevalet, abrité par une grande ombrelle, le jeune maître de dessin Christian-Gottlieb, dit Théophile, Steinlen[1], occupé à peindre pour la dixième fois la place du Marché ou le portrait d'une Veveysanne en train de tricoter. Depuis le retour des Français, l'artiste ne se montrait plus. S'il avait fui, avec son frère, leur Wurtemberg natal, c'était pour échapper aux dangers de la guerre et à la fréquentation des militaires !

Elise Ruty accueillit Charlotte avec des transports de joie, comme toutes les femmes qui viennent d'apprendre la fin d'une guerre. Le notaire, comme Guillaume Métaz, son ami de jeunesse, escomptait une reprise des transactions, figées depuis le passage des troupes françaises dont on commençait à chiffrer le coût pour les communes et les particuliers.

— Pense donc que le séjour de Bonaparte à Lausanne aurait coûté mille quatre-vingt-trois livres et huit sols, a dit à mon mari un membre de la Chambre administrative, confia Elise à Charlotte.

— Guillaume a fait, lui aussi, ses comptes et il espère bien rentrer dans ses sous. Mais le plus important, Elise, c'est que nous allons revoir Flora. Elle peut maintenant revenir à Vevey sans crainte. Mon mari envoie une barque à Meillerie demain. Un bacouni portera une lettre à Flora pour lui annoncer la bonne nouvelle, précisa Charlotte.

— J'espère, comme sa sœur, l'épicière de La Tour-de-Peilz, que cette aventure l'aura calmée. Qu'elle ne se mêlera plus de rien, Flora. D'ailleurs, n'est-ce pas l'intérêt des Suisses, de se tenir à l'écart de ces guerres où ils n'ont rien à gagner et tout à perdre ! Comment dit-on quand on ne se mêle pas des affaires des autres, il y a un mot pour exprimer ça ?

---

1. Né à Stuttgart en 1779, mort à Vevey en 1847. Il fut, à partir de 1810, l'illustrateur attitré de l'almanach du *Messager boiteux*. Il est le grand-père de Théophile-Alexandre Steinlen (1859-1923), célèbre peintre montmartrois du cabaret du Chat-Noir, collaborateur du *Gil Blas* et de *l'Assiette au beurre*, affichiste prisé, illustrateur de livres et auteur d'un portrait d'Anatole France.

— Neutralité. Etre neutre, c'est ne pas entrer dans le jeu d'adversaires qui vous sont étrangers. Notre Jeanne d'Arc, Nicolas de Flüe [1], notre saint ermite, l'avait déjà conseillé au xve siècle. Ne l'as-tu pas appris par cœur, comme moi, au pensionnat, Elise ?

— Si, je me rappelle ! Il disait : « Si vous entendez vivre dans la paix et la concorde, ne vous mêlez pas des affaires des autres, ne vous alliez pas aux princes étrangers. »

— Mais il ajoutait, souviens-toi de toute la leçon, Elise : « Mais si quelqu'un s'avise de vous attaquer...

— » Combattez vaillamment pour votre liberté et votre pays », achevèrent, d'une seule voix, les deux anciennes élèves de l'institut Sainte-Ursule de Fribourg.

Pendant que sa femme agitait de grandes idées avec Elise Ruty, ou papotait chez d'autres amies, Guillaume Métaz ne perdait pas son temps à commenter un retour à une paix qu'il estimait à la fois précaire et prometteuse. En homme prévoyant, il visitait les carrières où il avait des intérêts. De Grandvaux, au bord du lac, où l'on extrayait du grès dur, jusqu'à Agiez et Montcherand, sur les contreforts du Jura, d'où l'on tirait calcaire blanc et tuf, en passant par Eclépens, mine de calcaire jaune, Guillaume allait, en cabriolet de louage, inspecter les exploitations en veilleuse depuis un an. Il s'agissait de les rendre à nouveau productives afin d'être prêt à fournir les matériaux à ceux qui en auraient besoin. Aux Français surtout qui, débarrassés des soucis d'un conflit, allaient bientôt entreprendre d'importants travaux pour faire de la route du Simplon une voie de communication sûre entre la Suisse et la république Cisalpine.

D'après les informations recueillies par Métaz, Bonaparte avait déjà désigné M. Céard, ingénieur en chef du département du Mont-Blanc, pour mener à bien, dans la montagne, une tâche gigantesque. Il s'agissait d'élargir le chemin muletier du col du Simplon pour en faire une route carrossable, permettant le gros roulage vers la Lombardie. Il faudrait tailler le roc, creuser des galeries, étayer

---

1. Nicolas de Flüe (1417-1487), né à Obwald. Juge et conseiller de son village. Il renonça, à l'âge de cinquante ans, à vivre avec sa femme et ses dix enfants pour se retirer dans un ermitage proche de sa famille, à Ranft, dans la vallée de la Petite Emme. Il y vécut jusqu'à sa mort. Souvent consulté par ses compatriotes, Nicolas de Flüe inspira, en 1481, le Convenant de Stans qui sauva la Suisse de la guerre civile et la Confédération de l'éclatement. Cet accord entre cantons rivaux est considéré comme l'acte fondamental de l'indépendance et de la neutralité helvétiques. Béatifié par Innocent IX en 1668, le saint ermite, dont le culte ne s'est jamais refroidi, a été canonisé par Pie XII, le 15 mai 1947.

les corniches, élever des parapets, établir des ponts solides sur les torrents. Ne serait-ce que pour remplacer celui qui avait été emporté sous les yeux du général Béthencourt au mois de mai, ce qui avait obligé l'officier et les mille soldats à traverser un gouffre suspendus à des cordes[1].

Guillaume n'aurait qu'à faire savoir au directeur du chantier — on parlait du général de division Thurreau de Linière — que l'entreprise Rudmeyer et Métaz, de Vevey, était capable de fournir et de transporter tous les matériaux nécessaires aux travaux, y compris gravier, pierre à chaux et même glaise à faire les tuiles.

Les Métaz se souvenaient opportunément qu'ils avaient reçu Thurreau à leur table, lors du passage à Vevey de l'armée de réserve. Le général avait même fait un doigt de cour à Charlotte. Le rappel de cette aimable rencontre ne constituerait-il pas la meilleure introduction pour enlever un marché lucratif?

Le 6 juillet, le *Bulletin helvétique* publia un décret des consuls de la République française, daté du 28 juin. Martin Chantenoz trouva assez de noblesse à ce texte pour le lire à haute voix devant Charlotte, Guillaume et Blanchod, qui se trouvaient réunis, à la fraîche, sur la terrasse de Rive-Reine.

— Ecoutez ceci, c'est un bel exemple de prose militaire, qui prouve une fois de plus que, seule, la mort du soldat sanctifie la guerre!

Puis il lut :

— « Article premier : le corps du général Desaix sera transporté au couvent du Grand-Saint-Bernard où il lui sera élevé un tombeau.

» Article II : les noms des demi-brigades, des régiments de cavalerie, d'artillerie, ainsi que ceux des généraux et chefs de brigades seront gravés sur une table de marbre placée vis-à-vis le monument.

» Article III : les ministres de l'Intérieur et de la Guerre sont chargés, chacun en ce qui le concerne, de l'exécution du présent arrêté. »

— Fermez le ban! lança Simon Blanchod, un peu moqueur.

— On ne doit pas rire de ces choses, fit Charlotte.

— Naturellement, les consuls travaillent ainsi à l'édification du peuple. Desaix est un héros superbe, un modèle à suivre. Les

---

1. En souvenir de cette action, tous les noms des officiers qui franchirent le torrent de cette périlleuse manière furent gravés sur le roc.

générations futures doivent s'en souvenir et je trouve que l'idée —
elle est certainement de Bonaparte — d'inhumer ce général au
sommet d'une montagne autrefois dédiée à Jupiter ne manque pas
de panache, ajouta Chantenoz.

— Mais les milliers de sans-grade qui sont morts dans cette
bataille de Marengo, eux, n'auront pas de monuments. Peut-être
même pas de sépulture, grogna Blanchod.

Dans le calme du soir, devant le lac ridé par une faible brise, sous
le ciel piqueté d'étoiles comme ciel de théâtre, les tueries de la
plaine lombarde paraissaient lointaines, irréelles. Charlotte soupira, en laissant sa nuque aller contre le dossier du fauteuil d'osier.

— Ne sommes-nous pas des privilégiés de la vie ? La paix paraît
une chose si simple et si bonne ! Pourquoi les hommes ne sont-ils
pas capables de reconnaître que c'est le bien le plus précieux des
peuples ? Pourquoi ne décident-ils pas de traiter la guerre en hors-
la-loi ? demanda-t-elle, les yeux au ciel.

Chantenoz contempla ce profil pur, sous les bandeaux soufflés de
la coiffure, la main allongée sur l'accoudoir et le renflement des
seins, sous la soie tendue du corsage. Comme elle était désirable,
cette femme qui, dans un instant, s'en irait dormir dans le lit de
Guillaume ! Brusquement, le jeune homme se leva, s'éloigna sur la
terrasse, vers le muret qui surplombait le lac, s'absorba un instant
dans la contemplation de l'eau noire, puis revint sur ses pas.

— Allons, voici le pied du vent, demain nous aurons la pluie,
dit-il en désignant le feuillage du tilleul qui frémissait sous la brise.

Les bonsoirs fusèrent, le cercle des intimes se rompit et
Guillaume s'en fut, comme chaque soir, fermer la grille de la cour,
avant de s'attabler devant ses livres de comptes. Après sa toilette,
Charlotte, en camisole de nuit, s'accouda à la fenêtre de sa
chambre pour goûter la fraîcheur de la nuit et cette odeur
douceâtre du lac qui annonçait, comme le pied du vent, un
changement de temps.

Cette quiétude particulière aux rives du Léman, petite mer
enchâssée dans le cirque alpin comme saphir dans son chaton, avait
une contrepartie. Ici, les jours et les saisons se succédaient sans
qu'on y prît garde. Tout paraissait lent : les gens, leurs gestes, leur
démarche, leur parler, leur esprit, parfois. « On ne gravit pas les
pentes du vignoble en courant et il faut autant de patience que de
vent pour naviguer entre Vevey et Meillerie », disaient les Veveysans. Cette désinvolture qu'avait la vie, de prendre son temps,
était, pour Charlotte, à la fois plaisante et pesante. Partagée entre

l'espoir et la crainte de le voir réalisé, Mme Métaz n'osait formuler son désir d'imprévu.

Au moment où elle gagnait son lit, elle perçut le roulement, sur les pavés de la rue du Sauveur, d'une berline qu'elle imagina lourde et rapide. « Un voyageur », pensa-t-elle. Elle s'endormit près de son époux, sans se douter que Blaise de Fontsalte, chef d'escadrons de la Garde des consuls, venait d'arriver en ville pour prendre logement à l'hôtel de Londres, à cent pas de Rive-Reine.

8.

Après avoir reçu, le 15 juin 1800, à San Giuliano, au lendemain de la bataille de Marengo, un quatrième galon et un sabre d'honneur, Blaise de Fontsalte avait été chargé par le colonel Ribeyre, promu général de brigade, de trois missions précises. D'abord, s'assurer que les chanoines du Grand-Saint-Bernard accepteraient sans réserve de recevoir la dépouille du général Desaix, ensuite contrôler l'acheminement des prisonniers autrichiens, enfin ramener à Paris la berline que le nouveau général avait dû abandonner deux mois plus tôt à Martigny.

Le prieur du Grand-Saint-Bernard déclara que son ordre serait très honoré d'accueillir et conserver les restes d'un des plus illustres soldats français. Apprenant que le commandant était en route pour Paris, le prieur en profita pour rappeler les dépenses occasionnées par le passage de l'armée de réserve et dûment facturées. Depuis le 13 mai 1800, l'hospice avait fourni aux Français 21 724 bouteilles de vin, 3 498 livres de fromage, 500 draps de lit et couvertures, 749 livres de sel, 400 livres de riz, 500 livres de pain et 1 758 livres de viande[1].

A Saint-Pierre, où il s'était arrêté pour la nuit, ce fut la même chanson. Les Suisses présentaient partout leurs notes de frais. Le président de la municipalité, M. Max, exhiba, pour démontrer le

1. La comptabilité des moines, régulièrement tenue, fut contresignée par Dalbon, commissaire des guerres. Les dépenses furent évaluées à 40 000 F. L'hospice ne reçut que 18 000 F... en 1805 (archives de l'hospice du Grand-Saint-Bernard). Ces sommes sont énoncées en francs-or au titre de 322,58 mg.

bien-fondé de ses comptes, une lettre du Premier consul datée d'Aoste le 4 prairial an VIII (24 mai 1800).

Répondant au président qui lui faisait part des dégâts occasionnés dans sa commune, notamment par le long séjour des artilleurs, le général Bonaparte écrivait : « J'ai reçu, citoyen, votre lettre du 20 mai. Je suis très satisfait du zèle qu'ont montré tous les habitants de Saint-Pierre et des services qu'ils nous ont rendus. Faites faire une estimation des dommages qu'aurait causés le passage de l'armée et je vous indemniserai de tout. Ceci n'est que justice et je désire de plus pouvoir faire quelque chose d'avantageux à votre commune [1]. »

Les habitants de Saint-Pierre réclamaient donc plus de quarante mille francs pour prairies abîmées, foin, blé et légumes perdus, pour murailles abattues, pour 88 chaudières et marmites disparues, pour 18 journées de guides non payées et 2 037 arbres coupés dans « la plus haute futaie qui protège le village des avalanches ».

A chaque étape, dans sa traversée du Valais et du pays de Vaud, Blaise de Fontsalte s'était vu ainsi présenter des factures et des doléances. Il prit copie des premières et nota les secondes, promettant de tout transmettre au ministère dès son arrivée à Paris.

La perspective de passer par Vevey, où il avait un compte personnel à régler, compensait heureusement l'afflux agaçant des réclamations. C'est pourquoi, le lendemain de son arrivée à l'hôtel de Londres avec la berline de Ribeyre récupérée à Martigny, Blaise gravit, de bon matin, le chemin pentu qui conduisait à l'église Saint-Martin, pour accomplir sa dernière mission : l'inspection du bivouac autrichien.

Dès les premiers jours de juillet, les Veveysans avaient vu camper, sur l'esplanade ombragée de l'église Saint-Martin qui

1. Communiqué à l'auteur par M. Fernand Dorsaz, président de la commune de Bourg-Saint-Pierre. Sur la note de 45 433 F présentée au Consulat en 1800, la commune ne reçut… en 1821 que 13 268 F. Depuis le versement de cet acompte, le conseil municipal n'a cessé de réclamer aux régimes et aux gouvernements qui se sont succédé en France le reliquat de sa facture de 1800. Aucun ne voulut endosser cette dette. En 1984, François Mitterrand, lors d'un voyage officiel en Suisse, délégua à Bourg-Saint-Pierre un membre de son cabinet, qui remit à la commune une reproduction très agrandie de la médaille de bronze frappée autrefois par l'administration des Monnaies et Médailles pour commémorer le passage des Alpes par Bonaparte. Cette reproduction a été placée dans le hall de la mairie de Bourg-Saint-Pierre. M. Fernand Dorsaz a confié à l'auteur que le conseil municipal considère que ce don du président de la République éteint la dette de la France. La facture de 1800 ne sera plus présentée !

dominait la ville par-delà les vignes basses, des groupes de prisonniers autrichiens, en route pour Genève. Les hommes paraissaient épuisés par les journées de marche. Ils venaient de Lombardie et avaient, eux aussi, franchi le Grand-Saint-Bernard, en sens inverse de l'armée qui les avait vaincus entre Châtillon et Marengo. Ils étaient des milliers, de chaque côté des montagnes, qui allaient, en cohortes misérables, au long des chemins.

Les contingents de prisonniers qui passaient par Vevey venaient, pour le moment, de Bard et d'Ivrea, mais d'autres, partis de plus loin, de Plaisance, de Pizzighettone ou de Pavie, suivraient au cours des prochaines semaines. Les blessés légers, bras en écharpe ou traînant la jambe, ne se plaignaient pas. Ils demeuraient affalés à l'ombre des châtaigniers, attendant qu'un camarade valide leur apportât une gamelle de bouillon et une poignée de biscuits. Certains dormaient à même le sol, d'autres s'épouillaient mutuellement, beaucoup se grattaient les membres et réclamaient aux officiers qui faisaient les cent pas en fumant leur pipe à long tuyau, ou aux infirmiers débordés, de la pommade calmante. La gale « répercutée », plaie des armées en campagne qui négligent les principes élémentaires d'hygiène, se propageait parmi les soldats. Seule la pommade soufrée du chirurgien Helmerich semblait capable de combattre la contagion. A la fatigue commune s'ajoutait, pour les galeux, l'insomnie due aux démangeaisons nocturnes.

Des Veveysannes charitables distribuaient de la charpie, du linge usagé, des victuailles, du pain et aussi des linceuls pour ceux qui allaient succomber. Quelques vignerons envoyaient des tonnelets de vin et l'on voyait, dans le regard des vaincus aux longues moustaches effilées, aux cheveux nattés sur la nuque, qui avaient été de beaux soldats, gratitude et résignation.

En voyant partir pour la France les premiers prisonniers, Bonaparte avait dit, devant Fontsalte et quelques autres : « Honneur au courage malheureux », et il avait demandé qu'on adoucît pour eux les malheurs de la guerre.

Fort de cette consigne, Blaise parcourut le bivouac de misère, demanda au commandant de l'escorte et aux sous-officiers qui encadraient les Autrichiens de ne pas presser les prisonniers, de leur laisser passer une nuit de plus sur cette terrasse élevée, où l'on bénéficiait le jour de l'ombre des grands arbres, la nuit de la brise rafraîchissante du lac. Puis il avisa une très jeune fille qui venait de poser près d'un groupe de blessés un panier de fromage.

Tirant de la poche de son dolman un billet cacheté, préparé au
réveil, il l'interpella.

— Connais-tu Mme Métaz, fillette ?

— Comme tout le monde ici, monsieur l'officier, mais pas plus.
Je suis de Saint-Légier, pas de la ville.

— Bon. Tu vas lui porter ce billet. Mais, attention, tu ne le
donnes qu'à elle. Personne ne doit te voir donner le billet à cette
dame. C'est un secret... militaire. Tu comprends ?

— Je comprends, monsieur l'officier, c'est un secret militaire.
Mais, et si je peux pas remettre la lettre comme vous dites ?

— Tu reviens ici et me la rapportes. Je ne bouge pas avant de
savoir si le billet a été remis. Tu as bien compris ? insista Blaise en
posant sur la jeune fille un regard impressionnant.

Elle n'avait jamais vu un homme dont les deux yeux n'étaient pas
de la même couleur et ne savait lequel fixer tandis qu'il lui parlait.

— Je reviens vous dire, monsieur l'officier, si je trouve pas
Mme Métaz, promit-elle vivement en s'éloignant.

— C'est bien. Je serai dans l'église. Il y fait plus frais que dehors.

Dans l'ombre du sanctuaire, devenu depuis deux siècles temple
protestant, blanchi, net, dépouillé de tout ce qui fait l'ornement
d'un lieu de culte catholique romain, Fontsalte se sentit égaré. Le
décor palatin du roi des cieux paraissait aboli. Statues de la Vierge,
du Sacré-Cœur, de saints et de saintes, retables, reliquaires, vitraux
colorés, chapelles votives, autels de marbre nappés de dentelles et
fleuris, lutrins sculptés, candélabres surdorés, tabernacles,
ampoule rubescente du saint sacrement, dais de soie, parfum
d'encens, tout manquait. Blaise, habitué au décor sulpicien des
églises de son enfance, à l'agencement pompeux des cathédrales,
vit cette basilique gothique réduite à l'état d'abri, grattée, nettoyée,
comme une conque vide roulée par la mer, décharnée comme un
squelette. Et cependant, la géométrie mystique, l'arithmétique
sibylline, les règles occultes, dont usaient les anciens bâtisseurs
pour établir proportions et structures d'un édifice religieux, affleu-
raient, sans être divulguées, dans la symbolique clarifiée des nefs,
des piliers, des arcatures. Sobre, allégé des fioritures de la
catholicité, des splendeurs vaticanes, des attributs adventices de la
foi, le produit de l'équation architecturale s'imposait au plus
sceptique : primauté de l'esprit. Dans cette ambiance épurée, la
vague colère qui subsistait en Blaise contre Mme Métaz s'atténua.
Le dénuement organisé — qui mettait en valeur le pur élan des
doubleaux, des diagonaux, des formerets — et le silence fragile de

la nef de pierre ne fournissaient aux sens aucune distraction, aucun support à l'imagination, forçaient à la réflexion, au retour sur soi, incitaient au calme, à la prière, à l'indulgence.

Il se dirigea vers une grande plaque de marbre noir fixée au bas d'un mur. Ayant reconnu un antique enfeu, il voulut savoir quelle sépulture avait été épargnée par les calvinistes. Il s'agissait de la tombe du général Edmond Ludlow, ami puis adversaire de Cromwell, un des juges de Charles Ier d'Angleterre, exécuté en janvier 1649. Tout près de là, une dalle portait le nom de l'amiral Andrew Broughton, ami du précédent, qui, lieutenant civil du royaume, avait dû signifier à Charles Ier son arrêt de mort.

Comme Fontsalte s'interrogeait sur la présence insolite de deux régicides anglais dans une église vaudoise, un bruit de pas le fit se retourner. Il se trouva face à Charlotte Métaz. Un voile noir, dont elle relevait un pan devant son visage, lui couvrait la tête et dissimulait ses cheveux blonds. Blaise lut dans ses yeux étonnement et joie.

Elle tendit une main qu'il baisa.

— Il est tout à fait imprudent de nous rencontrer ici, monsieur.

— Vous auriez préféré que j'aille tirer votre sonnette, comme il y a deux mois, madame ? Auriez-vous, encore, quelque chose à cacher ?

— Je n'ai à cacher qu'un souvenir anodin, si vous voulez le savoir. Mais, capitaine...

— Commandant... depuis deux semaines, madame.

— Je suis bien aise de vous voir en vie !

— Vraiment ! Certains viennent cependant à Vevey pour y trouver de belles sépultures. Ces deux-là, par exemple. Comment, diable, ces Anglais sont-ils arrivés dans votre temple ? demanda Blaise en désignant la plaque de l'enfeu et la dalle.

— Ce n'est pas mon temple, monsieur, car je suis catholique et mon église se trouve à cinq lieues d'ici.

— Ces deux Anglais étaient protestants, bien sûr. Mais cela n'explique pas qu'ils aient été ensevelis si loin de leur île.

— Parce qu'ils sont morts à Vevey. Ces hommes étaient des proscrits, poursuivis par la haine de la famille royale britannique. Après la restauration de Charles II, ils vinrent se réfugier chez nous, en 1662. Des émissaires, envoyés de Londres, tentèrent plusieurs fois de les assassiner. D'ailleurs, un de leurs amis, autre juge de Charles Ier, Jean Lisle, qui se cachait à Lausanne, fut poignardé par un espion, sur la place Saint-François. Ludlow et

Broughton habitaient rue Orientale, près de la porte de Bottonens. On peut voir une inscription sur la façade de leur maison [1].

Pendant que Charlotte parlait, Blaise n'avait cessé d'admirer la grâce et la fragilité de cette femme craintive. Après avoir si vite répondu à sa convocation, elle semblait consciemment retarder, par une prolixité de guide, les considérations plus intimes auxquelles elle ne pouvait manquer de s'attendre. Renseigné sur les sépultures qui l'avaient intrigué, l'officier prit Mme Métaz par le bras et la tira derrière un pilier.

— Si je suis passé par Vevey, c'est bien sûr parce que je dois m'assurer que les prisonniers autrichiens sont humainement traités, mais aussi pour vous revoir et vous rapporter le cadeau que je vous avait fait et qui... s'est malencontreusement égaré en d'autres mains, dit-il en tendant l'arme égyptienne à la jeune femme.

Celle-ci dissimula aisément son trouble.

— C'est votre ordonnance qui vous l'a rendue, n'est-ce pas ?

— C'est exact, et cela n'a pas l'air de vous surprendre !

— J'ai su par Flora tout ce qui s'est passé. Quand, cette nuit-là, vous avez fait emmener mon amie par le sous-officier, elle n'a pas cru un instant qu'on lui laisserait la vie. Elle a craint un simulacre d'arrangement et, comme le couteau que vous m'aviez offert un moment plus tôt se trouvait encore sur mon piano, elle s'en est emparée. Je vous jure qu'elle en ignorait alors la provenance.

— Pourquoi prendre ce poignard ? Quel usage comptait-elle en faire ?

— Elle avait l'intention de se tuer ou de tuer son geôlier et de se sauver si la promesse que vous m'aviez faite n'était pas tenue. D'ailleurs, elle ne s'en est pas servie puisque au bout de trois ou quatre jours Flora a été libérée, mais condamnée à quitter sur l'heure le pays.

— Comment, elle ne s'en est pas servie ! Au moment de son élargissement, elle a voulu poignarder le maréchal des logis Trévotte ! C'est lui qui l'a désarmée. Reconnaissant ce poignard, il s'en est saisi et me l'a rendu.

L'étonnement de Charlotte parut tout à fait sincère.

— Ce n'est pas du tout ce que m'a rapporté Flora quand nous l'avons embarquée sur un bateau de mon mari pour la Savoie. Elle

1. Cette inscription en latin : « *Omne solum forti Patria, quia patris* », en français : « Tout pays devient une patrie pour l'homme courageux, puisque partout il y trouve un père », subsista jusqu'en 1821, date à laquelle un Anglais de passage fit enlever la plaque et l'emporta !

m'a dit que votre ordonnance s'était montré... un peu trop entreprenant, même prêt à user de violence, et qu'elle avait, en effet, brandi le poignard qu'elle cachait dans son bas depuis son arrestation. Votre homme l'a désarmée en lui tordant le bras, mais, comme les gendarmes à qui il devait confier la proscrite arrivaient avec un officier, ce Trévotte s'est résigné à la laisser aller. Il a empoché le couteau sans rien dire, mais en lui jetant des yeux terribles, m'a dit Flora.

La version différait sensiblement du récit que Trévotte avait fait à Fontsalte. Qui mentait, du sous-officier ou de l'espionne pardonnée ? Titus avait-il exagéré la riposte de Flora au moment de ce qu'il fallait bien appeler un viol ? Avait-il ou non possédé la jeune fille ? Celle-ci, honteuse d'avoir été contrainte à satisfaire le désir de Titus, avait-elle arrangé les circonstances à sa façon pour ne pas avouer à son amie ce qui s'était réellement passé entre elle et le sous-officier ? Autant de questions qui trouveraient peut-être un jour leur réponse. En attendant, Blaise s'abstint de les poser.

— Le maréchal des logis Trévotte m'a raconté tout autre chose, madame, mais, comme il n'est pas ici aujourd'hui, il me paraît difficile de connaître la vérité. D'ailleurs, c'est sans importance. La chose qui me... peinait, c'est de penser que vous aviez remis vous-même ce couteau à Flora. Quand Titus m'a rendu ce poignard, alors que nous venions de passer le Saint-Bernard, j'ai un moment regretté de ne pas m'être conduit, cette nuit-là, en vrai soudard, de ne pas avoir usé de ma force... ou profité de votre possible... résignation !

Mᵐᵉ Métaz lançait des regards du côté du porche de l'église, que franchissait parfois un Autrichien curieux ou un blessé cherchant calme et fraîcheur. Elle posa la main sur la poitrine de Blaise, suivant de l'index, avec le toucher d'une caresse, le contour d'un brandebourg.

— Ce qui me peine, moi, monsieur, c'est que vous ayez imaginé, non que j'aie armé Flora pour se défendre, mais que j'aie pu abandonner votre cadeau, aussi inusité qu'il fût... Je pensais ne jamais vous revoir.

— Et cela vous plaît-il de me revoir ? dit Blaise en lui prenant la main.

Charlotte hésita un instant à répondre. Blaise suivit le mouvement du regard de la jeune femme. Elle avait approché son visage du sien et fixait alternativement l'œil gauche puis l'œil droit de l'officier.

— Faites votre choix. Vous préférez le bleu ou le noisette ? C'est le plus tendre à ce qu'on dit, fit Blaise.

— Comment vous prouver ma bonne foi ? dit-elle, éludant la question.

Puis, après un nouveau silence et sans rien faire pour dégager sa main de celle de Fontsalte, elle se mit à parler d'une voix enrouée par l'émotion.

— Si... maintenant que tout est clair entre nous... si je vous disais que, cette nuit-là, j'ai peut-être... — c'est honteux, ce que je vais dire... — j'ai, moi aussi, un peu regretté..., oh ! pas sur le moment, non, j'avais trop peur, mais après, plus tard..., que vous ne vous soyez pas conduit comme un soudard... tendre ! Car, depuis cette nuit-là, votre souvenir dort dans mon cœur, acheva-t-elle dans un souffle rauque, laissant sa tête aller sur la poitrine de Blaise.

Le menton dans les cheveux de Charlotte, Fontsalte reçut cet aveu avec autant d'émoi que d'étonnement. Devinant ce que représentait pareille confidence pour une femme qui n'avait rien d'une gourgandine, il resta un moment silencieux, hésitant sur la conduite à tenir, les mots à prononcer. Parce qu'il était jeune, fort, insouciant et toujours prêt à profiter d'une bonne fortune, il choisit d'entrer dans le jeu.

— Mais il n'est peut-être pas trop tard ! Soudard et tendre, je puis l'être pour vous... mais j'imagine que votre mari... n'est pas en voyage comme lors de mon précédent séjour.

Mme Métaz redressa la tête, le rouge aux joues et avec la fougue qu'ont parfois les craintifs quand ils sont résolus :

— Si, justement, il est à Meillerie, aux carrières. Il doit organiser et accompagner un chargement de pierre pour Nyon. Il ne rentrera que demain ou, même, après-demain. Mais Vevey est une petite ville où tout le monde surveille tout le monde. Nous comptons un fort contingent de commères, qui passent leur temps à épier par les fentes de leurs persiennes ce que font les gens. Surtout les gens en vue. Elles savent qui parle à qui, si telle femme va souvent dans telle direction quand son mari est dans les vignes, et combien de temps le boulanger ou le maréchal-ferrant passe à la taverne ! C'est ainsi !

— L'espionnage est donc une spécialité locale, persifla Blaise.

— Ne soyez pas méchant ! Cela pour vous dire que vous ne passerez pas inaperçu. Je suis sûre qu'on sait déjà qu'un commandant français est descendu à l'hôtel de Londres. Je dois donc être prudente.

— Personne ne sait que je suis en ville, sauf les officiers de l'escorte des prisonniers. Mais ils ignorent tout des relations que je puis avoir à Vevey.

— Et vos yeux ! Quand on a vu une fois vos yeux, on ne les oublie pas. Or Blanchod vous a rencontré chez nous, et Chantenoz, et Polline. Il est vrai qu'ils ne m'ont pas parlé de votre regard. Comme ils ne vous ont vu qu'aux chandelles, sa... particularité leur a peut-être échappé.

— La nuit, tous les yeux sont gris, comme les chats, dit Blaise en prenant Charlotte aux épaules pour l'attirer contre lui.

— Je vous en prie, le pasteur peut entrer ici d'un moment à l'autre. Je l'ai vu parler aux prisonniers, sur la terrasse.

— Mais alors, où et comment vous revoir ? dit-il.

— A Belle-Ombre. C'est une maison que je tiens de mon père. Elle est au milieu des vignes, sur le chemin de Saint-Saphorin, à une lieue un quart d'ici. Je vais y loger parfois, l'été, quand il fait trop chaud au bord du lac. Mais, naturellement, je ne peux y aller seule sans attirer l'attention et déclencher la curiosité de Polline. Quand je m'y rends, c'est avec Flora. Comme elle est rentrée depuis quelques jours, je lui demanderai de m'accompagner et nous nous retrouverons là-haut. J'apporterai des provisions et nous pourrons dîner sous la tonnelle devant le lac. Le point de vue est...

— Mais vous avez confiance en Flora ? Elle doit me détester, coupa Blaise en pensant au récit de Trévotte.

— Elle déteste tous les Français, mais j'ai tout à fait confiance en elle. Nous nous aimons comme des sœurs. Notre affection vaut, croyez-moi, tout l'amour qui peut unir deux personnes de sexes différents. Et puis vous oubliez, commandant, qu'elle me doit la vie.

Cette déclaration laissa Blaise rêveur. L'idée que des relations saphiques puissent exister entre les deux amies effleura son esprit, mais l'attitude de Charlotte, dont il sentait palpiter la poitrine, lui fit négliger cette pensée. La jeune femme indiqua le chemin à suivre pour se rendre à Belle-Ombre.

— Partez au commencement de l'après-midi, quand les commères, accablées par la chaleur et ce qu'on appelle ici la molle du lac, font la sieste, précisa-t-elle.

— Mais la présence d'un homme ne...

— Vous pourrez dormir là-haut, si vous le souhaitez, coupa-t-elle, mais allez-y à cheval, pas avec votre berline. Elle attirerait l'attention des paysans. D'ailleurs, le chemin est trop étroit. Je vous rejoindrai avec Flora à la fin de l'après-midi, le temps d'organiser les choses.

— Pour que vous soyez tout à fait quiète, je vais quitter l'hôtel dès cet après-midi. Sur la route, j'abandonnerai ma voiture et j'enverrai le sous-officier qui me sert de cocher m'attendre à Lausanne. Je monterai à Belle-Ombre avec Yorick...

— Yorick ? interrompit Charlotte.

— C'est mon cheval, rassurez-vous.

— Mon Dieu, il y a bien un quart d'heure que nous bavardons, dit Mme Métaz, se dégageant des bras de Blaise.

— Reprenez donc mon coupe-papier, dit-il en lui tendant le poignard égyptien.

— Non, je ne veux pas reprendre cette arme. C'est un miracle qu'elle vous soit revenue. C'est un signe, aussi. Le malentendu qu'elle a failli mettre entre nous justifie la méfiance de ma mère envers les cadeaux tranchants : ils coupent les amitiés !

Blaise laissa la jeune femme quitter seule le temple. Quand il estima qu'elle avait dû regagner les rues de la ville, il quitta l'église. Sur le parvis, il croisa un homme austère, qui portait un panier rempli de petits livres identiques et s'épongeait le front d'un grand mouchoir à carreaux. Il identifia sans peine un pasteur et le salua militairement d'un geste ample.

Deux heures plus tard, le commandant, ayant troqué son uniforme contre une redingote légère, coupée à Milan par le tailleur Boroni dont une des filles l'avait distrait pendant quelques jours, gravissait, comme un flâneur, le chemin raide et sinueux qui montait à Belle-Ombre. Il découvrit une modeste maison de vigneron au toit de tuile, nichée au milieu du vignoble de Lavaux, sur une terrasse ombragée par une demi-douzaine de châtaigniers. C'est de ce bosquet que la demeure isolée tirait son nom. Ces quelques arbres étaient les survivants des milliers de châtaigniers qui couvraient autrefois les flancs du mont Pèlerin, avant que les Vaudois ne les abattent pour planter leurs vignes.

Sur la terrasse, devant la maison, volets et portes clos, il avisa un banc sous une treille épaisse et s'y installa commodément, après avoir attaché Yorick sous un appentis afin de le dissimuler aux regards. Le lieu paraissait désert, mais, çà et là, chemin faisant, il avait vu, dans les vignes, des hommes et des femmes penchés entre les ceps. Les effeuilleuses, coiffées de chapeaux de paille mais dévêtues à l'extrême de la décence — elles ne portaient qu'une

courte jupe et un gilet de toile sans manches, largement échancré —
étaient au travail sous le soleil ardent. Elles devaient d'abord
supprimer les feuilles qui, faisant de l'ombre aux grappes naissantes,
pourraient ralentir le mûrissement, puis, avec des torsades de paille,
lier les branches divergentes de la vigne aux échalas. Les hommes,
maniant le raclet, grattaient la terre autour des pieds de vigne,
arrachaient les mauvaises herbes et enfermaient dans des sacs les
tiges des graminées prolifères afin qu'elles ne puissent, avec la
complicité du vent, répandre leurs mauvaises graines à travers le
vignoble.

Ayant tiré sa longue-vue de son portemanteau, Blaise se mit à
observer ces travailleurs, hommes et femmes qui, de temps à autre,
se redressaient, se frictionnaient le dos, se retournaient vers le lac,
véritable réflecteur argenté, puis se passaient une gourde où chacun
buvait à la régalade.

Les vignes étaient à peu près désertées quand il vit, de loin, sur le
chemin qu'il avait emprunté, monter une charrette capotée de toile.
Sa longue-vue lui permit bientôt de reconnaître Charlotte et Flora.

Charlotte aperçut la première l'officier et lui fit un signe de la
main, puis, le chemin aboutissant derrière la maison, la charrette
disparut aux regards de Blaise. Il fut surpris un instant plus tard de
voir l'attelage reprendre la route et descendre vers les premières
maisons de Rivaz. Comme il s'étonnait de cette manœuvre,
Charlotte apparut au bout de la terrasse, vêtue d'une robe claire,
simple comme celle des paysannes. Elle portait deux lourds paniers
et souriait.

— Venez m'aider, dit-elle en tirant une grosse clé de sa ceinture.
Avant tout, ouvrir les volets qui sont à l'ombre de la treille, tirer de
l'eau au puits, derrière la maison, et, si nous voulons boire, laver des
verres, car ils doivent sentir le placard !

Mme Métaz faisait preuve d'une grande vivacité. Son enjouement
parut à Blaise un peu fébrile, un peu forcé, comme celui d'une fillette
décidée à faire une sottise, mais qui veut s'en distraire jusqu'au
passage à l'acte. Blaise avait envie de prendre cette femme dans ses
bras et de l'embrasser, mais il se contint, devinant l'ambiguïté de ce
rendez-vous, supputant l'intensité des scrupules qui pouvaient
encore agiter l'esprit de Charlotte. Et puis il voulait qu'elle vînt à lui
consciente et libre. Il trouva un seau et se dirigea vers le puits.

— Blaise, faites attention aux guêpes. Elles volent toujours
autour du puits.

Il sourit. Elle avait prononcé son prénom pour la première fois, sans même s'en rendre compte, comme si existait déjà entre eux une connivence inexprimée.

Quand il l'eut aidée à laver les verres et à dresser la table sous la treille, après qu'elle eut tiré d'une armoire une nappe blanche, il s'enquit de Flora.

— Elle n'a pas voulu me voir, n'est-ce pas ?

— Elle est allée au village où sa sœur, l'épicière de La Tour-de-Peilz, possède une maison. Mais vous la verrez quand elle reviendra me chercher... demain.

Ce « demain », prononcé d'une voix volontaire, leva toute incertitude quant au consentement de Charlotte. Blaise ouvrit les bras, elle s'y blottit et ils échangèrent leur premier baiser.

Après un repas de viande des Grisons et de fromage d'Appenzel, arrosé d'un dézaley frais extrait de la cave dont Charlotte dit avec fierté « c'est le vin de ma vigne », ils se tinrent longtemps enlacés, observant joue contre joue les lueurs du couchant qui rougissaient le ciel, du côté de Genève, et métamorphosaient le lac en une fluide palette abandonnée par un peintre. Conscients l'un et l'autre que ce moment laisserait à jamais dans leur mémoire l'empreinte d'un bonheur simple, dérobé, mais encore innocent, ils patientèrent jusqu'à la nuit complète pour entrer dans la maison.

Blaise voulut que Charlotte passât le seuil dans ses bras, comme une mariée.

— C'est la première fois que j'entre dans ma maison des vignes sans toucher le sol, remarqua-t-elle.

— En somme, ce sera comme si vous n'étiez pas venue, dit-il en la portant jusqu'au lit.

Ils s'aimèrent fenêtre ouverte sur la nuit. Blaise, attendri par l'approche confiante et franche de Charlotte — elle l'avait un peu étonné en se glissant nue dans le lit — prolongea avec délicatesse les préludes. Vêtue, Charlotte paraissait gracile, presque frêle et comme soucieuse de modestie physique, encore que l'arrogance du buste et la finesse de la taille ne puissent être dissimulées. La nudité révéla des formes pleines et d'une irréprochable harmonie. Peut-être à cause de la blancheur, du soyeux de la peau et de l'aisance dans l'abandon qu'elle manifesta spontanément, émanaient de la jeune femme une fraîcheur et une grâce qu'il eût tenues pour virginales, s'il n'avait su Charlotte en puissance de mari !

Aucune femme ne lui avait procuré pareille sensation de neuf, d'inexploré, d'inédit. Entre deux étreintes, ils échangèrent des confidences, sur leurs enfances, leurs jeunesses si différentes, leurs études, leurs goûts qui se révélèrent assortis, leurs façons de vivre. Charlotte voulut tout connaître du passé de Blaise. Quand elle sut qu'il était noble, marquis et propriétaire d'un château, même en ruine, car il ne cacha pas la pauvreté de sa famille, elle gloussa de contentement.

Elle voulut apprendre l'origine de toutes les cicatrices qu'elle découvrit sur le corps de Blaise et qu'elle caressa de ses lèvres. A l'épaule : un biscaïen prussien à Lauterbourg ; à la hanche : un coup de poignard mamelouk, reçu en Egypte ; à la cuisse : une estafilade toute récente, due au briquet d'un fantassin autrichien près d'Alexandria, sous les murs de Castel Ceriolo.

— Il m'a gâché une culotte de daim, mais je lui ai fendu la tête d'un coup de sabre !

— Mon Dieu ! s'exclama Charlotte, à la fois admirative et horrifiée.

— Ce n'était qu'une embuscade et un mort parmi d'autres. Il y en eut beaucoup, ce jour-là, croyez-moi. J'ignorais encore qu'une vraie bataille se livrait près de là, dans une plaine entre deux rivières, la Scrivia et la Bormida, et que le général Desaix avait été tué.

— Nous l'avons appris par le *Bulletin helvétique*, mais sans aucun détail.

— Voyez-vous, Charlotte, à la guerre, un combattant ne connaît jamais d'un champ de bataille, appellation commode mais trompeuse, que le peu d'espace où il joue sa propre vie. Il ignore ce qui se passe ailleurs, derrière une colline, au-delà d'un bois ou sur l'autre rive d'un fleuve. Il ne peut soupçonner, alors qu'il croit la victoire assurée, que ses compagnons battent en retraite. Ce n'est qu'au moment où les clairons sonnent le cessez-le-feu, quand on ramasse les blessés et compte les morts, qu'il sait si l'ennemi a mis bas les armes ou s'il doit lui rendre les siennes.

— Mais, cette bataille dont tout le monde parle et qui a marqué la défaite des Autrichiens, racontez-moi.

Blaise s'assit sur le lit, ramena le drap sur lui, estimant qu'il ne pouvait décemment se remémorer des moments aussi tragiques dans le simple appareil de l'amour.

— Quand le baron de Melas, général autrichien commandant l'armée impériale, qui avait chassé les Français de Gênes, vit ses lignes de communication coupées par notre armée, entrée en Lombardie par le Grand-Saint-Bernard, il redouta d'être enfermé entre le Pô et le Tanaro par une attaque de front du général

Berthier et la poussée sur ses arrières des troupes de Masséna. C'est alors qu'il se résolut à déclencher la grande bataille qu'il avait jusque-là refusée, pour s'ouvrir les routes de Plaisance et de Gênes. Ayant rassemblé ses forces à Alexandria, 38 000 hommes et plus de 200 canons, auxquels il fit passer la Bormida, il marcha le 25 prairial, le 14 juin si vous préférez, dès l'aube, sur Marengo, un misérable hameau de dix ou douze maisons, dont le général Victor défendait l'approche, soutenu au centre par le corps d'armée du général Lannes et, sur les ailes, par les cavaliers de Murat et de Kellermann.

» L'ennemi disposait de forces bien supérieures aux nôtres dans toutes les armes, car la résistance du fort de Bard nous avait privés d'une partie de notre artillerie. Nous ne disposions alors que de 24 pièces et notre armée ne comptait que 28 000 soldats. La division Boudet, forte de plus de 5 000 hommes, se trouvait encore au-delà de Tortone, quand le Premier consul ordonna à Desaix de l'amener à Marengo, menacé par trois divisions ennemies. Les Autrichiens, stimulés par leurs succès à Gênes, brûlaient en effet de reconquérir ce village que nous avions occupé la veille, après leur avoir pris 2 canons et fait 180 prisonniers.

— Ce sont les premiers que nous avons vus passer à Vevey, commenta Charlotte.

Blaise acquiesça et reprit :

— A l'état-major, on prévoyait sans plaisir que, dans la vaste plaine du Pô, entre Alexandria et Tortone, la très vaillante cavalerie autrichienne conduirait des charges impétueuses. Ce fut exactement ce qui arriva ! Nos troupes résistèrent au feu ininterrompu et aux attaques, jusqu'au moment où elles reçurent l'ordre d'abandonner le village pour ne pas être débordées. Cet ordre venait du Premier consul, qui se trouvait à San Giuliano, où j'étais aussi avec le colonel Ribeyre. Je puis vous dire que Bonaparte parut fort contrarié en apprenant du général Victor qu'après nous être quatre fois portés en avant nous avions dû, quatre fois, reculer sous le feu ennemi.

Charlotte posa un baiser sur l'épaule de l'officier, comme pour chasser ce souvenir cuisant, et l'invita à poursuivre son récit.

— Il devait être quatre heures de l'après-midi quand arriva le général Desaix, avec la division Boudet qui marchait au son du canon. Cette apparition ranima la vaillance des combattants d'une telle façon que la 9e demi-brigade et les grenadiers de la Garde des consuls, se ruant irrésistiblement sur l'ennemi, provoquèrent la réaction générale des Français. Les dragons de Kellermann enveloppèrent six bataillons de fantassins autrichiens qui mirent bas les armes, ce qui sema panique et découragement chez les Impériaux.

» Dès lors, la victoire prit le parti de notre armée et, au déclin du jour, après une bataille qui dura treize heures, nous fûmes assurés de l'emporter. Le général Melas, voyant ses troupes partout culbutées, poursuivies, chassées du village de Marengo, contraintes de repasser en grand désordre la Bormida en abandonnant sur la rive artillerie, munitions, subsistances et blessés, ordonna la retraite.

» Je ne sais si vous vous souvenez des troupes que le général Bonaparte a passées en revue sur la place du Marché, le 13 mai...

— Si je m'en souviens ! C'est le jour où j'ai compris que vous me portiez quelque intérêt, dit Charlotte. J'étais sur le balcon de l'hôtel et vous avez levé les yeux vers moi. Tenez, il y avait la division du général Boudet, plus de cinq mille soldats...

— Vous avez bonne mémoire. Le général Boudet a été blessé, légèrement, à Marengo, mais nombreux sont les fantassins de la 9e brigade d'infanterie légère, des 30e et 59e brigades d'infanterie de bataille que vous avez vus ce jour-là qui n'auront plus jamais l'occasion de parader sous vos fenêtres. Parmi ceux qui sont passés à Vevey au mois de mai et qui se sont battus à Marengo, on compte encore les fantassins de la division du général Watrin dont le frère, officier d'état-major, a été tué, et aussi les brigades des généraux Monnier et Guénaud. Toutes ces unités se sont vaillamment comportées au feu. Et je dois ajouter que les soldats de trois compagnies de la 6e brigade d'infanterie légère m'ont dit combien ils gardent un bon souvenir des Veveysans, qui leur ont octroyé, pendant leur séjour dans votre ville, une indemnité de 75 centimes par homme et par jour pour compenser l'absence de solde !

— Et dire que nous nous plaignions tous, alors, du tapage que ces jeunes gens menaient dans nos rues... surtout après boire ! Ah ! si nous avions su que bon nombre d'entre eux allaient mourir ou souffrir de blessures quelques jours plus tard, comme nous aurions été indulgents ! Comme nous les aurions accueillis !

— Parmi ces hommes, il en est au moins un que vous connaissez et dont votre amie Flora doit conserver un drôle de souvenir. Mon ordonnance, le maréchal des logis Trévotte, qu'on appelle Titus...

— Il est mort !

— Il vivait encore il y a une semaine. Un boulet lui a fracassé le genou et les chirurgiens ont dû lui couper la jambe.

— Mon Dieu, que tout cela est cruel et vain ! Car à quoi aura servi cette boucherie ?

— Elle sert la paix, Charlotte. C'est le plus cher désir du Premier consul. Si les Impériaux se montrent raisonnables, l'Europe sera en paix pour longtemps et les grands principes de liberté triompheront.

— Mais en attendant ?

— Au lendemain de la bataille de Marengo, le général Berthier s'est rendu à Alexandria, pour prendre un arrangement avec les généraux impériaux, tandis que le Premier consul, qui ne pense désormais qu'à faire la paix, s'en retournait à Milan. Melas a été autorisé à se retirer avec les débris de son armée, dès que la suspension des hostilités fut admise.

— Mon Dieu, combien de morts a fait cette bataille ? demanda Charlotte.

— C'est bien difficile de le savoir exactement. Plus de sept mille, croit-on.

— Quelle hécatombe ! Que de mauvaises nouvelles à annoncer aux familles, que de chagrins ! gémit Charlotte.

— Nos lauriers sont toujours trempés de sang et de larmes. Si parmi les généraux autrichiens prisonniers figure le général Antoine Zach, chef d'état-major de l'armée impériale, une belle prise, avouez-le, nous avons à déplorer, comme vous savez, une perte irréparable.

Blaise de Fontsalte se redressa et dit avec plus de gravité dans le ton :

— Eh oui ! le général Louis-Charles-Antoine des Aix de Veygoux, dit Desaix, dit le Sultan juste depuis la campagne d'Egypte, est mort à Marengo, madame. Tous, nous le pleurons, l'armée le regrette et le Premier consul, apprenant la perte de cet ami, a dit : « Ah ! que la journée eût été belle, si ce soir j'avais pu l'embrasser sur le champ de bataille[1] ! » Notre victoire, Charlotte, a un arrière-goût bien amer à cause de cela. Desaix était, comme moi, issu d'une famille pauvre et de petite noblesse terrienne. Comme lui, j'ai été pensionnaire boursier à l'Ecole royale militaire d'Effiat. Je puis vous dire qu'on le citait toujours en exemple aux élèves de mon temps. On pourra le citer à jamais en exemple aux soldats des temps à venir.

1. *Mémoires,* de Bourrienne, tome IV, page 127. Cité par le capitaine de Cugnac, dans *Campagne de l'armée de réserve*, Librairie militaire R. Chapelot et Cie, Paris, 1901.

Blaise se tut, demeura un instant pensif et, comme s'il revivait la fin du héros, murmura :

— Et dire que, sans son aide de camp, le colonel Savary, Desaix aurait été enterré avec les autres morts, sans distinction ni cérémonie !

— Comment cela ? demanda Charlotte.

— Il tomba en pleine mêlée, frappé d'une balle au cœur. Foudroyé, jeté à bas de son cheval, sans un mot, contrairement à ce que dirent le lendemain ces bonnes âmes qui veulent toujours que les héros prononcent en mourant des paroles édifiantes ! Au moment où la balle atteignit le général, ce dernier chevauchait à peu de distance de Lefebvre-Desnoëttes qui, dans le feu de l'action — croyez-moi, dans ces moments, c'est chacun pour soi et Dieu pour tous — ne vit pas ce qui se passait. Mais un sergent de la 9e brigade d'infanterie légère, que commandait le colonel Barrois, aperçut Desaix, étendu près de son cheval, et demanda à son chef la permission de prendre la capote du général. Il remarqua qu'elle était percée dans le dos, ce qui a, depuis, conduit certains d'entre nous à s'interroger tristement sur l'origine du coup mortel. Dans le feu de l'action, Desaix n'a-t-il pas été atteint par une balle française ? Voilà la question que plusieurs de ceux qui participèrent à la bataille continuent à se poser, sans pouvoir y répondre. En craignant d'y répondre. Cette pensée, aujourd'hui encore, m'est odieuse, mais la guerre a parfois tant de malignité ! J'ai connu des cas semblables. Les artilleurs chargés de soutenir une attaque de l'infanterie n'ajustent pas toujours leurs tirs avec précision. J'ai vu des boulets tomber au milieu des nôtres et faire de vrais ravages. Enfin, Desaix est mort au champ d'honneur, c'est tout ce qu'il faut retenir !

— Et où étiez-vous, Blaise, à ce moment-là ?

— J'étais près du colonel Savary, à qui je venais de remettre un message du général Kellermann, quand le colonel Barrois vint annoncer la mort de Desaix, tombé à cent pas de l'endroit où nous nous trouvions. Nous courûmes au lieu indiqué. Le général gisait parmi d'autres morts et des blessés gémissants. Il ne lui restait sur le corps que sa chemise trempée de sang... Il avait déjà été entièrement dépouillé de ses vêtements...

— Dépouillé ! Pourquoi et par qui, mon Dieu ?... Les Autrichiens sont-ils des détrousseurs de cadavres ? demanda d'un ton scandalisé Charlotte.

— Les Autrichiens étaient bien trop occupés à décamper, ma

belle. Les cavaliers du 8ᵉ régiment de dragons et des 2ᵉ et 20ᵉ de cavalerie les poursuivaient sur les berges de la Bormida. Non, ce sont les nôtres, qui avaient mis à profit ce moment de déroute pour se pourvoir. Une dure coutume de la guerre veut que l'on dépouille, sans scrupule, ses frères morts. Les armes, les vêtements, l'argent, la montre, si le défunt en possédait une, sont prestement ramassés par les survivants. Et d'ailleurs, si l'on y réfléchit, les morts n'ont besoin ni de capote ni de montre ! Hein ! Autant que cela serve aux camarades qui, le lendemain peut-être, seront à leur tour dépouillés ! J'aurais, comme Savary, douté que le gisant fût Desaix si nous ne l'avions reconnu à sa forte tignasse et au ruban qu'il nouait autour du front pour retenir ses cheveux. Personne n'avait encore osé prendre ce lien et je l'ai conservé pour l'offrir, si Dieu m'en donne le temps, à une certaine demoiselle qui, quelque part en Alsace, pleure peut-être notre héros.

— Sa femme ?

— Une femme. Une de celles qu'il a connues au cours de ses campagnes, quand il commandait l'armée du Rhin. Mais celle-là, Amélie Ferrériout, de Poussay, dans les Vosges, tenait, semble-t-il, une place à part dans son cœur. Desaix croyait être le père d'une fillette, Marie-Rosine, que cette femme a mise au monde en 1797. Tous ceux qui connaissent la dame ont des doutes sur cette paternité, car Amélie ne passait pas pour un modèle de fidélité ! Mais enfin !

Blaise se tut au rappel de ces moments barbares, dépossédés de leur grandeur tragique par le paisible décor du lac au clair de lune. Charlotte prit la main de l'officier.

— Et qu'a-t-on fait du corps de ce vaillant soldat ? demanda-t-elle.

— Savary prit un manteau, encore attaché à la selle d'un cheval mort, et un hussard qui passait par là nous aida à envelopper le général. L'aide de camp demanda au cavalier de charger le corps sur son cheval et de le porter à Torre di Garofoli, un village proche de Tortone, où se trouvait l'ambulance de l'état-major, tandis qu'il irait lui-même prévenir le Premier consul de la perte que venait d'éprouver l'armée. Le général Bonaparte se rendit aussitôt à Garofoli. Quand les chirurgiens eurent confirmé que la balle avait touché Desaix en plein cœur et que la mort avait été instantanée, le général Bonaparte ordonna de faire transporter le corps à Milan, afin qu'il soit embaumé. Le colonel Savary, qui avait du mal à retenir ses larmes, aurait voulu conserver la chemise du mort, mais elle était tachée de sang et les mouches bourdonnaient autour de nous. Si le cœur n'avait pas été déchiqueté par le projectile, Savary l'eût fait brûler, mais, étant donné la chaleur et la menace de putréfaction, on se contenta de couper les cheveux du général avant de le placer dans un cercueil.

— C'est horrible, ce que vous dites là, fit Charlotte.

Blaise négligea le commentaire et reprit :

— C'est un détachement du 12ᵉ chasseurs qui escorta jusqu'à Milan cet Auvergnat, presque un pays, qui me donna le baptême du feu. Il n'avait peur de rien et allait au vent des boulets comme un bourgeois qui sort après dîner prendre le frais dans son jardin. On eût dit que sa témérité le protégeait.

» Il avait eu la joue percée d'une balle à Lauterbourg, le talon brisé par le boulet qui avait tué son cheval à Bertsheim, la cuisse ouverte par un éclat à Diersheim. Trois autres chevaux étaient morts sous lui, sans qu'il en ressentît plus d'émotion que celle, sincère mais brève, du cavalier qui perd sa monture. En Egypte, il avait fait merveille. Nous avions battu Mourad Bey à Samanhout, en janvier 1799, avant d'en faire un allié, et tous les savants de la mission scientifique emmenée par Bonaparte étaient devenus les amis de Desaix quand il avait pris le gouvernement de la Haute-Egypte.

» Son aide de camp m'a rapporté que, le matin même de sa mort, le général avait, pour la première fois, montré quelque inquiétude. « Voilà longtemps que je ne me bats plus en Europe. Les boulets ne nous connaissent plus ; il nous arrivera quelque chose », avait-il dit. Tout le monde avait pris cela pour une boutade. C'était un pressentiment !

— Et il est rentré d'Orient pour courir au-devant de la mort. A quelques heures près, il serait arrivé après la bataille, après la victoire, dit Charlotte, naïve.

— Sans lui, la victoire nous eût sans doute échappé. Maintenant, il a été confié, pour une sépulture provisoire, aux moines du couvent de San Angelo. Mais Bonaparte a souhaité que le corps du général soit inhumé dans la chapelle des moines, au Grand-Saint-Bernard, peut-être parce que Desaix a péri la veille de la fête de saint Bernard de Menthon, patron de l'hospice, qui est fixée au 15 juin. J'ai été chargé d'obtenir l'accord des chanoines. Ils ont accepté de recevoir le cercueil de Desaix et d'en être à jamais les gardiens. Le Premier consul a déjà commandé un monument au sculpteur Jean-Guillaume Moitte et rédigé lui-même l'inscription qu'on devra y graver : « Le tombeau de Desaix aura les Alpes pour piédestal et pour gardien les moines du Saint-Bernard [1]. »

— Un jour, j'irai lui porter des roses, car maintenant c'est comme si je l'avais connu, dit Charlotte, obligeant Blaise à s'allonger près d'elle.

Elle se lova dans les bras de l'officier et, pour conjurer la soudaine tristesse de son amant, reprit l'inventaire de ses cicatrices. Elle posa le doigt sur une balafre très ancienne qui barrait le biceps de Fontsalte comme une brisque.

— Quel souvenir est attaché à cette entaille ?

— Celui d'un coup de couteau. Rien de glorieux, croyez-moi.

— Un mari jaloux ?

— Même pas, Charlotte, un gitan qui croyait que j'avais déshonoré sa sœur !

— Moi, je n'ai pas de frère !

— Mais vous avez un mari, dit Blaise doucement.

— Faites, s'il vous plaît, comme si je n'en avais pas, murmura-t-elle en tirant la moustache de Blaise.

Il fit ce qu'elle souhaitait et ils oublièrent une nouvelle fois ensemble tout ce qui n'était pas délices de l'instant.

Bien que lointaine, la dent d'Oche, dont la couronne de neige était éclairée par la lune, s'inscrivait, proche à toucher, dans le cadre de la fenêtre, comme une toile peinte. Cette aberration visuelle augmenta chez Blaise le sentiment qu'il vivait, depuis son retour à Vevey, une aventure irréelle, une halte dans un monde où les pesanteurs, la banalité du quotidien et le temps paraissaient sublimés en instants qu'aucune pendule ne décomptait. La montagne savoyarde, élément lointain du décor lacustre, s'imposait comme unique témoin d'un amour naissant. Les amants ne s'endormirent qu'à l'aube et ce fut un hennissement de Yorick qui les tira du sommeil. Il faisait grand jour, le lac n'était qu'un reflet de soleil éblouissant.

— Mon Dieu, qui crie ainsi ? lança Charlotte en se dressant sur le lit.

— N'ayez aucune crainte, Yorick réclame sa ration d'avoine et un seau d'eau, je vais le panser.

Blaise se couvrit, chaussa ses bottes et sortit sur la terrasse.

— Blaise, attention aux guêpes... près du puits.

Une heure plus tard, ils étaient en train de picorer les reliefs de

---

1. Cette phrase ne fut jamais gravée.

leur repas de la veille, quand ils entendirent grincer les essieux de la charrette de Flora.

Aussitôt, Charlotte quitta la table pour aller au-devant de son amie. Au bout d'un moment, elle revint seule avec un panier couvert d'un torchon.

— Chance, chance, chance, Guillaume ne rentrera que cet après-midi de Meillerie. Nous avons encore des heures à nous ! Flora nous a apporté un poulet rôti, des croquettes au fromage et des pêches. Elle reviendra me chercher plus tard, quand elle verra le bateau, lança-t-elle, joyeuse, à Blaise.

— Elle n'est peut-être pas si mauvaise qu'on croit, Flora, concéda Fontsalte en mordant un pilon de volaille.

— Elle ne pense qu'à mon bonheur. Elle est heureuse quand je suis heureuse et, pour elle, l'amour n'est jamais un péché. Et puis, quand vous serez loin, elle sera la seule avec qui je pourrai parler de vous. Elle finira par vous aimer.

— Un soudard français !

— Vous êtes un seigneur, Blaise, pas un soudard, mais je voudrais que vous ne m'appeliez plus Charlotte, comme tout le monde. Je voudrais que vous me donniez un nom qui ne soit qu'à nous. Voulez-vous me faire ce plaisir ? Trouvez-le.

Fontsalte fit le tour de la table, vint s'asseoir près de la jeune femme, la souleva et la prit sur ses genoux.

— Vous êtes si blonde, si dorée et si rayonnante ce matin que j'ai envie de vous appeler Dorette.

— Dorette ! Oui, oui, Dorette, ça me plaît bien. Quand vous m'écrirez — car vous ne pouvez plus maintenant me laisser sans nouvelles de vous — vous n'aurez qu'à écrire Dorette sur le pli.

— Où vous écrirai-je ? Après ce que vous m'avez dit des commères de Vevey...

— Vous m'écrirez, sous double enveloppe, chez Rosine Mandoz, épicerie fine, La Tour-de-Peilz. C'est la sœur de Flora. Elle me portera vos lettres... si toutefois vous m'écrivez, ce que je ne crois guère, car je serai vite oubliée, conclut Charlotte avec un rien de mélancolie.

Blaise, pour toute réponse, se leva et, portant la jeune femme, retourna dans la chambre, claqua la porte du talon et la jeta sur le lit.

— Oh ! Blaise, oui, oui, aimons-nous jusqu'à ce que mort s'ensuive. Si je mourais de plaisir dans vos bras, vous ne m'oublieriez pas, dit-elle, des larmes plein les yeux.

— Vivante, je ne vous oublierai pas non plus... Dorette, on n'oublie pas de telles heures, on ne souhaite que les revivre.

Vint le moment où il fallut mettre de l'ordre dans la maison et guetter, sur la terrasse, le retour de Flora. Blaise, qui avait beaucoup lu, succombait parfois, quand il avait le vague à l'âme, à ce que son père appelait la mode troubadour, résurgence du sentiment héroïque et chevaleresque. Devant le site devenu familier, la tête de Charlotte sur l'épaule, il sentit monter en lui une bouffée d'amour pour cette femme qui s'était offerte avec la candeur et la fougue des vraies amoureuses.

— Dès demain, il nous faudra vivre de nos souvenirs et ce ne sera pas aussi simple que de vous embrasser à tout instant, dit-elle en posant ses lèvres sur le front de Fontsalte.

Puis, après un silence, elle reprit :

— J'ai confiance en vous. Je sais que je ne vous verrai pas souvent, mais j'irai d'une rencontre à l'autre, en imaginant votre retour. Je n'attendais rien, et maintenant j'attendrai Blaise, vous, Blaise, que vous !

Elle enfouit son visage au creux du cou de Fontsalte et ils restèrent ainsi jusqu'au moment où apparut sur le lac une grande barque qui, les voiles en oreilles, avançait vers Vevey, dont on distinguait les toits, loin, au bas des vignes. Blaise prit sa longue-vue et, l'ayant réglée, la tendit à Charlotte sans un mot.

— C'est l'*Etoile-Filante*, la barque de mon mari. Je dois rejoindre Flora dont j'entends la charrette. Il faut nous quitter, Blaise.

Longuement, ils s'étreignirent, Charlotte tournant le dos au lac, où glissait le bateau.

Malgré son émotion, perceptible à la trémulation des lèvres, comme en ont les enfants qui veulent à tout prix retenir leurs larmes, Charlotte Métaz rassembla ses paniers. Blaise l'accompagna jusqu'au bout de la terrasse, car elle ne souhaitait pas que Flora fût témoin de leurs adieux.

Avant de la laisser aller, Blaise tira de sa poche un portefeuille en cuir fin et blasonné.

— Tenez, je l'ai fait faire à Milan. Ce sont les armes de ma famille. Elles s'énoncent : « d'azur à deux yeux, l'un d'or, l'autre d'argent, chacun surmonté d'une étoile de sable et accompagnés en pointe d'une eau jaillissante d'or », car Fontsalte veut dire fontaine salée.

— Deux yeux, l'un d'or, l'autre d'argent... Ah ! mon Dieu,

Blaise…, comme je vais être malheureuse ! gémit soudain Charlotte.

Il la prit dans ses bras pour l'embrasser encore. Sur le lac, dans le soleil déclinant, le bateau approchait sous ses voiles croisées, nef ironique à l'élégance fallacieuse. Blaise se vit, nouveau Tristan, contraint d'abandonner la blonde Iseut à l'époux de retour.

— Nous nous reverrons, dit-il. Je vous le promets.

Elle répondit d'un regard incrédule, douloureux, embué de larmes, et quitta la terrasse en courant.

Jusqu'à ce qu'elle eût disparu dans les méandres du chemin, Fontsalte suivit, à l'aide de sa longue-vue, la descente de la charrette qui emportait sa maîtresse d'une nuit vers le lac, tandis que, sur l'eau bleue, la grande barque portait Guillaume Métaz à la rencontre de sa femme.

Longtemps, Blaise demeura sur la terrasse, sirotant du vin blanc jusqu'à ce que la nuit transformât le Léman en une immense et sinistre dalle de marbre noire. Alors, il se sentit seul, exclu du monde où vivaient les Dorette. Etranger un moment admis au partage de l'amour et contraint à reprendre la route avant que d'être rassasié, il revit par la pensée le petit cercle de Rive-Reine, où il n'aurait jamais sa place. Il sut, à cet instant, qu'il n'oublierait pas Charlotte Métaz.

Chez Fontsalte, ce genre de délectation sentimentale ne durait guère. Après avoir passé de délicieux moments avec une femme beaucoup moins sotte qu'il avait cru, dont il ne savait presque rien, sinon qu'elle possédait l'instinct du bonheur, la science innée des gestes de l'amour, un véritable appétit de volupté et une parfaite équanimité dans l'adultère, la solitude retrouvée lui procura une sorte de jouissance mélancolique qui devint bientôt exaltation égoïste. Etre fort, être seul, être libre, avoir vingt ans, une épaulette de major, la vie devant soi, des lauriers à conquérir et des femmes à aimer, quoi de plus grisant dans un siècle où l'Europe était à faire ou à prendre ?

Naturellement, si l'occasion se présentait à lui de revenir à Vevey vivre un moment de passion avec Dorette, il ne négligerait pas cette récréation, mais, ni lui ni elle n'ayant prononcé le « je vous aime » qui engage les cœurs, leur relation resterait connivence charnelle, bourgeoisement teintée de bluette.

Il retrouva le lit aux draps fripés, crut y reconnaître une odeur de verveine, parfum de l'absente, et s'endormit harassé et confiant. Au petit matin, le chaud soleil d'été le rappela aux réalités du jour et de ses missions. Il s'en fut panser son cheval et puiser de l'eau. Il avait encore dans l'oreille la voix de Charlotte : « Attention, Blaise, les guêpes. » Nu sous la charmille, il fit une toilette méticuleuse, sans cesser d'observer le lac, fascinant miroir, reflet d'un ciel de laque indigo pareil à la coupole fraîchement peinte d'une nef infinie, soutenue par les puissants piliers des Alpes. L'air léger conférait à l'atmosphère une étonnante limpidité qui amplifiait la vision, donnait au regard la sensation de porter au-delà de l'horizon. Les brumes enlaçaient les montagnes de Savoie, comme une écharpe de mousseline le buste d'une femme ; dans les vignes, des oiseaux grappillaient le raisin à peine formé, le trouvaient acide et se perchaient sur les échalas en piaillant, réclamant une miraculeuse et soudaine maturation qui rendrait la pulpe tiède, sucrée, enivrante.

Vers sept heures, alors qu'il sellait son cheval après avoir remis de l'ordre dans la maison, fermé volets et portes, glissé la clé de Belle-Ombre sous un pot de terre cuite, comme le lui avait demandé Charlotte, il vit monter, à travers le vignoble, une amazone sur une mule. Il imagina Mme Métaz revenant vers lui, mais sa longue-vue le détrompa. La cavalière était Flora Baldini. Apportait-elle un message de Charlotte ou venait-elle annoncer quelque drame conjugal ?

Dès qu'elle eut mis pied à terre, Flora le rassura. Elle avait pris seule l'initiative de cette visite et livrait des provisions de route à l'officier. La musette qu'elle tendit à Blaise était lestée de viande séchée, de fromage et de pain frais.

Blaise remercia et se déclara surpris de revoir Flora. Devinant que la livraison de ce viatique n'était qu'un prétexte, il invita la visiteuse à prendre place sur le banc.

— J'imagine que vous avez, aussi, quelque chose à me dire. Non ?

— Je ne suis pas venue pour justifier ma conduite passée, si c'est ce que vous imaginez, dit-elle un peu sèchement. Je suis venue vous mettre en garde. Vous avez inspiré à Charlotte un tel sentiment et une telle joie que j'ai peur pour sa tranquillité. Vous la connaissez à peine et ne pouvez évaluer sa sensibilité. Chez elle, les sentiments priment tout. Elle vit par la pensée et par le cœur, tout en étant assez forte pour n'en rien montrer aux autres, ni même à celui qu'elle aime. Elle imagine, au mieux, que vos visites seront rares, qu'elle devra attendre longtemps de vos nouvelles. Elle sait qu'il est même possible qu'elle ne vous revoie pas. Ce qui serait peut-être mieux.

— Je compte tenir la promesse que je lui ai faite, écrire chez votre sœur, comme elle me l'a demandé, et aussi saisir toutes les occasions de la revoir. Mais de cela je ne suis pas maître. Je suis un soldat et j'ignore ce que me réserve l'avenir. Et puis nous n'avons échangé aucun serment et Charlotte ne doit pas se sentir engagée à mon égard, pas plus que je ne puis m'engager envers elle. Elle a une famille et...

— Elle sait cela et l'accepte. Mais vous êtes son héros, le croisé venu d'ailleurs pour lui révéler une autre forme d'existence que celle, tranquille, banale, étroite, qu'elle mène, que nous menons, à Vevey. Restez le héros, le preux, le guerrier loyal, je vous prie. Ne la décevez pas. Elle serait trop malheureuse.

— Je m'efforcerai de ressembler à l'image qu'on se fait de moi, balbutia Blaise, un peu décontenancé par l'importance qu'il semblait avoir prise dans la vie d'une bourgeoise, prompte à sublimer une passade.

Il se reprit et changea délibérément le cours de la conversation :

— Puisque j'ai le plaisir de vous revoir, pourriez-vous m'expliquer maintenant, simplement, pourquoi, diable, vous vous livriez à l'espionnage pour les Impériaux et aussi me dire ce qui s'est exactement passé entre Titus, le maréchal des logis Trévotte, et vous. Comme vous le voyez, j'ai récupéré cette arme, conclut-il, montrant le poignard égyptien resté sur la table.

— Le 10 août 1792, les Français ont tué mon fiancé, monsieur, et de quelle horrible façon ! Il ne faisait cependant que son devoir, en protégeant, avec ses camarades Gardes-Suisses, le roi et la reine de France, menacés dans leur palais des Tuileries par la plus abominable plèbe. Votre République, monsieur, est bâtie sur des ossements et des ruines ! dit Flora en s'animant.

— Je sais cela et croyez que les vrais patriotes déplorent l'épisode qui vous a enlevé votre fiancé. Mon propre père, combattant honoré de la guerre d'Indépendance américaine, vrai républicain, qui avait souscrit aux généreux principes, je dis bien, principes, de la Révolution, a failli être exécuté par la racaille sanguinaire au temps de la Terreur. Mais aujourd'hui la République a ramené l'ordre à l'intérieur et hors des frontières : ses armées sont victorieuses. Son ambition est d'offrir la paix et la liberté aux peuples d'Europe dont les destins, qu'on le veuille ou non, sont désormais liés. Alors, il faut, sinon oublier, du moins pardonner les excès, apanage de toute révolution.

— Je n'oublierai ni ne pardonnerai jamais ! Mais ce n'est pas votre affaire, j'en conviens. Vous êtes un soldat et vous aimez faire la guerre. Eh bien, faites-la, parez la République de vos lauriers, ils ne couvriront jamais sa honte ! lança Flora Baldini avec impertinence.

Fontsalte admira l'intransigeance de cette jolie brune au regard embrasé par la colère. Comme elle restait silencieuse et affichait un air boudeur, il aborda le sujet qui lui tenait le plus à cœur :

— Alors, dites-moi, que s'est-il exactement passé avec Trévotte ?

Flora expliqua, avec un calme qui tranchait sur ses précédents propos, qu'elle avait vraiment voulu tuer le maréchal des logis, car elle n'avait aucune confiance dans la parole d'un Français et pensait qu'au moment de sa libération elle serait violée, puis étranglée et jetée dans le lac, avec une pierre au cou « comme cela s'était déjà vu ». En prévision de cette menace, elle s'était donc emparée d'un poignard qu'elle avait vu sur le piano de Charlotte pendant que Blaise la confrontait avec son amie, au cours de la nuit du 13 mai. Elle ignorait que cette lame avait été offerte par Blaise à Mme Métaz.

— Même si je l'avais su, je l'aurais prise, car il s'agissait de ma vie. D'ailleurs, les choses ont failli se passer comme je le craignais. Quand cette brute est venue me chercher à la prison pour me conduire au commandant de la gendarmerie chargé de veiller à mon départ immédiat de Vevey, il a voulu m'entraîner sous les arbres de la berge. Alors j'ai crié et j'ai sorti le couteau. Mais je n'ai pu lui faire qu'une entaille à la main. Cela m'a cependant permis de lui échapper. Si une patrouille de gendarmes n'était pas passée par là, je suis sûre qu'il m'aurait rattrapée et étranglée, le monstre ! Voilà, c'est ainsi que les choses se sont passées.

Pendant ce récit, Flora avait laissé son regard errer de la tonnelle au lac, en évitant de fixer Fontsalte. Il en conclut qu'elle ne disait pas la vérité.

— Tiens ! Mon ordonnance m'a donné une autre version des faits… mais il a toujours tendance à enjoliver, ou à noircir, un peu les choses. Ainsi, il ne vous a pas davantage… importunée, ce jour-là, et vous a laissée partir sans tenter de vous reprendre aux gendarmes, comme il en avait le droit, pour vous faire payer à la façon des soudards… ou d'une autre votre vilain geste ?

Flora baissa la tête puis la releva lentement, fixant le lac, comme si elle guettait un signe propre à déterminer sa conduite.

En dire plus ou taire à jamais la vérité ? Parce qu'il était dans sa nature d'être franche, sans souci des conséquences, elle se résolut à parler.

— Non, les choses ne se sont pas passées ainsi que je souhaitais. Votre ordonnance n'a pas menti. J'ai cru un moment qu'il allait m'étrangler et puis, après m'avoir pris le couteau, il m'a obligée... à faire ce qu'il affirmait que vous aviez imposé à Charlotte pour me laisser la vie sauve ! Là, il a menti, maintenant je le sais, Charlotte m'a tout raconté. Mais alors je l'ai cru, ce bandit, j'ai eu peur qu'il fasse arrêter mon amie à cause du poignard. Pas peur de la mort mais peur du scandale, vous comprenez ! Alors, j'ai fait tout ce qu'il a voulu, conclut rudement Flora, tandis que deux larmes de rage glissaient jusqu'à ses lèvres.

Puis elle reprit :

— C'est une brute ! Et dites-lui que si je le rencontre, cette fois-ci, je le tuerai, reprit-elle dans un cri.

— C'est à peu près ce que je lui ai laissé entendre, fit posément Blaise. Toutefois, il y a peu de risque désormais qu'il vous rattrape à la course. Un boulet autrichien lui a arraché une jambe à Marengo. La dernière fois que je l'ai vu, il ne pensait pas à forniquer, je vous assure, et le chirurgien n'était même pas certain de sa survie. Ainsi, voyez-vous, ceux que vous aidiez contre nous vous ont vengée avec usure. Car une jambe fera plus défaut à un garçon de son âge qu'un pucelage, si pucelage il y eut, à une fille comme vous !

— Je vous déteste ! s'écria Flora en se dressant.

Blaise demeura indifférent et, laissant la jeune fille sur la terrasse, rassembla ses affaires et se dirigea vers Yorick qui piaffait au soleil. L'officier donna un coup de pouce dans le ventre de l'animal, avant de serrer la sous-ventrière, vérifia les courroies de son portemanteau et se mit à cheval. Il régla ses étriers puis, croisant les mains au pommeau de la selle, se pencha vers Flora qui, à trois mètres de là, lui tournait ostensiblement le dos.

— Voyez-vous, mademoiselle, nous autres soldats, nous avons l'habitude d'être détestés. Même quand on nous sourit, on nous déteste. C'est dans l'ordre des choses de la guerre. Mais, moi qui ne vous déteste pas, j'ai le regret de ne pas vous avoir fait passer par les armes au soir du 13 mai dernier, comme c'eût été mon devoir de le commander.

La voix était sèche et le regard minéral de l'officier, si difficile à soutenir du fait de son étrangeté, confirmait la sincérité effrayante du propos.

Du talon, il fit pivoter sa monture et prit, sans plus attendre, le chemin qui, à travers les vignes, descendait, en serpentant entre les murettes, vers la route de la berge.

Brusquement, Flora enfourcha sa mule et rattrapa le cavalier.

— Je ne voudrais pas que Charlotte sût jamais ce qui m'est arrivé cette nuit-là... Elle, au moins, elle a choisi son moment... et pris le temps de la réflexion ! lança-t-elle.

— En effet, c'est elle qui a choisi le moment et l'heure. C'est le propre des femmes de qualité..., les autres prennent les choses comme elles se présentent !

— Je vous déteste...

— *Bis repetita placent*, riposta Blaise sans se retourner.

Un quart d'heure plus tard, le jeune commandant Fontsalte traversait le petit village de Saint-Saphorin, écrasé de soleil. Il remarqua, au passage, le pressoir public sous son abri et prit, au bord du lac, le chemin de Lausanne.

Il avait le cœur serein et l'esprit libre. Dans trois jours au plus, il serait à Fontsalte, dans la plaine du Forez, se baignerait au griffon de la source salée, tremperait des pommes de terre tièdes dans du sarasson frais, lissé par une cuillerée d'huile d'olive et relevé de fines herbes, grillerait une belle pièce de bœuf dans la cheminée. Il arroserait le repas d'un saint-joseph tiré au tonneau et, le soir, tout en racontant ses campagnes de Suisse et d'Italie, ferait la partie de trictrac de sa mère. Il vanterait le charme aigre-doux des Milanaises mais se dispenserait d'évoquer Charlotte, la Veveysanne.

Le marquis de Fontsalte avait enseigné à son fils qu'en ces délicates matières, qui régissent les rapports des hommes avec les femmes, même en temps de guerre, la discrétion est, non seulement une exigence de savoir-vivre, mais une garantie d'indépendance et de tranquillité !

9.

Le 3 juillet 1800, des coups de canon avaient annoncé aux Parisiens le retour de Bonaparte. Arrivé dans la nuit aux Tuileries, avec discrétion, le Premier consul, et général vainqueur, avait retrouvé Joséphine avec l'élan d'un amoureux dont seule la fatigue, d'après les valets, avait différé un moment les ardeurs. De Milan à Turin, puis du col du mont Cenis à Lyon, il n'avait mis que trois jours. Le 28 juin, il s'était en effet arrêté, entre Rhône et Saône, pour poser une première pierre, que certains considéraient déjà comme un pavé réactionnaire dans la mare de la Révolution. En ordonnant la reconstruction, place Bellecour, des maisons aux belles façades, construites par Mansart et stupidement rasées en 1793, Bonaparte marquait sa volonté d'effacer les stigmates de la Terreur à la lyonnaise.

Le peuple français, versatile, flagorneur et badaud, avait acclamé, tout au long de la route, son nouveau champion. A Dijon, d'où était partie, au mois d'avril, l'armée de réserve qui venait de mettre les Autrichiens à genoux, la municipalité avait préparé une brillante réception et une illumination aux lampions de la façade de la maison commune. Mais le Premier consul, attendu le 29 juin, n'était arrivé que le lendemain à huit heures du matin en compagnie de Louis-Antoine Fauvelet de Charbonnière de Bourrienne, son secrétaire depuis 1797. Il s'était aussitôt rendu, pour déjeuner, à l'hôtel Esmenin de Dampierre, chez le général Brune, commandant en chef des troupes cantonnées autour de la ville et constituant l'armée de réserve de seconde ligne.

Tandis que les soldats de la 18ᵉ division se rassemblaient pour la revue dans le vallon de Chèvre-Morte, à un quart de lieue de la ville, Bonaparte avait fait, aux personnalités invitées par Brune, le récit circonstancié de la bataille de Marengo. Il avait apprécié que son buste, œuvre récente du sculpteur Pierre-Philippe Larmier, élève de Coustou à l'école des Beaux-Arts de Dijon, ait été couronné de lauriers et placé dans la salle à manger où il discourait. Le jeune Larmier, qui avait dessiné les traits du Premier consul lors de son passage à Dijon le 7 mai, s'était mis au travail dès le lendemain, ce qui lui avait permis d'offrir le buste de Bonaparte à la municipalité avant le retour de son modèle [1].

A peine la revue était-elle achevée, peu après midi, que le Premier consul, manifestement soucieux d'écourter discours et congratulations, avait pris, dans sa berline, la route de Paris. Comme le reporter du *Journal de la Côte-d'Or,* tout Dijon avait remarqué, au cours de cette brève étape, « que le jeune héros était bien mieux portant qu'à son premier voyage ; qu'il paraissait plus gai qu'alors, et qu'il avait seulement l'air d'être plus fatigué ». De jolies Dijonnaises, coiffées de fleurs, avaient accompagné la voiture de Bonaparte en agitant des rubans, ce qui avait rappelé à Bourrienne « l'époque où la Révolution avait exhumé tous les souvenirs républicains de la Grèce et de Rome, ces belles théories grecques et ces chœurs de femmes dansant autour du vainqueur des jeux Olympiques [2]. » D'autres dames avaient observé que le teint du Premier consul « avait été bruni par le soleil de l'Italie, mais qu'il était mieux en costume de général qu'en habit de conseiller d'Etat ».

A Dijon comme à Auxonne, où des arcs de triomphe proclamaient à l'adresse du général : « Il s'instruisit ici à forcer la victoire », « Au vainqueur de Marengo » ou encore « Au repos du Français il immole le sien », le bon peuple avait ressenti la frustration d'un passage aussi rapide et, pour tout dire, assez désinvolte. Le reporter du *Journal de la Côte-d'Or* n'avait pas manqué de le souligner en écrivant : « De tout cela, il ne reste aux

1. Ce buste fut placé dans la salle des délibérations du conseil municipal, où il demeura jusqu'en 1815, quand, après la défaite de Waterloo, un commissaire de police antibonapartiste virulent le brisa. Le buste que les visiteurs peuvent voir aujourd'hui au musée de Dijon n'est qu'un moulage de la sculpture originale. D'après *Bonaparte à Dijon,* général Duplessis, éditions L. Damidot, Dijon, 1926.
2. *Mémoires sur Napoléon, le Directoire, le Consulat, l'Empire et la Restauration* (1829-1831, 10 volumes). Rédigés par M. de Villemarest d'après les écrits de Bourrienne.

Auxonnais comme aux Dijonnais, de leurs arcs de triomphe, de leurs illuminations, de leurs inscriptions et de leur feu d'artifice, que le seul plaisir d'en parler. » La déconvenue des Bourguignons eût été encore plus grande s'ils avaient eu connaissance d'une lettre envoyée deux jours plus tôt par Bonaparte à son frère Lucien, à qui le Premier consul écrivait : « Mon intention est de n'avoir ni arcs de triomphe, ni aucune espèce de cérémonie. J'ai trop haute opinion de moi pour estimer beaucoup de pareils colifichets. Je ne connais pas d'autre triomphe que la satisfaction publique[1]. » Bonaparte avait eu quelques « colifichets » et « la satisfaction publique » s'était manifestée, tant en province qu'à Paris où, le lendemain de son retour, il avait dû se montrer au balcon des Tuileries pour répondre au vœu d'une foule enthousiaste.

Blaise de Fontsalte n'était pas de ceux qui, dans le sillage du général vainqueur, cherchaient à glaner des applaudissements, ni de la race des militaires courtisans pressés de raconter dans les antichambres et les salons des faits d'armes, vrais ou imaginaires, en escomptant avancement ou prébendes. L'officier de la Garde des consuls s'était attardé chez lui, à Fontsalte, où sa mère avait entrepris, sur les conseils d'un médecin local, la remise en état du griffon de la source familiale. Un éminent praticien lyonnais, Richard de Laprade, ayant analysé les eaux de plusieurs sources de la région, avait signalé à son confrère baldomérien que celle de Fontsalte offrait des propriétés identiques à celle de Font-Fort, source connue, qui jaillissait au pied du promontoire de Saint-Galmier. Le médecin lyonnais ne faisait que rappeler ce que les Romains savaient déjà, puisqu'on avait mis au jour, près du griffon, des vestiges de thermes. Les Fontsalte connaissaient aussi le récit d'un voyageur nommé Gilles Corrozet, qui avait constaté, en 1539, lors d'une étape en Forez, que l'eau de leur source était « grandement froide et clère, comme cristal, picante sur la langue quand on la boit[2] ». Limpide et d'un goût agréable, bien que légèrement salée, cette eau se perdait en bouillonnant dans la rivière Coise. Or, d'après les médecins, elle méritait d'être captée et proposée aux gens qui souffraient de la gravelle

1. Cité par André Castelot dans *Bonaparte*, librairie académique Perrin, Paris, 1967.
2. Cité par Bruno-Jean Martin dans *le Matin et le vent, promenades à Saint-Galmier, Chazelles-sur-Lyon et Saint-Symphorien-sur-Coise*, librairie Le Hénaff, Saint-Etienne, 1981.

et des maladies glaireuses. Elle pouvait aussi aider à la purification du sang et, peut-être, faciliter la guérison des maladies vénériennes.

Une seule propriété supposée de la source faisait hésiter Mme de Fontsalte : Laprade soupçonnait cette eau d'effets aphrodisiaques « propres à augmenter le feu des passions ». « C'est la première vertu à vanter, si vous voulez tirer quelques profits de notre source », avait suggéré, sans succès, Blaise à sa mère.

Sur l'injonction de cette dernière, il s'était rendu chez les derniers métayers des Fontsalte qui, dans leur ferme des monts du Forez, élevaient Adrienne, la fille de la gitane. L'enfant aurait bientôt quatre ans et montrait, d'après la fermière, une rare intelligence, beaucoup de grâce et une gaieté de tous les instants.

Son regard vairon, mais vif et rieur, avait impressionné Blaise. Les yeux de l'enfant rappelaient ceux du défunt marquis lorsqu'il se réjouissait à l'annonce d'une rentrée d'argent ou en découpant un beau rôti, deux choses rares chez les Fontsalte. Adrienne, potelée à souhait et déjà minaudante, avait joué avec les boutons dorés du dolman de son père et avait fini par en arracher un que Blaise s'était résigné à lui abandonner. De retour à Fontsalte, il avait trouvé au château le notaire de la famille, convoqué par la marquise. A la demande de Mme de Fontsalte, Blaise avait signé une reconnaissance de paternité.

« Nous ignorons, et c'est sans importance, le nom de la mère, mais c'est une Fontsalte. Et il faudra bien qu'on le sache quand nous la mettrons en pension. Que cela te plaise ou non, cette enfant est ta fille et tu dois à son égard agir en père. C'est ton devoir et une croix de plus à porter pour moi », avait ajouté la marquise en soupirant.

Pêcher l'ablette dans la Coise, vider des pichets de vin acide avec des camarades d'enfance et, chaque soir, à la veillée, entendre sa mère réclamer le retour des émigrés et la restitution des biens du clergé avaient vite lassé Blaise. Comme il devait être à Paris pour la fête de la Concorde, fixée au 14 juillet, il avait, un beau matin, chargé la berline de victuailles et de vin et repris la route de la capitale.

Le sous-officier, attaché comme fourrier à l'état-major, qui lui servait à la fois de cocher et provisoirement d'ordonnance était sec et triste. Il ne souhaitait que finir son temps et rentrer chez lui, dans les Ardennes. Les deux hommes n'avaient eu, depuis quinze jours qu'ils voyageaient ensemble, d'autres rapports que de service et, quand, près d'Autun, un essieu de la voiture se rompit, le commandant dut faire acte d'autorité pour obtenir que le sous-officier aidât un maréchal-ferrant à réparer.

Du fait de ces aléas, Blaise n'arriva que le 12 juillet dans la capitale. Il se débarrassa de l'encombrante berline et de son conducteur maussade dès qu'il eut trouvé une chambre confortable, que sa nouvelle solde de chef d'escadron, six cents francs par mois, lui permettait maintenant de s'offrir. Il élit domicile dans un immeuble cossu, près du chantier de démolition de l'église Sainte-Madeleine. La première pierre de l'édifice avait été posée par Louis XV en 1764. Jamais achevée, l'église, condamnée par la Révolution, était maintenant démontée, pierre à pierre, par l'entrepreneur Carlet, devenu propriétaire du bâtiment en 1798, pour cent cinquante mille livres.

Quand Blaise de Fontsalte se présenta au service des Affaires secrètes, installé dans une annexe des Tuileries, il retrouva avec plaisir le général Ribeyre. Ce dernier avait maintenant directement accès au secrétariat particulier de Bonaparte et connaissait, de ce fait, toutes les décisions et les projets du Premier consul. Avec sa causticité habituelle pour tout ce qui touchait aux pompes consulaires, il évoqua devant Blaise les cérémonies du lendemain.

— Savez-vous que l'arrêté du 18 mars, qui fait obligation d'élever dans chaque chef-lieu de département, sur la plus belle place, une colonne à la mémoire des enfants du pays morts pour la défense de la patrie, doit entrer en application demain, 14 juillet, par la pose d'une première pierre. C'est le frère du Premier consul, Lucien Bonaparte, ministre de l'Intérieur, qui a décidé ça ! Ainsi, mon cher chef d'escadrons, nous verrons demain tous nos préfets gâcher le mortier puis, tout étant prévu, sceller et enterrer dans un trou de six pieds et demi de profondeur, pas un pouce de moins, une boîte de plomb contenant le procès-verbal de la cérémonie, des pièces d'or, d'argent et de bronze à l'effigie de la République ! L'article VIII de l'arrêté prévoit que les frais d'érection de ces colonnes départementales seront pris sur le Trésor public !

— Un voleur qui aurait l'idée d'aller déterrer ces coffrets de plomb récolterait quatre-vingt-huit pièces d'or, autant de pièces d'argent et de bronze ! Un joli magot, remarqua Fontsalte en riant.

— Vous oubliez, Blaise, nos annexions, Belgique et Luxembourg. Avec la ville de Genève, cela donne dix départements de plus qui devront être « encolonnés » comme les autres !

— Dix pièces supplémentaires ne couvriraient pas les frais de déplacement !

Claude Ribeyre de Béran prit familièrement Blaise par le bras.

— En attendant la fête de demain, qui promet d'être grandiose, allez passer une tenue civile, comme à Milan, et dînons ensemble. Je vous emmène au Frascati. On y sert un pâté d'anchois divin, une dinde aux truffes succulente et Garchi, premier glacier de Paris, prépare des sorbets exquis. Et puis vous y verrez, dans les salons à l'antique, cent femmes toutes belles, toutes élégantes, coûteusement parées par de vieux maris ou d'obscurs enrichis du système, prêtes à se livrer à d'aimables folies avec des célibataires de notre genre ! Frascati est, croyez-moi, un véritable jardin du désir, dont les bosquets sont des gorges offertes et les parterres des bras, blancs comme lys ! Cela vous changera de la perversité milanaise et de la rusticité helvétique !

— Je donnerais toutes les nuits milanaises pour revivre une seule nuit vaudoise, soupira Blaise, qui pensait à Charlotte.

Ribeyre lui bourra affectueusement les côtes.

— La Parisienne est, à toute autre femme, ce qu'est le champagne à l'eau. Toutes désaltèrent, mais elle seule peut griser !

Peut-être fut-ce à cause du souvenir, encore si vivant, de Dorette la Veveysanne que Blaise de Fontsalte choisit de passer seul, dans son nouveau logement, sa première et courte nuit parisienne. La soirée au Frascati, qui était aussi cercle de jeu, ne fut cependant pas sans bénéfice pour l'officier. Il empocha, en une heure, presque autant de pièces d'or que les préfets se préparaient à en enterrer sous les futures colonnes départementales ! Le lendemain, il acheta un beau papier à écrire, des plumes, de l'encre, de la poudre à sécher parfumée et expédia une missive à Dorette, aux bons soins de l'épicière de La Tour-de-Peilz.

Au matin du 14 juillet, à l'heure dite et en grand uniforme, il se trouva néanmoins à sa place, au côté d'Eugène de Beauharnais, commandant des chasseurs à cheval de la Garde des consuls, pour assister à la pose de la première pierre, place Vendôme, ancienne place des Piques jusqu'en 1799, d'une colonne à la gloire des armées de la République. Dès le 20 juin, le Premier consul avait fait rentrer à Paris une partie de la Garde des consuls, qui rapportait les vingt-trois drapeaux pris aux Autrichiens. Ces trophées devaient être présentés aux consuls et offerts à la nation lors d'une cérémonie prévue au Champ-de-Mars.

Il s'agissait, en effet, de réconcilier les Français, d'oublier la sinistre guillotine, de cesser de crier vengeance, et d'envisager le retour des émigrés de bonne volonté. Après la première cérémonie, un jeune officier s'approcha de Fontsalte et le salua. Blaise reconnut aussitôt Gilles de Montchal, qui avait combattu avec lui en Allemagne et qu'il avait revu en Egypte. Brillant polytechnicien, le jeune homme avait été affecté à la compagnie des aérostiers, créée le 2 avril 1794 par le comité des Montagnards, soutenu par Carnot. Ce corps, commandé par le physicien Coutelle, s'était illustré à Fleurus avec les troupes du général Jourdan. Montchal avait aussi fait partie des officiers aérostiers chargés d'étudier le projet de descente en Angleterre, avec des équipages de deux cents hommes, transportés sur les nouveaux vaisseaux aériens perfectionnés par les savants Monge et Berthollet. Ce projet ayant été abandonné, comme l'expédition en Angleterre, Montchal avait embarqué sur l'*Orient*, qui transportait Bonaparte en Egypte, avec la compagnie d'aérostiers du capitaine Lhomond et tout un matériel nécessaire au gonflement et à l'entretien des ballons. Ces derniers, peints en tricolore, n'avaient servi qu'à l'animation de quelques fêtes patriotiques et à la distribution, par voie aérienne, de libelles édifiants.

L'efficacité militaire de cette arme, dite savante, n'ayant pas convaincu les généraux, le Directoire avait licencié les compagnies d'aérostiers le 17 février 1799. Le lieutenant Montchal, remis à terre et versé dans la compagnie d'élite du train d'artillerie, fondée le 3 janvier 1800, se serait vite ennuyé s'il n'avait été affecté au groupe des aides de camp de Pierre-Claude-François Daunou, membre du Tribunat, président de la commission chargée du « prélèvement » des œuvres d'art chez les vaincus. A ce titre, Montchal s'était, lui aussi, rendu en Italie.

Blaise admira l'uniforme de son camarade : habit-veste gris de fer, collet, revers, parements et retroussis bleus, grenades des retroussis gris de fer comme les pattes d'épaule, passepoilées de bleu. La culotte hongroise bleue, ornée de tresses plates écarlates, mettait le galbe de la jambe en valeur, comme les bottes à la hussarde, faites de cuir souple avec galon et glands. Quant au chapeau bicorne, à ganse blanche, surmonté du plumet écarlate des compagnies d'élite, il ajoutait à la taille assez moyenne de Gilles de quoi le faire paraître grand. Cette tenue était la préférée du Premier consul, qui n'oubliait jamais qu'il avait été lieutenant d'artillerie.

— On pose beaucoup de premières pierres, en cette saison, ne trouves-tu pas ? dit Fontsalte.

Le lieutenant approuva mais estima qu'il fallait voir dans ces érections multiples un signe de paix. Puis, ayant compris que son ancien camarade n'appartenait pas à la catégorie, de plus en plus nombreuse depuis les victoires en Italie, des serviles admirateurs du Premier consul, il confia au chef d'escadrons que Bonaparte souhaitait rapporter d'Italie la colonne de marbre blanc, haute de trente-deux mètres, érigée sur le forum de Rome à la gloire de l'empereur Trajan en 114.

— La frise en spirale, constituée par une succession de bas-reliefs, ne compte pas moins de deux mille cinq cents figures et illustre les plus fameuses batailles remportées par le Romain sur les Daces. Cette colonne plaisait beaucoup au Premier consul. Naturellement, nous aurions laissé aux Italiens la statue de saint Pierre dont ils avaient cru bon, en 1587, de couronner le monument après avoir ôté celle de Marcus Trajan, persécuteur des chrétiens. A Paris, où nous avons présentement le goût rodomont, comme tu sais, nous aurions placé la statue de Charlemagne prise en 1794 à Aix-la-Chapelle. Ce fut aussi un empereur très méritant et, celui-là, chrétien !

Blaise apprécia l'humour de l'ancien compagnon, qui ignorait avoir affaire à un officier des Affaires secrètes. Il le laissa poursuivre.

— Mais Daunou, ancien prêtre oratorien érudit, pétri de culture classique, révolutionnaire modéré, conventionnel scrupuleux, désapprouva ouvertement l'idée du général, dont il n'est pas, à vrai dire, un très chaud partisan.

Ces derniers mots avaient été prononcés à mi-voix.

Blaise savait, comme Montchal, que Daunou avait refusé de voter la mort de Louis XVI et tenté, en tant que rédacteur principal de la Constitution de l'an III, de faire inscrire, à côté de la Déclaration des droits, une Déclaration des devoirs, ce qui eût été une bonne chose.

— Il est vrai que vous n'auriez pas pu passer la colonne par le Grand-Saint-Bernard comme nos canons, mais la Marine, elle, aurait pu s'en charger, remarqua Blaise.

— Nous aurions résolu les difficultés du transport, d'une

manière ou d'une autre, et ce n'est pas ce qui provoqua l'opposition du citoyen Daunou. Sais-tu que nous avions déjà rempli cinq cents caisses avec les œuvres d'art « prélevées » dans les musées ou les palais et les livres enlevés aux rayons des bibliothèques et nous emportions aussi un obélisque. C'était beaucoup ! Et puis Daunou rappela que le gouvernement de la République ne doit pas se conduire en pillard. Il s'était lui-même engagé auprès des Italiens à ne pas toucher aux monuments publics. Quand Bonaparte comprit qu'il risquait de ternir sa gloire pour un morceau de marbre antique, il se rendit aux raisons de Daunou. Ainsi, commandant, nous devrons fabriquer nous-mêmes notre colonne ! Je puis te dire, sous le sceau du secret, que ce sera une copie de la trajane... dès que notre général aura accompli assez de hauts faits pour dérouler une spirale de bas-reliefs comparable à celle qu'a laissée l'Optimus ! D'ailleurs, Bonaparte semble avoir une prédilection pour les empereurs, surtout quand ils sont romains. Je puis te dire qu'en janvier il a fait placer, par le peintre David, dans son cabinet de travail des Tuileries le buste de Brutus, enlevé au Capitole ! *L'Ami des Lois* l'a annoncé le 14 janvier.

Blaise perçut l'ironie du propos et comprit que l'aérostier n'avait pas pardonné au Premier consul la suppression d'une arme nouvelle, dont il estimait l'avenir assuré. Ne voulant pas encourager ouvertement les critiques de Montchal, Fontsalte répliqua, avec un peu d'emphase, qu'il ne tenait qu'aux ennemis de la France de fournir aux armées de la République prétexte à s'illustrer à nouveau.

— Pour la gloire de la République, nous ornerons cette colonne de nos trophées et nous prendrons assez de canons aux ennemis de la patrie pour qu'elle soit coulée dans le bronze le plus pur !

Un peu étonné par cette profession de foi chauvine, le lieutenant s'inclina en souriant.

— Pour la gloire de la République, si vous jouissez, vous autres, officiers de la Garde des consuls, de quelque crédit parmi les gens influents, faites savoir que l'aérostation peut devenir un élément important dans les batailles futures...

Blaise interrompit d'un geste l'ancien aérostier.

— Vous êtes, non seulement téméraire, mais courageux. Hélas, vos engins sont rien moins que sûrs. Mon père m'a raconté qu'en 1784 il avait assisté à l'envol, à Strasbourg, de l'aérostat de l'opticien Adorn. Le ballon s'éleva pendant une minute puis retomba sur un toit et y mit le feu. L'opticien et l'un de ses parents qui l'accompagnaient furent blessés. Ils avaient failli s'embrocher sur la flèche de la cathédrale !

— Nous avons fait de grands progrès, depuis ce temps-là ! protesta le lieutenant.

— Mon père racontait aussi comment, à la même époque, le duc de Chartres, futur Philippe Egalité, qui croyait à tout ce qui était nouveau et, entre autres chimères, à l'avenir des machines aériennes, avait fait l'essai d'un ballon à Saint-Cloud. Il avait pris place dans la nacelle, mais il ne se trouvait pas à cent toises du sol qu'il avait exigé d'être ramené à terre. Il fut hué par les spectateurs et l'on chantonna son ascension. Tiens, je me souviens de ce couplet que mon père, qui détestait le duc, m'avait appris :

Chartres ne se voulait élever qu'un instant;
Loin du prudent Genlis il espérait le faire,
Mais par malheur pour lui la grêle et le tonnerre
Retracent à ses yeux le combat d'Ouessant.
Le prince effrayé dit : Qu'on me remette à terre,
J'aime mieux n'être rien sur aucun élément[1]...

fredonna Blaise.

— Tout le monde sait que le duc de Chartres n'était pas un foudre de guerre. Souviens-toi du combat naval d'Ouessant, la mer déjà ne lui avait pas réussi ! Mais il eût mieux valu, pour l'honneur des Orléans, que le futur Philippe Egalité perdît la vie en tombant d'un ballon plutôt que par la guillotine à laquelle il avait envoyé Louis XVI ! Une vilenie bien mal récompensée par les révolutionnaires, observa Montchal.

— Le peuple flaire l'hypocrisie des opportunistes. Il aime que les princes soient des princes, les curés des curés, les catins des catins ! Il n'a aucun respect pour les aristocrates qui trahissent leur classe ! Son ingratitude est démonstration de liberté !

Un peu plus tard, sur l'ancienne place Louis-XV, devenue, le 11 août 1792, place de la Révolution, et maintenant nommée place de la Concorde, Fontsalte et Montchal assistèrent à l'inauguration d'une autre colonne nationale, à l'endroit même où, le 21 janvier 1793, Louis XVI avait été décapité dans le plus trivial enthousiasme, avant que s'organisât autour de l'échafaud une obscène farandole.

1. *Mémoires de la baronne d'Oberkirch*, G. Charpentier, Paris, 1853.

Pendant cette célébration, destinée à faire oublier les exécutions d'autrefois, Blaise se souvint qu'à Fontsalte sa mère avait pris le deuil dès qu'elle avait su la mort du roi, qu'à Montbrison des gens avaient eu le courage de manifester leur indignation et que son père avait proclamé, haut et fort, que les vrais amis du peuple n'étaient pas les régicides. Le marquis s'était attiré la haine des radicaux, en alléguant publiquement que le sang d'un monarque, fût-il faible et incompétent, laisse sur les pages les plus glorieuses des livres d'histoire une tache indélébile.

Sur cette place, plus de mille personnes, dont les officiants de la Terreur, avaient eu la tête tranchée. Des noms revenaient, pêle-mêle, à la mémoire de l'officier : la reine Marie-Antoinette, bien sûr, mais aussi Charlotte Corday, Mme Roland, la comtesse du Barry, Madame Elisabeth qui avaient précédé les Girondins, Philippe Egalité, Danton, Lamoignon, Lavoisier, Malesherbes, Hébert, Robespierre, Saint-Just, Couthon, Henriot, Bourbotte et d'autres. En nommant la place des martyrs place de la Concorde, les consuls n'exprimaient-ils pas un vœu patriotique ? On venait, pour l'instant, d'y dresser la maquette, grandeur nature, d'une « colonne nationale », encore une, à la gloire des armées de la République. Elle remplacerait la statue monumentale de Lemot, une Liberté assise lance à la main, coiffée du bonnet phrygien[1], « coiffure des pêcheurs napolitains », fit remarquer le lieutenant Montchal ! Faite de plâtre répandu sur un support de maçonnerie légère, peinte couleur bronze, cette Liberté de pacotille avait mal supporté les intempéries. Fendue, craquelée, menacée d'une chute qui eût été symboliquement désastreuse, sa décrépitude justifiait l'air harassé que lui avait donné, sans doute inconsciemment, le sculpteur.

Blaise apprit par l'aide de camp de Daunou, très au fait de tous les potins parisiens, qu'au mois de juin, quand cette statue avait été enlevée sur ordre du Premier consul, les ouvriers avaient trouvé,

1. De Phrygie, ancienne contrée de l'Asie Mineure, patrie du satyre Marsyas, inventeur de la flûte et excellent musicien. Midas, le roi de Phrygie, après avoir reçu de Bacchus le don de transformer en or tout ce qu'il touchait, découvrit, quand ses aliments devinrent métal, que, malgré toutes ses richesses, la vie paraissait d'une insupportable tristesse. Repenti de son esprit de lucre après une baignade dans le fleuve Pactole qui, dès lors, roula des pépites d'or, il fut affligé par Apollon de belles oreilles d'âne ! Son royaume de Phrygie tirait son nom de Phrygia, fille de Cécrops, le premier roi des Athéniens, qui avait aboli l'usage de sacrifier des vies humaines au culte de Jupiter. Les Phrygiens, originaires de la Thrace et habitants de cette contrée, passaient pour être mous et efféminés mais bons musiciens !

dans le globe qu'elle brandissait de la main droite, un nid de tourterelles ! Ces paisibles oiseaux reviendraient-ils nicher sur la colonne projetée[1] ?

Chassant ces pensées importunes, Blaise quitta Gilles de Montchal et rejoignit les chasseurs à cheval de la Garde, son unité d'origine, qui devaient escorter jusqu'aux Invalides les trois consuls, Bonaparte, le ci-devant abbé Sieyès et Roger Ducos. Ces derniers, dont un seul comptait à ses yeux, comme lui sembla-t-il pour la foule qui ne faisait que crier « Vive Bonaparte », étaient déjà à cheval. Habit de velours rouge, culotte collante de soie blanche, baudrier en passementerie au fil d'or, bottes à la hongroise, les trois hommes allaient devant les ministres, les conseillers d'Etat et les membres des corps constitués. Ce cortège, remarqua Fontsalte, ne progressait pas dans un ordre parfait, les uniformes étaient disparates, les alignements laissaient à désirer et l'on bavardait dans les rangs. Cependant, malgré la chaleur accablante, la poussière soulevée par les sabots des chevaux et les souliers des fantassins, émanait de cette foule en marche une impression de force et de grandeur populaire. « Le peuple omnipotent s'avance », pensa Blaise. Une ère nouvelle commençait, qui avait pris naissance dans un modeste hameau lombard, dont le nom était maintenant synonyme de victoire : Marengo.

On devinait, à voir les visages levés vers Bonaparte, que le vainqueur des Impériaux avait rendu au peuple sa fierté et que ce général pouvait maintenant demander n'importe quoi aux hommes et aux femmes qui l'acclamaient. Seuls, en ce jour de fête, les jacobins et les royalistes faisaient grise mine, craignant que la gloire de Bonaparte n'étouffât à jamais l'ingénuité républicaine des uns comme la volonté de revanche des autres. Pour la première fois, Blaise de Fontsalte entendit crier par quelques luronnes le prénom peu commun du Premier consul : Napoléon.

Tandis que, sous le dais à colonnes construit devant le Corps législatif, se pressaient les invités de marque, le cortège prit la direction de la chapelle des Invalides, enlevée au Dieu des chrétiens et dédiée à Mars, dieu de la guerre. Quand le ministre de l'Intérieur eut prononcé un discours, la cantatrice italienne Giuseppina Grassini et le ténor Bianchi chantèrent un duo à la gloire des armées françaises.

---

1. Celle-ci ne fut jamais construite.

Pendant cette audition, le général Ribeyre se pencha vers Fontsalte et, d'un mouvement de tête, désigna la chanteuse.

— Vous devez savoir que cette belle personne, que nous avons applaudie à la Scala, à Milan, est arrivée à Paris dans les bagages du Premier consul. Eh oui ! Il l'a installée dans un appartement de la rue Caumartin. Il lui rend visite de temps en temps. Mais attention, si l'Italienne est en cour, une autre jolie personne, qui vient d'arriver à Paris, doit être tenue à l'écart. Il s'agit d'une charmante divorcée, qui aurait égayé les nuits de notre général en chef pendant la campagne d'Egypte !

— Celle-là, je la connais, c'est Pauline Fourès, la gentille blonde de Carcassonne, qu'on appelait Bellilote. Au moment de rentrer en France, Bonaparte l'avait, si je puis dire, léguée à Kléber ! Divorcée d'un mari, abandonnée par un amant, veuve d'un autre, elle n'a pas eu de chance, compléta Blaise.

— Le Premier consul ne veut plus la voir, mais il lui fait porter un peu d'argent par notre service, car elle est sans ressources. Le mieux, aurait-il dit, serait de la marier promptement ! Ne seriez-vous pas candidat ? Cela pourrait être pris comme un acte de dévouement au Premier consul ? insinua Ribeyre en souriant.

— Non, merci, général. Je ne compte pas avancer par les femmes ! Et puis...

— Et puis il y a cette petite Vaudoise dont vous m'avez parlé, l'autre soir, chez Frascati. Hein, vous y pensez souvent !

— C'est-à-dire...

— Comptez sur moi, ami. La première mission en Suisse sera pour vous. J'aime que les amoureux se réunissent de temps en temps !

Harassés par une journée de cérémonies, Fontsalte et Ribeyre s'empressèrent de rentrer chacun chez soi, pour passer des vêtements civils afin de pouvoir dîner en ville, voir Paris illuminé, avant d'aller danser dans un des salons où Ribeyre avait ses entrées. Ils se donnèrent rendez-vous boulevard des Italiens, au café Hardy, renommé pour la volaille en papillote et les andouilles aux truffes.

En arrivant à Paris, Blaise avait appris, par le général Ribeyre, les circonstances de l'assassinat de Kléber, le 14 juin, en Egypte, jour de la mort de Desaix, au cours de la bataille de Marengo. Ainsi, la mort avait fauché deux généraux fameux le même jour. Au cours du dîner, ce soir-là, Ribeyre révéla que l'assassin du général, Soleyman-el-Halepi, un jeune fanatique, avait été pris et empalé. Il ajouta qu'il existait aussi des fanatiques en France, ce qui était fort préoccupant pour la sécurité du Premier consul. L'enthousiasme populaire perçu au cours de la journée ne devait pas dissimuler qu'il fallait tenir compte de deux oppositions souterraines et déterminées. La première, soutenue par les émigrés, et sans doute par les Impériaux, considérait la défaite des Autrichiens en Italie comme un nouvel obstacle à la restauration en France de la monarchie. La seconde estimait que le Consulat trahissait l'idéal révolutionnaire. Chouans irréductibles et anarchistes de taverne, nobles félons et révolutionnaires évincés ne rêvaient que supprimer Bonaparte, le nouveau phare de la patrie. Tous ces assassins en puissance servaient, sans même s'en douter, les jacobins ambitieux. La trahison rampait dans les allées du pouvoir. Aux Affaires secrètes, on était bien informé et Ribeyre le démontra.

— Pendant que nous étions en Italie, le bruit courut au Sénat de la mort d'un général à Marengo. Ceux qui prenaient leur désir pour réalité murmurèrent le nom de Bonaparte. C'est Desaix qu'il eût fallu dire. Aussitôt, certains membres du gouvernement, et non des moindres, qui avaient misé sur l'échec de la campagne d'Italie, se concertèrent pour assurer, par un comité de salut public, la succession de Bonaparte. Des noms circulèrent : Bernadotte, La Fayette, Clément de Rys. On parla aussi de Pichegru, de Carnot et, même, du duc d'Orléans[1], ce qui fit sursauter plus d'un. Les royalistes, en relation avec Louis XVIII, prévoyaient une série d'insurrections à Bordeaux, Toulouse et Lyon. Ils auraient attendu, pour lancer le soulèvement, l'arrivée en France du duc de Berry, qu'un bateau anglais aurait transporté en Provence. Bien que la surveillance de ces gens relève de la police de Fouché, nous devons ouvrir l'œil. Il faut aussi savoir que le Premier consul n'a pas une confiance totale dans son ministre de la Police. Il considère que seuls sa garde et notre service sont sincèrement dévoués à sa personne. Voilà pourquoi je vous informe de l'existence de ces comploteurs. Bonaparte va, dans les prochains jours, affirmer son autorité, régler la situation avec Rome et clore la liste des émigrés, ce qui ne plaira pas à tout le monde. Il demande à ses fidèles de veiller.

— J'en suis, comme vous, général, non par crédulité ou débordante affection, mais parce que Bonaparte est, je crois, le seul qui

1. Louis-Philippe, fils de Philippe Egalité guillotiné en 1793. Fut duc d'Orléans de 1793 à 1830. Futur roi des Français.

puisse rendre au pays son équilibre interne, assurer sa sécurité et donner confiance au peuple. C'est un homme d'imagination, de courage et de volonté. Je sais que certains voient en lui un futur dictateur. Peut-être en est-il un, au sens romain du terme. Mais le pays ne retrouvera pas de discipline administrative, de prospérité commerciale et une santé morale sans autorité. Et puis, ce qui me plaît, c'est son idée de ne faire la guerre qu'à la guerre, de garantir aux peuples liberté, respect, indépendance. De prôner, partout, l'avancement des lumières et du progrès. Je crois que faire l'Europe est sa grande passion. Il y a chez ce roturier une noble intransigeance, une sorte d'insouciance aristocratique de déplaire. Bref, général, il me plaît de le servir !

L'enthousiasme de Fontsalte amena un sourire sous la moustache de Ribeyre.

— Nous le servirons tant que nos consciences admettront qu'il sert lui-même la France éternelle, celle qui survit aux rois et aux républiques. Vos ancêtres, comme les miens, cher Fontsalte, n'ont jamais pris d'autre engagement.

— Cela leur a valu, quelquefois, d'amères déceptions. Je pense à ce qu'a vécu mon père, dit Blaise.

— Cela leur a aussi valu quelque gloire, compléta Ribeyre.

Blaise posa la main sur la manche de son ami et leva son verre, l'invitant du geste à en faire autant.

— « C'est maintenant qu'il faut boire, frapper la terre d'un pied libre », dit-il, citant Horace [1].

Au mois de septembre, la première mission de confiance dont Ribeyre chargea Blaise de Fontsalte n'eut rien de très glorieux. On lui demanda de retrouver toutes les pièces d'uniforme que portait le Premier consul à Marengo, pour les livrer au peintre Jacques-Louis David, qui les réclamait pour faire un portrait du général franchissant le col du Grand-Saint-Bernard. Ce tableau, commandé pour le roi Charles IV d'Espagne, par son ambassadeur à Paris, devait être promptement exécuté. David, à qui le Premier consul avait refusé, parce qu'il le trouvait trop somptueux, l'uniforme dessiné pour les consuls de la République, tenait à donner de Bonaparte une image héroïque mais exacte. Et cela d'autant plus que le roi d'Espagne, qui payait le tableau vingt-quatre mille francs, avait dit à l'ambassa-

---

1. Ode écrite à l'occasion de la victoire d'Actium.

deur de France à Madrid, M. Alquier, qu'il ferait placer ce portrait dans le salon des Grands-Capitaines, dépendance des appartements royaux.

Blaise accomplit sa mission, se rendit à l'atelier de Jacques-Louis David, au Louvre, et vit le peintre habiller un mannequin avec l'uniforme de général qu'un aide de camp avait tiré de la garde-robe du Premier consul. Le chef d'escadrons Fontsalte n'avait pas reconnu le grand manteau de cavalerie gris que portait le général à Martigny, mais il s'abstint de tout commentaire devant l'artiste, membre de l'Institut et célébrité nationale. Il prit seulement le temps d'admirer un grand tableau intitulé *le Serment des Horaces*, que David conservait dans son atelier.

Comme il béait d'admiration devant l'immense toile, un élève de David demanda au commandant s'il accepterait de poser une heure pour lui.

— Vous avez une très belle tête, des traits virils, même durs, vraiment très officier de dragons. Et vos côtelettes bien fournies et vos superbes moustaches..., exactement ce que je cherchais.

— Je ne suis pas dragon mais chasseur de la Garde des consuls, mes favoris — mes côtelettes, comme vous dites — sont taillés en crosse de pistolet, ce qui est réglementaire, même si ma moustache, un peu trop fine, ne l'est pas !

— Oh ! ne vous fâchez pas, commandant ! J'ai l'œil artiste et je sais d'emblée reconnaître un bel homme.

Blaise s'assit de trois quarts sur un tabouret, tourna comme on le lui demandait son visage vers la gauche, en fixant un ennemi imaginaire, et, patiemment, prit la pose.

Quand il eut terminé, le peintre offrit à Blaise un petit dessin au crayon de David, une étude, représentant un cavalier nu sur un cheval cabré.

— C'est pour le Bonaparte au Grand-Saint-Bernard, le maître m'en a laissé deux, je vous offre celui-ci en souvenir. Mais peut-être, un jour, vous reconnaîtrez-vous sur un de mes tableaux ; je me nomme Delécluze.

En quittant l'atelier, Blaise se rendit chez un encadreur, qui mit sous verre le dessin. Ce fut la première œuvre d'art qu'il accrocha au mur de sa chambre.

Ses missions suivantes consistèrent à accompagner le général Ribeyre, qui l'avait choisi comme aide de camp, afin d'épargner au chef d'escadrons tout service dans la Garde à cheval des consuls.

A Mortefontaine, où fut signé un important traité entre la France et les Etats-Unis, puis fin septembre à San Ildefonso, en Espagne, Blaise de Fontsalte remplit son rôle d'officier d'état-major. C'était le premier contact du Forézien avec l'Espagne, pays de soleil, au riche passé aventureux et mystique, terre des conquistadores, lieu géométrique de toutes les influences, où Grecs, Romains, Arabes, Visigoths, juifs avaient laissé, dans les arts et les mœurs, les souvenirs, somptueux ou impalpables, de civilisations révolues.

Avant de passer les Pyrénées, Blaise voyait l'Espagne comme un Orient européen. Il ne fut pas déçu. Tandis que les diplomates étudiaient, au palais de la Granja, les modalités de la restitution de la Louisiane à la France, il profita de ses heures de liberté pour parcourir à cheval la sierra de Guadarrama. Devant le pic de Peñalara, il se revit devant les Alpes, au pied du Grand-Saint-Bernard. Il imagina qu'en cette saison l'hospice était déjà sous la neige et, de là, sa pensée glissa tout naturellement vers le lac Léman, vers Dorette. Le soir même, ayant l'opportunité d'un courrier diplomatique, plus rapide que la poste aux relais aléatoires, il lui écrivit une lettre à laquelle il joignit une petite aquarelle représentant la résidence royale. Blaise parcourut souvent, à la tombée de la nuit, les jardins étagés, dessinés autrefois par les Français René Carlier et Etienne Boutelou, pour le compte du petit-fils de Louis XIV, Philippe V d'Espagne, qui avait la nostalgie de Versailles. Il découvrit avec Ribeyre les vingt-six fontaines monumentales dispersées dans le parc et grimpa jusqu'au lac artificiel qui, par un système fondé sur le principe des vases communicants, inondait Persée et son dragon, douchait Amphitrite, abreuvait tritons et batraciens de marbre, dressait pour la Renommée chevauchant Pégase un panache liquide de cinquante mètres de hauteur. Devant les bains de Diane, immense bassin peuplé de nymphes, de faunes, de lions, d'oiseaux fabuleux, de serpents, tout ce monde soufflant de l'eau, vomissant des cascades, crachant des pluies disciplinées, un Espagnol, officier du Palais, rappela aux visiteurs la phrase célèbre de Philippe V voyant pour la première fois fonctionner ce théâtre d'eau : « Tu m'as distrait trois minutes, mais tu m'as coûté trois millions ! »

Malgré les fêtes et les bals organisés pour distraire les plénipotentiaires et leur suite, malgré le charme acide et les œillades des belles danseuses ségoviennes, malgré la succulence des mets et l'arôme des vins, Fontsalte trouva au paysage, comme aux monuments et aux gens, une tonalité mélancolique. L'étiquette compassée de cette cour désuète, les jardins ordonnés, oasis insolite au milieu d'une forêt de pins, l'horizon gris des montagnes couvertes de bruyère, tout transpirait le royal ennui de la Vieille-Castille.

— On comprend mieux, ici, la neurasthénie chronique du premier Bourbon, roi d'Espagne, qui ne trouvait d'exutoire que dans l'architecture et les jeux d'eau, observa Ribeyre, qui partageait le sentiment de Blaise.

Quand le traité fut signé, le 1er octobre 1800, qui rendait à la France une grande province d'Amérique dont personne ne connaissait exactement les limites, la délégation française et sa suite furent bien aises de regagner Paris.

— On prête au Premier consul l'intention de former une armée et une administration, pour aller militairement occuper la Louisiane. Peut-être serons-nous de l'aventure. Un préfet colonial a déjà été nommé, le ci-devant baron Clément de Laussat, qui se fait appeler Laussat tout simplement, annonça Ribeyre.

— Encore un qui a renoncé à sa particule, observa Blaise.

Le général posa sur son aide de camp un regard malicieux.

— Cher marquis Blaise de Fontsalte des Atheux, permettez au comte Claude Ribeyre de Béran de vous dire, en tant que ci-devant volontaire, que le citoyen Laussat n'est pas le seul à s'être sagement... roturisé, si vous me permettez ce barbarisme !

Tandis que leur berline roulait sur les routes cahoteuses, entre Pampelune et Bayonne, les deux amis commencèrent à échafauder des projets, comme en font les soldats désœuvrés quand les canons se sont tus.

La Part du feu

1.

Au premier jour de la vendange, Charlotte Métaz annonça à Guillaume qu'elle attendait un enfant. Elle le savait depuis plusieurs semaines mais, rusée, avait différé la divulgation de son état jusqu'en octobre. En choisissant l'époque où tous les Veveysans, de l'aube au crépuscule, travaillaient dans le vignoble, Charlotte s'assurait, chaque jour, de longues heures de répit entre les prévisibles tirades enthousiastes d'un mari impatient d'être père.

M. Métaz, accaparé par la surveillance des journaliers embauchés pour la vendange, le compte des brantes[1] et l'évacuation des bossettes[2] vers le pressoir où Blanchod veillait au pilonnage de la grappe, s'habituerait à son bonheur sans, au moins pendant trois semaines, le célébrer à tout instant devant sa femme. Celle-ci lui fit le plaisant aveu au moment où il endossait son bourgeron pour monter dans ses vignes. Charlotte, encore en vêtement de nuit, venue l'embrasser sur le seuil, ce qui n'était pas son habitude, lui glissa la nouvelle à l'oreille, comme s'il se fût agi d'un secret.

— Ne l'ébruite pas, mais je crois bien que tu vas être père d'ici le printemps, susurra-t-elle.

Métaz, suffoquant de surprise et de satisfaction, souleva sa

1. Sortes de hottes qui servent aux porteurs chargés d'évacuer — à dos d'homme en raison de la pente du vignoble vaudois — le raisin cueilli par les vendangeurs.
2. Bennes dans lesquelles les porteurs de brantes versent le raisin.

femme dans ses bras, la serrant à lui couper le souffle, puis, la reposant à terre, il la considéra avec une immense tendresse en essuyant une larme.

— Tu es bien sûre, au moins..., ce n'est pas un retard de...

— Sans être vraiment sûre, car, vois-tu, c'est encore trop récent, je crois bien que c'est ça... Je me sens toute drôle et un peu nauséeuse. Elise Ruty s'est sentie comme ça dès les premières semaines, quand elle attendait ses jumelles !

— Un seul garçon, pas besoin de deux, ma Lotte, nous suffira !

Puis, comme les chevaux attelés piaffaient dans la cour, Guillaume déposa un baiser sur le front de sa femme.

— Ma cocolette[1], c'est un signe que Dieu nous envoie au premier jour de vendange. Fruit de l'amour, fruit de la vigne.

Puis il cita l'Ecclésiaste :

— « Tu ne sais pas comment la vie se forme dans le ventre d'une femme enceinte. Tu peux encore moins comprendre comment Dieu agit, lui qui fait tout. C'est pourquoi, sème ton grain dès le matin, et jusqu'au soir n'arrête pas de travailler. »

Après avoir franchi le seuil, il se retourna vers la porte entrebâillée où s'inscrivait le visage de Charlotte et, se frottant les mains comme un homme qui vient de réussir une affaire, Guillaume Métaz se hissa près du charretier et donna gaiement le signal du départ.

La porte refermée, Charlotte poussa un gros soupir de soulagement. Même si la joie de son mari l'embarrassait un peu, elle se sentait sereine. Ayant décidé que cet enfant à naître serait celui de Guillaume Métaz, elle avait tout fait, depuis les premières craintes après son aventure de l'été, pour qu'il ne doutât pas de sa paternité. Même Flora, qu'elle n'avait pas encore informée de son état, ne pourrait avoir de soupçons. Les commères, qui comptaient sur leurs doigts les mois et semaines séparant les mariages des naissances, lui feraient des compliments pour cette consécration tardive d'une heureuse union de trois années.

Le samedi après le départ de Blaise, elle s'était rendue, comme souvent, chez sa mère, à Echallens, et avait fait ce que les bigotes appelaient une bonne confession. A l'aveu du péché d'adultère, le prêtre avait eu un petit « tst-tst » agacé et désapprobateur. Il avait même tergiversé pour accorder l'absolution, avant d'infliger à la

---

1. Personne chérie, généralement un enfant. De cocoler, verbe suisse dérivé du patois cocola, cajoler. Une cocolette est aussi une sorte de câlin.

pénitente la récitation du chapelet pendant une semaine, à genoux, devant l'image de la Vierge Marie ! Charlotte avait dû promettre de ne plus transgresser le neuvième commandement. Au jour de l'absolution, elle ignorait encore les conséquences de sa conduite. N'étant plus en état de péché mortel quand elle avait compris qu'elle était enceinte, elle considérait l'enfant à naître comme absous avant que d'être annoncé ! C'était là une commode interprétation du pardon que Charlotte prenait avec sa conscience.

Dès lors que toute la maisonnée fut dans la confidence, Polline, à la demande de Guillaume, redoubla d'attentions afin d'éviter tout effort superflu à la future mère. Flora fut invitée à venir chaque après-midi à Rive-Reine, pour veiller de plus près sur son amie, et le futur père, dont les connaissances en matière de grossesse étaient fort limitées, se retint désormais de tout rapprochement amoureux avec sa femme. Il eut à cela un certain mérite, car, depuis l'été, l'épouse, jusque-là plus soumise que consentante, avait accueilli avec un entrain plaisant les hommages réitérés de son mari. Comme Charlotte l'avait souhaité, Guillaume mettait sa perspective de paternité sur le compte d'une harmonie sexuelle qui avait été longue à se manifester. Propriétaire de sa femme comme de ses vignes, Guillaume vendangeait toute la journée et, le soir, célébrait sur tous les tons son bonheur. Se souvenant de sa hantise inexprimée d'avoir épousé une femme stérile, il lançait parfois à la future mère, avec un clin d'œil qui se voulait grivois : « Tu vois, c'est ce que je disais depuis notre mariage : il faut planter souvent pour récolter quelquefois ! »

Le seul membre du cercle Métaz qui ne mêla pas ses compliments au touchant concert des congratulations fut Martin Chantenoz. Il imagina avec anxiété le corps de sa sylphide déformé par ce qu'il osa nommer « la hideuse protubérance de l'enfantement ». Intellectualisant toutes les données de la vie, il proclamait que certaines femmes ne doivent pas procréer. Que la beauté ne peut sacrifier aux lois ordinaires de la génétique.

— Un être comme Charlotte devrait avoir des enfants sans les faire ! finit-il par lancer, au cours de la veillée où Mme Métaz annonça qu'elle serait mère au printemps prochain.

Toute l'assemblée s'esclaffa et Blanchod, qui ne laissait jamais passer une occasion de se moquer des papistes, riposta :

— Seul l'archange Gabriel peut annoncer de tels miracles... et encore, quand le Saint-Esprit s'en mêle !

— Laisse l'archange Gabriel dans son ciel, ordonna Guillaume, qui détestait qu'on ridiculisât les croyances de Charlotte.

— Dans sa caserne, veux-tu dire ! Gabriel était un militaire, observa Charles Ruty.

Cette réflexion déclencha de nouveaux rires et mit Charlotte d'autant plus mal à l'aise qu'elle crut voir une tendre ironie dans le regard de Flora.

Martin Chantenoz se contenta de hausser les épaules. Il détestait ce genre de conversation, où les gens s'ingéniaient à faire assaut d'esprit. Doué d'une acuité de perception maladive, attentif aux plus ténus frissons du cœur, sensible à la moindre égratignure de l'âme, il se délectait de ses blessures d'amour-propre, se complaisait dans son incapacité à partager les sensations épaisses des autres. Impropre à tout commerce humain banal, il vivait dans sa tête, s'étant créé un monde irréel, un univers de passions contenues, de sentiments secrets et raffinés. Il percevait, avec une joie amère, dans le croassement d'un corbeau au crépuscule le fracas d'un torrent sauvage dans les solitudes alpestres, le hurlement de la bise noire qui gelait les vignes, la plainte des âmes en peine sœurs de la sienne. Une tempête sur le lac et les lourds brouillards de novembre lui apportaient plus de bien-être qu'une radieuse journée de printemps.

Ses peintres préférés étaient Thomas Girtin — il possédait une gravure du fameux *Bamburg Castel* — George Romney, dont il avait acquis, à prix d'or, une aquarelle et encre noire représentant une assemblée de sorcières, John Robert Cozens, mort fou en 1797, peintre des solitudes géologiques, pour qui la montagne, avec ses ténébreux abîmes et ses hérissements terrifiants, n'était que ruine antédiluvienne, et surtout, le Suisse Caspar Wolf. Une aquatinte coloriée de cet artiste, *Vue de la caverne du Dragon dans le canton d'Unterwalden*, figurait dans la chambre de Martin.

Blanchod, autodidacte rustique et proche de la terre, admirait l'érudition du poète mais ne concevait pas ses goûts ténébreux.

— Tu es un solitaire ombreux. Tu fais de l'insignifiance de l'homme par rapport à la nature à la fois une désolation et une jouissance. Tu veux que je te dise, Martin, tu es un pervers ou un morbide !

Flora Baldini, la seule femme dont le poète ne se méfiât pas et qui avait pour Chantenoz plus que de l'affection, reconnaissait que Martin ne voyait pas le monde comme le commun des mortels. D'ailleurs, n'avait-il pas « les yeux doublés d'âme » ? L'expression n'était pas de son cru, Flora l'avait entendu prononcer par une dame genevoise de passage à La Tour-de-Peilz.

A ces considérations sur son attitude devant la vie et son interprétation métaphysique des paysages alpins, Martin répondait en citant Horace-Bénédict de Saussure, le géologue genevois, mort l'année précédente, qui avait traversé quatorze fois les Alpes par huit passages différents avant de gravir le mont Blanc : « L'âme s'élève, les vues de l'esprit semblent s'agrandir et, au milieu de ce majestueux silence, on croit entendre la voix de la nature et devenir le confident de ses opérations les plus secrètes. » Dans les stances de ses poèmes, dont Charlotte était la première lectrice, Martin Chantenoz s'efforçait de rendre la sensation de vertige intérieur que lui procurait la contemplation des ruines, mégalithes, éperons rocheux inaccessibles ou donjons anéantis par le temps.

Bien qu'amoureux admis et platonique de Charlotte, Chantenoz reprochait à son amie d'enfance d'attacher une importance bourgeoise à l'opinion de gens qu'elle méprisait, regrettait qu'elle affichât des goûts mièvres en matière de littérature, une piété conventionnelle, une absence de curiosité pour les théories philosophiques nouvelles. Il s'étonnait aussi, mais là, sans le dire, que la jeune femme pût se satisfaire aussi aisément d'un époux qui ne pensait qu'aux affaires et à l'argent. Agrandir son vignoble, trouver du fret pour ses barques, imaginer de nouvelles industries, acquérir des terres et, fidèle à tous les offices, se montrer un protestant exemplaire avait, jusque-là, suffi au bonheur de cet homme réaliste. Incapable de trouver dans le jeu des idées la moindre jouissance intellectuelle, il n'en retenait que l'aspect pratique, concret, productif. Quand Chantenoz raillait ces dispositions affairistes, Guillaume, placide et certain de sa vertu, répondait en rappelant que Calvin avait reconnu aux hommes la liberté d'user des biens naturels que Dieu a créés ; que l'argent n'est pas une matière honteuse ; qu'on peut s'enrichir par le travail et les affaires ; enfin, que les choses ne sont ni bonnes ni mauvaises et que l'usage à en faire reste une question de conscience individuelle.

A toutes les critiques qu'il formulait contre le mari de Charlotte, Chantenoz ajoutait maintenant une moquerie nouvelle. Depuis qu'il avait l'assurance d'être père, Guillaume Métaz se prenait pour un Phénix alors, allait répétant Martin, « que le premier imbécile venu peut faire un enfant à une femme ».

La vendange de l'année 1800 se révéla abondante et de bonne qualité. D'abord, les coccinelles avaient été fidèles à leur mission :

débarrasser les sarments des araignées microscopiques dont on savait, depuis peu, qu'elles s'introduisent sous l'écorce pour pomper la sève. Ensuite, la grêle et les orages dévastateurs avaient épargné le vignoble. Enfin, les pluies de fin septembre, alternant avec le soleil d'automne, avaient ballonné le grain et sucré la pulpe.

Au pressoir des Métaz, qui traitaient aussi la vendange de quelques petits vignerons, Blanchod faisait fouler et presser chaque soir quatre-vingts brantes de quarante litres. Déjà, le jus de l'année s'écoulait dans cuves et tonneaux. Sortis des caves, tous ces vases, comme les nommaient les anciens, avaient auparavant été immergés quelques jours dans le lac ou remplis d'eau, afin que douves et fonds s'imbibent, gonflent, se joignent, pour ne laisser aucune fente par où pourrait fuir le vin. Les hommes devaient passer une partie de la nuit au pressoir, à fouler la grappe en la piétinant dans la maie avant de serrer à force, en poussant comme galériens leur rame, les leviers de l'énorme vis de bois.

Les épouses avaient déjà préparé un copieux repas. Le dernier char de la journée était descendu des vignes. Les dernières brantes jetées dans la maie, le pressage en train, les femmes servaient les fouleurs aux chevilles empesées de moût, les tâcherons harassés puis les vendangeuses aux reins douloureux. La fatigue imposait silence aux hommes et le seul bruit des cuillères dans les écuelles conférait au lieu une ambiance de réfectoire monacal. Tous, croyait-on, ne pensaient qu'à dormir quelques heures quand, soudain, un vieux charretier sortait un flageolet, un journalier fribourgeois étirait son accordéon et plusieurs se mettaient à chanter le *Ranz des vaches,* entonné par un berger venu du pays d'En-Haut pour se faire quelques sous. La fatigue oubliée, les couples se levaient pour danser autour du pressoir d'où montait, enivrant et douceâtre, le fumet de la grappe écrasée.

Au petit matin arrivait l'équipe chargée de desserrer la vis de la presse, d'enlever à la pelle le moût tassé, que l'on mettait à macérer avec de l'eau et du sucre dans un grand tonneau et qui fournirait la piquette, boisson offerte toute l'année aux ouvriers agricoles.

On reconnaissait partout, à travers le vignoble comme en ville, le dernier char de la vendange. Décoré d'un gros bouquet de fleurs des champs et suivi des vendangeurs et vendangeuses portant hottes ou seilles, l'attelage recevait, sur le chemin du pressoir, les acclamations des Veveysans, comme s'il eût été le carrosse de Bacchus. La vigne, une fois encore, avait livré son sang en échange de la sueur de ceux qui, jour après jour, l'avaient soignée, protégée, embellie, promise à toutes les célébrations. Ce soir-là, on dressait partout des tables devant les caves et les propriétaires offraient un grand dîner à ceux qui, pendant des jours, avaient cueilli, sur les parchets, le raisin mûr.

Comme chaque année, Charlotte Métaz accompagna son mari et présida la table d'honneur autour de laquelle se trouvaient, au coude à coude et sans souci d'étiquette, les parents, les amis, les passants. On la vit égrapper au dessert le raisin de Belle-Ombre, plus doux que celui des autres vignes. Le fruit avait, cette année-là, pour elle seule, un goût de péché consommé.

Jamais Guillaume n'avait paru aussi heureux. Tout en commentant la générosité de la récolte, il posait sur sa femme des regards attendris et, quand fut venu le moment du petit discours de remerciement, il ne put s'empêcher de dire :

— L'an prochain, je puis déjà vous annoncer, mes amis, que nous aurons avec nous un petit vendangeur de plus !

— Ou une vendangeuse, dit Flora Baldini pour contrarier Métaz.

Toutes les têtes se penchèrent vers Charlotte, qui se serait bien passée de pareille publicité.

Après le repas, on dansait traditionnellement le picoulet, une danse qui se terminait en farandole à travers la ville et que conduisaient l'hôte et l'hôtesse. Charlotte ne se déroba pas à ce devoir mais, après quelques pas avec Guillaume, demanda la permission de s'asseoir, ce qui ne surprit personne.

Chantenoz, qui ne participait jamais à ce genre d'agapes, apparut fort à propos pour reconduire Mme Métaz chez elle, Guillaume se devant à la fête et à ses invités.

— Ne sois pas long, je compte sur toi pour me faire danser, cria Flora à l'adresse de Martin.

— Je puis rentrer seule. Tu devrais rester avec Flora, dit Charlotte.

— Oh ! elle ne manquera pas de danseurs. Le fils du boulanger, entre autres. Il la couve de ses yeux globuleux, que c'est indécent, siffla le poète.

Charlotte se mit à rire.

— Serais-tu jaloux, Martin ?

— Si j'avais dû être jaloux, tu sais bien de qui je le serais, Charlotte. Flora n'a aucune part à ça.

C'était la façon du poète de rappeler parfois à l'amie la

pérennité de ses sentiments. De lui faire savoir aussi qu'en portant un enfant de Guillaume elle aggravait la déréliction de l'ancien rival.

— Cesse de ressasser le passé, Martin. Je suis certaine que Flora n'attend qu'un mot de toi pour oublier le sien, comme tu dois oublier le tien, qui n'est pas si tragique. Crois-moi, elle a pour toi de tendres sentiments et une grande admiration. Et, dis-moi, n'est-elle pas belle fille et d'un fort caractère, et pourvue de toutes les qualités qu'un homme peut vouloir chez une épouse ?

— Flora est une sorcière. Cela se voit à ses yeux et à ses mains, nerveuses et sèches. Inutile de faire l'article, Charlotte. Si je devais définir le sentiment qu'elle m'inspire, je dirais que c'est la peur, oui, la peur !

— Eh bien ! Pauvre Flora ! Une sorcière qui fait peur au doux Martin Chantenoz ! Allez, je suis arrivée chez moi. Retourne à la fête. Fais danser la gentille sorcière, tu verras qu'elle a la peau douce et la taille souple, dit Charlotte dans un rire moqueur.

Chantenoz s'arrêta brusquement, à dix pas du seuil de la maison.

— Tu fais une piètre entremetteuse ! lança-t-il durement, ce qui augmenta l'hilarité de Mme Métaz.

» Tu peux rire, te moquer. Eh bien, oui, je retourne au sabbat, pas pour danser avec Flora, non ! Pour me saouler avec les journaliers, clama-t-il en s'éloignant à grands pas, balançant ses bras maigres, remuant nerveusement la tête, une fois de plus meurtri, écartelé entre colère et désarroi.

La vendange rentrée, le vin nouveau mis en tonneau, l'automne qui roussit les vignes au repos fut, comme toujours au pays de Vaud, la belle saison intermédiaire. Ici plus qu'ailleurs autour du Léman, la nature prend son temps pour préparer sans heurts ni précipitation les voies de l'hiver qui s'empare des sommets et ferme les cols alpins. De soleils voilés en brumes matinales, de fraîcheurs vivifiantes en froids secs, de grosses pluies en neiges timides puis franches, la saison s'écoula et, quand vint Noël, la bise nettoya le ciel d'un grand souffle glacé. Sur fond bleu, les montagnes de Savoie se montrèrent parées d'une blancheur neuve ; au-dessus de la ville, le mont Pèlerin parut se hisser dans l'azur, tandis que les parchets inégaux et biscornus, uniformément dissimulés sous une épaisse bâche blanche, prenaient l'aspect lisse et ondoyant d'une cascade de crème glacée.

Les Métaz, quand l'état des routes le permettait, passaient les fêtes de fin d'année à Echallens, où Charlotte se rendait en compagnie de sa mère à la messe de minuit, tandis que son mari se morfondait. Le lendemain, Guillaume allait au temple entendre le sermon, car, depuis 1720, les représentants de la religion réformée avaient rétabli la célébration de la nativité du Christ. Si Mme Rudmeyer goûtait peu cette ségrégation, ses voisins, catholiques ou protestants, mettant une sourdine à leur antagonisme sournois, citaient le couple veveysan en exemple. Les Métaz pratiquaient sans afféterie la tolérance sincère, qui aurait dû inspirer les fidèles des deux communautés. Les rondeurs nouvelles de Charlotte ayant attiré l'attention, huguenots et papistes, qui ignoraient les clauses du contrat de mariage, se demandaient dans quelle religion serait élevé l'enfant à naître.

En rentrant à Vevey dans une tourmente de neige, les Métaz trouvèrent Martin Chantenoz encore plus sombre que d'habitude. Leur ami venait d'apprendre la mort, le 2 janvier à Zurich, de Johann Kaspar Lavater, l'écrivain suisse qu'il estimait le plus, parce qu'il avait le goût du merveilleux dans toutes ses manifestations sensibles, s'efforçait de concilier rationalisme et foi, prônait un humanisme tolérant où la pensée platonicienne avait sa part. Etudiant, Chantenoz avait fait plusieurs visites au pasteur Lavater, pour l'entendre parler de ses amis Goethe et Herder, avec qui il entretenait une correspondance suivie. L'écrivain lui avait même montré des lettres de l'auteur de *Werther*, un des livres de chevet de son jeune visiteur. Le Veveysan était assez fier de posséder un exemplaire de l'*Art de connaître les hommes par la physionomie*, dédicacé par l'auteur, « à l'escholier Martin, un jeune poète vaudois qui promet ».

Le fait que Johann Kaspar Lavater eût succombé, après deux ans de souffrances, à une blessure reçue d'un soldat français de l'armée de Masséna, lors du siège de Zurich en 1799, ajoutait encore à la tristesse de Martin. Il voyait là une méchanceté gratuite du destin, une illustration cruelle de la bêtise des guerres.

Naturellement, Flora Baldini, qui ne connaissait du théologien poète zurichois que les *Chants helvétiques*, n'avait pas laissé échapper l'occasion de fustiger, une fois de plus, les militaires révolutionnaires français « assassins, non seulement des soldats suisses de Louis XVI, mais aussi d'un grand esprit ».

Chantenoz savait les circonstances de la blessure infligée à Lavater et mettait au compte de la fatalité, plutôt qu'à celui de la haine, le drame de 1799. Il regrettait surtout que le philosophe physiognomoniste, qui croyait à une harmonie entre la grandeur morale et la beauté physique, recherchait avec application et modestie chez tout être vivant les pulsations de l'âme, eût été enlevé, à l'âge de soixante ans, sans avoir eu le temps d'achever son œuvre.

Une dépêche, venue de Paris et reproduite par les journaux, devait, quelques jours plus tard, faire passer au second plan le deuil des intellectuels suisses. Les Métaz apprirent, à l'heure du café, par le *Bulletin helvétique,* l'attentat commis rue Saint-Nicaise contre le Premier consul.

— Eh bien! Bonaparte l'a échappé belle, écoutez ça, dit Guillaume : « Le 24 décembre, le Premier consul avait décidé de se rendre à l'Opéra pour assister à la première audition de l'oratorio pour solistes, chœur et orchestre de Franz Joseph Haydn qui a connu un grand succès l'an passé à Vienne. Vers huit heures et demie, la voiture du Premier consul, suivie d'une garde de chasseurs à cheval, approchait du théâtre de la République, quand retentit dans la rue Nicaise, autrefois Saint-Nicaise, que venait d'emprunter deux minutes plus tôt l'attelage de Bonaparte, une violente explosion. Celle-ci eut lieu dans la rue même, la machine infernale étant portée par un cabriolet attelé d'une rosse qui fut la première victime de l'explosion. On en a déploré malheureusement d'autres : dix personnes au moins ont été tuées, une vingtaine blessées dont six mutilées de façon atroce. Une très jeune fille qui passait près du cabriolet a été entièrement déchiquetée par le souffle de l'artifice[1]. Des bornes ont été arrachées, des façades ont été endommagées et noircies par la poudre. Beaucoup de fenêtres étant tombées, certains intérieurs ont subi d'importants dégâts. On sait que les anarchistes avaient depuis longtemps le projet d'attaquer la voiture du Premier consul. C'est de ce côté-là que la police recherche les coupables, encore que d'autres personnes dans l'entourage des consuls pensent qu'il pourrait s'agir de monarchistes venus d'Angleterre ou de chouans qui n'ont pas désarmé. »

Avant la fin du compte rendu, lu par Guillaume, Charlotte sentit son cœur palpiter très fort, puis sa vue se troubla, tout devint flou autour d'elle et Flora la vit glisser doucement de son fauteuil sur le parquet du salon. Affolé, Guillaume se précipita, souleva sa femme dans ses bras et la déposa sur le lit de repos.

---

1. L'enquête permit d'établir qu'il s'agissait d'une fillette à qui l'un des conjurés avait donné un peu d'argent pour qu'elle tînt la bride du cheval attelé à la charrette explosive.

Comme il se lamentait, ne sachant que tapoter les joues de l'inconsciente, Flora, qui s'était éloignée, revint avec un flacon de sels, Polline sur les talons.

— C'est tout rien, une petite faiblesse de future maman. Dans une minute elle y pensera plus, diagnostiqua la domestique.

Déjà, Mme Métaz ouvrait les yeux, reprenait ses couleurs et demandait ce qui s'était passé.

— Va quérir le docteur Levade, ordonna Guillaume à Polline.

La vieille femme le regarda d'un air étonné et ne broncha pas.

— On va pas déranger le docteur pour ça, non !

Comme pour donner raison à Polline, Charlotte repoussa le flacon de sels, s'assit sans effort et demanda un verre d'eau.

— Tu m'as bien fait peur, dit Guillaume.

Il ne quitta sa femme, pour se rendre à ses affaires, qu'au moment où, le malaise étant oublié, Charlotte décida d'aller, bien emmitouflée, prendre l'air sur la terrasse en compagnie de Flora.

— Ne donne pas froid au petit et surtout ne glisse pas sur la neige, ne tombe pas ! Tu pourrais le cabosser, dit Guillaume, qui avait retrouvé sa bonne humeur naturelle.

Les deux femmes s'éloignèrent à pas prudents, sur la seule allée praticable, au milieu du jardin enneigé.

— Mon Dieu, cet attentat ! Pourvu que Blaise... Lui qui est toujours dans les pas du Premier consul !

— C'est pour ça que tu t'es évanouie, tout à l'heure ?

— Je ne sais pas ce qui m'est arrivé. J'ai eu comme un brouillard devant les yeux, puis plus rien. Que va penser Guillaume ?

— Les femmes grosses ont souvent de ces faiblesses, ma belle, et tout le monde a mis ton malaise sur le compte de l'enfançon. Ne te soucie pas de cela. Quant à ton amoureux, tu as eu des nouvelles, il n'y a pas si longtemps !

— Mais elles étaient vieilles de plusieurs semaines. Dans sa dernière lettre, la troisième qu'il m'a envoyée, il justifiait la reprise de la guerre avec l'Autriche et m'annonçait son départ pour la Bavière.

— Depuis, les Français ont battu les Autrichiens à Hohenlinden et le *Bulletin helvétique* annonce, en même temps que l'attentat de Paris, l'armistice signé à Steyr, une ville perdue de la haute Autriche, ajouta Flora.

— Mais, pendant tout ce temps, il a pu s'en passer des choses, gémit Charlotte.

Flora eut un mouvement d'impatience.

— Tu es rassotée[1] de cet homme. Un homme que tu ne reverras peut-être jamais. C'est un Français, ne l'oublie pas, et les Français m'ont toujours déplu. Ils sont, de nature, inconstants et trompeurs. Ce sont des gens qui ne pensent qu'à produire un effet et s'éjouissent de la simplesse des gens honnêtes. Depuis leurs victoires en Italie, ils se croient invincibles et, surtout, irrésistibles auprès des femmes.

— Blaise n'est pas ainsi. C'est un noble cœur, j'en suis certaine. Il ne m'a fait qu'une promesse, celle de m'écrire de temps en temps. Et, en cinq mois, il m'a écrit trois fois, dont une longue lettre d'Espagne qui m'est arrivée, tu le sais, avec une jolie aquarelle, faite par un moine à ce qu'il paraît. Je l'ai fait encadrer et je l'ai mise dans ma chambre.

— Et Guillaume ne t'a pas demandé d'où vient ce tableau ?

— Je lui ai dit que je l'ai acheté à un colporteur qui passait à Echallens. Mais, dis-moi, tiens-tu bien mes lettres serrées ?

— J'ai un tiroir à double fond dans ma commode. C'est là que je cachais les messages pour les Autrichiens. Personne n'en connaît l'existence.

— Même pas ta sœur, Tignasse ?

— Personne, te dis-je, confirma Flora d'un ton excédé.

— Tu es bonne et je t'ennuie. Mais si, demain, le temps le permet, je viendrai chez toi, l'après-midi. J'aimerais relire mes lettres.

Flora prit son amie par la taille et l'attira contre elle.

— Ma pauvre, tu es vraiment rassotée de ton Blaise !

Le 9 janvier 1801, quelques jours après cet incident, le préfet du département du Léman, M. d'Eymar, adressa à la municipalité une note dont Guillaume Métaz eut aussitôt connaissance. Les autorités françaises supposaient que l'individu qui avait « acheté le cheval et la charrette sur laquelle était placée la machine infernale qui devait consommer l'horrible attentat sur la personne du Premier consul de la République française » pouvait se trouver dans le pays de Vaud. Le signalement de l'individu était assez précis : « Quarante ans environ, un mètre soixante-cinq centimètres, grands pieds, poudré avec favoris, cheveux châtains, yeux renfoncés, nez un peu camard, figure ronde assez pleine, corpulence trapue. Il porte une blouse de charretier en coton bleu. Sent le tabac. Sa tabatière ronde porte

_____
1. Eprise à l'excès. On dirait aujourd'hui toquée.

un médaillon représentant un cavalier avec épée. L'homme a été vu à Paris du 26 frimaire (17 novembre) au 3 nivôse (24 décembre)[1]. »

Cet avis de recherche, diffusé dans tout le canton, n'était pas le seul souci que les Français causaient aux Veveysans. Près d'un an après le passage de l'armée de réserve, qui avait battu les Autrichiens dans les plaines lombardes, une petite garnison de deux cent vingt-cinq chasseurs basques et trois cents fantassins de la 19e demi-brigade de ligne cantonnait encore dans les faubourgs de la ville. Le commandant de la place, le capitaine Vilvot, de la 44e demi-brigade de ligne — « un franc-maçon », avait remarqué Guillaume en découvrant la signature de l'officier précédée de trois points entre deux barres inclinées — manifestait périodiquement des exigences que la municipalité rechignait à satisfaire. Il fallait tantôt fournir à la troupe de la baie de sureau, tantôt livrer du bois de chauffage aux militaires logés chez les particuliers. Comme la municipalité trouvait ces fournitures trop onéreuses, le syndic avait écrit au général Montchoisy, gouverneur militaire du Léman en résidence à Lausanne. Ce dernier avait mis les choses au point. La municipalité de Vevey devait bien fournir du bois aux casernes et corps de garde et des chandelles pour les bureaux du commandant de la place, mais elle n'était pas tenue, en revanche, de payer les frais de table du capitaine Vilvot, soit quatre-vingts francs de Suisse par mois. Le général précisait : « si elle le fait, c'est pure galanterie de sa part ».

A ces différends administratifs s'ajoutaient des cas humains, que les membres du conseil municipal avaient parfois bien du mal à résoudre. Un certain capitaine Darca, de l'armée de réserve, arrivé à Vevey en mai 1800 avec sa femme et son fils, n'avait trouvé personne à son retour d'Italie. L'épouse s'était « échappée » avec un officier français, mais le père ignorait tout du destin du garçon. Il fut bientôt informé que des Veveysans, les époux Collomb, avaient heureusement recueilli l'enfant de huit ans, abandonné par sa mère.

Si les conseillers avaient retrouvé le fils du capitaine Darca, M. Michoud, président de la municipalité de Cully, n'avait pas

---

1. Ce signalement (archives cantonales vaudoises, Lausanne) semble correspondre à celui de Pierre Picot de Limoëlan, gentilhomme breton et chef chouan qui, au contraire de ses complices, François-Joseph Carbon et Pierre Robinault de Saint-Régeant, arrêtés et exécutés le 20 avril 1801, réussit à échapper à la police qui l'avait identifié. Il finit par passer aux Etats-Unis, où il fut ordonné prêtre en 1812.

réussi à mettre la main sur la malle qu'un certain capitaine
Veingarten, de la 13ᵉ demi-brigade légère, avait confiée à un
habitant avant de passer le Grand-Saint-Bernard.

Il fallait aussi compter avec les affaires d'alcôve ou de cœur. Les
premières finissaient souvent par des gifles ou des bastonnades,
appliquées par les maris trompés aux amants de passage, et par des
fessées pour les épouses infidèles. Les secondes, plus romanesques,
se terminaient quelquefois par des mariages. C'est ainsi que
l'adjudant Martin Verrier, du 2ᵉ bataillon de la 16ᵉ demi-brigade
d'infanterie de ligne, était revenu d'Italie, après s'être bien battu à
Marengo, pour épouser, comme il le lui avait promis, Jenny Blanc,
fille d'un agriculteur.

Guillaume Métaz n'était pas de ceux qui exprimaient animosité
et critiques à l'égard des Français. Il avait su, comme toujours, sans
faire d'éclat, obtenir le paiement des sommes que l'armée française
lui devait pour la location de ses barques. Maintenant, il ne pensait
qu'à fournir aux constructeurs de la nouvelle route du Simplon des
matériaux tirés de ses carrières. Aussi rendait-il des visites, aussi
courtoises qu'intéressées, à Nicolas Céard, l'ingénieur en chef du
département du Mont-Blanc qui, à Lausanne, avait la haute main
sur les marchés.

Parmi les nouvelles qui parvinrent à Vevey au commencement de
l'année 1801, certaines fournirent à cet homme entreprenant un
sujet de conversation et un aliment à ses rêves d'armateur
ambitieux. En recevant, avec le cercle habituel des amis, un
négociant en vins retour d'Angleterre, Guillaume apprit qu'on
avait fait naviguer, en Ecosse, un bateau mû par une machine à
vapeur. Le *Charlotte Dundas*, construit par l'ingénieur William
Symington et propulsé par une roue à aubes, avait facilement
remorqué deux gros vaisseaux dans le Forth and Clyde Canal.

— Tu entends, Charlotte, c'est un bateau révolutionnaire !
Charlotte Métaz, Charlotte Dundas, ça se ressemble. Ça lui portera
bonheur, à ce remorqueur ! bêtifia Guillaume, qui prononçait
Dunda comme Méta suivant l'habitude vaudoise.

Mᵐᵉ Métaz sourit, un peu gênée par la réflexion simplette de son
mari. Prétextant la fatigue due à son état, elle se retira après avoir
salué l'assemblée d'un signe de tête et prié Flora de la remplacer
dans le rôle de maîtresse de maison.

Le lancement du remorqueur écossais ne fut pas la seule
information digne d'intérêt rapportée par le voyageur.

Au cours de l'été précédent, à Paris, un Américain, Robert

Fulton, ancien peintre miniaturiste à Philadelphie, avait lancé, sur la Seine, une sorte de navire sous-marin de sept mètres de long, propulsé par une hélice à deux pales et dont l'immersion était provoquée par le remplissage de deux ballasts. Dirigé par deux gouvernails, l'un horizontal, l'autre vertical, le *Nautulus*[1], c'était son nom, pouvait, grâce à un mât et à une voile escamotables, naviguer en surface comme une barque quelconque. Cet étrange vaisseau, destiné à la guerre navale, traînait une sorte de mine dont le filin de remorquage passait dans le chas d'un éperon, grosse aiguille qu'il fallait ficher dans la carène du bateau à détruire ! Le sous-marin faisait alors machine arrière et la charge explosive, rivée au navire ennemi, remplissait son office ! Lors des essais, en présence des savants et sénateurs Gaspard Monge et Pierre-Simon de Laplace, qui assistaient Pierre-Alexandre Forfait, ministre de la Marine, le sous-marin avait navigué sous l'eau, avec deux hommes à bord, à la vitesse de trois nœuds pendant quarante-cinq minutes.

Bonaparte ayant l'intention d'utiliser ce squale contre la Marine anglaise, et bien que le ministre de la Marine ait trouvé le procédé barbare, une tentative avait eu lieu dans la baie de Seine dès le mois de septembre. Il s'agissait de couler deux bricks anglais, postés près des îles Saint-Marcouf, où les Britanniques avaient installé un poste militaire en 1793. Ces navires gênaient les communications entre Cherbourg et Le Havre.

La marée contraire avait obligé les deux marins de Fulton à rester, pendant six heures, serrés dans leur étui de métal, à la limite de la suffocation. A la nouvelle marée, les bricks avaient mis à la voile. Il s'en était fallu de peu que l'invention diabolique de Fulton tombât ce jour-là aux mains des Anglais !

— C'eût été pain bénit, s'écria Flora.

— N'importe comment, les Anglais disposeront bientôt de l'engin, car, déçu par les Français qui ont refusé de financer son concours, Robert Fulton a traversé la Manche pour proposer son *Nautulus* à la Marine de Sa Majesté, expliqua le visiteur.

— C'est de bonne guerre... si l'on peut dire, fit Guillaume.

— Pour un Américain, la guerre est une affaire comme une autre ! Fulton venait d'arriver quand je me préparais à quitter Londres. D'après ce que j'ai entendu dire par un parlementaire, au *Brook's Club* où j'ai mes entrées, le Premier ministre, M. William Pitt, a désigné une commission pour examiner l'invention de

1. Il fut plus tard nommé *Nautilus*.

l'Américain bien que le lord de l'Amirauté, le comte de Saint Vincent, ait déjà donné son sentiment en disant : « Pitt est le plus grand fou qui ait jamais vécu pour vouloir encourager un mode de guerre inutile à la nation qui possède la maîtrise des mers et qui, s'il réussissait, la lui ferait perdre ! » Voilà où en sont les affaires de Fulton, qui pense aussi à construire un navire à vapeur plus pacifique, comme celui de Symington.

— Si nous pouvions avoir un bateau à vapeur sur le Léman, ou même disposer du brevet permettant de construire un tel bateau, imaginez tout ce qui pourrait changer dans la navigation ! lança Guillaume, l'œil brillant de convoitise.

— Il est certain que le premier qui disposera d'un bateau à vapeur damera le pion à tous les bacounis du Léman, reconnut le négociant.

Martin Chantenoz, resté jusque-là silencieux, intervint, avec sa causticité habituelle, pour dire qu'il n'accordait aucune confiance à une telle invention.

— Neptune a fait les vents pour servir les marins. Cette concurrence fumeuse et puante suscitera sa colère. Il se vengera en soufflant vents et tempêtes, provoquera l'explosion des chaudières pour faire périr les présomptueux ! D'ailleurs, le général Bonaparte, qui ne manque pas d'audace et possède une rare intelligence, n'a pas voulu du « chariot d'eau mû par le feu » de M. Fulton.

Guillaume se mit à rire et les invités se retinrent d'en faire autant.

— Poète ! Tu n'entends rien aux progrès de la mécanique et des chaudières. Je suis certain qu'avant longtemps on saura maîtriser la vapeur, comme on maîtrise un cheval !

Chantenoz ne s'avoua pas vaincu et prouva qu'il connaissait les efforts déployés depuis longtemps par les hommes à la recherche d'un nouveau mode de propulsion pour les bateaux.

— Sais-tu que le Français Denis Papin avait déjà pensé, en 1690, à faire se mouvoir un engin par la vapeur et que le marquis Jouffroy d'Abbans, en 1783, a fait naviguer, sur la Saône, à Lyon, une barque, qu'il appelait pyroscaphe, dont la roue à aubes était animée par une chaudière ? Eh bien, ces expériences furent sans lendemain !

— Tu as trouvé ça dans tes livres, mais les livres ne sont pas tout. Les livres ne suivent pas la marche du temps. Ils ne rapportent que les événements du passé, figés dans leurs pages. Notre ami, qui vient d'Angleterre, nous parle, lui, du présent...

— Et toi, d'un avenir à ta convenance. Tu espères, tu désires, tu guettes l'invention qui te permettrait de gagner plus d'argent. Mais le bateau à vapeur est une utopie et personne ne peut traverser le Léman sur une nef utopique. Ce serait le plus sûr moyen de se noyer ! La vapeur, qui sort des bouilloires à thé, ne sera jamais capable de remplacer le souffle de Neptune ! D'abord, une nef sans voiles serait aussi canaille qu'une femme sans chapeau ! conclut Martin Chantenoz.

Seule Flora Baldini, qui avait le cœur et l'esprit lyriques, eut envie d'applaudir la tirade de Martin. Les autres échangèrent des regards apitoyés ou amusés et, pour sortir d'un débat stérile, le négociant, qui était passé par Paris, raconta qu'il avait admiré, au Louvre, une statue antique exposée depuis peu de temps : l'*Apollon du Belvédère*.

— Quand on pense que cette sculpture a été tirée de terre à Porto Ancio, sous le règne de Néron, et que Bonaparte l'a enlevée au Vatican, sans la moindre considération pour le pape, on se demande jusqu'où ira l'audace de ce général, dit, assez admiratif, le marchand.

— C'est un pillard ! C'est avec l'argent volé à Berne qu'il a financé l'expédition d'Egypte, d'où il a rapporté, dit-on, un énorme butin. On ne voit pas quel plaisir peut procurer le vol d'un Apollon à ce chétif bandit. Sinon lui faire oublier sa laideur ! s'indigna Flora, guettant une approbation de Chantenoz.

Mais Martin se contenta de citer Boileau :

Aux plus savants auteurs, comme aux plus grands guerriers,
Apollon ne promet qu'un nom et des lauriers...

dit-il en s'inclinant pour prendre congé.

2.

Le mardi 21 avril 1801, dans le temps de Pâques, un peu avant minuit, Mme Métaz mit au monde un garçon. Le travail fut bref et aisé, d'où la sage-femme déduisit que le nouveau-né serait de caractère conciliant et ne donnerait que du bonheur à ses parents.

Le bébé, aussi rougeaud et fripé que tous les autres, portait déjà une fine toison blonde, ce qui fit dire un peu hâtivement : « Il a les cheveux de sa maman. »

Guillaume, qui trépignait d'impatience et d'inquiétude dans le salon pendant que Charlotte se délivrait sans un gémissement, se précipita dans la chambre de sa femme dès qu'il y fut invité. Posant sur l'enfant un regard exorbité, il le trouva « long et gluant comme un lapin fraîchement dépouillé ».

— Eh ben, en voilà un compliment pour votre pauvre épouse ! dit Polline, qui avait assisté la sage-femme.

— C'est-à-dire qu'on l'attendait que dans un mois, d'après les comptes de ma femme. Il est un peu prématuré. C'est peut-être pour ça qu'il ne paraît pas bien rempli de chair !

— Il se remplira vite, vous faites pas de souci, monsieur Métaz. Ce sera un beau gaillard, moi, je vous le dis. Voyez ses mains et ses pieds, comme ils sont grands et fins. J'ai l'habitude, vous savez, dit l'accoucheuse.

— S'il est arrivé plus tôt que prévu, hein, c'est parce qu'il était impatient de voir son père ! conclut Guillaume, jobard et satisfait.

Il se déclara ensuite le plus heureux des hommes et mouilla de larmes de gratitude la main de Charlotte, dont le visage paraissait aussi blanc que la batiste des oreillers.

— Il faut la laisser reposer et surtout ne pas trop regarder votre fils avant que la mère et l'enfant soient remis. J'attends la nourrice, puisque Mme Métaz ne veut point allaiter, déclara la matrone d'un ton aigre-doux, en poussant le père sur le palier.

Au petit matin, Flora, prévenue par Polline, entra comme un tourbillon dans la chambre de son amie, qu'elle tira brutalement de la somnolence.

— Alors, ma belle, te voilà déjà délivrée. Montre un peu cet héritier.

Sans aucun ménagement, elle écarta les rideaux et se pencha sur le berceau où reposait le nouveau-né boudiné dans ses langes.

— Les nouveau-nés sont comme les poussins, ils se ressemblent tous, dit-elle.

— Peut-être, mais celui-ci est ton filleul car, souviens-t'en, tu as accepté d'être marraine.

— Je ne m'en dédis point. Et, comment va-t-on l'appeler, cet enfant ?

— Nous avons depuis longtemps décidé, Guillaume et moi, qu'il porterait les prénoms de ses grands-pères, Simon et Johann, mais je compte bien que le premier sera Axel. C'est moi qui l'ai choisi.

— Je reconnais que Johann et Simon sont des prénoms qui vont à un homme de cinquante ans, mais Axel, pourquoi Axel, d'où te vient cette idée ?

D'une voix faible mais sereine, Charlotte Métaz expliqua qu'elle avait retenu ce prénom, d'abord parce qu'il sonnait clair et net, aussi parce qu'il était celui d'un héros contemporain, bien vivant et chevaleresque, le seul homme qui ait tenté d'arracher la reine Marie-Antoinette au bourreau, le chevalier Axel de Fersen. Elle ajouta que le comte nordique avait voyagé en Europe avec un mentor suisse, M. Bolemary, dont les Rudmeyer connaissaient la famille, et qu'il avait même habité Genève en 1774.

Du fait de cette relation flatteuse, les Rudmeyer tenaient M. de Fersen pour un parfait gentilhomme et un homme courageux. N'avait-il pas fait la guerre d'Amérique comme aide de camp de Rochambeau ?

Ces arguments étaient de nature à séduire Flora Baldini. Elle avait entendu parler, comme tous les familiers des Gardes-Suisses massacrés aux Tuileries, du culte amoureux que le comte suédois vouait à la reine de France, ainsi que des efforts qu'il avait déployés pour faire évader Louis XVI et sa famille. Evasion interrompue, le 21 juin 1791, à Varennes-en-Argonne, quand le roi et les siens avaient été reconnus et trahis par le maître de poste Drouet.

— Va pour Axel, en souhaitant que mon filleul ne soit jamais aimé d'une reine, ce qui crée toujours des complications, dit Flora.

Comme la marraine désignée, Guillaume avait été un peu surpris du choix de sa femme, puis il finit par l'admettre.

— Axel Métaz, Axel Métaz, oui, oui, ça se compose agréablement à l'oreille comme en calligraphie, dit-il après avoir tracé prénom et nom en lettres bien moulées sur l'écritoire de Charlotte.

Il ajouta après réflexion :

— Ce prénom, inusité au pays de Vaud, donnera plus tard un ton neuf aux enseignes de la famille...

Seul Chantenoz ironisa sur le prénom de l'enfant :

— Cet Axel Fersen, que tu vois comme un Lancelot, était, à l'époque où il organisa la fuite de Marie-Antoinette, l'amant d'une ancienne danseuse italienne, Eleonora Franchi, épouse morganatique et répudiée du duc Charles-Eugène de Wurtemberg, à qui elle a donné deux enfants[1]. Elle a, depuis, contracté un nouveau mariage malheureux avec un officier anglais, avant de devenir amante partagée entre un homme de lettres britannique, fort riche, nommé Quentin Craufurd, et M. de Fersen ! Ce ménage à trois a duré jusqu'à ce que ton cher comte soit envoyé par le roi Gustave IV de Suède pour représenter son pays au congrès de Rastadt en 97.

— Et qu'est-il devenu ? demanda Charlotte, un peu pincée.

— Il est maintenant grand maréchal de la cour de Suède et Eleonora vit à Vienne avec Craufurd, plus espion qu'écrivain. Cela dit, il faut tout de même reconnaître que l'évasion manquée de Louis XVI a coûté à Fersen la bagatelle de trois cent mille livres !

— Tu as l'art très pervers de détruire toutes les romances qui me plaisent, maugréa Charlotte. Mais cela ne m'influence pas et Axel est un beau prénom !

— C'est un beau prénom, j'en conviens, autrefois courant chez les Vikings, dit-on. J'espère qu'il sera mieux illustré par un Vaudois que par le Suédois dont tu es entichée !

Depuis ses relevailles, qui avaient eu lieu suivant le rite

1. Leur fille Eleonore épousa le général d'Orsay et mit au monde, le 4 septembre 1801, le futur comte d'Orsay, dandy célèbre et ami de Napoléon III.

catholique romain à Echallens, Charlotte, soucieuse de préserver la finesse retrouvée de sa taille, se faisait chaque matin serrer dans un corset jusqu'à la suffocation. La couturière et la modiste se relayaient à Rive-Reine et Mme Métaz passait son temps à parler chiffons avec son amie Elise Ruty.

Tante Mathilde était venue en cabriolet assister au baptême d'Axel, à qui elle avait offert une timbale en vermeil et un hochet d'argent à manche d'ivoire. Charlotte demanda à son mari la faveur de profiter du retour de sa parente à Lausanne, afin d'y faire quelques emplettes qualifiées d'indispensables. Elle reviendrait par la poste.

Guillaume, en excellente disposition depuis que sa femme l'avait rendu père, approuva le projet. S'étant rapproché de Charlotte, il lui passa un bras autour de l'épaule.

— Tu ne reviendras pas de Lausanne avec la poste, ma cocolette, mais avec ta voiture. Oui, avec notre voiture. Car elle sera bientôt prête. Tu la verras chez Bertrand, le premier carrossier du pays. J'enverrai les chevaux pour la ramener avec toi à Vevey. Es-tu contente, dis ?

Charlotte battit des mains comme l'enfant à qui l'on annonce le jouet depuis longtemps désiré.

— J'ai commandé une bonne voiture pour emmener toute la famille en voyage. Le grand coupé à deux chevaux, le plus robuste, bien suspendu, bien carrossé, laqué de gris et capitonné de cuir rouge. Je n'ai pas regardé à la dépense, crois-moi... D'ailleurs, je te remettrai par écrit les consignes que j'ai données au carrossier. Tu vérifieras qu'il ne nous trompe pas sur la qualité des bois et le ferrage des roues.

L'instinct économe du paysan vaudois se manifestait toujours, chez Guillaume, par un contrôle minutieux de la marchandise livrée.

— C'est un bien grand plaisir que tu me fais là, reconnut Charlotte en embrassant son mari.

Avec une voiture, elle pourrait enfin jouer à la dame et se déplacer sans attendre le bon vouloir des uns ou des autres. Le soir même, elle fit ses bagages, ayant obtenu de passer au moins une semaine à Lausanne, afin de prendre le temps de choisir quelques frivolités qu'on ne trouvait pas à Vevey. De cette absence un peu plus longue qu'escompté, Guillaume parut s'inquiéter :

— Mais qui s'occupera de notre fils ? Il y a la nourrice, certes, mais...

— Flora va venir s'installer ici et puis, tu sais, un bébé n'a besoin que téter, dormir, être propre et langé. Ne te fais aucun souci, et surtout ne va pas trop souvent le caresser comme un chaton. Tu as les doigts si durs ! Les tout-petits ont la peau tendre. Et puis ils ne doivent pas être agacés.

Au printemps, la route entre Vevey et Lausanne, bien que sinueuse, accidentée et souvent cahoteuse, offrait au regard le plein renouveau de la nature.

Dans les vignes, les hommes plantaient les jeunes ceps destinés à remplacer les anciens qui, devenus stériles, avaient été arrachés en novembre. Ainsi, chaque année, après la taille, les vignerons assuraient, parcelle à parcelle, la relève des ceps plantés par leur père ou leur grand-père. Une vigne restait productive le temps d'une génération et les propriétaires se faisaient un devoir, au cours de leur vie, d'en renouveler tous les plants, afin de la léguer encore féconde et saine à leur héritier.

Poussés par le flux séveux, les bourgeons hérissaient les coursons et annonçaient le temps de l'ébourgeonnage. Ce rite délicat était l'affaire des femmes. Celles-ci se montraient, avec leurs doigts fins, plus habiles que les hommes pour éliminer les pousses chétives et les rejets après avoir évalué, d'un seul coup d'œil, combien un cep pourrait porter de grappes.

Au long des talus, le narcisse des poètes jetait ses étoiles blanches et odoriférantes, la saxifrage dressait ses tiges rougeâtres et ses épis crémeux, la primevère laissait retomber avec mollesse ses fleurs jaunes et la robuste centaurée dardait ses fleurons mauves, ébouriffés par la brise. Dans les anfractuosités rocheuses, la gentiane coriace ouvrait ses corolles au soleil.

Près des berges du lac, les canards et les foulques, qui, avec d'autres espèces, hivernaient sur le Léman, se préparaient à l'envol vers les sites de nidification dans le nord et l'est de l'Europe. Les grèbes huppés trompetaient leur satisfaction de voir partir les encombrants migrateurs avant de construire leurs nids flottants.

Pendant le trajet, Charlotte, tout en conversant avec sa tante, pensait qu'un an déjà s'était écoulé depuis que, par cette même route, alors plus encombrée de convois militaires, Blaise de Fontsalte avait fait irruption dans sa tranquille existence. Elle emportait dans une bourse de tapisserie les lettres de l'officier, tirées pour un temps de la cachette où Flora les serrait. Une douce mélancolie l'avait saisie à la vue de sa maison de Belle-Ombre, juchée au milieu des vignes. Elle y avait vécu son roman secret et ne s'était pas encore résolue à y revenir. Une intime lâcheté, devant l'émotion que susciteraient de brûlantes réminiscences, retenait Charlotte.

La perspective des plaisirs plus avouables qui l'attendaient à Lausanne estompa bientôt les souvenirs d'un été triomphant et... peccamineux. Ce rappel du passé conduisit Charlotte Métaz à penser à son enfant. Tout à la joie de l'escapade lausannoise et au bien-être physique que lui procurait l'aisance retrouvée de ses mouvements, elle avait oublié un moment l'existence d'Axel. Cette constatation la fit sourire et se demander quand et comment se manifesterait chez elle la fameuse fibre maternelle, dont Elise Ruty proclamait la force et dénonçait les exigences. En attendant, le tempérament primesautier et insouciant, que Mme Rudmeyer qualifiait chez sa fille unique d'« aptitude exceptionnelle au bonheur », l'emporta sur tout le reste.

Charlotte ressentait en effet le même bien-être indéfinissable, chaque fois qu'elle se retrouvait à Lausanne, dans la belle demeure de sa tante. Mlle Rudmeyer occupait, rue de Bourg, une maison patricienne construite au XVIIIe siècle, proche de l'hôtel du Lion d'Or où descendaient toutes les célébrités de passage. Mme Métaz se plaisait particulièrement dans le grand salon — murs crème, plafond à caissons, parquet à compartiments copié sur ceux de Versailles — que chauffait une cheminée de marbre noir autour de laquelle fauteuils, bergères et guéridons formaient un cercle idéal pour la conversation. Les chandelles du grand lustre à pendeloques de cristal n'étaient allumées que les jours de réception, mais Charlotte, comme sa tante, préférait à cet éclairage celui, plus intime, des lampes à huile Argand[1] dont les manchons de verre et les écrans de soie rose diffusaient une lumière douce, très flatteuse pour les carnations féminines.

La Veveysanne appréciait surtout de vivre un temps dans une vraie ville qui comptait, d'après un recensement récent, douze mille six cent vingt-neuf habitants, de nombreuses boutiques, des artisans habiles, des peintres, des orfèvres, des libraires-éditeurs et où l'on croisait de plus en plus de touristes étrangers, les excursions

---

1. Du nom du Suisse Aimé Argand, né à Genève en 1755, mort à Londres en 1803. Il fut le véritable inventeur, en 1784, des lampes à double courant d'air, avec réservoir d'huile placé à un niveau supérieur à celui de la mèche. Le pharmacien français Antoine Quinquet perfectionna légèrement la lampe suisse, en l'affublant d'un manchon de cristal de la manufacture de Sèvres. C'est cependant son seul nom que retint la postérité pour désigner la lampe à quinquet.

autour du lac et en montagne devenant à la mode. Seules les menaces que faisaient courir à la paix civile les menées des fédéralistes, qui réclamaient une plus grande autonomie des cantons, et les réactions vigoureuses des conservateurs, qui exigeaient le respect des droits féodaux, décourageaient parfois les visiteurs de séjourner à Lausanne, chef-lieu du canton du Léman.

Si, de la terrasse de la cathédrale Notre-Dame, devenue temple protestant où elle n'entrait jamais, Charlotte apercevait, par-delà les toits, le clocher de l'église Saint-François transformée en manège, le donjon, dernier vestige du château d'Ouchy, le lac et, au loin, les cimes savoyardes, elle ne voyait ni vignes ni champs, ni troupeaux meuglants ni paysans en sabots, bêche ou râteau à l'épaule. Ici, la nature devenait jardin discipliné, loin des espaces voués aux cultures vivrières. La verdure, les arbres, les buissons n'étaient qu'ornements agencés, la pomme de terre ne disputait point la place aux fleurs.

Charlotte voyait dans ce désistement, dans ce superbe gaspillage de terre cultivable, une superfluité, un luxe qui n'appartenait qu'à cette ville des collines où l'on ne faisait que monter et descendre. Elle aimait, par la rue de Bourg et la rue du Port, se rendre dans le quartier de la Palud. Devant le vieil hôtel de ville, centre de la vie civique depuis le XVIIe siècle, autour de la grande fontaine surmontée d'une statue de la Justice brandissant son glaive, elle surprenait parfois les mots crus que se lançaient les lavandières et les porteurs d'eau. Les jours de marché, elle admirait l'abondance des étals, la façon dont les maraîchers présentaient, en pyramides, fruits et légumes, les meules de fromage de la Gruyère et du Jura, les molettes de beurre, fraîchement extraites des moules avec, en ronde bosse, des vaches aux pis énormes qui attestaient la générosité des laitières et l'excellence du produit.

Autour de l'église Saint-François, ou dans le quartier Saint-Laurent, Charlotte se frottait au petit monde industrieux des artisans, des boutiquiers, des employés du commerce, de la banque et des demoiselles de magasin. On pouvait confondre ces travailleurs au pas assuré avec des bourgeois, tant les hommes soignaient leur tenue et les femmes leur toilette. Les indiennes de la fabrique Pertuson ou les fins lainages de la filature de Judith Marcel, qui fournissait les grandes maisons de Zurich et de Berne, méritaient attention, comme les belles peaux que les tanneurs livraient aux chausseurs. Mme Métaz appréciait aussi les étains, l'argenterie et les bijoux. Les orfèvres et les joailliers de Lausanne, dont la renommée avait, depuis longtemps, franchi les frontières, proposaient des pièces superbes. Guillaume ayant glissé à sa femme, au moment du départ, une lettre de crédit en livres, afin qu'elle pût « se faire de petits plaisirs... pour la maison », Charlotte comptait bien rapporter à Vevey une théière en argent d'Elie Papus et des chandeliers en étain de Goldner, repérés lors d'un précédent voyage.

Le plus grand attrait d'un séjour en ville résidait tout de même, pour Mme Métaz, en dépit de l'apparente frivolité de cette bourgeoise veveysanne, dans la vie intellectuelle et mondaine de la cité vaudoise qui, dans ce domaine, tentait de le disputer à Genève, ville française, dont Charles-Victor Bonstetten disait : « c'est le monde dans une coquille ».

La Révolution importée de France, la chute du régime bernois, le délabrement général des affaires, les dégâts et exactions commis par les troupes étrangères, les impôts et taxes prélevés par la République helvétique avaient, certes, changé bien des choses au cours des dix dernières années. Cependant, les traditions établies au XVIIIe siècle par une élite ouverte aux idées neuves et volontiers didactique avaient été sauvegardées, pendant les temps difficiles, par des Lausannois éclairés. Elles reprenaient maintenant vigueur dans les sociétés littéraires et artistiques, les écoles du dimanche, les cercles, comme celui de la rue de Bourg fondé en 1761, dans les salons privés et, d'une façon plus discrète, presque clandestine, au sein des trois loges maçonniques de la cité, fondées en 1739 par un Anglais[1].

Instruite et éduquée par les ursulines de Fribourg, éveillée à toutes les curiosités par un père autodidacte et libéral, qui avait rassemblé une importante bibliothèque, initiée aux mœurs et habitudes de la bourgeoisie cultivée par une mère toujours prête à catéchiser avec le sourire, Charlotte admirait et enviait les femmes de lettres. Or Lausanne et ses abords abritaient trois célébrités européennes : Mme Germaine de Staël, Mme de Charrière et Mme de Montolieu. Tante Mathilde était reçue chez les trois et, si Mme de Staël, qu'on ne voyait guère que l'été à Coppet, ne rendait pas de visites, Mme de Montolieu, qui habitait rue de Bourg[2], venait en voisine. Ecrivain prolixe, Isabelle de Montolieu, née Jeanne-Elisabeth-Pauline Polier, baronne de Bottonens, avait connu le succès littéraire quinze ans plus tôt avec un roman publié à

---

1. Le Cercle de Saint-Jean ; la Triple-Union ; la Parfaite-Amitié.
2. Isabelle de Montolieu (1751-1832) habitait la maison qui porte aujourd'hui le numéro 6 de la rue de Bourg.

Lausanne, *Caroline de Liechfield*. Elle venait, en ce printemps 1801, de terminer *Tableau de famille* et *Nouveau tableau de famille*, traductions de deux ouvrages d'Auguste Lafontaine, auteur allemand. Les mauvaises langues insinuaient que les écrits de la baronne devaient leurs effets de style à des littérateurs dévoués. Les amies de Mme de Montolieu voulaient ignorer ces médisances, sans doute inspirées par la jalousie de quelques écrivassières sans lecteurs que Mlle Rudmeyer ne recevait pas. Les habituées du salon de Mathilde savaient trouver chez la quadragénaire, célibataire entêtée, non seulement la société la plus distinguée et la moins conformiste, mais aussi le meilleur porto et les croûtes au fromage les plus moelleuses.

Mathilde Rudmeyer ne manquait jamais de rappeler que Voltaire, avant d'aller s'enfermer à Ferney, avait passé trois hivers, de 1756 à 1758, à Lausanne et qu'en 1766 Mozart y avait donné un concert à l'hôtel de ville, auquel elle avait assisté, avec soixante-dix privilégiés capables de payer quarante sols une chaise. Bien que du même âge que Mozart — elle avait alors dix ans comme le prodige autrichien, et jouait passablement du piano — la tante de Charlotte se souvenait parfaitement des pièces interprétées par l'artiste. Elle conservait, comme une relique, le compte rendu publié la semaine suivante dans *Aristide ou le Citoyen,* organe de la Société morale, qui avait cessé de paraître en 1767.

Mme Métaz aimait entendre Mathilde et ses amies conter des anecdotes sur les gens en vue au cours de ce qu'elles nommaient « les plus belles années lausannoises ». A l'heure du goûter, qu'on prenait avec du thé et des cakes à la mode anglaise, Charlotte provoquait les confidences des invitées de sa tante. Quelques jours après son arrivée, une réunion lui fournit l'occasion d'apprécier ce que devait être la vie lausannoise avant la République.

— En ce temps-là, dit Mathilde, la duchesse de Devonshire, arrivée en 1792 avec une suite de jolies femmes, dont ses sœurs et ses amies lady Elizabeth Foster et lady Harriet Duncannon, avait été, pendant toute une saison, la véritable attraction mondaine et intellectuelle du pays, qu'elle prît les eaux à Yverdon ou séjournât à Ouchy. L'historien anglais Edward Gibbon et son ami, le célèbre docteur Auguste Tissot, fréquentaient assidûment le salon de la duchesse. Les deux hommes, Gibbon poussif et Tissot pontifiant, faisaient assaut d'amabilités et de grâces lourdaudes pour plaire aux dames. Un jour que tous deux courtisaient lady Foster, superbe femme de trente-quatre ans, Tissot, qui en comptait trente de plus, avait interrompu Gibbon en disant : « Lorsque vos fadaises auront rendu lady Foster gravement malade, je l'en guérirai ! » Ce à quoi l'écrivain, de dix ans le cadet de son ami et rival, avait rétorqué sur le même ton : « Et quand Milady sera morte de vos ordonnances, cher docteur, je la rendrai immortelle[1] ! »

— Comme c'était drôle de les voir jouer les jolis cœurs devant ces Anglaises ! rappela une dame. Quand Gibbon faisait les honneurs du jardin de La Grotte, maison où l'hébergeait son ami Georges Deyverdun, il se coiffait d'une casquette de jockey à visière verte, ce qui amusait beaucoup la petite Caroline, fille de lady Duncannon-Ponsoby, comtesse de Bessborough[2], une enfant de sept ans véritablement insupportable, qui osait appeler la princesse Joseph de Monaco « veuve Joseph », alors que le prince vivait encore !

Mathilde et ses amies, commères mondaines, ne manquaient ni d'esprit ni d'expérience. Elles taisaient cependant leurs propres incartades avec des lords désœuvrés, pour ne parler que de soupirants éconduits. Elles racontaient comment la duchesse de Devonshire avait fondé, pour distraire sa petite cour et marquer ses préférences, un ordre de chevalerie. Toutes donnaient maints détails sur l'adoubement cocasse des chevaliers, dont M. Gibbon avait inauguré la liste.

Une dame en deuil, à qui le veuvage ne semblait pas avoir coupé l'appétit, demanda une nouvelle tasse de thé et entreprit, en faisant fondre le sucre, d'évoquer un amour de Gibbon.

— Etant plus âgée que vous toutes, je me souviens qu'Edward avait ébauché, vers 1757 ou 1758, lors d'un premier séjour à Lausanne, une idylle avec Suzanne Curchod, la fille du pasteur de Crassier. Mais les choses n'avaient pas abouti et Suzanne, qui est morte il y a sept ans déjà, lui préféra M. Jacques Necker, celui qui fut ministre des Finances de Louis XVI et vit maintenant à Coppet, où vient d'arriver sa fille, Mme de Staël, m'a-t-on dit hier.

La conversation étant, ce jour-là, lancée sur l'auteur de l'histoire de l'Empire romain, une autre invitée rappela en pouffant de rire le jour où Gibbon, s'étant mis à genoux pour faire une déclaration

---

1. Cité par G.R. de Beer dans *Anglais au pays de Vaud*, *Revue historique vaudoise*, 1951.
2. Caroline, née en 1785, épousa, en 1805, William Lamb, futur lord Melbourne et Premier ministre. Lady Caroline Lamb-Melbourne eut une liaison orageuse avec Byron. Devenue femme de lettres, elle publia, en 1816, un roman, *Glenarvon,* dans lequel elle « déversa sur le poète tout le fiel de son dépit . (Larousse).

enflammée à une amie de la duchesse, avait été incapable, son compliment débité, de se relever. Il avait fallu l'intervention de deux valets pour remettre l'aimable obèse sur pied.

Mathilde, interrogée par Charlotte, refusa de nommer la destinataire de cette déclaration gâchée, ce qui imposa silence à celles qui eussent volontiers livré un nom.

— Ce jour-là, le pauvre homme m'a fait pitié. Son intelligence, sa probité et ses prodigieux dons d'écrivain devraient faire oublier cet épisode ridicule. Il était laid, c'est un fait, il le savait et, je crois, en souffrait un peu. Il avait su remplacer l'amour par l'amitié mais parfois, comme tout être humain sensible, il se prenait à désirer la tendresse d'une femme, conclut Mathilde.

Quant au docteur Samuel-Auguste Tissot, mort quatre ans plus tôt après avoir eu l'immense chagrin de perdre le neveu qu'il aimait passionnément, il avait soigné toutes les dames de la bonne société lausannoise et bon nombre d'étrangers célèbres.

Les amies de Mathilde, qui avaient eu recours à ses soins, évoquaient souvent la mémoire, les écrits et les boutades du praticien. Lettré et mondain, Tissot se flattait d'avoir veillé sur la santé de Jean-Jacques Rousseau, dont il exhibait volontiers les lettres pleines de gratitude. Toute la coterie Rudmeyer les avait lues.

L'auteur du *Contrat social,* qui disait souffrir d'une « enflure d'estomac » et d'oppression, s'était, semble-t-il, aussi bien trouvé des remèdes prescrits que des conseils donnés. Il en avait remercié le médecin en janvier 1769 : « Ma situation, grâce à vous, est réellement aujourd'hui bien plus douce, et les coups portés par la nature n'étant point dirigés par la haine, ne me feront jamais murmurer. Je me suis à peu de chose près conformé à tout ce que vous m'avez prescrit. J'ai quitté Bourgoin pour venir occuper un logement qu'on m'a offert sur la hauteur, où l'air et l'eau sont très bons. J'y vis et j'y souffre à mon aise, dans une parfaite solitude. »

— Tous ses patients reconnaissaient à Auguste Tissot un diagnostic sûr et une grande gentillesse. Et aussi un souci rare du moral des malades, dit une invitée âgée, que le bon docteur avait guérie d'une pleurésie.

Mathilde Rudmeyer intervint :

— Cela tenait à son éducation. Auguste, élevé par un oncle, un pasteur très rigoriste, avait été envoyé à Genève, puis à Montpellier, pour étudier la médecine. Ayant lui-même souffert de la petite vérole, il s'était fait, dans le pays de Vaud, l'actif propagandiste de l'inoculation, seule méthode capable, d'après lui, de combattre cette horrible maladie, qui défigure chaque année bon nombre de femmes.

— Il n'était pas le premier à prôner l'inoculation. Dès 1734, Voltaire avait révélé les bienfaits de l'inoculation que pratiquaient les Tcherkesses du Caucase, pour protéger la beauté des esclaves dont ils faisaient commerce[1]. Il est vrai que Tissot, comme Albrecht von Haller, à Berne, a pratiqué avec succès l'inoculation que les protestants ont toujours acceptée plus volontiers que les catholiques. D'ailleurs, le premier livre de Tissot, publié en 1754, avait pour titre *Inoculation justifiée*, précisa l'épouse d'un apothicaire.

— Le docteur Tissot s'intéressait, je crois, au moins autant à la littérature et aux littérateurs qu'à la médecine, et son ouvrage *De la santé des gens de lettres,* publié en 1768, déchaîne toujours les moqueries des gens de plume. Mon ami Martin Chantenoz brocarde autant le médecin que l'écrivain, révéla Charlotte.

Si l'on admettait les théories et déductions de Tissot, mieux valait, pour qui voulait avoir une chance de vivre vieux en conservant une bonne digestion et des réflexes normaux, cesser de lire, d'écrire et, peut-être même, de penser !

Le praticien annonçait en préambule : « Les maladies des gens de lettres ont deux sources principales, les travaux assidus de l'esprit et le continuel repos du corps. » Si une telle discordance entre le mental et le physique restait plausible, comme les malaises provoqués, il était en revanche difficile de croire à l'effroyable gravité des maux répertoriés par Tissot. Selon le médecin, la poésie épique conduisait à l'épilepsie, les romans mettaient les humeurs acides en mouvement, les contes frivoles donnaient des étourdissements, la théologie dérangeait le système nerveux et la méditation rendait insomniaques ceux qui avaient l'imprudence de s'y livrer !

Toutefois, ces affections paraissaient bénignes en comparaison des tortures mortelles que devaient éprouver les adeptes de la masturbation, vice solitaire et honteux auquel le docteur Tissot avait consacré, en 1758, un ouvrage en latin à la fois édifiant et effrayant, *Tentamen de morbis ex manustupratione*, traduit en français sous un titre plus simple et plus clair, *l'Onanisme*. Cet

1. *Lettres philosophiques* ou *Lettres anglaises*, écrites par Voltaire, entre 1726 et 1729, pendant son exil en Angleterre. Elles furent publiées à Londres, en 1733, et en France, en 1734. Elles furent alors saisies et brûlées, sur ordre du Parlement, mais continuèrent à circuler sous le manteau.

essai, véhément et sans concession, auquel Charlotte n'osa pas, ce jour-là, faire allusion, connaissait depuis sa publication un succès permanent, chez les papistes comme chez les huguenots. Les pasteurs et les rares prêtres catholiques[1] le possédaient et en recommandaient la lecture aux pères de famille et aux éducateurs. Ceux-ci devaient surveiller de près leurs enfants et leurs élèves, garçons ou filles, s'ils ne voulaient pas les voir devenir aveugles, imbéciles, convulsionnaires, incontinents, paralytiques, édentés, muets, sourds, chancreux, puis sombrer dans la consomption dorsale, prélude au coma, enfin périr par de répugnantes infections ou trépasser après d'inqualifiables souffrances !

Les jeunes gens qui copulaient sans retenue avec des femmes risquaient à peu près les mêmes ennuis, encore que le bon médecin reconnût que l'abstinence intégrale pût causer des troubles humiliants... aux veuves et aux religieuses notamment ! Toutefois, Auguste Tissot admettait avec le Français Nicolas Venette, auteur d'un édifiant *Tableau de la vie conjugale*, que « l'union avec une belle femme épuise moins qu'avec une laide ». Santorio, dit Sanctorius, célèbre médecin italien du xvie siècle, connu pour ses travaux sur la transpiration, l'avait déjà constaté : « Après un coït excessif avec une femme qu'on aimait et qu'on désirait, l'on n'éprouve pas la lassitude qui devrait être la suite de cet excès parce que la joie que l'âme ressent augmente la force du cœur, favorise les fonctions et répare ce qu'on a perdu. »

Martin Chantenoz qualifiait le traité sur l'onanisme de l'illustre praticien lausannois de « livre satanique, propre à terroriser la jeunesse et à conduire la race humaine à l'extinction ».

Dans son ensemble, la Faculté respectait la mémoire d'Auguste Tissot, son talent de plume et tirait quelque fierté de la notoriété internationale que l'Esculape vaudois s'était acquise par ses écrits. Son *Avis au peuple sur sa santé*, publié en 1761, avait déjà été traduit en treize langues ! Tout en regardant Tissot comme un modèle de probité et de dévouement, les médecins de la nouvelle génération se gardaient d'être aussi péremptoires que le défunt.

Les amies de Mlle Rudmeyer, très soucieuses de leur santé, comparaient volontiers les mérites des médecins en vue auxquels elles confiaient leurs précieuses personnes.

Le successeur agréé d'Auguste Tissot, son élève, le docteur

---

1. D'après le recensement publié en 1801, le pays de Vaud ne comptait alors que trois paroisses catholiques pour cent trente acquises à la religion réformée. La population était de 152 440 habitants, dont 1 520 catholiques.

Francis Verdeil, devenu l'ami d'un villégiateur anglais richissime et original, William Beckford, qu'il avait accompagné en Espagne et au Portugal et qui lui servait, depuis son retour à Lausanne, une confortable pension, ne partageait pas toutes les craintes de son illustre maître. S'il pratiquait, lui aussi, avec conscience et raison, l'inoculation de la petite vérole, il ne citait point, à tout propos, des cas tragiques d'hommes de lettres terrassés par leurs travaux ou de masturbateurs anéantis par leur vice.

Mathilde lui préférait le docteur Frédéric Scholl, autre médecin lausannois qui avait soigné Tissot jusqu'à sa mort, en 97. Après avoir exercé à Vevey jusqu'en 1788, Frédéric Scholl, reçu membre du Collège de médecine de Lausanne, s'était installé dans cette ville. Ami, comme Verdeil, et homme de confiance de William Beckford, il avait acheté 950 livres sterling en 1796, pour le compte de l'esthète anglais, la bibliothèque d'Edward Gibbon. Les livres entreposés chez lui attendaient, disait-on, la venue de leur nouveau propriétaire, connu des intellectuels locaux comme auteur d'un conte oriental, *Vathek*, publié en français à Lausanne à la fin de 1786, avec l'assistance de David Levade, ami et bibliothécaire de Gibbon. William Beckford était en effet annoncé pour l'été au bord du Léman.

Mathilde Rudmeyer comptait bien, cette fois, approcher, par son médecin, cet intellectuel anglais dont la munificence n'avait d'égale que l'arrogance et qui se targuait d'une « aristocratique grossièreté ». N'avait-il pas dit de Mme de Staël, après une visite à Coppet, qu'elle ressemblait à une « statue de chair » et que « femme par inclination, elle pensait et parlait comme un homme [1] » !

— Le personnage n'est pas très plaisant mais c'est un très bel homme et un amoureux du pays de Vaud. Un grand seigneur très raffiné d'une intelligence supérieure et qui sait tout en littérature, en peinture, en musique. Pense donc, ma petite Charlotte, Mozart lui a donné des leçons ! Il voyage avec un train princier : quatre carrosses, trente-deux chevaux, vingt-quatre musiciens et une foule de domestiques. D'ailleurs, il pourrait être prince. Sa mère, qu'il appelle irrespectueusement la Bégum, descend de Marie Stuart et son père a été lord-maire de Lon-

---

1. *The Life and Letters of William Beckford of Fonthill*, Lewis Melville, éditions William Heineman, Londres, 1910.

dres. Lui-même a dit, car ce n'est pas la modestie qui l'étouffe :
« J'ai assez de sang royal pour faire du boudin si venaient à en
manquer tous les porcs de la chrétienté ! » cita Mathilde.

— C'était aussi un ami de M. Gibbon ? demanda Charlotte.

— Pas du tout ! Gibbon et lui se détestaient. Edward a toujours
refusé de lui adresser la parole, parce qu'il le considérait comme
« publiquement flétri », c'était son mot, depuis qu'en 1784 on avait
accusé Beckford d'avoir mis dans son lit le fils de lord Courtenay,
William, dit Kitty, un joli garçon de seize ans, dont il était
amoureux à la mode grecque ! C'est même en raison du scandale
causé par cet attachement contre nature que l'Anglais dut quitter
son pays.

Une invitée, relayant Mathilde, donna une raison autre que
morale à la détestation de Gibbon pour Beckford :

— Il faut savoir aussi que M. Beckford était un des rares Anglais
à ne pas reconnaître à notre ami Edward les mérites d'un grand
historien. Il lui reprochait, très injustement, je pense, des « détournements de vérités historiques » et l'accusait de « plaisanter et
mépriser tout ce qui est sacré et digne de vénération ». Si vous
voulez mon avis, c'est une sorte d'affront posthume que Beckford a
voulu faire à Gibbon en achetant sa bibliothèque. De son vivant,
Edward n'en aurait pas distrait un livre pour ce compatriote exécré.

— Et dire que M. Beckford était marié, depuis deux ans, à une
jeune femme charmante et d'excellente naissance, Margaret Gordon, fille unique du comte d'Aboyne, que j'ai connue quand, après
le scandale, ils sont venus avec leur petite fille habiter La Tour-de-
Peilz. Le couple avait loué le château au major de Blonay, qui
venait de l'acheter aux héritiers de M. Gressier, ancien officier aux
armées de France, compléta une autre invitée.

— Et c'est à La Tour-de-Peilz qu'est morte lady Beckford, en
accouchant d'une seconde fille, en mai 86, je m'en souviens
parfaitement. Elle avait tout juste vingt-quatre ans, précisa
Mlle Rudmeyer.

— On a beaucoup dit à cette époque, en Angleterre, que la
pauvre Mme Beckford avait succombé aux... bizarres traitements
que lui faisait subir son époux, risqua la veuve, après avoir croqué
le dernier gâteau sec.

Mathilde Rudmeyer adorait les potins mais condamnait la
médisance. Aussitôt, elle s'insurgea :

— C'est pure méchanceté que répandre ce genre de bruit, lancé
par les membres d'une gentry hypocrite qui détestent M. Beckford.

Je puis vous dire, moi, que, le 24 juillet 1786, vingt-huit bourgeois de Vevey indignés, dont mon défunt frère, le père de Charlotte, rédigèrent et signèrent un mémorial en faveur de M. Beckford, dès que la calomnie que vous venez d'évoquer fut connue chez nous[1]. Les Veveysans, qui voyaient vivre les Beckford depuis plus d'un an, assurèrent que les procédés de M. Beckford envers lady Margaret « avaient été constamment ceux d'un époux rempli des attentions les plus délicates et les plus soutenues » et que la conduite de l'occupant du château de La Tour-de-Peilz avait toujours été celle d'un homme d'honneur aux mœurs honnêtes. La vérité, que je ne suis pas seule à pouvoir attester, est que Mme Beckford a été emportée, deux semaines après ses couches, par une fièvre puerpérale que le docteur Scholl n'a pas pu conjurer. Il en était aussi malheureux que M. Beckford, croyez-moi !

— L'enfant a heureusement survécu, je crois, dit timidement celle qui avait déclenché l'intervention de Mathilde.

— Elle a été emmenée en Angleterre, en même temps que le cercueil de sa mère. Elle a été baptisée au temple de La Tour. Son père l'a nommée Susan Euphemia. Elle doit avoir aujourd'hui quinze ans.

Charlotte avait écouté ces échanges sans rien dire. Avec un agacement contenu, elle s'avança au bord de son siège.

— C'est curieux, tout de même, qu'un homme riche, comblé de dons par la nature et d'honneurs par ses pairs, puisse se conduire d'une façon aussi abjecte avec un adolescent, fils d'un de ses amis. Comment peut-on aimer caresser les garçons et, dans le même temps, faire un enfant à son épouse ? Ce M. Beckford, aussi grand seigneur qu'il soit, est un monstre.

Le ton de cette condamnation sans appel fit sourire l'assemblée. Mathilde Rudmeyer prit, dans un geste de commisération, la main de sa nièce.

— Vois-tu, ma chérie, tu es encore jeune et, bien que mariée et maintenant mère de famille, encore trop innocente. La vie t'enseignera que la vraie vertu, la vertu soutenue, est rare, alors que le vice — devrais-je dire les vices ? — est très répandu. Des forces ténébreuses et bestiales inspirent parfois aux êtres les plus doués des actes pervers, contre nature. Il faut savoir que cela peut exister

---

1. L'original de ce mémorial des bourgeois de Vevey est conservé dans les *Beckford Papers* à la Bodleian Library, Oxford.

et ne pas être dupe des apparences. Mon amie Mme de Charrière[1] a très bien exprimé ce doute qu'il faut, dans le monde, avoir toujours présent à l'esprit. Tiens, tire de la bibliothèque les *Lettres écrites de Lausanne* par notre chère Isabelle et apporte-moi ce livre.

Charlotte s'exécuta et revint avec un petit volume, joliment relié de cuir bleu et marqué au chiffre de sa tante. Mathilde trouva aisément la page qu'elle cherchait.

— Lis-nous ces deux paragraphes, ma chérie. Ils sont extraits d'une lettre que la narratrice est censée adresser à une jeune femme qui va entrer dans le monde.

Mme Métaz reprit place dans la bergère et, d'une voix posée, en s'appliquant à suivre la ponctuation, obéit à l'injonction de sa parente.

— « A l'occasion de ce mariage, on parlera de vous, et l'on sentira ce qu'il y aurait à gagner pour la princesse qui attacherait à son service une femme de votre mérite, sage sans pruderie, également sincère et polie, modeste quoique remplie de talents. Mais voyons si cela est bien vrai. J'ai toujours trouvé que cette sorte de mérite n'existe que sur le papier, où les mots ne se battent jamais, quelque contradiction qu'il y ait entre eux. Sage et point prude ! Il est sûr que vous n'êtes point prude : je vous ai toujours vue fort sage ; mais vous ai-je toujours vue ? M'avez-vous fait l'histoire de tous les instants de votre vie ? Une femme parfaitement sage serait prude ; je le crois du moins. Mais passons là-dessus. Sincère et polie ! Vous n'êtes pas aussi sincère qu'il serait possible de l'être parce que vous êtes polie ; ni parfaitement polie parce que vous êtes sincère ; et vous n'êtes l'un et l'autre à la fois que parce que vous êtes médiocrement l'un et l'autre. »

» Mme de Charrière est une méchante femme ! commenta Charlotte en refermant brusquement le livre.

Ce mouvement d'humeur surprit les auditrices, mais seule

---

1. Isabelle-Agnès Van Tuyl ou Van Zuylen, dite Belle de Zuylen, née à Utrecht en 1740, morte à Lausanne en 1805. Fille du gouverneur d'Utrecht, elle voyagea en Angleterre puis en France, où elle étudia le pastel avec Maurice Quentin de La Tour, qui a laissé d'elle un célèbre portrait. Elle épousa, en 1766, un gentilhomme vaudois, M. de Charrière, précepteur de son frère. Elle vint s'établir en Suisse avec son mari et devint, en 1787, la maîtresse de Benjamin Constant. Cette liaison dura jusqu'en 1796, année où Mme de Staël supplanta Belle dans le cœur de l'auteur d'*Adolphe*. On lui doit de nombreux ouvrages dont *Lettres neuchâteloises* (1784), *Caliste ou Lettres écrites de Lausanne* (1786) et plusieurs romans qui plurent à Sainte-Beuve.

Mathilde remarqua l'émotion qui empourprait le visage de la jeune femme. Elle se demanda si Charlotte se sentait visée.

— Le fait est que Belle n'a jamais été tendre, surtout depuis que Germaine de Staël lui a enlevé M. Benjamin Constant, reconnut une invitée.

Mathilde, qui paraissait connaître mieux que quiconque le passé de Mme de Charrière, prit aussitôt sa défense :

— Il faut dire que Belle n'a jamais eu de chance avec les Constant. Elle avait été très amoureuse, à l'âge de vingt ans, de l'oncle de Benjamin, David-Louis, le baron d'Hermenches, qui servait en Hollande comme colonel d'un régiment suisse. On sait, car c'est un secret de polichinelle, qu'elle écrivit pendant dix ans des lettres enflammées[1] à cet homme, de dix-huit ans son aîné et marié à Louise de Seigneux, que nous avons toutes connue. Il passait, en Suisse comme en Hollande, pour un insatiable coureur de jupons. Belle, aujourd'hui bien assagie — songez qu'elle aura soixante et un ans en octobre — m'a assuré que le baron ne tenta jamais de l'entraîner au faux pas qu'elle eût été bien capable de faire en compagnie d'un bel homme spirituel, qui semblait lui vouer un véritable culte et s'y entendait mieux que personne aux choses de l'amour ! Quand le beau militaire lui proposa d'épouser un de ses amis, peut-être destiné à jouer le chandelier, Belle découvrit la nature égoïste et la sécheresse de cœur de son amoureux. Elle en fut très chagrinée et le brave M. de Charrière, précepteur de son frère, s'étant déclaré, elle l'épousa. Quand, en 1771, des bruits coururent à Lausanne à propos des amours épistolaires de Mme de Charrière et du baron d'Hermenches — il citait, paraît-il, dans les salons, comme pièces littéraires des phrases de Belle — notre amie fit connaître, avec plus d'aplomb que de sincérité, qu'il s'agissait de « chimères absurdes » et réclama instamment la restitution de ses lettres. M. d'Hermenches envisageait alors de divorcer. Il refusa de rendre les lettres, espérant encore Dieu sait quoi ! Mme de

1. Les cent trente-huit lettres de Belle de Zuylen à Constant d'Hermenches, déposées à la bibliothèque de Genève, fonds Constant, ont été publiées, en 1909, par Philippe Godet, chez Jullien, à Genève, et Plon, à Paris, sous le titre *Lettres de Belle de Zuylen*. Trente-deux lettres de Constant d'Hermenches à Belle de Zuylen sont déposées à la bibliothèque de Neuchâtel ; soixante-seize autres figurent dans les archives de la famille Constant de Rebecque. Sous le titre *Les Mariages manqués de Belle de Zuylen*, la baronne Constant de Rebecque a publié, en 1940, chez Payot, à Lausanne, la correspondance classée des amants épistoliers. Après avoir garanti l'exactitude des « lettres copiées sur les originaux », la descendante du baron d'Hermenches croit utile de préciser : « Certaines parties, trop intimes ou dépourvues d'intérêt, ont été supprimées. »

Charrière, voulant oublier ce que Mlle de Zuylen avait écrit, n'insista pas. Elle reprit même, plus tard, une correspondance purement amicale, cette fois, avec le baron. Jusqu'à ce que, mes amies, ce don Juan, alors âgé de cinquante-quatre ans, épousât en 1776 une veuve, jeune, riche et jolie, Mme de Préseau, qui mourut trois ans plus tard.

— On a les amoureux et les maris qu'on mérite, souffla la veuve récente.

Mathilde Rudmeyer ne releva pas l'interruption.

— Voilà toute l'histoire de Belle de Zuylen, jeune personne hardie, au tempérament fougueux, formée par la lecture des Encyclopédistes et très admirée pour son esprit et sa beauté. Savez-vous qu'elle avait été courtisée en Hollande par James Boswell, l'ami et biographe du célèbre lexicographe Samuel Johnson ? L'Ecossais, d'abord séduit par les décolletés audacieux de Belle, dotée il est vrai de seins luxuriants, fut bientôt rebuté, comme d'autres soupirants avant lui, par la liberté de langage, l'indépendance de conduite et la causticité d'une demoiselle qui ne respectait ni l'aristocratie ni l'étiquette, ni même la religion !

Cet après-midi-là, quand les invitées eurent pris congé, Mathilde alluma les lampes et considéra un moment, en silence, sa jeune nièce, dont l'esprit semblait occupé par des soucis étrangers à l'instant.

— J'aimerais savoir, ma chère enfant, ce qui t'a si fortement émue dans le texte de Mme de Charrière que je t'ai donné à lire. Au contraire de la narratrice du roman, car c'est un roman, je ne doute pas, moi, de la parfaite sincérité de tes propos ni de ta droiture en toute circonstance. Ai-je tort ?

— Non..., pas vraiment..., mais voyez-vous, ma tante, cette page que j'ai lue est de nature à faire douter de tout, de ceux qu'on aime, des autres et de soi-même. Et c'est cela qui m'a émue..., rien de plus, je vous assure.

La conversation se serait peut-être poursuivie sur le même thème jusqu'au souper si la servante n'était entrée, un journal à la main.

— En voilà, une nouvelle, madame : Bonaparte se mêle de nous donner une Constitution. Comme si les Français ne nous ennuyaient pas assez avec leurs soldats qui vont et viennent et nous coûtent...

Mathilde interrompit les récriminations de la servante en s'emparant du *Bulletin helvétique*. Charlotte se leva pour lire par-dessus l'épaule de sa tante. Elle apprit ainsi, comme tous les Lausannois, que le Premier consul avait rejeté le projet de Constitution présenté par le citoyen Maurice Glayre, envoyé à Paris pour défendre les intérêts de la Suisse dans les négociations qui avaient abouti, le 9 février 1801, à Lunéville, à la signature de la paix entre la République française et l'Autriche.

Le journal reproduisait en partie la dépêche de l'ambassadeur de Suisse à Paris, M. Philippe-Albert Stapfer. D'après ce dernier, Bonaparte, recevant le 29 avril les envoyés suisses à Malmaison, où il résidait avec son épouse Joséphine, leur avait déclaré qu'il avait lu avec attention le projet de Constitution préparé au cours de longues tractations secrètes par la commission du Conseil législatif réuni à Berne. Ce projet, essentiellement unitaire, instituait quatre éléments d'autorité : Conseil législatif, Sénat conservateur, Conseil de gouvernement, Conseil d'Etat. Cette organisation avait les apparences de la démocratie, alors qu'elle équivalait, en fait, à livrer l'ensemble des cantons à une nouvelle oligarchie urbaine, mise en place par une élite élective se cooptant. Elle ne tenait nullement compte des aspirations des petits cantons et du retour à la fédération d'Etats, souhaité par une majorité de citoyens. Le Premier consul avait tout de suite qualifié le projet de « singerie de la Constitution française » puis ajouté, d'un ton catégorique : « Comme consul de la République française, je n'ai point de conseils à vous donner ; vous êtes indépendants, vous pouvez vous constituer comme vous jugerez à propos. Si votre gouvernement se croit assez fort pour mettre en activité ce projet de Constitution, je n'ai rien à dire, il en est le maître ; je retire mes troupes. Mais, s'il a besoin de mon appui pour l'exécuter, alors, je me dois à moi-même de déclarer que jamais je ne pourrai approuver, et encore moins appuyer, un si mauvais ouvrage. Il est essentiellement mauvais ; jamais je ne voudrais me déshonorer au point d'y attacher mon nom. J'ai devant les yeux l'Europe et la postérité ; celle-là dirait que j'ai donné l'esclavage à la Suisse en en faisant une province française ; et celle-ci me reprocherait, avec raison, d'avoir détruit la liberté dans le pays de Guillaume Tell ! »

Plus tard, car la conversation avec les envoyés suisses avait été longue, Bonaparte, après quelques tirades emphatiques, avait laissé plus clairement voir ses préférences pour la fédération. « Ce sont vos petits cantons seuls que j'estime ; il n'y a qu'eux qui m'empêchent, ainsi que les autres puissances de l'Europe, de vous prendre. Lausanne, Berne et Zurich sont des villes plus corrompues que la France et que je ne considère point comme la véritable

Suisse. Les petits cantons seuls vous rendent intéressants aux yeux de l'Europe ; c'est sous leur protection que la Ligue helvétique s'est formée. Je sais bien que les cantons postérieurs, qui doivent à l'héroïsme d'Uri, de Schwyz et Unterwald leur existence politique, ayant acquis des richesses et s'étant agrandis considérablement, ont joué les maîtres et dominé en Helvétie ; mais ce ne sont pas eux qu'on considère en Europe ; ce ne sont pas quelques bourgeois de Berne, plus corrompus que nous, qui ont usurpé un grand pouvoir sur leurs concitoyens et une influence injuste sur les autres cantons, qui ont rendu les Suisses respectables et leur pays intéressant à l'Europe. Non, je le répète, c'est aux petits cantons seuls que vous devez cet intérêt ; mais je les vois sacrifiés à un projet de Constitution qui leur ôte toute liberté et élection, et qui donne une administration coûteuse et inutile à des paysans de montagnes. Les rédacteurs de ce projet de Constitution sont aussi inconséquents que tous les métaphysiciens modernes. »

Le journal annonçait que Bonaparte avait aussitôt proposé un autre projet de Constitution, rédigé par lui-même et ses collaborateurs. Après avoir souscrit à quelques aménagements sollicités par les délégués suisses, il avait clairement fait savoir qu'il ne concevait pas d'autre régime pour la Suisse que celui d'une confédération d'Etats. Le texte de Malmaison, envoyé le 15 mai au Conseil législatif helvétique, serait porté à la connaissance du peuple dès l'adoption ou le rejet du projet du Premier consul de la République française. D'après le journal, la Constitution nouvelle reconnaissait le principe unitaire, confiait au pouvoir central la haute police, les relations extérieures, le droit civil, le droit pénal, la défense du pays, le commerce du sel, la poste, les douanes, l'instruction publique supérieure, mais laissait à dix-sept cantons le libre choix de leur organisation interne.

— Je ne comprends pas grand-chose à ces changements, sinon qu'ils risquent de provoquer, une fois de plus, des affrontements entre gens des villes et gens des campagnes, commenta M\ule Rudmeyer.

Charlotte, elle, ne vit que les palabres que cela allait engendrer.

— Tiens, je n'ai pas fini d'en entendre parler, de cette Constitution ! Guillaume va encore s'inquiéter pour ses affaires, Blanchod rappeler ses principes d'un autre âge, Martin se lancer dans des tirades filandreuses ; la ire anti-française de Flora va trouver là de nouvelles justifications et Charles Ruty, qui applaudit à tout ce que fait Bonaparte, va nous rebattre les oreilles avec le génie européen, ça me promet de belles soirées... politiques !

Mathilde Rudmeyer, plus attentive que sa nièce à l'évolution de la société, résuma la situation :

— Il faut dire que, si la République helvétique avait bien fonctionné, avec les cantons transformés en départements à la française, nous aurions pu vivre tranquilles et pour longtemps. Mais voilà, avec les fédéralistes, les conservateurs, les anciens Bernois, les anciens révolutionnaires, les citadins, les montagnards, ceux qui trouvent qu'il y a trop de liberté et ceux qui crient qu'il n'y en a pas assez, nous en sommes, en quatre ans, à six coups d'Etat et six Constitutions ! Espérons que la septième sera la bonne..., c'est un bon chiffre !

Quand, quelques jours plus tard, Mme Métaz prit, dans son coupé gris, laqué comme une bonbonnière chinoise, la route de Vevey, Mathilde, qui n'avait pas grande affection pour son neveu par alliance, reconnut que Guillaume avait bien fait les choses.

— Maintenant que tu as une voiture, tu pourras venir me voir plus souvent, sans que ton mari y trouve à redire et sans être chaperonnée. Si tu viens le mois prochain, comme je l'espère, je te conduirai à Coppet, chez Germaine de Staël. Là, tu verras, rassemblés par une grande dame instruite, au charme envoûtant, des gens d'esprit pour qui n'existent pas de frontières. A Coppet, tu entendras parler de littérature, d'art, de musique et même de politique dans toutes les langues... mais avec l'accent européen !

3.

— Qu'il a grandi en huit jours ! s'exclama Charlotte, penchée sur son fils dont la nourrice achevait la toilette.

— Il est de bonne constitution, votre garçon, et facile. Pas un pleur. Il réclame la tétée à petits cris, comme un oiseau. Et même cette petite coquetterie qu'il a dans l'œil...

— Quelle coquetterie ?

— Eh ben, voyez donc. Il a pas les deux yeux pareils, ce petit, dit la femme en redressant la tête de l'enfant.

Charlotte crut défaillir en découvrant que la nourrice disait vrai. Axel avait le regard vairon... comme Blaise de Fontsalte. Elle se laissa tomber sur une chaise, la main au front, pâle, le cœur battant la chamade.

— Faut pas vous frapper comme ça, madame Métaz, c'est pas une tare. Et ça veut pas dire que le garçon y verra pas clair comme un autre... Et puis ça peut s'arranger... avec le temps.

Dès que l'enfant fut dans son berceau et la nourrice partie, Charlotte prit son fils dans ses bras et s'approcha de la fenêtre. L'enfant, propre et nourri, allait s'endormir. La clarté brutale du soleil lui fit ouvrir les yeux. Aucun doute n'était plus possible, l'œil droit paraissait marron clair, le gauche couleur turquoise. Mme Métaz posa l'enfant sur sa couche, caressa le duvet blond et frisotté qui lui couvrait la tête et se dit qu'au moins Axel ne serait pas brun comme son père. Puis, sentant ses jambes se dérober, elle s'assit et s'interrogea. La veille, lors de son retour de Lausanne, Guillaume n'avait fait aucune allusion à cette anomalie. Il avait seulement vanté, comme la nourrice, la constitution harmonieuse et le calme du bébé. Après l'étreinte conjugale, dont il était sevré depuis plusieurs semaines, Guillaume avait souhaité que sa femme lui donnât bientôt une fille aussi réussie et sans défauts qu'Axel. « Sans défauts » semblait indiquer que le regard de son fils ne lui paraissait pas anormal.

Charlotte s'abandonnait à des réflexions désordonnées quand Flora apparut. Elle offrait son visage fermé des mauvais jours et, après un baiser rapide, l'Italienne entreprit immédiatement son amie :

— Alors, tu as vu ses yeux ? Dis donc, tu as vu ses yeux..., non... mais tu as vu ses yeux ? lança-t-elle rageusement en désignant le berceau où l'enfant dormait déjà.

— J'ai vu, dit Charlotte, accablée et se mordant les lèvres.

— Ils sont vairons, ses yeux, vairons ! Pff, ma belle, tu nous as fait un petit Français ! Ce sont les yeux de ton soudard. Un bleu, un marron. Ma pauvre Carlotta, te voilà dans de beaux draps !

Charlotte se mit à pleurer doucement. Elle resta ainsi un moment, le menton sur la poitrine, puis leva sur Flora un regard embué de larmes.

— Mais enfin, au lendemain de sa naissance, ses deux yeux étaient semblables..., gris ardoise, je m'en souviens !

— Te souviens-tu aussi de ce que t'a dit la sage-femme quand tu as regretté que les yeux d'Axel ne soient pas bleus ? Elle a dit : « Peut-être le deviendront-ils, tous les nouveau-nés ont les yeux gris, la vraie couleur vient plus tard », rappela Flora.

— La nourrice dit que ça peut s'arranger... avec le temps !

— Le temps n'y changera rien. Les yeux d'Axel ont maintenant leur couleur définitive. Ils ne changeront plus, Charlotte. Ne te fais pas d'illusion !

— Mon Dieu, que vais-je devenir, que vais-je dire et d'abord comment cela se peut-il ?

— Comment cela se peut-il ! Enfin, Charlotte, tu te moques ou quoi !

Flora prit la main de son amie et, soudain radoucie, tenta de l'apaiser :

— Tout de même, tu aurais pu me dire, à moi, car bien sûr tu savais qui est le père. Tu as manqué de confiance en moi, c'est ce qui me peine le plus.

— Je te demande pardon, je croyais que tout irait bien ! J'avais annoncé ma grossesse avec un bon mois de retard pour que Guillaume... et même toi... Oh ! mon Dieu !

— Je comprends, cet enfant n'est pas prématuré comme Apolline et les autres le croient. Sauf la sage-femme, probablement, qui pourrait bien avoir des doutes, car elle l'a trouvé bien gaillard pour un venu trop tôt. Mais elle sait aussi d'expérience que les jeunes mères ne comptent pas toujours juste. Pauvre Guillaume, il a été abusé dès le premier jour ! Je n'aurais pas cru ça de toi, Carlotta. Vraiment, je n'aurais pas cru que tu puisses si bien dissimuler pareille chose. Enfin, le mal est fait !

— Aide-moi, je t'en prie, dit Charlotte, suppliante, prenant la main de son amie dans les siennes, moites d'angoisse.

— Tu ne peux pas cacher à quiconque que ton fils a l'œil vairon, ça, non ! Mais qui sait, à part moi, que le beau capitaine que tu as logé en mai 1800 a le même regard que ton enfant ?

Charlotte se redressa et parut réfléchir.

— Guillaume ne l'a jamais vu, mais Blanchod, Martin et Polline l'ont vu, comme toi, le soir où il est resté avec nous tous au salon. Tu te rappelles ?

— Ce n'est que plus tard, à la lueur de sa lanterne, que j'ai vu son regard. Aux chandelles, je n'avais pas remarqué la couleur de ses yeux, donc les autres n'ont pas dû la voir mieux que moi. Martin est myope et Blanchod distrait. Reste Polline, qui a un regard d'aigle malgré ses soixante ans bien sonnés.

— Ce soir-là, elle n'a fait que traverser le salon pour apporter du bois. Blaise était à l'autre bout de la pièce. Et puis, si elle avait découvert qu'un homme n'avait pas les deux yeux pareils, tu penses qu'elle m'en aurait parlé. Non, de ce côté-là, je suis tranquille.

— Si je suis la seule à savoir que ton soudard a l'œil vairon, ce qui ne saute pas aux yeux, si j'ose dire, tu ne crains rien, ma belle... Tu n'as qu'à continuer à mentir. Ce sera ta punition. Toute ta vie, tu devras cacher à Guillaume qu'il n'est pas le père de son fils et aussi taire à l'enfant sa véritable origine. Je te plains. C'est une affaire entre toi et ta conscience. Je t'imagine confessant ça au curé d'Echallens ! Même après ça, tu n'as pas fini d'y penser !

— Guillaume n'a pas l'air de s'en être aperçu jusque-là, sinon ce serait la première chose qu'il m'aurait dite. Il est si fier de son garçon !

— Il n'a rien dit parce qu'il ne le sait pas encore, tiens ! A partir du moment où j'ai compris, j'ai tout fait pour éviter qu'il voie les yeux d'Axel. Ton mari étant absent toute la journée, il m'était facile de ne lui montrer l'enfant qu'endormi. J'attendais, crois-moi, ton retour avec impatience. Et j'avais grand-peur que la nourrice aille en parler à Polline ou même à Guillaume. Je lui avais fait la leçon, en disant que personne ne devait savoir ça avant la mère. Elle a respecté la consigne. Je me suis dit qu'il valait mieux, en effet, que tu sois là quand la chose se découvrirait. Car maintenant il va bien falloir l'apprendre à Guillaume. Alors, Carlotta, à toi de savoir ce qu'il faut dire et ne pas dire ! J'ai fait ce que j'ai pu jusque-là, mais maintenant tu dois parler à Guillaume.

— Je le ferai... à l'heure du repas. Je dirai que je me suis aperçue ce matin de cette... anomalie dans les yeux de son fils. Car, devrais-je en mourir, je ne détromperai jamais Guillaume. Il serait trop malheureux. Axel est son fils. Nous seules connaissons la vérité. Jamais nous n'en reparlerons.

— Entendu, Charlotte... Mais, diras-tu à Fontsalte, si tu le revois un jour, qu'il a un enfant suisse ?

— Jamais, jamais, au grand jamais il ne devra savoir ! Cet enfant, je le donne à Guillaume comme sien, acheva Charlotte, avec une emphase involontaire qui fit sourire Flora.

— C'est bien le moins que tu puisses faire, ma belle !

Estimant que son amie avait recouvré assez de sang-froid pour faire face à la situation, Mlle Baldini s'esquiva, refusant, en dépit du souhait de Charlotte, d'attendre avec elle le retour de Métaz.

Guillaume reçut la nouvelle avec calme. Quand il eut, lui-même, constaté l'anomalie du regard de son fils, il s'employa à consoler sa femme, imaginant que les larmes qu'elle ne put retenir exprimaient seulement son inquiétude de mère. La première décision de M. Métaz fut d'envoyer Polline chercher le médecin. Sans l'avouer, Guillaume ne ressentait qu'une crainte : celle que son fils devînt aveugle. Le praticien de Vevey se montra circonspect, mais plutôt rassurant. Il examina l'enfant, observa qu'il suivait parfaitement du regard le doigt que l'on passait devant ses yeux, ce qui, d'ailleurs, amusa Axel au point d'amener sur ses lèvres un premier sourire.

— C'est un caprice de la nature. Il peut arriver qu'un individu ait les deux yeux de couleurs différentes, dit le médecin.

— De ça, nous nous sommes déjà aperçus, docteur ! Mais cette bizarrerie peut-elle corrompre la vue du garçon ? demanda Guillaume.

— Pour le moment, en tout cas, il y voit. Je dirais même qu'il y voit mieux que moi qui ai besoin de lunettes ! Mais peut-être pourriez-vous le montrer au docteur Carbonel, à Lausanne, c'est un oculiste réputé, ou au docteur Butini, à Genève. On vient les consulter de partout en Europe. Eux vous diront peut-être comment ce genre de défaut de l'iris peut évoluer.

— Et comment s'explique pareil... accident ? risqua Charlotte.

— On ne sait. Mais il est admis que le défaut intéresse l'iris le plus clair, se contenta de déclarer le praticien avant de quitter la maison.

— Nous irons à Lausanne, à Genève, à Paris s'il le faut, dit Guillaume, s'efforçant de sourire.

Apolline, qui avait suivi la conversation par l'entrebâillement de la porte, s'approcha des époux, debout près du berceau.

— Chez nous, au pays d'En-Haut, certains chiens de berger ont les yeux comme votre garçon. J'en ai vu plus d'un. Ils sont meilleurs que les autres pour garder les bêtes et même à la chasse. Alors, vous tourmentez pas avec ça. Votre Axel, il sera pas aveugle, dit la servante, l'air entendu.

— Demain, nous irons à Lausanne voir Carbonel, trancha Guillaume.

Ils emmenèrent avec eux la nourrice, afin qu'elle sût comment traiter l'enfant si le médecin ordonnait des soins ou des remèdes. Pendant tout le trajet, Axel gazouilla comme si les tressautements du coupé, amortis par des ressorts du modèle le plus récent, lui procuraient du plaisir.

— Qui pourra se vanter d'avoir fait pareil voyage à un âge aussi tendre ? remarqua Guillaume, qui appréciait le confort du grand coupé et caressait de temps en temps la joue de Charlotte. Allez, allez, ne te fais pas de mauvais sang ! Quelque chose me dit que notre fils sera de toutes les façons différent des autres, supérieur aux autres, une sorte de génie, peut-être. Sans compter qu'avec des yeux comme ça pas une fille ne lui résistera ! Je le vois, tiens, au bal des vendanges dans quelques années. La brune, la blonde ou la rousse regarde ses yeux, voit tout le mystère de ces couleurs, est comme prise dans le faisceau de deux regards et, ne sachant auquel se vouer, tombe en pâmoison dans les bras du beau garçon !

— Mon Dieu, Guillaume, tu vas bientôt battre Martin en imagination, dit Mme Métaz, qui s'appliquait à tenir le diapason de son mari, dissimulant sa crainte de ce que pourrait révéler le médecin lausannois.

Elle aurait souhaité faire halte chez sa tante avant de se rendre au cabinet du praticien, mais Guillaume, pressé d'obtenir une consultation, ne l'entendit pas ainsi.

— On ira dire le bonjour à Mathilde après le docteur, si on a le temps. Nous devons rentrer ce soir même à Vevey, j'ai à faire. Les jours sont longs et les chevaux seront reposés. Puisque nous avons une voiture rapide et bien suspendue, autant en profiter, pas vrai ?

Après avoir longtemps examiné Axel, le docteur Carbonel, un vieil homme doux, aux gestes lents, au ton mesuré, se montra plus affirmatif que son confrère veveysan.

— L'anomalie que je constate chez cet enfant, anomalie et non maladie, crut bon de préciser l'oculiste, est considérée par la Faculté comme une altération encore inexpliquée de la couleur de l'iris [1]. Certains modernes pensent à une disproportion congénitale dans la distribution des pigments qui colorent l'iris. Mais rassurez-vous, même si le regard vairon, du latin *varius*, est un cas rare, j'en ai rencontré plusieurs dans ma carrière déjà longue et aucun n'a conduit à la cécité. La seule chose que j'aie pu constater, c'est que l'anomalie pouvait être héréditaire. Elle s'est même retrouvée chez des sœurs jumelles.

— Mais personne dans ma famille n'a jamais eu l'œil vairon. De ton côté non plus, n'est-ce pas, Charlotte ? protesta Guillaume.

Le médecin eut un sourire complaisant.

— Qu'en savez-vous, monsieur ? Cela peut venir de fort loin, sauter les générations. Savez-vous comment étaient les yeux de vos ancêtres au temps de... Guillaume Tell, par exemple ?

Cette boutade détendit l'atmosphère et les Métaz quittèrent l'oculiste le cœur plus léger. Charlotte, entendant le praticien mettre en cause l'hérédité, avait eu un moment de trouble, vite réprimé. Guillaume vouait aux médecins le respect de ceux qui n'ont aucune connaissance médicale. Le diagnostic d'un praticien réputé ne pouvait être mis en doute, bien que la nature apportât parfois de douloureux démentis. « Le médecin énonce le problème, Dieu le résout », disait parfois Métaz, pour excuser les erreurs des Diafoirus.

Mathilde crut tranquilliser sa nièce en affirmant que la différence de couleurs des yeux de l'enfant se remarquait à peine et que les

1. Les progrès de l'ophtalmologie et de la génétique ont permis, depuis le milieu du XIXe siècle, de déterminer les causes et les conséquences de l'hétérochromie. Grâce, notamment, aux travaux de sir Jonathan Hutchinson, chirurgien anglais (1828-1913), qui décrivit le premier, scientifiquement, cette anomalie de l'iris.

Rudmeyer avaient toujours eu une excellente vue. Cela signifiait, Guillaume le prit ainsi, que la déficience héréditaire, si déficience il y avait, ne pouvait venir que du côté Métaz ! Mlle Rudmeyer cita le cas d'une personne née avec un œil bleu piqueté de rouge brun. Cela venait, paraît-il, de ce que sa mère avait été renversée, pendant sa grossesse, par un cheval bai emballé !

Pour atténuer l'inquiétude avouée de sa nièce, le seul être au monde qu'elle aimât, Mathilde offrit à Charlotte un dessin à la plume de Jean Huber, dont elle possédait une petite collection. Ce dessinateur genevois, artiste original, un des derniers chasseurs au faucon d'Europe, était mort cinq ans plus tôt, à l'âge de soixante-cinq ans. Hôte attitré de Ferney, il avait été l'ami de Voltaire, cent fois dessiné et caricaturé par lui [1], plusieurs fois pour le compte de Catherine II la Grande, impératrice de Russie. Cette dernière non seulement avait lu les œuvres du philosophe, mais en avait beaucoup entendu parler par son secrétaire, le Genevois Pictet, familier des Délices, la demeure de Voltaire. Goethe, Marmontel, Melchior Grimm et William Beckford avaient rendu visite au peintre et apprécié son habileté à jouer des ciseaux, quand il découpait un profil dans du papier noir... qu'il tenait derrière son dos ! Mathilde, toujours discrète quant à son passé de jolie femme, n'avait jamais donné grand détail à quiconque, ni même à sa nièce, sur ses relations avec l'artiste, mais elle serrait dans des cartons rarement ouverts de nombreux croquis de Jean Huber, dont plusieurs portraits d'elle-même et quelques « découpures » de profils célèbres. L'œuvre que Charlotte emporta ce jour-là, un dessin à la plume et bistre, rehaussé d'aquarelle, représentait une femme de dos, assise sur un banc et regardant le lac Léman. Le clocher, en contrebas de l'éminence où se trouvait la rêveuse, était, d'après Mathilde, celui de l'église Saint-Martin, à Vevey.

De retour à Rive-Reine, Charlotte accrocha le précieux dessin au mur de sa chambre, près de l'aquarelle envoyée d'Espagne par Fontsalte quelques mois plus tôt. Un amateur eût trouvé cette juxtaposition peu flatteuse pour le grand dessinateur genevois. Quand Martin Chantenoz fut invité à constater à son tour que les yeux d'Axel Métaz étaient de couleurs différentes, il poussa une exclamation enjouée :

— Alexandre le Grand avait le regard vairon, mes bons amis,

1. De nombreux dessins illustrant la vie quotidienne de Voltaire, commandés par Catherine II à Jean Huber, figurent aujourd'hui au musée de l'Ermitage, à Leningrad, récemment redevenue Saint-Pétersbourg.

comme sa mère, Olympias. Un œil gris, un œil violet qui fonçait quand il se mettait en colère ou réfléchissait fortement. Et aussi Anastasios Ier, empereur d'Orient, ce qui ne l'empêcha pas de construire, vers l'an 500, l'enceinte de Constantinople et la fameuse tour de Galata. Ton fils, Guillaume, a d'illustres prédécesseurs. Sûr qu'il sera un grand homme !

Blanchod, en tant que parrain et chasseur, se satisfit, comme Apolline, d'une référence canine.

— Les bons chiens de chasse ont un œil bleu et l'autre marron ! Mon filleul sera un bon fusil... si vous voyez ce que je veux dire, fit-il, plus polisson que grivois.

Pendant quelques semaines, toutes les femmes qui virent l'enfant donnèrent leur sentiment sur son regard bicolore, puis tout le monde oublia cette anomalie. Quand Charlotte commença à promener Axel dans son landau, en compagnie d'Elise Ruty, dont les jumelles apprenaient à parler, on considéra les jeunes femmes comme des mères comblées. Mme Métaz avait longtemps redouté qu'une personne de ses relations eût autrefois rencontré l'officier français au regard vairon, logé à Rive-Reine en mai 1800. Sans aller jusqu'à imaginer une infidélité de Charlotte, ni mettre de malice dans leur propos, tel homme ou telle femme aurait pu faire une réflexion anodine mais gênante du genre : « Tiens, le regard de votre garçon me rappelle celui d'un militaire que j'ai vu, il n'y a pas si longtemps, à Vevey. » Car, enfin, se disait la mère d'Axel, Blaise a circulé dans la ville, parlé avec des membres de la municipalité qui auraient pu conserver le souvenir de son étrange regard.

— Cesse de te ronger les sangs, ma belle ! Les gens ne remarquent pas ces choses, comme ça en passant. Tu sais bien qu'il m'a fallu un moment pour m'apercevoir que ton Blaise n'a pas les yeux comme tout le monde, répétait Flora.

Charlotte retrouva bientôt sa sérénité, voire son insouciance, et oublia de plus en plus fréquemment que le fils qu'elle avait donné à Guillaume n'était pas de lui ! Seule Flora lui rappelait parfois sa faute, en bougonnant qu'elle souffrait « d'être marraine d'un bâtard de Français », sans qu'on sût s'il s'agissait d'une taquinerie ou d'une attrition sincère !

Fin juillet, quand on apprit à Vevey la signature d'une convention entre le gouvernement français et le pape Pie VII, les rares Vaudois catholiques se réjouirent. Le concordat reconnaissait la valeur morale du catholicisme auquel adhérait une majorité de Français, désavouait implicitement les persécutions antireligieuses de la Révolution et réglait les rapports entre l'Eglise et l'Etat. Cet événement considérable étant de nature à enlever à la cause monarchiste et aux émigrés qui la servaient un mobile majeur, les Métaz se plurent à imaginer que la paix internationale s'en trouvait renforcée. Dès lors, Charlotte se reprit à guetter des nouvelles de Blaise. Elle s'en ouvrit à Flora, ce qui déclencha entre les amies une discussion batailleuse, l'Italienne refusant de continuer ses bons offices pour acheminer le courrier des amants. Elle estimait que Charlotte devait mettre un terme à ses relations avec Fontsalte.

— Tu as eu assez de chance jusque-là, pour ne pas tenter le diable en commettant de nouvelles imprudences, qui pourraient faire tout découvrir. Et, puisque tu ne veux pas que ton soudard sache ce qui est arrivé, le mieux est de l'oublier.

Toutes ses craintes s'étant révélées vaines, Charlotte, amoureuse hors de danger, employa tous les arguments qu'elle put afin de convaincre Flora de la nécessité, pour son secret bonheur, de prolonger « une évasion romanesque par l'esprit, qui l'aidait à supporter la terne vie veveysanne ».

— Et puis je ne commets pas grand péché en entretenant une correspondance avec un homme aussi lointain. Je me suis engagée, en confession, à ne jamais plus céder au plaisir physique hors du mariage, mais, que veux-tu, j'ai en moi un besoin de romance...

— Taratata, taratata..., coupa Flora, incrédule.

— Tu ne veux pas comprendre et, cependant, tu es la seule qui le puisse ! Toi, tu as eu un grand malheur qui t'avait donné un but, la vengeance. Cela a failli te coûter la vie. Maintenant, tu t'intéresses à la condition des femmes. Tu rêves d'être une nouvelle Marianne Ehrmann[1], de publier un journal féminin, de faire admettre l'égalité des sexes, de convaincre les femmes de s'instruire, de tenir tête aux hommes, que sais-je encore..., de jeter leur corset par la fenêtre !

— Ta tante Mathilde ne désavoue pas mes idées ni mes aspirations. Que veux-tu, moi, je n'ai ni vignes, ni mari, ni enfant !

1. Marianne Ehrmann (1755-1795) fut une des premières militantes féminines suisses à vivre de sa plume. Auteur de romans et de pièces de théâtre, elle dirigea le journal féminin *Amaliens Erholungsstunden (les Heures de repos d'Amélie)* et fonda en 1793, à Zurich, une revue pour les femmes, *Die Einsiedlerinn aus den Alpen (la Femme ermite des Alpes)*. A la femme savante amie des philosophes, elle opposait la femme pensante. En 1790, elle lança aux hommes le fameux avertissement : « Ne riez pas trop vite, vous les seigneurs de la Création ! »

— C'est parce que tu le veux bien… et puis tu dis toi-même que le mariage ne peut suffire à remplir la vie d'une femme !

— Dans le pays de Vaud, les hommes sont souvent inférieurs à leur femme, a dit quelqu'un. C'est ton cas. Epouse réservée et obéissante, tu domines cependant ton mari par l'esprit et le savoir. Guillaume a l'intelligence pratique des gens d'affaires, il réussit tout ce qu'il entreprend…

— Mais je m'ennuie ! Ma raison me porte à aimer Guillaume avec force, mais ni mon cœur ni mon esprit ne sont satisfaits. Tous les jours se suivent et se ressemblent, les saisons de la vigne rythment notre vie, le lac passe du gris au bleu, puis du bleu au gris, il y a des jours de brouillard et des jours de soleil, les gâteaux d'Elise sont toujours trop sucrés et les rösti de Polline trop cuits ! Tous les soirs que Dieu fait, Guillaume vérifie ses comptes jusqu'à minuit, puis monte voir si je dors. Souvent, je fais semblant pour échapper à sa tendresse… infatigable ! Sans toi et Chantenoz, je ne pourrais parler que commerce, batellerie, vins et avenir d'Axel, c'est le nouveau sujet ! J'aimerais voyager, voir des pays, rencontrer des gens ! J'aimerais vivre une autre vie !

— Maintenant que tu as une voiture, tu peux aller à Lausanne, chez ta tante, quand tu veux. On ne s'y ennuie pas, que je sache.

— Tu sais très bien que ça déplaît à Guillaume. Et je ne veux pas lui déplaire… trop souvent…

— Et crois-tu que le souvenir et les lettres de Fontsalte puissent t'apporter autre chose qu'une illusion ? demanda Flora, pour revenir au sujet de la querelle.

— Mais l'illusion est le ferment de mes pensées. Blaise m'apporte l'illusion de vivre une autre vie, une vie… souterraine. La sensation d'être une autre femme, que personne ne connaît. D'ailleurs, il m'a donné un nom que lui seul prononce !

Flora haussa les épaules avec moins d'agacement que de commisération. Charlotte restait la pensionnaire sentimentale qui écrivait, de Fribourg, des lettres baignées de larmes où il était question des amours chastes et tragiques de Paul et Virginie, séparés par la mort au seuil du bonheur. Le roman de Bernardin de Saint-Pierre avait eu une telle influence sur les adolescentes de la génération de Charlotte que nombre d'entre elles se coiffaient encore à la Virginie et portaient en médaillon les portraits supposés des amants de l'île de France.

Après un long échange d'arguments dialectiques, développés de part et d'autre sur un ton véhément, Flora finit par céder et s'engagea à continuer ses bons offices. Elle admettait, sans toutefois le reconnaître ouvertement devant son amie, que celle-ci avait besoin de croire à sa romance, surtout d'avoir une vie cachée, des pensées et des sentiments secrets. C'était peut-être la façon qu'avait Mme Métaz de se croire indépendante et libre.

La complicité de Flora à nouveau acquise, Charlotte s'inquiéta de ce que pouvait penser Tignasse, chez qui arrivaient les lettres de Blaise à l'adresse de Flora.

— Je laisse croire à ma sœur qu'il s'agit de messages envoyés par des émigrés que je suis chargée de faire parvenir à leur destinataire. Chaque fois qu'une lettre arrive, j'ai une scène ! Depuis que j'ai été prise comme espionne, l'an dernier, elle me voit en danger de mort. Elle me dit : « Tu finiras sur l'échafaud ou dans un cul-de-basse-fosse avec du plomb dans le cœur ! » Voilà ce que me valent les lettres de ton soudard, ma belle. Ah ! faut-il que je t'aime pour toujours en passer par où tu veux !

Le mardi 7 juillet 1801, le *Journal helvétique* — tel était depuis peu le nouveau titre du *Bulletin helvétique* — avait annoncé l'arrivée à Lausanne de M. William Beckford.

« Hier M. Beckford est arrivé ici, où il doit séjourner quelque temps. Depuis trois années et demie, nous étions privés de la présence des étrangers dans ce pays. Puisse la paix et une liberté sans licence nous ramener les voyageurs de tous Etats qui, en venant admirer la beauté de nos sites, contribuaient à répandre l'aisance parmi les habitants en vivifiant leur industrie. »

Guillaume, prévoyant une relance du commerce si malmené par la guerre, n'avait pas été le dernier à considérer qu'il s'agissait d'une bonne nouvelle. Charlotte, elle, s'était mise à espérer un message de sa tante, qui la convierait à rencontrer l'écrivain et esthète anglais si elle-même réussissait à le voir.

Le 1er août, Charlotte, n'ayant pas de nouvelles de Mathilde, supposait que celle-ci n'avait pas encore abouti.

Vers une heure de l'après-midi, alors que les Métaz, comme tous les Veveysans, accablés de chaleur, se tenaient au frais dans leur maison, le tocsin se mit en branle pour appeler les hommes au feu. Le village de Tercier, dans la paroisse de Blonay, était en flammes. L'incendie, allumé dans la ferme des Bonjour, en plein village, par des flammèches tombées sur un toit de bardeaux, ne put être maîtrisé et soixante-dix maisons — deux tiers des habitations de

Tercier — furent détruites en peu de temps. On découvrit bientôt que les responsables de cette catastrophe étaient des carriers, occupés à faire sauter le roc à la poudre. Ils utilisaient comme mèches et tampons des chiffons et c'est un lambeau de tissu incandescent, emporté par un fort vent du midi, qui avait mis le feu au village. On s'entendit aux alentours pour héberger les sans-abri et une collecte fut organisée pour leur venir en aide.

Ce drame local était oublié quand, à la fin des vendanges, on apprit qu'un nouveau coup d'Etat avait été fomenté à Berne, par les opposants à la Constitution proposée par Bonaparte. Cette fois, l'affaire risquait d'allumer la guerre civile. Le conflit entre unitaires[1] et fédéralistes[2] avait été relancé par les élections à la Diète helvétique en faisant apparaître une majorité unitaire, même si la Suisse centrale avait désigné des représentants fédéralistes tandis que les Grisons envoyaient siéger des partisans de l'Autriche et, de ce fait, ennemis déclarés de la France.

Aussitôt réunie, la nouvelle Diète s'était comportée en assemblée constituante, afin de modifier la Constitution dite de Malmaison pour renforcer le pouvoir central. La réaction ne s'était pas fait attendre et, le 27 octobre, quelques membres du Conseil législatif, réunis en secret, avaient déclaré « la Diète générale dissoute et ses travaux nuls et de nul effet ». Le général Montchoisy, qui commandait les troupes françaises, et Raymond de Verninac, ministre de France, gagnés à la cause des fédéralistes, ne s'étaient pas opposés au nouveau coup d'Etat. La Diète s'était résignée et, les élections au Sénat ayant envoyé dans cette assemblée une majorité fédéraliste, les nouveaux sénateurs venaient de nommer premier landammann[3], c'est-à-dire chef du gouvernement, Aloys Reding[4], un ancien officier des Gardes-Suisses de Louis XVI.

Le colonel Reding, âgé de trente-sept ans, adversaire résolu des principes de la Révolution française, était estimé dans les cantons

---

1. **Partisans d'un Etat unifié et centralisé**, fondé constitutionnellement sur les acquis de la Révolution et le modèle français. Ils étaient d'obédience républicaine.
2. **Partisans d'une fédération d'Etats indépendants** et attachés à la tradition helvétique vécue par les cantons primitifs. Ils étaient souvent considérés comme réactionnaires et rétrogrades.
3. Ou landamman. L'orthographe adoptée ici est celle du *Dictionnaire historique et biographique de la Suisse.*
4. Ou Aloïs de Reding, selon les sources. L'orthographe adoptée ici est celle du *Dictionnaire historique et biographique de la Suisse.*

primitifs[1] et comptait de nombreux partisans. Il appartenait à une très ancienne famille de Schwyz qui, depuis des générations, avait fourni aux armées des rois de France, d'Espagne et de Naples des officiers valeureux. Il ne cachait pas sa détestation des révolutionnaires français et de leurs héritiers. Ils avaient non seulement détruit la monarchie et guillotiné Louis XVI et Marie-Antoinette, mais aussi massacré, de la plus horrible manière, son frère aîné, Rodolphe Reding[2], capitaine au régiment des Gardes-Suisses. Ce dernier, deux fois blessé le 10 août 1792 en défendant les Tuileries, avait été interné avec cent cinquante-six autres prisonniers suisses à l'Abbaye de Paris. Ces mercenaires, accusés d'incivisme, se croyaient protégés par les lois de la guerre et attendaient d'être jugés quand Danton avait dépêché des brutes, armées de piques et de sabres, pour les exécuter. Le beau Rodolphe Reding, malade, couché dans la chapelle devenue infirmerie, avait eu la tête sciée avec un sabre par un bourreau improvisé. Son corps, chargé sur un des tombereaux envoyés par le ministre de la Justice, avait été jeté, avec les dépouilles de ses camarades, dans une fosse commune, au cimetière de la Madeleine ou du Roule.

Le nouveau landammann avait le soutien d'un autre ancien des Gardes-Suisses, Nicolas-François Bachmann[3], dont le frère, Anton-Leodegar Bachmann, dernier commandant du régiment Salis-Samade, maréchal de camp aux Gardes-Suisses et commandeur de l'ordre de Saint-Louis, avait été guillotiné le 3 septembre 1792, sur la place du Carrousel. Le colonel, maintenant âgé de soixante-deux ans, plus chanceux que son frère, avait pu fuir la France après le massacre des Tuileries. Bachmann était capable de réunir, dans les cantons primitifs, une milice de huit mille hommes.

Depuis un an, dans le pays de Vaud, la réaction gagnait aussi du terrain, avec le soutien du préfet Henri Polier, qui avait écarté des affaires tous les « patriotes », partisans des idées nouvelles. Soucieuse de faire appliquer, dans le département du Léman comme

1. Les Suisses désignent ainsi les huit cantons qui, pendant l'Ancien Régime, étaient membres de plein droit de la Confédération achevée en 1353 : Uri, Schwyz, Unterwald, Lucerne, Zurich, Zoug, Glaris, Berne.
2. Rudolf Reding (1761-1792) ou de Reding, selon les sources. L'orthographe adoptée ici est celle du *Dictionnaire historique et biographique de la Suisse*.
3. Ou Bachman, ou de Bachmann, selon les sources. L'orthographe adoptée ici est celle du *Dictionnaire historique et biographique de la Suisse* : Niklaus-Franz Bachmann-Anderletz (1740-1831). Un Français, ayant dit à ce soldat en 1799 : « Vous servez pour de l'argent et moi pour l'honneur », s'était attiré cette remarque : « Oui, monsieur, chacun sert pour ce qui lui manque le plus. »

ailleurs, les décisions du gouvernement central, l'administration préfectorale avait ordonné la perception des dîmes, avec rappel depuis la date de leur abolition en 1798 ! Dans un pays à demi ruiné par les réquisitions militaires, cette levée d'impôt, dont le nom rappelait l'époque féodale, avait été mal accueillie. Une pétition pour le rattachement à Berne, c'est-à-dire le retour à l'Ancien Régime, avait réuni plus de dix-sept mille signatures. Et l'on vendait, pour financer la cause, une médaille de propagande portant la devise : « Il nous rend le bonheur », et frappée d'un ours qui brisait un fusil. Aux nostalgiques de Leurs Excellences de Berne s'opposaient les partisans du rattachement à la France, tandis que les modérés, citoyens raisonnables qui ne voulaient dépendre ni de Berne ni de Paris, signaient une adresse proclamant : « Nous voulons rester Suisses, si le mot suisse est synonyme de liberté [1]. » Le doyen Philippe-Cyriaque Bridel, pasteur, éditeur et principal rédacteur des *Etrennes helvétiennes, curieuses et utiles*, publiées chaque année depuis 1783, figurait parmi les opposants les plus actifs à la réunion du pays de Vaud à la France. Il ne cessait d'ailleurs de répéter aux Vaudois : « Vivons de notre vie ! Exprimons notre pays. »

Ce genre d'exhortation à toutes les indépendances trouvait toujours, dans le cercle des Métaz, des échos favorables. Martin Chantenoz, tout en ironisant sur la rusticité, la lenteur, la matoiserie et le mercantilisme latent des Vaudois, trouvait des accents quasi nationalistes pour affirmer l'originalité d'une civilisation qu'il définissait comme monticole et lacustre, reflet d'une sensibilité, d'une sagesse, d'une poésie de la nature que, par pudeur ou réserve, les Vaudois n'osaient extérioriser. Les étrangers ne s'y trompaient pas qui appréciaient, non seulement la douceur du climat et la beauté des paysages, mais aussi les charmes d'une société aimable, avertie, sans afféterie, plus éclairée et attentive aux choses de l'esprit qu'elle ne laissait paraître. Chantenoz citait, référence instructive, une confidence d'Edward Gibbon révélatrice d'attraits dont les Vaudois n'osaient se prévaloir : « J'avais choisi pour ma retraite le pays de Vaud et, jamais, je ne me suis repenti un seul instant de ce choix. La tranquillité du gouvernement, un peuple aimable, une société douce et facile, la politesse réunie avec la simplicité, voilà les objets que j'ai

---

1. *Encyclopédie illustrée du pays de Vaud*, éditions 24-Heures, Lausanne, 12 volumes, 1970-1987 (*l'Histoire vaudoise*, sous la direction d'Henri Meylan, archiviste-paléographe, professeur honoraire à l'université de Lausanne).

La Part du feu

achetés à Lausanne et que j'aurais difficilement rencontrés ailleurs. »

Quand la question de l'identité vaudoise resurgissait dans une conversation d'après-dîner, autour d'une bouteille de saint-saphorin ou de dézaley, Blanchod, rousseauiste impénitent qui, au contraire de Martin, tenait Jean-Jacques pour un grand philosophe, ne manquait jamais de rappeler une phrase des *Confessions* : « Il me faut absolument un verger au bord de ce lac, et non pas d'un autre ; il me faut un ami sûr, une femme aimable, une vache et un petit bateau. Je ne jouirai d'un bonheur parfait sur la terre que quand j'aurai tout cela. » Et Guillaume, qui ne citait jamais que la Bible, concluait en caressant la main de Charlotte : « J'ai donc le bonheur parfait puisqu'en plus du lac, du verger, des amis, de la femme et des bateaux, je possède des vignes et un fils ! »

En cet automne 1801, les Veveysans semblaient cependant moins préoccupés par la littérature que par la politique et la rentrée de la vendange, qui s'était déroulée sous la pluie et par temps plus que frais. A Vevey parvenaient, assourdis ou amplifiés suivant le narrateur, les échos des soulèvements en cours dans les cantons primitifs, en Suisse centrale et à Berne. Ici, les paysans opposés à la perception de la dîme menaçaient les collecteurs ; ailleurs, des aristocrates partisans d'un retour à l'Ancien Régime fourbissaient leurs armes ; partout dans le pays, des citoyens, désirant seulement vivre en paix, du fruit de leur travail, se disaient prêts à renverser une République helvétique incapable de maintenir l'ordre et de faire respecter la loi.

On s'attendait, d'un jour à l'autre, à une intervention de l'armée française, seule force capable de ramener le calme et d'imposer une Constitution dont les imperfections auraient pu être corrigées sans heurts ni conflits. On savait assez que Bonaparte ne voulait pas voir la Suisse gouvernée par des réactionnaires mais par des patriotes, représentants d'un peuple acquis dans sa grande majorité aux idées de la Révolution. Certains naïfs espéraient beaucoup d'une rencontre entre Reding et le Premier consul, mais les gens informés n'imaginaient pas une entente possible. Le général Bonaparte considérait le nouveau landammann et son entourage comme des ennemis de la France, à l'écoute des agents anglais et autrichiens, nombreux sur le territoire helvétique.

A Vevey et dans le Valais, le camp des anti-Français se trouva renforcé quand fut connu, avec six mois de retard, l'acquittement pur et simple, le 28 avril, par le conseil de guerre réuni à

Strasbourg, du général Xaintrailles. Tous ceux qui se souvenaient des exactions et des vols commis par cet officier supérieur crièrent au scandale en apprenant que les membres du tribunal militaire avaient décidé, à l'unanimité, que Xaintrailles n'était coupable d'aucun des vingt-deux crimes et délits dont on l'accusait !

Flora n'hésita pas à rappeler, devant le cercle des Métaz, que le capitaine logé à Rive-Reine l'année précédente avait assuré que Xaintrailles serait jugé, condamné et sans doute exécuté.

— Cet officier, dont j'ai oublié le nom, m'avait paru sincère. J'ai même su plus tard, par des plaignants, interrogés par ses soins et scrupuleusement, qu'on ne ménagerait pas ce général pilleur. Mais on doit convenir aujourd'hui que tout cela n'était que poudre aux yeux !

— Ce capitaine était sincère et je crois qu'il a loyalement composé le dossier. Mais, entre Vevey et Strasbourg, bien des choses ont pu se passer, n'est-ce pas, dit Charlotte qui avait appris quelques jours plus tôt, par une lettre de Blaise, la clémence incompréhensible des juges militaires.

— Comme je n'ai pas vu cet officier, je ne puis me faire une opinion sur sa sincérité, mais je fais confiance à Charlotte, elle est assez fine pour juger, dit Guillaume, ce qui fit sourire Flora.

— Si les témoins de chez nous avaient répondu à la convocation du conseil de guerre français et s'étaient rendus à Strasbourg, au lieu de trouver des prétextes pour ne pas faire le déplacement, peut-être aurait-on tenu compte de leurs dires répétés en face du coupable. Je sais qu'au début du mois de mai tous ont reçu des convocations, mais l'un s'est dit malade et dans l'incapacité de faire un voyage de plus de soixante lieues, un autre s'est déclaré impécunieux, un troisième a raconté qu'il devait rester au chevet de sa femme près d'accoucher, un artisan, que nous connaissons tous ici, a même expliqué que, s'il s'absentait une semaine et n'honorait pas les commandes en cours, il perdrait ses pratiques ! Alors, que ces gens ne se plaignent pas ! Quand on veut gagner son procès, on s'en occupe soi-même, quoi qu'il en coûte. C'est ainsi qu'on a bonne justice, bougonna Blanchod.

Lors du traditionnel banquet de la vendange, Guillaume Métaz voulut montrer à ses invités « le petit vigneron » dont il avait annoncé l'arrivée l'année précédente. Charlotte, à qui l'idée ne plaisait guère, se résigna à cette présentation, qu'elle jugeait déplacée.

Au commencement du repas, Axel apparut dans les bras de sa

nourrice, fort éveillé et manifestant son étonnement, à la vue de tant de visages levés vers lui, par de petits cris et des remuements vifs des mains.

— C'est la présentation de Jésus au... pressoir ! ironisa Chantenoz, déjà éméché.

Il s'attira les regards réprobateurs de Guillaume qui, ayant réclamé le silence en faisant tinter son verre avec son couteau, donna la parole au pasteur, convive de droit à toutes les célébrations de la famille Métaz. Le digne homme, père de cinq enfants, s'éclaircit la voix et récita une phrase de l'épître du dimanche dans l'octave de la Nativité :

— « Mes frères, tant que l'héritier est encore enfant, il ne diffère point du serviteur, quoiqu'il soit le maître de tout ; mais il est sous la puissance des tuteurs et des curateurs jusqu'au temps marqué par son père. »

Puis, après un silence, il reprit :

— Axel, fils de Guillaume, héritier de notre foi, sera un jour, au temps marqué par son père, maître des vignes. Fidèle serviteur de Dieu et bon vigneron, il présidera ces agapes. C'est le vœu que tous nous formons. Amen.

Quand cessèrent les applaudissements et les murmures approbateurs de l'assistance, Martin Chantenoz se tourna vers Charlotte, que ce cérémonial agaçait.

— *Maxima debetur puero reverentia*[1], dit-il, citant Juvénal.

Avant que la nourrice ne ramène l'enfant à Rive-Reine, Guillaume voulut qu'on pressât un grain de raisin sur les lèvres de son fils, afin qu'il sût le goût du jus de la vigne. Charlotte, ne pouvant s'opposer à ce baptême païen, réclama du raisin de Belle-Ombre.

— Il est moins acide, dit-elle, pour justifier cette exigence.

Elle lut, dans le regard amusé de Flora Baldini, que son amie devinait le symbole impur et sibyllin attaché à ce choix. Guillaume, lui, en fut un peu vexé. Il crut que sa femme tenait à ce que le premier raisin goûté par Axel fût des Rudmeyer et non des Métaz !

L'enfant aurait bien avalé la pulpe au risque de s'étouffer tant il avait de vitalité et d'appétit. Quand il eut disparu dans les bras de sa nourrice, la femme du pasteur se pencha vers Charlotte et son mari :

— Vous avez là un bien bel enfant, au regard quasi surnaturel, plein de lumière. Les gens s'arrêtent à une anomalie, sans

1. Le plus grand respect est dû à l'enfant.

comprendre qu'elle est signe d'une différence voulue par Dieu. Donnez vite à votre Axel des frères et sœurs et prions Dieu qu'il leur accorde d'aussi beaux yeux !

Cette réflexion laissa Charlotte pensive jusqu'à la fin de la fête. Plus tard, prétextant la fatigue, elle se refusa à Guillaume et ne s'endormit qu'au petit matin. On ne cesserait donc jamais, dans cette ville, de parler des yeux d'Axel !

Elle retrouva son humeur sereine quand Flora, quelques jours plus tard, lui apporta une lettre de Blaise de Fontsalte. L'officier racontait, comme Charlotte le lui demandait dans ses propres missives, la vie de Paris. Il évoquait théâtres, restaurants à la mode, salons huppés, plus rarement les toilettes féminines et omettait, en revanche, toute allusion à ses visites, en compagnie du général Ribeyre, aux aspirantes courtisanes. Il était allé admirer, au Louvre, comme beaucoup de Parisiens, le tableau de David représentant Bonaparte au Grand-Saint-Bernard. « L'histoire retouchée par les artistes gagne en charme édifiant et en séduction ce qu'elle perd en exactitude. Le passage du Saint-Bernard, chère Dorette, ce n'était pas tout à fait ça ! » écrivait-il. Au terme de sa lettre, Fontsalte donnait des nouvelles de son ordonnance, Jean Trévotte, dit Titus, et le disait « encore capable, malgré sa jambe de bois, de courser la méchante Flora ! ». Dans un post-scriptum, il prévoyait une intervention de l'armée française en Suisse, si les affrontements entre patriotes et conservateurs continuaient, ce qui, espérait-il, « le ramènerait à Belle-Ombre ».

Bien que la situation politique du pays continuât à se dégrader tandis que se multipliaient les affrontements entre factions, l'armée française, dont plusieurs unités étaient encore cantonnées en Suisse, ne semblait pas pressée d'intervenir. Bonaparte attendait son heure, le moment où, la preuve étant faite de la nature fédérale de la Suisse, il deviendrait évident, pour tous les partis, que les citoyens des divers cantons ne pouvaient accepter la férule d'un gouvernement unique et d'une administration centralisée. Charlotte, à qui Blaise laissait toujours espérer une visite, finit par douter de la sincérité d'un attachement que l'absence diluait. Les échanges épistolaires n'en continuèrent pas moins, à intervalles irréguliers.

Au mois de février 1802, Axel, dont la robustesse et la précocité étonnaient, commença à se dresser en titubant sur ses jambes. L'intrépidité de l'enfant valut à Charlotte sa première émotion de mère, le jour où Axel, s'étant aventuré sans surveillance dans le couloir du premier étage, débeula l'escalier de bois jusqu'au rez-de-chaussée. Il s'en tira sans autre dommage qu'une bosse au front et une égratignure au bras. Polline, censée surveiller l'enfant à ce moment-là, fut sermonnée. Quand son fils fut sevré, Charlotte insista pour que la nourrice, dont le mari venait de mourir, soit engagée comme bonne d'enfant et logée à Rive-Reine. Pernette Métayer était une brave fille du pays d'En-Haut, taciturne mais dévouée et d'une propreté rigoureuse, dont l'affection pour Axel ne faisait aucun doute.

M. Métaz fit ses comptes et consentit, en soupirant, à augmenter la domesticité de Rive-Reine. Sa femme, ayant subodoré quelques réticences, avait donné à entendre qu'elle paierait elle-même le salaire de Pernette sur la rente provenant de sa part d'héritage de feu M. Rudmeyer si « cette dépense était jugée insupportable » par son mari. C'eût été humiliant pour Guillaume, dont on aurait pu dire en ville, où tout se savait, qu'il n'avait pas les moyens d'entretenir convenablement sa femme et son fils !

Or M. Métaz était assez à l'aise, en ce printemps 1802, pour envisager l'achat de l'ancien château de Vevey, demeure baillivale désaffectée, que tout le monde nommait la Belle Maison. Il discuta si âprement le prix que le château revint à un adjudicataire moins lésineur, le marchand de vins Henri Michaud, un de ses rivaux en affaires.

Cette déconvenue, dont quelques descendants d'aristocrates firent des gorges chaudes, en disant que Métaz prétendait passer pour châtelain alors que ses proches ancêtres, descendus de la montagne, bourraient leurs sabots de paille, incita Guillaume à prendre l'initiative la plus hardie qu'il ait jamais osée.

Dès que le traité de paix fut signé, le 25 mars, à Amiens, entre la France et l'Angleterre, traité qui mettait fin à la série de conflits qui avaient ensanglanté l'Europe pendant dix ans et sérieusement compromis les échanges commerciaux, M. Métaz proposa à sa femme l'aventure souhaitée depuis l'adolescence.

— Si tu ne redoutes pas la fatigue d'un long voyage, veux-tu venir avec moi à Paris ?...

— A Paris ! Tu veux que nous allions à Paris ? C'est vrai ou si tu...

— Vois-tu, cocolette, maintenant que Bonaparte a fait la paix avec l'Autriche et l'Angleterre, l'Europe va devenir comme un immense marché. On va pouvoir se déplacer librement, sans risque de tomber dans une bataille. Les marchandises vont circuler, le commerce va reprendre avec l'Angleterre, l'Ecosse, la Hollande, la Prusse et les principautés allemandes. Tous les pays vont organiser des foires, où nous pourrons vendre nos vins, nos fromages, nos montres, nos boîtes à musique et tout et tout... C'est le moment de placer des jalons, de trouver les commissionnaires les plus sûrs et les mieux introduits, d'engager des relations avec les négociants étrangers. Or, moi, je dis que c'est d'abord à Paris que se trouvent les intermédiaires habiles, ceux qui savent les moyens et les accommodements. Voilà pourquoi je veux aller à Paris, où je connais quelques Vaudois bien renseignés. Ils pourront m'aider. Si tu veux venir, je t'emmène, puisque nous avons une femme sérieuse pour s'occuper d'Axel.

Mme Métaz, comme chaque fois qu'elle éprouvait un bonheur soudain, sauta au cou de son mari et se dit prête au départ dès le lendemain. Guillaume modéra son élan.

— Holà, holà, ce n'est pas pour tout de suite. Un tel voyage se prépare. Il faut ne pas s'aventurer à l'aveuglette ! Je dois d'abord écrire à des gens, organiser des rendez-vous, obtenir à Lausanne des recommandations de la Société économique et, aussi, de certains pasteurs qui ont des relations en France. Je compte bien avoir, par les ingénieurs de la route du Simplon, à qui nous fournissons de la chaux et du sable, une lettre d'introduction du général Thurreau pour les acheteurs des Ponts et Chaussées. Tout cela ne se fait pas en un jour. Et puis il faut penser à la vigne. Le seul moment où l'on ne peut plus rien faire pour elle, que regarder le raisin mûrir en priant le ciel que la pluie ne pourrisse pas les grappes et que la grêle ne mitraille pas les ceps, c'est entre le 15 août et fin septembre. C'est donc vers cette époque que je prévois notre grand voyage. Tu as tout le temps de te préparer.

Dès lors, Mme Métaz ne fit que rêver tout éveillée. Elle se promit d'écrire à Blaise de Fontsalte, pour annoncer son arrivée à Paris, dès que la date du voyage serait fixée.

Elle eut une grande crainte de voir Guillaume renoncer à son projet quand, au mois d'avril, à la suite d'un nouveau coup d'Etat, le gouvernement de Reding fut évincé et que le pouvoir revint aux unitaires. Ce changement, loin de faire l'unanimité, incita les paysans à s'élever à nouveau, et avec plus de violence, contre la perception de la dîme qu'aucun gouvernement, quelle que soit sa tendance, ne semblait vouloir abolir comme on le promettait depuis 1798. Déjà, au cours de la nuit du 19 au 20 février, des émeutiers avaient envahi le château de La Sarraz et brûlé les archives. Ils entendaient ainsi faire disparaître les terriers, registres détenus par les anciens seigneurs et qui constituaient l'inventaire des biens immobiliers, terres et immeubles des agriculteurs dépendant de la seigneurie. Ces papiers servaient aux tenanciers pour calculer et percevoir l'impôt, que l'on continuait d'appeler improprement dîme. Il ne se passait pas de semaine sans qu'on rendît compte d'une expédition des destructeurs d'archives, surnommés les Bourla-Papey, brûleurs de papiers, dont le chef était un imprimeur de Lausanne, Louis Reymond. Partout, ils vidaient chartriers et cartulaires, allumaient des feux de joie autour desquels dansaient les villageois, enchantés de voir flamber les papiers révélateurs.

Dans un manifeste, daté de Saint-Saphorin-sur-Morges, le 7 mai, et adressé par Louis Reymond au citoyen Khun, commissaire envoyé par le gouvernement central dans le canton du Léman, le chef des Bourla-Papey justifiait l'action de ses troupes. « Au moment de la Révolution, il fut promis aux agriculteurs la libération de toutes les redevances féodales. Pendant deux ans ils jouissent des effets de ces promesses ; mais la troisième année arrivée ils voient des arrêtés rigoureux et injustes dans leur forme sortir d'une autorité provisoire et qui empiraient leur sort. Fondés sur des arrêtés pareils, les propriétaires de ces redevances, tous ennemis du nouvel ordre de chose, s'en sont prévalus pour tyranniser leurs vassaux, auxquels tous moyens de se faire entendre étaient enlevés à raison des formalités que prescrivaient ces arrêtés. »

Reymond terminait par une menace : « Si vous ordonnez des moyens de rigueur et des voies de fait pour opposer au projet invariablement pris par mes troupes, elles vous déclarent qu'outre la résistance que vous trouverez en elles, elles émettront incontinent un vœu de réunion à la République française, sous la protection de laquelle elles se mettent dès cet instant et dont elles arborent déjà les couleurs[1]. »

Une châtelaine paisible et peu fortunée, amie des Ruty, vint raconter à Rive-Reine que deux cents hommes armés avaient assiégé son château en réclamant les papiers relatifs aux droits féodaux : « Ils n'ont pas voulu croire que ces vieux papiers étaient depuis longtemps déposés chez mon notaire. Ils ont forcé les

---

1. *Les Bourla-Papey et la Révolution vaudoise*, Edition Rouge, Lausanne, 1903. Cité dans *Encyclopédie illustrée du pays de Vaud*, éditions 24-Heures, Lausanne, 12 volumes, 1970-1987 (*l'Histoire vaudoise*, sous la direction d'Henri Meylan, archiviste-paléographe, professeur honoraire à l'université de Lausanne).

armoires, visité les greniers et la cave où ils s'enivrèrent de mon vin. Ils menacèrent de leur baïonnette mon vieux majordome qui faillit périr d'émotion, dirent des gravelures à ma femme de chambre et annoncèrent qu'ils allaient brûler la maison. Ils finirent par se lasser, mais, avant de partir, ils tirèrent des coups de fusil dans le lustre du salon et cassèrent toutes les vitres ! Voilà comment sont nos patriotes, mes amis, de vrais sauvages ! Et voleurs, avec ça. Ils m'ont emporté une caisse de chandelles et dix bouteilles de porto ! »

De tels faits finirent par émouvoir la population et le commissaire Khun, homme de sang-froid, rencontra assez de concours pour calmer les Bourla-Papey et mettre en fuite les meneurs. Un tribunal condamna à mort Louis Reymond et ses lieutenants, qui demeurèrent introuvables. La sentence n'avait pu être exécutée et il y avait peu de risque qu'elle le fût un jour quand, en juillet, les dernières troupes françaises quittèrent soudain la Suisse. Bonaparte, las d'une guerre civile larvée et constatant l'anarchie qui régnait, depuis des mois, dans le pays, avait décidé, disait-on, de laisser la République helvétique régler elle-même ses affaires.

Le départ des Français encouragea les réactionnaires, qui allumèrent partout l'insurrection. On annonça, le 20 août à Vevey, que Reding, aidé du colonel Bachmann, avait levé des troupes de paysans et marchait sur Zurich et Berne. Les Vaudois, qui en grande majorité redoutaient la victoire du parti réactionnaire et le retour à l'Ancien Régime, se dirent prêts à prendre les armes pour maintenir les libertés acquises par la Révolution. Réalistes et respectueux des principes de la République helvétique, trop souvent falsifiés par les factions, ils choisirent avec sang-froid et habileté de se faire, dans la conjoncture, les meilleurs défenseurs d'un gouvernement qui leur était hostile, mais que menaçaient les contre-révolutionnaires les plus radicaux.

Les événements étaient commentés, chaque soir, dans le cercle des Métaz et Charlotte, craignant de plus en plus qu'ils incitent Guillaume à renoncer au voyage à Paris, laissait les hommes discuter et s'en allait prendre le frais avec Flora, au bout de la terrasse, en regardant le lac. Blanchod paraissait le plus pessimiste.

— Cette Europe en paix, que Bonaparte nous promet et que tu vois, Guillaume, toute vouée au commerce, n'est pas pour demain. Je vous le dis. Nous autres Suisses, nous ne sommes même pas capables de nous entendre sur une Constitution et d'obéir tous à un gouvernement, alors pensez voir, les Français, les Anglais, les

Autrichiens, c'est bien autre chose! Ils reprennent des forces avant de recommencer à se battre, je vous dis! Les affaires, elles sont pas prêtes de se rapicoler[1]!

— Allons, allons, Simon, c'est une passée[2], tout finira bien par rentrer dans l'ordre, rétorqua Chantenoz.

Comme Guillaume se taisait, Blanchod tira sa blague à tabac et commença à bourrer sa pipe.

— Je serais jeune comme vous deux, je sais bien ce que je ferais, moi, tiens!

— Et que ferais-tu?

— Je m'en irais en Amérique, pardi, comme ceux qui sont partis ces temps-ci rejoindre Jean-Jacques Dufour, de Montreux, qui est là-bas depuis 96. Ils sont onze de Vevey et de Blonay, qui se sont embarqués avec les six frères et sœurs de Dufour. Ils s'en vont planter la vigne au bord d'une grande rivière appelée Ohio. On m'a dit que Jean-Jacques Dufour a acheté des milliers d'acres pour pas cher et une belle ferme. Les gens du pays ont appelé sa vigne Firstvineyard, ça veut dire la première vigne. Peut-être bien qu'ils auront la paix et qu'ils feront fortune, là-bas, au Nouveau Monde!

— Ils ne sont pas les premiers paysans suisses à s'être exilés en Amérique, Simon. Souviens-toi de Jean-Pierre Pury, de Neuchâtel. Il était parti pour cultiver le mûrier et élever des vers à soie et, finalement, il n'a survécu qu'en cultivant le tabac, l'indigo et le maïs, comme les gens du pays, rappela Chantenoz.

— Et les deux cents du canton de Bâle et d'Appenzell, qui se sont embarqués en 89 pour aller faire du fromage dans un pays montagneux, près de la source du Kentucky. Qui sait ce qu'ils sont devenus! Peut-être ont-ils été mangés par les Indiens qui se peignent le corps, dit Guillaume.

— Les Indiens sont, paraît-il, moins dangereux que les coureurs de bois. J'ai lu que ces demi-sauvages vous envoient une balle entre les deux yeux aussi facilement qu'ils vident un verre! Non, Simon, l'Amérique n'est pas encore un pays vraiment civilisé. Mieux vaut rester chez nous et attendre patiemment que nos

1. Mot suisse signifiant reprendre vigueur. En français familier, on dirait peut-être ravigoter.
2. Mot suisse qualifiant une situation transitoire. D'après le *Dictionnaire de la langue française*, de Quillet : terme de vénerie désignant aussi bien le moment où certains oiseaux passent d'un lieu à un autre que les traces laissées par le gibier après son passage.

cantons se mettent d'accord. En attendant, bon voyage, conclut Chantenoz en se levant pour prendre congé.

Guillaume le retint par la manche.

— Est-il sage de quitter le pays quand tant d'événements se préparent, voilà ce que je me demande maintenant, Martin.

— Allez donc à Paris tous deux. Les rebelles ne viendront pas jusqu'ici, et puis ils n'assécheront pas le lac, dit Martin.

— Peut-être bien que tout se jouera à Paris, chez M. Bonaparte. Tâchez de le voir et conseillez-lui de fusiller Reding et ses réactionnaires. Sans les intrigants et les démagogues, tout serait calme, conclut Blanchod.

— Ah ! certes, j'en connais une qui serait bien déçue si nous ne partions pas, reconnut Guillaume.

Puis, après un temps de réflexion, il quitta son fauteuil et poussa ses amis vers la porte de la terrasse.

— Allez faire vos adieux à Charlotte. Nous partirons demain comme prévu. Mais je compte sur vous pour veiller sur mon bien, les vignes et les barques et tout, n'est-ce pas ? Pour le petit, je n'ai pas de crainte ; au premier danger, Pernette l'emmènera chez ses parents au pays d'En-Haut, un village où le diable n'a jamais mis le pied.

Le 23 août à l'aube, Charlotte et son mari montèrent dans leur coupé. A Lausanne, leurs places étaient retenues dans la diligence de Paris.

Flora, qui s'installait à Rive-Reine en l'absence de Charlotte, attendit que la voiture eût disparu au bout de la rue du Sauveur avant de regagner la maison. Elle s'enferma aussitôt dans sa chambre et, bien que le soleil entrât à flots dans la pièce, alluma une chandelle. Puis elle tira de la poche de sa jupe la lettre destinée à Blaise, que Charlotte lui avait confiée pour expédition quelques jours plus tôt, afin d'annoncer à l'officier son arrivée à Paris. Elle en arracha le cachet et la déplia. C'était la lettre la plus compromettante qu'une femme pût écrire à un homme : « Je viens à vous puisque vous ne venez pas à moi », ironisait Charlotte, qui demandait avec une impudeur manifeste « où l'on pourrait... faire Belle-Ombre à Paris, pendant que M. Métaz irait à ses affaires ».

— Elle est folle à lier, murmura Flora.

Sa lecture indiscrète terminée, elle approcha le papier de la flamme et y mit le feu.

4.

La diligence du maître voiturier Delavaux assurait, deux fois par mois, la liaison entre Lausanne et Paris, en huit jours l'été et dix l'hiver. C'était une grande voiture à trois compartiments, lourde mais confortable, tirée par quatre chevaux. Les Métaz, connus du voiturier, bénéficièrent des meilleures places dans ce qu'on nommait l'intérieur, entre le coupé, à l'avant, et la rotonde, à l'arrière.

Guillaume avait calculé qu'il était plus économique de prendre le billet complet à quatre-vingts francs, comprenant transport, hébergement et repas, avec une franchise de quinze livres de bagages, plutôt que la simple place de voyageur à quarante-huit francs. La diligence ne roulant pas la nuit, les passagers devaient dormir dans des auberges où le courrier à cheval, qui précédait la voiture pour préparer aux postes le relais des chevaux, retenait chambres et dîners. Les habitués connaissaient l'importance du courrier, sorte de factotum à qui l'on pouvait demander maints services, moyennant pourboire. Il accompagnait les dames désireuses de faire des emplettes lors d'une étape, expédiait les dépêches urgentes, procurait les journaux, indiquait au célibataire l'endroit où il rencontrerait des... demoiselles de compagnie, se chargeait de régler les notes après le départ de la diligence qu'il rattrapait au galop et dépassait entre deux postes. Le courrier reconnaissait au premier regard les voyageurs de marque, seigneurs ou grands marchands, savait leur nom, leurs goûts, leurs habitudes. Les hôteliers avaient intérêt, non seulement à satisfaire les clients que le courrier recommandait, mais aussi à se montrer généreux envers un intermédiaire capable de faire, ou de défaire, la réputation d'une auberge.

Les longues journées de route et les repas du soir, souvent pris à la table d'hôte, créaient une relative intimité entre voyageurs. Quand les dames s'étaient retirées dans leur chambre, les hommes se racontaient des histoires, en fumant et buvant. Guillaume Métaz, plus liant que sa femme, ne cacha pas son désappointement en constatant le peu d'intérêt que les étrangers portaient aux Suisses. Les Français, surtout, bavardaient entre eux, se montraient à peine polis avec les Italiens et franchement désagréables avec les Anglais. En revanche, aux étapes comme à bord de la diligence, tous les messieurs faisaient des sourires à Charlotte. A l'auberge, les Métaz dînaient souvent dans leur chambre ; en route, Charlotte ne s'intéressait qu'au paysage. Elle conversait parfois avec l'autre voyageuse du compartiment, une forte institutrice allemande, dont elle était seule à comprendre et parler la langue.

Mme Métaz avait cependant été à l'origine du seul incident du voyage. Au quatrième jour, la traversée de la Bourgogne et la vue des vignobles avaient incité M. Métaz et un autre voyageur à comparer les viticultures bourguignonne et vaudoise. Un Français, assez fat et beau parleur, qui ne souhaitait, depuis le départ, qu'attirer l'attention de Charlotte et que les propos du vigneron ennuyaient, avait interrompu Guillaume pour demander finement : « Votre femme travaille-t-elle aussi la vigne ? » Métaz, toisant l'indiscret, avait répliqué avec une sécheresse de ton surprenante : « Sachez, monsieur, que lorsqu'un homme parle d'une épouse à son mari, il doit dire " votre dame " et non " votre femme " ! » Cela avait fait sourire, mais le voyageur, reprenant le livre abandonné, s'était tu.

A Vevey, le voyage à Paris était considéré comme un événement et célébré comme tel. Pendant l'absence des voyageurs, leurs amis, se rencontrant chez un marchand où sur la promenade de l'Aile, s'interrogeaient mutuellement. « Avez-vous des nouvelles de nos Parisiens ? » demandaient-ils. Quand un membre de la coterie des Métaz avait reçu une lettre des absents, il s'empressait d'en faire part aux autres.

C'est ainsi qu'on apprit à la mi-septembre, par Simon Blanchod, que Charlotte et Guillaume étaient arrivés dans la capitale française le 2 du mois et s'étaient installés au Grand Hôtel de Berlin, rue des Frondeurs, à deux pas des Tuileries et du Tribunat. Dans une longue lettre à Flora, Charlotte racontait son voyage et donnait ses premières impressions de la capitale française, qu'elle trouvait « beaucoup plus grande et animée que Lausanne et, même, que Genève ».

Guillaume, muni des lettres de recommandation obtenues à Lausanne, courait la ville du matin au soir « pour se faire des relations », disait-il. S'étant présenté au Conseil général du Commerce, que le Premier consul venait de créer, il comprit ce que signifiait l'expression « graisser la patte », entendue pendant le voyage. Sa probité vaudoise en fut effarouchée.

— Ici, faut tout payer, même les pirouettes ! C'est un drôle de pays. J'aurais pas cru que des gens à qui le gouvernement fait confiance pour les affaires de commerce et qui sont, m'a-t-on assuré, grassement payés aient assez peu de fierté pour tendre la main comme des mendiants. Et avec quelle arrogance ! On doit donner la pièce au concierge pour qu'il vous conduise à l'huissier, la pièce à l'huissier pour arriver au secrétaire, la pièce, plus grosse bien sûr, au secrétaire pour qu'il vous installe dans l'antichambre des conseillers. Et, si tous ces écornifleurs estiment ne pas avoir assez reçu, le secrétaire vous informe, au bout d'une heure, que le conseiller qui devait vous recevoir a dû s'absenter et qu'il faudra revenir demain... avec une bourse mieux garnie, cela s'entend !

Dans le salon de Mme Stapfer, l'épouse du ministre de Suisse, à qui Mathilde avait écrit pour annoncer la visite de sa nièce, Mme Métaz entendit une conversation entre deux visiteuses. Les propos corroboraient l'opinion de Guillaume quant à la vénalité de tous ceux qui détenaient une parcelle, si minime soit-elle, de pouvoir.

— Il semble que la bonne-main soit aussi de règle au sommet de l'échelle ! Ainsi M. de Talleyrand, ministre des Affaires extérieures, dont la fortune atteindrait dix-huit millions de livres, a osé, d'après une femme de diplomate, demander une commission à M. Livingston, ambassadeur des Etats-Unis d'Amérique, au moment de la signature d'un traité de commerce. Il aurait dit, sans ressentir la moindre gêne : « Dans ce pays-ci, les affaires sont très difficiles à traiter. Il faut beaucoup d'argent. Avec cela point de difficultés qu'on n'aplanisse [1]. » Et une autre dame, qui paraissait très au fait des affaires, m'a assuré que le ministre

---

1. Cité par Jean Orieux dans *Talleyrand ou le sphinx incompris*, Flammarion, Paris, 1970.

avait empoché ce jour-là deux millions ! C'est de l'argent facilement gagné, ne trouves-tu pas ?

— Ce qui vient par la flûte s'en va par le tambour ! Cet argent n'est pas gagné mais bel et bien maraudé. Il ne profitera pas longtemps à ces rapaces, bougonna Guillaume.

Chez les Stapfer, où Charlotte faisait son éducation parisienne, régnait une ambiance intellectuelle que les Suisses qualifiaient d'unique à Paris. Cela tenait autant à la forte personnalité de l'ambassadeur qu'au charme de son épouse dont les yeux bleus, les cheveux blond cendré, le teint frais et la gaieté séduisaient tous ceux qui l'approchaient. Philippe-Albert Stapfer[1], originaire du canton d'Aarau, avait été ministre des Arts, des Sciences et des Cultes à Berne, avant d'être nommé ministre plénipotentiaire de la République helvétique à Paris. Sa modération et sa sagesse étaient unanimement appréciées dans les chancelleries. Ancien pasteur, M. Stapfer savait la théologie mais aussi le latin, le grec et plusieurs langues étrangères. Ses connaissances étendues et variées le faisaient qualifier par son ami Etienne-Jean Delécluze de « puits de science »[2]. Dès sa première visite, Charlotte avait été impressionnée par l'abondance des livres dans l'appartement de l'ambassadeur. On en voyait dans toutes les pièces, partout où l'on avait pu dresser des bibliothèques. Comme il fallait tout de même laisser accessibles portes et fenêtres, les ouvrages qui ne trouvaient pas place sur les rayonnages étaient empilés sur les consoles, les tabliers des cheminées ou dressés en colonnes branlantes à même le parquet !

Les mercredis, jour de réception, Mᵐᵉ Métaz avait rencontré chez les Stapfer des Européens célèbres dont quelques Suisses de passage à Paris. L'un arrivait d'Amérique, l'autre d'Egypte, un troisième d'Allemagne. Savants, littérateurs, ingénieurs, dilettantes, tous agitaient de grandes idées politiques ou sociales et racontaient des anecdotes. Sentimentale, Charlotte goûtait plus les histoires d'amour, dont se délectaient les dames, que les considérations métaphysiques de M. Maine de Biran, les théories du beau, du bien, du vrai de M. Victor Cousin, les expériences du botaniste Augustin Pyramus de Candolle ou les tirades en faveur de l'abolition de l'esclavage que développait, d'une voix de stentor,

1. 1766-1840. Son ouvrage en deux tomes *Mélanges philosophiques, littéraires, historiques et religieux,* qui constitue une intéressante documentation, ne parut qu'en 1844.

2. *Souvenirs de soixante années*, éditions Michel Lévy frères, Paris, 1862.

miss Wright, une Américaine bizarrement vêtue, amie intime du général La Fayette. C'est chez les Stapfer que Mme Métaz apprit comment M. Benjamin Constant avait, un soir de décembre 1794, écrasé sa montre à coups de talon devant Mme de Staël parce qu'elle indiquait minuit, heure limite de ses visites afin de ne pas nuire à la réputation de celle qu'il courtisait.

— Une amie m'a raconté que ce geste avait eu raison de la résistance vertueuse de Germaine Necker et que M. Constant n'avait pas eu à racheter de montre, assura malicieusement une dame.

Plus chevaleresque encore parut à Charlotte le comportement de M. de Jaucourt, amant de Mme de La Châtre. Ce gentilhomme s'était arraché les deux doigts que sa maîtresse avait pincés entre vantail et chambranle, en refermant précipitamment sur lui la porte de sa chambre, alors que le mari s'annonçait !

Comme toutes les amoureuses frustrées, Charlotte se plaisait à imaginer que Blaise de Fontsalte serait capable de pareilles folies. Elle ne pouvait, hélas, à Paris, parler à quiconque d'un amant qu'elle n'avait pas revu depuis plus d'un an. Flora, sa confidente, lui manquait d'autant plus que, dans les deux lettres reçues de Vevey en réponse aux siennes, l'amie ne pouvait évidemment faire la moindre allusion à Blaise.

Obstiné comme un vrai Vaudois et décidé à ne pas transiger plus que nécessaire avec ses principes, M. Métaz ne se découragea pas et finit par rencontrer, dans le grand maquis affairiste de Paris, des gens honnêtes qui, partageant sa façon de commercer, lui passèrent des commandes sans réclamer de commissions exagérées. Au Club des Etrangers, rue du Mail, et surtout au café de la Régence, place du Palais-Royal, où se tenaient les joueurs d'échecs et que fréquentaient les négociants, les commissionnaires et les banquiers, le Vaudois fut présenté à ceux qui finançaient le commerce. Jean-Conrad Hottinguer, citoyen suisse installé dans la banque parisienne depuis 1798 et très apprécié du gouvernement français, ouvrit un compte à son compatriote et lui fit rencontrer d'autres banquiers importants : Perrégaux, Mallet, Périer, Delessert, qui traitaient des affaires dans tous les pays d'Europe. Tous étaient en rapport avec le banquier genevois Henri Hentsch, réputé pour son activité dans ce qu'on nommait, en jargon de banque, « le commerce des étrangers », la négociation des lettres de change circulaires, billets transférables, billets au porteur, lettres de crédit.

Pendant que Guillaume traitait, avec de plus en plus d'entrain, des affaires auxquelles sa femme ne s'intéressait guère, Charlotte attendait que Blaise de Fontsalte veuille bien se manifester. Elle se rendait deux fois par jour aux messageries voisines, dans l'espoir d'y trouver un pli à son nom. Chaque fois que l'employé répondait avec un sourire compatissant : « Rien pour vous, madame », elle ressentait une nouvelle déception. Après avoir longtemps imaginé ce qu'auraient d'enchanteur les retrouvailles avec Blaise, elle craignait de ne plus le revoir. Au bout d'une semaine, estimant que l'officier avait dû recevoir la lettre confiée, près d'un mois plus tôt, à Flora, elle se figura que son galant renonçait à poursuivre à Paris l'idylle commencée à Belle-Ombre.

Elle voyait de si jolies femmes à Paris ! Au cours de ses promenades du matin, au théâtre du Vaudeville, à l'Opéra-Comique et dans les restaurants, elle remarquait des beautés aux toilettes impudiques, justaucorps profondément échancrés, guimpes de gaze ou de linon que tendaient les bourgeons roses des seins, robes à la Minerve ou à la Diane, si moulantes qu'on les eût crues collées au corps par l'averse. Charlotte finit par se dire qu'un officier n'avait que faire d'une bourgeoise vaudoise de son genre, bonne à prendre au bord du Léman, mais insignifiante au milieu des belles Parisiennes !

Un matin, réprimant tout amour-propre, elle décida d'aller jusqu'à l'hôtel de Coigny, rue Vivienne, annexe de l'état-major où elle avait coutume d'adresser ses lettres à Blaise. Le garde accepta de prévenir le chef de poste qu'une dame souhaitait obtenir des nouvelles d'un officier de la Garde des consuls. Un jeune lieutenant reçut Charlotte avec une extrême courtoisie et la fit entrer dans un salon d'attente.

— Nous voyons passer chaque jour, madame, des douzaines de généraux, de colonels, de commandants et je dois tout d'abord apprendre où se trouve présentement la Garde des consuls pour vous répondre utilement.

L'officier fut absent un bon quart d'heure. A son retour, il parut à Charlotte encore plus respectueux et prévenant qu'au moment de l'accueil.

— J'ai mission, madame, de vous conduire au général Ribeyre. Il va vous recevoir et vous donnera, je crois, des nouvelles du colonel Fontsalte, car ce chef d'escadrons est passé colonel il y a une semaine.

— Mais je ne veux point importuner un général, monsieur. Que l'on fasse dire simplement à M. Fontsalte qu'une dame suisse attend de ses nouvelles. Il comprendra. C'est tout, dit Charlotte, très émue à la pensée que sa démarche allait l'entraîner à commettre des indiscrétions et, peut-être, à en souffrir.

— Le général Ribeyre serait très déçu si vous n'acceptiez pas son invitation... et puis je crois que c'est un bon ami du colonel.

Charlotte suivit l'officier dans un dédale de couloirs sombres où régnait, en dépit de la chaleur extérieure, une grande fraîcheur. Le lieutenant offrit son bras à la visiteuse pour monter un escalier monumental et la quitta, en s'inclinant, après avoir ouvert la porte d'un bureau.

Un petit homme sec, à l'œil noir, sanglé dans un uniforme parfaitement ajusté, vint au-devant de Charlotte, s'inclina et effleura de sa moustache la main qu'on lui tendait. Ayant reculé d'un pas, il considéra la visiteuse avec un sourire amical et lui désigna un des fauteuils qui meublaient un angle du vaste bureau. Sur un guéridon, une gerbe de roses — les plus belles que Charlotte ait vues à Paris — et, accrochés aux murs, plusieurs grands tableaux représentant des scènes de bataille conféraient au décor l'aspect cossu bien qu'austère d'un salon.

— Mon ami Blaise de Fontsalte me parlant de sa charmante logeuse de Vevey ne m'a pas dit toute la vérité, madame. Sans doute par discrétion, mais je vous ai tout de même reconnue dès le seuil. Il m'a dit : « Cette dame est blonde aux yeux bleus, jolie, très jolie. » Ce n'était pas suffisant, permettez-moi de le remarquer, madame, vous êtes mieux que jolie, vous êtes belle !

Charlotte eut conscience de rougir sous le compliment et se sentit à la fois rassurée et inquiète. Rassurée parce que Blaise avait parlé d'elle, en termes flatteurs, à son ami le général Ribeyre ; inquiète parce qu'une telle confidence pouvait avoir des conséquences désastreuses si Guillaume découvrait que ses relations avec l'officier français avaient été moins superficielles qu'elle avait laissé croire. Ribeyre nota le trouble de la jeune femme.

— Le colonel de Fontsalte est mon ami et je crois être le seul, à Paris, à connaître votre existence. Nous avons ici l'habitude du secret, ajouta-t-il en souriant.

— J'ai accompagné mon mari à Paris. Il y est venu pour affaires. J'aurais eu plaisir à revoir Blai... M. de Fontsalte, avoua Charlotte en baissant les yeux.

D'une pichenette, le général fit sauter un brin de tabac accroché à son dolman. Charlotte remarqua ses mains fines et blanches aux ongles polis.

— Je crains, hélas, que vous ne puissiez voir le colonel... et cela par ma faute. Il est présentement en Espagne. Je l'ai moi-même désigné pour accompagner la délégation française invitée au mariage du prince des Asturies, Fernando, le fils de Charles IV et de Maria Luisa de Parme, avec la fille du roi des Deux-Siciles, la princesse Maria Antonia. Je ne pouvais confier pareille mission qu'à un officier supérieur connaissant l'étiquette espagnole, sachant se tenir à la cour, capable de prévenir les bévues de nos délégués, braves gens, mais qui, parfois, manquent de manières, comprenez-vous.

— Je comprends. Les manières de la monarchie font encore défaut à la République !

Ribeyre apprécia l'esprit de cette Vaudoise à l'œil malicieux.

— La République va se policer peu à peu. Un jour, qui n'est peut-être pas éloigné, elle aura ses dignitaires et son étiquette. Je crains seulement que le bon goût ne soit pas son chambellan ! Mais laissons cela et permettez-moi de vous dire que, si vous aviez prévenu Blaise de votre visite, je me serais arrangé pour qu'il soit à Paris pendant votre séjour.

— J'aurais dû, en effet, dit Charlotte, qui ne tenait pas à donner plus de détails sur ses relations avec Blaise.

Comme elle se levait en remerciant, le général lui prit le bras pour l'accompagner jusqu'à la porte, puis s'immobilisa.

— Puis-je faire quoi que ce soit pour vous être agréable, madame ? Voulez-vous visiter l'exposition du Louvre, voulez-vous rencontrer des littérateurs, des savants, des artistes ? Voulez-vous disposer de ma loge au Théâtre Feydeau ? Pierre-Jean Garat y chante fort agréablement. Ne puis-je aussi, avec la discrétion de rigueur, aider votre mari dans ses affaires ?

Charlotte entrevit une occasion de servir Guillaume, un biais pour apaiser sa conscience.

— Si j'osais... je vous dirais bien, général, que M. Métaz a des difficultés pour entrer en rapport avec les membres du Conseil général du Commerce... Ce sont des gens...

— Des gens très occupés, qui estiment leur temps à bon prix, n'est-ce pas ? C'est bien ce que vous voulez dire, madame ?

Charlotte se sentit un peu confuse, mais, au service des Affaires secrètes, on savait à quoi s'en tenir sur la cupidité de certains conseillers.

— Dites-moi où l'on peut faire parvenir un pli à votre mari et je vais arranger ça. Naturellement, personne ne saura rien de notre petite complicité dans cette affaire. Monsieur votre époux aura la surprise ! Et je ferai aussi déposer à votre hôtel, au nom de M. Métaz, deux billets pour la revue du prochain quintidi [1]. Ce sera un beau spectacle militaire, qui vaudra bien une prise d'armes sur la place du Marché de Vevey ! Et puis vous verrez de près le Premier consul, maintenant consul à vie, depuis que le peuple en a décidé ainsi [2].

Charlotte remercia, donna l'adresse du Grand Hôtel de Berlin et tendit, avec l'aisance que lui conférait un commencement d'habitude, sa main à baiser.

— J'ose espérer vous revoir, dit le général en ouvrant la porte de son bureau.

Dans le couloir, à bonne distance, attendait le lieutenant qui avait conduit la visiteuse. Il la raccompagna jusqu'au seuil de la secrétairerie.

En marchant de la rue Vivienne à la rue des Frondeurs, en longeant les jardins de l'ancien Palais-Royal, qui abritaient maintenant le Tribunat, Mme Métaz se sentit le cœur léger. Comme la vie de Paris devait être grisante pour qui possédait des relations et comme une femme s'y sentait libre, protégée par connivence avec des hommes distingués ! Une ville où les amours secrètes bénéficiaient de complicités spontanées, une ville si peuplée que l'anonymat paraissait garanti, une ville où les commérages devaient manquer de substance et, sitôt nés, périr dans l'indifférence générale. Ce jour-là, Paris parut à Charlotte une cité idéale, où amants et maîtresses pouvaient se livrer au plaisir en toute quiétude.

Quarante-huit heures après sa visite au général Ribeyre, Charlotte vit arriver Guillaume, à l'heure du dîner, plus souriant qu'il ne l'était depuis le commencement de leur séjour à Paris. Son mari tenait à la main deux plis, que venait de lui remettre le concierge de l'hôtel.

— Mon obstination de paysan, dont tu te moques parfois, commence à porter ses fruits, cocolette ! On m'informe qu'un membre éminent du Conseil général du Commerce me recevra demain et qu'il se mettra à mon entier service pour faciliter toutes

1. Cinquième jour de la décade, substitut de la semaine grégorienne dans le calendrier républicain, en vigueur du 6 octobre 1793 au 9 septembre 1805.
2. Le plébiscite, organisé pendant sept jours sur cette simple question : « Bonaparte sera-t-il consul à vie ? », avait donné, le 2 août 1802, les résultats suivants : votants, 3 517 259 ; oui, 3 508 885 ; non, 8 374.

les affaires que je voudrais entreprendre. La lettre est très aimable. Je soupçonne une intervention du banquier Hottinguer, un Suisse puissant dans la finance. Et puis, ajouta M. Métaz en tendant à sa femme deux cartons ornés d'arabesques dorées, nous sommes conviés à la prochaine revue de quintidi, qui sera présidée par le général Bonaparte. Cette invitation, c'est sans doute au ministre de Suisse, M. Stapfer, que nous la devons. Enfin, on commence à nous considérer un peu mieux, commenta Guillaume, content de soi.

Charlotte, qui savait l'origine de ces faveurs, se réjouit sincèrement de la satisfaction de son mari. On lui avait dit qu'à Paris les femmes pouvaient faire beaucoup pour la fortune de leur époux. Elle sourit et, imaginant être dans le ton des dames rencontrées chez Mme Stapfer, décréta qu'elle n'avait rien à se mettre et devait se procurer, au plus tôt, une toilette à la mode afin de ne pas passer aux Tuileries pour une petite provinciale.

— Je suis tenue de te faire honneur ! On m'a dit qu'à la revue de quintidi les dames font assaut d'élégance. Je ne voudrais pas que...

— Je ne trouve pas que ces soi-disant dames de Paris, qui vont à demi nues et la figure pleine de rouge comme des arlequins, soient bien élégantes. Et je n'aimerais pas que tout un régiment pose les yeux sur ces tétons-là, conclut Guillaume en empaumant les seins de sa femme.

Pendant que son mari allait à ses rendez-vous d'affaires, Charlotte se mit à courir les boutiques de lingerie et les modistes, chaperonnée par l'épouse d'un conseiller d'ambassade de la République helvétique qui lui inspirait sympathie et confiance. Chez la couturière de cette dernière, elle trouva une longue jupe en percale des Indes, blanche et d'une rare finesse, ornée dans le bas d'une guirlande de pampres vert pâle, qui se portait avec un corsage détaché, taillé en manière de spencer, que la couturière nomma canezou. Le haut des manches et les poignets étaient brodés de festons rappelant, par le dessin et le ton, la guirlande du bas de la jupe.

Mme Métaz ajouta à cet ensemble un coûteux châle de cachemire, toutes les femmes présentes ayant affirmé qu'il s'agissait d'un indispensable complément de toilette depuis que Joséphine Bonaparte s'en parait. La marchande s'empressa de montrer à Charlotte comment on pouvait user d'un châle de différentes manières, suivant qu'on souhaitait se protéger de la fraîcheur du soir, voiler sans la dissimuler tout à fait la rondeur des seins exhaussés par la brassière — ce qui ne manquait pas d'éveiller la curiosité des messieurs — ou se draper avec dignité, comme un empereur romain dans sa toge, pour décourager une entreprise déplaisante. Jeté négligemment sur l'épaule, entrouvert avec coquetterie sur le décolleté, flottant jusqu'à terre comme une voile en bannière, ce qui signifiait : « suivez-moi », couvrant discrètement la tête au sortir d'un rendez-vous clandestin, le châle avait son langage connu des initiés.

Ce goût était venu aux coquettes, avec celui des choses orientales, après l'expédition d'Egypte, les officiers ayant rapporté à leurs belles châles et étoffes précieuses que les fabricants français d'indienneries, comme Guillaume Ternaux, imitaient maintenant avec art et profit. En coton ou percale de couleur pour les plus modestes, en soie à palmettes et, pour l'hiver, en vigogne, pour les plus somptueux, le châle figurait dans toutes les garde-robes féminines.

Dans une boutique de lingerie renommée, les ouvrières, fort bien faites et délurées, passèrent sur leurs corps nus les chemises qu'elles avaient confectionnées afin que les clientes puissent en apprécier la légèreté et la transparence. Charlotte, un peu troublée par ces exhibitions que certaines pratiques de la commerçante semblaient goûter au plus haut point, se laissa tenter par une demi-douzaine de chemises agrémentées, au décolleté, de dentelle de Malines, par quelques paires de bas blancs, verts ou bleus, ce qui était du dernier goût, retenus par des jarretières ornées de nœuds, de rubans ou de petites roses.

Chez une modiste, elle acquit deux chapeaux, l'un de paille, chargé d'une grappe de lilas mauve en taffetas, si parfaitement imitée qu'elle crut y respirer le parfum des fleurs, l'autre de velours vert amande, agrémenté d'un liséré de satin blanc et d'un duvet de cygne. Elle rapporta aussi à l'hôtel des rubans de toutes couleurs, un éventail, des gants et un flacon d'eau d'Espagne acheté chez Farjeon, le parfumeur à la mode.

Guillaume trouva les chapeaux cocasses et n'accorda aucune attention aux chemises arachnéennes, sinon qu'il les estima peu couvrantes « par cramine[1] ».

— Te voilà attifée à la Parisienne, ma cocolette. Si tu te montres comme ça chez nous, tu vas apigeonner[2] tous les

1. Grand froid.
2. Séduire

artistes peintres. Sûr qu'ils voudront te faire le portrait, dit-il, avant de prendre connaissance des factures, qu'il trouva salées.

» Sais-tu que tes achats représentent plus que la paie d'un ouvrier pendant trois ans ! Un manœuvre gagne ici trente-cinq sous par jour et travaille, l'été, de cinq heures du matin à sept heures du soir, avec deux pauses pour manger. Les plus considérés, les maîtres charpentiers, reçoivent quatre francs par jour. Dans les fabriques et manufactures nouvelles, rares sont les compagnons qui gagnent plus de trente sous. Les gens se regimbent parfois et, comme certains métiers sont mieux payés que d'autres, les ouvriers se battent entre eux. On m'a dit qu'à Nantes, ces temps-ci, les menuisiers et les maçons s'en sont pris aux charrons et aux serruriers ! Il a fallu la police pour les séparer. Alors, tu vois quelles toilettes peuvent porter leurs pauvres épouses !

— Tu n'es ni maçon ni serrurier. Tu es propriétaire de vignes, de carrières et du plus important chantier de bateaux du Léman. Dieu merci, tu as les moyens de vêtir ta femme aussi bien que l'habillait son propre père quand elle était fille ! Et puis, grâce aux gens que tu as rencontrés, tu vas, j'espère, faire de bonnes affaires, conclut Charlotte, agacée par la comparaison entre ses dépenses et le salaire d'un manœuvre.

Guillaume se garda de répondre, mais, ce soir-là, Mme Métaz opposa aux élans de son mari une soudaine migraine.

La revue du quintidi était l'occasion, pour tous les invités, de pénétrer dans les jardins des Tuileries et, pour les privilégiés munis d'un ticket spécial, d'accéder à la salle d'audience où le Premier consul recevait avant la parade militaire.

Le 5 vendémiaire an XI (27 septembre 1802), par une chaude matinée, Charlotte étrennant sa robe neuve et son chapeau de paille à grappe de lilas, Guillaume portant un habit bleu qui le gênait aux entournures se présentèrent à la grille du palais des consuls. Des sentinelles en armes, insensibles aux avances de certains étrangers dépourvus d'invitation qui leur offraient de l'argent pour entrer, examinèrent leurs cartons. Comme ceux-ci donnaient accès au palais, un sous-officier les conduisit, à travers couloirs et escaliers, jusqu'à la galerie de Diane, autrefois galerie des Ambassadeurs, sur laquelle ouvrait l'antichambre du Premier consul. Dans la longue salle au parquet ciré se tenait déjà une foule d'officiers supérieurs, de fonctionnaires et de bourgeois endimanchés. Charlotte, éblouie par le décor — plafond à caissons, tentures de soie, grandes tapisseries, riche mobilier, tableaux et sculptures rescapés des destructions révolutionnaires — ne vit pas approcher le général Ribeyre. Ce dernier s'adressa à M. Métaz, en arrêt devant une Diane chasseresse dont le Veveysan soupesait, du regard, les appas de marbre.

— Pardonnez-moi, monsieur, on vient de me faire savoir que vous arrivez du département du Léman, de Vevey, m'a-t-on dit. Mon nom est Ribeyre, ajouta-t-il simplement.

Le général en grande tenue, habit vert à galons, épaulettes et aiguillette d'or, pantalon collant rouge à passepoil et soutaches dorés, bottes à la hongroise, impressionna Guillaume par son élégance et sa distinction.

— C'est bien exact, monsieur, je suis vaudois et présentement à Paris pour affaires. Métaz, Guillaume Métaz, c'est mon nom.

En voyant, à trois pas d'elle, son mari en conversation avec un officier, Charlotte se retourna et eut un pincement au cœur en reconnaissant le général Ribeyre. Guillaume fit signe à sa femme d'approcher et lui présenta l'officier, expliquant que le général était passé par le pays de Vaud en allant vers le Grand-Saint-Bernard, en mai 1800.

Ribeyre s'inclina devant Charlotte, sans marquer le moindre signe de reconnaissance, et rappela les souvenirs de son trop bref séjour à Vevey.

— Un beau pays, une ville propre comme un sou neuf, une population accueillante et quels vins délicats produisent vos vignes ! Mon palais ne les a pas oubliés.

Métaz, flatté, révéla qu'il était propriétaire d'un grand vignoble, que ses barques avaient transporté, de Genève à Villeneuve, les fournitures et provisions de l'armée de réserve, que ses carrières fournissaient pierre et chaux au chantier de la route du Simplon et qu'il comptait bien développer ses relations avec le négoce parisien.

— Les Suisses sont les amis naturels des Français, monsieur, vous le prouvez assez. Des amis un peu turbulents, quand ils se disputent entre eux pour choisir une Constitution par exemple, mais des amis sincères qui ont, en ce moment même, toute la sollicitude du Premier consul, dit le général.

Comme Guillaume allait demander où en était la médiation de la France, souhaitée par les patriotes vaudois, pour mettre fin aux affrontements entre fédéralistes et unitaires, Bonaparte fit son apparition. Ribeyre désigna aux Métaz plusieurs personnalités qui entouraient le Premier consul : le frère de ce dernier, Lucien Bonaparte, président de la section de l'Intérieur au Tribunat, les consuls Lebrun et Cambacérès, le général Berthier, qui avait commandé l'armée d'Italie, et plusieurs généraux, allemands ou anglais, accueillis aux Tuileries « depuis que le traité d'Amiens leur a ôté la qualité d'ennemis ! » précisa Ribeyre. Au milieu de cette foule d'invités, que Guillaume évalua à plus de trois cents personnes, les Métaz virent d'assez près le général Bonaparte. De tous les officiers présents, il leur parut le plus sobrement vêtu : habit bleu sans galons, petites épaulettes, gilet de casimir blanc, pantalon de daim gris, bottes à l'anglaise. Son chapeau à corne sans plumet, orné de la seule cocarde tricolore, rappela à Charlotte la revue de Vevey.

— Il a toujours le même chapeau, glissa-t-elle à son mari.

Métaz trouva Bonaparte de petite taille, mais empreint d'une grande dignité, sans rien de rebutant ou de vaniteux. Bien qu'assez peu souriant, il avait l'air attentif aux propos des hôtes de marque qu'on lui présentait. Guillaume ne le quittait pas des yeux et Ribeyre trouva cette curiosité naturelle.

— Le Premier consul est un homme conscient de sa grandeur et de ses responsabilités. Si les souverains d'Europe ont l'intelligence de composer avec lui et de renoncer à la tyrannie comme forme de gouvernement, une ère de paix et de prospérité nous est promise. Ce qui sera très bon pour les affaires, monsieur Métaz, souffla le général Ribeyre en fixant Charlotte d'un regard malicieux qui restaura leur complicité.

L'hymne des Marseillais, joué par la musique de la Garde des consuls, signala l'approche d'un drapeau, que le peloton d'honneur devait présenter au Premier consul. Au passage des couleurs, tous les officiers saluèrent, tandis que les civils se découvraient. Bonaparte s'inclina devant l'emblème, puis le porte-drapeau et sa garde firent demi-tour pour se diriger vers la sortie de la salle d'audience, dont les portes avaient été ouvertes à deux battants. Sans perdre de temps, le général Bonaparte emboîta le pas au détachement et, dans une aimable cohue, la foule suivit cette procession républicaine jusqu'à l'esplanade, où des centaines d'invités, moins favorisés, attendaient le commencement de la revue.

Une horloge sonna midi et le Premier consul se mit avec aisance en selle. Son cheval d'armes, couleur isabelle, « celui qu'il montait à Marengo et que vous avez peut-être vu à Vevey », souffla

Ribeyre aux Métaz, portait plus de dorures que le cavalier. Ce dernier se dirigea vers le fond des jardins, précédant une escorte composée d'une douzaine de généraux, puis revint au pas, pour parcourir le front des troupes. Chaque fois qu'un drapeau s'inclinait, Bonaparte le saluait, ôtant son chapeau d'un geste large. On vit le général inspecter les lignes d'infanterie, puis franchir, au trot, la grande grille des Tuileries pour passer en revue la cavalerie et l'artillerie à cheval.

Charlotte et Guillaume avaient remarqué, comme tous les assistants, la présence au côté du vainqueur de Marengo d'un étrange cavalier, géant au teint sombre, coiffé d'un turban, portant une tunique aux manches bouffantes soutachées d'arabesques d'or et un large pantalon flottant.

— Est-ce le délégué du Grand Turc ? demanda Charlotte, qui se souvenait du mamamouchi de Molière.

— Non, madame, c'est Raza Roustan, un mamelouk ramené d'Egypte. C'est un ancien esclave géorgien et son maître, le cheikh El-Becri, en a fait cadeau au Premier consul. Ce gaillard s'est si fortement attaché à Bonaparte que ce dernier en a fait son garde du corps. Roustan dort devant la porte de sa chambre et, dans le privé, rend de multiples services. C'est une force de la nature, mais un bon garçon, d'une absolue fidélité à son maître. Il accompagne le Premier consul dans ses promenades, galope près de sa voiture quand il voyage. Et, comme il est assez fier de son statut très particulier, le général l'autorise quelquefois à l'escorter pendant les revues.

Son inspection terminée, le Premier consul avait immobilisé sa monture, tandis que les troupes se mettaient en place pour le défilé. Charlotte, parcourant du regard ce qu'on appelait assez improprement les jardins des Tuileries et les anciennes cours royales, car l'esplanade avec ses vestiges de parterres et d'allées avait plutôt l'aspect d'un terrain vague, depuis que les arbres avaient été abattus pour ne pas gêner l'évolution des troupes, se mit à penser aux Gardes-Suisses massacrés en ces lieux, le 10 août 92, par une populace sanguinaire. Elle imagina dans ce décor les frères Julien et Pierre Mandoz, qu'elle avait connus quand elle était enfant, défendant sous la mitraille, contre cent mille émeutiers, ce palais des rois de France et le dernier de ceux-ci. Le sable des allées, où paradait Bonaparte, avait bu le sang de Pierre, le fiancé de Flora, et celui de centaines d'autres bons garçons des Grisons ou de Saint-Gall. Les élégantes invitées du Premier consul, leurs époux et leurs amants se souvenaient-ils que les marches où ils se tenaient avaient ruisselé, comme étals de boucher, du sang des martyrs ? Voyant Mme Métaz soudain pensive, le général Ribeyre énuméra les escadrons et les troupes qui, déjà, défilaient en soulevant une poussière jaune.

— Vous voyez là huit mille fantassins et mille cavaliers, précisa-t-il.

Puis il désigna de la main des hommes et des femmes qui, derrière une haie de gardes, brandissaient des papiers.

— Ils vont remettre des pétitions au Premier consul, dès que la revue sera terminée. C'est devenu un rite, constata le général.

On vit en effet les quémandeurs s'avancer en bon ordre, donner leurs messages à Bonaparte qui les recevait sans manifester aucune émotion et les tendait aussitôt à un aide de camp.

— Auront-ils seulement des réponses, tous ces gens ? demanda Guillaume, sceptique.

— Soyez-en sûr. Le cabinet du Premier consul étudiera les pétitions, communiquera les plus intéressantes et lui seul fera un sort à celles-ci. Mais toutes auront une réponse.

Dès que Bonaparte eut regagné le palais sous les acclamations, la foule s'enhardit à franchir les lignes tracées à la craie sur le sol pour la contenir et se répandit dans les jardins.

Les Métaz prirent congé du général Ribeyre qui, au cours d'un bref aparté avec Charlotte, souffla :

— Le colonel rentre d'Espagne. Il sera à Paris la semaine prochaine.

Comme Guillaume s'était éloigné de quelques pas pour admirer les gros percherons de l'artillerie, Charlotte révéla à Ribeyre qu'elle aurait quitté Paris avant le retour de Fontsalte.

— Alors, j'espère que vous le verrez bientôt à Vevey, conclut le général, tandis que M. Métaz se rapprochait.

Nantie de cet espoir, Charlotte se rendit chez Mme Stapfer pour faire ses adieux, le retour à Lausanne étant prévu par Guillaume deux jours plus tard. Elle trouva la société en pleine effervescence.

Depuis quelques jours, des événements graves se déroulaient en Suisse. La guerre civile, longtemps larvée, s'était maintenant généralisée et les troupes fédéralistes avaient contraint le gouvernement de la République helvétique à quitter Berne, pour se réfugier à Lausanne le 19 septembre. Entraînés par Aloys Reding, les insurgés avaient pour objectif la destruction de la République helvétique et le rétablissement, sous couvert d'un retour à la confédération primitive, de la domination des aristocrates.

Les forces fédéralistes, commandées par Nicolas-François de Bachmann, venaient d'obtenir la capitulation de Berne et marchaient sur Fribourg et Yverdon, se proposant ouvertement de piller ces villes, ainsi que Lausanne, pour faire expier aux unitaires le bombardement de Zurich par les troupes loyalistes.

A la demande du gouvernement de la République helvétique qu'il représentait, M. Stapfer avait sollicité officiellement la médiation de la France, pour mettre fin à un conflit fratricide et chaque jour plus sanglant. Lors d'une première audience, le ministre des Affaires extérieures, M. de Talleyrand, s'était dérobé en disant : « Une médiation entre un gouvernement légal et des rebelles serait un scandale [1] », mais, le 29 septembre, Lausanne étant menacée par les troupes fédéralistes, le Premier consul s'était résolu à intervenir.

Le général Ney, qui se trouvait à Genève, avait reçu l'ordre de se préparer à entrer en Suisse et une trentaine de bataillons français, du Valais, de Savoie, de Huningue et de Côme, en tout plus de douze mille hommes, arrivaient à marches forcées pour soutenir les troupes helvétiques qui, depuis leur défaite par l'armée de Bachmann, forte de huit mille hommes, s'étaient rassemblées autour de Lausanne.

Lors de cette dernière visite chez le ministre de Suisse, Charlotte revit l'aimable personne qui l'avait guidée dans ses achats et ses promenades.

— Espérons qu'à votre arrivée au pays de Vaud le calme sera revenu, dit-elle pour rassurer la Veveysanne.

— Notre fils doit être à l'abri en de bonnes mains, mais mon mari a grand souci pour les vendanges qui doivent commencer dans quelques jours. Si l'on réquisitionne encore une fois charrettes et chevaux et si les hommes doivent aller défendre Lausanne...

— Ne soyez pas trop inquiète ; l'intervention française va donner à réfléchir à ceux qui se sont rebellés. Permettez-moi de vous offrir une bonne lecture pour le temps du voyage, reprit la dame en remettant à Mme Métaz un ouvrage joliment relié de cuir bleu.

1. Cité par Alfred Rufer (1885-1970), dans *la Suisse et la Révolution française*, recueil préparé par Jean-René Suratteau, professeur à l'université de Dijon, Société des études robespierristes, Paris, 1974.

Charlotte reçut le présent avec reconnaissance et lut au dos du livre le nom de l'auteur, François René de Chateaubriand, et le titre, *Génie du christianisme ou Beautés de la religion chrétienne.*

— De cet auteur, j'ai lu, il y a quelques mois, *Atala*, c'est une bien belle et bien triste histoire que les amours de ces deux sauvages. Je dois confesser que j'ai pleuré au récit de la mort de la jeune Indienne convertie au christianisme. Ce drame est criant de vérité, reconnut Charlotte.

— Ce nouveau livre de M. le vicomte de Chateaubriand arrive à point nommé pour soutenir la politique du Premier consul qui a, comme vous savez, réconcilié l'Eglise et l'Etat. D'ailleurs, M. de Chateaubriand, qui s'était réfugié en Angleterre, après que son frère eut été guillotiné par les révolutionnaires, vient d'être rayé de la liste des émigrés, précisa l'épouse du diplomate.

Guillaume, qui voulait être présent à Vevey avant la mi-octobre, époque où, d'après Blanchod, le raisin serait bon à vendanger, pressa les préparatifs de départ. Tout au long de la route, les Métaz constatèrent que seuls les citoyens suisses semblaient s'intéresser aux événements qui se déroulaient entre Fribourg et Lausanne. A Dijon, un journal leur apprit que certains cantons, comme Glaris et Appenzell, avaient déjà rétabli l'Ancien Régime, que les contre-révolutionnaires de Coire et Disentis, aristocrates réactionnaires et membres du clergé favorables aux relations privilégiées avec l'Autriche, proclamaient que les Grisons n'appartenaient pas à la Suisse !

C'est dans cette ambiance que les époux Métaz débarquèrent, le samedi 9 octobre, à Lausanne, chez Mathilde Rudmeyer, où leur coupé les attendait. La tante de Charlotte calma les appréhensions des époux en disant que les moments les plus difficiles étaient passés puisque le nouveau préfet du Léman, le populaire Henri Monod, avait fait mettre le département en état de défense, en même temps que le gouvernement légal de la République helvétique avait obtenu l'intervention de Bonaparte.

L'arrivée du général Rapp, ancien aide de camp de Desaix, dans la nuit du 4 octobre, avait restauré la confiance. Les Lausannois, qui redoutaient l'attaque des fédéralistes, s'étaient ressaisis et avaient organisé la résistance. Les rebelles, devinant qu'ils auraient fort à faire pour anéantir les patriotes, derniers fidèles, par crainte de voir détruire l'œuvre de la Révolution, d'une République helvétique qui ne leur avait pas apporté que des bienfaits, commençaient à évaluer les risques qu'ils encouraient en s'obstinant.

— Nous avons vraiment cru un moment que nous aurions la guerre en ville. Maintenant, cette menace s'est éloignée. Le général Rapp s'est rendu à Payerne. Il a convaincu Bachmann et ses brutes de renoncer à marcher sur Lausanne. Le Sénat et les cantons ont été priés de désigner des délégués, qui se rendront à Paris pour une consulte. Celle-ci sera chargée, sous l'autorité de Bonaparte, de mettre en œuvre une Constitution acceptable par tous, précisa Mathilde.

— On dit à Paris que Bonaparte penche pour une Constitution fédéraliste, qui garantirait les libertés. C'est peut-être bien ce qu'il y aurait de mieux, à condition que chaque canton soit maître chez soi, observa Guillaume.

— On sait déjà que le Premier consul a nommé une commission, que dirigera Talleyrand, où figurent Fouché, qui n'est plus ministre de la Police, et plusieurs sénateurs, dont François Barthélemy qui tenta autrefois de s'entremettre entre les émeutiers parisiens et les Gardes-Suisses des Tuileries. Sans succès, il est vrai ! On dit que Pierre-Louis Rœderer, qui, le 10 août, convainquit Louis XVI « de se mettre sous la protection du peuple à l'Assemblée nationale », et l'on sait qu'il envoya ainsi la famille royale à ses futurs bourreaux, fait aussi partie de ceux qui vont discuter avec les délégués suisses, dit Mlle Rudmeyer, toujours bien informée.

Guillaume eut un hochement de tête, qui traduisait son scepticisme quant à une solution du conflit entre patriotes vaudois et contre-révolutionnaires des cantons primitifs.

— Nous ferions bien de rentrer à Vevey tout de suite et de ramasser notre raisin au plus tôt, si nous ne voulons pas que ce soit une vendange perdue, dit-il d'un ton lamentable, qui fit sourire la tante de Charlotte.

— Allons, la crainte de l'armée française suffira à ramener la paix. Les beaux jours reviendront et, peut-être aussi, une meilleure compréhension entre huguenots et catholiques. Savez-vous que dimanche dernier, le 3 octobre, à dix heures et demie, nous avons eu une grand-messe célébrée à la cathédrale par le curé Jaccottet, venu d'Assens. Cela ne s'était pas vu depuis 1536 ! Il y avait foule ; tous les catholiques de Lausanne et des environs étaient là. Au moins cinq cents personnes. Ça nous a fait un peu gros cœur de voir notre belle église, que les Bernois avaient menacé de démolir en 1766, intacte, mais vide et toujours à l'abandon. Malgré tout, ses voûtes antiques ont résonné de nos chants et de l'écho fervent de nos prières. Nous comptons bien que nous aurons maintenant à

Lausanne la messe chaque dimanche. Le Petit Conseil s'y est en quelque sorte engagé.

— La messe à la cathédrale ? Comment cela se peut-il ? s'étonna Guillaume, imaginant une résurgence agressive du papisme.

— Cela s'est fait, cher Guillaume, parce que le gouvernement de la République helvétique, réfugié chez nous, compte de nombreux catholiques parmi ses membres, dont le sénateur de Fribourg, Joseph d'Eglise. C'est lui qui a demandé que soit respectée la loi sur la liberté de culte. Et j'espère bien qu'elle le sera désormais, même si nous ne sommes qu'un petit nombre à garder fidélité à la religion de nos pères. Vous allez faire instruire Axel dans votre religion réformée, puisque mon défunt frère et Charlotte ont accepté qu'il en soit ainsi pour vos héritiers mâles, mais ma nièce pourra bientôt venir entendre la messe à Lausanne, dans une cathédrale construite par la foi catholique et consacrée, dès 1275, par le pape Grégoire X, en présence de l'empereur Rodolphe de Habsbourg, rappela, avec un peu d'humeur, Mlle Rudmeyer.

Chaque fois qu'une circonstance fortuite suscitait l'évocation de la dualité religieuse, la discussion entre Métaz et la tante de sa femme se terminait par des propos aigres-doux.

Pour Guillaume, la religion se résumait à un rapport direct avec Dieu, réglé par la Bible. Cette sobriété convenait parfaitement à son goût atavique des choses simples et des situations claires. Il avait, comme ses ancêtres, la foi sereine du charbonnier. Les premiers Métaz étaient arrivés de Savoie en 1598, quand le duc Charles-Emmanuel avait commencé à persécuter les protestants. Ils avaient contribué à répandre dans le pays de Vaud la formule *post tenebras lux* — après les ténèbres, la lumière — qui illustrait, pour eux, la pureté évangélique de la religion réformée par rapport aux « supercheries de la papisterie ».

Le mari de Charlotte était en revanche de ceux qui pensaient qu'il ne fallait ni tenter de détruire les dernières racines du catholicisme par la violence ni les extirper par des lois, mais qu'il convenait de combattre le papisme en offrant à tous le spectacle édifiant d'une vie exemplaire. Il désapprouvait ouvertement les pasteurs qui ne se retenaient pas, en chaire, d'attaquer les catholiques, comme si une infime minorité de papistes constituait une menace permanente. Brimer les catholiques revenait, pour lui, à leur donner un statut de persécutés, à conduire les meilleurs huguenots à s'apitoyer sur ces gens, voire à prendre leur défense. C'est pourquoi il n'avait pas hésité à épouser une catholique de vieille souche, persuadé depuis le premier jour qu'il conduirait sa femme, sans même l'y engager, à se convertir au protestantisme. Il ignorait que Charlotte s'accommodait parfaitement des ténèbres complaisantes de sa foi et ne souhaitait, en fait de lumière, que celle, cachée, d'un amour secret.

Quelques jours plus tard, alors que M. Métaz s'extasiait à la vue d'Axel faisant, en titubant, ses premiers pas sur la terrasse, Charlotte révéla à son mari qu'elle attendait un autre enfant. Elle le savait depuis le mois d'août mais avait différé cette annonce jusqu'à la fin des vendanges. Cette fois, aucun doute n'était possible, Guillaume allait enfin être père !

5.

L'ingérence de Bonaparte dans les affaires de la Suisse, sollicitée par les patriotes vaudois, aboutit, le 19 février 1803, à un accord, aussitôt nommé Acte de Médiation. Ce texte mit fin à la République helvétique et donna naissance à une nouvelle Confédération. Les dix-neuf cantons « confédérés entre eux conformément aux principes établis dans leurs constitutions respectives » se garantissaient réciproquement « leur constitution, leur territoire, leur liberté et leur indépendance, soit contre les puissances étrangères, soit contre l'usurpation d'un canton ou d'une faction particulière ».

Par le même acte — établi au cours de nombreuses réunions par les cinquante-six délégués suisses à la consulte, ouverte le 10 décembre à Paris, et les représentants du Premier consul — la France reconnaissait « l'Helvétie conformément constituée au présent Acte, comme puissance indépendante ». Le système fédératif, si naturel à la Suisse, étant rétabli, la Diète fédérale, « organe essentiel », installerait, chaque année, son siège dans un des six cantons directeurs : Fribourg, Berne, Soleure, Bâle, Zurich et Lucerne. Fribourg fut désigné comme siège fédéral pour l'année en cours.

La responsabilité des affaires diplomatiques et les questions militaires étant dévolues au gouvernement helvétique, chaque canton autonome devait fournir un contingent pour l'armée fédérale et lever un impôt pour financer l'administration centrale.

Le pays de Vaud, qui, depuis le 24 janvier 1798, n'était plus, sous l'appellation de département du Léman, qu'une circonscription administrative à la mode française, se vit promu au rang d'Etat souverain, comme les dix-huit autres cantons qui composaient, avec lui, la nouvelle Helvétie, qualifiée avec enthousiasme par Simon Blanchod de « germe exemplaire d'une Europe pacifiée ».

Dès son retour de Paris, Guillaume Métaz avait été admis comme membre de la Société économique de Vevey. Cette assemblée, constituée sur le modèle de celles qui existaient depuis 1748 à Berne et à Lausanne, s'inspirait des principes chers aux physiocrates français émules de François Quesnay[1], le fameux auteur du *Tableau économique*. Considérer que toute richesse vient de la terre, prôner la liberté totale du commerce, combattre toute intervention du pouvoir dans la production et les échanges, respecter les lois économiques naturelles sans chercher à les contrarier, constituait une doctrine depuis longtemps admise par Guillaume Métaz. Le mémoire qu'il présenta, comme c'était la règle, lors de son intronisation permit aux sociétaires d'apprécier les connaissances et l'éloquence de ce vigneron, constructeur de barques, armateur, exploitant de carrières, négociant, qui se voulait maintenant industriel, profession aussi nouvelle que le mot dans le canton de Vaud !

Délégué par la Société économique, Guillaume Métaz se rendit le 14 avril à Lausanne, avec Charlotte et Martin Chantenoz, pour assister, à l'hôtel de ville, à l'installation du Grand Conseil vaudois. L'événement historique que constituait la première délibération de cette assemblée cantonale fut annoncé par un coup de canon, tiré de la terrasse de la cathédrale, auquel répondit une salve de vingt-cinq coups, lâchés par une autre pièce d'artillerie postée à Montbenon. Le premier souci des conseillers ayant été de choisir le sceau et les couleurs du nouvel Etat, on apprit que, sous la forme de l'écu français, le blason cantonal s'énonçait en langage héraldique : « coupé, au chef d'argent chargé des mots Liberté et Patrie aux lettres d'or bordées de sable, à la campagne de sinople ». C'est-à-dire, dans la langue accessible au commun des citoyens, horizontalement partagé en deux, la partie supérieure étant blanche et portant les mots Liberté et Patrie en lettres d'or bordées de noir ; la partie inférieure, verte.

Le Grand Conseil, exerçant pour la première fois « les droits de souveraineté, garantis par l'Acte de Médiation », adressa à Bona-

---

1. Médecin et économiste français (1694-1774), auteur de plusieurs articles sur l'agriculture pour l'*Encyclopédie*.

parte un hommage de reconnaissance par lequel, au nom du canton de Vaud, il exaltait « la profondeur des Lumières » *[sic]* du Premier consul et vouait à ce dernier « des actions de grâces particulières, pour l'avoir reconnu peuple libre et souverain ».

Le Petit Conseil, détenteur dans le canton du pouvoir exécutif, ne voulut pas être en reste et, aussitôt installé, fit imprimer une proclamation destinée aux Vaudois.

« Il ne tient maintenant qu'à nous de vivre heureux et tranquilles, sous les auspices de la Constitution libérale qui vient de nous être donnée. Mais pour cela, il faut de l'union, de la concorde et de mâles vertus. A quoi servirait-il que l'indépendance de notre canton fût déclarée et extérieurement garantie ? A quoi servirait-il que les principes de la liberté et de l'égalité fussent solennellement consacrés dans notre acte constitutionnel ? A quoi servirait-il que le plus puissant génie du siècle n'eût pas dédaigné d'employer à la confection de cet acte quelques-unes de ses hautes méditations ? si, indignes de tant de bonheur, faibles et dégénérés, nous ne savions enfin nous donner à nous-mêmes cette trempe forte et vigoureuse, cette austérité de principes et de mœurs, sans laquelle il ne peut y avoir ni liberté, ni république [1]. »

Les pompes civiques et la grandiloquence des proclamations firent sourire Martin Chantenoz, mais Guillaume Métaz ne perdit pas de temps en vains commentaires. Il se procura, par l'intermédiaire d'un conseiller bien placé, les dessins du sceau et du blason choisis et mit aussitôt en fabrication, chez un tisseur de Vevey, des modèles de drapeaux, d'oriflammes, de panonceaux et de rubans aux couleurs cantonales.

— Le premier à présenter les nouveaux emblèmes enlèvera le marché. Et quel marché, Martin ! Des drapeaux, des fanions, des banderoles, des rubans, toutes les communes du canton vont en vouloir. On en aura besoin pour toutes les fêtes, pour les tirs de villes et de villages ! Il faut être prêt à satisfaire la demande.

Chantenoz admira le réflexe d'entrepreneur de son ami, toujours à l'affût des affaires. Là où les gens ordinaires ne voyaient qu'un événement inattendu, un fait banal, un jeu, l'esprit inventif et pratique de Guillaume le portait à imaginer le parti industriel et commercial qu'on pouvait en tirer. Comme un chien de chasse

---

1. Cité par le pasteur Alfred Ceresole dans *Notes historiques sur la ville de Vevey*, Vevey, 1890. L'Association des Amis du Vieux-Vevey a réédité cet ouvrage, à l'occasion du centenaire de sa publication, imprimerie Gerber et Daengeli S.A., Vevey, 1990.

flaire le gibier, il subodorait dans toute conjoncture un moyen de gagner de l'argent. La frénésie commerciale de Guillaume Métaz semblait trouver une justification supplémentaire et un entregent fortifié dans la paternité et les promesses de la paix.

— Maintenant que j'ai un successeur, c'est pour l'avenir que je travaille. Mais il ne faut pas mettre tous ses œufs dans le même panier ! Quand on est parti de peu, comme moi, plusieurs générations sont nécessaires pour construire, autour d'un nom, un ensemble d'entreprises prospères, aux assises assez solides pour résister aux aléas que nous réservent les guerres et les révolutions. Depuis 98, nous en savons quelque chose, hein ! Cependant, cette année, si tout va comme j'espère et si le vin se vend bien, je me ferai mes soixante-quinze mille francs de Suisse.

— Alors, tu seras presque un homme riche, car, d'après Mme de Charrière, il faut avoir au moins quatre-vingt mille francs ou cinquante-sept mille livres de revenu annuel pour entrer dans cette enviable catégorie [1] !

— C'est pourquoi je m'intéresse à tout, mon petit Martin, même si cela te fait sourire et si tu me prends pour un affairiste insatiable et présomptueux.

Depuis son voyage en France, d'où il avait rapporté la conviction que la paix d'Amiens allait faire de l'Europe un grand marché, avec des millions d'hommes et de femmes à nourrir et à vêtir, dont certains plus aisés voudraient posséder des montres ou des pendules, Guillaume Métaz guettait les inventions et les techniques nouvelles. Il avait visité la filature mécanique que Marc-Antoine Pellis venait de construire à Saint-Gall et s'était engagé, à Sainte-Croix, dans une affaire de boîtes à musique, objets très prisés par les Anglais et les Allemands. Depuis que David et Louis Lecoultre, de Brassus, avaient mis au point le cylindre à aiguilles, les artisans, perfectionnant l'invention de l'horloger genevois Antoine Favre, fabriquaient de jolis coffrets musicaux.

Les derniers horlogers veveysans, que la concurrence de Genève et du Jura privait de travail depuis les troubles de la Révolution, s'étaient spécialisés dans la décoration des cadrans et boîtiers de montres. Ils trouvaient maintenant à exercer leur talent sur les couvercles des boîtes à musique.

Guillaume Métaz était à l'origine de cette reconversion tout en regrettant l'époque où Vevey comptait vingt-neuf horlogers, cinq

---

1. *Caliste ou Lettres écrites de Lausanne*, 1786.

polisseurs et plus de quatre cents ouvriers. Car l'horlogerie veveysanne avait eu son heure de gloire, entre 1725 et 1798. En ce temps-là, les maîtres horlogers veveysans, René Eck, Jean-Baptiste Michod, les Courvoisier, les Perdonnet et les Chiron, avaient formé des douzaines d'artisans patentés, auxquels la corporation délivrait, après présentation d'un chef-d'œuvre, des diplômes d'horlogers et de penduliers assez sélectifs pour qu'on en eût compté seulement quatre-vingt-cinq en soixante-quinze ans !

Si les horlogers jurassiens étaient, depuis l'origine, des paysans qui passaient l'été aux travaux des champs et l'hiver devant leur petit établi, à assembler, de leurs doigts gourds, les pièces des grosses montres, ceux de Vevey, cadraturiers[1] et finisseurs, confectionnaient avec habileté des instruments à mesurer le temps plus précis, plus élégants, plus fragiles aussi. Les montres fines des maîtres veveysans, comme celles de la Fabrique de Genève, devenaient de véritables œuvres d'art quand les meilleurs miniaturistes, comme Petiot, Désiré ou Chapuis, peignaient, sur leur boîtier d'or et d'émail, des portraits ou des scènes champêtres.

Quand, en 1798, la République helvétique avait enlevé toute autorité aux corporations en proclamant la liberté du travail, la maîtrise de Vevey était entrée en agonie. Ne pouvant plus opposer à la concurrence des fabriques genevoises les produits, raffinés mais coûteux, d'un artisanat protégé, la corporation veveysanne avait vu sa clientèle s'amenuiser puis disparaître. Le 15 mars 1802, le corps de maîtrise ayant tristement opté pour le sabordage, la cassette de la corporation, cinq cent trente livres dix sols, avait été partagée entre les cinquante-deux horlogers de Vevey, derniers représentants d'une profession naufragée.

En donnant du travail aux rescapés de l'horlogerie locale, Guillaume Métaz prenait son bénéfice et ne désespérait pas, maintenant que les Genevois ne pouvaient plus interdire de fabriquer une montre « à moins de trente lieues de Genève », de relancer un jour une fabrique veveysanne.

Au cours de son séjour à Paris, le mari de Charlotte s'était aussi engagé à fournir à un grossiste des fromages de la Gruyère, de

1. « Les cadraturiers (ou cadracturiers ou quadraturiers) étaient les ouvriers chargés de cette partie de la répétition qui est sous le cadran, dont le mécanisme est tel que, lorsqu'on pousse le bouton ou poussoir de la montre, celle-ci répète l'heure et le quart marqués par les aiguilles. Le finisseur, déjà au XVIIIe siècle, comme l'indique Ferdinand Berthoud, était l'ouvrier qui terminait l'ouvrage du faiseur de mouvement. » Alfred Chapuis, *les Corporations d'horlogers vaudois au XVIIIe siècle*, Arts graphiques Haefeli et Cie, La Chaux-de-Fonds.

l'Oberland bernois et du pays d'En-Haut. De tout temps, ces fromages avaient été vendus à Vevey. Conservés dans des tonneaux, dont les vingt-deux tonneliers de la ville s'étaient fait une spécialité, ils étaient entreposés dans une halle pleine d'effluves lactés. De là, on les expédiait à la demande, par le lac, vers Genève et, par le Simplon ou le Grand-Saint-Bernard, vers l'Italie. Guillaume Métaz avait maintenant organisé leur transport jusqu'à Lyon, Dijon et Paris. Ses barques les livraient à Genève où des voituriers chargeaient les tonneaux et les conduisaient à destination. L'homme d'affaires veveysan ne rêvait que d'envoyer les produits suisses en Angleterre, pour concurrencer le fameux fromage de Stilton ! En attendant, il s'était assuré la production des meilleurs fromagers du pays d'En-Haut, de l'Oberland bernois et de la Gruyère, en leur garantissant des débouchés réguliers.

Tandis que son mari allait à ses affaires, Mme Métaz se morfondait dans sa jolie maison. Du séjour parisien ne restaient, pour Charlotte, que des souvenirs, déjà ternis à force d'être racontés aux membres de la coterie Métaz et évoqués pour de simples relations. En retrouvant son fils, qui maintenant trottinait et répétait, en baragouinant, les mots qu'il entendait prononcer, elle avait pris soudain conscience de la fuite du temps. Le défilé des jours, des semaines, des mois semblait s'accélérer. L'hiver puis le printemps s'étaient écoulés sans apporter de nouvelles de Blaise. Or l'officier avait dû apprendre, dès son retour d'Espagne, la visite de Mme Métaz au général Ribeyre. S'il ne donnait plus signe de vie, c'était, pensait Charlotte, parce qu'il voulait interrompre toute relation avec elle. A plusieurs reprises, la délaissée avait été tentée d'obéir à Flora, quand son amie lui conseillait de brûler les lettres de M. de Fontsalte puisque l'aventure était terminée. Charlotte ne pouvait s'y résoudre et ne cherchait même pas à dissimuler une mélancolie que Guillaume et la domesticité attribuaient, depuis des mois, à une grossesse cependant aisément supportée.

Cette cause physiologique supposée aurait dû disparaître le 18 mai 1803 au petit matin, quand Mme Métaz mit au monde une fille que la sage-femme — une nouvelle, fraîchement sortie de l'école du docteur Venel, à Yverdon — s'étonna de trouver aussi lourde et vorace.

— Savoir si elle aura le regard vairon comme son frère, demanda Guillaume.

— Ce serait étonnant, lança Flora en posant sur l'accouchée un regard ironique.

Emerveillé à la vue du duvet blond qui couvrait la tête du bébé, M. Métaz fit le vœu que l'enfant ressemblât en tout point, beauté et intelligence notamment, à sa mère. Puis, comme lors de la naissance d'Axel, il mit aussitôt de côté un tonnelet de deux quarterons[1] de son meilleur vin blanc. La première pièce serait mise en perce au jour de la confirmation évangélique du garçon, la seconde pour la première communion de la fille.

Nommée Blandine, du nom d'une chrétienne martyrisée à Lyon en 177 et que les lions du cirque avaient refusé de dévorer — « parce qu'elle était trop maigre », ironisa Chantenoz — la sœur d'Axel fut baptisée, quelques semaines plus tard, à Echallens, selon le rite catholique romain et conformément au contrat de mariage des époux Métaz. Suivant la tradition, Charlotte enveloppa l'enfant dans son voile de mariée pour la présenter au prêtre sur les fonts baptismaux. A l'issue de la cérémonie, Mathilde Rudmeyer, marraine désignée, observa à l'intention de Guillaume, qui avait assisté en silence au baptême de sa fille :

— Le diable est vite parti, mais il est vite revenu !

— Ce n'est pas sous mon toit que Blandine pourra le rencontrer, ma bonne tante, assura froidement M. Métaz.

Il savait que la vieille fille tenait tous les huguenots pour mécréants !

Axel prit fort mal l'arrivée de Blandine. Comme on lui présentait cette sœur, serrée dans son cocon de langes, il eut une moue de dégoût qui amusa tout le monde. Désignant le bébé, il prononça distinctement « pupuche », mot que la nourrice traduisit par épluchure, chose qu'on lui interdisait de toucher quand l'enfant assistait, dans la cuisine, à l'épluchage des légumes.

Au fil des jours, l'aversion du garçon, qui venait d'avoir deux ans, ne se démentit pas. Axel vociférait de façon hargneuse dès qu'on amenait, dans une pièce où lui-même se trouvait, le berceau de sa sœur et ne supportait pas que Pernette s'occupât du bébé en sa présence. Un matin où Flora se trouvait seule avec les deux enfants, elle surprit une tentative de son filleul pour renverser le berceau de Blandine. Ce jour-là, Axel reçut sa première fessée, administrée au moyen d'une brosse à cheveux dont Flora allait se servir pour le coiffer. Fort heureuse-

1. Mesure de capacité veveysanne pour les liquides, le quarteron valait dix-sept litres quatre décilitres.

ment, l'enfant ne retint pas le « sale petit bâtard français » que proféra, dents serrées, l'amie de Mme Métaz.

A peine remise de son accouchement, Charlotte décida de reprendre le chemin de Belle-Ombre. Seule au milieu des vignes, sur la terrasse dominant le lac, elle passait des heures à lire, à rêver, à suivre les barques à voiles latines sur l'eau et la course des nuages au flanc des montagnes de Savoie. Pas plus que Julie ne pouvait oublier Saint-Preux, elle ne parvenait à détacher ses pensées de Blaise de Fontsalte. Héloïse moins vertueuse que celle de Rousseau, puisque ayant consommé l'adultère auquel Mme de Wolmar n'avait pas succombé, elle trouvait injuste que la vie lui refusât un bonheur intime et secret. La lecture d'un ouvrage de M. Etienne Pivert de Senancour, qu'elle avait rencontré à Paris chez les Stapfer et qui lui avait raconté qu'en 1789 il avait failli se noyer dans un torrent du Valais, en montant au Grand-Saint-Bernard, ajoutait à son spleen une résignation oppressante. Dans ses *Rêveries sur la nature primitive de l'homme,* M. de Senancour constatait cette « importune nullité des heures » qu'elle ressentait parfois si douloureusement.

Certains soirs, elle se prenait à imaginer qu'un événement allait surgir, qui romprait la monotonie des jours et lui rendrait la passion de vivre, la sensation d'exister, même au prix de souffrances inédites et de périls inconnus. « Qu'est la vie si on ne la sent pas à tout instant palpiter en soi, si l'extase est inaccessible, si les illusions de l'amour ne sont pas permises, si l'on nomme bonheur l'harmonie factice et fade de la famille ? » se disait-elle. Abandons condamnables, menaces angoissantes, attentes vaines, philtres interdits, heures mensongères, tout valait mieux que la sérénité béate du contentement bourgeois.

Un soir de juin, le vœu païen de Charlotte Métaz fut exaucé. Elle revenait, seule, de Belle-Ombre, conduisant, sur l'étroit chemin qui serpentait à travers les vignes, le cabriolet offert par Guillaume après la naissance de Blandine. Son mari utilisait en effet très souvent le coupé. Elle remarqua un cavalier, arrêté à la fourche formée par les chemins de Vevey et de Saint-Saphorin et qui semblait hésiter sur la direction à prendre. En approchant, elle vit un gaillard corpulent, monté sur un grand cheval aux muscles saillants. Elle s'attendait à une demande de renseignement, mais l'homme se contenta de la regarder passer. Elle ne ralentit pas l'allure, estimant qu'il s'agissait d'un étranger, étonnée de ne pas avoir été saluée au passage comme cela se faisait couramment. Le cabriolet s'éloignait de l'inconnu quand celui-ci fit pivoter sa monture et, rebroussant chemin, vint à la hauteur de Charlotte. Surprise et craintive, elle regarda le visage de l'homme, réalisa l'espace d'un éclair qu'elle l'avait déjà vu et, quand le cavalier dit : « Vous êtes bien Mme Métaz ? », elle reconnut Jean Trévotte, dit Titus, l'ordonnance de M. de Fontsalte. Charlotte immobilisa son cheval.

— Il y a deux ans, on vous a donné comme grand blessé ! Je suis heureuse de constater que vous vous portez bien. Vous avez même forci et je vois, à votre costume, que vous n'êtes plus militaire, bafouilla la jeune femme, à court de propos.

Trévotte ôta son chapeau et daigna sourire.

— C'est pour la commodité du voyage, que je suis en péquin, ma bonne dame. Et si j'ai forci, ajouta-t-il en montrant sa bedaine, c'est parce que je suis resté près d'un an sans exercice. J'ai laissé une jambe à Marengo, vous savez, et, sans le colonel Fontsalte, je ne pourrais pas me tenir à cheval.

Charlotte vit alors que Trévotte avait une jambe engagée dans un bizarre étrier, qui ressemblait à un gros gobelet suspendu à une tige de fer[1].

— C'est le colonel qui a eu cette idée et qui a fait fabriquer cet étrier spécial pour mon pilon. Avec ça, je galope comme un autre. Et je vais même vous dire mieux : à cheval, je suis comme un homme qui aurait ses deux pattes, ah ! ah ! Et, couché, on voit pas non plus de différence, ah ! ah ! Y a que lorsqu'il faut marcher que j'ai besoin de la béquille que voilà, toujours attachée à ma selle ! Mais je cause et je vous dis pas que c'est le colonel qui m'envoie.

— Le colonel vous envoie... Est-il près d'ici ?

— Non, madame..., pas encore, mais vous devez lire ce billet et me donner réponse, dit Trévotte, tendant à Charlotte un pli cacheté.

Avec une délicatesse dont elle n'aurait pas cru le soldat capable, Trévotte s'éloigna de quelques pas et, tandis que le cheval de l'ordonnance broutait l'herbe du talus, elle prit connaissance du message de Blaise.

« Jugez de ma peine, chère amie. D'abord de n'avoir pas été prévenu en temps opportun de votre venue à Paris, l'an dernier ; ensuite, et de ce fait, de ne pas vous y avoir attendue comme il

---

1. Le général Yriex-Pierre Daumesnil (1775-1832), qui perdit une jambe à la bataille de Wagram, en 1809, utilisa un tel étrier pour y placer son pilon et monta gaillardement à cheval jusqu'à sa mort.

m'aurait tant plu de le faire ; depuis, de n'avoir reçu aucune réponse aux quatre lettres que je vous ai expédiées, à l'adresse habituelle, en octobre et décembre 1802, puis en février et avril 1803. Dois-je prendre ce silence comme fâcherie de votre part ? Comme je vis dans l'espérance de vous revoir et qu'une mission me conduit en Helvétie, j'ai dépêché l'adjudant Trévotte à votre recherche. Je me trouverai à Lausanne, pour quelques jours, à partir du 18 juin. Si vous daignez vous souvenir de moi et des heures bénies, mais déjà lointaines, de Belle-Ombre, fixez-moi un rendez-vous où bon vous semblera. A moins de mort, j'y serai. Titus transmettra fidèlement le lieu, le jour et l'heure. Si vous souhaitez me tenir désormais à l'écart de votre vie, dites simplement au porteur que ce message ne comporte pas de réponse. Dorette, c'est là mon ultime démarche. Mille souhaits de bonheur, quoi qu'il advienne de nous. Blaise. »

Très émue, Charlotte relut la lettre, puis la plia soigneusement et la glissa dans son corsage, en préparant mentalement sa réponse. Comme elle devait se rendre prochainement chez sa tante Mathilde et qu'en cette saison les travaux de printemps peuplaient les vignes du matin au soir, ce qui rendait aléatoire une rencontre discrète à Belle-Ombre, elle choisit de fixer à Blaise un rendez-vous à Lausanne. Sa décision prise, elle rappela Titus.

— Dites, s'il vous plaît, au colonel Fontsalte que sa lettre me cause un immense plaisir et que nous pourrons nous rencontrer à Lausanne, le 19 juin prochain, à onze heures du matin, sur la terrasse de la cathédrale. Dites surtout, monsieur Titus, que mon amitié pour M. de Fontsalte n'a pas varié.

— C'est bien, madame, la commission sera faite, assura le Bourguignon.

Après un moment d'hésitation, il ajouta :

— Si vous pouvez dire à Mlle Flora que le féroce Titus n'a ni regrets ni remords ni rancune et qu'il lui souhaite bien du bonheur, vous m'obligerez, madame, conclut-il en se recoiffant.

Charlotte reprit aussitôt la descente vers Vevey, tandis que Trévotte, au petit trot, s'engageait, à travers les vignes, sur le chemin qui, à l'opposé, par Saint-Saphorin, rejoignait la route de Lausanne.

Avant d'arriver à la berge du lac et d'entrer en ville, Charlotte relut une fois encore la lettre de Blaise. Ce message lui procurait la griserie réconfortante d'un cordial, un regain de gaieté, de confiance en la vie, mais aussi éveillait en elle un angoissant soupçon quant à la loyauté de Flora. Qu'était-il advenu des lettres expédiées par Blaise ? La sienne, annonçant à l'officier le voyage à Paris, avait-elle jamais été envoyée ? L'insistance que son amie mettait depuis des mois à lui faire admettre la rupture d'une liaison qu'elle avait toujours désapprouvée augmentait ses craintes et fournissait, peut-être, une réponse aux questions qu'elle se posait. Mme Métaz voulut en avoir le cœur net sur-le-champ et, bien que l'après-midi fût avancé, elle se rendit jusqu'à l'épicerie de La Tour-de-Peilz. Flora y remplaçait sa sœur, partie pour un séjour dans un hôtel de Rome où son époux, garde pontifical, pouvait la rejoindre en dehors de ses heures de service au Vatican.

— J'ai enfin des nouvelles de M. de Fontsalte, dit-elle d'emblée et d'un ton triomphant en entrant dans la boutique.

— Mieux vaut tard que jamais... Tu l'as rencontré place du Marché ?

— Il m'a fait porter une lettre par son ordonnance, un malotru que tu connais bien. M. Titus m'a même chargée de te transmettre ses vœux de bonheur, après avoir dit qu'il n'a ni regrets ni remords ni rancune pour... ce qui s'est passé, autrefois, entre vous !

— Le misérable, qu'il vienne rôder par ici, je le perce comme une outre !

S'étant saisie du grand couteau à découper le jambon, Flora, blême et les maxillaires serrés, éventra d'un geste violent un sac de riz. Le grain se répandit sur le plancher.

Charlotte se mit à rire, ce qui exaspéra Flora.

— Tu peux rire, ah ! oui, ça t'amuse ! Eh bien, tu verras ! Que ce chien se montre et...

— Calme-toi. Je ne pense pas qu'il soit dans les intentions de cet invalide à jambe de bois de jamais venir te faire des compliments. Et puis tu as déjà tenté une fois de lui donner un coup de couteau et tu sais comment cela a fini. Non ! Flora. Dis-moi plutôt ce que tu as fait des lettres de Blaise qui ont dû arriver ici, quatre depuis le mois d'octobre ! Dis-moi, Tignasse ne t'a pas donné de lettres... d'émigrés, à faire suivre ?

— Parce que ton soudard dit qu'il t'a écrit... et tu le crois !

— Il me dit aussi qu'il n'a jamais reçu ma lettre de juillet 1802 et celle-là, c'est moi qui l'ai écrite... et tu étais chargée de l'expédier. Alors, explique-moi, dit Mme Métaz, soudain en colère.

Flora prit un air faussement affligé.

— Ma pauvre Carlotta, tant de choses se sont perdues... ou égarées, pendant les événements de l'été dernier. Souviens-toi des incendies allumés par les Bourla-Papey, puis de la guerre entre fédéralistes et unitaires, puis de l'arrivée des Français. Alors, la poste, tu penses !

— La poste a toujours fonctionné. Guillaume a reçu régulièrement son courrier et tu oublies que, pendant que j'étais à Paris, nous nous sommes écrit, nous deux ! Non, la vérité, Flora, c'est que tu n'as pas envoyé ma lettre de juillet, parce que tu ne voulais pas que Blaise soit prévenu de ma présence à Paris et que, depuis, tu ne m'as pas donné ses lettres, qui ont dû arriver chez Tignasse. Avoue, mais avoue donc, toi qui te dis mon amie, ma sœur !

Flora Baldini demeura un instant silencieuse, le visage crispé, fixant Charlotte d'un regard dur. Quand elle se décida à parler, le ton de sa voix fut catégorique, celui du justicier qui condamne, sans atermoiements ni états d'âme.

— Oui, c'est vrai, tu as deviné juste. Je n'ai pas envoyé ta lettre et j'ai détruit celles du Français dès qu'elles sont arrivées et je...

— De quel droit ? Mais de quel droit interviens-tu dans ma vie et celle de Blaise ? Tu es une pauvre folle, Flora ! Pourquoi ? Oui, pourquoi as-tu fait ça, toi, mon amie...

— Parce que je t'aime, Charlotte, et que je ne veux pas qu'un homme comme ce Fontsalte, un libertin, un débauché, un profiteur, te fasse souffrir, se gausse de toi avec d'autres lurons de son espèce ! Voilà pourquoi j'ai jugé bon d'interrompre cette relation. Je l'ai fait au nom de la dignité des femmes !

— Jugé ! Qui te permet de juger ce qui est bon ou nuisible pour autrui ! Dignité ! Belle dignité que la tienne, Flora. Aucune dignité ne résiste à pareille trahison et tes raisons sont mauvaises, perverses. Je vais te dire, moi, pourquoi tu as agi ainsi, pauvre Flora. C'est parce que tu as au cœur la haine des hommes. Parce que le bonheur d'une autre, si banal et si ténu qu'il soit, te rend fielleuse. Tu es sans amour, parce que tu es incapable de respecter l'amour. Tu ne peux supporter de me voir m'échapper dans un univers sentimental, peut-être un peu niais et fallacieux, je le sais, mais qui t'est fermé. Que m'importe que Blaise soit un libertin et un débauché. Il est tel que je l'ai vu, que je veux le voir, moi ! Mais tu ne peux comprendre ! Tu es une pauvre fille, Flora. Je te plains, car tu ne seras jamais heureuse. En tout cas, tu n'es plus mon amie. Demain, je viendrai ici chercher les lettres de Blaise, que tu caches pour moi, et nous n'aurons plus rien à nous dire.

Sur ces mots, Mme Métaz quitta le magasin, laissant Flora tête basse, assise sur le sac éventré, les pieds dans le riz répandu.

Pendant que Charlotte confondait Flora Baldini à La Tour-de-Peilz, l'adjudant Trévotte retournait à l'hôtel de l'Ancre, à Ouchy, où il devait attendre le colonel Fontsalte, en mission à plus de soixante lieues de là, dans le nord-est de la Suisse. L'ordonnance, promue postillon, était arrivée la veille avec la berline du colonel, ce dernier ayant échangé sa voiture contre son cheval de selle pour voyager plus discrètement.

Blaise devait se rendre à Näfels, dans le canton de Glaris, et à Schwyz, dans le canton du même nom. Il s'agissait pour l'officier de vérifier que les deux animateurs de la rébellion fédéraliste, anéantie militairement par les troupes de Ney et politiquement par l'Acte de Médiation, se tenaient enfin tranquilles.

L'intervention du général Rapp avait contraint Nicolas-François Bachmann à se réfugier à Constance. Après la reddition des fédéralistes, le chef militaire de la rébellion, fidèle à ses choix, avait refusé l'offre généreuse de Ney, qui lui proposait de prendre en main l'organisation de l'armée de seize mille hommes que la Confédération devait mettre à la disposition de la France. Libre de ses mouvements, Bachmann avait regagné Näfels, où cet homme de soixante-trois ans disait vouloir vivre, sans plus se mêler de politique. Quant à Aloys Reding, fait prisonnier par les soldats de Ney et enfermé à Aarbourg jusqu'au mois de février 1803, il se trouvait maintenant en liberté chez lui, à Schwyz. Il venait d'être élu landammann du canton, ce qui prouvait une popularité intacte. Il affirmait cependant n'avoir d'autre ambition que celle de faire, en s'accommodant de la situation, le bonheur des Schwyzois.

Aux Affaires secrètes, on avait quelques raisons de se montrer circonspect envers les anciens rebelles. Dès le commencement de la guerre civile, le gouvernement britannique avait envoyé à Schwyz un agent nommé Moore [1], chargé de proposer et d'organiser l'aide aux contre-révolutionnaires. Les troupes françaises étaient intervenues avant que ces projets aient reçu un commencement de réalisation, mais le général Ribeyre souhaitait que Blaise se procurât les preuves d'une collusion avortée, mais sans doute prête à se manifester à la moindre faiblesse, du nouveau régime helvétique. Le prince de Galles ne recevait-il pas à sa table le duc d'Orléans, qui avait été accueilli en Suisse en 1793, avant de s'embarquer pour les Etats-Unis ?

L'enquête que devait conduire Fontsalte dans les cantons fores-

---

1. Walter Scott, *Vie de Napoléon*, tome V, Laurent frères, Bruxelles, 1827.

tiers était délicate. Il convenait en effet de ménager les susceptibi-
lités de Bachmann et Reding, combattants courageux, adversaires
loyaux, que Bonaparte ne désespérait pas de voir un jour entrer
dans une armée helvétique alliée, obligée de la France [1].

En quelques jours de vagabondage entre Schwyz et Glaris, Blaise
apprit que Moore, avant de quitter le pays, avait confié à un
habitant d'Altdorf des documents et des plans qui attestaient de la
réalité du projet d'assistance des Anglais aux fédéralistes suisses.
Fontsalte vit une intention symbolique dans le choix d'Altdorf, ville
de Guillaume Tell, héros suisse par excellence.

L'officier n'eut aucun mal à se faire passer pour un émigré qui,
autorisé comme la plupart d'entre eux à rentrer en France, usait de
cette liberté de mouvement pour jouer les agents de liaison du
prétendant au trône, exilé chez le tsar Alexandre Ier. En costume
civil et se présentant, sous le nom de sa mère, comme baron des
Atheux, il entra aisément en contact avec des meneurs fédéralistes,
démobilisés mais prêts à relancer au moment favorable la lutte
contre les Français. Or, la rupture de la paix avec l'Angleterre
ayant été annoncée le 20 mai aux Assemblées françaises après les
demandes irrecevables présentées à Talleyrand par lord Whit-
worth, ambassadeur de Grande-Bretagne, on pouvait penser que la
guerre allait reprendre incessamment entre les puissances signa-
taires de la paix d'Amiens.

Au cours d'une réunion à Altdorf avec d'anciens officiers de
l'armée de Reding, le baron des Atheux se dit prêt à faire part à
Louis XVIII des projets de Moore, qu'on pourrait mettre en œuvre
à l'occasion.

— Seulement, il faudrait tout de même que j'aie une idée exacte
de leur contenu, ne serait-ce que pour obtenir des fonds et faire
qu'une action future puisse être intelligemment coordonnée, expli-
qua-t-il.

On le crut et le faux royaliste fut conduit dans une maison
bourgeoise où, derrière volets et portes closes, on lui permit de
consulter le plan d'aide à la rébellion. Ces documents prouvèrent à
Blaise de Fontsalte l'évidente duplicité des Anglais. Quelques mois
après avoir signé la paix, alors que les citoyens britanniques
circulaient librement en France, que des officiers supérieurs étaient
reçus aux Tuileries par le Premier consul, les agents de Henry

1. Aloys de Reding accepta en effet, en 1804, les responsabilités d'inspecteur
général de l'armée suisse.

Addington — Premier ministre britannique qui avait négocié le traité d'Amiens — tentaient, en soutenant les contre-révolutionnaires suisses, d'empêcher la fondation d'une nouvelle Confédération amie de la France.

Le baron des Atheux approuva hautement les dispositions prévues par Moore et toujours utilisables avec les aménagements que dicteraient les circonstances. Comme son hôte s'étonnait qu'il n'en prît pas copie, Blaise expliqua que sa mémoire était entraînée à tout retenir.

— Je puis tomber aux mains de sbires à la solde de Bonaparte ou de Fouché. Ils pourraient lire des notes et même déchiffrer un code, mais ils ne pourront pas connaître ce qui est rangé dans ma mémoire, messieurs. Quant à vous, conservez ces papiers en lieu sûr. Je connais assez les agents français pour prédire qu'en cas de découverte vous seriez tous exécutés. La paix a été rompue avec l'Angleterre et, la Confédération helvétique étant l'alliée de la France, vous seriez considérés comme félons et traités conformément aux lois de la guerre.

— Soyez sans crainte, monsieur le baron, ce portefeuille n'est même pas caché dans ma maison, mais déposé dans l'oratoire du couvent des capucins, en dehors de la ville. Et nous ne sommes que deux à connaître l'endroit exact, le père abbé et moi, souffla le fédéraliste.

Blaise n'insista pas pour en savoir plus.

— Je pars cet après-midi même pour Bâle. Attendez-vous à avoir de mes nouvelles avant deux mois d'ici, dit-il en prenant congé.

Il se rendit aussitôt à l'auberge, fit seller Yorick, boucla ses sacoches et prit la route de Lucerne. Il chevaucha un moment puis, ayant repéré un endroit à l'écart de toute habitation, sur la rive du lac d'Uri, il mit pied à terre, s'allongea sur l'herbe, pour attendre la nuit en fumant sa pipe, se demandant si Titus avait pu, à cette heure-là, délivrer son message à Mme Métaz.

Les nuages capricieux cachaient puis dévoilaient la lune, avant de la dissimuler à nouveau, quand il jugea le moment venu de retourner à Altdorf. Avant d'entrer en ville, il attacha son cheval dans un bosquet et se dirigea, à pied, vers l'église derrière laquelle un sentier escarpé conduisait, en quelques minutes, au couvent des capucins situé à flanc de montagne. Tout dormait quand il approcha des bâtiments. Il en fit le tour, trouva le porche et constata sans surprise que la porte était verrouillée. Prenant un peu de recul, il réussit à distinguer ce qui devait être le petit clocher de l'oratoire et choisit d'escalader le mur à proximité du sanctuaire. Une fois dans la place, il dut traverser une cour, redoutant à chaque instant l'aboiement d'un chien. Il n'entendit, en longeant l'étable, que le vague remuement d'une vache insomniaque. La porte de la chapelle s'ouvrit en grinçant et Blaise, l'ayant refermée derrière lui, la bloqua avec un banc. Il savait que les moines, par besoin de mortification, se relèvent souvent la nuit pour prier, agenouillés sur les pierres tombales de leurs prédécesseurs. Aussi convenait-il de ne pas se laisser surprendre par l'arrivée inopinée d'un capucin en quête d'indulgences plénières ! La lampe rouge du saint sacrement répandait dans la chapelle une clarté mystique mais insuffisante. L'officier tira de sa poche une queue-de-rat[1], l'alluma avec son briquet d'amadou et s'assit pour examiner les lieux. « Où diable cacherais-je un portefeuille dans cette chapelle si j'avais à le faire ? » se demanda-t-il. Il pensa au soubassement du bénitier, au placard où l'on rangeait les antiphonaires, à l'estrade qu'il souleva, mettant en fuite une famille de souris, au lutrin, dont il examina le pied creux, et, finalement, admit que le seul endroit réputé inviolable par un chrétien restait le tabernacle.

Le fédéraliste avait parlé du père abbé, or seul le père abbé pouvait utiliser un tel abri sacré pour cacher des papiers secrets. Blaise approcha de l'autel, tira son couteau, leva le rideau de soie brodé de fils d'or qui couvrait la porte de bronze doré du tabernacle et la força. A cet instant, il imagina la stupéfaction de sa mère si elle avait pu le voir violer l'abri sacré ! C'est en pensant à elle qu'il fit une génuflexion avant de saisir le ciboire contenant les hosties, vrai sacrilège, sans doute puni d'excommunication majeure ! Avec autant de respect que le permettaient les circonstances, l'officier explora des doigts et du regard l'intérieur du tabernacle et retint une exclamation de joie. Le portefeuille qu'il avait eu en main l'après-midi même était là ! Le temps de remettre le ciboire en place, de refermer la porte du tabernacle en demandant à Dieu de pardonner cette intrusion, Blaise quitta l'oratoire avec son butin. Un quart d'heure plus tard, sous la lune complice, le voyageur nocturne trottait vers le sud.

Après avoir parcouru soixante-cinq lieues en cinq jours, Fontsalte, aussi fourbu que sa monture, arriva, au soir du 17 juin, à Ouchy. Il se fit préparer un bain tiède, s'y endormit, fut réveillé par

---

1. Rat de cave.

Trévotte, avala la moitié d'un jambon et une omelette de dix œufs, et se mit au lit en demandant à son ordonnance de veiller à ce qu'on le laissât cette fois dormir tout son soûl. Le colonel ne reprit conscience que le lendemain, au milieu de l'après-midi. Toute trace de fatigue avait disparu et, après un repas pris dans la salle de l'auberge, il s'en fut marcher au bord du lac, autour du donjon ruiné, seul vestige d'un château médiéval détruit au XVIIᵉ siècle. Ouchy n'était plus que le port de Lausanne. Alors que le crépuscule mauve s'annonçait en finale d'une belle journée d'été, l'officier s'éloigna sur la berge, supputant le plaisir que pourrait lui apporter le lendemain. Mᵐᵉ Métaz n'avait-elle pas paru, au dire de Titus, très émue et heureuse à la pensée de le revoir enfin. Trouverait-il Dorette aussi belle et ardente qu'il l'avait laissée trois ans plus tôt ? Peut-être était-elle maintenant mère de famille, grasse et les joues marquées de couperose, comme beaucoup de femmes du pays dont le soleil d'été et les froids vifs de l'hiver cuisaient le teint, ridaient les paupières, épaississaient la peau.

Blaise admirait, en fumant sa pipe, le soleil glissant comme une pièce d'or dans une tirelire, derrière les monts, du côté de Genève, quand deux hommes l'assaillirent brutalement. L'un, d'une force prodigieuse, le ceintura par-derrière ; l'autre, se présentant de face, lui mit un poignard sur la gorge et fixa ses yeux.

— *It's him* [1], dit-il à son compagnon.

Une fois de plus, Blaise maudit son regard vairon, qui le faisait partout reconnaître, et comprit qu'il n'avait pas affaire à des détrousseurs ordinaires. Sans opposer de résistance, il feignit l'incompréhension absolue.

— Si c'est ma bourse que vous voulez, je vous préviens, elle est plate, dit-il posément.

— Ne faites pas la bête, colonel, nous voulons les papiers que vous avez volés aux capucins d'Altdorf. Vous avez profané leur sanctuaire, ce qui n'est pas bien. Ils nous ont chargés de reprendre ce qui leur appartient.

En français, l'Anglais s'exprimait sans accent. Blaise pensa qu'il devait être un agent important.

— Si les bons capucins, à la solde du roi d'Angleterre comme vous, tiennent à reprendre ces papiers, témoins accablants de la traîtrise de votre gouvernement, vous devrez aller les chercher à Paris, chez le Premier consul. Je ne pense pas qu'il refusera de vous

1. C'est lui.

les restituer…, surtout si vous les lui demandez aussi gracieusement que vous traitez, en territoire helvétique, un de ses officiers !

Le gaillard qui ceinturait Blaise, et dont ce dernier sentait le souffle sur la nuque, resserra son étreinte, tandis que l'homme au poignard faisait sauter de la pointe de sa lame les boutons du gilet de l'officier. L'agresseur commençait à explorer les poches intérieures du vêtement quand Blaise perçut un bruit, pareil à celui du bois mort qu'on fend, puis un grognement étouffé. Soudain libéré de l'enlacement qui le paralysait, il retrouva l'usage de ses membres et saisit l'homme au poignard à la gorge, en même temps qu'il lui jetait son genou dans le bas-ventre. L'autre eut le temps de planter sa lame dans l'épaule de l'officier, que la douleur obligea à lâcher prise. L'Anglais relevait le bras pour frapper une seconde fois quand Blaise le vit s'effondrer en râlant.

— Tudieu, vous m'avez tourné les sangs, colonel ! Ces deux coquins ne voleront plus rien à personne, dit Trévotte, dont le souffle court révélait l'émotion.

Sous sa chemise, Blaise tâta son épaule blessée et retira une main poisseuse de sang. Il remit à plus tard un examen sérieux de la plaie et se pencha sur ses agresseurs, qui gisaient, l'un et l'autre sans vie.

— Je crois que tu y es allé un peu fort, Titus, constata-t-il en poussant du pied la hache que Trévotte avait laissée tomber.

— J'ai pas mesuré ma force, colonel ; avec ma patte de bois, j'étais pas bien sûr de tenir debout longtemps. Alors, j'ai cogné dur du premier coup. Mais vous croyez qu'y sont occis tous les deux ?

— Aussi morts qu'on peut l'être quand on a la tête ouverte de la nuque au nez, Titus ! Mais nous sommes de nouveau en guerre contre les Anglais, n'est-ce pas ?

— Ah ! parce que c'est des Anglais ! En tout cas, ils sont arrivés en barque. Je les ai vus monter sur le ponton. J'étais à casser du bois pour la cuisinière, faut bien rendre service, quand ces deux qui avaient une dégaine de pas d'ici sont venus demander à la fille de l'auberge, qui étendait du linge, si elle avait pas vu un homme grand, fort et frisé noir, qu'avait l'œil vairon. J'ai compris que c'est vous qu'ils cherchaient. Moi, j'aurais rien dit avant de savoir ce qu'on voulait, mais cette fille a dit : « Celui que vous cherchez, c'est peut-être le monsieur qui est en promenade au bord du lac. » Alors, je les ai suivis et j'ai entendu qu'entre eux ils parlaient pas français. Sans faire attention, j'avais pas lâché ma hache. Quand ils vous ont sauté dessus, j'ai compris que c'était des coquins… et j'ai fait ce que j'ai cru qu'y fallait faire. Voilà ! C'est peut-être malheureux qu'y soient morts, colonel. Qu'est-ce qu'on va dire ? Qu'est-ce qu'on va faire ?

— Personne ne dira rien, car je crois que personne n'a rien vu. Et ne te tourmente pas, ce sont deux espions anglais, envoyés pour me prendre des papiers secrets. Ils ont fait leur travail, toi, tu as fait le tien. Mais on ne peut pas laisser ces cadavres sous ces arbres. C'est un coin fréquenté par les amoureux...

— Faudrait les enterrer, je vas chercher une pioche, dit Titus.

— Inutile. On va les renvoyer d'où ils sont venus. Puisque tu sais où est leur barque, amène-la par ici.

Titus trouva l'idée bonne et ramassa la hache.

— On sait jamais, s'il y en avait un autre dans le bateau, dit-il en s'éloignant.

Pendant l'absence de Trévotte, Blaise explora les poches des morts. Celui qui l'avait blessé détenait un passeport au nom de Van der Glocken, négociant hollandais, un faux nom, sans aucun doute. Son camarade, démuni de passeport, détenait en revanche une feuille de papier où figurait, sous l'en-tête d'une auberge de Nyon, le signalement de Blaise de Fontsalte.

Découvrant le vol des documents cachés par les capucins, les irréductibles d'Altdorf n'avaient pas perdu de temps pour alerter les agents anglais les plus proches de Lausanne. Ceux-ci devaient savoir, depuis plusieurs jours, que la berline et l'ordonnance d'un officier supérieur français attendaient à Ouchy. « Ils sont forts, je dois être surveillé par les espions anglais et autrichiens dès que je passe la frontière », pensa Blaise. L'idée lui vint que, si Charlotte avait parlé de leur rendez-vous à Flora, cette dernière...

Le grincement de la proue d'une barque sur les galets annonçant le retour de Titus, Blaise interrompit sa réflexion. Les deux hommes chargèrent, non sans difficulté, les corps des agresseurs dans le bateau, Fontsalte étant de plus en plus handicapé par la blessure qui lui ankylosait l'épaule, Titus se trouvant privé d'agilité par sa jambe de bois. Le colonel fit ajouter quelques grosses pierres à la cargaison macabre et Titus, saisissant les rames, éloigna la barque du rivage.

— On les jette aux poissons ? demanda-t-il, quand ils furent à bonne distance.

— Les Anglais sont tous plus ou moins marins. Et la sépulture préférée des marins n'est-elle pas la mer et, à défaut de celle-ci, l'eau d'un lac ? observa Blaise.

Ils emplirent les poches des morts des plus lourdes pierres, boutonnèrent avec soin leurs vêtements et les basculèrent dans l'eau noire du Léman. Le colonel prononça d'une voix lasse un bref *Vade in pace* tandis qu'il bénissait d'un geste lent les remous provoqués par l'immersion des corps. Trévotte en fut un peu étonné. Près de la grève, ils abandonnèrent la barque, en espérant que le vent la pousserait vers les rives de la Savoie, loin des lieux du drame. Titus, ayant lavé la hache de l'aubergiste pour faire disparaître les traces de sang, crut utile de ramasser le poignard de l'Anglais. C'est en le nettoyant qu'il fit remarquer à Blaise que la lame extrêmement fine était épointée.

— Je pense savoir où se trouve le morceau, dit l'officier en montrant son épaule.

Ayant réussi à regagner sa chambre sans attirer l'attention, Blaise, aidé de Trévotte, se déshabilla. Une fois nettoyée à l'eau-de-vie, suivant les principes sanitaires en vigueur dans l'armée, la blessure apparut étroite mais profonde.

— Je ne souffre que si je bouge le bras ou si je remue l'épaule. Nous verrons comment ça ira demain. En attendant, mets un peu de charpie par là-dessus et va me chercher une soupe. Je ne tiens pas à me montrer à la table d'hôte avec un bras en écharpe, ordonna-t-il à Titus.

— Je vas dormir devant la porte, colonel. Si d'autres assassins venaient...

— Je crois que nous pouvons dormir tranquilles, Titus. Tant que lord Addington ne saura pas que ses envoyés ont disparu, corps et biens, nous ne craindrons pas de nouvelle attaque.

Au milieu de la nuit, Fontsalte se réveilla avec une forte fièvre. Son cœur battait la chamade, une mauvaise sueur trempait son front. L'œil bleu du colonel n'en flamboyait pas moins de fureur contenue. Les Fontsalte étaient de ceux qui exigent de leur carcasse un service fidèle, sans accorder trop d'attention aux maux et blessures. Mais Blaise se dit au matin incapable d'aller au rendez-vous fixé par Mme Métaz. Titus, qui savait depuis longtemps interpréter toutes les nuances du regard bicolore du colonel, le trouva impatient et résolu, mais la pâleur de l'officier l'inquiéta.

— Sûr que ce bout de ferraille vous est resté dans le corps, colonel. Faut un chirurgien pour arranger ça !

— C'est mon avis ! Tu vas aller à onze heures sur la terrasse de la cathédrale. Tu verras Mme Métaz, tu lui diras qu'elle m'envoie d'urgence un chirurgien... qui ne soit pas trop curieux. Va !

L'amie était au rendez-vous. Elle portait une robe rose à

décolleté carré et une fine écharpe de mousseline, nouée sous le menton, rabattait contre ses joues les ailes souples d'un chapeau de paille. Elle sursauta à la vue de Titus, qui ne perdit pas de temps à enrober la mauvaise nouvelle dans de vaines circonlocutions.

Charlotte, Titus le reconnut, se comporta avec calme et détermination. Elle accompagna l'ordonnance chez un chirurgien qui avait la confiance de Mlle Rudmeyer et envoya le praticien, avec Trévotte, au chevet de Blaise. Puis elle décida de retourner chez sa tante, pour faire atteler son cabriolet, afin de se rendre elle-même à Ouchy. En descendant de la cathédrale vers la rue de Bourg, elle eut le temps d'inventer une fable pour endormir la méfiance de Mathilde.

— Une dame que j'ai connue à Paris est actuellement souffrante à Ouchy. Elle n'a ni parents ni amis à Lausanne et c'est par son domestique, rencontré par hasard chez l'apothicaire, que j'ai su la chose. Je me dois d'aller la visiter pour lui proposer de l'aide, n'est-ce pas ? Aussi, ne m'attendez pas pour le repas. Suivant l'état de santé de cette amie, j'agirai. Ne vous inquiétez pas.

— C'est ton devoir, en effet... Si cette dame est seule et malade, peut-être serait-elle mieux chez nous ? Veux-tu que je fasse dire au docteur Scholl d'aller la voir ?

— Je dois d'abord me rendre compte par moi-même, chère tante, dit Charlotte en s'esquivant.

A l'hôtel de l'Ancre, l'aubergiste tenta de faire patienter Charlotte, en expliquant que le médecin venait de réclamer des linges et de l'eau chaude et qu'il devait être en train d'opérer « le monsieur blessé hier soir en tombant sur un fer ».

— Conduisez-moi à la chambre de ce monsieur. Je sais soigner les blessés et je puis être utile, dit sèchement Mme Métaz.

L'opération était terminée et Blaise reposait sur son oreiller. Sa toison frisée, ses favoris et sa moustache paraissaient encore plus noirs, par contraste avec la pâleur de son visage. Il sourit à Charlotte et lui tendit la main.

— Voici ce que j'ai retiré, non sans mal, de l'épaule de ce monsieur. Ce bout de ferraille avait traversé le deltoïde et s'était fiché entre la clavicule et l'omoplate, dit le médecin, mettant sans façon dans la main gantée de Charlotte un petit morceau de fer plat, pointu, long d'un demi-pouce.

— Mon Dieu ! s'exclama-t-elle en regardant le fragment de métal et son gant taché du sang de Blaise.

— Ce gentilhomme a eu de la chance, à trois doigts près, ce bout de fer lui entrait dans le cœur et c'en était fini. Dans deux jours, il n'y paraîtra plus. Mettez ce baume sur la plaie et veillez à ce qu'elle ne suinte pas, conclut le praticien en tendant un flacon à Charlotte.

— Nous comptons sur votre discrétion, dit Fontsalte.

— Je ne vous ai posé aucune question, j'ignore votre nom. Je vous ai soigné pour une blessure à l'épaule consécutive à une chute de cheval et... je n'ai jamais rencontré Madame, une étrangère dont je ne parle pas la langue ! N'est-ce pas ainsi que les choses se sont passées ? dit le médecin avec un sourire entendu.

Blaise apprécia l'improvisation du praticien, largement honoré. Quand Trévotte se fut éclipsé, Charlotte ôta son chapeau et s'assit sur le bord du lit. Elle surprit Blaise par la tendre intensité de son regard, un regard bleu, embrasé par une foi païenne, où se lisaient ravissement et inquiétude, un regard qui inventoriait le visage de l'amant, parcourait ses traits, cherchait les stigmates de la longue absence. Il y avait un flot d'amour dans ces yeux-là. Blaise en fut submergé. De son bras valide, il attira Charlotte contre lui et l'embrassa longuement.

— Je vous retrouve enfin, murmura-t-elle entre deux baisers.

Le lendemain, Charlotte expliqua à Mathilde que son amie devait garder la chambre et qu'elle irait passer la journée à son chevet pour lui faire la lecture. Mlle Rudmeyer n'y vit aucun inconvénient et Blaise découvrit qu'on peut fort bien connaître les plaisirs de l'amour en ayant un bras en écharpe. Au bout de trois jours, les amants allèrent se promener au bord du lac dans le cabriolet de Charlotte. Blaise racontait ce qui était racontable de ses activités militaires, décrivait les mœurs du semblant de cour constitué autour du Premier consul et parlait du général Ribeyre comme d'un ami, d'un complice, toujours prêt à faciliter ses rencontres avec celle qu'il nommait « la belle Vaudoise ».

Dès les premières heures de leurs retrouvailles, Charlotte révéla qu'elle était devenue mère de deux enfants, sans faire allusion au regard bicolore d'Axel, qu'elle rajeunit de quelques mois afin de ne pas susciter chez Blaise le moindre doute quant à la paternité de M. Métaz.

— J'aurais aimé te donner un fils à l'œil vairon, différent de tous les autres garçons, dit Fontsalte avec désinvolture, sans voir que Charlotte se mordait les lèvres pour ne pas crier qu'elle connaissait déjà ce bonheur impie et impubliable !

C'est au cours de ce séjour, à l'occasion de conversations sérieuses avec sa maîtresse, mais aussi au contact du petit peuple vaudois, aubergiste, domestiques, pêcheurs, maraîchers venus vendre leurs légumes et leurs fruits au marché d'Ouchy, que Blaise comprit que l'histoire de la Suisse n'était pas aussi simple que les Français, les militaires surtout, semblaient le croire. Et cependant, au fil des siècles et après bien des vicissitudes, elle attestait de la vitalité d'un organisme civique original.

Pour ceux qui, comme Fontsalte, épousaient l'ambition de Bonaparte de voir, dans une Europe en paix, les princes et les républiques concourir sagement au progrès, à la prospérité et au bonheur de tous, en créant de nouveaux rapports fondés sur les principes de la Révolution française, adaptés aux mœurs nationales, l'Helvétie constituait un modèle. Depuis le pacte d'alliance conclu en août 1291 entre les représentants des trois vallées, Uri, Schwyz et Unterwald, qui avaient fait serment d'assistance mutuelle pour se protéger des ambitions territoriales des Habsbourg, beaucoup d'événements s'étaient déroulés entre lacs et montagnes, qui n'avaient pas empêché le développement de l'esprit confédéral. Malgré les invasions, les contrecoups des conflits européens, la chute du régime bernois, les rivalités entre paysans et citadins, les joutes politiques violentes, les affrontements idéologiques des unitaires et contre-révolutionnaires, plusieurs guerres civiles et de fréquentes contestations populaires ; malgré quatre langues différentes et deux religions concurrentes ; malgré des conceptions antithétiques, latine et germanique, de la vie, la Confédération helvétique, carrefour atavique des civilisations européennes, arrivait à maturité.

Dans tous les pays d'Europe, qui les avaient si souvent embauchés pour mener leurs guerres, les soldats suisses jouissaient d'un prestige tel qu'il incitait les nations au respect du mot neutralité, devenu synonyme de paix pour les Helvètes. A Morgarten contre les Habsbourg en 1315, puis contre les Bourguignons en 1476 et 1477 à Grandson, Morat et Nancy, les Suisses avaient fait la glorieuse démonstration d'un véritable engagement patriotique pour la défense d'une indéfinissable patrie !

Les Vaudois au parler lent, sachant le bon français mais usant fréquemment, par prudence ou courtoisie, de la litote, alors qu'ils savent le juste terme, passaient pour Blaise comme sages et mesurés. Et leur accent, peu marqué chez Charlotte, qui faisait chanter l'antépénultième syllabe de chaque mot, le charmait. Ce descendant des Arvernes et des Ségusiaves se sentait chez lui au pays de Vaud.

Quand, après une semaine, l'officier fut rétabli, vint, pour les amants, le moment de la séparation. Celle-ci fut tendre et raisonnable. Il promit d'être de retour avant trois mois ; elle s'engagea à écrire, sans espoir de réponse puisque la fâcherie avec Flora supprimait l'indispensable et confidentiel relais.

— Il faut tout de même trouver un moyen de correspondre, sinon, vous soupçonnerez encore je ne sais quel oubli ou trahison de ma part, dit l'officier.

— Je vais maintenant réfléchir à cela, car, lorsque je suis avec vous, j'ai l'esprit si troublé que je ne puis rien concevoir... que le bonheur de votre présence, avoua Charlotte.

Retenant ses larmes, elle regarda s'éloigner la berline derrière laquelle trottait le cheval de selle du colonel. Ce ne fut qu'un bref et léger chagrin. Le départ de Blaise ne pouvait en effet altérer la délectation secrète de Dorette. Elle venait de faire en quelques jours une ample provision de souvenirs : étreintes impétueuses, phrases et mots tendres, gestes, attitudes, sourires, regards de Blaise. Elle possédait de quoi reconstituer des heures de bonheur en rappelant les images imprimées dans sa mémoire. A l'heure du repas de midi, c'est en chantonnant qu'elle entra dans la salle à manger où l'attendait Mathilde.

— Ton amie est partie bien tôt ce matin, ma petite, tu dois être fatiguée. Toutes ces journées passées à la distraire, à la promener, ont dû être éprouvantes. Et dire qu'elle a quitté Lausanne sans que j'aie eu l'occasion de faire la connaissance de cette dame ! C'est bien dommage, observa sans acrimonie Mlle Rudmeyer.

— Elle se trouvait laide et comme défigurée par la maladie. Elle ne voulait pas se montrer dans le monde, ma tante. Vous ne pouvez lui tenir rigueur de cela. Si vous aviez vu sa maigreur, sa mine pâle, ses cheveux ternes, ses mains tremblantes...

— Et surtout ses moustaches, n'est-ce pas, surtout ses moustaches ! La maladie les avait, semble-t-il, rendues... tombantes !

Charlotte, qui portait une cuillerée de potage à sa bouche, fut si interloquée qu'elle répandit le bouillon sur sa robe.

— Mais... pourquoi dites-vous cela ? Je...

— Parce que ton amie malade n'a jamais existé et que ce beau Français au bras en écharpe — un militaire, cela se voit à sa dégaine — est sans aucun doute ton amant ! Il m'a suffi d'un regard pour le comprendre, tiens !

— Vous... vous... nous avez vus... à Ouchy ? bégaya Charlotte.

— J'aurais pu vous marcher sur les pieds que vous n'auriez pas

fait attention à moi. Je n'ai jamais croisé d'amoureux aussi béats !
Quelle imprudence, Charlotte, quelle folie !

Mme Métaz se mit à pleurer doucement.

— Tiens-toi devant les domestiques. Avale ton potage... et la
suite. Nous parlerons de cela plus tard, posément.

Au dessert — une cougnarde au vin cuit, à laquelle elle fit
honneur — Charlotte imagina Blaise traversant Nyon, dans sa
berline qui sentait le vieux cuir et le tabac, et se rassura. Mathilde
lui souriait affectueusement en constatant que l'adultère, découvert
et avoué, n'atténuait pas la gourmandise de sa nièce. La coupable,
interprétant cette attitude comme promesse d'indulgence, se dit
qu'une femme d'esprit, qui n'avait jamais approuvé son mariage
avec un huguenot trop fruste à son goût, ne réagirait pas en bigote
rigoriste. Sa tante, qui s'efforçait de mettre tant de poésie dans sa
propre vie quotidienne, et dont le passé sentimental restait un
mystère, admettrait-elle pour autant sa romance ? Elle n'avait pu
voir Blaise d'assez près pour remarquer le regard vairon qui lui eût
rappelé celui d'Axel. Elle ne pourrait condamner que l'infidélité,
sans en soupçonner les conséquences antérieures.

Un peu plus tard, Mlle Rudmeyer ayant invité sa nièce à
l'accompagner dans son boudoir, pièce où personne ne pénétrait,
voulut tout savoir des relations que Charlotte entretenait avec le
militaire aux belles moustaches. Avec sincérité et un grand désir de
clarté, Mme Métaz raconta ce qui s'était passé, depuis le mois de
mai 1800, entre elle et Blaise de Fontsalte. Elle faillit révéler que
l'officier était le père d'Axel, mais se retint par respect pour
Guillaume. En revanche, elle rapporta fidèlement la mésaventure
de Flora, espionne autrichienne, ce qui lui permit d'exalter la
clémence et la générosité de Blaise, « vrai gentilhomme et fier
soldat », et divulgua les raisons de sa fâcherie avec l'Italienne.

Mathilde se montra aussi compréhensive que Charlotte pouvait
le souhaiter.

— En somme, depuis trois ans, en pensées, en paroles, en actes,
et par lettres, tu fais ton mari cornard, ma petite. C'est bien clair,
n'est-ce pas ! Cela n'a rien que de très banal et, tant qu'il ne
l'apprend pas, nous restons dans le domaine de l'idylle galante. Il
ne faudrait pas que celle-ci tournât au drame ! Or, en visitant ce
monsieur à l'hôtel de l'Ancre, en entrant dans son lit au su des
servantes, en te promenant sans te cacher en cabriolet, en folâtrant
avec lui, main dans la main, sous les marronniers, tu as réuni tous
les éléments qui peuvent transformer une romance en tragédie. Le

hasard, qui m'a fait vous croiser à deux reprises, a pu en servir
d'autres, moins bien intentionnés.

— Mon Dieu, ma tante, je ne connais personne à Ouchy et j'ai
toujours rabattu les ailes de mon chapeau sous mon écharpe
quand...

— Pourvu que cette arlequinade soit passée inaperçue !

— Une seule chose m'importe, ma tante. Me condamnez-vous,
comme Flora ?

— Comment veux-tu que je te condamne ! Tu es autant ma fille
que celle de ta mère et j'ai, moi-même, trop souvent, dans le passé,
cédé à des passions déraisonnables pour te jeter la pierre. Ne crois
pas être la seule Vaudoise qui ait succombé au charme français !
Seulement, pour toi, l'aventure a pris une trop grande importance
dans ta vie. Une si grande place que tu cours le risque de provoquer
un scandale très préjudiciable à ta famille.

— Oh ! ma tante, c'est la seule chose que je redoute, mais cette
aventure, comme vous dites, m'a rendue..., me rend si heureuse !

— Je sais que ces diables de soudards, qui courent à la guerre
provoquer la mort comme ils vont sous le duvet caresser une
femme, ont un pouvoir de séduction quasi irrésistible pour celles
qui, comme nous, mènent des vies sans aléas. Mais, de là à donner
sa faiblesse en spectacle, il y a tout ce qui sépare le secret plaisir de
la faute publique, celle que l'on excuse de celle que l'on condamne,
la femme courtisée, qu'on envie, de la femme adultère, qu'on
fustige. La Baldini, pratique et, je crois, indifférente à l'amour,
n'avait peut-être pas tort de provoquer artificieusement l'oubli de
l'un par l'autre.

Charlotte avait séché ses yeux et retrouvé son calme. Quand elle
répliqua, ce fut d'un ton ferme et assuré :

— Rien ne pourra jamais me faire oublier Blaise, ma tante. Et
si, demain, par quelque aberration, ma mémoire se vidait, le
souvenir de Blaise de Fontsalte resterait fixé dans mon cœur et mon
esprit. Comprenez bien, ce qui m'est indispensable désormais, ce
n'est pas sa présence à mon côté, mais la certitude qu'un tel homme
existe et qu'il est passé dans ma vie. A cela, rien ne peut
m'empêcher de croire !

Mathilde fit signe à sa nièce de la rejoindre sur le lit de repos
capitonné où elle était assise, adossée à une montagne de coussins,
et l'étreignit tendrement.

— Personne mieux que moi ne peut comprendre cela, ma
Charlotte. Ne me prends pas pour un cœur sec et une femme sans

passé amoureux. J'ai toujours été secrète, ou plutôt contrainte au secret. Mais, aujourd'hui, tu m'as, si j'ose dire, rejointe. Jeune fille, j'ai cru aimer des hommes distingués, aux qualités certaines. Plusieurs ont demandé ma main à ton grand-père, car j'étais plutôt jolie, dit Mathilde en montrant, au mur, un pastel dans la manière de La Tour qui la représentait à l'âge de quinze ans.

Comme Charlotte allait faire un commentaire, sa tante lui mit la main sur la bouche et poursuivit :

— Je refusais alors de me laisser porter par les simples sentiments qui guident les filles à marier vers un époux. Je redoutais l'amour organisé dans le mariage, la banalité conjugale. Je voulais connaître la passion, sa volupté, sa folie, ses périls. Et, comme toi, je l'ai connue, me cachant. Je l'ai savourée, du rire aux larmes, mais je l'ai vécue en tremblant, car... mon amant était marié... à ma meilleure amie. Elle n'a jamais rien su, ni même soupçonné, et maintenant qu'il est mort, c'est sur ses lèvres à elle que je le fais vivre, en la forçant à me parler de lui ! Je te dis cela pour te prouver que je comprends ce que tu ressens aujourd'hui. Pour que tu saches aussi qu'aucun scrupule ne résiste à la passion et que les méfaits commis en son nom ne laissent aucun remords, conclut Mathilde d'une voix enrouée par l'émotion que lui causait cet aveu, jamais formulé.

Avec fougue, Charlotte embrassa sa tante. Toutes deux restèrent un moment enlacées, mêlant leurs larmes, puis Mlle Rudmeyer se dégagea des bras de sa nièce, lui sécha les yeux et, quittant le canapé, lui tendit la main, l'invitant à la suivre hors du boudoir aux souvenirs.

— Devant l'amour, toutes les femmes sont sœurs, dit-elle.

A l'heure du thé, Mathilde proposa son aide avec un air faussement sévère, qui fit sourire Charlotte.

— Si, à l'avenir, vous vous contentez, ton troubadour et toi, de pétrarquiser à distance, tu peux lui dire de t'écrire ici, sous double enveloppe. Mais ses lettres ne quitteront pas ma maison et c'est ici que tu en prendras connaissance. Et ne compte pas sur une complicité plus active si, d'aventure, il te rend encore visite. L'hospitalité a ses limites et, bien que je n'aie pas d'affection particulière pour Guillaume, je me dois de faire respecter sous mon toit l'honneur du mari de ma nièce.

Charlotte remercia affectueusement Mlle Rudmeyer et se dit qu'elle avait eu raison, pratiquant la restriction mentale, de taire la paternité de Blaise.

Deux jours plus tard, Mme Métaz retrouva, à Vevey, son fils, Axel, sa fille, Blandine, et Guillaume, qui fulminait contre une nouvelle interruption des transactions avec l'Angleterre et les entraves que la reprise du conflit allait susciter au commerce européen. Depuis la rupture de la paix d'Amiens, l'armée française avait occupé le Hanovre et, maintenant, la Royal Navy bloquait les ports français, retenait dans les ports anglais les vaisseaux marchands en partance pour la France, tandis que le gouvernement consulaire prohibait l'entrée des marchandises britanniques dans tous les ports d'Europe qu'il contrôlait. Dans le même temps, on avait arrêté et assigné à résidence les citoyens britanniques qui se trouvaient à Paris et dans les départements français.

La France avait officiellement déclaré la guerre le 25 juin et, dès le lendemain, Bonaparte avait entrepris, avec sa belle épouse, Joséphine, une tournée des villes du nord de la France et des grandes villes de Belgique, dont Gand et Bruxelles. Partout acclamé, il disait, rapportait la presse, qu'il se proposait de réunir, sur les côtes de la Manche, une puissante armée pour débarquer en Angleterre. Il envisageait même d'occuper Londres, de mettre le Parlement au pas et de s'emparer des banques afin d'en finir avec « cette nation de boutiquiers qui s'arrogent en Europe une importance qui ne leur appartient pas [1] ». Si le blocus, handicap des affaires, agaçait Guillaume, les projets belliqueux de Bonaparte inquiétaient Charlotte. Tous les prétextes lui étaient bons pour se rendre chez sa tante, à Lausanne, où devaient arriver les lettres du colonel de Fontsalte. La première qu'elle reçut, fin août, la rassura. Blaise ne s'occupait que d'organiser la chasse aux espions anglais, entre les embouchures de l'Escaut et de la Somme, sur la côte où se préparait la descente en Angleterre. Ces événements provoquaient les discussions habituelles lors des réunions du soir chez les Métaz. Si Blanchod, qui n'aimait guère les Anglais, admettait le désir des Français de donner une sévère leçon de modestie à ceux qui se voulaient maîtres des mers, Martin Chantenoz critiquait véhémentement Bonaparte.

— Nous avons là, croyez-moi, un futur dictateur. C'est un homme dur et ingrat. Avez-vous oublié comment est mort, au mois d'avril, au fort de Joux, dans le Jura, ce brave nègre de Toussaint Louverture, dont Bonaparte avait fait un général ? A Saint-Domingue, il s'était battu pour la France contre les Anglais et les

1. Walter Scott, *Vie de Napoléon,* tome V, Laurent frères, Bruxelles, 1827.

Espagnols. Sa seule faute fut de créer une république indépendante, afin de se débarrasser des planteurs esclavagistes qui, bien que français, se souciaient peu d'appliquer les généreux principes de la Révolution. Et puis cette façon qu'a eue Bonaparte de se faire nommer consul à vie ! Il aurait même voulu, dit-on, le pouvoir de désigner son successeur. C'est une ambition de monarque, ça !

— Le fait qu'il ait donné l'ordre à Mme de Staël « de s'éloigner d'au moins quarante lieues de Paris », c'est ce que rapporte le *Journal helvétique,* me mécontente bien davantage, observa le notaire Charles Ruty, qui avait toujours été un ardent défenseur de la liberté d'expression.

— Ainsi on la reverra à Coppet cet hiver. C'est une intelligence admirable et un excellent écrivain, dit Charlotte qui, sur les conseils de sa tante, venait de lire *Delphine.*

Par son ton neuf et parce que la passion amoureuse et les arcanes du cœur humain y étaient explorés sans honte ni hypocrisie, ce roman épistolaire avait apporté à Charlotte des raisons inédites de croire en son destin.

— Pff, pff, c'est une idéologue, doublée d'une libertine, voilà ce que c'est que cette femme, intervint Guillaume, qui n'avait jamais lu une ligne de la baronne.

— Cet éloignement de Mme de Staël est encore une marque d'ingratitude de la part de Bonaparte. Ne l'avait-elle pas nommé « le meilleur républicain de France, le plus libre des Français » ? cita ironiquement Chantenoz, qui tenait la dame de Coppet pour une femme avide de renommée.

Guillaume, se sentant épaulé par Martin, fit l'informé :

— On nous a dit, cet été à Paris, qu'elle est allée, autrefois, minauder sans succès devant le Premier consul, avec l'intention de lui en remontrer en politique. Comme il n'a voulu ni de la dame ni de ses conseils, elle s'est mise, depuis ce temps, à détester Bonaparte.

Pour agacer Charlotte, Martin Chantenoz renchérit :

— Cette candidate égérie éconduite s'est, pour se venger, servie de son amant, le fils de Juste Constant de Rebecque, de Lausanne, qui se fait appeler Benjamin Constant. Il était alors membre du Tribunat et, pour contrecarrer les projets du gouvernement consulaire, ce Lausannois et ses amis avaient fondé un parti modestement appelé Comité des Lumières. Cela ne leur réussit guère puisque Bonaparte fit éliminer du Tribunat les

zélateurs de Mme de Staël, qu'il nommait lui-même « métaphysiciens tous bons à jeter à l'eau », précisa le poète.

— Et je vous rappelle, mes amis, que cette ronde personne, aux
joues rouges comme pomme d'api, est la veuve d'un diplomate
suédois, le baron de Staël-Holstein, mort cocu comme il vécut, en
mai 1802, dans une auberge de Poligny, sur la route de Coppet,
pendant que les Bourla-Papey brûlaient les titres de rentes du père
Necker ! Alors, mon bon Ruty, pas de quoi s'apitoyer sur la fille
républicaine du dernier ministre des Finances de Louis XVI, qui a
bien fait sa pelote à Paris... et a su, lui, conserver sa tête ! Quant à
la mère de celle que la tante de Charlotte appelle « la châtelaine de
Coppet », nous l'avons tous connue. C'était la fille du pasteur
Curchod, de Crassier, un bien brave homme qui, lui, n'avait pas
des idées de grandeur !

Ce soir-là, après ces tirades masculines sur la conduite d'une
femme de lettres dont elle appréciait le talent de raconteuse et les
idées neuves, estimait l'intelligence et le courage, Mme Métaz, plus
que jamais, se sentit étrangère dans son milieu. Elle se compara,
avec profit, à la Lotte de Werther, la Julie de Saint-Preux, la
Virginie de Paul, auxquelles s'était ajoutée, depuis peu, la Delphine de Léonce. Face à ces héroïnes confinées dans les insatisfac-
tions de l'amour platonique, elle se voyait comme une femme
nouvelle.

En négligeant avec aplomb les conventions vaudoises, les préjugés bourgeois, les préceptes religieux, en allant jusqu'à la
consommation charnelle et au plaisir des sens, elle vivait sa passion,
sans scrupule ni remords, comme Mathilde Rudmeyer avouait
avoir vécu la sienne.

Avant de s'endormir, elle tira d'une petite boîte, gainée de soie
bleue, la pointe brisée du poignard qui avait failli tuer son amant.
Telle une prêtresse païenne présentant une offrande à Vénus, elle
éleva le morceau d'acier dans la clarté de la veilleuse et le baisa
avec la fervente dévotion réservée aux reliques.

6.

L'avènement de l'année 1804 fut salué par les Vaudois comme le seuil d'une ère nouvelle, chargée de promesses. Malgré le blocus partiel, préjudiciable aux échanges commerciaux, et la guerre rallumée entre la France et l'Angleterre, dont on pouvait craindre qu'elle embrasât, d'un jour à l'autre, une nouvelle fois l'Europe, la Confédération aux dix-neuf cantons connaissait la paix civile et le pays de Vaud espérait un retour de la prospérité.

Certains patriotes, moins obnubilés par les affaires que Guillaume Métaz, observaient avec raison que l'Acte de Médiation, si bénéfique qu'il parût aux Suisses enfermés entre lacs et montagnes, servait surtout Bonaparte. Ce dernier souhaitait maintenir la Confédération dans la situation d'un Etat satellite, dont le territoire serait ouvert à ses armées en cas de besoin et qui lui fournirait de bons soldats, les meilleurs, les plus braves et les plus fidèles d'Europe d'après lui. L'accord de 1803 n'avait restitué à l'Helvétie ni la principauté de Neuchâtel, dont Bonaparte entendait disposer à son gré, ni Genève, qui demeurait ville française, ni Mulhouse ni Bienne ni la Valteline ni le Valais, devenu république indépendante.

Les Vaudois, à l'esprit pratique, ont heureusement l'habitude de prendre les choses comme elles viennent et de résoudre les difficultés une par une et sans emballement. Pour l'instant, ils constataient que la démocratie représentative commençait à porter ses fruits. Sagement et intelligemment géré par un gouvernement — le Petit Conseil — composé d'hommes sûrs, probes et sincères, comme Henri Monod, Auguste Pidou, Jules Muret, Louis Duvillard, Abraham-Isaac Detrey, Louis Lambert, Jean-François Fayod, Pierre-Elie Bergier et Daniel-Emmanuel Couvreu, président de la municipalité de Vevey, le canton pouvait passer pour exemplaire aux yeux des hommes épris de liberté et doués d'un sens communautaire. La liquidation des droits féodaux, l'adoption d'un code correctionnel, l'acte d'*habeas corpus* fixant les conditions d'arrestation et de détention d'un citoyen coupable d'un délit ou d'un crime, la création d'un corps de juges de paix, chargés de superviser l'administration des communes, de veiller au respect des lois, de contrôler les registres d'état civil, de régler les contentieux civils et, aussi, de diriger les activités de la police judiciaire, constituaient, pour tous, un faisceau de garanties propres à exalter l'esprit civique. Dans un tel climat politique et social, le simple journalier, comme le bourgeois, se sentait à l'aise et assuré de la sécurité grâce à la gendarmerie cantonale créée l'année précédente. Avec l'organisation de l'instruction publique, projet auquel travaillait le Petit Conseil, le droit au savoir serait bientôt ouvert à tous les enfants.

Un après-midi de mai 1804, à l'heure du café, alors que les époux Métaz goûtaient, sur la terrasse de Rive-Reine, la première tiédeur du printemps, ils virent arriver Martin Chantenoz, gesticulant et effaré comme un messager de catastrophe.

— Je vous l'avais bien dit ! cria-t-il, dès qu'il fut à portée de voix.

Guillaume, qui somnolait, mains croisées sur l'estomac, sursauta.

— Quoi... Que se passe-t-il ?... Pourquoi brailler ainsi ?

— Tu vas réveiller Blandine, s'indigna Charlotte, en désignant la fenêtre de la chambre où l'enfant reposait.

Martin, un peu penaud, se laissa tomber dans un fauteuil d'osier, près de ses amis, et reprit plus calmement :

— Je vous l'avais dit, souvenez-vous, quand il se fit nommer consul à vie. Je vous avais dit : « Bonaparte a des ambitions de monarque »... Eh bien, voilà, c'est fait ! Il est empereur héréditaire depuis le 14 mai, ajouta-t-il en brandissant le *Journal helvétique* qu'il était toujours le premier à quérir, à l'arrivée du courrier de Lausanne.

— Quoi ! Montre ça, dit Guillaume en essayant de se saisir de la feuille.

Mais Chantenoz tint à détailler lui-même l'événement qui prouvait, estimait-il, la justesse de son intuition politique.

— D'après *le Moniteur*, de Paris, dont le journal résume les informations, c'est un ancien conventionnel, nommé Jean-François Curée — vous vous rendez compte, Curée! Quelle ironie... Un ancien ami de Robespierre! — qui a proposé aux membres du Tribunat de faire Bonaparte empereur. Et le Sénat « a jugé l'hérédité de la suprême magistrature nécessaire pour mettre le peuple français à l'abri des complots de ses ennemis et des agitations qui naîtraient d'ambitions rivales », lut Martin en se gaussant.

— Il ne faut pas oublier en effet qu'on a arrêté, il y a quelque temps, à Paris, un groupe de comploteurs, bien décidés à tuer le Premier consul. Il y avait, d'après ce que j'ai lu à l'époque, des royalistes venus d'Angleterre, des chouans commandés par Georges Cadoudal et le général Pichegru, qui s'est d'ailleurs suicidé dans sa cellule, rappela Guillaume.

— On a aussi parlé du général Moreau, mais tu sais bien que les dictateurs, pour asseoir leur pouvoir et faire craindre le chaos en cas de disparition, découvrent toujours des complots par-ci par-là. Au besoin, ils les organisent eux-mêmes, pour éliminer gêneurs et opposants. C'est une méthode vieille comme l'empire romain, commenta Chantenoz.

Il dut cependant reconnaître que les comploteurs avaient avoué leurs intentions homicides après avoir été trahis par deux des leurs.

— D'après le journal, le procès de quarante-sept conjurés, parmi lesquels figurent Cadoudal, qui a tué un policier, père de famille, lors de son arrestation, le général Moreau, le marquis de Rivière, le prince Jules de Polignac, est en cours, précisa Guillaume.

— Ils auront peut-être plus de chance que le pauvre duc d'Enghien qui, enlevé le 15 mars par des dragons, à Ettenheim, près de la frontière française, mais sur les terres du margrave de Bade, a été fusillé à Vincennes le 21 mars, après un jugement qui scandalise par sa célérité. Et ce le jour où l'on publiait, à Paris, le Code civil, conçu par Bonaparte soi-même! D'ailleurs, M. de Chateaubriand, qui avait été nommé en janvier ministre de France auprès du gouvernement du Valais et que nous comptions bien avoir l'occasion de saluer lors de son passage à Vevey, a aussitôt démissionné, grogna Chantenoz.

La perspective de voir, comme l'indiquait la presse, le gouvernement de la République confié à un seul homme « qui prenait le titre d'empereur des Français », si elle inquiétait Chantenoz, ne choquait pas M. Métaz. Guillaume trouvait Bonaparte encore plus habile manœuvrier depuis que le Premier consul et futur empereur avait vendu aux Etats-Unis, pour dix-huit millions de dollars-or, cette colonie de la Louisiane que la France eût été bien incapable de défendre et de conserver. Grand général sur les champs de bataille, administrateur méthodique, juriste imaginatif, diplomate rusé, Bonaparte apparaissait de surcroît, aux yeux du Vaudois, comme un homme d'affaires habile.

Quant à Charlotte, elle ne cherchait qu'à imaginer quelle influence pourrait avoir ce changement de régime sur la carrière de Blaise de Fontsalte. Elle estima, après réflexion, qu'il ne pourrait qu'être bénéfique à son amant. Le colonel ne lui confiait-il pas, dans sa dernière lettre, qu'il avait été reçu l'un des premiers dans la Légion d'honneur, ordre créé par le Premier consul pour récompenser les braves soldats et les meilleurs serviteurs civils de l'Etat. La première série de nominations, réservée aux titulaires d'armes d'honneur — Blaise avait reçu un sabre à Marengo — datait du 24 septembre 1803.

L'émotion provoquée dans le pays de Vaud par la métamorphose de Bonaparte, Premier consul, en Napoléon Ier, empereur des Français, retomba en quelques jours. Il n'est pas dans le tempérament vaudois de s'immiscer dans les affaires des étrangers et encore moins de juger du bien-fondé de leurs décisions ou de faire des pronostics sur les conséquences éventuelles de celles-ci. Seuls les intellectuels du type Chantenoz, que passionnait le sort de l'Europe, les membres des Grand et Petit Conseils, responsables des destinées du canton, évoquaient, généralement à l'occasion d'un événement, la mutation de la République française en empire héréditaire.

La condamnation à mort et l'exécution, le 25 juin à Paris, de Georges Cadoudal et de onze conjurés n'étonnèrent personne. La presse, qui avait rapporté les aveux sans fard du chef chouan, livra aussi à la curiosité morbide du peuple les derniers mots désabusés du condamné, alors qu'il montait à l'échafaud : « Nous voulions faire un roi, nous faisons un empereur ! »

Guillaume reconnut, une fois de plus, que son ami Chantenoz disait juste quand il parlait de l'utilité des complots pour assurer l'autorité des dictateurs, soucieux de procéder avec un semblant de légalité ! Quand, un peu plus tard, on apprit dans le cercle des Métaz que la peine du général Moreau, l'ancien commandant de l'armée du Rhin et d'Helvétie, condamné à deux ans de prison, était commuée en bannissement aux Etats-Unis, Chantenoz proclama que c'était là une belle erreur des juges.

— Bonaparte, ou plutôt Napoléon, comme on doit dire maintenant, le retrouvera un jour en face de lui ! Seuls les morts ne trahissent pas !

Alors que personne ne s'y attendait, Charlotte intervint ce jour-là, avec une véhémence inhabituelle, pour regretter que ce général félon n'ait pas eu la tête tranchée comme Cadoudal.

— Bigre, tu lui en veux, à cet homme ! Peut-on savoir pourquoi ? interrogea Martin.

— Eh bien, parce qu'il a... parce qu'il... ne doit pas y avoir deux poids et deux mesures, voilà, c'est tout, répondit-elle, un peu confuse.

Personne ne pouvait deviner que la politique de Mme Métaz était faite par son amant français. Elle tenait en effet de Blaise que Moreau, opposant envieux de Bonaparte, déjà surveillé par le service des Affaires secrètes, s'était, un soir, moqué ouvertement des membres de la Légion d'honneur, en faisant son cuisinier « grand chevalier de la casserole ».

Axel, bien qu'âgé seulement de trois ans et demi, était toujours, sans qu'on s'en rendît compte, attentif aux propos des grandes personnes, quand le cercle des Métaz se rassemblait, sous les platanes de la terrasse, à la fin de l'après-midi. Souvent, un mot entendu suscitait la curiosité de l'enfant et provoquait ce que Chantenoz appelait des « questions gigognes » parce que chacune des interrogations d'Axel en cachait une série d'autres, comme la jupe de *Dame Gigogne* dissimulait une foule d'enfants. Fin septembre, alors que Blanchod commentait devant ses amis l'étonnante ascension en ballon de Louis-Joseph Gay-Lussac, que tous les journaux rapportaient, Axel, entendant le mot ballon, s'était rapproché du groupe.

— Le savant a atteint l'altitude de 7 016 mètres. Personne avant lui n'est monté en ballon aussi haut dans l'atmosphère. C'est un exploit, expliqua le vigneron.

— Où qu'il est, ce ballon du monsieur, parrain Simon ? demanda Axel.

— Oh ! il est loin ! Et puis c'est pas un ballon pour jouer, c'est un gros gros ballon, qui se gonfle et qui emporte les savants dans le ciel, très très haut.

— Comme un oiseau, alors, comme l'aigle qui vient de la montagne, le soir, alors ?

— Oui, c'est ça. C'est un ballon qui monte comme l'aigle.

— Et, quand il est bien monté, le ballon, il redescend avec le monsieur ?

— Oui, le ballon descend doucement et arrive par terre, comme ton ballon à toi, dit Blanchod.

— Je voudrais bien un ballon comme ça !

— Un jour, peut-être, quand tu seras grand, tu trouveras un savant qui voudra bien t'emmener dans son ballon.

— Un savant ou un militaire, car on a soumis à Bonaparte, pour la descente en Angleterre, le projet d'un certain Jean-Charles Thilorier, qui se propose de construire des montgolfières capables d'emporter trois mille hommes au-dessus de la Manche ! L'idée d'un fou !

— J'aimerais bien avoir un ballon qui vole. Je le ferais voler sur le lac, dit Axel qui, poursuivant son idée, s'exprimait avec lenteur mais netteté.

Deux jours plus tard, Polline et Pernette, nourrice de Blandine, inquiètes de ne pas voir l'enfant jouer sur la terrasse, se mirent à sa recherche. Elle le trouvèrent, perché au faîte d'une échelle appuyée contre le mur de l'écurie, sous la porte du fenil, par laquelle les palefreniers rentraient le fourrage des chevaux. Axel, assis sur le seuil étroit et sans forjet, tenait son ballon à deux mains. Polline eut assez de présence d'esprit pour ne pas troubler l'enfant par une brutale remontrance.

— Que fais-tu là-haut, mon Axou ? dit-elle, employant le diminutif familier que Guillaume donnait à son fils.

— Je vais voler avec mon ballon, tu vas voir, lança gaiement Axel qui, se dressant en équilibre sur le dernier barreau de l'échelle, se préparait à sauter dans le vide.

— Il va se rompre le cou sur les pavés ! Dieu juste, qu'est-ce qu'il faut faire ! se lamenta Pernette.

— Faut surtout pas lui faire peur, dit Polline, les dents serrées. Tu vas passer par l'escalier, monter dans la grange et venir sans bruit jusqu'à la porte et tu attraperas le petit...

Puis, levant la tête vers l'enfant, elle l'invita à patienter.

— Faut d'abord voir s'il y a du vent. Sans vent, ton ballon volera pas.

— Mais quand y aura du vent ?

— Bientôt, tu as qu'à attendre une couple de minutes, la vaudaire va souffler, tu vas voir, attends... et ne te penche pas trop !

Le sang-froid de la vieille Polline fut récompensé quand elle vit Pernette apparaître à genoux derrière Axel, saisir l'enfant à bras-le-corps et rentrer avec lui dans la grange en poussant un « Ça y est, je le tiens! » qui en disait long sur son émotion. Seul le ballon, lâché par Axel, vint rebondir sur les pavés de la cour. Polline le ramassa et, comme Pernette la rejoignait, tenant par la main l'enfant penaud et renfrogné, la vieille bonne des Métaz invita sa jeune compagne à prendre à la cuisine « un verraston[1] de fendant pour passer la frayeur ».

D'un commun accord, les deux femmes donnèrent aux parents d'Axel une version édulcorée de l'événement, qui aurait pu se terminer de façon tragique. Guillaume, qui craignait que son fils ne renouvelât sa tentative icarienne, convoqua le palefrenier.

— Je veux plus voir une échelle de poueinte[2] contre un mur, pour pas que mon garçon ait encore envie de s'aguiller[3]. Et tu me mettras un péclet[4] à la porte de la grange.

— Bin sû, approuva le brave homme, qui comprenait mieux le patois vaudois que le français.

Depuis la fâcherie de Charlotte avec Flora Baldini, cette dernière ne faisait plus à Rive-Reine que de rares apparitions, ce qui amena tout naturellement Guillaume à s'en étonner un soir, devant les habitués de sa maison.

— Quelle mouche a donc piqué ton amie Flora? On ne la voit plus guère et, quand elle vient voir son filleul, c'est tout juste si elle dit trois paroles.

— Elle a été très occupée pendant l'absence de Tignasse. Elle devait, toute la journée, tenir l'épicerie et, le soir, faire les comptes, préparer les commandes. Crois-moi, ce sont des occupations pour une femme comme Flora, qui n'est pas habituée au commerce, expliqua Charlotte.

— Je comprends qu'elle se soit peu montrée pendant que sa sœur était à Rome avec Julien, mais, maintenant que Tignasse est de retour, la belle Flora pourrait nous honorer de sa visite et de ses emportements. Je suis certain que le prochain couronnement de l'empereur Napoléon Ier doit lui inspirer de belles

1. Un petit verre.
2. Debout.
3. Se percher.
4. Dans le canton de Vaud : serrure.

diatribes contre celui qu'elle a toujours nommé l'usurpateur, dit Chantenoz.

— Sans compter que, si le pape fait le déplacement de Rome à Paris, comme le donnent à entendre les journaux, peut-être qu'il viendra avec sa garde pontificale et que le gars Julien sera du voyage, ajouta Blanchod.

— Se faire sacrer par le pape est la façon qu'ont les usurpateurs de fonder une dynastie. Pépin le Bref n'a pas agi autrement. Il s'est même fait sacrer deux fois, par deux papes différents, pour faire bonne mesure ! Bonaparte ne manquera pas à la tradition ! ironisa Martin.

Bien que la conversation ait dérivé, Charlotte sentit que le refroidissement de ses relations avec Flora commençait à intriguer son mari et ses amis. Elle décida que la brouille avait assez duré et que le temps de la réconciliation était venu. Elle choisit pour renouer avec Flora le jour où, à La Tour-de-Peilz, se réunissaient les dames d'œuvres pour préparer la distribution du pain des veuves, coutume instituée depuis 1614 et maintenue depuis près de deux siècles. La distribution avait toujours lieu en mars, le jour de l'Annonciation, mais on commençait plusieurs mois à l'avance le recensement des futures bénéficiaires, les veuves de l'année remplaçant les veuves disparues depuis la distribution précédente. Chaque femme privée de mari recevait une michette d'une livre de pain blanc, cuit par les boulangers de La Tour-de-Peilz. Les dames d'œuvres y ajoutaient le plus souvent quelques friandises, qu'elles offraient au moment de leur visite aux veuves. Mme Métaz, propriétaire par héritage de terres sur la commune de La Tour-de-Peilz, se devait, en tant que bourgeoise veveysanne, de participer à une entreprise charitable à laquelle les sœurs Baldini se dévouaient depuis toujours.

A l'issue du comité, Charlotte prit Flora par le bras et l'attira à l'écart.

— Sais-tu que je souffre beaucoup de ne plus te voir comme autrefois, Flora ? Je veux te dire que mon amitié pour toi est intacte. J'ai oublié ce que tu as fait, en croyant bien agir, pour me séparer de Blaise. Si tu veux bien oublier, comme moi...

Flora se jeta au cou de son amie, en sanglotant. Charlotte l'étreignit tendrement, lui caressa les cheveux et réussit à l'apaiser. Quand elle put enfin s'exprimer, Flora avoua qu'elle avait à demi perdu le sommeil, depuis le jour de la rupture.

— J'ai souffert plus que toi de notre éloignement, car moi, je n'ai personne à qui me confier, ni famille ni amis. Ta maison est la seule où je me sente heureuse, au milieu des tiens...

— Martin t'aime bien, tu sais, et Blanchod aussi. Il n'y a pas longtemps, on demandait de tes nouvelles. Alors, il te faut revenir à Rive-Reine. Et je ne t'ennuierai plus avec mon courrier caché, j'ai trouvé un autre moyen pour correspondre avec Blaise.

— Ah! tu as trouvé un autre moyen, murmura Flora, un peu déçue.

— Oui. Comme ça, tu n'auras plus à raconter de mensonges à ta sœur.

— De ton nouveau moyen, es-tu bien sûre? Ne crains-tu pas une indiscrétion? Je tremble pour toi, Carlotta, et, tu sais, je suis prête à reprendre mon service de poste, si tu veux.

— Nous verrons. Si cela est nécessaire, tu sais bien que c'est à toi que je ferai appel.

De ce jour, les visites de Flora Baldini à Rive-Reine reprirent et, en octobre, lors du souper des vendanges, les deux amies participèrent avec entrain à la grande ronde du picoulet emmenée par le pasteur et chantèrent comme tous les invités de Guillaume:

Et voici comme l'on danse notre charmant picoulet,
Et du doigt, du doigt, du doigt,
Et des deux doigts,
Et de la main...

L'énumération de toutes les parties du corps se terminant par le cœur, Charlotte fit mine de lancer le sien vers Flora.

Chantenoz ne dansait pas, buvant et fumant sa pipe, tout en suivant les évolutions des danseurs. Le vin rendant audacieux et lyrique, il se pencha vers Mlle Rudmeyer, venue pour la première fois assister à la fête.

— Voyez, voyez ces belles femmes: une blonde aux yeux bleus, lumineuse, inaccessible comme le soleil, une brune ténébreuse, jolie sorcière à l'œil incandescent...

— Mais peut-être pas inaccessible, coupa malicieusement Mathilde.

Elle connaissait depuis longtemps les sentiments de Martin pour Charlotte mais savait aussi, par cette dernière, que Flora se défendait mal d'un penchant inavoué pour le poète.

— Ah! Je vous vois venir, tante marieuse!

— Pas du tout, mon petit Martin, mais ce qui est fait est fait et un homme de votre savoir et de votre sensibilité ne doit pas se cramponner à... de vieilles lunes.

— Les vieilles lunes, on les brise pour en faire des étoiles, dit le proverbe. Mademoiselle, j'ai une constellation dans le cœur et vous connaissez son nom !

Mathilde Rudmeyer posa une main affectueuse sur l'avant-bras de Martin Chantenoz. S'il avait épousé Charlotte, elle l'eût aimé comme un fils.

Sa tendre complicité avec Flora étant restaurée, Mme Métaz retrouva l'auditrice qu'elle avait un moment perdue et put, à nouveau, prononcer le nom de Blaise de Fontsalte, rappeler son souvenir, commenter le contenu de ses lettres. Libre de se rendre deux ou trois fois par mois chez sa tante, elle n'y trouvait pas toujours un envoi de son amant lointain, mais elle prenait copie, dans un gros cahier, de tout ou partie de chaque message reçu, afin de s'en repaître à Vevey, en compagnie de l'amie, promue gardienne d'un recueil qui ne pouvait entrer à Rive-Reine. Entre la curiosité de Mathilde, heureusement plus intéressée par les informations politiques et mondaines, dont l'officier meublait sa correspondance, que par les tirades amoureuses de l'amant de sa nièce, et la patience avec laquelle Flora écoutait chanter les louanges de l'absent, Fontsalte acquit, au fil des mois, une proximité factice, la nature épique et généreuse d'un paladin de fiction. Le péché d'adultère de Charlotte s'en trouva comme désincarné, réduit en souvenirs et en mots.

— La chair s'est faite verbe, commenta Flora, caustique, un soir de décembre 1804 où Charlotte s'était montrée particulièrement prolixe après avoir reçu une longue lettre du colonel racontant le sacre de Napoléon Ier.

Fontsalte n'avait pu donner autant de détails dans sa missive que *le Messager boiteux* en rapporta à ses lecteurs veveysans. La cérémonie avait eu lieu à Notre-Dame, le 2 décembre, en présence du Sénat, du Tribunat, du corps diplomatique, « de fonctionnaires appelés de tout l'Empire », de députations militaires, d'une foule de dignitaires constituant la cour de l'empereur. Tout ce monde avait défilé des Tuileries à la cathédrale derrière le carrosse impérial « précédé par huit escadrons de cuirassiers et de chasseurs de la garde entremêlés de Mamelucks ». Le journaliste, ébloui par le luxe du cortège, racontait : « Il serait difficile de donner une idée de la beauté de cette pompe, tous ces divers équipages rivalisaient de richesse et d'élégance, tant pour les formes et les ornements que pour les attelages, le nombre de gens, la beauté, la propreté et la variété des livrées. On aura une idée de l'espace que ce cortège occupait et du nombre dont il était formé, en faisant remarquer qu'une heure et demie suffisait à peine pour le voir passer. Arrivé à l'Archevêché, l'Empereur y est descendu pour se revêtir des ornements impériaux. De là, il s'est rendu à l'église, entouré de grands officiers et précédé de l'Impératrice parée du manteau impérial et escortée des Princesses et des Dames d'honneur. »

Quant au sacre proprement dit, *le Messager* le résumait en ces termes : « Les prières accoutumées ayant été récitées, LL. MM. se sont rendues au pied de l'autel pour y recevoir l'onction sainte, que le souverain Pontife leur a faite sur la tête et sur les deux mains.

» Après cela, Sa Sainteté a béni les couronnes, les manteaux, les anneaux. Après ces bénédictions LL. MM. se sont retournées au pied de l'autel, entourées des grands officiers de l'Empire. L'Empereur a reçu alors l'anneau, l'épée, le manteau, la main de justice, le sceptre et la couronne. L'Impératrice a reçu l'anneau, le manteau et la couronne, cette dernière lui a été remise par S. M.

» L'Empereur s'étant assis, le Pape a récité une prière, a baisé l'Empereur sur la joue et se tournant vers les assistants a prononcé les paroles suivantes : *Vivat Imperator in aeternum* et les assistants ont répondu *Vivent l'Empereur et l'Impératrice !*[1] »

Le journaliste suisse commentait ensuite trois journées et nuits de festivités et réjouissances populaires, défilés, distribution de médailles, concerts, bals, feu d'artifice, mâts de cocagne, retraite aux flambeaux, et concluait par la distribution, au Champ-de-Mars, des aigles et des drapeaux aux différents régiments. Invités par Napoléon Ier à suivre, jusqu'à la mort, ces emblèmes, points de ralliement, « partout où votre Empereur le jugera nécessaire pour la défense de son trône et de son peuple », les militaires avaient prêté serment avec enthousiasme.

— Ce que notre cher almanach ne dit pas, et que nous avons appris depuis, commenta Martin Chantenoz, qui avait d'autres lectures, c'est que Bonaparte s'est couronné de ses propres mains afin, a-t-on dit, de montrer qu'il ne tenait sa majesté que de lui-même et pour prouver au peuple l'indépendance du pouvoir temporel par rapport au spirituel. Ainsi, tout le monde fut satisfait, les laïques comme les catholiques, les monarchistes comme les

---

1. *Le Véritable Messager boiteux de Berne et de Vevey*, almanach romand, année 1806.

républicains, les militaires comme les civils. Et Flora, la papiste, ne peut plus, aujourd'hui, se déclarer ennemie jurée d'un empereur oint par son pape et reconnu souverain par « la grâce de Dieu » !

L'interpellée, aussitôt, s'insurgea :

— Pie VII a été obligé de se prêter à ce simulacre de sacre, à cette apostasie, comme disent les royalistes, et c'est pourquoi il n'a béni que les insignes des monarques, a refusé de poser lui-même la couronne sur la tête de l'usurpateur et qu'il s'est esbigné pour ne pas entendre cet empereur de pacotille jurer qu'il ferait respecter la liberté de tous les cultes, ce qui met les usuriers juifs et les Turcs au même rang que les chrétiens ! Voilà ce qu'il faut savoir, Martin ! Et moi, je tiens cela de mon beau-frère, Julien Mandoz, qui le tient du commandant de la garde pontificale, Charles Pfyffer d'Altishofen, de Lucerne. Tout le Vatican a été au courant des tractations difficiles entre le cardinal Consalvi, secrétaire d'Etat, négociateur du Concordat, et l'oncle de Bonaparte, ce Joseph Fesch, ancien garde-magasin enrichi dans la fourniture aux armées, dont l'usurpateur a fait un cardinal !

— Allons, allons, Pie VII et Bonaparte se valent. Ce sont deux malins qui ont conclu une affaire. En échange de l'onction, le Corse a garanti la sécurité des Etats pontificaux, a rendu au pape le duché d'Urbino, a autorisé la fondation de séminaires et a donné vingt millions pour payer les curés ! fit observer Blanchod.

Guillaume Métaz, qui voyait dans la fondation de la nouvelle dynastie impériale un gage de stabilité dans les institutions françaises et, par voie de conséquence, une vraie tranquillité pour la Suisse, intervint :

— A vous entendre, on croirait que Bonaparte a forcé la main des Français, catholiques ou autres. Vous oubliez qu'il y a eu, l'an dernier, un plébiscite et que plus de trois millions et demi de votants ont approuvé la fondation d'un empire héréditaire, contre moins de trois mille qui entendaient s'y opposer. Que cela plaise ou non, le nouvel empereur tient sa légitimité du peuple, ce dont ne peut se vanter aucun des monarques qui règnent en Europe. Et puis il n'a fait que ramasser la couronne et le sceptre que les Bourbons ont laissés tomber !

— Guillaume parle juste, concéda Chantenoz, et je pardonnerai tout à ce condottiere génial s'il parvient à libérer les peuples encore soumis à la tyrannie des princes et à construire une Europe paisible et prospère, où tous les hommes se sentiront libres et responsables de leur destin. Car l'Europe est, peut-être, la terre natale d'une nouvelle civilisation.

— Le colonel Antoine-Henri Jomini, de Payerne, aide de camp de Ney, et très apprécié de Bonaparte depuis la publication d'un certain traité de stratégie, était récemment de passage dans sa famille. Il a dit à l'un de ses parents, qui me l'a répété pas plus tard qu'hier, qu'une des grandes pensées de Bonaparte est, justement, d'aider à l'agglomération des peuples d'Europe, unis par la langue et la culture, que les invasions, guerres et conquêtes ont morcelés, puis de fonder avec ces nations une grande confédération européenne, un peu à l'exemple de la nôtre. Après tout, nous avons bien fini par nous mettre d'accord, entre gens qui ne parlent pas la même langue, qui n'ont pas la même religion, entre citadins et paysans. Pour l'Europe, cela doit arriver par la force des choses et mieux vaut l'organiser que le subir.

— On dit aussi que Napoléon voit plutôt l'Europe comme un ensemble homogène, qui rappellerait l'empire romain ou celui de Charlemagne, risqua Charlotte, qui ne faisait que citer Blaise de Fontsalte, Européen convaincu.

— D'ailleurs, renchérit son mari, il veut que les grandes écoles françaises, l'Ecole polytechnique entre autres, soient ouvertes aux étrangers et non réservées aux seuls Français. Un des ingénieurs de la route du Simplon dit que Napoléon veut y voir des Suisses et des Italiens, « afin de répandre une plus grande masse de lumières en Europe », ce sont ses propres mots. Ce même ingénieur des Ponts et Chaussées m'a dit que parmi les projets routiers du gouvernement figure la création de grandes routes, qui relieraient les capitales de l'Europe. Celle de Milan et Rome, par le Simplon, en est une et fort belle, croyez-moi, car je l'ai vue, mais d'autres sont en projet, allant de Paris vers Bruxelles et Amsterdam, vers Brême et Hambourg et, même, jusqu'à Varsovie...

Simon Blanchod, agacé, coupa son ami :

— Il voit bien grand, cet homme, c'est un vrai César, mais il est comme les autres, il veut faire ceci et cela et tout et puis, un jour, patatras...

— C'est là que tu te trompes, Simon. Ce n'est pas un homme ordinaire, mortel, certes, comme nous tous, soumis à la faim, à la soif, aux désirs, aux passions, mais qui a reçu du ciel, je dis du ciel pour vous faire plaisir à tous, mais c'est peut-être, tout simplement, de la nature, une intelligence d'une extraordinaire puissance, un esprit qui enchaîne analyse et synthèse, avec une déconcertante rapidité, et qui possède, de plus, une volonté de fer. Ses admirateurs affirment que se trouvent rassemblées en lui, et au plus haut degré, toutes les capacités de la nature humaine. Et moi, qui déteste les autocrates, je crois cela. Je vois à Napoléon le plus grand destin depuis Alexandre, dit Chantenoz, avec un sérieux qui impressionna ses amis.

Guillaume Métaz approuva son ami d'un hochement de tête, tandis que Flora Baldini levait les yeux au plafond.

— Cependant, un fait, un signe, plutôt passé inaperçu du commun des mortels, me paraît inquiétant, reprit Martin.

— Quoi donc ? demandèrent en chœur Charlotte et Flora.

Connaissant la propension de Martin à interpréter de manière pittoresque, et souvent extravagante, les événements les plus banals, elles subodoraient une histoire distrayante.

— Eh bien, voilà. L'aérostier Jacques Garnerin, qui, en 1797, sauta à mille mètres d'altitude de son ballon, dans une espèce de tonneau attaché à une sorte de grand parapluie par des cordes, engin qu'il a appelé parachute, et qui lui permit d'atteindre sans dommage le sol, dans le parc des Mousseaux, à Paris, avait fabriqué, pour le sacre de l'empereur, un ballon particulier. Pavoisé comme une frégate, il portait des aigles et la couronne impériale, peintes sur ses flancs, et était illuminé par trois mille morceaux de verre coloré. Aussitôt après le sacre, cet aérostat libre fut lâché du parvis de Notre-Dame et s'éleva au-dessus de la foule béate, comme pour faire savoir aux nuages que désormais un empereur régnait sur la France. Eh bien, savez-vous où ce ballon, poussé par les vents, est allé atterrir ? A Rome. Oui, à Rome, mais pas n'importe où à Rome..., sur le tombeau de Néron, dont il a brisé la couronne !

L'assistance émit une série d'exclamations, qui encouragèrent Martin. Seul Simon Blanchod mit en doute la véracité de l'anecdote.

— Tu inventes, poète, tu abuses de ton savoir pour nous mener... en ballon !

Chantenoz négligea cette protestation.

— Eh, eh ! Quel signe, quelle menace du destin, adressée, dès le premier jour de son règne, à Napoléon ! Tous ces symboles, mis en train par ce que nous nommons stupidement le hasard ! Rome, où est le pape, Néron, le tombeau, la couronne brisée. Hein ! Cela a quelque chose d'effrayant, n'est-ce pas ? Faut-il imaginer une similitude de destins entre le Romain et le Français ? Souvenez-vous du règne de Néron, qui commença de manière sage et bienfaisante, grâce à Sénèque, se poursuivit dans la prodigalité, la débauche, la concussion, déboucha sur la terreur et s'acheva par un suicide, quand l'empereur, déclaré ennemi public, se fit trancher la gorge par un esclave affranchi !

Le cercle des Métaz goûtait ce genre d'histoire que le conteur Chantenoz rendait assez vivante pour que les auditeurs soient le plus souvent incapables de démêler le vrai du faux. Tandis que Charlotte se promettait mentalement de demander confirmation à Fontsalte de l'atterrissage à Rome du ballon de Garnerin, Guillaume déboucha une bouteille de saint-saphorin.

Quand, à la fin du printemps 1805, Mme Métaz revit Blaise de Fontsalte, elle avait depuis longtemps oublié l'odyssée du ballon de Garnerin. Cette fois-ci, elle avait été prévenue plusieurs semaines à l'avance de l'arrivée de son amant. Blaise lui avait écrit de Lyon, où il était arrivé, le 10 avril, avec le général Ribeyre. Pour des raisons évidentes de sécurité, plusieurs officiers des Affaires secrètes accompagnaient Leurs Majestés Impériales en route pour Milan, où Napoléon Ier devait être couronné roi d'Italie le 26 mai.

Dans sa lettre, Blaise annonçait qu'il serait chargé, après les cérémonies milanaises, d'escorter jusqu'à l'hospice du Grand-Saint-Bernard les restes de Desaix que les moines avaient accepté de garder. Cette mission accomplie, il ferait halte à l'auberge du Cerf, à Villeneuve, où il comptait trouver « un message de Dorette et l'autorisation de venir jusqu'à Vevey pour la revoir », car, affirmait-il, « je pense souvent à vous, ce qui me met le feu dans le sang ». Dès réception de cette bonne nouvelle, Charlotte commença avec Flora, désormais résignée, à faire des plans pour profiter au mieux du séjour de son amant.

En cette fin de printemps, Blaise trottait sur les routes, en avant du convoi impérial, pour s'assurer que les agents de son service n'avaient commis aucune négligence, car on craignait toujours que les royalistes profitent des longs déplacements de l'empereur pour perpétrer des attentats.

Le couple impérial, après avoir passé cinq jours à recevoir les hommages des Lyonnais, s'était mis en route le 15 avril, pour passer en Italie par la Maurienne. Après des étapes à Turin et Asti, le convoi était arrivé à Milan où, dans la cathédrale tendue de gaze et de crêpe, en présence d'une foule de dignitaires italiens et de sept maréchaux français, Napoléon avait reçu, des mains du cardinal Caprara, la couronne de fer des rois lombards. Cette pièce d'orfèvrerie byzantine du vi[e] siècle était constituée d'un cercle de fer, tiré de la fonte des caboches qui avaient servi à enclouer le Christ sur la croix et couvert d'un large bandeau d'or orné d'émaux. On avait dû envoyer une escorte prendre à Monza, où elle était conservée, la précieuse relique. « Dieu me la donne, gare à qui la touche », avait dit l'empereur, répétant la formule traditionnelle avant de désigner comme vice-roi d'Italie le fils de Joséphine, Eugène de Beauharnais, ancien commandant de la Garde des consuls.

La cérémonie, répétition de celle qui avait eu lieu à Notre-Dame six mois plus tôt, n'eût été que mise en scène si elle n'avait concrétisé l'annexion à l'empire du Piémont, de la Toscane et celle de la République ligurienne dont Napoléon avait, aussitôt, fait trois départements, sur le modèle français.

Le 15 juin, le colonel Fontsalte revit, non sans émotion, le village de Marengo que Bonaparte avait voulu montrer à Joséphine et à sa suite, avant de commémorer, sur les lieux mêmes où elle s'était produite, la mort de son ami Desaix. Cinq années avaient passé, mais le souvenir du grand soldat restait intact et, pour honorer sa mémoire, l'empereur avait demandé à Dominique Vivant Denon d'organiser une fête funèbre et un simulacre de l'assaut au cours duquel le héros avait péri. Tous les officiers généraux ayant commandé au feu assistèrent à cette journée de deuil fervent et de triste gloire.

Quittant le convoi impérial, qui rentrait en France par la nouvelle route du Simplon, Blaise de Fontsalte suivit Alexandre Berthier, ancien commandant en chef de l'armée d'Italie, devenu maréchal d'empire le 18 mai 1804. Napoléon avait chargé ce fameux capitaine de conduire à l'hospice du Grand-Saint-Bernard les restes de Desaix et de représenter l'empereur lors de la mise au tombeau. Escorté des généraux Menou et Bertholan et d'un détachement du 23e régiment de chasseurs à cheval, le maréchal se rendit chez les moines de San Angelo pour y recueillir la dépouille du général.

En se penchant sur le cercueil de plomb, dans lequel avait été ménagée une ouverture vitrée au-dessus de la poitrine du mort, Blaise constata, comme le maréchal, lui-même blessé à Marengo, que Desaix avait été tué, cinq ans plus tôt, d'une balle en plein cœur. Cela dissipa les doutes de l'officier et de ses camarades quant à l'origine de la blessure mortelle.

Le fardeau sacré, porté par les soldats du 5e régiment de ligne qui se relayaient, prit aussitôt, avec son escorte, la route du Grand-Saint-Bernard. Après la longue traversée de la plaine du Pô et de la vallée de la Dora Baltea, il fallut gravir les montagnes et plusieurs officiers, qui, comme Fontsalte, avaient, en 1800, parcouru ce même itinéraire, en sens inverse et sous la mitraille ennemie, reconnurent, chemin faisant, les sites où beaucoup avaient failli périr. Valenza, Ivrea, Bard, Chatillon, Aoste étaient aujourd'hui des villes ou villages paisibles. Quand le convoi funèbre commença à gravir les rudes pentes du Grand-Saint-Bernard, entre Etroubles et Saint-Rhémy, les névés apparurent car, cette année-là, le soleil manquait de force et les nuits restaient froides. C'est dans un décor rude, mais adouci par la blancheur des sommets, que Blaise reconnut, au replat du col, les sombres bâtiments de l'hospice.

Les chanoines vinrent au-devant du maréchal Berthier et du cortège, attendu par toute la communauté et les notables valaisans. Les compagnons de Desaix — vingt officiers et deux cents soldats — participèrent à la prise d'armes. On avait tracé, au bord du lac voisin de l'hospice et encore gelé, une allée bordée d'étendards et de cyprès portant les noms des batailles où le défunt s'était illustré. Au bout de l'allée, sur des piédestaux, figuraient les bustes de Napoléon et de Desaix.

Le 19 juin, sous un soleil radieux et aux accents d'une musique militaire, un dernier hommage fut rendu au héros de Marengo, puis le cercueil contenant ses restes fut porté dans l'église de l'hospice et déposé dans un sarcophage de marbre, devant l'autel de la chapelle consacrée à la sainte croix et à saint Michel. On mit dans le tombeau l'épée du général, quelques médailles, puis le maréchal Berthier, imité par les officiers, jeta dans le sarcophage une couronne de laurier. Quand le mausolée fut scellé, on regretta qu'il y manquât le bas-relief commandé par Bonaparte au sculpteur Jean-Baptiste Moitte. Ce monument, en voie d'achèvement, se trouvait encore à Paris dans l'atelier de l'artiste [1]. L'empereur, qui, depuis le franchissement des Alpes par l'armée de réserve, portait une affection particulière aux religieux du Grand-Saint-Bernard, leur avait fait envoyer les instruments propres à sceller le tombeau, dont une truelle et un tablier de cuir. Blaise de Fontsalte et Ribeyre

1. Ce bas-relief, taillé dans le marbre blanc de Carrare, représente la mort de Desaix à Marengo. Tombé de son cheval, le général expire dans les bras du général Lebrun, son aide de camp. Napoléon devait se faire présenter ce monument achevé, à Paris, en janvier 1806. L'énorme et pesant bas-relief allait ensuite être transporté au prix de grandes difficultés.

échangèrent un sourire à la vue de ces outils, qui auraient pu passer pour emblèmes de la franc-maçonnerie, symboles déplacés dans un lieu saint[1]! Un banquet, à l'issue duquel furent prononcés plusieurs discours, clôtura la cérémonie. Avant de redescendre dans la vallée, les soldats, rassemblés devant l'hospice, crièrent par trois fois le nom de Desaix, que l'écho des montagnes parut amplifier jusqu'au ciel.

Bien qu'invité par les chanoines à passer la soirée et la nuit à l'hospice, Blaise de Fontsalte, accompagné de Trévotte, préféra descendre aussitôt, par Saint-Pierre et Saint-Maurice, vers Martigny et Villeneuve, où il devait retrouver sa nouvelle berline, une grande voiture noire bien suspendue, venue de Lyon, où il l'avait laissée un mois plus tôt. Une augmentation de solde et les gratifications pour services rendus à l'Etat avaient permis cet achat. Deux chasseurs à cheval de la Garde des consuls, devenue Garde impériale depuis le 18 mai 1804, affectés au service du colonel, tenaient lieu de postillons.

Après une nuit passée à Martigny, le colonel Fontsalte gagna Villeneuve. Comme prévu, un message de Charlotte l'attendait à l'auberge du Cerf. L'organisation du rendez-vous, qui ne pouvait avoir lieu à Belle-Ombre comme l'avait espéré Blaise, avait été minutieusement mise au point par Mme Métaz. Blaise devrait se trouver le 22 juin, entre dix heures et onze heures de la matinée, au village de Rouvenaz, entre Clarens et Montreux. Il existait, au bord du lac, une terrasse ombragée près de laquelle Mme Métaz, venue avec Flora en bateau de Vevey, débarquerait. La jeune femme conseillait à Blaise de loger un peu plus loin, à Clarens. L'auberge des Bosquets-de-Julie jouissait d'une bonne réputation et d'une excellente table. Charlotte rappelait que « les grenadiers du Premier consul s'y étaient arrêtés pour boire, en mai 1800, et avaient laissé une note impayée ! ». De Clarens, lieu très visité par les admirateurs de Jean-Jacques Rousseau, l'officier aurait une belle vue sur le Grammont qui, de l'autre côté du lac, culminait à plus de deux mille mètres. Charlotte comptait que Fontsalte arriverait au rendez-vous à cheval et en tenue civile, car les amants devraient monter ensemble à travers le vignoble jusqu'à Hauterive, un lieu tranquille. Flora accompagnerait son amie jusqu'à Rouvenaz et continuerait, par le lac avec le batelier, jusqu'au château de Chillon, pour rendre visite à un oncle, gardien de la forteresse.

---

1. Ces instruments sont conservés et visibles au musée de l'hospice.

Blaise de Fontsalte sourit en relisant les consignes et admira le sens de l'organisation dont faisait preuve la Veveysanne. Le soir même, il alla s'installer à l'auberge des Bosquets-de-Julie. Dès son arrivée, l'équipage du colonel, bel homme décoré de la Légion d'honneur — une superbe berline à deux chevaux, des postillons disciplinés, une ordonnance à jambe de bois et des chevaux de selle au poil luisant — impressionna le personnel de l'hôtel. Blaise se présenta comme pèlerin littéraire, à la recherche des sites qui avaient servi de cadre aux amours de Julie et Saint-Preux, et se montra fort généreux avec les servantes et valets, afin d'effacer les mauvais souvenirs que les soldats français avaient pu laisser.

Au crépuscule, devant sa fenêtre ouverte sur le lac, il ouvrit *la Nouvelle Héloïse* et se dit que Jean-Jacques Rousseau avait eu raison d'écrire « la douce égalité qui règne ici rétablit l'ordre de la nature, forme une instruction pour les uns, une consolation pour les autre, et un lien d'amitié pour tous ». « Et pour moi, se dit Blaise, une parfaite étape amoureuse ! »

Avec la même aisance qu'elle avait mise à organiser sa journée avec Blaise de Fontsalte, Mme Métaz fabriqua, à l'usage de son mari, une fable qui fut aisément acceptée. Depuis plusieurs mois, Guillaume envisageait d'acquérir un ancien couvent fortifié et à demi ruiné, situé à Sâles, un village voisin de Rouvenaz.

— Je vais profiter de la visite que Flora va faire à son oncle, à Chillon, pour aller voir de près ces bâtiments, sans me faire connaître. Je t'en rapporterai un croquis, peut-être même une aquarelle si le sujet m'inspire, proposa Charlotte, qui peignait joliment.

M. Métaz accepta avec reconnaissance cette proposition, à la fois prétexte et alibi pour la femme infidèle.

Cette belle combinaison faillit crouler quand, au moment où Charlotte et Flora embarquaient à Vevey dans la barque familiale, Axel émit, avec sa véhémence habituelle, le désir d'accompagner sa mère et sa marraine. Guillaume trouva l'idée excellente et Flora se détourna pour ne pas rire de la déconvenue de son amie. Charlotte se souciait peu d'emmener son fils à un rendez-vous galant. Elle fit observer à Guillaume qu'elle aurait une journée fatigante et dit surtout craindre de ne pouvoir prévenir, à bord du bateau, les imprudences que l'enfant ne manquerait pas de commettre.

— Un jour, tu iras en bateau avec ton père. Flora et moi ne prenons pas cette responsabilité, dit-elle.

Puis, pour compenser la déception d'Axel, boudeur et renfrogné, elle convainquit son mari de conduire le garçon à l'inauguration du nouveau pont à une seule arche jeté sur la Veveyse.

— Ouf, j'ai cru qu'on ne partirait jamais! souffla-t-elle à Flora quand, le batelier ayant déployé la voile, la barque s'éloigna de la rive où se tenaient Métaz père et fils.

— Que de mensonges! soupira Mlle Baldini en agitant son mouchoir pour répondre à l'au revoir de son filleul.

A partir de ce moment, les choses se passèrent comme Mme Métaz l'avait voulu.

Au jour et à l'heure dits, Fontsalte, qui avait annoncé à l'aubergiste son intention de faire une longue promenade à cheval, aperçut de la terrasse de Rouvenaz une barque à voile unique. Dissimulé par un bosquet, il vit débarquer une jolie paysanne, corsage blanc, jupe ample, tablier de dentelle, dont le visage disparaissait dans l'ombre d'un grand chapeau de paille souple, aux ailes rabattues et serrées sur les joues par un voile de mousseline. Le bras passé dans l'anse d'un panier, la jeune femme traversa la grève à petits pas et se dirigea vers la terrasse, à l'opposé de l'endroit où Blaise attendait. Ce dernier, qui avait tout de suite reconnu la taille fine et la démarche dansante de Charlotte, apprécia sa prudence et trouva son déguisement en parfaite harmonie avec le décor. Julie d'Etanges devait être ainsi vêtue quand elle allait à la rencontre de Saint-Preux.

La jeune femme avança sous les arbres et, quand elle fut hors de vue des habitations, se retourna, invitant Blaise à la rejoindre. Ils échangèrent un furtif baiser de retrouvailles, puis elle lui passa le panier, dont l'anse d'osier avait imprimé des chevrons rouges sur son avant-bras. Blaise effleura ce stigmate de ses lèvres, provoquant ainsi chez Dorette un frémissement incontrôlable.

— Nous ne devons pas rester ici... Où est votre cheval?

Fontsalte désigna Yorick, attaché à un pieu.

— Nous allons monter à Hauterive... C'est une terre en friche qui appartient à ma famille. Vous me prendrez en amazone en avant de votre selle... mais votre redingote me paraît de trop, dit-elle avec un sourire en se dirigeant vers Yorick.

Blaise ôta son vêtement, ouvrit le col de sa chemise, troussa ses manches.

— Ai-je assez l'air d'un paysan qui enlève sa promise?

— C'est mieux, encore que vos favoris et votre moustache vous interdisent de passer pour un enfant du pays!

— J'aurais pu me raser... si vous m'aviez prévenu!

— Oh! non! Ce serait dommage, minauda-t-elle, en passant une main caressante sur la joue de l'officier.

Ils allèrent ainsi vers la montagne, au pas de Yorick, Blaise entourant la taille de Dorette, qui s'abandonnait tendrement contre la poitrine de son amant. A distance, on les aurait pris pour un couple de jeunes villageois se rendant à leurs travaux dans les champs ou les vignes. Dès qu'ils furent assez éloignés du village, ils mirent pied à terre et s'étreignirent longuement, puis ils se remirent en route et, après un bref parcours sur un sentier escarpé, arrivèrent sous les châtaigniers de Hauterive. Le site dominait la baie de Clarens et offrait un splendide panorama du lac.

— Voilà, nous sommes sur une terre qui m'appartient. Elle ne vaut rien mais j'y tiens, car ces vignes que vous voyez là, en contrebas, occupent ce qui était autrefois le bosquet de Julie. Les arbres ont été abattus par les moines pour faire place au vignoble. Mon mari voudrait bien faire la même chose sur ce terrain, couper mes châtaigniers et planter encore et toujours de la vigne, mais je résiste.

Assis sous un vieil arbre, ils bavardèrent longtemps, Blaise ayant plus de choses à raconter que Charlotte, qui voulait tout savoir de la vie de son amant au cours des mois de séparation. Lui la fit parler de son existence à Vevey, de ses séjours à Lausanne, des gens qu'elle y rencontrait.

— Etes-vous allée à Coppet, chez Mme de Staël?

— Pas encore.

— Vous devriez vous y faire inviter. On dit qu'on y rencontre la meilleure société d'Europe...

— Et beaucoup de gens qui n'aiment pas Napoléon, n'est-ce pas! Et vous voudriez savoir qui! Voulez-vous faire de moi une espionne, Blaise? demanda en riant Charlotte.

— Mon Dieu, cela compenserait les activités de votre amie Flora!

Quand les caresses de Blaise se firent plus pressantes, Mme Métaz tenta d'imposer le calme à son amant.

— Blaise, je me suis promis, puisque nous avons la chance de pouvoir correspondre et nous voir de temps en temps, de ne plus pécher. J'offre ce sacrifice, qui me coûte, pour appeler sur vous et sur mes enfants la protection du ciel. Si notre amour reste pur, Dieu nous accordera indulgence et pitié... Et puis vous ne devez pas être privé des plaisirs ordinaires que procurent les femmes...

Fontsalte lui ferma la bouche d'un baiser et la sentit fléchir dans ses bras. Elle résista un court moment, puis se trouva dépouillée de son corsage et de sa jupe, en même temps que de ses sages résolutions !

Plus tard, quand elle eut remis de l'ordre dans sa toilette et qu'ils eurent fait honneur à la collation que Charlotte-Dorette avait apportée, Mme Métaz ne manifesta nul remords et l'heure de la séparation approchant provoqua une fougueuse récidive.

— Vous êtes un démon, Blaise, un vrai démon, mais un démon irrésistible ! Pour me conduire ainsi, sûr que j'irai en enfer ! dit-elle avec une équanimité qui enlevait toute gravité à la perspective.

Fontsalte sourit et l'embrassa tendrement.

— Nous irons ensemble, Dorette, et notre flamme étonnera Méphisto !

Ils rirent, s'embrassèrent et descendirent vers le lac tandis que la barque de Flora glissait vers le rivage de Rouvenaz.

— Pourquoi ne viendriez-vous pas avec moi à Neuchâtel, devenue principauté française, où je dois me rendre pour vérifier que toutes les armoiries et emblèmes des rois de Prusse ont été remplacés par l'aigle impériale sur les bâtiments publics... y compris sur les fontaines ! Ce serait un nouveau pas vers l'enfer, proposa Blaise.

— Taisez-vous ! J'ai encore assez de raison, Dieu merci, pour conserver le sens du devoir. Quand reviendrez-vous ? demanda-t-elle, pour couper court à toute insistance.

— Bientôt, j'ose l'espérer. A moins que la guerre ne reprenne, que l'armée s'en aille en Angleterre ou ailleurs ! Mais, où que je sois et quelle que soit la durée de mon absence, sachez, Dorette, que je n'aurai toujours qu'un désir... démoniaque : vous revoir !

Blaise attendit, assis sur une murette au bord du lac, que la voile ait disparu derrière le cap rocheux qui fermait, à l'ouest, la petite baie de Clarens. Le soleil déclinait quand il regagna l'auberge du Bosquet-de-Julie, en se disant que Dorette et lui, plus heureux que les amants platoniques et mièvres de Rousseau, avaient vécu un bel après-midi d'amour, à l'ombre d'un vieux châtaignier. Une chose inestimable dans la vie hasardeuse d'un soldat.

Le lendemain à l'aube, le colonel Fontsalte prit la route de Neuchâtel, où l'attendait le général Oudinot, commissaire impérial qui avait reçu le 23 mars 1805, des mains du baron de Chambrier, commissaire prussien, le sceptre de souveraineté de la principauté.

Deux mois plus tard, le 21 août, Charlotte Métaz fut invitée pour la première fois, avec Mathilde Rudmeyer, au château de Coppet. Les deux femmes, appartenant à la catégorie des « visiteuses reçues mais non logées », prirent pour quarante-huit heures une chambre dans une maison voisine du domaine, dont les propriétaires hébergeaient traditionnellement les invités de Mme de Staël. La beauté de Charlotte fut remarquée par tous les messieurs qui lui furent présentés, mais elle n'eut d'yeux, le premier jour, que pour M. de Chateaubriand, en visite au château, et pour M. Benjamin Constant, dont on commençait à dire qu'il faisait pleurer la châtelaine.

Dès son retour à Lausanne, éblouie et enthousiaste comme une débutante revenant d'une présentation à la cour, elle rédigea à l'intention de Blaise de Fontsalte une longue lettre, dont elle n'imagina pas un instant qu'elle pût être prise comme rapport d'espionne.

« Je viens de passer à Coppet, chez Mme de Staël, deux journées enchanteresses. Vous m'avez dit que votre empereur n'aime pas beaucoup cette dame, mais, moi, je l'ai aimée dès que je l'ai vue et, surtout, dès que je l'ai entendue parler. Si vous aviez été là, vous l'auriez aimée aussi, car il n'est pas un homme qui puisse résister à son charme ni à sa façon de conduire la conversation sur les sujets les plus élevés. Elle a le don, par son esprit, de mettre en valeur l'esprit des autres. Auprès d'elle, je me suis sentie plus intelligente que je ne suis et capable de m'intéresser et même, parfois, de comprendre des théories ardues. Ce don qu'elle a de forcer les gens à se montrer diserts et éloquents plaît aux messieurs, toujours désireux de briller, surtout quand il y a des dames pour les écouter !

» On ne peut pas dire que la châtelaine de Coppet soit jolie et bien faite. Elle est corpulente et porte des robes trop serrées, qui la font peut-être paraître plus grosse qu'elle n'est. A près de quarante ans, elle a une peau lisse, de très beaux seins, volumineux et rebondis, dont elle est, je crois, assez fière. Ses mains sont grandes et ses doigts longs et effilés. Le bas du visage est lourd, un peu mou, les pommettes très colorées, mais cela vient peut-être de l'air vif de Coppet, car elle passe des heures en promenade dans son parc avec tel ou tel ami dont elle exige un entretien tête à tête. Ses yeux d'une nuance indéfinissable, plus sombres que clairs, je dirais ardoise à reflets mordorés, mais veloutés et vifs, rayonnent d'intelligence et parfois de malice. Son regard est bien ce qu'elle a de plus beau. Il illumine son visage et le visiteur, ne s'attachant qu'à lui, oublie l'imperfection des traits, cou trop court, nez épais aux ailes ouvertes, dents longues et écartées, lèvre inférieure proéminente. Ses cheveux bruns sont brillants et frisés, comme ceux des bohémiennes. Mme de Staël a surtout une prestance qui en impose. Quand elle préside son salon, assise en majesté comme disent les peintres religieux, elle tient habituellement, tel un sceptre, le rameau de feuillage que son jardinier pose chaque matin près de son couvert, à l'heure du premier repas. Parfois, dans le feu de la discussion, car rien ne lui plaît autant que la controverse, à condition toutefois qu'elle y triomphe, elle joue de cette branchette, ce qui ne manque pas d'attirer l'attention sur le mouvement gracieux de ses bras potelés. Enfin, elle a le verbe assez haut et un timbre de voix mâle et sonore, ce qui contribue à donner à son argumentation force et autorité.

» Je ne vais pas vous décrire Coppet, qui m'a paru une résidence plus achevée que le château de Beaulieu, sis près de Lausanne, que les Necker ont habité autrefois. On m'a dit que M. Necker, décédé l'an dernier et enterré dans le parc, avait acheté la campagne de Coppet en 1784, pour cinq cent mille livres de France, et qu'il avait dû dépenser beaucoup pour rendre la demeure habitable. Les mauvaises langues ajoutent que le prix du château comprenait le titre et le blason de M. de Smeth, que le banquier a conservés.

» Pendant les deux journées que nous y avons passées, ma tante et moi, j'ai vu, tant dans la galerie où l'on flâne que dans le salon et la bibliothèque, où se tiennent les réunions, une bonne trentaine de personnes. Une dame familière des lieux m'a dit que cette affluence était habituelle surtout l'été. Mme de Staël rentre d'un long voyage en Italie, avec ses enfants et le précepteur de ces derniers, un Allemand nommé Wilhelm de Schlegel, aussi ne pense-t-elle, ces temps-ci, qu'à réunir ses amis, sa petite cour disent certains, car elle s'ennuie vite à Coppet. Ses intimes rapportent qu'elle trouve les paysages du Léman grandioses, inspirateurs, apaisants et qu'elle ne comprend pas comment il se fait qu'un tel décor n'ait pas produit une nation plus poétique que la nôtre. Elle tient les Vaudois, qui l'ont accueillie, il est vrai, avec quelque circonspection, pour des paysans honnêtes et travailleurs, mais sans imagination ni goût pour les belles-lettres ou la spéculation philosophique. Il est certain qu'aux yeux d'une femme qui met de la poésie et de la littérature partout, même dans la politique et la cuisine, nous devons passer pour gens mal dégrossis ! Pour nous supporter, elle va répétant : " J'entends régner sur mon exil comme Voltaire ", c'est-à-dire en attirant à Coppet tout ce que l'Europe compte d'intelligences supérieures. Comme vous le voyez, la châtelaine ne pèche pas par modestie et ceux qui, comme M. de La Harpe, la disent dévorée d'ambition n'ont sans doute pas complètement tort. Mais l'ambition, mon ami, n'est-elle pas l'aiguillon qui pousse l'homme, plus encore que la femme, à faire de grandes choses ? Vous-même, lorsque vous exposez votre vie sur les champs de bataille, au risque de me briser le cœur, n'êtes-vous pas poussé par l'ambition de la gloire ?

» Une chose devrait vous plaire dans les longues discussions de Coppet, c'est qu'il y est toujours question de l'Europe de demain. Naturellement, comme on désapprouve l'empire autoritaire, on ne conçoit pas qu'une confédération des peuples européens puisse être imposée par la force des armées françaises. Mais on peut dire que l'esprit qui règne à Coppet est européen, en ce sens qu'on ne tient compte ni des frontières ni des langues et que les idées, d'où qu'elles viennent, sont reçues et examinées de bonne foi. Il arrive qu'une discussion sur la psychologie comparée des peuples du Nord et du Midi à travers les mœurs et la littérature, commencée à midi, se prolonge après le souper, servi à onze heures, jusqu'à une heure avancée de la nuit ! Et malheur à qui donne des signes de sommeil ! C'est la radiation assurée de la liste des invités !

» Parmi les messieurs que j'ai le plus admirés, je place au premier rang M. de Chateaubriand. Il est beau, il est noble, il est fin, il est mélancolique et énonce d'une voix suave des sentences admirables. Et puis il y a tout de même plusieurs Suisses que Mme de Staël apprécie et que je trouve en tout point dignes des étrangers. M. Charles Sismondi, un Genevois promis à la même rondeur physique qui se trouve dans son caractère, bon, aimable, sincère. C'est un savant, agronome et poète, âgé de trente-deux ans. Il est l'auteur d'un *Tableau de l'agriculture* et d'un traité, pour moi fort abstrait et que je n'ai point envie de lire, ayant pour titre : *De la richesse commerciale ou principe d'économie politique appliqué à la législation du commerce.* Il faut cependant l'entendre disserter, avec un lyrisme inattendu, sur l'irrigation des terres, le métayage, la culture du mûrier, l'élevage du ver à soie. C'est un homme qui découvre une essence poétique dans tout ce qu'il étudie. Il sait rendre la science plaisante et j'imagine que c'est pourquoi Mme de Staël l'avait emmené avec sa famille en Italie où, permettez-moi de rapporter ce ragot entendu dans le parc, elle aurait eu quelque faiblesse pour un adonis portugais, don Pedro de

Souza, tout chagrin de la mort de son père. A Coppet, j'ai vu et entendu aussi, pour la première fois, un autre Genevois, connu de tout ce qui pense : M. Victor de Bonstetten. C'est un vieux monsieur de soixante ans, qui porte beau et a une façon de regarder les jeunes personnes, y compris votre servante (tss, tss, tss, soyez donc un peu jaloux), qui en dit long sur sa verdeur ! M. de Bonstetten a voyagé en Hollande, en Allemagne, en Italie et il a publié, l'an dernier à Genève, un livre qu'il m'a fait l'honneur de m'offrir (tss, tss, tss, soyez encore plus jaloux). Le titre est : *Le Voyage sur la scène de six livres de l'Enéide*, et, celui-ci, j'ai bien l'intention de le lire !

» On m'a encore présenté M. Prosper de Barante, un Français, fils du préfet de Genève, qui pose sur Germaine de Staël, laquelle pourrait être sa mère, des regards qui ne sont pas d'un fils ; M. Elzéar de Sabran ; M. le baron Voigt d'Altona ; M. de Montmorency, un familier de Coppet ; le baron Balk, dont je ne sais rien, et le prince Auguste de Prusse, qui était de passage.

» Si je vous dis encore qu'on parle à Coppet aussi bien le français que l'allemand ou l'italien et que tout le monde adhère à la *Société des Amis des Noirs* et condamne, avec l'abbé Raynal, la traite et l'esclavage, vous saurez tout de mon séjour chez la femme la plus admirable et la plus séduisante que j'aie rencontrée. Votre Napoléon a eu bien tort de se fâcher avec elle et de ne pas entendre ses réflexions et celles de ses amis. Même si celles-ci avaient été plus littéraires et sentimentales que politiques et stratégiques, elles lui auraient certainement permis d'affiner ses vues sur l'Europe de demain. »

Ayant complété sa lettre par des épanchements amoureux édulcorés, traduisant en termes pudiques des pensées qui ne l'étaient guère, Charlotte cacheta son message et le confia à sa tante pour expédition.

— Ma chère, mais c'est un vrai roman que tu lui envoies, à ton amoureux ! dit Mlle Rudmeyer en soupesant le pli.

— Je lui raconte Coppet où, grâce à vous, ma tante, j'ai eu le sentiment d'avoir un cerveau utilisable et l'occasion de m'en servir !

Au commencement de septembre, les journaux lausannois confirmèrent des nouvelles données jusque-là comme officieuses. L'Autriche et la Russie ayant rejoint la Grande-Bretagne dans le camp des ennemis de la France, la guerre allait se rallumer à travers l'Europe. Une nouvelle coalition, la troisième depuis la Révolution, s'était constituée à partir du 9 août, grâce aux intrigues et à l'or de l'Angleterre. George III, et surtout son Premier ministre, William Pitt, tenaient à affirmer la suprématie d'Albion sur les mers. Le tsar Alexandre Ier, qui se faisait une idée de l'Europe bien différente de celle des révolutionnaires français, se prenait à rêver d'un destin continental. L'empereur d'Autriche, François II, supportant mal la présence française en Allemagne et en Italie, brûlait de terrasser l'usurpateur héritier des régicides. Quant à Gustave IV de Suède, qui avait offert l'hospitalité à Louis XVIII et à de nombreux émigrés, il suivait le mouvement, porté par la même haine qui animait les monarques européens contre la France.

Le hasard voulut que Charlotte Métaz reçût, le même jour où elle apprit la résurgence du conflit, une lettre très tendre de Blaise. Celui-ci ne donnait aucun détail sur ses activités du moment et terminait en assurant Dorette que sa description de Coppet, dont il avait fait part au général Ribeyre, aurait mérité d'être publiée dans *le Moniteur,* tant elle était documentée, sincère et bien écrite.

« Ribeyre, qui me demande souvent de vos nouvelles, m'a dit : " Votre belle et fidèle Vaudoise est une femme d'esprit et de cœur, dotée d'un franc jugement sur les gens et les choses. " Et ce célibataire opiniâtre a ajouté : " C'est une des rares femmes que j'aie rencontrées qui soit épousable. " Hélas, ai-je répondu, si elle était libre, je l'épouserais sur l'heure ! » Cette phrase fit pleurer Dorette, car elle savait déjà par les journaux que Napoléon avait renoncé à la descente en Angleterre et que la Grande Armée, ainsi qu'on l'appelait maintenant, tournant le dos à la Manche, progressait à marches forcées vers le Rhin, les Autrichiens étant entrés en Bavière.

Vevey était occupé aux travaux et aux plaisirs des vendanges quand Chantenoz, toujours le premier à lire les journaux, vint annoncer à Rive-Reine que la Grande Armée, qui avait passé le Rhin le 25 septembre, venait de remporter, à Echlingen, le 14 octobre, et à Ulm, le 19 octobre, des victoires éclatantes. Ce genre de nouvelles inquiétait toujours Charlotte, qui ne pouvait partager ses craintes qu'avec Flora ou sa tante Mathilde, qu'elle visitait régulièrement toutes les deux semaines. Soudain, au milieu des occupations de la journée, l'image de Blaise faisait irruption dans ses pensées. « Où est-il en cet instant ? » se disait-elle. Et, comme elle redoutait les agaceries malignes du destin, elle imaginait son amant en danger et se mettait à prier pour lui.

Elle fut moins impressionnée par la défaite de la flotte franco-espagnole à Trafalgar, le 21 octobre 1805. L'information ne parvint à Vevey que le 26 novembre et Guillaume Métaz, ardent zélateur de la liberté du commerce maritime, ne cacha pas sa déception. Villeneuve battu par Nelson, c'était un gros point gagné par l'Angleterre. En revanche, cette défaite incita Axel à poser cent questions. Les commentaires de l'événement par les grandes personnes et les estampes représentant des batailles navales que Chantenoz lui montra dans un vieux livre firent que, pendant quelques jours, Axel se prit à jouer à la guerre, s'identifiant à l'amiral Nelson dont les gazettes vantaient la bravoure. Une promenade sur le lac devait lui fournir l'occasion d'ajouter à son jeu l'élément qui, dans le jardin de Rive-Reine, faisait défaut. Le Léman devint aussitôt l'océan Atlantique et la côte vaudoise celle d'Andalousie.

Avec l'autorisation paternelle, l'enfant embarquait parfois dans un naviot [1] avec Pierre Valeyres, un vieux bacouni, pour naviguer entre Rive-Reine et le chantier paternel. Le batelier avait pour consigne d'interdire à l'enfant de se mettre debout et de s'agiter dans la petite barque. Il ne devait pas s'éloigner de plus de dix brasses de la rive et débarquer avec son passager dès que la molaine [2] ou la vaudaire se levait. Ces courtes croisières, qui prenaient dans l'imagination du petit garçon l'ampleur de voyages au long cours, constituaient pour Axel une récompense que Charlotte accordait volontiers. La molle du lac calmait l'excessive vitalité d'Axel, réduisait sa pétulence et le disposait au sommeil.

Le premier matin de décembre, cédant aux supplications de son fils et passant outre aux observations de sa femme sur la précocité du froid hivernal, Guillaume autorisa une brève sortie sur le lac. Par temps sec, ciel limpide, franc soleil et absence de vent, le Léman, lisse comme une grande dalle de verre bleuté, ne dissimulait nul danger.

— Il faut qu'un garçon de bientôt cinq ans prenne l'air chaque jour, connaisse les saisons et sorte des jupes des femmes, dit Métaz. Vrai Vaudois, robuste et endurant, il s'accommodait de tous les temps et tenait pour femmelettes ceux qui redoutaient les intempéries.

Emmitouflé par Polline, coiffé d'un bonnet de tricot et ganté de

1. Petit canot de service, à rames, souvent remorqué par les grandes barques du Léman.
2. Vent soufflant sur le Léman de la Savoie vers la côte suisse.

moufles, Axel embarqua ce jour-là avec enthousiame. Il rythmait de ses cris les mouvements d'avirons du bacouni, quand il aperçut la petite barque des Ruty. Charles, le notaire, ami de son père, revenait d'une partie de pêche avec ses filles jumelles, Amandine et Bernadette, que tout le monde appelait Nadette et Nadine. Reconnaissant ses compagnes de jeu, Axel se dressa sur son banc en criant qu'il fallait attaquer ce bateau.

— Je suis l'amiral Nelson, met toute la voile, nous allons couler l'ennemi, cria-t-il au batelier.

Ce dernier, entrant dans le jeu, se mit à ramer plus vite en direction du bateau du notaire, à bord duquel les petites filles faisaient de grands signes de reconnaissance. Les barques se rapprochèrent tandis que, de l'une à l'autre, les enfants s'interpellaient.

— A l'abordage ! A l'abordage ! se mit à vociférer Axel en brandissant, telle une hache, l'écope ramassée au fond du naviot.

Les embarcations allaient se joindre mollement, bord contre bord, quand Axel grimpa sur son banc et, enjambant le bordage, voulut se précipiter, avant que quiconque ait pu imaginer une telle témérité, dans le canot des Ruty. La légère houle provoquée par les manœuvres fit qu'à cet instant un clapot éloigna les barques l'une de l'autre. Axel-Nelson tomba à l'eau. Il n'y resta guère, Charles Ruty et le bacouni s'étant tous deux précipités pour saisir le naufragé avant qu'il ne soit submergé. Axel, suffoquant, crachant comme un triton et tremblant de froid, fut hissé dans la barque des Ruty où Nadine et Nadette, cramponnées au bordage, ne savaient s'il fallait rire ou pleurer. Promptement débarrassé de ses vêtements mouillés, frictionné et enveloppé dans une couverture par Charles Ruty, Axel retrouva vite ses couleurs et son assurance.

— J'ai pris votre navire, vous êtes tous les prisonniers de Nelson, comme à Trafalgar, cria-t-il, ce qui déclencha les rires des petites et de leur père.

Seul le bacouni faisait grise mine, en pensant à l'admonestation patronale qu'allait lui valoir cet accident, pour n'avoir pas été capable de prévenir les fantaisies d'Axel.

— Gredin, petit gredin, tu aurais pu te noyer ! Je ne te prendrai plus dans ma barque. Et tu vas sentir la correction que va te donner M. Métaz, tiens !

Charles Ruty fit observer qu'il ne s'agissait que d'un bain forcé.

— Il faut bien qu'un Vaudois goûte, un jour ou l'autre, à l'eau du lac ! Voilà qui est fait. Axel saura maintenant qu'en fanfaronnant sur un naviot on court le risque de tomber à l'eau et de se noyer, si l'on ne sait pas nager ou si de bons amis ne sont pas là pour vous tirer d'affaire ! Je suis bien certain qu'il ne recommencera pas, n'est-ce pas, Axel ?

— Mon père, y me fera nager et après je pourrai me baigner comme les garçons qui s'amusent dans l'eau ! Voilà, grogna le coupable.

Pour atténuer les conséquences de l'aventure, le notaire offrit de ramener Axel à terre et le bacouni s'éloigna, satisfait de n'avoir pas à affronter, dans l'immédiat, la colère de Guillaume Métaz.

Nadine et Nadette se conduisaient, aux dires de leurs parents, comme de vrais garçons manqués. Grassouillettes et rougeaudes, solidement campées sur leurs jambes courtes, crânes, insensibles aux heurts et aux chutes, elles étaient les meilleures camarades d'Axel. Toutes deux enviaient la taille de leur compagnon de jeu qui, bien que plus jeune d'une année, les dépassait d'une tête. Leurs cheveux blonds et raides, pareillement nattés, mais retenus par des rubans de couleurs différentes — vert pour Nadine, rouge pour Nadette — faisaient dire aux Veveysans : « Les jumelles du notaire seront de belles plantes vaudoises. » Et, comme le notaire passait pour riche et habitait une des plus belles maisons de la ville, on ajoutait : « Dans une douzaine d'années, elles feront de beaux partis. »

Me Ruty s'empressa de regagner la berge et accosta près de sa demeure. Tandis qu'on mettait à sécher les vêtements du petit garçon, Elise Ruty envoya une servante prévenir son amie Charlotte qu'Axel était chez elle et rentrerait après avoir goûté. La femme du notaire, que le récit, par ses filles, de la baignade accidentelle amusa, eut cependant un frisson rétrospectif en réalisant que l'abordage raté aurait pu déboucher sur une tragédie. Entendant le petit Métaz éternuer, elle se réjouit à la pensée que l'accident n'aurait pour conséquence qu'un rhume.

Tandis que les enfants croquaient des salées, ces galettes à la crème dont tous étaient friands, et vidaient un bol de lait chaud aromatisé à la cannelle, Charles Ruty entreprit d'achever l'histoire du vainqueur de Trafalgar.

— Comme le dit Axel, Nelson a battu la flotte française, c'est vrai, mais il y a laissé sa vie. Pendant la bataille, alors qu'il se trouvait sur le pont de son navire, le *Victory*, en français la *Victoire*, une balle lui a brisé l'épine dorsale. Un quart d'heure plus tard, il était mort.

— Comment c'est quand on est mort ? demanda Axel.

— On est froid et tout pâle, dit Nadette.

— Et aussi, on bouge plus, compléta Nadine.

— Alors, on s'ennuie ! Je veux pas être mort. C'est pas amusant ! dit, d'un ton péremptoire, le petit garçon.

— Si tu t'avais noyé, t'aurais été mort pourtant, expliqua Nadette.

— Etre mort, ça dure longtemps ? s'enquit Axel.

— Ça dure jusqu'à qu'on y pense plus, assura Nadine avec autorité.

7.

Pour son cinquième anniversaire, Axel obtint enfin la culotte de peau à l'anglaise qu'il convoitait depuis des mois, surtout depuis que le fils du boulanger en portait une. Un tel achat supposait un déplacement à Lausanne, car seul le culottier Jacques Brüger, installé au Petit-Saint-Jean, était capable de fournir un vêtement de cette qualité. Dès que la route fut praticable — l'hiver avait été rude et la côte nord du Léman longtemps enneigée — les Métaz se rendirent en famille chez Mathilde Rudmeyer. Guillaume profitait du voyage pour essayer d'obtenir, par l'intermédiaire d'un ingénieur français des Ponts et Chaussées qui avait participé à la construction de la route du Simplon, le contrat de transport jusqu'à l'hospice du Grand-Saint-Bernard des panneaux de marbre sculpté destinés au mausolée du général Desaix. Le sculpteur, Jean-Baptiste Moitte, et un architecte étaient attendus à Lausanne.

Durant tout le trajet, entre Vevey et Lausanne, Axel, le nez collé à la vitre du coupé, ne cessa de poser des questions, sur les villages traversés, les maisons entrevues, le pourquoi des montées et des descentes, les changements d'allure des chevaux... et cent autres, qui prenaient parfois au dépourvu son père et sa mère.

Au plaisir du dépaysement s'ajoutait pour l'enfant la perspective de revoir sa grand-tante, Mlle Rudmeyer. La vieille demoiselle offrait toujours cadeaux et papillotes. Axel était aussi très curieux de découvrir la maison de la rue de Bourg, dont sa mère disait qu'elle était un véritable musée. Réclamant une définition du mot musée à ses parents, Axel en reçut deux.

— C'est un endroit où sont rassemblés de jolis objets ayant une histoire et beaucoup de valeur, des tableaux et des meubles anciens, proposa Charlotte.

— C'est un endroit où les gens mettent les choses qui ne servent plus à rien, au lieu de les jeter, grogna Guillaume.

Il tenait les collections de boîtes à mouches, d'éventails, les bibelots d'ivoire, les biscuits de Sèvres et les porcelaines de Saxe ou de Wedgwood de Mlle Rudmeyer pour autant de « nids à poussière ».

— En tout cas, tu ne dois rien toucher, n'est-ce pas. Ne pas faire de grands gestes avec tes bras, ni courir dans les salons, recommanda Mme Métaz.

Comme Axel, intimidé par cette mise en garde, fixait sur sa mère un regard inquiet, son père le rassura :

— T'en fais pas, mon garçon, tu viendras avec moi chez mon banquier, M. Bugnion : il a deux garçons et un grand jardin. Là, tu pourras t'ébattre sans risquer de casser le pot à tisane de Charles le Téméraire ou l'encrier du major Davel !

Ces commentaires ironiques, sur deux objets auxquels Mlle Rudmeyer tenait particulièrement, étaient destinés à Charlotte plus qu'à l'enfant, pour qui le Téméraire et le martyr de l'indépendance vaudoise restaient encore des inconnus. Guillaume, qui aimait les intérieurs nets et sobres, redoutait la propension des Rudmeyer à dépenser de l'argent pour ce qu'ils nommaient œuvres ou objets d'art, choses fragiles, encombrantes et sans utilité.

Comme l'enfant se retournait vers la portière pour observer le paysage, Mme Métaz, baissant le ton, se pencha vers son mari et désigna leur fils d'un mouvement de tête.

— N'as-tu pas noté combien la différence de couleur de ses yeux s'est augmentée depuis quelques mois ? Maintenant, on la remarque vraiment. Et je me demande, puisque nous allons à Lausanne, s'il ne faudrait pas le montrer à l'oculiste.

— Tu sais, je l'observe, car ce regard vairon m'a souvent inquiété. Parfois, je lui bouche alternativement un œil puis l'autre et je lui demande ce qu'il voit, par exemple un bateau, au loin, sur le lac. Eh bien, dans les deux cas, il voit parfaitement. Mais, si cela peut te rassurer, ce n'est pas ce que ça coûte, nous irons voir le docteur.

Dès le lendemain de leur arrivée à Lausanne, les Métaz montrèrent leur fils au praticien. Ce dernier, obstruant alternativement avec un disque noir l'œil droit puis l'œil gauche d'Axel et demandant à l'enfant de reconnaître, à distance, des silhouettes d'animaux, confirma sans hésitation que l'acuité visuelle du bambin était normale.

— Tu vois, le docteur a fait exactement ce que je fais, nous aurions pu éviter de le déranger, dit Guillaume après avoir réglé les honoraires de l'oculiste.

Charlotte sourit, en traduisant mentalement cette considération de son mari par : « Nous aurions pu économiser le prix d'une consultation ! »

Mathilde Rudmeyer attendit que Métaz fût à ses affaires pour remettre à sa nièce une lettre, arrivée deux jours plus tôt de Paris.

— Enfin ! dit Charlotte, deux mois que je suis sans nouvelles !

Elle allait faire sauter le cachet de cire rouge quand elle s'avisa que l'écriture n'était pas celle de Blaise. Le cœur battant et les mains tremblantes, elle se hâta d'ouvrir le message, craignant confusément une mauvaise nouvelle. Avant d'oser lire le texte, elle déchiffra la signature et vit qu'il s'agissait de celle, élégamment calligraphiée, du général Claude Ribeyre de Béran. Cette découverte attisa ses craintes et, près de défaillir, elle se laissa aller contre le dossier de la bergère qu'elle occupait. Mathilde Rudmeyer vit instantanément le trouble et la pâleur soudaine de Charlotte.

— Qu'est-il arrivé ? Mauvaise nouvelle ?

— Je ne sais pas... Je n'ose pas lire... C'est un ami de Blaise qui écrit et j'ai peur...

— Donne-moi cette lettre. Il faut tout de même savoir ce qu'elle contient, ma petite, avant de te tourner les sangs comme ça, ordonna Mathilde.

Elle saisit, d'une main, la lettre, de l'autre, le face-à-main qui pendait sur sa poitrine, au bout d'une chaîne d'or, et lut sans préliminaire :

— « Madame, mon ami Blaise de Fontsalte se trouvant actuellement à Schönbrunn, en Autriche, d'où il ne peut vous écrire commodément, je lui ai promis, en quittant l'Autriche pour rentrer à Paris, de vous donner des nouvelles de lui dès mon arrivée. Tout d'abord, une nouvelle qui aurait pu être mauvaise et qui heureusement n'a rien de calamiteux. Le colonel a été blessé le 2 décembre 1805, lors de la bataille que nous avons livrée aux Russes, près d'Austerlitz, et qui fut une splendide victoire. Rassurez-vous, le colonel n'a reçu qu'un coup de lance amorti, qui lui a entamé l'épaule et déchiré le bas de la joue gauche. Quand je l'ai quitté, son épaule était complètement guérie et il laissait pousser ses favoris pour dissimuler la cicatrice de sa joue. Cette cicatrice est d'ailleurs d'une extrême finesse, notre grand chirurgien, M. Larrey[1], étant, non seulement un habile opérateur, mais aussi un excellent couturier! Quant aux bonnes nouvelles, qui découlent de la bravoure de mon ami, elles sont deux. Il a été nommé général de brigade et promu officier dans l'ordre de la Légion d'honneur. Soyez donc fière d'être l'amie d'un héros reconnu. Il m'a chargé de vous transmettre des pensées dont vous seule connaissez la chaleur. »

Suivait une très flatteuse formule de politesse, que Mlle Rudmeyer éluda.

— Eh bien, te voilà rassurée! Ton vaillant chevalier a reçu à la fois une estafilade et une étoile. Encore deux ou trois bons coups de sabre et il sera maréchal, comme ceux que vient de nommer Napoléon!

— Savez-vous, ma tante, que Blaise a aussi une mère et une sœur? J'ose espérer qu'elles sont maintenant, comme moi, tirées d'inquiétude, répliqua un peu sèchement Charlotte.

Rassérénée, elle s'apprêtait à relire la lettre de Ribeyre quand Axel, revenant d'une promenade avec la gouvernante de Mathilde, fit une bruyante irruption dans le salon. Il commença à raconter, avec exubérance et volubilité, tout ce qu'il avait vu dans la rue de Bourg et dans la pâtisserie de la place Saint-François, où il venait de déguster sa première crème glacée.

Un peu plus tard, en se rendant avec sa tante chez Chapuis, le premier gantier de Lausanne, pour acheter des gants de chevreau, Charlotte prévint sa parente qu'elle n'aurait plus désormais à servir de boîte aux lettres.

— Je suis réconciliée avec Flora Baldini et, comme elle habite seule, maintenant, une petite maison dans l'entre deux villes, je ne crains plus aucune indiscrétion, comme au temps où elle logeait avec sa sœur. Je demanderai donc à Blaise de m'écrire chez elle. Ainsi, ma tante, vous serez débarrassée d'une charge qu'il vous déplaisait un peu d'assumer.

— Comme tu veux, ma petite, mais ton courrier ne me souciait guère. Tu connais mon sentiment sur tes relations avec ce général de Fontsalte, dont je n'imaginais pas qu'il manifesterait à ton égard une telle fidélité. La seule chose à éviter, c'est le scandale. Pour toi,

---

1. Jean-Dominique Larrey (1766-1842), chirurgien en chef des armées napoléoniennes, opéra les soldats sur tous les champs de bataille d'Europe, d'Egypte et de Syrie.

pour ton mari et aussi, penses-y, pour ton garçon, qui est bien déluré pour son âge. Si tu as confiance en Flora, c'est bien, et... j'espère que je te verrai aussi souvent !

— Vous savez bien, ma tante, que je ne peux pas me passer de vous et de la ville. A Vevey, il y a de telles lenteurs dans mes jours, une telle absence d'imprévu, à cause des habitudes et du rythme monotone des travaux et des petits événements sans surprise que ramènent les saisons de la vigne ! Ce n'est qu'à Lausanne, chez vous, avec vous et parmi vos amies que je prends intérêt à la vie. Et là, les heures passent trop vite...

— Les années aussi, hélas, soupira Mathilde en prenant affectueusement sa nièce par la taille.

— C'est vrai. Axel a déjà cinq ans et il me semble qu'il est né hier, reconnut Charlotte, juxtaposant par la pensée sa rencontre avec Blaise et la naissance de son fils.

— Et moi, j'approche de la fin de la vie, ajouta Mathilde.

— Ma tante, pourquoi avez-vous de telles pensées !

— Sais-tu qu'un médecin s'est avisé, en allant fouiller dans les registres d'état civil tenus depuis je ne sais combien de temps par les pasteurs [1], de calculer la durée moyenne de vie des Lausannois et des Lausannoises ? Il a trouvé qu'un garçon qui vient au monde aujourd'hui peut espérer vivre trente ans, une fille trente-trois ! Alors, avec mes cinquante ans sonnés, je suis une sorte de Mathusalem !

Ce fut au tour de Charlotte de manifester la tendre affection qu'elle portait à sa tante.

— Vous êtes en excellente santé, vous montez la rampe de la cathédrale comme une jeune fille et votre peau a un velouté que beaucoup de femmes plus jeunes vous envient ! Alors, de grâce, laissez les médecins à leurs tables de mortalité, à leurs moyennes...

— Le fait est que je ne me suis jamais sentie proche de la moyenne, conclut Mlle Rudmeyer en riant.

Celle qui soignait aussi bien son corps que sa mise se savait encore très présentable et aimait qu'on le lui rappelât. Elle posa sur la joue de sa compagne un gros baiser. Chez Chapuis, quand Charlotte voulut payer ses gants, Mathilde proposa à sa nièce d'en choisir deux autres paires et fit mettre le tout sur son compte.

---

1. La tenue des registres d'état civil a été imposée par les autorités bernoises dès 1570.

Au printemps 1806, les Vaudois, échaudés comme tous les Suisses par les conflits nés de la troisième coalition, n'osaient croire la paix établie de façon durable. L'entrée des Français à Vienne, l'éclatante victoire d'Austerlitz, les traités signés à Schönbrunn et Presbourg en décembre 1805 étaient, certes, de nature à calmer les ardeurs belliqueuses des Autrichiens et des Prussiens, mais, à l'abri sur leur île indemne, les Anglais nourrissaient de rancœurs accumulées leur haine revancharde.

Ils avaient battu la flotte franco-espagnole à Trafalgar, mais avaient perdu Nelson ; ils avaient fomenté une coalition, mais elle aboutissait au démantèlement de l'empire de François II ; ils avaient cru étouffer l'idée d'une Europe bonapartiste, et Joseph Bonaparte était roi de Naples et de Sicile ; Louis Bonaparte, roi de Hollande ; Elisa, la sœur aînée de Napoléon, princesse de Lucques et de Piombino ; sa deuxième sœur, Pauline, princesse Borghèse et duchesse de Guastalla ; la troisième, Caroline, épouse de Joachim Murat, grand-duc de Berg et de Clèves. Pour compléter cette mainmise familiale sur le continent, Eugène de Beauharnais, beau-fils de l'usurpateur et déjà vice-roi d'Italie, venait d'épouser la princesse Augusta de Bavière, tandis que Stéphanie, nièce de l'impératrice Joséphine, devenait, par mariage, grande-duchesse de Bade !

Tout cela, le nouveau Premier ministre britannique, Charles-James Fox, l'avait bien compris, ne visait qu'à remplacer par une confédération européenne la ligue germanique, constituée en l'an 800 quand Charlemagne avait reçu la couronne impériale des mains du pape Léon III.

On disait à Londres que cette désastreuse période, principalement la défaite d'Austerlitz, avait fait une autre victime, William Pitt, « l'âme des coalitions anti-françaises ». Le Premier ministre, podagre et atteint d'un mal héréditaire, était mort désespéré le 23 janvier 1806, après avoir dit à l'un de ses collaborateurs, en désignant la carte d'Europe épinglée au mur dans sa villa *le Boulingrin,* à Putney : « Roulez cette carte, on n'en aura plus besoin d'ici dix ans[1] ! »

— Puisse-t-il avoir vu juste ! dit Guillaume Métaz, à qui un négociant du Tessin, de passage à Vevey, citait ce mot de la fin du grand Anglais, un soir d'été 1806.

1. *William Pitt*, Jacques Chastenet, librairie Arthème Fayard, Paris, 1959.

Car plus l'année avançait et plus on avait de raisons de douter de la solidité de la paix. Napoléon Ier affichait cependant une grande assurance et la *Gazette de Lausanne*, reproduisant un texte du journal français *le Moniteur,* rapportait les propos que l'empereur avait tenus lors de l'ouverture solennelle du Corps législatif : « Mes armées n'ont cessé de vaincre que lorsque je leur ai donné l'ordre de ne plus combattre. Mes ennemis ont été humiliés et confondus. »

— C'est un homme qui a conscience de son génie, commenta Guillaume.

— C'est un homme grisé par le succès et qui ne compte pas les charniers que remplissent ses victoires. Dieu lui en demandera raison, s'écria Flora.

En Suisse, les cantons étaient contraints, par le traité de capitulation signé le 27 septembre 1803 entre la Confédération et la France, de fournir aux armées impériales seize mille hommes, soit quatre régiments, dits « capitulés », de quatre mille soldats. Les familles d'un pays réputé neutre avaient donc des raisons bien humaines de redouter la guerre. Déjà, lors des conflits de 1805, les soldats suisses, fidèles à la tradition, s'étaient illustrés en Vénétie, dans les combats contre les Autrichiens, mais on trouvait dans la plupart des cantons que cette démonstration du premier régiment « capitulé » suffisait à la gloire helvétique ! Seuls les Vaudois ne marquaient nulle réticence à s'enrôler sous les aigles napoléoniennes. Leur attitude servait la cause de toute la Confédération puisque Napoléon venait de ramener de seize mille à douze mille le contingent suisse et confirmer l'admission de « vingt jeunes gens de l'Helvétie à l'Ecole polytechnique de France » après qu'ils eurent subi les examens prescrits.

Ce dont on se vantait moins, mais qui se savait à Paris, était le départ clandestin de jeunes volontaires suisses qui, appâtés par de fortes soldes, s'enrôlaient dans les armées anglaise, prussienne ou autrichienne. Ces garçons, héritiers des mercenaires d'autrefois, risquaient, un jour ou l'autre, de se trouver face à face, sur un champ de bataille, avec des compatriotes appartenant aux quatre régiments suisses de la Grande Armée !

Ces enrôlements de Suisses dans les armées ennemies de la France eurent une heureuse conséquence pour Charlotte Métaz, puisqu'ils décidèrent le général Ribeyre à envoyer en Suisse celui qui avait le plus envie de s'y rendre, le général Blaise de Fontsalte. Les deux amants se retrouvèrent à Lausanne, en septembre, mais n'eurent que peu d'heures à partager, Blaise ayant à se rendre, au plus tôt, dans les cantons du Nord où les agents anglais et autrichiens recrutaient des volontaires.

A l'occasion de cette visite du Français, Mathilde Rudmeyer, qui avait jusque-là toléré les relations épistolaires de sa nièce et de Blaise, tout en désapprouvant ce qu'elle nommait pudiquement les rapprochements physiques, fit à Charlotte une offre qui, désormais, facilita ceux-ci. Depuis qu'elle était entrée dans la voie des confidences sur son passé sentimental, Mlle Rudmeyer ne mesurait plus sa complicité.

— Une passion comme celle qui vous tient ne peut se satisfaire de paroles et de lettres et il ne sert plus à rien de lui opposer les obstacles hypocrites des conventions. Le péché d'adultère n'est pas dans le geste mais dans l'esprit, avait-elle fini par admettre.

Tout en soutenant qu'il s'agissait moins d'encourager les amours coupables de sa nièce que d'éviter à cette dernière de commettre des imprudences qui eussent débouché sur le scandale, elle procura aux amants un abri sûr et discret.

Mathilde disposait, au-delà du port d'Ouchy, en direction de Pully, d'un ancien moulin sur la Vuachère, petite rivière descendant des hauteurs de La Sallaz. Cette antique dépendance d'un manoir disparu avait été, autrefois, confortablement aménagée par l'homme que Mathilde avait aimé. La vieille demoiselle s'y rendait quelquefois pour ranimer les souvenirs du passé, chasser la poussière, écouter, assise devant l'âtre, face à un grand fauteuil où ne s'asseyait nul fantôme, la psalmodie de la cascatelle sur les pales immobiles de la roue du moulin.

En offrant cet asile à sa nièce, elle ne faisait que le rendre à sa destination et éprouvait une satisfaction mélancolique en sachant le moulin sur la Vuachère voué à nouveau aux amours inavouables.

— Tu devras y porter du linge et des provisions. Et tu pourras y laisser ce que tu voudras, dit-elle à sa nièce en lui confiant deux clés, ce qui sous-entendait que Blaise pourrait en conserver une.

On accédait au moulin par trois chemins différents, ce qui permettait aux visiteurs d'y parvenir séparément et sans être remarqués. Un hangar clos et une écurie évitaient de laisser à la vue chevaux et voitures.

Charlotte fut un peu déçue de voir arriver Blaise de Fontsalte en civil. Elle l'eût aimé en uniforme de général. Fontsalte expliqua qu'il avait fait un long détour pour lui rendre visite, sa mission l'appelant dans le nord de la Suisse et non sur les rives du Léman. Il voyageait seul, à bord d'un cabriolet léger, attelé de deux chevaux. Sa berline serait conduite par Trévotte en un lieu dont il ne révéla pas le nom.

Quand Dorette eut expertisé la balafre que dissimulaient, du maxillaire à la pommette, les favoris bruns de Blaise, elle expliqua que ce moulin serait désormais leur lieu de rendez-vous et voulut faire avec son amant le tour du propriétaire.

— Commençons par la chambre, dit Fontsalte en étreignant la jeune femme avec une impatience qui ne déplut pas.

Plus tard, quand leurs sens furent apaisés, elle voulut tout savoir des batailles qu'il avait livrées, du grand choc des armées à Austerlitz, des circonstances de sa blessure, du palais de Schönbrunn, de Vienne, des beaux théâtres, des grands jardins, des bals, des fêtes dont les journaux avaient donné des descriptions enthousiastes. Fontsalte sut satisfaire toutes ses curiosités, mais, comme elle l'interrogeait sur sa mission et sa destination, il la traita de curieuse.

— C'est une mission particulière et secrète, bien sûr.

— Vous n'avez pas confiance en moi? dit Charlotte en se dressant sur le lit, à tel point étonnée que les larmes lui vinrent aux yeux.

Blaise la força à s'allonger et l'embrassa. Plus qu'aucun aveu, ce cri de doute douloureux lui prouva combien cette femme l'aimait. Elle ne pouvait concevoir qu'il y eût entre eux le moindre secret. A cet instant, il comprit la force et la gravité de l'attachement qu'il avait suscité. « Les femmes, se dit-il, ont une façon de vous imposer la responsabilité de leur bonheur qui rend toute désinvolture honteuse ! »

— Je ne veux rien vous cacher, Dorette, je pensais simplement que tout ce qui importe est que je sois venu jusqu'à vous !

Mais Charlotte, d'une voix enrouée par l'émotion, voulut expliquer à Blaise ce qu'il semblait ne pas deviner :

— Ne comprenez-vous pas que je navigue sur le temps, d'une rencontre à l'autre, comme un bateau va de port en port ! Et les traversées sont longues, longues, Blaise, si longues parfois ! Mais je ne me plains pas, puisque j'ai choisi de vivre ainsi une perpétuelle errance que personne ne soupçonne. Pour meubler les heures où rien ne bouge, où j'attends une lettre de vous, quand j'en suis réduite à lire et relire les journaux en essayant d'y trouver de quoi me fabriquer des intuitions ou des suppositions, alors que j'ai besoin de certitude, je nourris ma fidélité de souvenirs, de ce que je sais de vous. Je ne devrais pas dire ces choses, car je ne veux pas que vous vous sentiez, le moins du monde, obligé de tenir compte de moi dans votre vie...

Blaise, ému, la fit taire d'un baiser et, sur ses lèvres, l'amertume des larmes de Dorette le troubla comme jamais encore il ne l'avait été dans les bras d'une femme.

— Me croirez-vous si je vous dis que vous occupez, avec ma mère, la première place dans mes pensées ? Il ne se passe pas un jour où je ne pense à vous, à ce lac, à ces montagnes, à ces vignes, à Belle-Ombre, aux châtaigniers d'Hauterive, comme je pense à Fontsalte. Un jour, je voudrais vous emmener à Fontsalte, vous montrer mon Forez, sa plaine, qui est comme un grand lac vert fait de prairies parsemées d'îles qui sont des bosquets, et les montagnes qui l'entourent, moins hautes et moins abruptes que les vôtres. Oui, Dorette, avec vous je voudrais tout partager. Alors, ne parlez plus de manque de confiance.

En dînant d'une tourte au fromage et de fruits, Blaise se résolut à parler de sa mission.

— Peut-être ne savez-vous pas que des agents recruteurs anglais, autrichiens et prussiens ont été envoyés dans les cantons du Nord pour inciter les jeunes Suisses à s'enrôler dans les armées des ennemis de la France. Eh bien, je suis venu pour mettre les recruteurs hors d'état de... recruter. Voilà tout.

— Vous allez faire ça comment ?... Seul ?

— J'ai avec moi quelques bons garçons, que Trévotte a dû conduire à Aarau, dans le canton d'Argovie, où je dois les retrouver. A partir de là, nous ferons... ce qu'il y aura lieu de faire.

— Mon Dieu, avez-vous oublié ce qui vous est arrivé, pas très loin d'ici, à Ouchy ? rappela Charlotte, inquiète.

Blaise se mit à rire et vida son verre de vin blanc.

— C'est bien pour ça que je tiens à la discrétion. Pour le reste, je suis sur mes gardes... et puis ça fait partie du métier, n'est-ce pas ?

Comme la jeune femme demandait si la guerre allait reprendre, le général parut s'absorber dans ses pensées.

— Je vais vous confier un autre secret, qui est une réponse a cette question. M. Fox, le ministre anglais des Affaires étrangères, vient de mourir. C'était un honnête homme, puisqu'il avait fait arrêter un royaliste qui se proposait d'assassiner l'empereur. Au contraire de William Pitt, il ne souhaitait que faire la paix entre l'Angleterre et la France. Des négociations avaient même commencé, à Paris, entre lord Yarmouth et Talleyrand. Mais la mort de

M. Fox remet tout en question et les politiciens, qui poussent à la guerre à outrance, dominent à nouveau le gouvernement anglais. Les Prussiens, eux aussi, souhaitent l'anéantissement des projets européens de Napoléon, dont la Confédération du Rhin est un embryon. Même votre grand historien suisse, Jean de Müller, et le très savant M. Guillaume de Humboldt soutiennent le feld-maréchal Blücher, le baron de Stein et le général Rüchel, qui, à Berlin, préparent la guerre contre la France. Ils ont déjà rassemblé plus de cent cinquante mille soldats, de la Thuringe à la Silésie. Des libelles belliqueux circulent contre nous et, le 26 août, un tribunal militaire français a dû condamner à mort et faire exécuter un libraire de Nuremberg, un certain Palm, qui vendait un pamphlet contre l'empereur. Nous allons, chère Dorette, vers une quatrième coalition mais, aussi, vers de nouvelles victoires, car la Grande Armée est invincible, conclut le général avec assurance.

Charlotte se tut et vint s'asseoir sur les genoux de Blaise. Elle ne voulait pas répéter à son amant les craintes que lui inspirait la perspective d'autres combats, fussent-ils victorieux pour la France. Elle se contint, pour ne pas crier son indignation devant la sottise des hommes, qui acceptaient de mourir, les uns pour conserver leurs trônes aux monarques orgueilleux qui les tyrannisaient, les autres pour les banquiers, les armateurs et les marchands de Londres, d'autres encore, les plus respectables, pour imposer aux nations liberté, égalité, fraternité, et cela en usant d'une force barbare qui violait ces principes !

De la même façon qu'elle avait gardé ses réflexions pour elle, Charlotte se retint, au moment de la séparation, de poser la question : « Quand vous reverrai-je ? » Blaise, dans l'incapacité d'y répondre, la redoutait. Il fut reconnaissant à Charlotte de sa réserve et accepta la clé du moulin.

— Vous pouvez venir ici sans même prévenir. Il y aura toujours désormais du linge propre dans l'armoire, du bois sec dans le bûcher, du vin dans la cave, dit Charlotte.

— Comment remercier cette excellente tante que j'espère bien rencontrer un jour ! Elle me plaît déjà, cette dame, dit Fontsalte en montant dans son cabriolet.

Charlotte, effrayée à la seule pensée que Mathilde pourrait rencontrer Blaise et son regard vairon, s'empressa de répondre qu'une telle rencontre n'était pas souhaitable.

— Vous ne pouvez la remercier ni la voir. Comprenez que, pour elle, l'honnêteté s'y oppose ! Elle connaît votre existence mais veut l'ignorer. Nos relations vont à l'encontre de ses principes et si elle me prête ce moulin, c'est parce que...

— C'est parce que ?

— C'est parce que... parce que... comment dire ?

— Parce que votre tante a peut-être vécu ce que nous sommes en train de vivre. N'est-ce pas ?

Blaise fit claquer son fouet, les chevaux s'élancèrent. Charlotte envoya un baiser du bout des doigts et attendit que le cabriolet ait disparu au détour du chemin pour retourner dans la maison afin d'y mettre de l'ordre. Elle aperçut sur la table la pipe que son amant avait oubliée. Le fourneau qu'elle posa contre sa joue était encore tiède.

Après ces quelques heures de bonheur, Mme Métaz rentra à Vevey pour trouver son mari de méchante humeur. A Neuchâtel, où venait d'arriver le maréchal Berthier, des fonctionnaires français avaient saisi et détruit un important stock de denrées de contrebande entreposées chez des négociants. Le nouveau prince de Neuchâtel considérait que ces provisions, entrées indûment en Suisse par le Tessin, sans payer de droits, constituaient la preuve d'une violation flagrante du blocus. Or, parmi les produits saisis, certains étaient destinés à M. Métaz, devenu importateur de denrées dites coloniales.

— J'avais là-bas du thé, du café, du sucre, des épices et, même, du tabac que m'ont commandés les marchands de Vevey et aussi la sœur de ton amie Flora, Tignasse, l'épicière de La Tour-de-Peilz ! C'est très bien de combattre les Anglais, mais nous ne produisons en Suisse ni café ni thé ni sucre ! s'indigna Guillaume.

— Ni coton, ajouta Blanchod, qui savait que cette matière première risquait de faire défaut à l'industrie textile.

Charlotte et Flora n'avaient pas pour habitude de se mêler des affaires commerciales, mais Martin Chantenoz entra dans la discussion :

— Le blocus est une arme économique. Il peut, strictement utilisé, contraindre les Anglais, boutiquiers dans l'âme, à renoncer à la guerre. Mais, pour que le blocus soit efficace, il faut empêcher la contrebande, l'entrée des marchandises anglaises en Europe par des voies détournées. Alors, mieux vaut se priver de thé et de sucre que de voir de nouvelles hécatombes, dit Martin.

Aussitôt, Métaz s'insurgea :

— Tu ne sais pas de quoi tu parles ! Tu raisonnes en poète. Que le blocus soit efficace, comme tu dis, et tu verras les prix monter partout, les affaires péricliter, les entreprises fermer et les gens sans travail. Et à qui vendrons-nous notre vin, nos fromages, nos cuirs vernis, nos indiennes de Genève, nos cordes, nos colles, nos montres, nos peignes ? Hein ! Tiens, tu ne sais rien du mal que je m'étais donné pour établir un circuit sûr, avec des Tessinois capables d'acheminer des marchandises... payées d'avance et qui sont perdues ! s'écria Guillaume, qui avait fait ses comptes dans l'après-midi.

Chantenoz se garda de répliquer et jeta un regard amusé à Charlotte. Mais l'affaire de Neuchâtel n'était pas la seule source de mécontentement pour l'entrepreneur veveysan.

— Et puis, comme un ennui n'arrive jamais seul, figurez-vous que le transport des pièces du monument Desaix au Grand-Saint-Bernard m'est passé sous le nez, pstt, pstt, pstt, comme ça, dit-il, joignant un geste évocateur à ce propos désabusé.

Comme ses amis l'interrogeaient sur cette déconvenue, Guillaume raconta que les Français avaient préféré la route, alors qu'il avait proposé de transporter les marbres, de Lausanne à Villeneuve, par le lac et d'organiser ensuite les convois pour l'hospice.

— Quinze charrettes, tirées chacune par cinq ou six chevaux, ont été nécessaires pour porter les éléments du monument, de Lausanne au pied de la montagne. Elles se trouvaient déjà à Martigny où l'architecte et le sculpteur les avaient envoyées en attendant l'arrivée de l'ingénieur Antoine-Remy Polonceau et du conducteur principal Grégoire Perrin, qui, eux, venaient de Suse, en Italie. Ils travaillent, là-bas, au chantier de la nouvelle route du mont Cenis. En effectuant une reconnaissance, de Saint-Pierre au col du Grand-Saint-Bernard, ces gens ont découvert — ce sont les dires de M. Grégoire Perrin — « des chemins effroyables qui n'avaient que deux, trois, quatre et cinq pieds de largeur avec des pentes de quarante-cinq degrés ». Ah ! la belle trouvaille ! Tous les gens du pays savent ça ! Les précipices, les rochers à pic, les forêts ont impressionné ces messieurs, qui mirent six heures pour gravir la montagne. Forts de cette expérience, ces hommes de l'art ont compris que la seule façon de faire monter jusqu'à l'hospice les charrettes chargées de marbre consistait à élargir et à améliorer le tracé des chemins. Ils ont réquisitionné plus de huit cents Valaisans, promus terrassiers, et fait venir de Brigue deux cents mineurs, avec leurs outils et de la poudre pour faire sauter le rocher. Ils durent aussi alléger les voitures, qu'ils firent atteler, chacune, de trente mulets du pays et pousser par vingt hommes. Certains attelages effectuèrent trois voyages, tant il y avait de matériaux à porter au col. Et cela a pris dix jours ! On m'a assuré que les Valaisans avaient été bien payés. Ça doit représenter une belle commission pour celui qui a su rassembler ouvriers, charrettes, mulets et conducteurs, conclut Guillaume du ton acide de celui qui n'a pas su bénéficier d'une aubaine à sa portée.

Chantenoz, que des religieux érudits venaient parfois consulter, compléta le récit de son ami :

— Un chanoine, descendu ces jours-ci de l'hospice, m'a dit que le mausolée du général Desaix est maintenant en place dans la chapelle et qu'il est fort beau. Le prieur l'a béni et l'ingénieur Polonceau a prononcé un discours. Pendant le temps des travaux, MM. Polonceau et Perrin, mais aussi appareilleurs et maçons, ont été logés à l'hospice et largement traités. On ne leur a pas servi de vin ayant moins de dix ans d'âge ! Aussi ne tarissent-ils pas d'éloges sur la générosité et la bonté des religieux, pour qui Napoléon a un faible depuis le passage de son armée en 1800.

— Ils ont été aussi très intéressés par les gros chiens que les chanoines envoient, l'hiver, à la recherche des voyageurs égarés dans la neige. On dit même que certains Français ont voulu acheter des chiots. Si les chanoines étaient malins, ils organiseraient un élevage et tireraient un bon prix de leurs molosses dressés, remarqua Guillaume, toujours pratique.

L'abondance de la vendange et la promesse d'un cru de qualité exceptionnelle atténuèrent un peu les inquiétudes de Guillaume Métaz qui, les dernières grappes pressées, quitta Vevey pour le Tessin. Il devait rencontrer, à Bellinzona, des négociants italiens. L'antique cité contrôlant le passage vers trois cols, Saint-Gothard, Lukmanier et San Bernardino, était un centre commercial devenu carrefour des contrebandes.

Aux premières brumes de novembre, les Veveysans apprirent que les hostilités avaient commencé entre la France et la Prusse, qu'une nouvelle coalition s'était formée et que Napoléon avait traversé le Rhin, ce qui ne surprit point Mme Métaz. Elle avait reçu, le 12 octobre, une lettre de Blaise, datée de Mayence, où le général se trouvait avec l'état-major de la Grande Armée. A partir de ce jour, Charlotte se mit à guetter les nouvelles publiées par la *Gazette de Lausanne*. L'annonce des victoires d'Erfurt, Iéna et Auerstedt, l'entrée à Berlin de l'empereur réjouirent Charlotte, alors que son mari, dont l'opinion sur Napoléon avait singulièrement évolué, fulminait contre le « fossoyeur du commerce international ».

L'empereur des Français, vainqueur de la Prusse, ne venait-il pas de signer, à Berlin, un décret renforçant et organisant le blocus continental !

Voyant son père soucieux et parfois courroucé pour des raisons qui échappaient à son jeune entendement, Axel lui posait des questions sur ses voyages, comme s'il voulait le détourner un moment de ses pensées moroses. Guillaume en était ému. Dans ces moments-là, il caressait les cheveux drus et frisés du garçon, qui le fixait de son regard net, dont le bleu et le brun s'avivaient sous l'effort d'attention.

— Tu es un bon gars et c'est pour toi, pour ton avenir, que j'espère moins dur que notre présent, que je travaille. En attendant, va te promener, profite bien du temps où tu es petit. Ça ne durera pas toujours, disait-il.

Car, à toutes les distractions proposées à son âge, Axel préférait la promenade, occasion de multiples découvertes.

Polline avait de vieilles jambes fatiguées et n'emmenait jamais l'enfant très loin : soit, à l'est de la ville, jusqu'à l'Eperon, jetée naturelle qui servait de débarcadère, soit, à l'ouest, jusqu'à l'ancienne porte, dite d'entre deux villes, qui marquait, depuis le Moyen Age, la limite entre le quartier de Bottonens et le territoire de La Tour-de-Peilz.

Par les chaudes journées, on choisissait plutôt l'Eperon et la promenade de l'Aile, du nom de la belle demeure à tourelles chapeautées de toits aigus devant laquelle avait été plantée, en 1727, une allée de vingt-six marronniers, auxquels on avait ajouté, dix ans plus tard, en bordure de la grève, une troisième ligne de peupliers. Le dimanche, les familles allaient et venaient, se rencontraient et papotaient sous les frondaisons.

Charlotte Métaz soutenait, non sans raison, que la plus grande foire aux cancans de la ville se tenait, après le service, sous les marronniers de l'Aile. Les jours où soufflait la vaudaire, Polline choisissait un circuit plus abrité, par l'intérieur de la ville, et conduisait le garçon jusqu'au château, ancienne demeure des baillis, dont la terrasse élevée, les murs rudes et râpeux ne plaisaient guère à l'enfant. Du côté de l'Aile, il y avait surtout, dans le bas de la place du Marché, le chantier où l'on construisait et réparait les grandes barques du Léman. Polline ne manquait jamais de montrer et, depuis peu, de faire épeler à l'enfant les noms accolés de Rudmeyer et Métaz, en lui rappelant que son papa, après son défunt grand-père, était le propriétaire de cette usine à bateaux en plein vent, et des bateaux eux-mêmes. Parfois, la servante condescendait à s'approcher des barques en construction ou en réparation, mises au sec et soutenues par les étais, tandis que les charpentiers travaillaient sur les coques. L'odeur douceâtre du bois torturé par les outils, celle, plus âcre, du brai, étalé tout fumant par les calfats gantés de cuir, et les relents pharmaceutiques des vernis se fondaient en un parfum composite, à prétention maritime. Quand on hissait sur leur vergue les grandes voiles latines, un espoir d'aventure gonflait la poitrine de l'enfant, comme si les barques lémaniques étaient, par magie, promues soudain à la noblesse des voiliers hauturiers, prêtes à cingler, avec leur gréement en oreille, vers les montagnes de Savoie que cachait la brume et que l'on imaginait projetées à des milliers de lieues dans la mer des Sargasses.

Axel, les yeux écarquillés pour ne rien perdre du spectacle, écoutait avec béatitude grincer les scies, cliqueter les treuils, gémir les madriers sous la torture des herminettes, résonner les coques frappées par les maillets. Le lapement bref et répété des varlopes, le son clair des marteaux enfonçant les clous de cuivre, le crissement des vilebrequins, le couinement des poulies composaient un tintamarre qui le ravissait et l'inquiétait à la fois.

Les ouvriers, qui connaissaient la domestique des Métaz, saluaient Polline. Parfois, le contremaître, qui venait chaque semaine chercher la paie des compagnons chez les Métaz et à qui Polline servait à la cuisine un verre de blanc, s'approchait des promeneurs. Polline, avant d'engager une conversation qui portait invariablement sur le temps à prévoir, le vent du jour, la pêche ou le tonnage d'une barque en chantier, disait, assez fort pour être entendue des hommes au travail, en désignant Axel : « C'est le fils du patron. » C'était une façon de mettre tout le monde en garde. Il convenait de ne pas dire n'importe quoi devant le gamin.

Le jour où le contremaître offrit à Axel la joue d'une petite poulie, réformée et polie par l'usage, le gamin rentra triomphant et, ayant obtenu une longueur de ficelle, suspendit le trophée au montant de son lit, qui devint ainsi bateau à rêves.

Il arrivait aussi, dans une circonstance bien particulière, que le chantier perdît soudain pour Axel tout intérêt. C'était les jours où les voituriers venaient baigner les chevaux. Les hommes, pantalons troussés jusqu'aux genoux, descendaient sur la grève, chevauchant les percherons à large croupe, et les obligeaient à entrer dans le lac. « C'est pour leur forcir les paturons », expliquait Polline.

« Mais y vont pas se noyer, dis ? » s'inquiétait Axel, à qui l'on interdisait de s'approcher du lac, mangeur d'enfants. Quand un cheval récalcitrant refusait d'entrer dans l'eau, que le palefrenier devait mettre pied à terre, tirer l'animal par la bride en l'encourageant ou en l'insultant, et pénétrer lui-même dans le lac jusqu'à se mouiller la poitrine, Axel applaudissait. Ces jours-là, Polline ne pouvait reprendre la promenade tant que durait la baignade des chevaux. Et, quand le hasard de la rencontre voulait que les chevaux conduits au bain soient ceux des Métaz, qu'Axel reconnaissait et appelait par leur nom, la domestique avait toutes les peines du monde à empêcher le gamin de courir vers eux.

Quand Polline, en fonction de la saison, du vent, du soleil, choisissait d'emmener Axel du côté de Bottonens, à l'autre bout de la ville, à l'opposé du chantier, le plaisir était d'un autre ordre. Le site était moins animé, certes, mais tout aussi intéressant. Après la terrasse du château, puis la maison Blonay, on arrivait à l'endroit où le vrai spectacle était le lac. Axel guettait les bateaux de pêche, suivait le vol des oiseaux et quand, par hasard, des canards ou des foulques venaient, en se dandinant, s'ébrouer sur les galets près de l'endroit où l'Ognonnaz se jette dans le Léman, il battait des mains et tentait d'échapper à la vieille bonne, pour courir vers les gros oiseaux.

Quelques jours avant Noël, alors qu'une fois de plus on évoquait, dans le cercle des Métaz, réuni autour de la cheminée pour manger des châtaignes en goûtant le vin nouveau, la guerre et ses conséquences, Simon Blanchod donna des nouvelles d'une Veveysanne dont les aventures avaient, un moment, défrayé la chronique locale. Il s'agissait d'une de ses amies de jeunesse, Suzanne Roy, qui, mariée en 1798 à un officier français, avait suivi ce dernier en Egypte, où il était mort. Elle avait ensuite convolé sur place avec un médecin-major d'origine italienne, Vincent Ceresole, de huit ans son aîné, qui servait dans l'armée française. Ce médecin avait succombé à son tour en soignant les pestiférés d'Alexandrie et, le 3 juillet 1800, Suzanne, qui attendait un enfant, s'était retrouvée veuve pour la seconde fois. Le 24 janvier 1801, un fils lui était né et, les Français quittant l'Egypte, elle était rentrée à Vevey, où résidait encore sa famille.

Tandis que Blanchod rappelait ces événements, Flora et Charlotte échangèrent un regard. Un soir de mai 1800, dans ce même

salon, un certain capitaine Fontsalte avait raconté la mort en
Egypte du premier mari de Suzanne Roy. Il ignorait alors ce que la
jeune veuve était devenue. Depuis ce temps, toute la ville avait eu
connaissance du triste destin de cette femme courageuse et très
estimée.

Sur la promenade de l'Aile, Axel Métaz rencontrait souvent le
petit Auguste Ceresole, plus âgé que lui de trois mois. Tout le
monde savait, à Vevey, que Suzanne, veuve de deux officiers
français, vivait chichement après avoir vainement tenté d'obtenir
une pension de l'armée. Afin de se procurer des ressources, elle
avait accepté depuis peu, bien qu'il l'éloignât de Vevey et de son
fils, un emploi de dame de compagnie auprès de Mme d'Ermannsdorf, épouse d'un dignitaire de la cour de Saxe, à Wittemberg.

— J'ai appris aujourd'hui par une parente de Suzanne que ce
Bonaparte a plus de cœur qu'on croit, dit Blanchod.

— Ah! Ça, j'aimerais savoir comment cela se manifeste, grommela Flora.

Simon Blanchod prit le temps de déplier ses jambes de monta-
gnard et de s'extraire de son fauteuil, pour jeter une bûche dans la
cheminée, avant de boire une gorgée de vin. Ce Vaudois, qui ne
faisait jamais un pas plus vite que l'autre, était certain, en
temporisant, d'augmenter la curiosité du cercle.

— Je vais te le dire, Flora. Les circonstances de la guerre ont
voulu que Bonaparte, qui, en octobre, poursuivait les Prussiens en
déroute, soit invité à se mettre à l'abri d'un orage, avec sa suite,
dans la maison de Mme d'Ermannsdorf, près de qui se trouvait notre
Veveysanne. Suzanne se fit reconnaître par un ami de son premier
époux, le général Bertrand, qu'elle avait souvent reçu à sa table en
Egypte. Le général voulut savoir comment cette Egyptienne —
c'est ainsi, paraît-il, que Bonaparte lui-même appelle ceux qui sont
allés aux Pyramides — était devenue dame de compagnie en Saxe.
Notre Veveysanne raconta son histoire en présence de l'empereur,
dit que, ne percevant aucune pension, elle s'était exilée pour
gagner de quoi donner une bonne instruction au fils d'un médecin-
major mort de la peste à Alexandrie. L'empereur ne cacha pas,
paraît-il, son émotion et décida sur-le-champ d'attribuer à notre
Suzanne une pension de mille deux cents francs par an. Il a aussi
signé un décret qui permettra au jeune Auguste de faire des études
dans un lycée de France aux frais de l'Etat. La parente de Suzanne
m'a dit que Bonaparte a tenu à ce que sa rencontre avec la veuve
Ceresole soit rapportée dans le *Bulletin* de la Grande Armée. On

pense qu'elle va rentrer à Vevey dès que les circonstances le permettront [1].

— Entre nous, elle méritait bien une pension et Napoléon n'a fait que réparer une négligence de Bonaparte. Et puis, mille deux cents francs par an, c'est pas le pactole, dit Guillaume.

— C'est pas le pactole, c'est cependant dix fois ce que reçoit un régent [2] de la petite école depuis que la loi du 26 mai 1806 a fixé leur salaire, observa Chantenoz.

Cette comparaison entre une pension de veuve et le salaire d'un instituteur conduisit Charlotte à poser une question qu'elle agitait, avec Guillaume, depuis que cette fameuse loi sur l'instruction publique rendait l'enseignement obligatoire.

— Dis-moi, Martin, devons-nous envoyer Axel à l'école ? Il aura six ans en avril et, depuis que les petites Ruty vont à l'école lancastérienne [3], il n'est pas de jour où Axel ne crie en se réveillant : « Je veux aller à lancastre », comme les enfants de la rue. Guillaume est, comme toujours, prêt à céder au caprice de son fils. Je trouve, moi, que notre garçon, à qui Flora à déjà appris ses lettres, et qui sait son ba be bi bo bu, n'en retirera aucun profit et n'apprendra que des sottises. Attendons un peu et il entrera directement au collège. Franchement, qu'en penses-tu ?

Martin Chantenoz, qui enseignait le grec, le latin et le français au grand collège, trouvait à l'école primaire, en plus de sa fonction pédagogique, des vertus éducatives, civiques et sociales.

— C'est sans hésiter, Charlotte, que je te conseille d'envoyer Axel à l'école. L'enseignement mutuel, qu'on pratique à Vevey, est fondé sur de bonnes méthodes pour apprendre aux enfants à lire et à écrire. Et, si tu veux que ton fils soit admis au collège à l'âge de

1. Elle revint en effet au pays le 28 août 1807 et mourut à Vevey en 1852. Son fils, Auguste Ceresole, fit de brillantes études à Yverdon puis au Prytanée, lycée militaire de La Flèche. Devenu pasteur, Auguste Ceresole exerça comme professeur à Vevey où il mourut le 14 février 1870, laissant sept fils. Sa tombe monumentale se trouve au cimetière Saint-Martin. Alfred Ceresole, fils d'Auguste, pasteur, érudit et écrivain veveysan, a raconté, dans un ouvrage publié à Lausanne en 1900, l'histoire de sa grand-mère. Thiers, dans son *Histoire du Consulat et de l'Empire,* rapporte l'entrevue de Suzanne Ceresole et de Napoléon Ier. Savary, Rapp et Ségur y font allusion dans leurs *Mémoires.*
2. Maître d'école, instituteur.
3. Ecole fondée sur l'enseignement mutuel dont l'idée, empruntée aux Indiens, aurait été importée en Europe, en 1747, par un instituteur français nommé Herbault. En 1799, John Lancaster (1778-1838), simple ouvrier irlandais, perfectionna la méthode déjà pratiquée en Angleterre par Andrew Bell (1753-1832) et lui donna son nom. En 1811, les écoles lancastériennes comptaient trente mille élèves en Angleterre et plusieurs milliers en Suisse.

sept ans, il faudra qu'à cette époque il sache lire et écrire passablement, c'est la condition. Et puis Axel est un bon garçon, plein de curiosité et de vie, il doit sortir des jupons des...

— C'est ce que je répète à satiété, interrompit Guillaume.

— Il doit non seulement sortir de tes jupes et de celles de Flora, mais il doit aussi apprendre que d'autres enfants existent, qui n'ont pas sa vie facile, qui ne sont pas filles de notaire ou fils d'apothicaire ! L'école, maintenant obligatoire, a le mérite de mêler toutes les classes, compléta Chantenoz.

— Justement, c'est bien ce qui nous inquiète. Le fils du boulanger, un enfant propre et poli, est devenu grossier comme du pain d'orge depuis qu'il va à lancastre. Il y a appris plus de tours que de lettres de l'alphabet, trancha Flora.

— Et puis l'enseignement mutuel, cette façon de faire instruire des enfants qui ne savent rien par d'autres qui ne savent pas grand-chose, ne me plaît guère, ajouta Charlotte avec une moue de mépris.

— Mme de Maintenon faisait pratiquer l'enseignement mutuel aux demoiselles de Saint-Cyr, observa doucement Blanchod.

— Quand ils sortent de l'école, il faut les entendre traiter les filles de pouines [1] et leurs camarades de chenoilles [2], reprit Flora, poursuivant sa critique.

— Et alors ! Comment veux-tu qu'un régent qui a deux cents élèves, répartis en dix ou douze groupes de différents niveaux, à surveiller puisse vérifier si tous les enfants ont un langage châtié ou ne font pas de bêtises. Il a déjà bien du mal à les empêcher de graver au couteau des croix sur les tables et à ne pas cracher sur le plancher ! Si tu savais, ma pauvre Flora, que la plupart des enfants entrés à l'école cette année ne parlent et ne comprennent le plus souvent qu'une sorte de patois ! Tu les entends dire appondre pour ajouter, bizingue pour de travers, broussetout pour gilet, cacabot pour tache d'encre. Ils appellent une limace un coitron, un hanneton une cancoire, l'averse la carre et j'en passe. Il faut déjà leur enseigner le français et appliquer les principes de notre maître à tous, Henri Pestalozzi, qui a dit fort justement : « Dans la culture des champs, il est toujours des ressources ; dans l'éducation, une première négligence ne se répare plus. » Inspirée et associée à ces principes, la méthode d'enseignement du père cordelier Grégoire Girard, directeur des

1. Mijaurées.
2. Canailles.

écoles de Fribourg, assure, crois-moi, de rapides progrès aux élèves.

Ces arguments confortèrent suffisamment l'opinion de Guillaume Métaz sur l'école pour qu'il décidât sur l'heure, et sans tenir compte de la moue de sa femme, que son fils irait à lancastre.

— Pas avant le printemps, je t'en prie. La chambre d'école du Casino n'est pas chauffée et les petites Ruty y ont attrapé une influenza et des engelures, supplia Charlotte.

— Ce qui ne les décourage pas d'y retourner, s'étonna Flora.

— Bon, bon, c'est bon ! Mais, dès les premiers beaux jours, Axel ira à lancastre et, le dimanche matin, je l'emmènerai au temple. Les sermons qu'il y entendra serviront d'antidote aux grossièretés des écoliers, décréta Guillaume avec autorité.

L'école veveysanne, installée dans le Casino de Vevey, où l'on donnait bals et conférences, pratiquait l'enseignement mutuel bien avant qu'une récente loi ait créé un Conseil académique cantonal, composé de onze membres chargés d'organiser et de contrôler les écoles et la qualité de l'enseignement que l'on y dispensait. Le pays de Vaud, où le régime bernois avait imposé à chaque paroisse, dès 1676, l'obligation d'ouvrir une école, avait une solide tradition éducative, même si les locaux scolaires étaient inconfortables et les équipements des plus sommaires. On comptait dans le canton plus de cinq cents écoles et Vevey disposait d'une douzaine de chambres d'école [1], le plus souvent installées dans des appartements, parfois celui du régent.

Au lendemain de Pâques, Axel fut conduit à l'école, qui comptait plus d'une centaine d'élèves. Il s'y sentit tout de suite à l'aise. Comme il connaissait déjà ses lettres et était même capable de lire des mots de deux syllabes, il fut vite remarqué par le régent et, au bout d'une semaine, suivant le principe de l'enseignement mutuel, promu moniteur d'un groupe d'enfants moins avancés que lui. Le régent, qui donnait des directives aux moniteurs, interrogeait les écoliers et estimait leurs progrès, assurait aussi la discipline générale. Axel, investi pendant quelques jours d'une fonction pédagogique qui consistait à faire reconnaître à ses camarades les lettres de l'alphabet découpées dans des plaques de carton, se révéla d'une surprenante autorité. Le régent dut intervenir pour le

---

1. C'est ainsi qu'on nommait les établissements scolaires de l'enseignement primaire, qui ne comptaient le plus souvent qu'une seule classe, logée dans un appartement privé.

prier de modérer son ton et lui interdire de traiter de bobets[1] les
enfants qui se trompaient ou ne savaient que répondre. En
quelques mois, le garçonnet fit de rapides progrès, passant d'un
groupe à la section supérieure, tout en assurant périodiquement,
comme d'autres enfants doués, les fonctions de moniteur. Il rentra
triomphant à Rive-Reine le jour où il devint moniteur du groupe
dans lequel se trouvaient ses amies, les jumelles Ruty.

— Tu vas être gentil avec elles et ne pas les houspiller si elles ne
savent pas écrire le mot lune ou réciter un psaume, prévint
Charlotte, qui connaissait par le régent la façon d'enseigner de son
fils.

— Mais, maman, si je suis gentil avec Nadine ou Nadette, les
autres diront que c'est parce que c'est des amies de dehors ! Je dirai
comme aux autres. C'est la justice !

— Très bien, mon garçon, la justice, même chose pour tous.
Voilà un bon principe, dit Guillaume, qui assistait à la conversation.

A l'époque de l'année où bon nombre d'élèves désertaient l'école
pour aider leurs parents aux travaux des champs, les enfants des
commerçants et ceux des bourgeois, peu nombreux, qui continuaient à fréquenter la chambre d'école du Casino bénéficiaient
d'un enseignement plus sélectif. Dans une salle moins bruyante, où
d'ordinaire le raclement des sabots sur le plancher couvrait les voix
fluettes des moniteurs, le régent s'appliquait à parfaire le savoir
acquis au cours des derniers mois. Ce pédagogue dévoué venait de
confier à Mme Métaz que son fils était prêt pour le collège et qu'il lui
paraissait très capable de faire de bonnes études, quand survint un
incident qui mit fin au séjour d'Axel à l'école lancastérienne.

Depuis quelques semaines, on s'entretenait beaucoup à Rive-
Reine d'un drame en cinq actes, *Wilhelm Tell,* du poète allemand
Friedrich Schiller, mort deux ans plus tôt. Martin Chantenoz venait
de recevoir le texte de ce drame, dont il vantait l'atmosphère
champêtre et la force tragique, Schiller ayant su faire de l'histoire
de Guillaume Tell un hymne grandiose à la liberté et à l'idéal.

Entendant le nom de Guillaume Tell revenir dans la conversation, Axel, qui avait d'abord reconnu le prénom de son père, voulut
tout savoir de ce M. Tell. L'enfant s'adressa, comme il le faisait
assez spontanément, à celui qui avait toujours l'air de savoir plus de
choses que les autres, Martin Chantenoz.

1. Nigauds, sots.

Un soir, Axel demanda à sa mère la permission de venir au salon pendant que les grandes personnes s'y trouvaient, pour « demander quelque chose à Martin ».

Ce dernier, dûment questionné, expliqua qu'en 1307 Albert, le duc noir, fils et successeur de l'empereur Rodolphe de Habsbourg, voulut soumettre les Suisses et faire de leur pays un Etat autrichien. Des patriotes des cantons de Schwyz, d'Uri et d'Unterwald s'assemblèrent secrètement pour organiser la lutte contre un affreux pillard, le bailli Gessler, représentant du duc noir qui habitait Altdorf.

— C'était un méchant homme qui volait les récoltes des paysans, mettait au cachot les récalcitrants et ne pensait qu'à prélever des dîmes et humilier les Suisses, qui avaient jusque-là bénéficié d'un statut de liberté. Un jour, ce vilain Gessler, qui avait eu vent par des espions de ce que préparaient les patriotes, eut l'idée, pour se moquer d'eux, de mettre son chapeau orné de la couronne ducale d'Autriche au bout d'une pique et de faire dresser celle-ci sur la place d'Altdorf. Il exigea que tous ceux qui traversaient la place saluent son chapeau, comme s'il se trouvait lui-même dessous ! Un homme passa devant la pique sans saluer le chapeau. Il se nommait Guillaume Tell. Gessler le fit arrêter et le menaça de mort. Puis, comme il avait entendu dire que Tell était le meilleur tireur à l'arbalète de la contrée, il lui promit la vie sauve s'il se montrait capable de mettre un vireton dans une pomme à cent cinquante pas.

» Guillaume Tell releva le défi mais fut pris d'une grande frayeur quand il vit que le bailli demandait en riant qu'on plaçât la pomme sur la tête du petit garçon de Tell, Walter, qui devait avoir à peu près ton âge, Axel. Guillaume ne renonça pas pour autant. Il embrassa son garçon, lui mit la pomme sur la tête en lui demandant de faire confiance à son père et de rester immobile comme une statue. Tell visa posément, en essayant d'oublier qu'il risquait de tuer Walter, et lança sa flèche. Celle-ci enleva la pomme de la tête de l'enfant qui n'avait pas frémi. Un coup magistral !

Comme Axel écarquillait ses yeux bicolores et béait d'étonnement, Martin termina l'histoire :

— Mais le vilain Gessler était un homme sans parole et sans honneur. Malgré cet exploit et ce qui était convenu, il fit arrêter Guillaume Tell...

— C'est pas juste, c'est un méchant, s'écria Axel.

— Ah ! ça oui ! C'était un méchant ! Mais la justice finit par triompher, car la barque qui emmenait Tell en prison fut prise dans une tempête, sur le lac d'Uri, et Guillaume parvint à s'échapper. Il retrouva ses amis et, avec eux, rassembla les paysans puis engagea la guerre contre les Autrichiens, qui furent chassés de la Suisse.

— Et le méchant ?

— On dit que Guillaume Tell lui envoya un vireton dans la tête... sur laquelle il n'avait, ce jour-là, ni pomme ni chapeau !

— Ça, c'est bien fait pour lui ! conclut l'enfant.

Guillaume Métaz, qui aimait toujours tirer la leçon civique des événements, intervint :

— Il faut que tu te souviennes bien du nom de Guillaume Tell, car c'est l'homme courageux qui a fondé la solidarité et la liberté des premiers cantons, à l'origine de notre grand pays.

— Je m'en rappellerai bien, puisqu'il s'appelait comme toi, assura l'enfant.

Axel ayant été envoyé au lit, la conversation sur le même thème se poursuivit entre adultes.

— C'est très bien de raconter des histoires édifiantes aux enfants, mais j'ai lu quelque part que Guillaume Tell n'a jamais existé et, même, que l'arbalète n'avait pas encore été inventée en 1307, dit Flora.

— Pardon, pardon, l'exploit de Tell est rapporté dans ce que les érudits nomment le livre blanc de Sarnen, un registre d'état civil d'Obwald, qui date de 1472 ! protesta Blanchod.

— Et quant à l'arbalète, ma chère Flora, les Français et les Anglais s'en servaient dès le XIe siècle. Les Romains la connaissaient déjà. Un chroniqueur, Renatus Vegetius, cite cette arme, dans un texte du IVe siècle, compléta Chantenoz.

— Il se trouve toujours des gens pour remettre en cause les héros, grommela Guillaume.

— Même si l'histoire de Guillaume Tell n'est qu'une belle légende, un avatar du vieux mythe germanique de l'invincible archer, il faut l'entretenir dans l'esprit de la jeunesse, reprit Martin. Ce qui est vrai est ce que l'on croit et tous les peuples ont besoin de meubler leur mémoire collective de mythes édifiants, même au prix de la fable ou de l'exagération. Voyez ce que représente aujourd'hui pour les Français la destruction de la prison de la Bastille à Paris. C'est un épisode inutile et sanguinaire de la Révolution qui, cependant, illustrera dans les temps à venir l'anéantissement de la tyrannie par le peuple. Or on sait maintenant que la Bastille ne contenait pas un prisonnier qui soit des basses classes, mais sept condamnés qui méritaient bien d'être là : quatre faux-monnayeurs, deux fous dangereux que les révolutionnaires tirèrent de leur cachot pour les envoyer à l'asile et un noble incestueux !

— Et tu oublies que, ce jour-là, trente-deux hommes des Gardes-Suisses furent pendus par la populace, ajouta Flora, qui tenait une comptabilité intransigeante des Suisses massacrés par les révolutionnaires français, qu'elle abhorrait.

— Même si Tell n'est qu'un personnage mythique, comme tu dis, permets-nous de le préférer aux tricoteuses et aux guillotineurs.

— C'est un héros pur et solitaire, dont tous les Suisses peuvent être fiers, conclut Guillaume, approuvé par tous.

L'histoire de Guillaume Tell devait inspirer à Axel un jeu redoutable. L'enfant réussit à convaincre Blanchod de lui confectionner une arbalète avec une planchette, une branche de noisetier et une ficelle, puis de tailler quelques flèches, qu'il orna de plumes arrachées à une poule. Pendant plusieurs jours, l'enfant s'exerça au tir contre les dauphins de pierre de la fontaine.

Un de ses camarades d'école étant venu jouer à Rive-Reine, avec son petit frère de trois ans dont il avait la garde, Axel raconta, à sa façon, l'histoire de Guillaume Tell et du bailli Gessler. Son arbalète — qui ressemblait plutôt à un arc — à la main, il ne tarda pas à distribuer les rôles. Le plus grand des garçons fut fait bailli autrichien, le plus petit devint Walter, le fils de Guillaume Tell, dont Axel se réserva d'incarner le personnage dans la scène de l'exploit. D'une incursion au cellier, Axel rapporta, faute de pomme, une poire, qu'il plaça sur la tête du bambin, et s'éloigna de cinq pas, distance qu'il estima de bonne portée pour son arme.

— Surtout, ne bouge pas. Fais confiance à ton père, reste comme une statue, dit Axel, qui savait son texte.

L'enfant à la poire n'était qu'à demi rassuré. Il ferma les yeux pour ne pas voir Axel bander son arbalète et poussa un affreux cri quand la flèche emplumée lui griffa la joue.

Cris et lamentations attirèrent Pernette, puis Polline, sur la terrasse. On baigna l'égratignure, qui n'était rien mais se situait, sur la pommette du petit garçon, à moins de deux centimètres sous l'œil.

— Oh ! là, là ! mon Dieu, mais tu aurais pu lui crever l'œil, à ce petit, dit Pernette, tandis que Polline confisquait l'arme du délit et que l'archer, penaud et plein de sollicitude pour sa victime, devenait conscient du drame qu'il avait failli provoquer.

Consolé par une tasse de lait à la cannelle et un gros morceau de tarte, le blessé, en rentrant chez ses parents, avait oublié sa frayeur et se montrait même fier d'une blessure qui le posait en héros malheureux.

Mme Métaz, informée de l'incident, réprimanda son fils et se promit de sermonner Blanchod. Guillaume Métaz considéra qu'Axel avait été assez puni par les femmes et se contenta de l'envoyer au lit une heure plus tôt que d'habitude, après qu'il l'eut obligé à demander publiquement pardon à Dieu pour le péché d'orgueil à l'origine de son comportement.

Les choses en seraient restées là si, le lendemain de l'affaire, la mère du blessé ne s'était présentée à Rive-Reine, en demandant à voir Mme Métaz. La femme, une servante de l'auberge proche du château, venait simplement réclamer le remboursement d'une consultation médicale.

— Vous comprenez, ce morceau de bois de votre garçon qu'est entré dans la joue du petit, il était peut-être pas propre. Et mon mari a dit comme ça qu' ça peut faire un abcès. Alors, le docteur a soigné mon gamin, mais ça m'a coûté douze batz, avec la fiole chez l'apothicaire. C'est tout ce que je veux, madame.

Charlotte se montra aimable, paya sans discuter ce qu'on réclamait et se préparait à accompagner la visiteuse jusqu'au seuil, en parlant de la pluie et du beau temps, quand Axel survint.

— Tenez, voilà le coupable, le polisson, qui, croyez-moi, s'est fait bien du souci après cette sottise, dit Mme Métaz en attirant son fils contre elle.

— Oh! mais je le connais, votre garçon. Il va à lancastre avec mon aîné. J'ai pas des conseils à vous donner, madame, mais un garçon qu'a les yeux comme ça, faut y faire attention. Chez nous, au pays d'En-Haut, on dit : « Yeux vairons, aucun n'est bon. »

Comme Charlotte, un peu offusquée, allait répondre, la femme ajouta à mi-voix :

— Y'a des ans, quand les soldats de Bonaparte y sont restés un temps à Vevey, j'étais déjà servante à l'auberge qu'est près du château. C'est là qu'y mangeaient les officiers. Eh bien, j'en ai vu un, je me rappelle, un grand fort, noir de poils et frisé. Il avait l'œil vairon comme votre garçon. C'était le moins causant de la bande et je crois bien que c'est lui qui voulait faire fusiller la sœur de l'épicière de La Tour-de-Peilz parce qu'elle avait pas voulu aller dans son lit. Oh! oui, faut se méfier de ceux qu'ont les yeux vairons !

Charlotte Métaz ferma avec soulagement la porte de sa maison. Les propos de cette femme prouvaient que des gens à Vevey se rappelaient avoir vu un officier français au regard bicolore. Dieu merci, la mère de l'enfant blessé, une brave femme sans malice, ne pouvait imaginer l'origine héréditaire du regard d'Axel. Mais la prudence imposait d'éloigner l'enfant.

Une semaine plus tard, le petit Métaz fut retiré de l'école et sa mère l'emmena passer quelques jours à Lausanne, pour acheter des vêtements neufs, la culotte de peau à l'anglaise qu'il préférait à toute autre étant devenue trop courte et trop étroite pour un garçon en pleine croissance. A la rentrée d'octobre, Axel irait au collège, avec les grands.

La Part du diable

1.

Vevey se flattait de posséder, depuis le XVIIe siècle, un collège dont la réputation équivalait à celle des meilleures écoles de Lausanne. Restauré en 1666 et en 1682, le bâtiment où enseignait Martin Chantenoz avait la patine austère des vieilles institutions vouées au savoir et c'est avec un respect mêlé de méfiance envers ses futurs condisciples qu'Axel Métaz y pénétra, pour la première fois, lors de la rentrée 1807. Les écoliers n'étant admis qu'à partir de sept ans révolus, M. Métaz avait dû obtenir une dispense pour son fils, trop jeune de six mois.

Avant de franchir les hauts murs et de traverser la cour, où l'on entretenait un puits public, accessible aux citadins en dehors des heures de classe, Axel vit, au-dessus du portail surmonté d'un fronton grec, une plaque de bronze portant une longue inscription en vers latins, pour lui indéchiffrables. Chantenoz, qui, à la demande de Charlotte, accompagnait l'enfant, ne traduisit que la maxime terminale : « Que Dieu dirige et sanctifie nos travaux et qu'il daigne protéger nos classes contre les mauvaises influences ! Qu'il garde les chefs de la patrie, cette ville et tous ses citoyens et qu'il nous accorde la plus grande prospérité ! »

La loi de 1806 considérait, à la sortie de l'école primaire, l'existence de deux catégories d'élèves : ceux capables de suivre des études supérieures et ceux qui ne pouvaient, ou ne souhaitaient, dépasser le niveau d'une bonne culture générale. On venait donc d'ouvrir une section latine, pour la première catégorie, et une section française, pour la seconde. La section latine accueillait les enfants qui savaient lire et écrire correctement. Elle amorçait un cycle d'études de sept années, donnant accès à l'auditoire des Belles-Lettres de Lausanne, où l'on enseignait la philosophie, la théologie et le droit. Les élèves de la quatrième classe de la section latine, dite collège académique, se perfectionnaient en écriture et orthographe pendant un an puis, à partir de la troisième, passaient deux ans dans chaque classe, afin d'apprendre, au fil des années, l'arithmétique, l'histoire, la géographie, la grammaire française, le latin, le grec, mais aussi le chant des psaumes et les préceptes de la religion réformée. Ces deux derniers enseignements tenaient une place importante dans l'emploi du temps, ce qui faisait dire à Chantenoz : « Autrefois, les paysans catholiques voulaient que leurs fils devinssent curés. Aujourd'hui, les réformés veulent en faire des pasteurs. La religion a toujours été, chez nous, une profession très prisée ! »

En sortant de première latine à quatorze ans, les collégiens de Vevey devaient être capables de suivre les cours de l'Académie de Lausanne, qui comptait quatorze chaires, dont sept pour les belles-lettres, trois pour la théologie et deux pour le droit. Plus d'une centaine d'étudiants venaient d'y être admis lors de la rentrée de 1807.

Dès le premier cours, le régent expliqua aux nouveaux que l'instruction qu'on allait leur dispenser avait, d'abord, pour but de faire d'eux de bons chrétiens, par l'étude de l'Histoire sainte et la récitation des psaumes, et de bons citoyens, par l'apprentissage des vertus civiques. Il ne dit mot de la formation intellectuelle et scientifique, mais précisa que l'usage du patois était prohibé et qu'un élève surpris à parler vaudois, même en dehors des leçons, serait puni.

Axel dut d'abord apprendre une hymne religieuse, composée sur la musique du psaume 65, qui avait été chantée pour la première fois le 12 avril 1799 par les élèves du collège et qui commençait par un appel patriotique au Tout-Puissant :

> *Monarque éternel et suprême*
> *De la terre et des cieux,*
> *Daigne, sur un peuple qui t'aime,*
> *Daigne tourner les yeux !*
> *Tous les cantons de l'Helvétie,*
> *En ce jour solennel,*
> *De cet autel de la patrie,*
> *Font aussi ton autel.*

A la fin du premier mois, on sut qu'Axel Métaz dominait, en lecture, en écriture et en récitation, les trente-cinq élèves de sa classe. Ces derniers, fils de bourgeois, de membres des professions libérales, de négociants, de commerçants, plus rarement de cultivateurs, avaient tous remarqué le regard bicolore de leur camarade. Deux d'entre eux, qui avaient osé s'en moquer, l'un en disant que le petit Métaz était bicle[1], l'autre en comparant ses yeux à des mâpis[2], avaient été, sur-le-champ, rossés à coups de poing. Cette correction, administrée par un garçon plus grand et plus fort que la plupart de ceux du même âge, avait aussitôt valu à Axel le qualificatif de gigasse[3] et le respect de toute la volée[4].

S'il ne s'était pas fait d'autre ami que le fils du boulanger, qu'il avait connu à l'école lancastérienne, Axel Métaz était de tous les jeux pendant les récréations. Rapide et agile, il se révélait intouchable à la puce malade[5], assez adroit pour lancer le parade[6] et prompt à rattraper la balle à la bataille[7], le jeu de ballon le plus populaire parmi les collégiens. Mais ce qui surprit Charlotte et réjouit autant Guillaume que Chantenoz fut l'appétit de savoir que l'enfant manifesta, dès qu'il fut en possession de ses livres de classe. Chaque leçon nouvelle déclenchait une cascade de questions, auxquelles père et mère étaient parfois incapables de répondre et qui entraînaient l'enfant bien au-delà de la curiosité que pouvait attendre d'un bon élève le régent de la classe. Axel trouvait que tout allait trop lentement et, au jour de Pâques 1808, il avait déjà assimilé ce qu'il aurait dû apprendre en une année. M. Métaz, certain que son fils possédait des dispositions exceptionnelles pour l'étude, eut une conversation avec le régent, puis avec le principal du collège, qui refusèrent, malgré l'intervention du pasteur, de faire « mon-

1. En patois vaudois : bigleux.
2. En patois vaudois : billes de verre coloré.
3. En patois vaudois : personne de grande taille.
4. Vieux mot français, usuel dans le canton de Vaud, désignant l'ensemble de ceux qui fréquentent, ou ont fréquenté, la même classe.
5. Sorte de jeu du chat perché compliqué par l'obligation, pour celui qui avait été touché avant de se percher, de courir pour tenter de toucher un autre joueur en se tenant la partie du corps où il avait été lui-même atteint.
6. Témoin de bois que deux équipes de joueurs se lançaient et relançaient au moyen de bâtons, en s'efforçant de renvoyer le parade avant qu'il ne touche terre. Peut-être une des origines du base-ball.
7. Variante du jeu français dit balle au chasseur.

ter » Axel en troisième, où son avidité de connaissances eût trouvé à se satisfaire.

— Votre fils vient tout juste d'avoir sept ans : on ne peut le mettre dans une classe dont les élèves ont deux ans de plus. C'est une question de maturité. A lui charger prématurément le cerveau, nous risquerions de le fatiguer outre mesure. L'enseignement est, si j'ose dire, scientifiquement dosé. Maintenant, si vous trouvez que celui que nous dispensons à votre fils est trop lent ou insuffisant, confiez-le à un précepteur... et vous verrez le résultat, tant au point de vue de l'éducation religieuse que morale, conclut avec un peu d'humeur le régent.

Guillaume Métaz réfléchit pendant une semaine et, après un échange de vues avec sa femme, prit Chantenoz à part, quand celui-ci apparut, comme souvent, après le repas du soir, pour participer à la veillée.

— Combien gagnes-tu dans ton collège, Martin ?

— Oh ! il n'y a pas de mystère : depuis la loi de 1806, je reçois, comme régent enseignant le français, le grec et le latin, neuf cents francs par an. Il faut ajouter à cela les leçons particulières que je donne, sans aucun profit pour eux d'ailleurs, à des chenapans paresseux, et qui me rapportent une centaine de francs dans l'année.

— Ça te fait mille francs de Suisse, quoi, dit Guillaume.

— Ah !... j'oubliais que je reçois aussi huit quarterons de froment et huit setiers[1] d'un vin communal qui ne vaut pas le tien et que, d'ailleurs, je ne bois pas. Je ne vais même pas chercher ces suppléments en nature. Je les vends, pour pas cher, au pasteur Nivolet, qui a six enfants. Mais pourquoi me demandes-tu ça ? Tu veux m'emprunter des sous, Guillaume ? Tu as des dettes ? Sache bien, mon pauvre ami, que je n'ai jamais fait d'économies et que le plus gros de ce que je gagne passe dans l'achat de livres !

— Je ne veux rien t'emprunter du tout, Martin, je veux te faire une proposition. Charge-toi de l'éducation d'Axel, comme on faisait autrefois dans les grandes familles, et je te donne, jusqu'à ce que le petit aille à l'Académie de Lausanne, mille deux cents francs par an, payables en douze mensualités de cent francs.

Martin Chantenoz, comme chaque fois qu'il était ému ou étonné

---

1. Ancienne mesure de capacité, qui variait selon les pays et les matières mesurées. Le setier veveysan valait environ 48,3 litres, c'est-à-dire 32 pots de Vevey.

et cherchait à se donner une contenance, retira ses lunettes et se
mit à polir les verres avec son mouchoir.

— Tu dis ça pour rire, Guillaume.

— Non point, Martin, c'est une offre carrée et sans fard.
J'ajoute que si tu acceptes, tu pourras prendre le repas de midi à
la maison, car je crois qu'un précepteur éduque autant qu'il
instruit et tous les instants de la journée sont bons pour ce faire. Si
ma proposition t'agrée, tope là! acheva Métaz en tendant sa
paume ouverte à Chantenoz.

Martin prit le temps de la réflexion, chaussa ses lunettes et,
négligeant la main tendue, se leva et se mit à marcher de long en
large dans le salon.

— Vois-tu, Guillaume, ce que tu me proposes comporte une
lourde responsabilité. Je conçois le rôle de précepteur, non pas
comme les jeunes pasteurs qu'emploient les bonnes familles
huguenotes pour diriger les études de leurs enfants et leur
apprendre à se tenir à table, mais comme le concevaient les
anciens. Il y a une grande différence entre un régent particulier et
un mentor. Mentor ou Mentès, c'est le guide attentif et sage qui
enseigne, conseille, sermonne, accompagne son élève jusqu'à ce
qu'il soit un homme fait. Le meilleur exemple est le Mentor de
l'Odyssée, qui donna son nom à la fonction, celui qui aide
Télémaque à retrouver Ulysse, son père. Mais le Mentor de
l'Odyssée n'est qu'un avatar d'Athéna, la sagesse et la ruse
assemblées sous mille déguisements, la parfaite et froide régente.
Suis-je assez sage et rusé pour instruire et éduquer Axel? Voilà la
question, le scrupule...

— Holà! holà! poète, que me chantes-tu là! Te voilà parti dans
tes nuées familières! Vevey n'est pas l'Olympe! Axel n'a pas
perdu son père et il ne s'agit que de l'instruire dans les mêmes
matières qu'on enseigne au collège, mais en plus sérieux, en plus
fin, en plus profitable aussi, et en y ajoutant les langues qu'un
négociant de l'avenir se devra de parler. Bref, je veux que tu sois
pour lui tous les régents en même temps et aussi le maître qui
forme le jugement et donne les bonnes manières. Si cela te va,
tope là! te dis-je..., ou n'en parlons plus! conclut Métaz, étonné
des réticences de son ami.

Martin reprit place sur sa chaise et renonça à développer sa
conception du rôle de précepteur. Guillaume, esprit rustique, doté
d'une intelligence pratique, mais dépourvu de références psycho-
logiques, était incapable d'en comprendre la complexité, l'impor-

tance et les risques. Il avait escompté une acceptation sans atermoiements et fut déçu.

— Laisse Axel terminer son année au collège, ne le bouscule pas. C'est un enfant doué et très précoce, mais il ne faut pas l'isoler au milieu des adultes, en faire une plante de serre, sous prétexte de le faire pousser plus vite. Si tu veux, je puis lui apporter un enseignement complémentaire à celui du collège, faire en somme le répétiteur, l'initier à certaines matières et l'aider à approfondir les connaissances qu'il acquiert en classe. A la fin de l'année, nous verrons s'il m'accepte et si je puis suffire à la tâche et, là, nous prendrons une décision. Pense aussi que l'influence d'un maître particulier peut devenir déterminante dans la formation d'un caractère, surpasser celle d'un père sur son fils. Or nous ne sommes pas toujours, toi et moi, du même avis et...

— Je sais que tu es un honnête homme, qui a la tête bien faite et bien pleine, et ça me suffit. Nous verrons donc, à la fin de l'été, où nous en sommes. Car, vois-tu, je ne voudrais pas qu'Axel perde son temps à rabâcher des choses qu'il sait déjà ou qu'il apprend plus facilement que les autres. On ne tire pas sur les rames quand le vent peut gonfler votre voile et vous faire aller plus vite ! Mais combien veux-tu pour... ce travail de répétiteur ?

— Je ne veux rien. Disons que c'est une expérience.

— Eh bien, tu viendras goûter avec Axel tous les jours, quand il reviendra du collège, et là, vous ferez vos petites affaires tous les deux, conclut Métaz, assez satisfait d'avoir donné à son fils un répétiteur qui ne lui coûtait rien !

Il y avait chez Chantenoz, esprit fantasque et mélancolique, d'une sensibilité à fleur de peau, un goût très authentique de la pédagogie. Imbu des principes et méthodes de Pestalozzi, auquel il avait rendu visite plusieurs fois à Yverdon, il ne croyait pas à l'éducation par le jeu, mais par l'effort et la discipline. Participer à l'éveil d'une intelligence dont il pourrait canaliser les curiosités, contribuer à la formation d'un esprit avide de connaissances et perméable aux idées d'un maître, fournir avec patience à l'enfant les substances intellectuelles qui, en couches sédimentaires, formeraient, au fil des années, le goût de l'homme et le jugement du citoyen, constituaient pour Martin le but qui lui faisait défaut depuis que Charlotte lui avait préféré Guillaume. Dans son acceptation de jouer un rôle privilégié auprès d'Axel entrait aussi un vague sentiment de revanche. En temporisant, il avait mis très loyalement le père en garde. S'il devenait le mentor d'Axel, cet enfant serait autant le sien que celui de Guillaume Métaz. D'une façon inavouable, celui que Martin Chantenoz aurait pu avoir de Charlotte Rudmeyer! Et puis une relation journalière avec Axel permettrait au poète de voir sa sylphide plus souvent.

Quand Mme Métaz annonça à Flora Baldini l'arrangement conclu entre Guillaume et Martin, l'Italienne ne vit que le rapprochement de Chantenoz et de Charlotte.

— Ce cher poète pourra ainsi soupirer près de toi, chaque après-midi, en l'absence de ton mari. Tu n'as pas fini d'en entendre, des regrets rimés, des odes à la solitude, des sonnets à l'inaccessible, des épigrammes à l'ingrate! Je te plains, ma belle!

— Je ne paraîtrai point pendant les leçons, Flora. Axel et Martin se tiendront dans une chambre aménagée en salle d'étude...

— Un répétiteur aussi intime a ses entrées partout, ma chère.

— Serais-tu jalouse, Flora?

— Jalouse..., moi! Tu rêves! Mais j'ai beaucoup d'affection pour Martin et il me déplaît de le voir roucouler devant une femme qu'il tient pour vertueuse et qui ne l'est pas et dispenser son savoir à l'enfant qu'il croit de son meilleur ami et qui n'est qu'un bâtard de Français!

— Pourquoi ne peux-tu te retenir d'être aussi méchante avec moi? protesta Charlotte.

— C'est vrai, pardonne cet excès de franchise. Après tout, je suis la seule, avec toi, à voir le ridicule de la situation. Mais, à moi, ça me fait mal... pour Martin. Voilà!

— Si ça te fait mal, c'est que tu l'aimes, reconnais-le! Je suis certaine qu'il pourrait t'épouser... si seulement tu te donnais la peine d'être un peu plus aimable avec lui!

— Il n'est pas dans ma nature d'être aimable, tu le sais. Et puis, même s'il se guérissait un jour de l'amour qu'il te porte depuis l'enfance, je ne serais jamais, pour lui, qu'une mademoiselle pis-aller! Alors, merci!

En quelques semaines, Chantenoz et Axel devinrent inséparables. Chaque après-midi, quand le garçonnet rentrait du collège, il avalait en hâte son goûter, pressé qu'il était de retrouver Martin dans la salle d'étude que Guillaume avait fait aménager, pour eux, dans les vastes combles de Rive-Reine. On accédait à cette pièce, fraîchement lambrissée, par un escalier à vis indépendant, ce qui permettait à Chantenoz d'y arriver sans passer par l'entrée principale de la maison. Le répétiteur et son élève travaillaient jusqu'à ce que Polline mît en branle la cloche du souper[1] pour, disait-elle, « faire descendre les deux oiseaux de leur perchoir », car Guillaume retenait souvent Chantenoz à la table familiale.

Livres, cartes, atlas et recueils d'estampes, apportés par le répétiteur, occupèrent bientôt les rayons établis sur ses conseils. Au fil des mois, s'y ajoutèrent les ouvrages achetés par Axel, à qui son père ne refusait jamais une pièce d'argent quand il s'agissait de s'instruire. Le garçonnet assimilait avec une remarquable aisance l'enseignement du poète, qui débordait largement le programme d'études de la quatrième classe du collège. Aussi, quand vint, après les vendanges, le temps de la fête des promotions, Axel Métaz entendit son nom cité le premier de la liste des élèves promus, c'est-à-dire admis à entrer dans la classe supérieure.

Cette fête, traditionnelle depuis le xviiᵉ siècle, annonçait la rentrée prochaine et donnait lieu, à Vevey, à plusieurs manifestations. La journée commençait par un office religieux dans le temple Saint-Martin, au cours duquel, en présence des autorités municipales, d'un représentant du conseil académique du canton, venu de Lausanne, du corps des régents et des parents des écoliers, un élève de première lisait un discours en latin, qui ennuyait la plupart des assistants. On se rendait ensuite dans la cour du collège, où était organisé un concours de tir à l'arbalète. Un oiseau de bois coloré, fiché sur un mât, servait de cible et le meilleur tireur obtenait le titre envié de Roy. Axel Métaz défendit, pour la première et la dernière fois, les couleurs de la quatrième classe. En tendant la tresse de cuir de son arme, il se souvint du jour où, avec le jouet fabriqué par Simon Blanchod, il avait failli crever l'œil d'un camarade. Il abattit deux fois l'oiseau, ce qui constituait un exploit digne de Guillaume Tell, mais dut s'incliner devant un plus adroit arbalétrier, qui toucha trois fois le but. Axel reçut, en revanche, une des belles médailles réservées aux élèves les plus méritants du collège. La cérémonie de 1808 s'acheva par la procession militaire des cadets dont le chef, un élève de première, portait le titre, sinon le grade, de colonel et dirigeait la parade, qui avait lieu en public, sur la place du Marché.

Axel n'enviait pas ses aînés, qui jouaient au soldat, portaient un uniforme — pantalon gris de fer, tunique bleue à boutons dorés, gros souliers à clous, casquette à olive vert et blanc, couleurs du

---

1. Le repas du soir, pris vers dix-neuf heures, le mot dîner désignant le repas de midi.

canton, ceinturon de cuir — et maniaient de petits fusils, qui tiraient des cartouches à blanc.

— Quand ils sont ainsi, ils se ressemblent tous. Je ne reconnais aucun de ceux que je vois dans la cour du collège, constata-t-il devant Chantenoz, qui avait conduit son élève à la parade.

— L'armée, tu le sauras toujours assez tôt, est un rassemblement d'êtres interchangeables. Une bonne armée tire sa force de la ressemblance et de la discipline de ceux qui la composent. Elle ne laisse pas place à l'individu.

— Qu'est-ce qu'un individu, Martin ?

— C'est un être, une personne, toi, ta maman, moi, le vieux qui est assis sur le banc, là-bas. Dans individu il y a indivis, qui ne peut être partagé ni confondu avec un autre.

— Alors, c'est le contraire d'un soldat ?

— C'est-à-dire que le soldat doit oublier qu'il est un individu, un être indépendant. D'ailleurs, on dit un corps d'armée, comme si un ensemble de soldats ne constituait qu'un seul individu, qu'un seul corps humain. Tu comprends ?

— Je comprends. Moi, je ne serai jamais soldat, conclut Axel Métaz.

Cette réflexion fit sourire Chantenoz, adepte de l'individualisme. Ses leçons commençaient à porter des fruits. Le moment étant venu, il annonça, le soir même, à Guillaume qu'il acceptait de se consacrer désormais à l'instruction et à l'éducation de son fils, aux conditions proposées quelques mois plus tôt. Cette décision réjouit M. Métaz. Tandis que Martin Chantenoz donnait sa démission de régent, Guillaume fit savoir, dès le lendemain, au principal du collège que l'élève Axel Métaz quittait l'établissement.

— Dorénavant, nous appellerons Martin, monsieur le précepteur, dit Guillaume, à l'heure de la veillée, en débouchant une bouteille du vin doré de Belle-Ombre pour marquer l'événement.

Dès lors, une nouvelle vie commença pour Axel. Martin Chantenoz, qui prenait ses fonctions très au sérieux, arrivait à Rive-Reine au dernier coup de huit heures et rejoignait aussitôt son élève, déjà installé dans la salle d'étude. Une fois l'emploi du temps de la journée fixé, commençait la leçon. Quand il sentait que l'attention d'Axel se relâchait, le précepteur octroyait une demi-heure de liberté à son élève, qui s'en allait courir dans le jardin, manger une tartine, taquiner sa sœur ou, ce qu'il préférait à tout, encastrer les pièces du jeu de patience offert par sa grand-tante Rudmeyer, afin de composer une scène champêtre ou historique.

Par beau temps, l'homme et l'enfant s'éloignaient de la maison pour des promenades au bord du lac ou sur les pentes du mont Pèlerin. Durant ces escapades, Chantenoz interrogeait son élève sur les connaissances acquises, répondait aux questions, déclamait de la poésie, expliquait les saisons, les cycles de la nature, dispensait en permanence un enseignement informel qui, touchant toutes les matières et tous les domaines de la pensée, dégageait pour l'enfant les vastes perspectives du savoir. Une partie de l'après-midi était consacrée aux devoirs, qu'Axel rédigeait seul, pendant que Martin descendait bavarder avec Charlotte ou s'absentait pour faire des courses en ville. Au retour, le précepteur se livrait à la correction commentée du travail personnel de l'élève, ce qui permettait de combler, dans l'instant, les lacunes constatées et de redresser les erreurs commises.

Chantenoz, de nature rêveuse et mélancolique, admettait fort bien que, certains jours, Axel n'eût pas goût à l'étude. Ces jours-là, il donnait un livre à l'enfant et le laissait lire à son gré, à moins qu'Axel ne réclamât le grand atlas, pour rêver, en suivant de l'index les pointillés rouges qui, sur les océans bleus, étaient censés indiquer les routes suivies par Marco Polo, Christophe Colomb, Magellan ou La Pérouse. Le premier ouvrage que le garçonnet lut de bout en bout, en posant beaucoup de questions, chaque fois qu'il tombait sur un mot inconnu, fut *la Vie et les aventures étranges et surprenantes de Robinson Crusoé,* de Daniel Defoe, dans la belle édition de Panckoucke, publiée en 1800. L'histoire du naufragé contraint de passer vingt-huit ans sur une île déserte avait, en d'autres temps, ému Jean-Jacques Rousseau. La lutte solitaire contre la nature hostile du marin huguenot, qui a opportunément sauvé sa bible des eaux, l'ingéniosité, le courage et l'habileté qu'il déploie pour reconstituer, à son échelle, les rudiments de la civilisation, « sans autre témoin que sa propre conscience », constituaient, d'après Martin Chantenoz, une belle leçon d'humanité pour un enfant. Axel Métaz y vit surtout, étant donné son âge, une passionnante aventure exotique, dont il poursuivit, soir après soir, la lecture à la lueur d'une chandelle dérobée, car interdite, dans sa chambre devenue cabane gardée par le fidèle Vendredi, cannibale repenti.

Comme au printemps 1809 Axel réclamait, de lui-même, une prompte initiation au latin, ce que Guillaume, toujours pratique, trouvait moins utile que l'apprentissage des langues vivantes, Martin Chantenoz lut à son ami ce qu'avait écrit sur l'enseignement

du latin M. Charles Morin, ministre du saint Evangile et principal
du collège de Vevey.

« Ceux qui ont apporté dans leurs études un esprit d'observation
savent apprécier l'importance de cette langue, qui indépendam-
ment de l'inestimable avantage qu'elle procure de pouvoir lire les
originaux des auteurs immortels de l'ancienne Rome, fait contrac-
ter l'habitude de l'attention, de la réflexion, de la comparaison, de
la facilité d'écrire et de parler sa propre langue, donne même le
moyen de la connaître d'une manière plus exacte et plus sûre, et de
l'orthographier ensuite de principes vrais et indépendants de la
mode. Il y a plus encore, le latin donne une aptitude incontestable,
et bien marquée, pour la connaissance de toutes les langues
vivantes [1]. »

Comme l'auteur de cette défense et illustration du latin était un
pasteur éminent, connu des Métaz, Guillaume donna son accord et
Axel se mit à décliner *rosa*... avec entrain.

Pendant que le garçonnet progressait, avec une étonnante
rapidité, dans toutes les matières, sa mère ne disposait, pour calmer
son inquiétude et entretenir sa passion amoureuse, que des lettres
que Blaise de Fontsalte lui adressait, tantôt de Paris, où il ne faisait
que passer entre deux missions, plus souvent de pays lointains,
lieux de rencontres diplomatiques, voire d'Espagne, où l'armée
française se trouvait engagée.

Depuis la victoire de la Grande Armée sur les Russes, à
Friedland — « une bataille parfaitement conçue et conduite, une
aussi belle manœuvre qu'à Austerlitz », avait écrit Blaise — et les
traités signés, en juillet 1807, entre Napoléon et le tsar Alexandre Ier, traités assortis de clauses secrètes, l'Europe napoléonienne
avait progressé vers l'est. La Russie, la Prusse et l'Autriche ayant
rompu avec l'Angleterre, on pouvait espérer que le roi George III
serait bien aise d'accéder au « sincère désir de paix » alors exprimé
par l'empereur et le tsar, unis pour « le prier d'écouter la voix de
l'humanité ». En attendant qu'Albion vînt à résipiscence, la Prusse,
vaincue, avait été amputée d'une partie de ses provinces de l'Ouest,
dévolues, avec le Hanovre, au nouveau royaume de Westphalie,
sur lequel régnait Jérôme Bonaparte, le plus jeune frère de
l'empereur. Dans le même temps, un grand-duché de Varsovie
avait été délimité et offert au roi de Saxe, tandis que Napoléon,

1. Cité dans la brochure *Centenaire du bâtiment du collège de Vevey*, Société de
l'imprimerie et lithographie Klausfelder, Vevey, 1938.

occupant le reste de la Pologne, envisageait, sans le dire, la création d'un royaume polonais. L'empire de Charlemagne, qui couvrait autrefois l'Italie, l'Allemagne et la France, semblait alors en voie de résurrection.

Un an plus tard, entre le 27 septembre et le 14 octobre, à Erfurt, au cours d'entretiens cordiaux et de fêtes splendides — on avait joué, devant un parterre de souverains et de princes, les pièces de Corneille, Racine et Voltaire — l'entente franco-russe avait été confirmée, mais des fissures étaient apparues dans la construction européenne imaginée par Napoléon. Non seulement le roi de Prusse avait décliné son invitation, mais l'empereur d'Autriche s'était contenté de déléguer, comme représentant, l'ambassadeur Klemens Wenzel Lothar Metternich et Talleyrand avait trahi son maître. On savait, aux Affaires secrètes, que le boiteux avait conseillé au tsar de tenir tête à l'hégémonie impériale pour « sauver l'Europe, en opposant une digue à l'ambition de Napoléon » dont, d'après lui, la cause n'était plus celle de la France. En incitant Alexandre à encourager le réarmement de l'Autriche, le ministre français des Affaires étrangères avait joué un bien vilain rôle.

Mais un autre traité, signé à Fontainebleau en octobre 1807 et ratifié le 8 novembre de la même année, à l'Escurial, était à l'origine d'un conflit qui ensanglantait la péninsule Ibérique. Ce traité, en consommant le partage du Portugal entre l'Espagne et la France, avait permis à Napoléon de faire entrer ses troupes en territoire espagnol, ce qui avait déclenché une guerre d'un nouveau type, où les embuscades, la torture et les massacres de civils faisaient plus de victimes que les opérations militaires.

En novembre 1807, le général avait suivi Junod, commandant en chef de l'armée du Portugal à Lisbonne. Il s'agissait alors d'interdire aux Portugais de commercer avec l'Angleterre. Blaise avait ensuite rejoint l'empereur en Italie et s'y était attardé jusqu'à l'annexion de la Toscane, en février 1808. Envoyé auprès de Joseph Bonaparte, devenu roi d'Espagne, après l'abdication de Ferdinand VII, il était arrivé au moment de l'insurrection de Madrid, première manifestation d'une révolte générale et d'une guérilla meurtrière. Quand les Espagnols avaient repris Madrid, le général Fontsalte, adjoint du général Ribeyre resté à Paris et responsable, sous Savary, des Affaires secrètes, avait été contraint d'organiser la fuite de Joseph jusqu'à Vitoria, au pied des Pyrénées. Il était de ceux qui avaient essuyé la fureur de Napo-

léon Ier quand ce dernier avait appris, à Bayonne, le désastre de
Bailén.

Le 22 juillet 1808, près de cette petite ville d'Andalousie, les
Espagnols avaient en effet mis en déroute, ou fait prisonniers, les
soldats du général Pierre Dupont de l'Etang — qui s'était, en
d'autres temps, distingué à Marengo — et ceux du général
Dominique Vedel, qui n'avait pas su battre en retraite au bon
moment.

Après les fastes d'Erfurt, Napoléon, ayant échangé avec le tsar la
liberté d'agir en Espagne contre celle, pour le Russe, de réduire la
Finlande et la Moldavie, s'était empressé de reprendre l'offensive
outre-Pyrénées. Conduisant lui-même une forte armée, capable de
mater les Espagnols, il avait marché sur Burgos en terrorisant les
rebelles, repris Madrid et remis Joseph sur un trône auquel ce
Bonaparte ne semblait plus tellement tenir.

Dans sa dernière lettre, datée de Madrid, que Charlotte ne reçut
que fin janvier 1809, Blaise de Fontsalte racontait qu'il avait
franchi, dans la neige, la sierra de Guadarrama, avec l'escorte de
l'empereur, et que les Français étaient entrés à Madrid le 4 décembre : « Le défilé de Somosierra, où l'on s'est bien battu, permet de
passer, à 1 500 mètres d'altitude, de la Vieille-Castille à la
Nouvelle. Le site m'a rappelé le chemin du Grand-Saint-Bernard
que j'ai gravi il y aura bientôt dix ans ! Dix ans déjà que j'ai eu le
bonheur de vous rencontrer ! Il me semble cependant que nous ne
sommes liés que d'hier car, si je mets bout à bout les jours que nous
avons passés ensemble depuis ce temps, cela ne doit pas faire plus
d'une semaine de ma vie. C'est peu et, cependant, vous tenez une
grande place dans mon cœur et mon esprit, une importance, chère
Dorette, tout à fait disproportionnée à la durée de nos rencontres.
Mais c'est près de vous, au milieu des vignes, sur les rives de votre
lac tranquille, que j'ai connu les rares moments de paix et de
bonheur qui m'ont été accordés depuis dix ans ! J'ai hâte de vous
revoir et c'est pourquoi je voudrais que cesse, d'une façon ou d'une
autre, cette aventure espagnole qui ne nous vaut que des ennuis et
fait couler, sans noblesse et sans gloire, beaucoup de sang, y
compris le sang suisse. Vos compatriotes se battent, en effet, dans
les deux camps. A Bailén, Dupont de l'Etang avait engagé trois
bataillons de Suisses, commandés par des officiers valeureux dont
vous connaissez peut-être les noms : MM. Ignace de Flüe, Charles
d'Affry et Christen. En face, le général espagnol Francisco Javier
Castaños disposait, lui aussi, de deux mille mercenaires suisses,

commandés par Theodor Reding[1], frère aîné de cet Aloys Reding, de Schwyz, qui nous donna, en 1802, beaucoup de soucis. Les hasards de la guerre voulurent que les bataillons suisses au service de la France et ceux au service d'Espagne se trouvassent face à face le 19 juillet, sur le pont de Rumblar, qui ouvre la route de Bailén. Les Suisses, des deux côtés du pont, se reconnurent, mirent la crosse en l'air et se saluèrent, comme de bons camarades qui renoncent à s'entre-tuer. Le général français fut bien inspiré en déplaçant ses bataillons suisses afin qu'ils ne courussent plus le risque d'avoir à combattre le contingent espagnol. Mais, la bataille ayant tristement tourné, comme vous savez, beaucoup de vos malheureux compatriotes ont péri : dix-huit officiers et plus de trois cents braves du seul bataillon Christen. Des centaines d'autres ont été faits prisonniers et emmenés par les Espagnols sur les pontons de Cadix, vieux vaisseaux-prisons pourris. Quelques-uns se seraient évadés, mais on ne sait rien de leur sort. C'est une des nombreuses tragédies de cette guerre, qui a pris une tournure inhumaine, tant la sauvagerie espagnole entraîne nos troupes à des excès dont, plus tard, nos aigles auront honte. Nous allumons ici des haines qui mettront un siècle à s'éteindre. »

De telles lettres, où Blaise de Fontsalte osait enfin révéler un attachement réel et tendre, rassuraient Charlotte. Elle voyait passer les mois, approcher la trentaine, grandir son fils et sa fille et se demandait parfois si elle ne rêvait pas son aventure. L'amour de Charlotte pour Blaise se nourrissait de tout pour durer. Afin de se persuader de l'existence de l'amant et de la réalité de sa propre solitude, elle ne manquait jamais, lors des séjours à Lausanne, d'aller passer un moment au moulin sur la Vuachère. Cet abri, ignoré de tous, conservait les effluves de la passion satisfaite. Charlotte allumait un feu de bois, caressait la pipe oubliée par Blaise, imaginait ce dernier, affalé dans un fauteuil, devant l'âtre. Souvent, elle relisait les pages des cahiers où elle recopiait, depuis des années, les lettres de son héros lointain et des extraits des réponses qu'elle y faisait. Comme l'épouse qui attend le retour de l'époux, elle ne pensait qu'à embellir la modeste maison, la rendre

---

1. Ce remarquable officier, propriétaire du régiment Vieux-Reding, s'était distingué, en 1793 et 1794, dans les campagnes contre les Français. Général de division dans la campagne du Portugal, en 1800-1801, gouverneur de Málaga en 1803, il fut nommé, en 1808, commandant en chef de l'armée d'Andalousie, par la Junte espagnole. Il contribua largement, avec les troupes suisses, à la victoire de Bailén. Il mourut en 1809, à Tarragone, où un monument lui a été élevé.

avenante et douillette. Les fenêtres masquées par de beaux rideaux au crochet, les meubles régulièrement encaustiqués, le lit garni de draps brodés à son chiffre, les bouteilles du vin de Belle-Ombre couchées dans la cave, un service à thé, des verres fins, des couverts d'argent, tout était prêt pour recevoir le guerrier. Et cela, Charlotte l'avait écrit à Blaise, comme si l'évocation d'un confort bourgeois pouvait inciter le général à revenir plus vite sur les bords du Léman.

A Vevey, les bouleversements de frontières et la guerre d'Espagne suscitaient, comme ailleurs, des commentaires. Guillaume Métaz et les gens de commerce voyaient dans la réorganisation territoriale de l'Europe, conduite par les armées de l'empereur français, la promesse de nouveaux débouchés. Ils redoutaient la remise en cause de la paix par les Anglais qui, sous les ordres de Wellington, avaient débarqué au Portugal. Simon Blanchod, qui rejoignait sans le savoir le pessimisme de Talleyrand, craignait, lui, que les Français ne puissent ni maintenir longtemps leurs conquêtes ni contenir la révolte espagnole.

— Tous les membres de la famille Bonaparte semblent vouloir un trône. L'empereur leur en fabrique à coups de canons et de traités, mais il devra faire face, à plus ou moins brève échéance, à une résurgence des nationalismes. Les peuples, réduits par la guerre, se vengeront, comme en Espagne, par la révolution, observait avec sagesse le vieux vigneron.

Chantenoz ne retint des événements que la rencontre, à Erfurt, de Napoléon Ier avec son idole, Johann Wolfgang Goethe. Les journaux avaient, en son temps, brièvement relaté cette entrevue de deux géants du siècle, mais le précepteur d'Axel venait de recevoir, à la veille du Mardi gras 1809, d'un jeune secrétaire du duc de Weimar, originaire de Lausanne, un témoignage direct de ce qu'avait été l'entretien. Tandis qu'on préparait le congrès d'Erfurt, Charles-Auguste avait prié Goethe de le rejoindre et, le 8 octobre 1808, à onze heures du matin, Napoléon Ier avait mandé le poète.

Chantenoz ne put résister au plaisir de donner lecture de la lettre de son correspondant de Weimar, autant pour distraire ses amis que pour faire connaître à son élève ce qu'il appela, avec un peu d'emphase, « une page encore inédite de l'histoire de l'Europe ».

Un soir, tirant plusieurs feuilles de papier de sa poche, après avoir poli ses verres de lunettes, il dit : « Voilà comment les choses se sont passées », et lut :

— « L'empereur prenait son premier repas, assis devant une table ronde. Il y avait là M. de Talleyrand et M. Daru, venus

entretenir Napoléon d'une affaire de contributions. L'empereur fit
signe à M. de Goethe d'approcher, le considéra un moment,
comme pour bien se pénétrer de ses traits, et lui dit, assez
abruptement mais avec chaleur : " Vous êtes un homme ! " Le
grand poète s'inclina. Ce voulait être un compliment, non une
simple constatation. Cela signifiait, bien sûr : " Vous êtes un grand
homme, un très grand homme. " Nous l'avons tous, comme le
poète lui-même, entendu ainsi. Napoléon demanda ensuite à M. de
Goethe quel était son âge et découvrit ainsi que le conseiller avait
vingt ans de plus que lui. Il reconnut que ce penseur de cinquante-
neuf ans était bien conservé. Comme M. Daru faisait remarquer
que M. de Goethe avait traduit du français le *Mahomet* de Voltaire,
l'empereur observa que ce n'était pas une bonne pièce, puis il
entreprit son visiteur sur *Werther,* ouvrage dont il paraissait avoir
une parfaite connaissance, car il affirma l'avoir lu sept fois,
notamment pendant la campagne d'Egypte. Comme M. de Goethe
se taisait, à la fois étonné et flatté, car vous le savez dénué de vanité
mais plein d'orgueil, l'empereur cita plusieurs passages du drame et
sembla regretter que l'auteur n'eût pas mieux expliqué au lecteur
les raisons du suicide de Werther. Napoléon commença par dire
qu'il regrettait une certaine confusion entre amour passionné et
ambition blessée, puis ajouta, exactement : " Cela n'est pas naturel
et atténue, chez le lecteur, l'image qu'il se faisait du pouvoir
extrême de l'amour sur Werther. Pourquoi avez-vous fait cela ? "
M. de Goethe sourit d'un air entendu et, après avoir accepté ce
reproche qui ne lui avait jamais été fait, reconnut qu'il pouvait
paraître fondé. Il ajouta : " Mais on devrait pardonner à un poète
de recourir parfois à un artifice difficile à déceler pour produire
certain effet qu'il ne croit pas pouvoir obtenir par la voie simple,
naturelle [1]. " Cette remarque, courtoisement énoncée, est bien
dans la tournure d'esprit du conseiller et révèle l'indiscutable droit
qu'il s'attribue, en tant qu'auteur, de conduire sa création comme
bon lui semble. Passant à l'examen de ce que nous appelons en
Allemagne *schicksaldrama,* on pourrait dire en français drames de
la destinée, l'empereur en désapprouva hautement la conception en
disant : " Ils convenaient à une époque moins éclairée. Que vient-
on maintenant nous parler de destin ? Le destin, c'est la politique ! " Napoléon vanta en revanche les mérites de la tragédie

---

1. *Entretiens de Goethe avec le chancelier Friedrich von Müller,* traduction par
Albert Beguin, librairie Stock, Delamain et Boutelleau, Paris, 1930 (notes prises
par Goethe à l'instigation du chancelier).

classique, qui devrait être, d'après lui, " l'école des rois et des peuples ". C'est sans doute pourquoi des comédiens français représentèrent, quelques jours plus tard, devant les souverains réunis à Erfurt, *Cinna, Andromaque, Phèdre et Œdipe !* »

— Cinna et... C'est des gens ? interrogea Axel, interrompant Chantenoz.

— Chut..., tais-toi. Tu le sauras plus tard, ordonna Charlotte.

Martin sourit pour atténuer la réprimande et poursuivit sa lecture :

— « Nous qui aimons le duc Charles-Auguste et qui avons souffert de le voir dans le camp des vaincus, puisqu'il avait suivi le roi de Prusse dans sa désastreuse campagne, nous avons admiré comment M. de Goethe sut, en présence de l'empereur vainqueur, oublier cette défaite, n'en tenir aucun compte, comme s'il se plaçait au-dessus des contingences du moment. Certains ont voulu voir dans cette déférence pour le Français un manque de patriotisme, mais nous, qui connaissons bien le conseiller, savons qu'il n'en est rien. M. de Goethe a toujours su se tenir sur un plan objectif. Il a la certitude de servir son pays en servant l'humanité et ne prend les événements que pour ce qu'ils sont : des moments heureux ou tragiques de l'histoire humaine. C'est aussi un visionnaire qui a devancé la pensée de Napoléon, quand il a dit, après avoir assisté à la bataille de Valmy, en 1792 : " Aujourd'hui commence une nouvelle histoire. " Il pense que les peuples d'Europe devront, un jour ou l'autre, renoncer à leurs querelles et mettre en commun les valeurs qui n'ont pas de frontières. M. de Goethe sait faire abstraction, quand il le faut, de son état d'Allemand auquel il est cependant fort attaché. Comme l'empereur Napoléon et quelques esprits éclairés, dont on peut dire, sans fausse modestie, que nous sommes, vous et moi, le conseiller croit que l'Europe est une claire manifestation de la raison politique. Mais Napoléon est un homme d'action impatient, qui veut imposer sa Confédération aux peuples, alors que M. de Goethe veut que les peuples en comprennent la nécessité et la désirent. C'est un homme de réflexion et de patience. J'ai cru comprendre que le respect du grand poète, qui déteste la guerre mais comprend le guerrier, pour l'empereur français vient de ce qu'il le considère comme un cerveau exceptionnel, un avatar incarné du Destin.

« Je me suis laissé dire ici qu'au cours de son deuxième voyage en Suisse, en 1779, M. de Goethe découvrit que Germains et Latins, catholiques et huguenots, montagnards et citadins savent vivre en paix sous les mêmes lois et que diversité n'est pas opposable à unité. On dit aussi qu'il trouva les Helvètes pédants et ennuyeux, peu doués pour les arts, mais il comprit que la Suisse peut concilier les contraires et son peuple trouver le bonheur dans cette conciliation, qu'il voudrait aujourd'hui, comme nous tous, cher ami, voir étendue à toute l'Europe. »

Chantenoz replia avec soin la lettre du Lausannois et l'empocha.

— Voilà ce qui s'est passé à Erfurt il y a six mois et qui constitue, mes amis, un événement dont on ne mesurera que plus tard l'importance. Et mon correspondant a ajouté, en post-scriptum, que, le 12 octobre, l'empereur Napoléon a fait remettre à Goethe l'aigle de la Légion d'honneur, conclut Martin.

— Il est loin, ce M. Goethe ? demanda Axel qui avait écouté avec attention la fin du compte rendu lu par son maître.

— Assez loin, mon garçon. Mais quand tu sauras assez d'allemand, encore qu'il parle lui-même couramment le français, l'anglais, l'italien et connaisse le latin, le grec et, même, le yiddish et l'hébreu, nous lui rendrons visite... si ton père nous offre le voyage, bien sûr ! dit Chantenoz, malicieux.

— Et pourquoi pas ? si mon fils sait se débrouiller en allemand et... en affaires, à ce moment-là, répliqua prudemment Guillaume.

— Le marchand de sable est passé, annonça Charlotte à l'intention d'Axel, façon de dire que l'heure du coucher des enfants avait sonné.

Non sans réticences, atermoiements et diversions de sa part, le garçonnet fut envoyé au lit. La société des adultes bavards lui plaisait infiniment, car il y trouvait matière à rêves plus qu'à réflexion.

Simon Blanchod revint aux considérations du correspondant de Chantenoz sur l'Europe. Avec la force naïve qui le caractérisait, le vigneron croyait à l'avènement d'une grande nation européenne, comme il croyait, influencé par une lecture candide de Jean-Jacques Rousseau, et bien que la théorie du Genevois ait reçu de fréquents démentis, à la bonté naturelle de l'homme et au pacifisme inné des peuples !

— Pour que cessent les guerres, les rivalités entre les monarques et, partant, les conflits entre les pays, il faut construire une vaste nation européenne, disait-il fréquemment.

Tout en reconnaissant que ce pouvait être une idée de Bonaparte, il critiquait la méthode de Napoléon Ier. L'unificateur de l'Europe ne pouvait être un tyran soutenu par un peuple armé à sa dévotion. « On ne peut fonder une âme européenne, se plaisait-il à répéter, fondée sur des valeurs morales reconnues et le respect des patries, en tentant de l'imposer par les armes et la violence. » Pour Blanchod, ce qu'il nommait âme européenne, abstraction commode dont se gaussait Chantenoz l'athée, devait être une sorte de spiritualité laïque et communautaire, ciment moral dans la composition duquel entreraient les sèves économiques, intellectuelles, philosophiques et artistiques des peuples, dont les destins se trouveraient ainsi soudés pour le meilleur et pour le pire. N'étaient-ils pas, ces peuples d'Europe qui s'entre-tuaient, de plus en plus dépendants les uns des autres ?

Ce soir-là, Goethe, dont il ne connaissait les œuvres que par ouï-dire, apportait par le truchement d'un ami de Chantenoz une consécration intellectuelle aux théories de Simon Blanchod.

— Je me réjouis de voir qu'il y a dans tous les pays actuellement en guerre de grands penseurs honnêtes et sincères, des amis de la paix, qui ressentent la nécessité d'une nation européenne, dit-il.

— Ce sont des idéalistes, sans moyens ni pouvoirs, et tu n'es qu'un utopiste fumeux, grogna Guillaume.

Chantenoz vint au secours du vigneron :

— Tout le monde peut comprendre que la paix est le premier élément du bien-être commun des habitants de l'Europe, quels que soient leur langue, leurs mœurs ou le régime sous lequel ils vivent. Or elle ne peut s'établir et durer que dans une harmonie organisée par des accords loyaux, fondés sur un système de compensations mutuelles, aussi bien dans le commerce que l'industrie ou l'agriculture. L'inventaire général des ressources des pays, riches ou pauvres, et une juste répartition entre tous des produits indispensables à la vie peuvent, en atténuant la misère des moins bien lotis, dissiper leurs humaines convoitises. Il suffit de trouver dans chaque pays des hommes qui acceptent de se dépouiller d'un patriotisme étroit, d'un nationalisme orgueilleux et qui renoncent à asseoir tous les rapports entre les nations sur la seule puissance de feu des armées et des flottes !

— Vos théories sont plaisantes et propres à donner bonne conscience aux Français, à justifier, pour les naïfs, l'immense ambition de Bonaparte, c'est tout ! lança Flora Baldini.

Chantenoz, voyant Blanchod donner des signes d'agacement, car le cher homme supportait mal qu'une femme vînt mettre ce qu'il appelait « son grain de sel » dans une conversation sérieuse, reprit la parole :

— Ces théories ne sont pas neuves, chère Flora, et bien antérieures à Bonaparte et à la Révolution française, que tu exècres. Dans le passé, beaucoup de philosophes et, même, certains monarques éclairés ont pensé à une nation européenne. A l'origine, l'idée d'Europe fut grecque, ou plutôt panhellène, mot que l'on trouve pour la première fois dans *l'Iliade* de ce brave Homère. Mais cette vague notion n'était justifiée que par la crainte des invasions barbares. Devant la menace que les peuples asiatiques faisaient peser sur la civilisation, les Grecs avaient imaginé une entente des peuples circonvoisins de l'Hellade. Cette Europe occidentale n'eût été que traité d'alliance dû aux circonstances. C'est Isocrate qui, le premier, croit-on, sut exprimer, vers 385 avant Jésus-Christ, la notion de civilisation européenne, par rapport, il est vrai, à la barbarie asiatique. Quand ce maître à penser, à qui Socrate, qui s'y connaissait en philosophes, avait prédit un grand avenir, eut le courage de prôner l'union des Hellènes sous l'autorité conjointe d'Athènes et de Sparte, c'était encore, et surtout, pour faire pièce aux ennemis de la Grèce. La géographie et la politique tenaient d'ailleurs moins de place dans ses conceptions que l'instruction et les mœurs. Notre homme n'avait-il pas coutume de dire : « On appelle Grecs plutôt les gens qui participent à notre éducation que ceux qui sont nés en Hellade », c'est-à-dire en Grèce. A défaut d'avoir pu susciter la claire conception d'une entité européenne, on doit lui reconnaître le mérite, qui n'est pas mince, d'avoir formé l'élite intellectuelle de son temps, hommes d'Etat, historiens, auteurs tragiques, orateurs. Il a même, disent certains, précédé Platon en humanisme et...

— Sans les Grecs, il est donc bien vrai que la notion de civilisation européenne n'eût pas existé ! coupa Blanchod.

— L'hellénisme a été en effet un modèle de civilisation applicable aux peuples alliés ou conquis. Isocrate estimait que ce qu'il y avait de meilleur au monde était grec et que l'armée macédonienne devait agir comme instrument de civilisation ayant mission de porter le message hellénistique, ferment civilisateur, vers l'Italie, l'Ibérie, la Gaule, jusqu'à ces pays inexplorés du Nord, figés par le froid, noyés dans les brouillards et peuplés de demi-barbares supposés perfectibles ! La vision de ce fils d'un fabricant d'instruments de musique, qui se laissa, dit-on, mourir de faim à l'âge de quatre-vingt-dix-neuf ans, au lendemain de la bataille de Chéronée, pouvait, à l'époque, passer pour juste et même judicieuse. Elle nous paraît aujourd'hui l'expression naïve d'une ignorance et bien présomptueuse. Nous avons appris depuis qu'il existait dans le monde, alors qu'Isocrate publiait à Athènes son ouvrage *Sur la paix aréopagique,* d'autres civilisations, ignorées des Grecs et souvent plus anciennes et plus raffinées que la leur.

— Alexandre ne reprit-il pas la même idée en créant un immense empire, qui s'étendit un moment de l'Adriatique au Gange, de la Caspienne à la mer Rouge, du Danube à l'Indus ? demanda Charles Ruty.

— Il ne s'agissait pas de l'Europe ! Ne mélangez pas tout ! Alexandre avait d'autres ambitions. Il voulait gouverner l'univers connu. Il croyait être le prédestiné, souhaité par Platon, quand ce dernier disait : « Le bonheur du monde ne sera assuré que le jour où la puissance politique et la philosophie se rencontreront dans le même homme. » Alexandre, nouveau Dionysos, se prenait pour ce dieu fait homme. Il rêvait, non d'une union des peuples d'Europe, à ses yeux banlieue de la Macédoine, mais de la fusion de l'Orient et de l'Occident dans le creuset grec ! Il pensait même y ajouter l'Arabie, l'Afrique et l'Ibérie, si l'on en croit le *De rebus gestis Alexandri Magni* de l'historien latin Quintus Curtius. C'était un rêve grandiose et d'une noble outrecuidance, mais le mélange n'a pas pris ! Alexandre n'a pas hellénisé l'Asie, il a été asifié, si j'ose dire. Devenu plus oriental que grec — n'avait-il pas choisi comme capitale Babylone ? — il mourut autant d'une indigestion territoriale que de la malaria ! L'Orient attire et ensorcelle les conquérants, Charles, les séduit, les cajole un moment, les enrichit parfois, puis les étouffe et rejette leur dépouille à la mer !

— Tu en sais là-dessus plus long que nous, que moi surtout, dit Blanchod. Je ne suis qu'un pauvre paysan, qui a appris tout seul ce qu'il sait, et qui a souvent cherché des mots dont il ignorait le sens dans les dictionnaires ! Un autodidacte, m'as-tu dit l'autre jour ! N'empêche que Bonaparte a peut-être bien la volonté de faire de l'Europe un empire ! Le journal dit : « C'est le nouvel Alexandre » !

— Comme Alexandre, Bonaparte est allé en Egypte... Il en est revenu ! Il en est revenu ayant compris qu'à notre époque l'Europe est un champ de bataille suffisant pour qui rêve de bâtir un empire. Peut-être as-tu raison, Blanchod, en ce qui concerne les vues de Bonaparte. Mais ton âme européenne, c'est autre chose !

— Eh ! pourquoi ?

— L'Europe, vois-tu, est, avant tout, une réalité géographique, la partie occidentale du continent eurasiatique. Si, au cours des siècles, on a pu y déceler, parfois, une sorte de communauté de civilisation, celle-ci fut toujours éphémère et aléatoire. Les relations de voyages des écrivains et des poètes, les études des philosophes vagabonds, les narrations des étudiants, les souvenirs des artistes, les ragots des dilettantes, n'ont, longtemps, intéressé qu'une élite intellectuelle. Les gens du peuple ne se sont mutuellement perçus qu'à l'occasion des échanges commerciaux, des guerres, des occupations, des exodes, des exils.

— Nos grands-parents en savaient quelque chose : les Rudmeyer sont venus d'Allemagne, les Baldini d'Italie, les Métaz de Savoie...

— ... et les Blanchod tout pareil, coupa Simon.

— Laissez finir Martin. Il est en train de nous faire un cours, comme à ses élèves, intervint Charlotte.

— Oh ! je n'ai plus grand-chose à ajouter, mes amis, sinon que toutes les tentatives conduites dans le passé pour faire ce que Blanchod appelle une nation européenne, qu'elle soit ou non dotée d'une âme, ont échoué. Quand, après 527, Justinien, empereur chrétien d'Orient, ayant reconquis l'Occident tombé aux mains des Vandales et des Wisigoths et sans cesse menacé par les Perses et les Huns, unifia les pouvoirs et publia le premier *Corpus de droit civil,* peut-être s'inspira-t-il des conceptions philosophiques et politiques d'Isocrate. Mais, trois ans après sa mort, la zizanie s'étant instaurée entre ses généraux, l'empire qu'il avait édifié, et qui aurait pu devenir la nation européenne que vous appelez de vos vœux, fut attaqué et ravagé par les Slaves, les Bulgares, les Lombards et tous les pilleurs sanguinaires que ces barbares entraînaient à leur suite. Et Charlemagne fit, plus tard, de semblables tentatives sans parvenir à de meilleurs résultats. Alors, il ne nous reste qu'à espérer comme Goethe... et Blanchod que la vieille utopie, accouchée aux fers et dans la douleur par Napoléon, donne naissance à une Confédération européenne... viable ! Mais quelque chose me dit, mes amis, que nous aurons encore un enfant mort-né ! conclut Martin.

Simon Blanchod, qui se retirait toujours assez tôt, car il se levait à l'aube, prit congé de ses amis. Dès qu'il fut sorti, de Goethe visionnaire européen, la conversation glissa à Goethe romancier et Elise Ruty évoqua l'ouvrage célèbre du poète, *les Souffrances du jeune Werther,* qu'elle venait de lire.

— C'est le roman parfait, le roman neuf de notre temps, il fera école, croyez-moi, dit Chantenoz.

— J'ai aimé Werther, mais je trouve que sa Charlotte est une bécasse et une imprudente. Elle n'a ni le courage de sa passion secrète ni la capacité de dissimuler un sentiment inavouable. On ne peut se résoudre à conduire un homme au suicide par respect des conventions bourgeoises. Il faut savoir ne pas se mettre en situation de susciter une telle adulation. Il faut se dérober à temps, dit la femme du notaire.

— Heureusement, dans la vie courante, les choses ne se passent pas ainsi. Lotte cède ou Werther écrit sa lettre mais... range son pistolet et va en chercher une autre, lança Flora Baldini.

— Qu'est-ce que c'est que cette histoire ? demanda Guillaume, qui n'avait pas lu le roman.

En trois phrases, Charles Ruty livra le thème de cette tragédie de l'amour.

— Sans le respect des conventions, pas de société possible, observa Métaz, péremptoire.

— Et notre Charlotte à nous, qu'en dit-elle ? fit Martin, sans penser à mal.

Mme Métaz avait perçu dans le propos de Flora l'allusion à sa propre liaison avec Blaise de Fontsalte. La similitude de prénom avec l'héroïne de Goethe ajoutait une acidité supplémentaire au commentaire de l'Italienne. Comme elle se taisait, Guillaume la relança.

— Eh bien ! Charlotte, que penses-tu de l'autre Charlotte ? Hein ! Je suis bien sûr que tu aurais agi de même et laissé cet imbécile suivre son destin. On ne doit pas désirer la femme de son prochain. C'est tout simple !

— Pas si simple que tu crois, mais... Charlotte semble indécise, constata Chantenoz, ironique.

— Et je le suis, confessa, d'un ton badin, Charlotte.

— Quoi ! Tu es indécise ! Eh bien ! Merci ! Alors, si quelque joli cœur te faisait la cour et menaçait de se tuer si tu..., alors tu céderais ? s'indigna faussement Guillaume, qui tenait le propos de sa femme pour simple boutade.

— Non, je ne céderais pas à un chantage au suicide, rassure-toi, bêta ! Mais je sais bien ce que je ferais, à la place de la Lotte de M. Goethe.

— Et que ferais-tu, s'il te plaît ? sollicita Chantenoz, intrigué.

— Je l'enverrais à Flora, pardi ! répliqua Mme Métaz, adressant à son amie un large sourire.

Ce trait provoqua l'hilarité de l'assistance. M. Métaz fut le premier à se réjouir : sa femme avait de l'esprit pour quatre.

— En 1797, l'évêque de Derby, lord Bristol, fit condamner le livre de Goethe comme immoral. Il reprochait au poète d'avoir induit des hommes en tentation de suicide et, même, d'avoir conduit plusieurs désespérés à ce geste fatal, révéla Chantenoz.

— Alors, c'est un mauvais livre et personne ne devrait le lire, déclara Guillaume, un peu agacé que Charlotte ait pu se délecter d'un roman mis à l'index par l'Eglise.

— Toute censure est odieuse et tout censeur hypocrite, spécialement s'il est de la religion d'Angleterre, répliqua Chantenoz.

— Et que répondit Goethe à cette accusation ? demanda Flora.

— Il dit à peu près que ceux qui se tuaient après avoir lu *Werther* étaient des esprits faibles et, ce sont ses propres mots, « ne valaient rien pour jouer un rôle raisonnable dans le monde ». En somme, qu'ils ne représentaient pas une grosse perte pour la société. Des imbéciles, comme l'a dit tout à l'heure Guillaume, conclut Martin Chantenoz, dont le ton donnait à penser qu'il n'était pas, comme souvent, de l'avis de Métaz... ni, pour une fois, de celui de Goethe !

Quand, un peu plus tard, les amis se séparèrent, Chantenoz, qui avait peu goûté la plaisanterie de Charlotte, lui glissa :

— Tu peux épargner Flora, je n'ai jamais eu l'intention de me tuer !

Quant à Flora, qui s'était attardée et que Charlotte accompagna comme toujours jusqu'à la porte, elle murmura simplement en embrassant l'amie :

— Tu es une peste... mais je t'aime !

Depuis le printemps 1808, un chantier ouvert au nord de la place du Marché retenait la curiosité des Veveysans et constituait un but de promenade. Au fil des mois, on avait vu sortir de terre la nouvelle halle aux grains, la Grenette, qui, une fois achevée, se révéla comme monument représentatif de la richesse et de la prospérité de la ville, carrefour commercial depuis le Moyen Age. Entre la belle maison au toit à la Mansart, dite l'Ermitage, grande bâtisse du XVIIIe siècle, construite sur l'emplacement de l'antique Tour-du-Vent qui flanquait la porte d'accès au Bourg-Franc[1], et la demeure de Mme de Warens, la « petite maman » de Jean-Jacques

---

1. Aujourd'hui rue des Deux-Marchés.

Rousseau, maintenant propriété de la famille Chatelain[1], la Grenette apparut comme un temple moderne dédié à Mercure. La halle couverte occupait un vaste quadrilatère pavé, comme la place du Marché, de galets ronds tirés du lac. On y accédait par cinq marches de pierre qui couraient sur trois côtés. Une construction, sorte de cella profane, abritant des bureaux, occupait le fond de la halle et ouvrait sur une ruelle, en face de l'hôtel de la Clef. La toiture, base de pyramide tronquée, qui couvrait l'ensemble, était soutenue sur le pourtour par dix-huit colonnes toscanes et, sous couvert, par des piliers de bois. Au-dessus de la colonnade, en façade, sur la place du Marché, un large fronton triangulaire rompait la rigueur du toit pentu. Cet ornement aurait attesté du goût grec de l'architecte de cette sorte de xyste s'il n'eût été percé d'un œil-de-bœuf, destiné à éclairer le grenier. On voyait de loin, posée sur le toit plat de la Grenette, une tour de briques, pourvue sur ses quatre faces d'horloges à chiffres dorés et surmontée d'une coupole abritant un carillon. A dater du jour de l'inauguration de l'édifice, les Veveysans prirent l'habitude de vérifier l'heure que donnait leur montre en traversant la place du Marché. Quant aux insomniaques habitant le quartier, ils purent désormais entendre sonner les heures.

Guillaume Métaz, qui avait fourni pierres de Meillerie et galets du lac pour la construction de la Grenette, craignait comme d'autres négociants vaudois que la nouvelle halle, élément flatteur du décor veveysan, n'ait à abriter pendant longtemps que de modestes transactions. Ce pessimisme tenait aux conséquences économiques du blocus partiel, qui devenaient perceptibles en Suisse. Si le marché intérieur restait relativement prospère, les exportations des produits suisses et l'importation des produits étrangers, autres que français, tendaient à l'extinction. Guillaume Métaz, comme d'autres négociants avisés qui utilisaient les circuits de la contrebande, avait appris avec déplaisir l'occupation militaire du Tessin par les troupes du prince Eugène de Beauharnais, vice-roi d'Italie, et l'installation de postes de douane à tous les cols et sur toutes les routes permettant de passer de Suisse en Italie. Le fils de

1. La maison devint propriété en 1816 de Mme Briatte, née Delom, puis en 1861 de Me F.-L. Mayor, notaire à Vevey, qui la vendit en 1863 à Jean-Louis-Philippe Rod, lequel la céda, pour 90 000 francs suisses, le 21 janvier 1896, à M. Benjamin Nicole, pharmacien à Vevey, dont les descendants occupent encore cette demeure. D'après Fédia Muller, *Images du Vevey d'autrefois*, Säuberlin et Pfeiffer, Vevey, 1975.

Joséphine, en agissant ainsi, ne faisait qu'exécuter les ordres de son beau-père, Napoléon, désireux d'en finir avec les contrebandiers. En France, les prix des denrées flambaient et le chômage, propagateur de la misère, menaçait les industries et le commerce.

Quand la *Gazette de Lausanne* annonça, au commencement du mois de mai, la reprise des hostilités entre la France et l'Autriche, soutenue par l'Angleterre, on s'attendit à l'élargissement de cette cinquième coalition. La guerre d'Espagne, toujours aussi incertaine et meurtrière, embrasait toute la péninsule Ibérique. Les journaux vaudois, en majorité bonapartistes, citaient des noms de victoires françaises, La Corogne, Tarragone, Saragosse, Ciudad Real, mais celles-ci ne marquaient pas l'arrêt des hostilités. A cela s'ajoutait la rébellion des montagnards tyroliens, conduits par l'aubergiste Andréas Hofer. Ces montagnards catholiques, dont le pays avait été placé sous la domination de la Bavière par le traité de Presbourg, ne supportaient plus leurs maîtres munichois qui, pour les espionner, envoyaient dans les confessionnaux des policiers déguisés en femmes! Encouragés par leurs curés, ils tendaient maintenant des embuscades aux Français et à leurs alliés bavarois. Quant aux Prussiens, qui trouvaient la paix napoléonienne plus insupportable que la guerre, ils ne souhaitaient que reprendre les armes.

Malgré ses craintes, Guillaume Métaz s'activait et passait le plus clair de son temps sur les routes alpines, allant visiter les chantiers ouverts par les Ponts et Chaussées français pour la construction de la route n° 5, Paris-Milan par Genève. Il offrait ses services, ses matériaux, ses barques et jouait de ses relations pour enlever des marchés. Il se rendait aussi fréquemment à Genève, où l'on traitait les affaires grâce à des banquiers avisés qui entretenaient, en dépit du blocus, des relations avec leurs confrères de Londres et d'Amsterdam. Henri Hentsch, propriétaire à Sécheron, aux portes de Genève, recevait toutes les célébrités de passage, disposait de succursales à Paris et à Lyon, ce qui facilitait les affaires de ses clients, dont Mme de Staël.

Charlotte profitait des absences de son mari pour se rendre à Lausanne, chez sa tante. Elle y retrouvait le cercle des papoteuses érudites, ainsi qu'elle les nommait, de la rue de Bourg. On y entretenait, entre autres souvenirs, celui de Mme de Charrière, morte le 27 décembre 1805. Quand une des invitées de Mathilde Rudmeyer se plaignait de maux inhérents à son âge, la tante de Charlotte citait cette phrase de l'amie disparue, écrite peu de temps avant son trépas : « A peine puis-je me résoudre à parler à un médecin de mes maux ; et lorsque je parle à quelqu'un de ma tristesse, il faut que j'y sois, pour ainsi dire, forcée par un excès d'impatience que je pourrais appeler désespoir. Je ne me montre volontairement que par les distractions que je sais encore quelquefois me donner [1]. »

— Alors, je vous en prie, mesdames, oublions nos corps, même souffrants, et, comme notre regrettée Belle, ne soyons qu'esprit ! concluait invariablement, et avec autorité, la vieille demoiselle.

Invitée à Coppet pour assister, avec près de trois cents invités, à une représentation théâtrale dans la galerie du château ouvrant sur la terrasse, Charlotte Métaz trouva Mme de Staël tantôt excitée, tantôt courroucée, en tout cas moins aimable que d'habitude. Comme elle en faisait la remarque à Mathilde en regagnant l'auberge où les deux femmes avaient leurs habitudes, Mlle Rudmeyer, bien qu'il fût près de minuit, invita sa nièce à prendre une tasse de tilleul dans sa chambre. Dès que l'infusion fut servie, elle baissa le ton pour demander :

— Es-tu capable de garder un secret ?

— Il y a dix ans que j'en porte un, dont vous savez le poids, ma tante !

— Eh bien ! je vais te dire pourquoi la Staël avait, ce soir, ce comportement changeant. Elle a appris, il y a peu de jours, que M. Benjamin Constant a épousé en secret, il y aura bientôt un an, une jolie femme déjà deux fois divorcée, Charlotte de Hardenberg, fille d'un diplomate du Hanovre et, tiens-toi, filleule du roi d'Angleterre !

— En secret... une femme deux fois divorcée ! Et encore une Charlotte ! s'étonna gaiement Mme Métaz, qui commençait à trouver son prénom fort répandu dans les affaires de cœur.

— Oui, ma belle ! Ils se sont mariés le 5 juin 1808, il y a un an, à Brévans, dans le Jura, chez le père de Benjamin, le général Juste Constant de Rebecque, que je connais bien. L'épouse, âgée de quarante ans, seulement trois ans de moins que Germaine, avait donné quatre mois à Constant pour rompre avec la châtelaine de Coppet, où il continuait à séjourner, à participer aux représentations, à se conduire comme l'amant en titre, supportant les scènes de Mme de Staël, qui avait eu vent de l'intrigue avec Mme de Hardenberg mais n'imaginait pas le reste.

1. Cité par Sainte-Beuve dans *Portraits de femmes*, Didier, Paris, 1852.

— Mais on disait autrefois que M. Constant devait épouser Mme de Staël...

— Elle n'a pas voulu de lui comme mari. Afin de ne pas compromettre la fortune de ses enfants, disait-elle. Car M. Constant est joueur. C'est ce qu'on m'a laissé entendre, expliqua Mathilde.

— Et comment Mme de Staël a-t-elle appris le mariage de M. Constant ?... Par une commère, sans doute !

— Tu n'y es pas du tout ! Elle l'a appris par l'épouse, tout bonnement. Mme de Hardenberg, ou plutôt Mme Constant, invita Germaine à lui rendre visite à Sécheron, près de Genève, et là, entre la poire et le fromage, elle lui annonça tout à trac qu'elle était la légitime épouse de son amant !

— J'imagine la gêne de M. Constant ! Quelle scène !

— M. Benjamin Constant, qui n'avait pas eu le courage d'annoncer lui-même son mariage à Germaine, s'était éclipsé. Il était à Ferney, pendant que ces dames s'expliquaient à Sécheron ! Vois-tu, Charlotte, les hommes les plus courageux à la guerre sont d'une incompréhensible lâcheté en amour. Ils préfèrent les batailles aux ruptures, la mitraille les effraie moins que les lamentations d'une maîtresse, ils sont prêts à verser leur sang pour ne pas voir couler de larmes. Pris entre deux feux, ils avancent la tête haute, pris entre deux femmes, ils reculent chapeau bas ! Pour ne pas en faire souffrir une, ils trompent les deux et cela fait trois malheureux !

— On peut se taire, même mentir, pour ne pas faire souffrir quelqu'un... Le silence charitable, le pieux mensonge..., risqua Charlotte, soudain pensive.

Devinant que sa nièce faisait un rapprochement fallacieux entre la situation évoquée et sa liaison avec Fontsalte, Mlle Rudmeyer la rassura :

— Les femmes connaissent parfaitement cette sorte de lâcheté, commune à beaucoup d'hommes. Elles savent en jouer et, quand cris et larmes ne suffisent pas, elles usent du chantage au suicide. Mme de Staël a tenté de s'étouffer en s'enfonçant un mouchoir dans la gorge et Mme Constant de s'empoisonner avec une dose... insuffisante d'opium. Imagine que les deux tentatives aient réussi, notre Benjamin eût été libre d'en épouser une troisième !

— Oh ! Comment pouvez-vous plaisanter ? C'est tragique !

— Non, Charlotte, c'est comique ! Aucune de ces aimables quadragénaires, ayant vécu, connaissant les hommes, n'avait envie de mourir. Mme de Staël est un grand esprit, mais c'est aussi une remarquable comédienne et la Hardenberg peut lui donner la réplique. D'ailleurs, la meilleure preuve que je ne médis pas, c'est que ces dames et le mari sont tombés d'accord pour que le mariage reste un secret entre les trois intéressés... et que M. Benjamin Constant puisse partager son temps — est-ce seulement son temps ! — entre Coppet, comme si de rien n'était, et Sécheron, où se morfond son épouse.

— C'est un arrangement bien commode, estima Mme Métaz.

— Commode, mais très provisoire. D'après ce que je sais, Mme Constant n'apprécie guère ce partage, obtenu, sous Dieu sait quelle menace, par Germaine. Et Benjamin ne cherche qu'à s'échapper de Coppet. Enfin, le vieux général Constant de Rebecque en a assez de toutes ces simagrées et s'apprête à rendre public le mariage de son fils avec la filleule du roi d'Angleterre. Voilà qui tranchera officiellement les liens d'une passion théâtrale que les acteurs, une femme possessive et orgueilleuse, un homme pusillanime et capon, sont incapables de dénouer eux-mêmes élégamment !

Entendant sonner deux heures, Mlle Rudmeyer donna le signal de la séparation, puis elle saisit un livre abandonné sur un guéridon et le tendit à sa nièce.

— Tiens, tu liras ce dernier ouvrage de Mme de Staël. C'est un très beau roman sentimental, qui se passe en Italie, pays merveilleusement décrit dans ces pages. C'est aussi l'histoire d'une certaine Corinne, poétesse de son état, qui se sacrifie noblement pour le bonheur de son amant et lui permet d'épouser une autre femme. En somme, ce que l'auteur n'a, semble-t-il, pas su faire !

Quelques jours plus tard, par une chaude matinée d'août, en regagnant Vevey, Charlotte, qui conduisait elle-même son cabriolet, fit, comme elle en avait l'habitude, une halte au moulin sur la Vuachère. Elle approcha de la vieille bâtisse, cachée derrière un rideau de saules. Des traces de roues récentes et l'herbe foulée attirèrent son attention. Le chemin ne conduisant qu'au moulin, ces empreintes intriguèrent Mme Métaz. Ayant mis son cheval au pas, elle progressa avec circonspection et, comme les marques confuses de roues et de sabots se prolongeaient au-delà d'une barrière qui fermait l'accès au moulin, elle commença à s'interroger. Quel visiteur indiscret avait pu s'aventurer jusque-là avec une voiture ?

L'idée que Blaise soit arrivé à l'improviste, pendant qu'elle était chez sa tante, l'effleura, mais elle rejeta cette pensée. La dernière lettre du général, expédiée en juin d'Autriche, ne laissait nullement présager une visite au cours de l'été. Devant l'écurie vide et le hangar aux voitures désert, des traces plus visibles dans le sable humide la rassurèrent : le ou les visiteurs avaient fait demi-tour devant la maison. Ses battements de cœur s'accélérèrent pourtant quand, au moment de mettre la clé dans la serrure, elle constata que la porte n'était pas fermée. Elle pensa aussitôt que des voleurs avaient pu s'introduire dans le moulin, pour dérober l'argenterie et le linge, mais, le seuil franchi, elle fut détrompée. Une odeur de tabac qu'elle reconnut lui révéla que son amant était dans la maison. Un verre, une bouteille et deux pipes abandonnées sur la table le lui confirmèrent. Elle se retint de crier le nom de Blaise et poussa la porte de la chambre. Il dormait dans le milieu du lit, nu sous le drap à demi rejeté, la tête reposant sur un bras replié. Elle fut tentée d'embrasser l'épaule, marquée d'une cicatrice dont elle connaissait l'origine, mais se retint et resta un moment penchée sur le visage qu'elle n'avait pas vu depuis trois ans. Les joues et le menton attendaient le rasoir ; les favoris bruns, bouclés comme les cheveux drus, étaient maintenant niellés de quelques fils argentés.

Le désir vint à Charlotte de réveiller Blaise d'un baiser ou d'une caresse sur la poitrine, mais elle s'abstint. Pour dormir aussi profondément, Fontsalte devait être exténué par un voyage dont elle ne pouvait rien imaginer. Alors, elle ôta ses vêtements et se glissa, nue, près du dormeur.

2.

Depuis que les journaux de Paris parvenaient en cinq jours à Lausanne, par courrier spécial, coûteux mais sûr, les Vaudois suivaient de plus près les affaires européennes.

L'automne 1809 fut riche en événements et, pendant la période des vendanges, qui donnait lieu à de fréquentes rencontres autour des pressoirs, on ne cessa d'évoquer, jusqu'à la fin octobre, la guerre et les contraintes que le blocus continental imposait au commerce. On apprit enfin que la paix avait été rétablie par le traité de Vienne.

Depuis le printemps, il ne s'était pas écoulé une semaine sans qu'une nouvelle fournît au cercle des Métaz motif à discussion. La malheureuse bataille d'Essling, qui avait coûté la vie à plus de vingt mille Français, dont le maréchal Lannes, et à autant d'Autrichiens, la victoire de la Grande Armée à Wagram, l'annexion des Etats pontificaux, avaient été moins commentés que la blessure de Napoléon à Ratisbonne, modeste éraflure par balle au talon, et l'arrestation du pape Pie VII par la gendarmerie française.

Sur ce dernier événement, qui avait laissé de glace les huguenots, mais affligé les rares catholiques que représentait au gouvernement cantonal François-Nicolas Longchamp, on en savait plus à La Tour-de-Peilz et à Vevey que partout ailleurs. Le sergent de la garde pontificale Julien Mandoz, époux de l'épicière Rosine Baldini, dite Tignasse, et beau-frère de Flora, de passage chez lui, avait été le témoin des péripéties romaines et vaticanes. Ses narrations lui donnaient de l'importance aux yeux des Veveysans car ce moutardier du pape n'était pas avare de confidences. Guillaume Métaz, croyant plaire à sa femme, avait invité Mandoz et Tignasse au banquet de clôture des vendanges. Après les toasts traditionnels, la conversation vint tout naturellement sur l'internement du pape à Savone.

Napoléon avait imposé le code civil à l'Italie, introduit le divorce, mis en tutelle le clergé italien. Ayant fondé un royaume de Naples bonapartiste en nommant son beau-frère, le maréchal Murat — déjà prince, duc de Berg et de Clèves — roi de Naples et des Deux-Siciles, sous le nom de Joachim Ier, il s'était attiré les foudres pontificales. Excommunié le 12 juin comme « tous les auteurs de l'annexion des Etats romains », l'empereur avait réagi, le 6 juillet, en faisant enfoncer les portes du Quirinal par les gendarmes du général Radet et arrêter le pape comme un simple voleur de poules !

— Les gens croient que c'est l'affaire de l'excommunication qui a déclenché l'odieuse entreprise du despote contre Pie VII, mais ce ne fut que la goutte d'eau...

— Bénite, ironisa Blanchod.

— ... qui fit déborder le vase, acheva le sergent sans relever la boutade ni se troubler.

— Le fait est que le pape s'oppose depuis des années à l'empereur, intervint Chantenoz. Pie VII n'a jamais considéré que les ennemis de la France étaient les siens, comme l'exigeait Napoléon. Et il est clair que l'Eglise catholique, Rome tout au moins, a soutenu les rebelles espagnols, ceux de Romagne et du Tyrol. Le pape s'aperçoit un peu tard qu'il a sacré empereur, en 1804, un souverain laïque qui refuse au pouvoir spirituel le droit d'intervenir dans le temporel.

— Que chacun fasse son métier et les âmes, comme les vaches, seront bien gardées, dit Blanchod, ennemi de ce qu'il nommait la supercherie papiste.

— Vous blasphémez, Blanchod. Le pape est non seulement une autorité spirituelle pour les catholiques, dont la foi doit être respectée comme la vôtre, mais une autorité morale, reconnue par tous les chrétiens. Alors, je vous en prie, gardez votre ironie pour qui la mérite, dit sèchement Flora Baldini, approuvée d'un hochement de tête par Charlotte.

Julien Mandoz apprécia ce renfort catholique en territoire huguenot.

— Oh ! Napoléon et Pie VII s'arrangeront bien encore une fois.

Il y aura un nouveau concordat et tout rentrera dans l'ordre, remarqua un pasteur, dont l'épouse attendait un huitième enfant.

— Le Saint-Père est, cette fois, bien décidé à faire front. Si je suis en route pour la France, c'est parce qu'on prête l'intention à ce bandit de Napoléon d'emmener Pie VII à Fontainebleau, pour le forcer à envoyer des bulles d'institution aux évêques français, ce qu'il ne fait plus depuis qu'en 1808 Bonaparte a nommé lui-même les chefs de diocèses. On dit même que l'usurpateur du trône de France voudrait, après avoir établi une sorte d'empire d'Occident, enlever le Saint-Siège à Rome pour le mettre à Paris, avec le Sacré Collège. D'ailleurs, il a déjà fait transporter en France, par ses gendarmes, les archives romaines et désigné un nouvel archevêque de Paris, Mgr Maury..., sans même consulter le Saint-Père ! Notre colonel m'envoie à Paris, avec deux autres sergents, pour assurer le service d'un cardinal, délégué secret du pape. Il doit rencontrer le seul prélat français qui ose encore s'opposer à l'empereur, le vicaire capitulaire de Paris, l'abbé d'Astros.

— C'est une mission de confiance, et puis un voyage à Paris n'est point désagréable, estima Chantenoz.

— En effet, c'est une mission disons... particulière. Mais je me sens mal à l'aise en civil. Sans notre uniforme, qui n'a pas changé depuis Jules II, sans hallebarde ni casque à houppe, nous autres Suisses, soldats du pape, redevenons de simples paysans, conclut avec bonhomie Julien Mandoz.

— On ne peut cependant vous imaginer vous promenant à Paris dans un costume dessiné par Michel-Ange ! Vous ne passeriez pas inaperçu, observa Martin.

— Je ne sais si j'aurai le courage de retourner dans les jardins des Tuileries, où j'ai été blessé en 92 et où mon pauvre frère a été étripé par la canaille révolutionnaire, soupira le sergent.

Ce rappel du massacre des Gardes-Suisses de Louis XVI alourdit brusquement l'atmosphère autour de la table du banquet et ce fut Flora, vers qui les regards s'étaient spontanément tournés, à l'évocation de la mort tragique de son fiancé, qui rompit le silence.

— Il y aura bientôt vingt ans, Julien, que cet événement a eu lieu. Qui s'en souvient à part nous ? Depuis, on a compté des milliers, des dizaines, peut-être des centaines de milliers de morts à travers l'Europe, du fait des guerres que cette révolution a engendrées. Alors, laissons les morts entre eux. Ils sont dans la paix du Seigneur et leurs bourreaux sont voués au feu éternel. Car je crois à la justice de Dieu et à...

La fin de la phrase se perdit dans un murmure, Flora s'étant mise à pleurer.

Chantenoz, ému par le chagrin inguérissable de Flora, quitta sa chaise et vint essuyer d'une caresse les larmes de la jeune femme. Il mit dans son geste une tendresse qui surprit cette dernière, au point qu'elle prit la main du précepteur et la pressa sur sa joue.

— Merci, Martin, dit-elle simplement.

Apaisée par cette manifestation inattendue d'affection, de la part d'un homme dont elle redoutait habituellement la causticité, Flora se reprit, sourit à Charlotte et leva son verre. Martin Chantenoz, qui avait regagné sa place, en fit autant.

— A la belle vendange et à la vie, lança-t-il, se forçant à la gaieté.

Ce soir-là, pour la première fois, le poète participa à la farandole du picoulet, entre Flora et Charlotte.

Quelques jours plus tard, quand la *Gazette de Lausanne* annonça que l'empereur Napoléon Ier avait échappé à un attentat à Schönbrunn, Flora regretta que Frédéric Staps, dix-huit ans, fils de pasteur luthérien d'Erfurt, n'ait pas réussi à planter son couteau de cuisine dans le dos de celui qu'elle nommait maintenant le chancelier de la mort.

— Napoléon l'a interrogé lui-même et Staps lui a répondu très crânement qu'il voulait en effet le tuer, pour venger les malheurs de la Prusse. Comme il refusait de manifester des regrets, l'empereur l'a fait fusiller, dit Guillaume Métaz, résumant l'article qu'il venait de lire.

— Voilà un homme! s'écria Flora, parodiant avec ironie la phrase de Bonaparte à Goethe, lors de l'entrevue d'Erfurt.

Sur tous ces événements, évoqués en famille lors des veillées, Charlotte possédait des informations complémentaires, recueillies lors de la dernière visite de Blaise ou contenues dans les lettres que son amant lui adressait régulièrement. Elle ne pouvait, hélas, en faire état que devant Flora ou au cours de conversations avec sa tante.

C'est ainsi qu'elle avait confié à Mlle Rudmeyer que Mme de Staël faisait l'objet d'une surveillance particulière, la police impériale la soupçonnant fortement d'entretenir des relations autres que littéraires avec les Prussiens et les Autrichiens. Blaise avait raconté que, lors de son voyage à Vienne, en 1808, la châtelaine de Coppet avait rencontré, non seulement les membres du groupe *Prome-theus*, revue littéraire d'opposition à Napoléon, mais, à plusieurs reprises, Frédéric von Gentz, publiciste, écrivain mercenaire au service de la Prusse et de l'Autriche, agent anglais en même temps qu'espion de Metternich. On savait aussi, aux Affaires secrètes, que la dame de Coppet avait eu à Vienne une liaison, passagère mais passionnée, avec un Irlandais, officier au service de l'Autriche, le comte Maurice O'Donnell von Tyrconnel, plus jeune qu'elle de quinze ans. Comme des adolescents amoureux, ils avaient gravé leurs initiales entrelacées sur les arbres et vilipendé Napoléon entre deux baisers.

Lors de sa visite du mois d'août, Fontsalte avait précisé, en confidence, que sa mission consistait alors à rappeler à M. Ignace Brugière de Barante, préfet du département du Léman, résidant à Genève, les ordres de l'empereur. Coppet devait être surveillé et tous les visiteurs de Mme de Staël identifiés, afin que l'on sache ce qui se tramait au château. Blaise avait rapporté fidèlement à sa maîtresse les consignes de Napoléon au préfet : « Vous ferez connaître à Mme de Staël que, jusqu'à cette heure, on l'avait regardée comme une folle, mais qu'aujourd'hui elle commence à entrer dans une coterie contraire à la tranquillité publique. » Le général n'avait pas caché à Dorette qu'il trouvait le préfet Barante peu informé sur les intellectuels, italiens, allemands, suisses, français, portugais, et même danois, qui fréquentaient Coppet, véritable foyer antibonapartiste, et trop conciliant avec la châte-laine, que l'on disait occupée à la rédaction d'un ouvrage sur l'Allemagne.

« Quand on sait que Prosper de Barante, fils du préfet du Léman et présentement préfet de Vendée, a été l'un des soupirants comblés de la Staël, avant d'épouser Mme d'Houdetot, petite-fille de la belle amie de Jean-Jacques Rousseau, on conçoit que le représentant du gouvernement impérial à Genève puisse être gêné aux entournures quand il s'agit de sévir contre une ancienne maîtresse de son fils », avait ajouté Blaise.

Mme Métaz, qui avait, comme sa tante, une vive admiration pour Germaine de Staël et raffolait des invitations à Coppet, s'était récriée que Germaine souffrait d'être contrainte à l'exil, que son opposition à Napoléon venait essentiellement du mépris dans lequel la tenait l'empereur, qui semblait dénier aux poètes et aux écrivains tout sens politique. Elle avait conclu en affirmant que les gens de Coppet ne souhaitaient nullement le retour des Bourbons, que leurs idées étaient aussi confuses et utopiques que généreuses et qu'il ne fallait pas y voir de menaces pour l'empire. Tous les habitués de Coppet déploraient, en revanche, ouvertement que la France soit en état de guerre perpétuelle avec des puissances menacées et effrayées par les ambitions territoriales de Bonaparte.

Au risque de déplaire à son amant, Dorette avait renchéri en disant que bon nombre de Vaudois, par ailleurs circonspects à l'égard de Mme de Staël — les bourgeois la tenaient pour licencieuse — étaient dans les mêmes dispositions d'esprit et partageaient, sans savoir les formuler aussi bien, les craintes des amis de la châtelaine.

Comme Dorette vantait encore la générosité et le désintéressement de Mme de Staël, Blaise de Fontsalte avait éclaté de rire. « Ne soyez pas si naïve, mon amie. Il y a aussi derrière les beaux sentiments et les nobles causes dont on vous abreuve à Coppet une question d'amour-propre, une bonne dose de vanité et aussi une affaire de gros sous ! Peut-être ignorez-vous que Germaine de Staël réclame, depuis des années, à l'empereur le remboursement d'une somme de deux millions quatre cent mille francs que son père, M. Necker, alors directeur des Finances, avait prêtée à Louis XVI, avec intérêt annuel de cent mille livres ! Jusqu'en 1792, cet intérêt fut régulièrement versé, mais la dette ne fut pas reconnue par les gouvernements qui se sont succédé depuis la Révolution. Mme de Staël, grande patriote, dites-vous, ne manque pas une occasion de rappeler ce que la France lui doit, intérêt et capital ! Pourquoi voulez-vous que les finances publiques honorent les dettes privées d'un roi défunt ! En prêtant au taux de six pour cent, M. Necker, que l'on disait banquier avisé, prit un risque de banquier ! »

Un peu déçue de découvrir que Germaine de Staël avait une propension à s'amouracher d'hommes jeunes, qui s'esquivaient bientôt, rassasiés de discours sentencieux, de bavardages philosophiques, de poses admirables, d'envolées mystiques et, pendant les entractes, d'étreintes brûlantes, Mme Métaz regretta encore plus que cette amoureuse à l'esprit orné puisse, à l'occasion, faire preuve de sens pratique. Suivant la suggestion de Fontsalte, elle se tint désormais à l'écart de Coppet.

Le dernier séjour de Blaise avait été, de toutes les rencontres des amants, la plus harmonieuse, la plus confiante, la plus heureuse. Dorette n'oublierait jamais l'émotion, la joie et la fougue de Blaise quand il s'était éveillé près d'elle au moulin de Vuachère, un matin d'août. Pendant trois jours, ils n'avaient fait que s'aimer et échanger des confidences et des idées. Charlotte ne s'était absentée qu'une heure, pour prévenir Mathilde qu'elle différait son départ pour Vevey. Cette précaution s'était, *a posteriori,* révélée utile car M. Métaz, rentrant de Genève et traversant Lausanne, avait choisi de s'arrêter un instant chez la tante de sa femme. Alarmée, Mathilde Rudmeyer s'était tenue hors de vue de son neveu, tandis que la domestique, dûment chapitrée, avait répondu avec naturel : « Ces dames sont allées visiter des amies, à Fribourg. On ne sait quand elles reviendront. »

La fable admise sans soupçon, Guillaume avait poursuivi sa route vers Vevey, où Charlotte n'était arrivée que deux jours plus tard, avec les derniers ragots fribourgeois collectés, à titre d'alibi, par Mathilde dans les salons de Lausanne !

En quittant le moulin, Fontsalte avait laissé à Dorette son portrait, ou plutôt son profil, réalisé par Chrétien au physionotrace[1], et c'était maintenant un grand plaisir pour elle de le contempler quand elle était seule. Elle ne courait pas grand risque, même si son mari trouvait cette image d'un homme qu'il ne connaissait pas. Guillaume, confiant de nature, dénué de jalousie, était aussi d'une parfaite discrétion et ne se serait jamais permis d'ouvrir un tiroir dans la chambre de sa femme. Eût-il découvert le physionotrace qu'elle eût inventé une histoire. Comme il s'agissait d'un profil, l'artiste n'avait pu mettre en évidence le regard vairon de Blaise.

Flora ne manquait pas de faire remarquer à Charlotte qu'elle commettait de plus en plus d'imprudences, mentait maintenant avec un aplomb déconcertant et que les séjours au moulin de la Vuachère, si rares et si espacés qu'ils fussent, constituaient un risque considérable de scandale. Depuis que Charlotte avait emmené son amie visiter ce qu'elle nommait son refuge contre le spleen, Flora ne cessait de la mettre en garde.

— Imagine qu'un beau matin Guillaume, qui est toujours par monts et par vaux, se rende au Petit-Ouchy, te rencontre et te suive ? Tu vois sa surprise en découvrant que sa femme entretient un réduit galant au bord d'une rivière ! Car il n'a plus rien d'un

1. Gilles-Louis Chrétien (1754-1811), musicien, graveur, inventeur d'un procédé de reproduction qui consistait à dessiner sur une plaque de verre et à graver simultanément sur une plaque de cuivre, grâce à un bras mécanique, le profil d'une personne. Les détails étaient ensuite ajoutés à la pointe. Le physionotrace connut une grande vogue entre 1786 et 1830. Marat, Saint-Just, Bonaparte et Louis XVIII furent ainsi portraiturés. D'après Gisèle Freund, « au Salon de 1793, on exposa cent portraits au physionotrace ». *Le Romantisme*, Jean Clay, Hachette Réalités, Paris, 1980.

moulin, ton moulin ! Les tentures de velours cramoisi, les tapis orientaux, les guéridons, les vases, les lampes, ces draps de fil brodés, cette lingerie fine empilée dans l'armoire, ces déshabillés et ces chemises impudiques que je ne t'ai jamais vus ici m'ont plutôt fait penser à une maison de cocotte !

— Bravo ! Ce que tu es drôle ! Ce sera le Moulin de la cocotte ! dit, ce jour-là, Charlotte.

La seule pensée de posséder un abri secret pour son amour défendu, un décor douillet, un peu extravagant, où elle devenait une autre femme, la réjouissait autant que les souvenirs tendres et voluptueux protégés des curiosités malignes, de la souillure des préjugés et de la corrosion du temps par les vieux murs du moulin.

Cette année-là, l'hiver fut favorable aux amants, car Blaise de Fontsalte fit deux brèves apparitions à Lausanne. La première justifiée par les soucis que donnaient à l'administration impériale les contrebandiers opérant du Tessin au Valais, la seconde à l'occasion de la destitution du préfet du département du Léman, M. de Barante, dont la mansuétude à l'égard de Mme de Staël avait fini par lasser l'empereur. Le nouveau préfet, M. Capelle, promettait d'être plus attentif aux conciliabules et agissements des gens de Coppet.

Lors de cette dernière visite, quelques jours avant Noël, Blaise annonça à Charlotte que Napoléon venait de répudier Joséphine, qui ne pouvait lui donner d'enfants. Mme Métaz trouva la chose désolante, mais, quand son amant l'eut informée que l'empereur allait épouser la fille de François II, l'archiduchesse Marie-Louise d'Autriche, elle se plut à imaginer que cette union scellerait la paix.

La nouvelle officielle de la dissolution du mariage religieux de l'empereur, rapportée par les journaux de Lausanne à la fin du mois de janvier 1810, fournit aux huguenots de stricte obédience, comme Blanchod, et aux athées, comme Chantenoz, de quoi dauber sur l'hypocrisie des papistes.

— On dit que la pauvre Joséphine était dans l'impossibilité d'avoir des enfants parce qu'elle avait dans le ventre quelque chose de détraqué, dit Charlotte, compatissante.

— Bonaparte a mis longtemps à s'en apercevoir, ironisa Blanchod.

— Elle a cependant eu deux enfants de son premier mariage avec M. de Beauharnais, le guillotiné : le prince Eugène, présentement vice-roi d'Italie, et cette Hortense, épouse malheureuse, à ce qu'on dit, de Louis Bonaparte, roi de Hollande par la grâce de son frère !

— Alors, c'est peut-être Napoléon qui ne peut pas...

— L'avenir nous le dira, mon bon Simon. Il faut bien qu'un empire héréditaire ait un héritier ! Mais je trouve assez cocasse qu'on demande à Marie-Louise d'Autriche, nièce de Marie-Antoinette et de Louis XVI, l'éminent service d'assurer la descendance de celui qui, bien servi par les guillotineurs de 93, occupe aujourd'hui ce qu'il faut bien appeler le trône de France ! La carmagnole républicaine est oubliée, Paris va se remettre au menuet ! Ces Français m'étonneront toujours ! lança Martin en riant.

— Le Corse me dégoûte plus que jamais et cette Marie-Louise n'a pas d'honneur, pour entrer dans le lit du sanguinaire..., grogna Flora.

— Il n'est pas question de cela ! Ce mariage est... comment dire... diplomatique, fabriqué, calculé, de nature à élever l'empereur des Français au rang des grandes familles régnantes, voilà, assena Charlotte d'un ton catégorique.

— Savez-vous, mes amis, que ma femme a la tête politique ! Où vas-tu chercher ça, cocolette ? fit Guillaume, à la fois admiratif et taquin.

— C'est facile à comprendre, non ! dit vivement Flora, volant au secours de son amie.

Mˡˡᵉ Baldini savait par qui et comment était faite, de façon inavouable, la religion de Charlotte et craignait qu'elle n'en dît trop. Elle avait reconnu, dans les propos véhéments de Mᵐᵉ Métaz, les termes dont Fontsalte usait dans une récente lettre.

Pendant une bonne quinzaine de jours, le mariage de l'empereur devint le principal sujet de conversation entre les dames de Vevey. Chacune y allait de son couplet sentimental à l'heure du thé chez Elise Ruty. Sans pouvoir dévoiler ses sources, que toutes ses amies croyaient lausannoises à cause des hautes relations de Mˡˡᵉ Rudmeyer, Charlotte, incorrigible, se tailla un joli succès, en répétant une fois de plus les informations données par Blaise dans sa dernière lettre. On apprit ainsi que la nouvelle impératrice parlait et écrivait italien, anglais, français et allemand. Qu'elle jouait convenablement de la harpe et, contrairement à ce que disaient certains, vouait une véritable affection à Napoléon. L'archiduchesse était reconnaissante à l'empereur d'avoir, lors du bombardement de la capitale autrichienne, en 1809, fait détourner les batteries françaises pour épargner le château où elle se trouvait alitée. Napoléon, ayant appris que la princesse, malade de la petite vérole, était contrainte de rester sous le feu des canons français, alors que sa famille allait s'abriter dans une autre résidence, avait en effet ordonné un cessez-le-feu. Toutes les buveuses de thé s'entendirent pour reconnaître que cette attitude était du dernier chevaleresque, de la part d'un chef de guerre. Quand Charlotte ajouta que l'empereur avait envoyé chercher, à Vienne, « par un officier de confiance », précisa-t-elle du ton d'une personne qui sait mais ne peut tout dire, le canari, le petit chien et la tapisserie inachevée que Marie-Louise avait dû abandonner en partant pour la France, ces dames gloussèrent d'admiration. Plus d'une estima que son mari, au temps des fiançailles, eût été incapable de pareille attention.

Flora connaissait, bien sûr, l'identité de « l'officier de confiance » qui avait mené à bien cette peu glorieuse mission. Blaise de Fontsalte, parti de Paris, alors que Marie-Louise venait de quitter Vienne, avait été de retour à Compiègne avec le canari, le chien et la tapisserie quatre jours avant que l'archiduchesse, épouse et impératrice par procuration depuis le 7 février, y arrivât le 27 mars ! Ce voyage, à bride abattue à travers la France, la Bavière et l'Autriche, avait valu au jeune général un grade de plus dans l'ordre de la Légion d'honneur : officier il avait été promu commandeur. Il avait aussi reçu « une écritoire, ornée d'une aigle d'or aux ailes éployées, avec encriers de cristal, offerte par l'empereur en personne ».

Bien qu'édulcorés et débités sous couvert d'anonymat, les propos de Charlotte avaient agacé Flora.

— Tu pourrais t'abstenir de répandre les ragots épistolaires de ton soudard pour briller devant des oies ! Tu mérites une décoration pour propager ainsi une image aussi niaise et aussi fausse d'un Napoléon sentimental et attendrissant ! Encore heureux que tu ne leur aies pas raconté que l'ogre libidineux avait lutiné l'Autrichienne dans le carrosse, entre Soissons et Compiègne, comme le rapporte Fontsalte avec une complaisance de libertin !

— Tu m'ennuies ! s'était contentée de répondre Mme Métaz, bien consciente cependant d'avoir bavardé inconsidérément.

Quelques jours plus tard, Mlle Baldini eut sa revanche, à l'occasion d'une réunion des dames de Vevey, désireuses de se cotiser pour offrir un nouveau drapeau à la Société des Arquebusiers de la ville. Après que l'assemblée eut décidé de faire reproduire la première bannière offerte en 1803, la conversation vint sur un article de la *Gazette,* révélant qu'il y avait en Suisse plus de femmes que d'hommes, ce qui expliquait peut-être l'infidélité de certains maris ! Le journal citait le cas de Lucerne, où l'on comptait cent seize femmes pour cent hommes, et assurait qu'à Genève les naissances illégitimes devenaient si fréquentes que huit enfants sur cent étaient déclarés de père inconnu.

— Pas inconnu pour la mère, tout de même ! lança la femme du pasteur.

— Et c'est sans compter les enfants qui ne sont pas du père déclaré, du père ignorant son infortune, dit une dame.

— L'important pour tout le monde, y compris pour l'enfant, surtout pour l'enfant, c'est que personne ne se doute de rien, n'est-ce pas, dit perfidement Flora en regardant Charlotte.

— Oh ! ma chère, ces choses finissent toujours par se savoir. Les hommes sont si vantards et les femmes si imprudentes ! A l'occasion d'une querelle de ménage, on se jette l'enfant à la tête, et tout le quartier est au courant, expliqua la femme du pasteur.

Epouse et bru d'apothicaire, une dame d'œuvres prit le relais :

— C'est arrivé chez une domestique. Vous avez toutes connu Fanette, qui servait chez ma belle-mère. Eh bien, elle s'était fait faire un enfant par un militaire logé chez ses maîtres, un sous-officier de chasseurs. Cela se passait l'année où les Français se sont arrêtés à Vevey pour une revue, en 1800 ou 1801, je ne m'en souviens pas. Je devrais cependant m'en souvenir car ça nous a coûté assez cher, vu que les soldats nous ont aussi laissé des dettes ! Eh bien, un soir où Eloi, le mari de la Fanette, était rentré ivre, comme souvent, et qu'il voulait battre le petit, elle lui a dit tout à trac : « Laisse cet enfant, d'abord c'est pas toi qui l'as fait ! »

Il y eut des gloussements indignés et la dame reprit :

— D'un mot à l'autre, ils en sont venus à se crier des choses épouvantables et, si mon beau-père, qui avait entendu la querelle, n'était pas intervenu, sûr que le mari de Fanette aurait tué le petit, qui va aujourd'hui à l'école avec le mien.

— Comment tout cela s'est-il terminé ? demanda la femme du pasteur.

— Deux ou trois mois plus tard, Eloi a été écrasé par un demi-muid qu'il chargeait sur un triqueballe. Vous ne vous souvenez pas de cet accident sur le port ?

Plusieurs dames attestèrent de la fin du mari trompé, car, si les accidents en cours de chargement des barques étaient fréquents, ils n'étaient que rarement mortels.

— Ce n'était pas un mauvais bougre, cet Eloi. Il avait accepté d'élever l'enfant de la trahison avec les trois autres et sans faire de différence. Mais la révélation de son malheur l'avait rendu taciturne, il ne buvait plus comme avant. Il évitait de parler aux gens. Il était devenu comme honteux.

— Mais sa veuve ne s'est-elle pas remariée ? demanda Elise Ruty.

— Si, avec un peintre de Lausanne. Elle lui sert de modèle et pose nue ! Oui, ma chère, nue ! Le père de mon mari, qui est un homme d'une grande bonté, a même acheté un tableau à ce peintre. C'est ainsi que la Fanette est maintenant accrochée dans le salon de ma défunte belle-mère... et dans le plus simple appareil ! Ceux qui l'ont connue et qui voient cette toile disent que le peintre a beaucoup embelli Fanette. Personnellement, je ne l'aurais pas reconnue, conclut naïvement l'épouse de l'apothicaire.

Cette tirade amena quelques sourires amusés sur les lèvres des auditrices. Tout Vevey savait que le vieil apothicaire avait longtemps été l'amant de Fanette quand elle servait sous son toit. Lui, au moins, devait savoir si le second mari de la belle avait ou non idéalisé l'anatomie de l'ancienne domestique.

En sortant de la réunion avec Flora, qui raccompagnait son amie à Rive-Reine, Charlotte laissa libre cours à son humeur.

— Je déteste ce genre de conversation. Je trouve de tels commérages indignes des premières dames de la ville. Je ne sais ce qui m'a retenue de quitter le salon. Seul le respect dû à la femme du syndic qui nous recevait, sans doute !

— Seulement le respect dû à la femme du syndic, ou as-tu senti passer le vent du scandale qui pourrait un jour t'atteindre, comme cette gourgandine de Fanette ? persifla Flora.

— Pourquoi dis-tu cela ? Je suis à l'abri de tout soupçon. Si ces commères avaient le moindre doute sur la fidélité de Mme Guillaume Métaz, il y a dix ans qu'elles l'auraient, d'une façon ou d'une autre, fait savoir, dit Charlotte, catégorique.

— Elles n'ont pas de soupçon en effet... pour le moment, et je souhaite pour toi qu'elles n'en aient jamais, Carlotta. Mais, je t'en conjure, sois vigilante, ne raconte rien à ces femmes de ce que tu apprends par les lettres de Blaise ou au cours de vos rencontres. Le soupçon peut naître d'une simple comparaison, d'un mot, d'un recoupement fortuit, d'un hasard. Et, maintenant que Guillaume voyage de plus en plus souvent, je tremble qu'un jour il ne rencontre certain général à l'œil vairon qui passe de temps en temps par Lausanne !

— Tu as raison, Flora. Le regard, le beau regard, si particulier, d'Axel reste la vraie menace pour ma tranquillité, finit par reconnaître Charlotte.

Les deux femmes s'embrassèrent en se quittant.

Le fait d'avoir les deux yeux de couleurs différentes n'avait jamais sérieusement préoccupé Axel. Il fallut un jeu, où Nadine et Nadette Ruty citèrent comme signe distinctif le regard vairon du fils Métaz, pour que ce dernier examinât de plus près cette anomalie. Il n'aimait pas l'entendre rappeler, qu'elle soit moquée ou seulement évoquée. Un matin de juin, Martin Chantenoz, arrivant à Rive-Reine, surprit son élève debout sur un tabouret, devant la glace qui surmontait la cheminée du salon.

— Si Polline te trouve ainsi, elle te dira : « Le diable va sortir de la glace et te mordre le nez. »

— Je sais, et puis elle dira aussi : « Si tu te fais des grimaces devant le miroir, tu resteras avec ta grimace sur la figure », mais je ne crois pas, comme Blandine, au diable caché dans le miroir. Et puis je ne faisais pas de grimaces, dit Axel, descendant de son tabouret.

— Souviens-toi de l'histoire de Narcisse, que nous avons étudiée dans la mythologie grecque, il y a quelques semaines. Es-tu amoureux de ta propre image ? Veux-tu devenir fleur, comme le fils de Liriope et de Céphisse ? demanda Martin, sarcastique.

Suivant son habitude, le garçonnet accepta la raillerie, sans manifester son sentiment, et revint à l'objet de sa préoccupation.

— Je regardais mes yeux. C'est bien vrai qu'ils sont pas pareils et je voudrais savoir pourquoi. Ni maman ni papa ne savent le dire et marraine Flora explique que c'est parce que j'ai ouvert l'œil gauche avant l'œil droit. Celui qui a vu le ciel le premier est bleu, l'autre est marron, expliqua l'enfant, visiblement insatisfait.

— Ne te pose pas autant de questions. Ton regard bicolore est le résultat d'un caprice de la nature, comme il y en a tant. Les savants, qui ne parlent pour le moment que d'un déséquilibre congénital de la répartition des pigments colorant l'œil, seront un jour capables de t'en dire plus. En tout cas, ce n'est pas une maladie, encore moins une tare et certainement pas une raison d'anxiété. Cela te distingue des autres garçons, c'est tout. Je t'ai déjà dit qu'Alexandre le Grand avait les yeux comme les tiens.

— J'aimerais mieux être comme tout le monde, Martin. J'entendrais pas Nadine dire que mon œil bleu est pour elle et mon œil marron pour Nadette. Les filles sont bobettes !

— On dit nigaudes en français, Axel.

Ce jour-là, pour distraire son élève, dont il concevait soudain le trouble provoqué par l'anomalie de son regard, le précepteur obtint de Charlotte qu'elle prêtât son cabriolet pour une excursion au château de Chillon. L'homme et l'enfant prirent la route, pourvus par Polline d'un panier qui contenait de quoi pique-niquer agréablement.

La journée fut pour Axel une véritable leçon d'histoire. Elle permit à Chantenoz d'instruire son élève en détaillant le riche passé de la forteresse des comtes de Savoie, transformée en prison depuis 1785. Le gardien, aimable ivrogne, étant un oncle des sœurs Baldini, Martin et Axel purent passer un long moment dans la cellule humide et sombre où François Bonivard, prieur de Genève et opposant à Charles III, duc de Savoie, avait été emprisonné de 1530 à 1536, jusqu'à ce que les Bernois prissent possession du pays de Vaud.

Assis au pied du cinquième pilier à partir de l'entrée, là où Bonivard avait été enchaîné près de trois siècles plus tôt, Axel, les coudes sur les genoux et le menton dans les mains, écouta Chantenoz raconter la vie du prisonnier et exalter sa lutte pacifique pour la liberté de Genève. Parfois, l'apparition d'un gros rat pelé et visqueux, que le précepteur chassait d'un coup de pied, faisait sursauter l'enfant attentif et questionneur. Martin Chantenoz, pédagogue habile et passionné, s'émerveillait de la capacité d'attention et de l'imagination de son élève. Il savait stimuler cette dernière pour aider Axel à reconstruire avec objectivité et réalisme le passé de leur pays. Pour l'amener à des interrogations qui relançaient la leçon.

— Qu'est-il devenu, François Bonivard, en sortant d'ici? demanda Axel en retrouvant la lumière et la chaleur de l'été sur le chemin de ronde du château qui domine le lac.

— Il retourna au prieuré de Saint-Victor, à Genève, fut reçu comme un héros par ses compatriotes qui, à partir de 1542, le chargèrent de rédiger la chronique de la cité. Ce travail l'occupa jusqu'à sa mort, en 1570. Ce fut de bout en bout une belle, courageuse et utile existence que celle de Bonivard, conclut Chantenoz.

Au lendemain de cette visite, Martin offrit à son élève, ravi, deux gravures. L'une représentait Bonivard nanti d'une barbe et de cheveux démesurés et enchaîné à son pilier, l'autre, coloriée, montrait le château de Chillon vu du lac.

Ce même été, il fut donné au garçonnet d'entendre beaucoup

parler par sa mère et les amies de celle-ci d'une des actrices, et non des moindres, de l'histoire contemporaine : l'impératrice répudiée, Joséphine, en visite sur les bords du Léman.

Fin juillet, les journaux annoncèrent que Joséphine et son fils, le prince Eugène de Beauharnais, vice-roi d'Italie, assisteraient à l'Exercice de la Navigation, grande fête nautique, le 12 août, à Genève. La nouvelle ne surprit pas Charlotte Métaz. Elle savait déjà tout de ce voyage par une lettre de Blaise, envoyée d'Aix-en-Savoie, où l'impératrice prenait les eaux depuis le 18 juin. Le général Fontsalte escortait, à distance, l'ex-impératrice. Officiellement chargé de veiller au confort et à la sécurité de l'altesse, il devait s'intéresser, pour le service des Affaires secrètes, aux relations de l'illustre curiste, car la ville d'eaux, mise à la mode en 1808 par Pauline Borghese, sœur de Napoléon, était devenue un véritable salon d'opposition à l'empire.

Sous prétexte de cures et de mondanités, s'y retrouvaient d'anciens émigrés, pardonnés mais non ralliés, et des frondeurs de toute espèce. En ce mois de juin 1810, on signalait la présence de M. René de Chateaubriand dont le dernier ouvrage, paru l'année précédente, *les Martyrs ou le Triomphe de la religion chrétienne,* avait fortement indisposé l'empereur. Napoléon avait vu dans certaine évocation de l'empire romain une critique applicable à celui qu'il avait fondé et cru déceler des allusions à l'internement arbitraire de Pie VII. Le fait que le cousin de René, Armand de Chateaubriand, représentant des princes qui avait débarqué clandestinement d'Angleterre, ait été pris et exécuté à Grenelle le 31 mars 1809, trois jours après la publication des *Martyrs,* ajoutait à l'aversion que l'auteur du *Génie du christianisme* et ses amis manifestaient à l'empereur. Certains n'hésitaient pas à lier les deux événements, depuis qu'ils savaient comment Napoléon avait méprisé et jeté au feu, en présence de Joséphine, la demande de grâce du condamné que l'ex-impératrice transmettait à l'empereur de la part du célèbre écrivain.

D'autres personnes, considérées comme antibonapartistes, se trouvaient à Aix-en-Savoie quand Joséphine y était arrivée, des membres de la coterie de Coppet notamment : Juliette Récamier, Mme de Sales, Mme de Boigne, M. de Montmorency et le séduisant comte Flahaut de La Billarderie, boute-en-train agréé de l'ex-impératrice. On savait aux Affaires secrètes que ce beau colonel de vingt-cinq ans, un temps amant de Caroline Murat, était, depuis peu, le consolateur de la reine Hortense, fille de Joséphine, dont l'époux, Louis Bonaparte, roi de Hollande, venait d'abdiquer et de fuir en Bohême, après s'être vigoureusement opposé à son illustre frère.

Joséphine voyageait incognito sous le nom de sa dame d'honneur, Mme d'Arberg, et était accompagnée des femmes de sa maison, Mme d'Oudenarde et Mlle de Mackau, de son écuyer, le comte Fritz de Pourtalès, Suisse de Neuchâtel devenu français, de son chambellan, le comte Lancelot-Théodore Turpin de Crissé, artiste peintre.

Informée depuis deux semaines, par Blaise, de la visite de Joséphine à Genève, Charlotte Métaz n'attendait que la publication de l'événement pour dire à Guillaume son intention de se rendre, avec Elise Ruty et Flora, à l'Exercice de la Navigation. On emmènerait bien sûr les enfants, les jumelles Ruty, Axel, Blandine, et la dévouée Pernette, pour s'occuper des petits pendant que leurs mères assisteraient aux festivités et aux réceptions. Charlotte savait que, cette date tombant dans la période annuelle où le vignoble laissait un peu de répit à son mari, ce dernier voyagerait dans le Tessin pour ses affaires. Guillaume approuva le projet et échangea la grande voiture, laissée à la disposition des voyageuses, contre le cabriolet de sa femme.

Pour les enfants, la fête commença au départ de Vevey, quand le postillon des Métaz fit claquer son fouet et que le coupé gris traversa la Veveyse. Ce fut ensuite comme si Axel et les trois fillettes allaient à la découverte d'un lointain continent. Faire halte pour les repas dans des relais fleurant la friture, dormir à Nyon dans une auberge, à Genève dans un hôtel plein de voyageurs étrangers, se nourrir de mets nouveaux, déguster en promenade gâteaux et confiseries aux jolis noms : pains d'amour du pâtissier Giron, glaces moulées à l'orgeat de Croisier, sandwiches du traiteur Clavel, flâner au long des rues égayées de banderoles, de drapeaux, d'étendards aux couleurs vives et encombrées de voitures bizarres, traverser la rade sur des bateaux enlevés par des rameurs musclés, découvrir les vitrines fleuries de la grande ville, s'asseoir, promenade de la Treille, sur le plus long banc de bois du monde, poli depuis 1767[1] par les fesses genevoises, et s'endormir exténués mais la tête pleine d'images nouvelles constituaient pour les enfants un prodigieux intermède.

1. Avec ses cent vingt-six mètres de long, il mérite toujours, semble-t-il, cette réputation.

Sous prétexte de visites à rendre à d'anciennes camarades de pension, Charlotte s'éclipsa, dès le lendemain de l'arrivée à Genève, pour rejoindre Blaise. Comme il ne pouvait se présenter à l'hôtel de l'Ecu de France, où elle logeait avec ses enfants, et qu'étant lui-même hébergé à la préfecture du Léman il était impossible d'y recevoir une dame, fût-elle de la meilleure société, les amants se rencontrèrent sous les arbres de la promenade Saint-François, d'où l'on découvrait le panorama du lac et le Salève.

Mme Métaz, coiffée d'une capeline de paille fine, propre à dissimuler son profil, vit arriver un Blaise de Fontsalte en redingote puce, chapeau de soie, chaussé de courtes bottes à l'anglaise, cravaté de noir et tenant sa canne à pommeau d'argent par le milieu, comme s'il se fût agi d'un bâton de commandement.

La démarche cadencée, le maintien rigide, la façon d'avancer, sans se laisser distraire par le spectacle de la rue, la Légion d'honneur piquée au revers, trahissaient le militaire supérieur, temporairement rendu à la condition civile. Déjà, lors de leur dernière rencontre en 1809, Charlotte avait remarqué chez Blaise des changements qui paraissaient maintenant accentués. Ce n'était plus le jeune officier au teint coloré, aux épaules enveloppées, aux favoris luxuriants, désinvolte avec grâce et facilement impertinent, qu'elle avait connu dix ans plus tôt. A trente ans, le général Fontsalte, en guerre franche ou secrète depuis l'âge de seize ans, était un homme rassis, réfléchi, dominateur. Une prudente et froide détermination, fruit de multiples expériences, tragédie des combats, matoiserie politique, fourberie courtisane, avait remplacé, chez l'aristocrate patriote, l'exaltation lyrique de la jeunesse.

Bien qu'on soit au milieu de la matinée, sur une promenade très fréquentée par les Genevois et les villageois des environs attirés en ville par les festivités, Charlotte ne put retenir son élan et se jeta dans les bras de Blaise. Surpris mais ravi, le général souleva la jeune femme de terre, tournoya avec elle comme à la valse, lui murmurant à l'oreille le nom qu'il était seul à prononcer :

— Dorette... Dorette..., comme je suis heureux de vous revoir ! Vous n'avez jamais été aussi belle, aussi jeune, aussi parfumée, aussi... Dorette !

Des passants ralentirent le pas, se retournèrent, sourirent à ce couple dont le bonheur n'était pas feint. Constatant qu'ils attiraient l'attention des promeneurs, Charlotte rétablit l'équilibre de sa coiffure, prit le bras de Blaise et l'entraîna sous les arbres où elle avait déjà, tandis qu'elle attendait son amant, repéré un banc isolé.

Après qu'ils se furent bien examinés l'un l'autre, main dans la main, comme pour se persuader de la réalité de leur mutuelle présence, ils en vinrent à parler de la mission de Blaise, attaché provisoirement aux pas de l'impératrice Joséphine, logée à l'hôtel d'Angleterre, à Sécheron. Charlotte voulut tout savoir de l'épouse répudiée, qui avait la sympathie de toutes les femmes, et tout d'abord comment elle supportait sa disgrâce.

— La vieille, comme l'appelle l'impératrice Marie-Louise, car Joséphine est âgée de quarante-sept ans et la nouvelle épouse de l'empereur de vingt-neuf, fut autrefois une belle femme, je vous assure, et faite pour l'amour. Elle a un peu grossi, parce qu'elle mange trop de pâtisserie, comme toutes les femmes qui s'ennuient. Cependant, sa taille reste fine et les robes à balconnet qu'elle affectionne livrent aux regards des seins bien pommés et toujours fermes. Mais elle mange trop de muffins. Il faut dire que les muffins cuits par la concierge de Malmaison, une bonne fille d'origine anglaise, sont fameux...

— Vous y avez goûté ?

— Deux ou trois fois, quand je portais des plis confidentiels pendant la période du divorce. Ça pleurait ou tempêtait à tous les étages et, en attendant les réponses que je devais rapporter aux Tuileries, eh bien, j'acceptais les muffins de la concierge.

— Les muffins seulement ?

— Il y avait beaucoup de jolies femmes dans l'entourage de l'impératrice. Et toutes à consoler, car très inquiètes pour leur avenir ! Alors, je prenais les muffins chez la concierge et le reste ailleurs... comme à la guerre !

— Mais, Joséphine, pleure-t-elle souvent ? reprit Charlotte qui ne voulait pas jouer les amantes jalouses.

— Ce n'est pas une femme à pleurer longtemps. Et puis elle reste très attachée à l'empereur, lequel d'ailleurs le lui rend bien... puisqu'il a demandé à Ribeyre de la faire suivre partout, pour être certain qu'elle ne manquera de rien. Ribeyre m'a aussitôt envoyé à Aix-en-Savoie et en Suisse, d'abord pour apporter de l'argent à l'impératrice, qui est fort dépensière, et aussi pour...

— Pour voir si Joséphine ne fréquente pas les ennemis de l'empereur, n'est-ce pas ?

Blaise de Fontsalte sourit et, après un coup d'œil circulaire, embrassa Charlotte sur les lèvres.

— Il m'a aussi envoyé ici pour que j'aie une occasion de vous voir. Ribeyre a une véritable admiration pour vous. Pour en revenir à Joséphine, apprenez qu'elle est coquette et imprévoyante comme une cigale, mais elle est loyale. Ainsi, elle a refusé de s'arrêter à Coppet, chez votre amie Mme de Staël. Et cependant, celle-ci comptait bien sur une visite qui eût irrité l'empereur.

Comme Charlotte insistait pour savoir si la belle Joséphine, à qui on prêtait tant d'amants, n'avait pas de consolateur, Blaise, bien qu'il eût aimé parler d'autre chose, satisfit la curiosité de Dorette.

— Son tempérament créole fait qu'elle aime trop la vie et le plaisir pour s'abandonner à une vaine tristesse. Elle sait trouver des consolations, et on lui en propose, croyez-moi ! Dès le lendemain de l'annonce officielle du divorce, elle a été demandée en mariage par un de ses admirateurs de toujours, le duc Frédéric-Louis de Mecklembourg-Schwerin. Ce dernier avait été prié, en 1807, par M. de Talleyrand de cesser, auprès de l'impératrice, des assiduités qui agaçaient d'autant plus Napoléon qu'elles semblaient appréciées par sa femme. Craignant que Joséphine ne succombât, ce qui s'est peut-être produit, au charme d'un beau duc plus jeune qu'elle de quinze années, l'empereur avait fait dire au gentilhomme de rentrer dans ses terres ! Au prononcé du divorce, sachant Joséphine libre d'agir à sa guise, le duc a demandé la main de l'ex-impératrice. Mais, cette fois, c'est elle qui l'a éconduit.

— Elle a eu bien tort. A quarante-sept ans, on ne laisse pas passer un duc amoureux, dit Charlotte.

— Joséphine conserve l'orgueil de son titre et de son rang. Elle se soucie peu d'être duchesse après avoir été impératrice. Elle eût dérogé en épousant le duc. Elle trouve en revanche, auprès d'amants qui ne prétendent à rien d'autre qu'au partage du plaisir, qu'elle sait, dit-on, donner aux hommes, de quoi satisfaire son riche tempérament créole !

— Et qui sont les heureux élus ? J'imagine qu'aux Affaires secrètes vous devez tenir une liste à jour.

— Ceci est très déplaisant, croyez-moi, Dorette. Si ce n'étaient les implications politiques éventuelles, la raison d'Etat, le général Ribeyre et moi-même, nous ne voudrions pas savoir qui fréquente l'alcôve de Joséphine. D'ailleurs, Ribeyre et moi, nous sommes d'accord pour ne transmettre ce genre de renseignement à Savary que s'il y va de la sécurité de l'empire ou de l'empereur.

— Mais, moi, je ne suis pas ministre de la Police et je serais bien aise de savoir cette malheureuse répudiée aimée par un homme de qualité ! minauda Charlotte.

— Eh bien, soyez satisfaite, je crois que c'est le cas. Le comte de

Turpin de Crissé, chambellan de l'impératrice[1], qui répond au prénom gothique de Lancelot, est un beau garçon, robuste, gai, âgé de vingt-sept ans, soit vingt ans de moins que Joséphine. Il peint très joliment à l'aquarelle et son tempérament optimiste le porte naturellement à voir le bon côté des choses. A Sécheron, où l'impératrice a installé sa maison, on le rencontre souvent, un gros carnet à la main, dessinant un paysage ou une maison. Les sépias qu'il a produits pendant les excursions en Savoie sont d'une grande finesse et d'une agréable fraîcheur[2]. D'ailleurs il m'en a offert plusieurs et je me ferai un plaisir de vous en abandonner un ou deux. Mais quand, dites-moi, quand et où pourrons-nous nous rencontrer dans cette ville autrement qu'en public? demanda-t-il en désignant d'un signe de tête les nombreux promeneurs.

— A Genève, il est impossible qu'il en soit autrement. Je suis venue avec mes enfants, Flora et une amie, pour assister à la fête. Je ne puis m'absenter longtemps ni souvent... et vous-même paraissez très occupé.

— Je le suis. N'empêche que j'aimerais bien...

— Et moi donc! Mais je dois être prudente, discrète.

— Vous ne l'avez pas toujours été, fit Blaise, boudeur.

Le visage de Charlotte, amoureuse ardente, contrainte aux emportements furtifs, rares et espacés, s'empourpra au seul rappel des rendez-vous passés.

— A partir du moment où une femme a fait un premier pas dans la voie d'un amour extraconjugal, voie que la morale interdit d'emprunter mais si agréable à parcourir, il ne lui reste pour devoir que la discrétion. La femme adultère que je suis...

— Oh! Oh! En voilà un vilain mot! railla tendrement Blaise.

— C'est le mot qui désigne les femmes infidèles à leur mari! Je disais donc que la femme adultère peut choisir d'assumer son péché, ce que je fais depuis dix ans, mais elle ne doit pas en faire partager les conséquences à son époux, ni à ses enfants, ni à ses familiers. Ce n'est plus l'amour qui commande, mais l'honneur. Le

1. 1782-1859. Napoléon le fera baron d'empire le 2 mars 1811. Turpin de Crissé épousera, le 26 novembre 1813, Adèle de Lesparda, dotée par Joséphine. Il réunit au cours de sa vie de riches collections d'œuvres d'art, qu'il a léguées à la ville d'Angers.
2. La Société des Amis de Malmaison a édité, en février 1986, sous reliure de cuir rouge, à l'initiale de Joséphine, cinq cents exemplaires d'une somptueuse reproduction de l'*Album de voyage de l'impératrice Joséphine en Savoie et en Suisse,* contenant trente-trois sépias du comte de Turpin de Crissé, réalisés au cours de l'année 1810.

vrai péché social est le scandale, Blaise ! Et celui-ci, je ne veux point courir le risque de le commettre. La femme adultère... raisonnable, si j'ose dire, doit donc se montrer discrète et ne pas voir son amant trop souvent.

— C'est exactement, hélas, ce qui se produit. Nous ne nous voyons pas assez souvent à mon gré, dit Fontsalte, entourant d'un bras insistant la taille de Charlotte.

— Certes, c'est là une attitude pleine d'hypocrisie, qui conduit aux inventions, aux mensonges, aux dissimulations, mais c'est la seule capable de maintenir la cellule familiale hors d'atteinte des remous passionnels des uns... ou des autres.

— Mais votre époux est-il lui-même sans reproche ? Peu d'hommes le sont.

— Lorsqu'il se rend seul à Lucerne ou à Lugano, pour ses affaires, il peut, certes, prendre du bon temps avec ses amis, dans des maisons où, dit-on, de jeunes personnes accueillantes distribuent la griserie des sens qu'un mari ne trouve pas toujours auprès d'une épouse. Mais je ne dois ni ne veux le savoir, répliqua Charlotte, un peu pincée.

Blaise fit remarquer que le manque d'entrain et d'imagination de l'épouse conduisait souvent les maris à rechercher ailleurs ce qu'ils ne trouvaient pas dans la couche conjugale.

— Ces épouses-là préfèrent peut-être réserver à l'amant qu'elles n'ont pas le bonheur de rencontrer souvent imagination et entrain, minauda Charlotte.

— L'amant ne saurait s'en plaindre, dit Blaise.

Il rabattit l'ombrelle de sa compagne pour se dissimuler un instant avec elle aux regards des passants et embrassa sa maîtresse dans le cou.

Charlotte, le buste palpitant, tendit sa bouche avec fougue, puis se détacha de Blaise vivement. Elle se mit à pétrir nerveusement ses gants pour sécher ses mains moites, puis, le regard près de chavirer, les lèvres trémulantes, elle enfonça ses ongles aigus dans l'avant-bras de Blaise en le suppliant de ne plus la toucher.

— Cessons, retenez vos caresses, je vous en prie ! Vous me troublez si fort, Blaise ! Dans quel état suis-je, mon Dieu ! Je me conduis comme une lingère ! Ce n'est cependant pas le lieu...

— Où est le lieu et quand nous y retrouverons-nous, alors ? répéta Blaise, sûr de son pouvoir.

Mme Métaz fit semblant de réfléchir, semblant, car elle avait depuis longtemps en tête un projet qui lui permettrait de passer en toute tranquillité plusieurs jours et surtout plusieurs nuits avec Blaise de Fontsalte.

— Je dois me rendre, la semaine prochaine, aux eaux de Loèche-les-Bains, pour une cure. Ne pourriez-vous pas abandonner votre impératrice et me rejoindre ? Les bains de Loèche seraient salutaires pour votre ankylose de l'épaule... et nous pourrions passer une semaine ou plus ensemble... Je vous soignerai...

— Comment va-t-on à Loèche-les-Bains et quand y serez-vous ? dit Blaise, dont la décision fut prise dans l'instant.

Charlotte avait déjà prévu cette acceptation et les deux amants mirent au point un plan précis. Blaise la rejoindrait dès que l'impératrice aurait regagné Aix-en-Savoie, où Ribeyre devait prendre la relève de son ami. Fontsalte serait ainsi libre de ses mouvements jusqu'au retour de Joséphine en Suisse, début septembre.

— L'impératrice a décidé de revenir à Sécheron dès les premiers jours du mois, afin d'excursionner autour du lac. J'aurai donc deux semaines de liberté, deux semaines à consacrer à l'amour.

Satisfaits par la perspective d'heureux moments à venir, les amants se séparèrent quand Blaise eut remis à Dorette un carton d'invitation lui permettant d'accéder, avec enfants et amies, aux meilleures places de la tribune d'honneur.

— Vous pourrez ainsi voir de près l'impératrice, et peut-être apercevoir votre serviteur en tenue de société, conclut-il en la quittant.

Pour les enfants, l'Exercice de la Navigation constitua l'apogée du séjour à Genève. En accédant à la tribune d'honneur, construite sur un quai, Charlotte eut en revanche un moment d'émotion que Flora perçut. La proximité probable du général de Fontsalte ne constituait-elle pas un danger ? S'il approchait d'assez près l'officier, dont Mme Métaz imaginait que la haute taille, la prestance, l'uniforme chamarré et le chapeau à plumet attireraient l'attention, Axel, très observateur, ne manquerait pas de remarquer un regard identique au sien. Blaise découvrant l'enfant, seul garçon du groupe, ne ferait-il pas la même constatation ? Et cela sans parler d'Elise Ruty, curieuse et vigilante, de Pernette, béate devant les beaux militaires !

Flora manœuvra assez adroitement et avec son autorité coutumière pour placer les quatre enfants et Pernette au pied de la tribune, au milieu d'autres bambins privilégiés, accompagnés de leur gouvernante. Puis elle trouva pour Elise Ruty un siège au premier rang et les deux amies s'installèrent au second, derrière l'épouse du notaire. Quand l'impératrice, acclamée par la foule, prit place sous un dais et que les gens de sa suite furent assis, Charlotte comprit que ses craintes étaient infondées. Blaise, au milieu d'autres officiers de la garnison de Genève, se tenait à l'extrémité opposée de la tribune et nul ne vit le signe discret de reconnaissance qu'il adressa à Charlotte.

Pour les Genevois, le lac et les montagnes composaient, depuis toujours, le décor naturel d'une scène où se déroulaient tous les divertissements nautiques. L'Exercice de la Navigation, la plus belle fête de l'année, datait de l'époque où la ville entretenait une flotte de guerre, qu'elle faisait manœuvrer pour tenir en respect l'escadre des comtes de Savoie et rassurer les citoyens. Le 16 juin 1679, le premier Exercice avait été marqué par le couronnement d'un roi de la fête, majesté de carnaval, à qui le titre conférait une notoriété mondaine, devenue très prisée au fil des années. Le souverain éphémère devait offrir de nombreuses libations et un gigantesque banquet à la population. Bien qu'on lui accordât, à cette occasion, l'exonération des droits sur les blés qu'il faisait moudre, la gratuité de la garde et l'autorisation de « faire entrer en ville en franchise huit chars de vin[1] », cette royauté lémanique se révélait, au bout du compte, fort coûteuse.

Depuis leur arrivée en ville, les Veveysans entendaient les bacounis affirmer que la fête de 1810 serait la plus fastueuse qu'on ait vue depuis la Révolution. Au jour de la grande parade nautique, les Genevois et les visiteurs ne furent pas déçus. Depuis le matin, les barques des bourgeois, aux voiles tendues sur les longues vergues inclinées, ce qui les faisait nommer hirondelles par les Genevois, évoluaient entre le Port-Noir et l'île aux Barques. Pavoisées, décorées de guirlandes et conduites par des matelots vêtus de blanc, la taille ceinte de flanelle rouge, certaines transportaient des musiciens. Les flonflons, confus et assourdis, déferlaient sur l'eau jusqu'au rivage. Bientôt apparut, au milieu de ce carrousel, la grande barque de la ville, montée par la garde nationale. Elle précédait la nef du roi de l'Exercice, qu'encadraient deux autres barques, sous grand pavois, et un brigantin, commandé

1 *Mémoires du Léman*, André Guex, Payot, Lausanne. 1975.

par M. Durovray, sorte d'amiral genevois. Devant les enfants ébahis et les citadins fiers de leur flottille, plus de deux cents bateaux, tant à voiles qu'à rames, paradèrent dans la rade, entre les Pâquis et les Eaux-Vives. Le plaisir des enfants, mêlé d'une vague crainte, fut à son comble quand ils virent débarquer d'une longue pirogue couverte de feuillage deux douzaines de sauvages à demi nus, tatoués, armés d'arcs et de flèches, qui se mirent à danser une ronde frénétique sur le gazon, à la manière, assura un monsieur informé, des Mattapans d'Amérique! Ces Indiens de fantaisie rappelèrent, à ceux et à celles qui connaissaient l'histoire de leur ville, que des huguenots s'étaient autrefois expatriés en Floride, à l'instigation de l'amiral Coligny, pour fonder La Jeune-Genève, cité mythique dont on ne sut jamais rien!

Très en beauté dans une robe de mousseline blanche, égayée par un canezou de taffetas rose et joliment chapeautée d'une capeline en paille d'Italie ornée d'une plume d'autruche, Mme Métaz regretta de ne pouvoir, la parade terminée, quitter la tribune au bras de Blaise. Le général, en habit bleu impérial à collet écarlate aux devants, poches et pans ornés de feuilles de chêne brodées au fil d'or, portait avec aisance culotte, bas blancs et souliers à boucles. Beaucoup de dames genevoises, qui avaient admiré à la dérobée sa prestance, cherchaient maintenant à se le faire présenter, ce qui agaça Charlotte et fit sourire Flora.

Les amants ne devaient se revoir qu'une fois, le même jour, à la nuit tombée, quand le hasard les fit se rencontrer dans la foule venue assister au feu d'artifice tiré à partir de l'île aux Barques. Charlotte se laissa distancer par ses amies et le groupe d'enfants excités par la sortie nocturne et Blaise, depuis un moment attaché à ses pas, l'entraîna dans une ruelle. Tels des amoureux du jour, ils échangèrent sous une porte cochère un baiser furtif et se donnèrent rendez-vous à Loèche-les-Bains.

— Ne nous suivez plus maintenant, je vous en prie, j'ai trop peur qu'on remarque notre manège, exigea Charlotte.

Blaise, respectueux, s'inclina. Comme il n'avait aucun goût pour les réjouissances populaires et devait rédiger son rapport quotidien à l'intention du général Ribeyre, il regagna la préfecture, laissant sa maîtresse à la recherche des siens.

Le lendemain, au grand soleil, la vie genevoise reprit le rythme d'une cité commerçante pressée par les affaires. Les enfants, grognons pour s'être endormis trop tard, furent chargés comme ballots dans le grand coupé des Métaz. Dans les rues, les chars et

charrettes avaient remplacé calèches et cabriolets. Sur le plan d'eau
de la rade, les barques ventrues, dépouillées de leurs fanfreluches
comme des ouvrières un lendemain de bal, ne transportaient plus
joyeux musiciens ou demoiselles caquetantes, mais des tonneaux,
des planches, du sable, des pierres, des caisses, des paniers de
légumes, de fruits, de poissons. Du bel Exercice de la Navigation
ne restait qu'un tapis de confetti que balayaient les cantonniers et,
lianes de papier suspendues aux branches des arbres, des flots de
serpentins que les gamins se disputaient.

Dans les journaux, des polygraphes lyriques rapportaient les
échos de la fête et, après s'être apitoyés sur le sort de l'impératrice
divorcée, peignaient avec émotion cette belle femme promenant
son chien Askim ou s'intéressant aux cygnes venus quêter leur
nourriture auprès des lavandières d'un bateau-lavoir amarré au
pied de la tour de l'île. Un chroniqueur attribuait à Joséphine la
prise en considération, en 1804, par le commissaire des guerres
français à Genève, de la prière adressée par le maire de la ville aux
autorités impériales « afin que, lors de l'adjudication de la pêche
dans les fossés des fortifications, les cygnes qui les ornent ne soient
point inquiétés [1] ». Joséphine n'élevait-elle pas des cygnes noirs à
Malmaison ?

— Il y a de la Léda dans cette créature, commenta Flora qui,
pour prolonger le souvenir de la fête, lisait à haute voix les gazettes
genevoises, tandis que le coupé roulait vers Vevey.

Au lendemain du retour des voyageurs, Chantenoz proposa
comme exercice de français à Axel la rédaction d'un compte rendu
des journées vécues à Genève. Elise Ruty, ayant eu connaissance
de ce devoir, imposa le même à ses jumelles. Quand les récits
furent comparés, le précepteur constata avec une certaine fierté
que son élève l'emportait de loin sur les petites Ruty, grâce à une
observation plus rigoureuse, une plus grande aisance dans la
description des lieux, des événements et des gens, un vocabulaire
plus riche, une orthographe plus sûre. Charles Ruty et sa femme
furent en revanche un peu déçus par les textes de Nadine et
Nadette, émaillés de fautes et d'une grande banalité d'expression.
Les devoirs des sœurs se ressemblaient trop pour avoir été rédigés
séparément et la mièvrerie de leurs observations, portant essentiellement sur la variété et la qualité des pâtisseries dégustées pendant

1. *Les Oiseaux du Léman*, Paul Géroudet, éditions Delachaux et Niestlé,
Neuchâtel-Paris, 1987.

le voyage, faisait mal augurer de la capacité imaginative de l'une et de l'autre.

Toujours gaies et insouciantes, les petites Ruty se consolèrent en disant d'une seule voix que leur ami Axel serait, plus tard, un grand homme et qu'elles se contenteraient d'être de belles et bonnes épouses !

Entre son retour de Genève et son départ pour Loèche-les-Bains, Mme Métaz devait encore entendre parler de Joséphine par des témoins de la vie quotidienne à Malmaison. Un couple de bergers vaudois, Pétrus et Marie, engagés en 1804 par l'impératrice pour s'occuper des moutons mérinos et d'autres races rassemblés dans la bergerie modèle de Malmaison, venaient de rentrer au pays. Dans le même temps, les vachers bernois Jacob Karlen, de Diemtigen, son épouse Magdalena Fischer, de Brientz, et Christophe [1], qui, depuis 1803, soignaient les dix vaches offertes à Sa Majesté par le canton de Berne, avaient aussi regagné leur village avec des bourses bien garnies.

Les bergers vaudois, connus des sœurs Baldini, racontaient volontiers leur vie au service de l'impératrice. Les vaches bernoises fournissaient la crème dont Joséphine agrémentait son café et le beurre, battu chaque matin, faisait le régal de ceux qui partageaient ses petits déjeuners. Observateurs privilégiés, Pétrus et Marie parlaient avec affection de Joséphine, même si leur sens rustique de l'économie s'effarouchait de ses goûts dispendieux.

— La seule bergerie a coûté trente-sept mille francs et on m'a dit qu'en six ans elle avait dépensé pour plus d'un million cinq cent mille francs en toilettes et bijoux, dit Pétrus en agitant la tête, comme abasourdi par de telles sommes.

— Il faut ajouter à cela les grands dîners, les fêtes, les bateaux, qu'elle avait fait construire pour naviguer sur sa rivière, les antiques, les tableaux, les émaux, les services de porcelaine qu'elle faisait acheter un peu partout. Que d'incroyables fantaisies ! renchérit Marie.

Les bergers reconnaissaient en revanche la générosité de cette aimable cigale, sa gentillesse, son art quand elle se mettait à la harpe et surtout, en dépit de l'humiliante répudiation, sa fidélité à Napoléon. Si, peu après le divorce, elle avait fait transformer entièrement le décor de sa chambre, elle veillait à ce que demeurât intact le cabinet de travail de l'empereur.

1. Une gravure représentant les trois vachers figure au musée de la Malmaison.

— Elle tient à épousseter elle-même les objets du bureau et interdit aux domestiques de déplacer un meuble, un fauteuil, même un livre. C'est une pitié de la voir ainsi, malheureuse et abandonnée parce qu'elle ne peut plus faire de petits, dit Pétrus.

— Et vous savez qu'avec son nez à la retroussette, qu'on dirait qu'y va pleuvoir dedans, elle est encore bien belle et très courtisée. Seulement les hommes sont des cochons. Parce qu'une femme est divorcée et dort toute seule, ils croient qu'elle va se laisser mignoter par le premier venu. La Joséphine, elle les voit venir et sait choisir. Car c'est, bien sûr, pas une nonne. Elle a pas fait des vœux et, croyez-moi, elle a encore le feu des tropiques dans le sang ! confia Marie à Tignasse et Flora.

Pétrus prit le relais :

— Ce qu'elle a, c'est qu'elle se met trop de rouge sur les joues...

— C'est Napoléon qui l'a habituée à ça. Paraît qu'il aime que les femmes aient la figure bien colorée, coupa Marie.

— Et puis, ses dents ! Pourries, qu'elles sont. C'est pourquoi qu'elle sourit pas trop et se tient toujours un mouchoir devant la bouche quand elle parle. C'est bien dommage ! conclut le berger.

Flora rapporta les propos des bergers à Charlotte et fut étonnée de trouver son amie indifférente à des informations de première main, fort attrayantes, voire attendrissantes, pour une admiratrice de Joséphine.

Mais, ce soir-là, Mme Métaz bouclait ses malles et ne pensait qu'au lendemain, quand elle s'en irait seule, en diligence, sur la route de Loèche-les-Bains, au rendez-vous de son amant !

3.

Blandine Métaz appartenait à cette heureuse catégorie d'enfants qui ne donnent pas de soucis à leurs parents. Elle avait atteint l'âge de raison sans qu'on y prît garde, une bonne santé naturelle l'ayant protégée des maladies qui, au commencement du XIXᵉ siècle, provoquaient une forte mortalité infantile. Blonde comme sa mère, dodue et enjouée comme son père — dont elle admirait la force et l'autorité — douce, affectueuse, sans exigences, elle avait mérité de Polline le qualificatif de « va-comme-je-te-pousse ». Celui-ci résumait aussi bien la parfaite disposition de Blandine à l'obéissance qu'un évident manque de caractère.

Instruite dans la religion catholique par sa mère et la vieille Polline qui lui faisait réciter ses prières du matin et du soir, la fillette trouvait à l'Histoire sainte le même plaisant intérêt que son frère portait aux aventures de Robinson Crusoé. Les récits de miracles surtout la passionnaient et on l'entendait évoquer le petit Jésus comme s'il se fût agi d'un invisible compagnon de jeux auquel il ne fallait pas faire de peine en se montrant dissipée.

Depuis qu'une récente loi cantonale avait reconnu, le 2 juin 1810, l'existence légale de la religion catholique et garantissait le libre exercice de ce culte dans les communes, Charlotte et sa fille pouvaient entendre la messe dominicale à Vevey. Bien que la construction de nouveaux locaux destinés au culte catholique[1] — locaux privés de clochers, de cloches, de symboles architecturaux extérieurs et ne pouvant s'appeler que chapelles — fût maintenant autorisée, sous réserve d'approbation par le Conseil d'Etat, la messe n'était encore célébrée que chez des particuliers.

Guillaume Métaz admettait la liberté confessionnelle mais redoutait, comme beaucoup de protestants, que la mansuétude de l'Etat à l'égard des papistes ne conduise à la résurgence active d'une religion concurrente. Hors de la présence de sa femme et de sa fille, il ne cachait pas sa crainte qu'on fît de Blandine une nonne à cornette !

La fillette passait toutes ses vacances chez sa grand-mère Rudmeyer, dans le vieux fief catholique d'Echallens. Plus que l'ambiance papiste, elle appréciait chez la riche veuve un grand confort bourgeois et surtout le fait d'être la seule personne qui comptât aux yeux de son aïeule et des domestiques. A Rive-Reine, la forte personnalité d'Axel réduisait Blandine au rôle, très secondaire, de petite sœur et ses amies, Nadine et Nadette Ruty, de trois ans plus âgées qu'elle, se comportaient trop souvent en garçons manqués pour lui plaire. Et puis celles-ci appartenaient, elles aussi, à la religion réformée. Elise, leur mère, s'était en effet convertie au protestantisme la veille de son mariage avec le notaire Charles Ruty.

Le dimanche matin, on voyait Guillaume conduire son fils à l'office de neuf heures, à Saint-Martin, et Charlotte s'en aller, en cabriolet, avec sa fille à La Tour-de-Peilz, où un prêtre invité disait la messe et donnait la communion chez un bourgeois. Si Blandine suivait avec recueillement la célébration de la messe, son frère, pendant ce temps, devait, après le culte des enfants protestants, assister au cours de l'école du dimanche donné par un étudiant en théologie venu de Lausanne. Entre onze heures et midi, les

---

1. Ce n'est cependant qu'en 1824 que la baronne Thérèse de Bock, née Lapoucka, obtint, pour les deux cents catholiques de la commune, de transformer en chapelle une maison vigneronne appartenant depuis le XIVe siècle aux chartreux de la Part-Dieu, à Fribourg. Il fallut attendre 1834 pour que soit hébergée dans un vieil immeuble, 22, rue d'Italie, la première chapelle de Vevey. Les catholiques veveysans ne devaient disposer d'une véritable église, l'église Notre-Dame, qu'en 1872. La première pierre avait été posée, le 8 décembre 1869, par don Carlos María de los Dolores de Borbón y Austria-Este, alors prétendant au trône d'Espagne. Une deuxième église catholique, Saint-Jean, fut consacrée en 1929. La commune de Vevey, où la religion catholique n'a cessé de progresser, comptait, en 1980, 29 823 protestants et 25 023 catholiques. *Catholiques et protestants dans le pays de Vaud*, Olivier Blanc et Bernard Reymond, Labor et Fides, Genève, 1986.

enfants, répartis en différents groupes d'âge, entendaient évoquer certains épisodes, prudemment expurgés, de la Bible. Création du monde, fabrication de l'homme et de la femme, dynasties éternelles, prophètes chenus et prolifiques, violences, exodes, cataclysmes et miracles paraissaient à Axel de la plus haute fantaisie et parfois franchement comiques. Il prenait ces récits pour autant d'aventures fabuleuses et n'y ajoutait pas plus foi qu'aux *Voyages merveilleux et aventures du baron de Münchhausen*, que Chantenoz lui avait donnés à lire.

Si l'assiduité à l'école du dimanche n'eût été contrôlable et contrôlée par son père, Axel Métaz serait allé jouer aux billes avec les garnements du quartier, sur l'esplanade Saint-Martin. Hélas, tout élève de l'école du dimanche recevait un carton découpé en forme de grappe de raisin, sur lequel il devait coller, chaque dimanche, un petit disque de papier coloré représentant un grain, distribué à la fin du cours. M. Métaz ne manquait jamais de jeter un regard de biais à la pieuse vendange de son fils. Seul agrément d'une telle pratique : toute grappe complète donnait droit à un bon point. Celui qui réunissait douze bons points recevait, en récompense, un livre de psaumes. Axel, qui ne convoitait pas ce genre d'ouvrage, cédait ses bons points, contre un sucre d'orge, au fils très pieux de l'apothicaire.

Bien qu'il n'ait jamais manifesté à l'égard de sa sœur puînée une tendresse qui n'était pas dans sa nature, Axel ressentit, cet été-là, un peu de tristesse à la perspective de voir Blandine s'éloigner de la maison familiale. Au moment de partir, comme chaque année, en vacances à Echallens, chez sa grand-mère, la fillette annonça qu'ils ne se reverraient pas avant longtemps.

— A la rentrée prochaine, j'irai comme pensionnaire à Fribourg, à l'institut Sainte-Ursule, comme maman. Peut-être que les ursulines donneront congé à Noël, mais c'est pas sûr, expliqua-t-elle sans marquer d'émotion.

Les petites Ruty étant parties avec leur mère pour le pays d'En-Haut, où vivaient leurs grands-parents, fin août, aux plus beaux jours, Axel se retrouva seul avec son père et sans compagnes de jeux à Rive-Reine.

Charlotte Métaz avait quitté Vevey pour Loèche-les-Bains depuis une dizaine de jours quand Martin Chantenoz, qui se devait, même au temps des vacances, d'occuper son élève, émit une idée qui enthousiasma Axel.

— Si ton père le veut bien, nous pourrions aller jusqu'à Loèche chercher ta mère, dont la cure va bientôt se terminer. Ce serait pour toi, qui n'as pas de vraies vacances, comme ta sœur et les collégiens ordinaires, une excursion instructive. Tu découvrirais le Valais, la nouvelle route du Simplon, si belle, dit-on, et tu apprendrais, sur place, les vertus bienfaisantes des eaux thermales que les Romains connaissaient déjà.

— Et puis nous éviterions à maman le retour en diligence..., nous lui ferions une bonne surprise, en arrivant, comme ça, sans la prévenir ! Oh ! oui, il faut décider papa !

Le soir même, Guillaume, qui trouvait longue, bien que prévue, l'absence de sa femme, donna aisément son accord. Il convoqua aussitôt le maître Jacques de Rive-Reine, l'ancien bacouni Pierre Valeyres, premier batelier de la barque familiale, conducteur de branloire[1], gérant des poudres explosives pour les carriers de Meillerie, palefrenier en chef, cocher, postillon et, à l'occasion, vétérinaire. Les consignes du patron furent d'atteler les deux meilleurs chevaux au coupé gris, d'aller au trot, sauf dans les montées, et de faire autant d'étapes « que M. le précepteur jugerait nécessaire afin de ne fatiguer ni bêtes ni gens ».

Le voyage en attelage privé serait peut-être moins rapide, mais plus attrayant et plus confortable, que par la diligence empruntée par Charlotte.

Une longue voiture à six chevaux, aimablement nommée Dame du lac, de la Compagnie des Postes et Diligences, reliait chaque semaine, par la grande route impériale n° 5, Paris à Milan via Genève et le col du Simplon. Mais la diligence entrait dans le Valais par la rive sud du Léman, si bien que les Vaudois devaient se rendre « au fond du lac », à Villeneuve, pour prendre place dans le véhicule. Par ce moyen, Mme Métaz était arrivée à Loèche-les-Bains en deux jours. Son mari l'avait fait transporter par une de ses barques jusqu'à Villeneuve et une voiture de l'établissement thermal de Loèche-les-Bains l'avait conduite de Loèche-le-Bourg, où les curistes quittaient la Dame du lac, jusqu'à la station, située à mille quatre cent onze mètres d'altitude, dans un vallon sauvage dominé par les sommets enneigés du Rinderhorn[2] et du Balmhorn[3].

Axel et Martin mirent trois jours pour effectuer le même trajet.

1. Chariot à caisse suspendue aux essieux servant au transport des blocs de pierre extraits des carrières.
2. 3 466 mètres.
3. 3 711 mètres.

Ils couchèrent le premier soir à Saint-Maurice, où le précepteur prit le temps de faire visiter à son élève l'abbaye construite au ve siècle et qui portait le nom du capitaine thébain martyrisé en 302 par les soldats païens. Il lui montra la lance, l'anneau du légionnaire et la crosse en argent massif du duc Amédée de Savoie, dit le comte Vert, reliques que les chanoines du Grand-Saint-Bernard conservaient pieusement. Le lendemain, entre Saint-Maurice et Martigny, alors que la route longeait le Rhône, enfançon torrentueux, Chantenoz expliqua la création des vallées alpines par les grands plissements géologiques et présenta le fleuve.

— Il prend sa source là-haut, à la Furka, dans un glacier du Saint-Gothard, à mille sept cent cinquante mètres d'altitude. C'est un vrai torrent qui s'assagit en descendant à travers ces vallées. Puis au Bouveret, près de Villeneuve, tu l'as vu, il se glisse dans notre lac, le traverse comme un bon nageur, en ressort à Genève tout réchauffé. Ensuite, il franchit le Jura, creuse des gorges, avale l'Ain au passage, épouse la Saône à Lyon et se dirige, majestueux, vers la Provence, en attirant à lui toutes les rivières. Tel un dieu fourbu par ses travaux et ses amours, il écarte soudain cent bras, se vautre au soleil à travers la Camargue et se noie, mol et indifférent, dans la Méditerranée.

Ayant parcouru ce jour-là plus de dix lieues, les voyageurs firent étape à Sion, au bord de la Sionne. La tiède nuit d'été, l'air limpide, le ciel indigo piqueté d'or par les constellations, n'invitaient pas, malgré la fatigue, au prompt sommeil. Axel, qui aimait à se donner des frayeurs anodines, avait voulu voir la tour des sorciers, vestige de l'antique enceinte de la cité épiscopale, où l'on enfermait autrefois les hommes capables de se transformer en loups, les amazones grimaçantes qui volaient aux rendez-vous du diable sur des balais et les méchantes fées qui commandaient aux avalanches.

La dernière étape offrit à l'enfant les paysages les plus impressionnants. Quand, après la traversée de Loèche-le-Bourg, le coupé s'engagea dans la vallée de la Dala, Pierre Valeyres mit les chevaux au pas tandis qu'Axel, soudain silencieux, regardait une cime puis l'autre et se souvenait des histoires d'avalanches racontées la veille par l'aubergiste de Sion. N'était-ce pas une sorcière éconduite par des bergers qui, le 17 janvier 1719, jour de la Saint-Antoine, avait provoqué l'ovaille[1] catastrophique dont tout le monde se souve-

---

1. Avalanche, éboulement. Une autre catastrophe dans le Valais est restée dans les mémoires car elle fut, finalement, plutôt bénéfique. C'est sur l'éboulis que s'est constitué un des plus fameux vignobles vaudois : l'yvorgne.

nait ? Cinquante-trois villageois de Loèche avaient péri ce jour-là de la mort blanche, pâtres et troupeaux étant couverts du même linceul glacé.

Chantenoz, lui, préférait se remémorer le récit de la visite que Goethe avait faite aux eaux de Loèche, le 9 novembre 1779, au cours de son deuxième voyage en Suisse, de Genève au Saint-Gothard. Les aubergistes chez qui le poète avait logé se souvenaient du passage de cet homme car la maîtresse de maison venait d'accoucher quand le voyageur s'était annoncé. Aimable et sachant apprécier l'hospitalité rustique des montagnards, le poète n'avait été gêné que par les parasites qui avaient troublé son sommeil !

L'altitude eut raison de la résistance de l'enfant et, quand le coupé s'arrêta devant l'hôtel des Bains, le précepteur fut aussi déçu que son élève en entendant l'aubergiste annoncer que son établissement était complet. Il ajouta que des voyageurs assez imprévoyants pour ne pas retenir leurs chambres au moins un mois à l'avance ne pourraient trouver gîte qu'à l'auberge située hors de la station, sur la route de Kandersteg.

Accueillis avec une grande courtoisie par un hôtelier moins arrogant que celui des Bains et sans doute impressionné par le bel équipage des voyageurs, Chantenoz et Axel bénéficièrent d'une chambre au parquet ciré, ouvrant sur le Balmhorn. La pièce contenait deux lits aux draps rudes mais immaculés, séchés au vent des montagnes et doux-fleurant la gentiane et le fenouil.

On proposa aux arrivants la raclette du Valais, mets rustique et roboratif dont la préparation amusa l'enfant. En un instant, Axel acquit le tour de main nécessaire pour racler à la palette une mince couche de fromage crémeux, fondu à la chaleur de la braise, et enrober de cette pâte brûlante un morceau de pomme de terre. Chantenoz arrosa son repas de vin blanc, tandis que son élève se contentait d'eau fraîche. Rassasié, le visage empourpré par la chaleur ambiante succédant à l'air vif des cimes, Axel donna bientôt des signes évidents de sommeil et admit aisément qu'il était trop tard pour faire à sa mère, logée, elle, à l'hôtel des Bains, une visite surprise. A peine le dessert avalé, une brioche accompagnée de confiture d'airelles, il réclama son lit. Une servante maternelle, informée par Pierre Valeyres que l'enfant était fils d'un bourgeois de Vevey voyageant avec son précepteur, organisa et surveilla le coucher du jeune garçon. Quand Martin

Chantenoz vint dans la chambre prendre sa pipe et son tabac, Axel Métaz dormait profondément.

La clarté mauve du crépuscule alpin, la beauté du décor et la fraîcheur du soir invitaient à la promenade digestive. Bon nombre de curistes, réunis en petits groupes par affinités révélées aux bains, allaient et venaient sur la promenade que prolongeait une terrasse. On se croisait, se saluait, s'interpellait, les uns commentant les excursions à la grotte de Wandfluh, à laquelle on accédait par huit échelles dressées contre une paroi rocheuse, d'autres évoquant d'un air entendu le bois de Cythère, point de vue grisant visité par les amoureux. Quelques couples s'égaillaient sur les chemins à l'entour, sans toutefois s'éloigner de la zone habitée car on racontait d'effrayantes histoires d'ours dépeceurs de promeneurs isolés. Quelques solitaires, comme Chantenoz, s'aventuraient cependant sur des sentiers moins fréquentés, pour méditer face aux géants que le soleil déclinant fardait de rose sous leur perruque de neige.

Martin, après avoir gravi un raidillon, s'assit dans l'anfractuosité d'un rocher, bourra et alluma sa pipe, se demandant ce que Charlotte pouvait bien faire en un tel lieu à cette heure-là. Après le repas, si Axel n'avait pas succombé à la fatigue et au sommeil, ils se fussent mis tous deux à la recherche de Mme Métaz.

Le précepteur se décida finalement pour une reconnaissance des lieux et descendit vers le bourg, avec l'intention de prendre un verre dans la salle à boire de l'hôtel des Bains. Peut-être apercevrait-il Charlotte. Il traversait la place et se dirigeait vers l'auberge, dont on voyait de loin la haute façade triangulaire blanche, quand il se trouva dans les pas d'un couple allant dans la même direction. L'homme, grand et de forte carrure, enserrait de son bras la taille d'une femme de frêle apparence par rapport à son compagnon. La tête accolée à l'épaule de l'homme, elle s'abandonnait à l'enlacement, se laissant presque porter par le gaillard. Une intuition vague et indéfinissable saisit soudain Martin. Au lieu de dépasser les promeneurs, il se ravisa, ralentit le pas et suivit à quelques mètres les silhouettes soudées. L'ombre couvrait le bourg et seules les médiocres lumières des salons et les lanternes des portiers mettaient un peu de clarté sur le perron de l'hôtel des Bains. Quand l'homme et la femme s'arrêtèrent au pied des marches, puis se firent face au moment de se séparer, Martin se trouva assez près pour reconnaître, se découpant en ombre chinoise sur le mur blanc, le profil de Charlotte. Il mordit si fort le tuyau de sa pipe que l'os se fendit, lui mettant dans la bouche une amertume écœurante. Stupéfait, il se retint de cracher le jus âcre et voulut se croire, un instant encore, trompé par une ressemblance que la pénombre pouvait augmenter, mais ce fut bien la voix de Charlotte qu'il perçut quand, le visage levé vers celui de l'homme, elle dit d'un ton aussi tendre qu'implorant : « Dépêche-toi de venir. Tu sais qu'il ne nous reste que deux nuits. »

Figé par la surprise et la consternation, Chantenoz vit Mme Métaz gravir prestement les trois marches du perron et l'homme s'éloigner à grands pas de l'hôtel. Dès qu'il eut pris quelque avance, Martin, poussé par une curiosité hargneuse, suivit l'inconnu. Desservi par sa myopie, gêné par l'obscurité, il trébucha plusieurs fois et crut avoir perdu de vue l'étranger, jusqu'au moment où il le vit entrer à l'Auberge Blanche, le second établissement du pays. L'injonction doucereuse, quasi suppliante de Charlotte, « Dépêche-toi », donnait à penser qu'un rendez-vous était pris. Où ? Quand ? Adossé à un arbre, Chantenoz s'interrogeait, hésitant sur la conduite à tenir, quand la porte de l'auberge s'ouvrit à nouveau. L'homme reparut, vêtu d'un long manteau et portant une lanterne. Il prit aussitôt la direction de l'hôtel des Bains. Guidé par la lumière, le guetteur lui emboîta le pas et vit avec étonnement qu'il négligeait l'entrée de l'hôtel, contournait celui-ci et se dirigeait vers la terrasse surélevée, construite derrière le bâtiment, face à la montagne. Les meilleures chambres ouvraient par des portes-fenêtres sur un promontoire dallé où, aux belles heures de la journée, les curistes prenaient des consommations en plein air. L'homme, avant de gravir les marches d'accès à la terrasse, éteignit sa lanterne, puis, traversant en diagonale la plate-forme, frappa deux coups secs à l'une des portes-fenêtres. Celle-ci s'ouvrit aussitôt et la clarté intérieure de la chambre suffit à Martin pour avoir confirmation de ce qu'il savait déjà : l'étranger rejoignait Charlotte pour la nuit !

Décontenancé, malheureux comme un époux trompé, il ne put retenir des larmes de rage. Un long moment, il demeura immobile, assis sur un muret, imaginant, amer, l'étreinte des amants à dix pas de lui, derrière une porte qu'il eût enfoncée avec rage pour jeter l'anathème biblique. Un chien errant vint flairer sa jambe, quémandant une caresse qui ne fut pas accordée. Cette présence eut cependant pour effet de rappeler Chantenoz à la réalité. Il sentit le froid de la nuit le gagner et reprit le chemin de l'auberge. Le portier ensommeillé lui fit observer qu'il était le dernier client à rentrer.

— Réveillez-moi à l'aube... Je veux voir le lever du soleil sur le Balmhorn, demanda-t-il en glissant une pièce à l'employé.

Axel dormait paisiblement quand Martin pénétra dans la chambre et se glissa sous la couette de son lit tout habillé, n'ayant retiré que ses chaussures. Trop de pensées tournoyaient dans sa tête pour qu'il pût s'abandonner au sommeil. Quel était cet homme à qui Charlotte se donnait comme une fille ? Et puis qu'importait l'homme ! Seul comptait l'acte.

Les stations thermales passaient pour lieux propices aux amourettes, à la galanterie, au libertinage, à l'adultère. On disait que des femmes sensuelles ou frustrées y venaient, sous prétexte de cure, pour connaître des mâles, s'adonner aux plaisirs de l'amour, voire à la luxure. Les hommes étaient assurés d'y trouver, en toute impunité, parmi les bourgeoises esseulées, des maîtresses d'une nuit ou d'une semaine. Certains affirmaient que les eaux des sources, chargées de sels minéraux, les bains tièdes, les douches cinglantes, le climat, les déshabillages fréquents, préjudice infligé à la pudeur, les massages, la vacuité, l'ambiance hôtelière, les mets et les vins échauffants attisaient les désirs, troublaient les sens, stimulaient les bas instincts, émoussaient la vertu, conduisaient à l'oubli de la fidélité conjugale, poussaient à une recherche folâtre, quasi hystérique des plaisirs et jouissances.

Les eaux de Loèche sulfatées, calciques, gypseuses, propres à soigner le rhumatisme, la goutte, les anémies et ce qu'on appelait pudiquement les maladies de la femme, avaient aussi la capacité attrayante de dorer... provisoirement les pièces d'argent. Les chimistes expliquaient qu'une partie de l'oxyde de fer contenu dans l'eau se déposait à la surface de l'argent par « une sorte de procédé galvanique naturel ».

Charlotte avait-elle été victime d'une telle altération morale pour s'abandonner ainsi au premier venu un peu entreprenant ?

A l'aube naissante, Martin Chantenoz sortit de la chambre, avant que le portier ait eu loisir de le réveiller.

— Monsieur a bien raison d'aller promener avant le bain. Il fait encore frais, mais nous aurons une belle journée.

— Mon élève dort toujours. S'il se réveille avant mon retour, que la servante s'en occupe et lui serve un copieux déjeuner.

C'est un garçon qui a de l'appétit, se contenta de répondre Chantenoz en quittant l'hôtel.

Une brume blanchâtre, dense et chargée d'humidité, cachait les montagnes et baignait le bourg thermal. Martin releva le col de son habit et se dirigea vers la terrasse de l'hôtel des Bains. Toutes les portes et fenêtres des chambres étaient encore closes. Les bains installés dans chaque hôtel n'ouvrant qu'à huit heures, les curistes reposaient jusqu'à ce qu'une cloche les appelât aux soins ou à la collation. Chantenoz choisit, pour prendre faction, le banc placé en face de la chambre de Mme Métaz. Il était décidé à rester là jusqu'à ce que l'homme ou Charlotte paraisse. Plus d'une heure s'écoula et le guetteur commençait à frissonner quand la porte-fenêtre s'ouvrit. L'homme se montra dans la lumière blafarde tandis qu'on refermait l'huis derrière lui. Il aurait dû manifester quelque surprise à la vue d'un quidam assis, au lever du jour, sur un banc humide de rosée, au bord d'une terrasse déserte et qui paraissait attendre la dissipation du brouillard. Or le gaillard qui s'avançait ne marqua nul étonnement. Il traversa la terrasse d'un pas ferme et salua Chantenoz d'un signe de tête, en ajoutant dans un français sans accent et du ton d'un habitué de la montagne : « Dans une heure, le soleil brillera. Nous aurons un temps parfait pour les excursions. Bonne journée, monsieur. »

Son chapeau rabattu sur les yeux, Martin faillit ne pas rendre son salut à l'étranger, tant fut forte sa surprise quand il reconnut dans le regard du compagnon de Charlotte celui d'Axel. L'homme à l'œil vairon disparut avant que Martin eût réalisé qu'il avait déjà entendu cette voix et vu ce visage à favoris et moustache. C'était il y avait bien longtemps..., un soir, à la veillée chez les Métaz..., un officier français de passage. Seul lui avait alors échappé, à cause des faibles lumières du salon, le regard bicolore qui, subitement, expliquait tout !

Martin Chantenoz, accablé par la révélation, se recroquevilla sur le banc, comme un homme durement frappé à l'estomac. Incapable de bouger, ni même de penser, il serait resté longtemps prostré si un valet, chargé de balayer la terrasse avant l'arrivée des premiers clients, ne lui avait touché l'épaule.

— Quelque chose ne va pas, monsieur ? demanda l'homme en schwyzerdütsch.

— Non..., non..., ça va bien... Je réfléchissais seulement à... ce que j'allais commander pour mon déjeuner, mon garçon.

Merci, répondit Martin, dans cet allemand bâtard que comprenaient presque tous les Suisses.

— On servira dès que j'aurai nettoyé un peu par là, monsieur. Mais, si Monsieur veut rentrer dans l'hôtel, on peut le servir tout de suite. Les fourneaux sont allumés...

Quand le valet eut disparu, Chantenoz avait retrouvé son sang-froid et pris ses résolutions. Dans toute cette affaire, seule comptait à ses yeux la quiétude d'Axel. Il fallait donc agir avant que son élève courût le risque de rencontrer l'homme à l'œil vairon. Il quitta le banc, traversa la terrasse et vint frapper deux coups secs à la porte de Charlotte. Cette dernière, trompée par le signal habituel de son amant, ouvrit aussitôt. Elle poussa un cri et porta la main à son cœur en se trouvant en face de Martin. Celui-ci remarqua à peine que son amie était nue sous le déshabillé endossé en hâte et la repoussa à l'intérieur de la chambre, avant de claquer la porte d'un coup de talon.

— Qu'arrive-t-il ? Que viens-tu faire ici ? Quelle nouvelle apportes-tu ? Parle, grand Dieu ! Guillaume, Blandine, Axel, quoi ? Dis, parle ! Que s'est-il passé ? cria-t-elle en se laissant tomber sur le lit défait.

Cette exaltation inquiète rendit tout son calme à Martin Chantenoz.

— Aucune nouvelle que tu ne connaisses déjà... et depuis longtemps. Rassure-toi, toute ta famille est en bonne santé et Axel dort sagement à cinq cents pas d'ici, à l'auberge.

— Axel... ici ! Mais alors, que signifie...

— Nous avions eu l'idée de te faire une visite surprise et de te ramener à Vevey en coupé. Car nous sommes venus avec le coupé pour t'éviter le retour en diligence. Mais, la surprise, c'est moi qui l'ai eue. Et quelle surprise ! Charlotte Métaz, épouse de Guillaume Métaz, propriétaire, bourgeois de Vevey, membre éminent de la Confrérie des Vignerons, industriel, négociant en vue, futur syndic peut-être, Charlotte, mon amie d'enfance, est une scélérate, une femme adultère, une goton, une...

— Mais...

— Allons, il n'y a pas de mais qui tienne, Charlotte ! J'étais là lors de votre retour de promenade, hier soir. J'étais là quand il est venu ici, à la nuit tombée ; j'étais encore là, ce matin, quand il est sorti de ta chambre... et j'ai vu ses yeux ! Sacrebleu, j'ai vu ses yeux, tu entends ! Ses yeux ! Les yeux d'Axel ! Alors quel *mais* proposes-tu ?

Ce fut au tour de Charlotte de se recroqueviller en gémissant. Martin la laissa assimiler l'accusation qu'il venait de lui assener et exténué, à bout de nerfs, s'assit sur le tabouret placé devant la coiffeuse.

Quand Charlotte releva la tête et le fixa d'un regard froid, Martin comprit que cette femme allait faire face.

— Sais-tu comment et pourquoi cela est arrivé, Martin ? Je vais te le dire, pour que tu me juges en pleine connaissance de cause. La nuit où Flora fut arrêtée comme espionne, l'homme que tu as vu tout à l'heure, et que tu avais vu ce soir-là, le capitaine Fontsalte, m'a mis le marché que tu devines en main. J'ai cédé pour sauver la vie de Flora et... un peu plus tard... Axel est né...

Martin ne put s'empêcher de sourire avec commisération.

— Et la nuit dernière, quelle vie as-tu sauvée, belle âme ? Et puis, si Axel avait été conçu en mai 1800, comme tu le prétends, il ne serait pas né en avril 1801, mais en février ! Une femme, même rare comme toi, ne porte pas onze mois ! Tu avais laissé entendre au contraire que la naissance de ton fils était un peu prématurée. Non, Charlotte. Tu as revu cet officier et c'est à une autre occasion qu'il t'a rendue mère. Et cette rencontre à Loèche, n'était-elle pas arrangée depuis longtemps ? Sors de ton mensonge. Délivre-toi ! C'est le moment. Moi, je ne te veux aucun mal.

— Que vas-tu faire ? interrogea Charlotte, déjà pratique.

— Rien. Sois sans crainte, je ne te trahirai pas... par affection pour Axel, par respect pour Guillaume... et aussi par curiosité..., disons, pour voir comment évolueront les choses ! Je suis guéri de toi. Le remède que tu viens de m'appliquer a été rude mais efficace, crois-moi. Tu n'es plus celle que j'ai aimée depuis notre enfance. Tu n'es plus l'irréprochable sylphide, l'intouchable sylphide de mes rêves. Tu es devenue une femme comme les autres, une femelle ordinaire, une de ces bacchantes, sœur d'Iris, de Clymène et d'Alcithoé qui criaient trois fois évohé, pour inviter les hommes aux orgies !

Mme Métaz comprit qu'il était inutile de finasser avec Martin Chantenoz. Elle se résigna :

— Eh bien, oui. Blaise de Fontsalte, aujourd'hui général, est mon amant. Seule Flora le sait... depuis toujours. J'aime Guillaume de toute ma raison, mais...

— Bien sûr, bien sûr, interrompit Martin, qui ne supportait pas de voir et d'entendre Charlotte s'humilier et peut-être mentir encore.

Un lourd silence succéda à cette scène. Comme elle se levait pour aller prendre un mouchoir dans la commode, Martin admira ce corps superbe, révélé par les transparences du déshabillé. Un corps rassasié d'amour sans doute, pensa-t-il, amer. Elle revint s'asseoir sur le lit, l'œil sec et le ton mieux assuré.

— Donc, tu ne diras rien... à qui que ce soit, de ce que tu as vu ?

— Rien. La seule chose qui pourrait me conduire à une extrémité que je ne veux pas envisager serait que tu m'enlèves Axel. Maintenant que je sais qu'il n'est pas de Guillaume, il est un peu plus à moi. J'en ferai un être exceptionnel, dont les Métaz pourront être fiers !

Charlotte se tut, baissant les yeux et triturant son mouchoir. Martin l'observa un moment en silence puis reprit :

— Cependant, un jour, Axel découvrira la vérité sur sa naissance, malgré toutes les précautions que tu pourras prendre, surtout si tu aimes cet homme et si tu le revois périodiquement. Un hasard a voulu que j'évente ton secret, un nouveau hasard peut le révéler à d'autres. C'est pourquoi je pense que tu devras un jour la vérité à Axel. Lui aussi saura garder le secret, si tu le lui demandes, car il aime Guillaume comme on aime un père... naturel.

— Jamais, jamais, jamais ! Une telle révélation ne sortira jamais de ma bouche... J'aimerais mieux me jeter dans le lac avec une pierre au cou... Il faut aussi penser à Guillaume... justement !

— Il te faudra d'abord penser à Axel, car, s'il tient la vérité par quelqu'un d'autre que toi, il te détestera, en voudra à tous ceux qui savaient, de l'avoir trompé.

— Pourquoi me reprocherait-il cette attitude ? Qui est le vrai père d'un enfant ? Celui qui, dans un emballement des sens, féconde une femme, ou celui qui, patiemment, l'élève, le fait instruire, s'inquiète quand il est malade, l'aime chaque jour, en un mot ?

— Il te le reprochera parce que tu auras passé ta vie à lui cacher sa véritable origine. N'est-ce pas plus flatteur pour un garçon de notre temps d'avoir pour géniteur un général glorieux qu'un négociant vaudois âpre au gain, fût-il riche, honnête et... intelligent ! Enfin, je me demande si je ne devrais pas remplacer intelligent par matois !

— Je t'en prie, Martin..., ne te moque pas de Guillaume. Tu oublies qu'il est, lui, le père de ma fille...

— On ne peut en effet l'oublier. Blandine lui ressemble beaucoup. Quand elle voit de l'or, elle gazouille comme un moineau à qui l'on jette du grain... et puis elle n'a pas les yeux vairons..., elle !

Charlotte quitta le bord du lit et fit quelques pas dans la chambre, maintenant inondée de soleil.

— C'est en voyant les yeux de Blai... du général Fontsalte que tu as compris, bien sûr, qu'il est le père d'Axel, n'est-ce pas ?

— A la réflexion, cette découverte m'a si peu étonné que je crois plutôt qu'elle fut la confirmation d'une pensée inconsciente, non formulée. Considère la stature, la démarche, l'aisance, l'assurance, la distinction d'Axel. A-t-il quelque chose de Guillaume ? A-t-il l'air d'un rustre du pays d'En-Haut, descendu en ville et enrichi dans le négoce ? Non, Charlotte. Axel sent l'aristocrate à vingt pas, non seulement par son physique, mais dans sa façon de voir les choses, de les sentir, de les exprimer et de s'enthousiasmer. Et ses cheveux frisés, hein, sont-ils des Métaz ou des Rudmeyer ? C'est la toison de l'Arverne ou du Ségusiave, celle d'un descendant des soudards fiers et rieurs, rudes aventuriers, guerriers impitoyables... qui furent d'ailleurs les meilleurs alliés des Helvètes et firent de beaux enfants à leurs femmes. En somme, tu n'as fait que continuer une tradition historique qui remonte à Orgétorix !

— Tais-toi, Martin. Tu me rends malade. Tu as longtemps dit que tu m'aimais...

— C'est vrai, je t'ai aimée... et depuis l'enfance, Charlotte. Je rêvais de toi avant même de savoir ce qu'est un rêve et, en grandissant, quand nous nous voyions tous les jours, je me disais que nous finirions bien par nous marier. Cela me semblait établi. Tes parents ont préféré te donner à Guillaume. Et tu n'as pas hésité. Le chantier et les barques de ton père, les vignes et le négoce du sien. Quoi de plus sage, quoi de plus heureux, quoi de plus prometteur ? Et tu n'as rien vu de ma déception. J'appartenais à ton univers familier, comme Flora, Polline ou Elise. Tu n'avais jamais pensé, toi, me prendre pour mari, n'est-ce pas ? Mais ce fut bien ainsi. Je n'aurais jamais su, moi, commander à des ouvriers et à des bateliers, encore moins vendre des demi-muids de saint-saphorin aux Fribourgeois et aux Genevois. Comment aurais-je dirigé des affaires, alors que j'ai du mal à conduire ma propre vie !

— Tais-toi, Martin. Tu étais comme un frère que je n'ai pas eu. Le passé est le passé et...

— Et l'avenir, c'est Axel, Charlotte. Malgré ce que je sais et ce que je viens de dire, tu ne me l'enlèveras pas, dis ?

Chantenoz se fit presque suppliant.

— Non. Il t'aime trop… Et puis je te dois ce compagnon. Je sais qu'il ne peut avoir de meilleur maître que toi.

Après un temps de silence, Charlotte se résolut à formuler à son tour une demande :

— Je te prie, Martin, de ne pas dire à Flora ce que tu viens d'apprendre et qu'elle sait déjà. Il ne faut pas parler de ces choses, même entre amis. C'est mieux qu'elle ignore que tu sais…, n'est-ce pas ?

— Sois sans crainte, l'Italienne est une sorcière, une *djenatch,* comme on dit en mettant dans le même sac mégère, guérisseuse et sage-femme. Je crains, si elle apprend un jour que je connais ton secret, votre secret, qu'elle ne m'empoisonne ! Elle est de ces êtres entiers pour qui tout attachement est fanatique !

Charlotte esquissa un sourire devant l'air alarmé de Martin, puis, réaliste, elle s'inquiéta des dispositions à prendre dans l'immédiat.

— Qu'allons-nous faire à présent ?

— J'ai promis à Axel de le conduire aux bains, à l'heure où tu es censée t'y trouver. Il veut te voir tremper dans le bassin. Il compte bien aussi qu'à partir d'aujourd'hui tu prendras tes repas et te promèneras avec lui. Alors, dis à ton général de disparaître. Le mieux serait qu'il quittât promptement le bourg. Nous nous mettrons en route pour Vevey avec toi après-demain, puisque ta cure, et quelle cure, doit être achevée à cette date, d'après ce que m'a dit Guillaume.

— Je ferai tout ce que tu me diras de faire, concéda Charlotte avec sincérité, assez satisfaite de se tirer à si bon compte d'une situation périlleuse.

Comme Chantenoz se dirigeait vers la porte, elle le rejoignit et, chattemite, lui prit le bras.

— Martin, dis-moi. Tu ne me méprises pas ?

— Te mépriser ? Je ne sais pas encore. Le mépris, comme le pardon, vient avec le temps et la réflexion. Pour le moment, je ne fais que te plaindre.

— Je voudrais que tu considères toujours Axel comme le fils légitime de Guillaume, car Fontsalte ignore, et ignorera toujours, qu'il en est le père, ajouta Charlotte.

— Mais comment donc ! Le fils légitime de Guillaume, Axel l'est, ma belle, il porte son nom ! *Is pater est quem nuptiae demonstrant*[1], c'est un principe de droit romain, cita Martin en franchissant la porte.

Si bizarre que cela pût lui paraître, Martin Chantenoz se sentit rasséréné en marchant vers l'auberge où devait l'attendre son élève. Il était guéri de Charlotte, libéré d'un amour dont il n'avait jamais pu jusque-là dénouer les liens. En découvrant la banale, la triviale humanité de l'amie d'enfance, il constatait qu'elle n'avait jamais été qu'une incarnation fallacieuse de la sylphide. La passion du poète était une ascèse chauffée à blanc. La femme selon son cœur restait une abstraction, un ange du délire. Rien d'humain, rien de charnel, n'était digne d'attachement. Il se découvrit, plus que jamais, frère de Senancour et acheva sa route en se récitant un passage de la lettre dix-sept d'Oberman, qu'il connaissait par cœur : « Ma situation est douce, et je mène une triste vie. Je suis ici on ne peut mieux, libre, tranquille, bien portant, sans affaires, indifférent sur l'avenir, dont je n'attends rien, et perdant sans peine le passé, dont je n'ai pas joui. »

— On peut très bien vivre sans bonheur, n'est-ce pas ! lança-t-il au portier de l'hôtel, avec le sourire d'un homme qui vient de faire une découverte réjouissante.

L'employé s'inclina sans un mot en faisant pivoter la porte à tambour. Il avait reçu pour consigne de ne jamais contredire un client !

Axel, bien restauré, attendait avec impatience le retour de son maître. Martin prit le temps de faire toilette, de changer de linge et d'avaler un bol de lait chaud. Espérant que Charlotte avait suivi les consignes et congédié son amant, il se dirigea avec l'enfant gai et sautillant comme un cabri vers l'hôtel des Bains.

— Je me demande si tu reconnaîtras ta mère dans le bassin où trempent les curistes. Tous, hommes et femmes, sont revêtus d'un long peignoir de flanelle blanche et assis dans l'eau.

— Sûr que je reconnaîtrai maman. C'est toujours la plus jolie, dit l'enfant d'un ton péremptoire.

Les visiteurs étaient admis dans l'établissement de bains pour jouir du spectacle grotesque, digne du pinceau de Jérôme Bosch, qu'offraient aux regards une cinquantaine de baigneurs immergés, pour quatre heures au moins et jusqu'à la poitrine, dans l'eau thermale. Les hommes devaient simplement ôter leur chapeau en entrant et veiller à refermer la porte. La source Saint-Laurent

---

1. Celui-là est le père que le mariage désigne.

débitant au griffon une eau à cinquante et un degrés centigrades, les curistes eussent été pochés comme truites au bleu si la chaleur du bain n'avait pas été abaissée, par un système de refroidissement, à une température supportable.

Sous la charpente d'une vaste galerie, le grand bain, ceinturé d'un déambulatoire dallé, ressemblait à un bassin de natation où la densité des baigneurs interdisait toute nage. Une passerelle le franchissait au-dessus des têtes des curistes. Ce promenoir surélevé permettait aux visiteurs d'avoir une vue plongeante sur les baigneurs des deux sexes, uniformément fagotés dans leur robe mouillée, tels des moines et nonnes soumis par le Grand Inquisiteur au supplice aquatique. Si la plupart des hommes trempaient tête nue ou cachaient leur calvitie sous des calottes, les femmes, enturbannées comme des moukères, ou portant le madras comme les Antillaises, sacrifiaient ainsi à la seule coquetterie qui restât visible. Chaque curiste disposait d'une sorte de tabouret, du type de ceux utilisés par les trayeuses de vaches du pays d'En-Haut. Sanglé aux fesses, ce siège permettait de circuler, de changer de secteur, de prendre place près des amis, de faire salon dans l'eau. Un plateau individuel flottant, de liège ou de bois, offrait un élément de confort supplémentaire. Retenu au poignet par une ficelle, il suivait, comme le tabouret, le curiste dans tous ses déplacements. Sur ces guéridons navigants on posait livres, journaux, consommations, ouvrages de broderie, bouquets de fleurs, jeux de cartes ou de dames. Certains baigneurs, à qui rien ne coupait l'appétit, déjeunaient tranquillement, au risque de voir leur repas faire naufrage sur un coup de fourchette trop appuyé !

Une pénétrante odeur composite, où entrait un parfum de moisissure mêlé à celui plus âcre du plâtre fraîchement gâché avec, pour adjuvant, la piquante fragrance du soufre, surprenait les papilles de ceux qui venaient de respirer le bon air frais des montagnes. Le brouhaha des conversations — seules étaient interdites les discussions religieuses — démontrait que le silence n'était pas considéré comme facteur curatif. Les longues stations dans l'eau thermale provoquaient parfois sur le corps des curistes une éruption cutanée, appelée « la poussée » par les soigneurs. On la considérait comme une preuve d'efficacité des sels minéraux sur l'organisme.

Axel, dès qu'il fut revenu de la surprise causée par un spectacle aussi insolite, se mit en devoir d'identifier sa mère au milieu des baigneurs. Ce fut Charlotte, guettant depuis un moment l'arrivée de son fils, qui, feignant la surprise, lui adressa, la première, un signe de la main. Si Chantenoz ne l'eût retenu, Axel, qui adorait barboter, eût allégrement sauté dans le bain pour embrasser sa mère.

— Je sortirai à onze heures et demie, allez vous promener tous deux. Vous verrez au marché les paysannes d'Albinen, bellement costumées. Elles viennent vendre, chaque jour, des œufs qu'elles portent dans un panier en équilibre sur leur tête. Nous nous retrouverons à l'hôtel pour le dîner. Nous mangerons des truites, cria-t-elle.

Axel était absorbé par l'immersion d'une grosse dame qui avait bien du mal à descendre accroupie dans le bassin, car le règlement interdisait « d'y entrer debout par souci de décence ». Martin se pencha vers Charlotte :

— As-tu donné congé à qui tu sais?

— C'est fait. Il a pris la diligence de neuf heures, souffla-t-elle.

Charlotte, renseignée sur les horaires des diligences, s'était empressée d'aller trouver Blaise, dès que Martin s'était éloigné de l'hôtel. En deux phrases, elle avait expliqué que son fils étant arrivé inopinément avec le poète Chantenoz, devenu précepteur, elle devait se consacrer à l'enfant et surtout éviter une rencontre qui eût été fort compromettante pour elle.

— Mais je puis être un simple curiste. Vous pourriez me présenter comme tel. Nous nous sommes rencontrés ici comme beaucoup de gens se rencontrent aux bains et nouent des relations superficielles. Non?

— Nous nous trahirions vite, Blaise. Je suis, quant à moi, incapable de dissimuler le sentiment que j'ai pour vous, inapte à jouer la comédie mondaine de l'indifférence. Chacun de mes regards serait un aveu! Partez vite, je vous prie.

Le général Fontsalte avait soupiré et, en parfait gentilhomme, accepté son congé.

— Et puis nous nous reverrons bientôt puisque, m'avez-vous dit, vous devez rejoindre la suite de l'impératrice, le 14 septembre à Lausanne.

— Nous nous retrouverons au moulin... comme d'habitude, avait conclu Fontsalte, baisant la main de Dorette.

Quarante-huit heures plus tard, ce fut au tour du trio Charlotte, Martin, Axel de prendre la route de Vevey. Le voyage fut joyeux et plein de nouveaux enseignements pour l'enfant, Chantenoz prenant plus que jamais au sérieux son rôle de mentor. Seule Mme Métaz avait des absences, des rêveries, des silences. Quand, avec son exubérance habituelle, Axel commentait un aspect du paysage, posait des questions ou se renseignait, dans les auberges, sur la composition des plats proposés, Charlotte faisait effort pour sourire ou entrer dans le jeu. Le garçonnet, trop observateur pour que cette attitude lui échappât, en fit la remarque à Chantenoz pendant que sa mère somnolait, dodelinant de la tête au balancement du coupé.

— Maman a l'air lasse, ne trouvez-vous pas, Martin ?

— Les cures thermales sont éprouvantes, mon garçon, et aussi le changement d'air. On n'en ressent le bénéfice que plus tard. Ne sois pas inquiet pour ta mère, sa lassitude prouve que les soins particuliers qu'elle a reçus à Loèche lui ont été très profitables, j'en suis certain.

Charlotte ne fermait les yeux que pour s'extraire de la conversation. Elle perçut l'ironie du propos et se dit qu'elle en entendrait bien d'autres, aussi allusifs, dans la bouche de Chantenoz. Puis, comme il lui plaisait d'imaginer que son pouvoir restait intact sur cet homme et qu'en dépit de ses allégations Martin lui vouait toujours la même amitié amoureuse, intense et jalouse, Charlotte décida qu'elle pardonnait par avance au malheureux toutes les méchancetés qu'il pourrait, par déception et rancune, proférer à son encontre.

A Rive-Reine, Guillaume Métaz, heureux de retrouver sa femme, fit à haute voix la même constatation qu'Axel. Il ajouta, après avoir considéré le visage de Charlotte, qu'elle avait « le bistre aux paupières ». Le garçon répéta pour son père les phrases rassurantes de Chantenoz quant au bénéfice différé des fatigantes cures thermales. Cette indication permit à Mme Métaz d'échapper, pendant quelques nuits, au devoir conjugal que la continence forcée de son mari eût rendu exténuant !

Quelques jours plus tard, Charlotte avait retrouvé tout son entrain. D'abord parce que, sous prétexte d'une visite à sa tante à Lausanne, elle avait pu revoir brièvement son amant au moulin sur la Vuachère, ensuite parce qu'elle avait été désignée avec les premières dames de la ville pour accueillir, le vendredi 14 septembre, l'ex-impératrice Joséphine qui, au retour d'une visite à Chillon, devait s'arrêter à Vevey.

Car Joséphine s'était prise d'un véritable engouement pour la

Suisse où elle jouissait de l'estime générale. Installée à l'hôtel Dejean à Sécheron, près de Genève, elle allait de réception en réception et excursionnait, suivie par sa petite cour qui s'efforçait de la distraire et de lui faire oublier la grande humiliation qu'elle avait subie. Jean-Marie-Jules Pictet, notable genevois, avait donné une splendide fête en l'honneur de l'ex-impératrice à la villa Diodati, une des plus belles demeures de Cologny.

Partie de Genève le 13 septembre, Joséphine avait entrepris, avec un convoi de calèches et de landaus, le tour du lac Léman. Commençant par la rive sud, elle avait visité successivement Thonon, Evian, Meillerie, Saint-Gingolf, le Bouveret. La caravane s'était aventurée jusqu'à Saint-Maurice, pour franchir le Rhône avant de faire étape à Bex, à l'auberge de l'Union. La station thermale, située à quatre cent vingt mètres d'altitude, au pied des Alpes vaudoises et face aux dents du Midi, se proclamait la plus élégante du pays de Vaud. Les sources salines, mais plus encore le climat doux et sédatif, passaient pour salutaire aux nerveux et insomniaques.

Après une brillante soirée et une nuit paisible, l'impératrice avait amorcé par Villeneuve son retour à Genève via Lausanne, en suivant la rive nord du lac. Elle sortait du sombre cachot de Bonivard à Chillon quand les dames de Vevey, qui l'attendaient sur l'esplanade, devant l'église Saint-Martin, virent arriver le landau impérial. L'arrêt fut bref et Mme Métaz trouva Joséphine moins belle qu'elle n'imaginait, surtout outrageusement maquillée. Comme les quelques privilégiées admises à la présentation, Charlotte débita son compliment, ajoutant que Sa Majesté « était un exemple pour toutes les femmes » et qu'elle-même, notamment, lui devait beaucoup.

Comme l'impératrice souriait, appréciant ce compliment moins mièvre que tous ceux qu'on lui décernait d'ordinaire, Charlotte avait ajouté, dans une révérence, en pensant à Blaise, qu'elle devait retrouver deux jours plus tard : « Je vous dois encore plus que vous ne pouvez imaginer, Majesté. »

Le bruit ayant couru que Joséphine avait été invitée à Coppet par Mme de Staël, Charlotte osa demander à une personne de la suite si Sa Majesté répondrait à cette invitation. La dame eut un instant d'hésitation, puis, ayant remarqué combien l'impératrice avait goûté les propos de la Veveysanne, elle se résolut à parler :

— Je ne puis que vous confier, madame, ce qu'a dit Sa Majesté répondant à sa lectrice, Mme d'Avrillon, qui lui posait ce matin la même question : « Je connais trop Mme de Staël, pour risquer une pareille entrevue. Dans le premier ouvrage qu'elle publiera, elle ne manquerait pas de rapporter notre entretien et me ferait dire des choses auxquelles je n'ai jamais songé[1]. » L'impératrice, voyez-vous, ne veut surtout pas déplaire à l'empereur, qui reste très bon pour elle, conclut la dame avant de monter en voiture.

En quittant Vevey, l'impératrice se rendit à Lausanne, où elle arriva vers trois heures de l'après-midi. Elle s'installa pour deux nuits à l'auberge du Lion d'or, 20, rue de Bourg, à deux pas de chez Mathilde Rudmeyer. Comme sa nièce, Mathilde fut présentée à Joséphine, qui reçut le lendemain une autre habitante de la rue de Bourg, connue de Mlle Rudmeyer, la grande-duchesse Julienne-Féodorovna de Saxe-Cobourg, épouse du grand-duc Constantin, frère du tsar Alexandre. Cette belle femme de vingt-neuf ans, gracieuse et pleine d'esprit, vivait séparée de son époux et passait son temps à voyager. La tante de Charlotte la trouvait un peu mélancolique, mais d'une grande noblesse de caractère et d'un commerce charmant.

Ce court séjour à Lausanne de l'impératrice, que devait rejoindre sa fille, Hortense, ex-reine de Hollande, arrangeait bien Fontsalte et sa maîtresse. Guillaume, très fier que sa femme ait été présentée à la première épouse de Napoléon, ne put qu'approuver le même soir le départ de Charlotte pour Lausanne. Quant à Blaise, ayant reçu les consignes de Ribeyre, pressé de rentrer à Paris, il s'était installé au moulin, où il se sentait chez lui. Trévotte, dans tous les secrets du général, s'occupait de l'intendance, bouchonnait les chevaux, astiquait la berline, cassait du bois, faisait le ménage et veillait à ce que personne ne vînt troubler la quiétude des amoureux.

— Si le mari se montre, général, je l'estourbis ou je le jette à la rivière ?

— Ni l'un ni l'autre, Titus. Tu t'arranges pour nous prévenir de son apparition. Tu inventes une fable pour le retenir le temps que nous prenions le large. L'ennui, c'est que je ne sais pas comment il est fait. Je me fie à ton flair. Mais, pas de scandale. Compris ?

— Et la berline ! Hein, j'y dirais qu'elle appartient au roi de Prusse ?

---

1. Cité par Imbert de Saint-Amand, *les Dernières Années de l'impératrice Joséphine*, E. Dentu, Paris, 1885.

— Tu diras que c'est la voiture d'un grand seigneur, amant de Joséphine...

— Ça, c'est peut-être pas une fable, général, dit Titus en clignant de l'œil.

Ces précautions se révélèrent inutiles. Deux jours plus tard, l'impératrice ayant décidé de visiter Annemasse, Bonneville, Cluses, Chamouny et la mer de Glace, le général Blaise de Fontsalte dut quitter Dorette, sans pouvoir dire quand il la reverrait. Il laissa à sa maîtresse deux sépias que lui avait donnés M. de Turpin : l'un représentait la cathédrale de Lausanne, l'autre l'église Saint-Martin de Vevey. Mme Métaz les fit encadrer et raconta à son mari ébahi que ces œuvres d'art toutes fraîches lui avaient été offertes par l'impératrice soi-même. Flora, qui ne pouvait être aussi aisément dupée, trouva que Charlotte forçait ce jour-là son talent de menteuse !

Par une lettre datée de Neuchâtel, Charlotte apprit, fin septembre, ce que Joséphine, revenue de la mer de Glace, avait décidé dès son retour à Genève. « Nous voilà partis pour une nouvelle expédition qui va nous conduire à La Chaux-de-Fonds, au Saut-du-Doubs, au lac de Bienne, à Berne, à Thoune, à Interlaken, à la Jungfrau et Dieu sait où encore ! Nous n'avons passé que deux jours à Genève, le temps d'enterrer Askim, le chien de Joséphine, mort victime de sa gloutonnerie, sans doute étouffé par un os de poulet que lui avait donné l'impératrice, à moins qu'il n'ait été empoisonné par la poudre noire, réputée digestive, qu'un vétérinaire genevois vint administrer à l'impérial barbet ! »

En terminant sa lettre, écrite d'une plume excédée, Blaise annonçait à Charlotte qu'il suppliait son ami Ribeyre de le relever de sa mission, fatigué qu'il était « de jouer le discret ange gardien d'une personne certainement atteinte de manie déambulatoire mais ne présentant aucun danger pour la sécurité de l'empire » !

Avec l'automne et les vendanges, la vie reprit, à Rive-Reine, son cours paisible et familier. Seul Chantenoz poussa quelques vociférations bien senties quand les journaux de Lausanne annoncèrent, avec beaucoup de retard et une certaine complaisance, que M. Savary, duc de Rovigo, ministre de la Police, avait fait saisir, le 25 octobre, chez l'imprimeur Mame, les planches et les feuilles déjà tirées du livre de Mme de Staël, *De l'Allemagne*. Le ministre avait aussi intimé l'ordre à l'auteur de quitter la France, où la châtelaine de Coppet avait été admise à revenir à condition qu'elle résidât à quarante lieues de Paris. Installée depuis le mois d'avril au château de Chaumont, près de Blois, elle avait surveillé l'impression d'un livre qui ne paraîtrait pas.

— Toucher aux livres, c'est attenter à la liberté de l'esprit ! s'écria Chantenoz en polissant ses verres de lunettes, signe d'intense émotion.

Bien qu'il n'appréciât ni le style ni le comportement social de Mme de Staël que les Anglais eussent qualifié de *blue-stocking*[1], il déclara qu'en agissant ainsi Napoléon se couvrait de ridicule, ramenait la France au temps de l'Inquisition et, surtout, donnait aux vues politiques de cette victime de la nouvelle censure impériale une importance qu'elles n'avaient pas.

L'annexion par la France, le 14 novembre, de la république du Valais et sa transformation en département français du Simplon, décrétées par l'empereur parce que « ce territoire séparait la France de l'Italie au détriment de l'unité de l'Empire », suscita plus d'émotion que le retour de Mme de Staël à Coppet. La nécessité de contrôler totalement les passages des Alpes avait dicté cette décision arbitraire au médiateur de 1803.

Ce transfert de nationalité, qui ne devait rien changer à la vie quotidienne des Valaisans, fut aisément admis par les Vaudois. La grande majorité d'entre eux approuvait l'action de la France et les autres tenaient leurs turbulents voisins montagnards pour paysans arriérés. Le gouvernement français ayant donné clairement à entendre qu'en cas de contestation violente la Suisse tout entière serait agrégée à l'empire, on n'entendit, ici ou là, que des protestations de principe sans portée.

Guillaume Métaz était de ceux que la puissance napoléonienne époustouflait. Un journal ayant publié une carte de l'empire français du moment, il déclara que la construction d'une Europe pacifique et prospère, tant souhaitée par Blanchod et d'autres, était en bonne voie. L'autorité de Napoléon s'étendait, non seulement sur cent trente départements français, peuplés par plus de quarante millions d'habitants, mais aussi sur l'Italie, l'Espagne, le royaume

---

1. D'après Bécherelle, l'historien anglais Charles Mills (1788-1825) prétend, dans son *Histoire de la chevalerie*, « qu'il existait à Venise dans le XVe siècle une société littéraire où les dames étaient reçues, et où l'on s'occupait moins de science que de plaisir ; que chacun des membres de cette société, qui se nommait *Società della calsa* société du bas, portait des bas bleus et que c'est de là que vint cette expression pour désigner une femme auteur prétentieuse et souvent pédante ».

de Naples et des Deux-Siciles, la Hollande, les provinces illy-
riennes, la Confédération du Rhin. Cette dernière groupait trente-
huit Etats, soit toute l'Allemagne moins la Prusse. A ces territoires,
qui fournissaient aux armées impériales quantité de soldats, il
convenait d'ajouter Gibraltar et Hambourg. En tout, l'empire
comptait « quatre-vingts millions de catholiques » ainsi que l'avait
fait savoir l'empereur au pape, toujours en résidence forcée à
Savone.

— Depuis Charlemagne, aucun conquérant n'a vu aussi grand,
s'ébaubissait Guillaume, même quand ses amis lui rappelaient que
l'Angleterre n'avait pas désarmé, que l'Espagne était à feu et à
sang, que le tsar de Russie donnait des signes d'agacement et que la
conscription, mangeuse d'hommes, semblait, de plus, mal acceptée
par les Français.

L'annonce de la naissance d'un héritier, aussitôt baptisé roi de
Rome, au foyer de l'empereur, le 20 mars 1811, conforta la foi de
ceux qui croyaient à l'avènement d'un grand empire fédératif.
Devant le berceau de son fils, Napoléon n'avait-il pas dit de
l'enfant : « Il fixera les destinées de l'empire » ?

— Tout homme qui a la chance d'avoir un fils est un roi !
proclama Guillaume en donnant une bourrade à Axel.

Chantenoz s'abstint de commenter les joies et avantages de la
paternité, mais il échangea avec Charlotte un regard dont elle
comprit l'ironie. Comme ce soir-là le précepteur avait bu un peu
plus que de raison, ainsi qu'il arrivait quelquefois depuis l'affaire de
Loèche, il rappela que Napoléon avait dit et répété au moment de
son mariage avec Marie-Louise, et ce avec un tact qui avait laissé
ses interlocuteurs pantois : « C'est un ventre que j'épouse ! »

— De ce côté-là, au moins, il n'aura pas été déçu puisque
l'héritier est arrivé. Ce qui étonne, c'est que ce génie universel n'ait
pas réussi à trouver, ou à obtenir des savants, un moyen scientifique capable d'accélérer la gestation des princesses, alors que de
simples femmes semblent avoir trouvé le moyen de retarder les
naissances en fonction des circonstances de la conception !

A ces mots, Charlotte, pour qui était claire l'allusion, adressa à
Martin un regard mauvais.

— Ton étonnement n'est pas de bon goût, dit-elle sèchement.

— Tu dis n'importe quoi ! L'homme et la femme ne peuvent
aller contre la volonté de Dieu, ajouta Guillaume.

— Ni contre la nature, renchérit Blanchod.

Chantenoz, en verve, ne tint aucun compte de ces remarques et se lança dans une série de moqueries, traduisant à sa manière des textes latins composés par de pieux et antiques poètes pour l'édification des fidèles au cours des siècles passés. Peu de catholiques connaissaient ces hymnes niaises dénichées par le précepteur à la bibliothèque de l'Académie de Lausanne.

— Hildebert improvise sur l'heureux ventre, les mamelles de la Vierge et la couche de celle-ci : « où nul mari, selon le rite, n'osa se glisser ».

Et Martin ajouta, pour faire bonne mesure, deux vers trouvés dans un missel autrichien :

Gaude, Virgo, mater Christi,
Quae per aurem concepisti[1].

— « Sois en joie, Vierge, mère du Christ, toi qui par l'oreille as conçu », traduisit Chantenoz en levant son verre de vin blanc comme pour porter un toast.

— Par l'oreille ? fit Blanchod, stupéfait

— Par l'oreille, oui, par l'oreille ! C'est écrit ! La pauvre femme ! Mais ils avaient des âmes de tortionnaires, ces Pères de l'Église, pour imaginer pareil accouplement ! Vous voyez ce miracle, vous, par l'oreille ! Le roi de Rome a heureusement été conçu le plus humainement du monde, c'est un enfant humain, trop humain pour être mystique ! Il est sorti du ventre de la nièce d'une reine de France décapitée, et non de la cuisse de Jupiter, après pénétration par l'oreille d'une vierge douteuse !

— Vous blasphémez tous ! Si vous ne croyez ni en Dieu ni en diable, respectez au moins les croyances des autres ! lança Flora avec aigreur en se tournant vers Martin.

— Les huguenots, au moins, ne chantent pas cette antienne salace ! dit Simon Blanchod.

— Et cependant, pour toi, Simon, la Vierge est une femme comme une autre, peut-être même désirable, reprit Chantenoz. De la même façon que tu vois Dieu comme un guide, pas comme un juge !

La discussion, comme chaque fois qu'il était question de religion, aurait dérivé jusqu'à la querelle si Guillaume n'avait donné, en quittant son fauteuil, le signal de la séparation.

1. Cité et traduit par Remy de Gourmont dans *le Latin mystique*, édition originale Mercure de France, Paris, 1892. Nouvelle édition présentée par Charles Dantzig, éditions du Rocher, Paris, 1990.

Cette année-là, tandis que l'on taillait la vigne avec retard étant donné le climat, les vignerons vaudois, et Guillaume Métaz parmi les premiers, constatèrent que la deuxième fermentation du vin ne serait pas achevée fin avril. On ne pourrait donc entreprendre la mise en bouteilles des blancs, puis des rouges, au cours des premiers jours de mai, comme on avait coutume de le faire.

Cette rupture de rythme tenait aux sautes d'humeur du climat. Tantôt trop chaud pour la saison, tantôt trop frais, le printemps ne se décidait pas à prendre ses quartiers. Sur le lac, d'un gris maussade comme le ciel, les vents se livraient d'étranges duels gênant la navigation. La vaudaire descendant de la vallée du Rhône débordait son domaine habituel du Haut-Lac et semblait courir au-devant du sudois, que les Veveysans nommaient vent de Genève ou tout simplement le vent. Quand il en était ainsi, tous les bacounis savaient qu'entre Vevey et Morges les énormes vagues, soulevées par la vaudaire, se heurtaient à celles poussées par le vent, ce qui arrachait des trombes au Léman et transformait la surface du lac en un tumultueux tissu liquide, la vaudaire étant la chaîne, le vent la trame. La tempête ne durait en général que quelques heures, pendant lesquelles aucun bateau ne pouvait sortir. Mais, en ce printemps 1811, le ciel semblait s'associer aux vents et au lac pour maltraiter les Vaudois. Il ne se passait pas de jour, en effet, sans qu'on entendît dans les vallées alpines gronder les orages, fauves prêts à jaillir de leur antre.

— Tonnerre en avril remplit les barils, disait Simon Blanchod, jamais à court de dictons circonstanciés.

Le dernier jour du mois, Axel devait s'en souvenir longtemps, alors qu'un soleil timide mais obstiné régnait depuis le matin, à trois heures de l'après-midi, le ciel s'obscurcit si soudainement que Chantenoz dut allumer les lampes à huile de la salle d'étude.

Quelques minutes plus tard, un orage d'une extrême violence éclata sur le lac. La foudre tirait ses traits bleutés sur les montagnes de Savoie, qui émergeaient de l'ombre le temps d'un clin d'œil ; la grêle mitraillait rageusement la toiture sur les têtes d'Axel et de Martin. A chaque détonation, les vitres vibraient dans leur châssis et les interstices des portes et fenêtres devenaient sifflets offerts aux mille bouches du vent.

Axel abandonna sa version latine et vint, près de son mentor, coller le nez à la vitre ruisselante d'eau.

— Quel beau spectacle, hein ! Le déluge a dû commencer ainsi, dit Chantenoz.

A peine avait-il proféré ces mots qu'un lambeau gris, en forme de cône renversé, parut se détacher des nuages, au-dessus de Saint-Gingolf. Chargée d'une pesanteur inattendue, cette nuée s'allongea puis s'effila en tombant jusqu'à la surface du lac. Quand elle y plongea, l'eau fut violemment agitée, comme soumise à ébullition. Axel et Martin, les yeux écarquillés, virent avec stupeur les bouillons s'élever en une colonne liquide sous l'effet d'une mystérieuse aspiration.

— C'est une trombe, une trombe! s'écria Chantenoz en prenant spontanément son élève par l'épaule, pour le rassurer.

La colonne liquide, dont certains dirent plus tard qu'elle avait au moins vingt pieds de diamètre et cinq cents pieds de haut, s'éloigna vers Villeneuve. Poussée par le vent, labourant le lac, ondulant telle une almée lascive, la trombe disparut aux regards d'Axel et de son maître, tandis que la pluie redoublait de violence.

— Tu viens de voir un des plus étonnants spectacles qu'offre la nature. La trombe naît de la conjonction de l'orage et d'une ascendance rapide de l'air et devient trompe aspirante au sens physique du terme. C'est un phénomène que les savants nomment détente adiabatique. On en a vu quelquefois sur le Léman, en 1741 et en 1742 notamment. M. Jallabert, alors professeur de physique à Genève, en a donné témoignage. C'est donc un phénomène rare auquel tu viens d'assister, conclut Chantenoz.

Peu à peu, l'intensité de l'averse décrut, tandis que l'orage s'éloignait. Le soir, autour de la table et ensuite à la veillée, les intempéries furent, chez les Métaz, le seul sujet de conversation. Revenus trempés jusqu'aux os d'une tournée dans le vignoble, Guillaume et Blanchod révélèrent l'étendue des dégâts. La forte pluie avait raviné les parchets, entraînant une partie de la mince couche de terre que les hommes y tassaient depuis plusieurs générations. Sautant les murets, l'eau ruisselante devenait cascade, rebondissait sur les pierres, transformait les sentiers en torrents. Des coulées de boue glissaient jusqu'à la route des berges. Les pieds de vigne qui n'avaient pas été meurtris, écorcés par la grêle, déracinés ou emportés, se cramponnaient, racines à nu, aux mottes de terre oubliées par le déluge.

La Veveyse, sortie de son lit, avait inondé plusieurs maisons et gâté des marchandises dans les boutiques riveraines. Les vieux Veveysans, se souvenant des débordements plus catastrophiques du passé, se félicitaient que leurs descendants aient élevé des parapets et remplacé par des ponts de pierre les ponts de bois qui eussent été emportés par la rivière torrentueuse.

On ignorait encore les dégâts subis, dans les villages voisins, par les fermes et les étables, mais un voiturier affirmait avoir vu des cadavres de vaches sur les prairies des replains inondés. A la nuit tombée, tandis que les pompiers s'affairaient encore, Charles Ruty, membre du conseil communal, assura qu'on devait considérer comme un vrai miracle le fait qu'aucune perte humaine n'ait été signalée à l'hôtel de ville.

— On y verra plus clair demain, conclut Guillaume Métaz en donnant le signal du coucher.

Le jour venu, il aurait avec Simon Blanchod à évaluer les ravages causés au vignoble et, peut-être, au chantier des barques, que l'eau du lac avait un moment envahi.

Avant d'éteindre sa chandelle, Axel, goûtant le plaisir élémentaire d'être à l'abri du mauvais temps, écouta un moment la pluie gifler les volets bien clos de sa chambre.

Le tintement de la cloche de l'entrée, vigoureusement agitée, tira brutalement Axel du sommeil. L'enfant eut le sentiment qu'il venait à peine de s'endormir. Il n'avait pas été le premier éveillé par le carillon qui mettait en alerte toute la maisonnée, mais il sauta de son lit dès qu'il entendit son père descendre précipitamment l'escalier. Une visite à pareille heure ne pouvait qu'être relative aux intempéries de la veille. Le garçon eut tôt fait de passer un pantalon et une chemise, pour se glisser sur le palier et écouter ce qui se disait dans l'entrée.

Un homme parlait à son père, mais il ne perçut que des bribes de phrase : « ... la foudre... cheval emballé... cabriolet versé... tête fracassée... pas un mot, monsieur... chez elle, monsieur... » Puis il entendit plus distinctement M. Métaz dire au visiteur : « Je m'habille et on y va. Entre à la cuisine, on te servira du café. »

Comprenant qu'un drame s'était joué quelque part, Axel attendit sur le palier que son père remontât pour l'interroger :

— Qu'est-ce qui...

— Ah ! mon pauvre garçon, mon pauvre Axel ! Mathilde, ta grand-tante. Un accident à Ouchy. Elle est morte. Faut que j'annonce ça à ta mère.

— Je vais avec vous, dit Axel en suivant son père, qui se dirigeait vers la chambre de sa femme.

Charlotte, elle aussi réveillée par la cloche de l'entrée, avait tout de suite imaginé quelque incident dû à l'orage. Guillaume et Axel la trouvèrent assise sur son lit, sa veilleuse allumée, en train de se brosser les cheveux.

Avant même qu'elle ait eu le temps de poser une question, Axel s'était jeté à son cou pour l'embrasser.

— Mais... que se passe-t-il pour que tu sois debout à cette heure ? fit-elle, surprise par cet assaut de tendresse inexpliqué.

— C'est Mathilde, Charlotte, elle a eu un accident, hier, pendant l'orage, intervint aussitôt Guillaume.

— Mon Dieu..., est-elle blessée ? demanda précipitamment Charlotte en se dégageant de l'étreinte de son fils.

— C'est... c'est qu'elle est morte, ma pauvre cocolette... Le crâne fracassé...

Mme Métaz eut un moment d'hébétude puis se prit la tête à deux mains.

— Oh ! non ! Ce n'est pas vrai... On ne meurt pas comme ça..., pas Mathilde !

Le cri de Charlotte impressionna si fort Axel qu'il se redressa, ne sachant que faire devant l'intense expression du chagrin de sa mère. Comme il demeurait figé et contrit, Charlotte l'attira contre elle et l'embrassa, lui mouillant le visage de ses larmes.

— Mon petit Axou, tu es malheureux, toi aussi. Elle t'aimait tant, Mathilde !

Puis elle se tourna vers son mari :

— Qui est venu prévenir ?

— Le cocher. Le pauvre gars, il s'en veut d'avoir laissé sortir ta tante avec le cabriolet alors que l'orage menaçait. Mais qu'aurait-il fait de plus ? La foudre est tombée devant le cheval, sur la route d'Ouchy à Pully. Effrayé, l'animal s'est emballé, a tourné bride brutalement et le cabriolet a versé. Mathilde a été jetée sur un muret, sa tête a porté. Le médecin dit qu'elle a été tuée sur le coup... Je vais faire atteler et nous partirons pour Lausanne quand tu voudras.

— Dès que je serai prête. Envoie-moi Polline, qu'elle m'aide à préparer un petit bagage. Oh ! mon Dieu, je ne peux pas croire ça ! Mathilde... Il va falloir prévenir maman et Blandine... Oh ! mon pauvre Guillaume, quel malheur !

M. Métaz vint embrasser tendrement sa femme et lui dit à voix basse, tandis qu'elle sanglotait sur son épaule, des mots qu'Axel n'entendit pas. C'était la première fois qu'il assistait à

une telle manifestation de tendresse entre ses parents. Il en fut
gêné et s'éloigna. Avant de passer la porte, il dit simplement,
d'un ton qui ne laissait pas place au refus :

— J'irai avec vous à Lausanne.

Axel Métaz n'avait encore jamais approché de mort. La vue
de sa grand-tante roide et pâle, lèvres bleuies, mains jointes et
comme liées par un chapelet, allongée dans une belle robe de
soie noire à collet de dentelles, sur son grand lit à baldaquin, ne
l'impressionna pas autant que Charlotte le redoutait. Le visage
de la morte, dont on avait arrangé la coiffure afin de dissimuler
la fatale blessure, portait figée, comme sculptée, l'ultime crispa-
tion de la douleur. Charlotte et Guillaume embrassèrent
Mathilde au front, mais, quand Mme Métaz, s'écartant du lit,
invita son fils à faire de même, Axel se déroba.

Un peu plus tard, dans le salon où Mathilde Rudmeyer avait
passé les heures les plus heureuses et les plus mélancoliques de
sa vie, Charlotte prit en main l'organisation du deuil. Il fallait
envoyer un courrier à Echallens, pour annoncer à Mme veuve
Rudmeyer le décès de sa belle-sœur, et à l'institut Sainte-Ursule
de Fribourg, pour prévenir Blandine. Cette dernière n'aurait à
quitter son pensionnat que le temps du dernier acte des funérailles, les Rudmeyer étant tous inhumés dans leur caveau, au
cimetière de Fribourg, première résidence suisse de leurs ancêtres. Charlotte voulut aussi que les proches amies lausannoises de
sa tante, celles qu'elle nommait les papoteuses de la rue de
Bourg, soient rapidement informées de la disparition de la
femme dont elles avaient autant apprécié les cakes que la conversation.

Pendant ces préparatifs funèbres, Axel se taisait. Assis dans un
coin du salon, il observait l'effet du chagrin sur les êtres. Le
visage baigné de larmes de la servante, la consternation de la
cuisinière, épouse du brave cocher qui allait répétant qu'il n'aurait jamais dû laisser Mademoiselle prendre le cabriolet alors que
l'orage s'annonçait. Le vocabulaire propre aux circonstances
paraissait artificiel, appris comme une récitation d'écolier. Toutes
les visiteuses admises au salon, car les servantes avaient déjà
répandu la nouvelle, embrassaient Mme Métaz en usant, à voix
contenue, comme si elles craignaient de réveiller la morte, des
mêmes formules banales et se mouchaient avec plus ou moins de
discrétion après s'être essuyé les yeux. Et chaque fois Mme Métaz
posait la même question : « Voulez-vous la voir ? » Aucune ne se

récusait. Les pleureuses ressortaient de la chambre mortuaire en reniflant, puis disparaissaient après une nouvelle embrassade à Charlotte. On les entendait changer de ton sitôt passé la porte du salon.

Quand la cuisinière vint prendre les ordres de Mme Métaz « parce qu'il faudrait bien tout de même manger quelque chose à midi », Axel, poussé par le sentiment qu'il n'avait pas donné son dû à tante Mathilde, pénétra, sans être remarqué, dans la chambre de la morte. Avec cette femme dont il n'entendrait plus la voix au timbre clair et assuré, Axel avait toujours été à l'aise. Il aimait à tenir sa main fine aux ongles en amande, tandis qu'elle commentait pour lui des estampes, scènes de chevalerie ou paysages d'au-delà des mers. Elle avait été la première à le convier, alors qu'il venait d'avoir six ans, à dîner à table en face d'elle, comme s'il eût été un adulte. Leurs entretiens, gais mais instructifs, valaient tous les jeux enfantins. Mathilde n'offrait que des cadeaux utiles, souvent précieux, tirés de ses collections : un crayon à mine de plomb coulissante, une règle en ivoire, un portefeuille en cuir, marqué au chiffre d'une célébrité disparue.

Au rappel de ces moments heureux, dont il ne pourrait partager avec quiconque le souvenir, l'enfant comprit que la mort représentait l'abandon physique définitif d'un être. En même temps qu'il l'éprouva avec intensité, il conçut ce qu'était le chagrin, petit mot pour une grande peine. S'étant approché du lit, il posa ses lèvres sur la joue froide de la morte, lui caressa la main et quitta la pièce.

Après un repas rapide, M. Métaz, qui devait rentrer à Vevey, où il aurait à faire le bilan des dévastations dues à l'orage, décida, en accord avec Charlotte, contrainte de rester à Lausanne, d'emmener Axel avec lui, afin d'épargner à l'enfant les visites de condoléances et l'émotion de la mise en bière.

— Nous reviendrons pour les funérailles et nous l'accompagnerons à Fribourg, assura Guillaume.

Avant de se séparer, tous trois retournèrent dans la chambre mortuaire et, tout de suite, Charlotte fit remarquer à voix basse à son mari que l'expression douloureuse qui marquait jusque-là le visage de sa tante avait disparu. La morte offrait maintenant aux regards un visage rasséréné, une sorte de demi-sourire.

— Un certain temps après le trépas, les nerfs se relâchent et le calme de l'éternité prend possession du visage des morts, ma pauvre Charlotte. C'est une grâce de Dieu, conclut Guillaume en s'inclinant.

Au soleil d'un printemps enfin installé, alors que le coupé des Métaz, tiré au grand trot, roulait vers Vevey, Axel se persuada qu'il suffisait d'un baiser pour effacer la douleur du visage des morts.

4.

Depuis que le prince Kourakine avait remis à Napoléon, le 24 avril 1812, l'ultimatum du tsar Alexandre Ier sommant les Français d'évacuer l'Allemagne et tous les pays situés entre l'Elbe et l'Oder, on savait que la guerre pouvait se rallumer d'un jour à l'autre.

L'empereur s'y préparait depuis plusieurs mois, estimant que le seul moyen d'établir une paix durable, pour fonder l'Europe fédérative, était d'ôter aux monarques continentaux toute velléité de succomber aux appels pervers des sirènes d'outre-Manche. L'Angleterre, qui détestait l'idée d'une Europe unie sous la férule de Napoléon, tentait, en effet, de susciter une nouvelle coalition des princes contre la France.

La Grande Armée, la plus belle machine de guerre jamais mise au point, devait permettre d'en finir avec cette ambition. En domptant le colosse russe et son maître, que Napoléon avait qualifié de « Grec du Bas-Empire », on ferait se tenir tranquilles les autres souverains.

Quand les hostilités reprirent, le 22 juin, et que, deux jours plus tard, la Grande Armée franchit le Niemen, personne ne parut surpris. Charlotte Métaz dut s'appliquer à dissimuler l'inquiétude nouvelle qui l'assaillait. Le général Fontsalte, las du désœuvrement et de la vie mondaine qu'imposait sa mission auprès de Joséphine, avait été affecté, sur sa demande, au 18e régiment de chasseurs à cheval, récemment créé. Il devait être, d'après ses dernières confidences à Dorette, en route pour Moscou !

Et cependant, depuis que l'ex-impératrice avait acquis, pour cent quarante-cinq mille francs, plus quarante-cinq mille francs pour les meubles, le château de Pregny, dans la banlieue immédiate de Genève, les amants auraient eu la possibilité de se rencontrer plus souvent. Charlotte, seule héritière de Mathilde Rudmeyer, disposait à Lausanne du petit hôtel particulier de la rue de Bourg où sa tante avait vécu. Elle y faisait de fréquents séjours, sous prétexte de gérer au mieux, avec les intendants, les différentes propriétés que la défunte lui avait léguées aux environs de Lausanne.

Guillaume, ravi de voir enfin sa femme soucieuse de faire fructifier un capital personnel, pour gagner de l'argent au lieu de se contenter d'en dépenser, admettait des absences si bien motivées.

Charlotte, ardente et passionnée dans les échanges amoureux mais assez fataliste dans le courant de la vie, s'accommodait depuis une douzaine d'années d'une liaison fluctuante et parfois interrompue pendant des mois. Quand elle n'était pas assaillie par un besoin subit de caresses, qu'elle se résignait parfois à assouvir dans l'étreinte conjugale, la pensée d'avoir un amant, même lointain, même épisodique et vraisemblablement inconstant, la rendait sereine. Elle vivait dans sa solitude affective un amour cérébral, fondé sur une mystique païenne qu'elle eût été bien incapable de définir. Il lui plaisait, certains jours, de se croire malheureuse avec orgueil, comme ces dames d'autrefois dont le chevalier servant guerroyait en Terre sainte.

Flora tenait auprès de son amie le rôle de la confidente, présente dans tout roman de chevalerie. Devant l'Italienne, Charlotte parlait d'abondance de son amant, relisait à haute voix ses lettres, en sautant telle ou telle envolée passionnelle qui eût scandalisé ou fait sourire la pieuse Flora. L'amour de Mme Métaz pour Fontsalte participait aussi d'une dialectique sans cesse affinée et se nourrissait de lectures où les sentiments tenaient une grande place. Le poème de Walter Scott *la Dame du lac,* acheté chez un libraire de Lausanne, lui plaisait infiniment. L'auteur racontait, en termes choisis, les amours contrariées d'un chevalier, en réalité le roi d'Écosse, et de la fille d'un rebelle au grand cœur. Le fait que les aventures de ces jeunes gens se déroulent au bord du lac Katrine, à la frontière de l'Angleterre et de l'Écosse, ajoutait la note lacustre à laquelle la Veveysanne était sensible. Charlotte puisait dans l'exposé de cette passion exceptionnelle de quoi exalter la sienne, qui ne l'était pas moins.

Pensionnaire des ursulines, elle chantait *il pleut, il pleut, bergère* et *que ne suis-je une fougère* avec tant de conviction que les larmes lui venaient. Adolescente, elle dévorait en cachette *Manon Lescaut, Paul et Virginie, Clarisse Harlow* et les *Lettres de la religieuse portugaise* Marianna Alcoforado, subtilisés dans la bibliothèque de son père. Au commencement de sa liaison avec Blaise, cette jeune femme cependant intelligente, lucide et assez instruite, s'était même composé, à l'aide d'aphorismes un peu niais pris chez Bussy-Rabutin ou La Rochefoucauld, ce qu'elle croyait être une philosophie. Ses maximes préférées avaient été un temps : « L'absence est à l'amour ce qu'est le feu au vent. Il éteint le petit, il allume le grand », ou encore : « Qu'une femme est à plaindre, quand elle a tout ensemble de l'amour et de la vertu ! »

Flora avait mis peu de temps à comprendre que Charlotte aimait plus l'amour que l'amant, plus l'idée qu'elle se faisait de son amour pour Blaise que Blaise lui-même. D'ailleurs, si ce dernier eût été plus souvent présent, elle s'en fût lassée ou l'eût tenu à distance, autant par prudence que pour ménager son plaisir. Epicurienne sans le savoir, car elle trouvait dans la privation une certaine jouissance, elle dominait sa passion en croyant s'y abandonner.

Parce qu'elle ne concevait le péché d'adultère que dans le don charnel et qu'elle se confessait après chaque étreinte pour mettre sa conscience en ordre, comme s'il se fût agi de son armoire à linge après une lessive, elle redevenait, en toute bonne foi, pendant les longues absences de Fontsalte, épouse loyale et femme vertueuse. Elle se promettait même, parfois, de ne plus livrer son corps à Blaise, de refuser le plaisir, de se cantonner dans un amour platonique, dans une chasteté édifiante, de parler poétiquement de la chose sans la faire ! Ce genre de résolution, prise généralement au lendemain d'une visite de Blaise et de quelques heures d'abandon aux rites voluptueux, ne résistait pas à une quinzaine de continence forcée au bout de laquelle, reposée et dispose, Charlotte commençait à se remémorer avec complaisance les épisodes les plus brûlants de ses rencontres avec l'officier. Les rêves érotiques ne tardaient pas à revenir meubler et subvertir ses nuits. Dès lors, elle n'espérait plus que retrouver son amant au moulin sur la Vuachère. Les théories platoniciennes étaient oubliées !

Dans le quotidien de la vie familiale, l'équanimité de Charlotte était telle qu'elle ne laissait nullement transparaître une particulière tendresse pour Axel, enfant de l'amour, dont la taille, haute pour son âge, les traits, les cheveux bouclés et surtout le regard auraient dû lui rappeler à tout instant son amant et sa faute. Elle semblait même préférer Blandine, fille de Guillaume, et ne manquait jamais de rappeler au garçon les qualités de M. Métaz, son ardeur au travail, son intelligence en affaires, le souci qu'il avait de donner du confort et même du luxe aux siens. Elle prônait l'amour et le respect filial, veillait à ce qu'Axel fût avec Guillaume d'une affectueuse déférence. Cette attitude choquait un peu Flora et faisait sourire ironiquement Chantenoz, qui la mettait au compte de l'hypocrisie inquiète de celle qu'il avait aimée.

Alors qu'ils étaient seuls, un matin, Axel étant occupé à une longue version latine, Martin avait osé faire, pour la première fois depuis le drame de Loèche, allusion à l'état d'esprit dans lequel Charlotte vivait sa liaison avec Fontsalte :

— Je pense que tu aurais aimé le temps des troubadours et des cours d'amour qui, au xııᵉ siècle, réglaient toutes les questions de galanterie.

— Pourquoi, s'il te plaît ?

— Parce que les femmes de cette époque avaient trouvé le moyen de justifier tous leurs débordements amoureux sans que leurs époux puissent y trouver à redire. Il s'agissait en apparence, dans ces réunions élégantes, d'exercices littéraires et poétiques, car les questions soulevées se rapportaient plus aux sentiments qu'aux actes. Mais les dames, qui seules délibéraient et présidaient ces aimables juridictions, finissaient par régler leur conduite d'après les arrêts rendus... par elles-mêmes ! Ainsi fut-il mis au point, à l'usage des cours d'amour, nombreuses et huppées, un code comportant trente et un articles. Il y était dit, notamment, que « le mariage ne doit pas être opposé comme excuse légitime contre l'amour ». Je suis certain qu'à cette époque tu aurais applaudi à l'arrêt que rendit « le troisième des calendes de mai 1174 » une cour présidée par la comtesse de Champagne. Ce jour-là, deux troubadours fameux ayant débattu, avec l'éloquence et l'emphase que tu devines, de la question : « l'amour peut-il exister entre légitimes époux ? » la cour, par la voix mélodieuse de sa présidente, qui savait d'expérience ce dont elle parlait, répondit par la négative sous prétexte que « l'amour ne doit rien qu'à lui-même, accorde librement et obtient gratuitement, alors que les époux sont tenus par devoir de subir réciproquement leurs volontés » ! Ainsi le cocuage se trouvait-il, sinon expressément autorisé, du moins considéré comme une chose possible, admise et peut-être souhaitable !

— Il y a beaucoup de bon sens dans cet arrêt que tu tournes en dérision. L'amour est une chose si naturelle que tout obstacle à sa réalisation mérite d'être contourné. L'amour ne s'impose pas !

— J'en sais quelque chose, avait conclu Martin avec mélancolie.

Une seule mission consolait Martin Chantenoz de la trahison morale de sa sylphide et de la stupidité des hommes, qui s'entre-tuaient de l'Espagne à l'Oural : l'éducation d'Axel. A cela il ajoutait de plus en plus fréquemment l'ivresse. Le vin augmentait sa mélancolie mais le conduisait plus vite au sommeil, donc à l'oubli.

Littérateur improductif mais porteur de connaissances encyclo-pédiques, le précepteur croyait, comme Platon, à la primauté de l'enseignement oral mais tenait l'étude des langues mortes ou vivantes et la lecture comme éléments de formation d'un être pensant. A l'âge de onze ans, Axel avait déjà lu et traduit des pages d'ouvrages aussi divers que *le Capitaine Singleton* de Daniel Defoe, *Tom Jones* de Fielding, *l'Ile de Felsenbourg* qui racontait le voyage de l'amiral George Anson autour du monde, mais aussi *l'Enéide*, *l'Iliade*, *l'Odyssée* et le *Télémaque* de Fénelon que Chantenoz considérait comme le pendant français des fameux ouvrages d'Homère, le *Roland furieux* de Ludovico Arioste, dit l'Arioste, *la Jérusalem délivrée* de Torquato Tasso, dit le Tasse. A travers le *Discours de la méthode* de Descartes, Martin avait enseigné le scepticisme à son élève, qui avait inscrit en grandes lettres sur un carton épinglé au mur de l'étude : « Ne recevoir jamais aucune chose pour vraie que je ne la connusse évidemment être telle. » De là découlait la soif d'apprendre et l'application du fils Métaz, dont la précoce maturité étonnait.

Martin avait aussi obligé l'enfant à tenir deux cahiers. L'un où il notait, depuis sa première lecture, tous les mots dont il ne comprenait pas le sens, ce dernier devant être ajouté en regard quand il avait interrogé son maître ou consulté le dictionnaire, l'autre sur lequel Axel recopiait toutes les phrases, maximes, vers ou tirades rencontrés au cours de ses lectures et qu'il jugeait remarquables, dignes d'être retenus et conservés.

— Ainsi, au fil des années, si tu gardes cette habitude, non seulement tu constitueras un véritable recueil de maximes et citations, mais tu pourras suivre, à travers les dates de tes choix, l'évolution de tes engouements, de tes admirations, de tes goûts.

Ces notations devaient naturellement appartenir, suivant leur origine, aux trois langues parlées en Suisse et qu'apprenait simulta-nément Axel : français, italien, allemand, mais aussi au latin et au grec que l'enfant étudiait depuis l'âge de cinq ans et, depuis moins longtemps, à l'anglais. Guillaume Métaz considérait en effet que cette langue deviendrait celle des affaires comme le français restait la langue de la diplomatie.

Pour faire comprendre à son élève les raisons du trilinguisme suisse, Chantenoz avait une manière personnelle et un peu simpliste de résumer l'histoire de la Confédération.

— Dans les temps anciens, quand les Romains annexèrent à la *Provincia* de Genève le pays des Allobroges, le Valais et la Rhétie, ce qui représentait à peu près notre Suisse d'aujourd'hui, les Helvètes, les Gaulois et les Celtes, qui s'étaient établis dans la région, ne connaissaient qu'une seule civilisation et ne parlaient qu'une seule langue, le latin. Vevey s'appelait alors Viviscus et la capitale de l'Helvétie Aventicum, que nous appelons aujourd'hui Avenches, ville située dans le nord du canton, près du lac Morat. Quand tu étudieras *la Guerre des Gaules,* de Jules César, tu comprendras ces choses et je te conduirai à Avenches.

— Oh! oui, Martin. Mais il reste à voir des... choses romaines?

— Tu verras les vestiges de l'ancienne capitale des Helvètes, bien que la ville actuelle ne donne qu'une faible idée de la grande cité d'autrefois, dont l'enceinte avait près de deux lieues de tour. Il a fallu que viennent les barbares du Nord, les Alamans, les Burgondes, puis les Huns et les Lombards, pour que soit compromise une civilisation florissante. Pense que les Helvètes avaient déjà planté la vigne sur les rives du Léman. Les envahisseurs pillèrent le pays, s'y installèrent et apportèrent leurs mœurs et leurs langues. C'est à cause d'eux que tu es aujourd'hui contraint d'apprendre trois langues pour comprendre tous les Suisses! Notre Confédération est, à elle seule, une petite Europe. Elle pourrait devenir, si les hommes étaient moins sots et plus entreprenants, le germe exemplaire d'une Europe fédérative. Mais c'est une autre affaire!

Pour inciter Axel à la pratique et à l'écriture des langues, Chantenoz s'inspira d'une méthode fondée par Goethe. Il dit à l'enfant d'imaginer qu'il avait des amis qui habitaient dans les différentes régions de la Suisse et auxquels il écrivait en français, en allemand, en italien, pour donner de ses nouvelles et raconter les événements de sa vie quotidienne. Axel s'inventa donc deux correspondants qu'il nomma Paul et Ulrich et une correspondante qu'il baptisa Béatrice, par référence à l'élue de Dante.

Chantenoz décida aussi qu'il s'entretiendrait avec son élève les lundi et jeudi en français, les mardi et vendredi en allemand, les mercredi et samedi en italien. Le dimanche, on serait contraint d'employer la langue où l'enfant aurait eu, dans la semaine, le plus de déficiences.

Mis au courant de cette pratique, Blanchod, qui estimait qu'on pouvait fort bien vivre sans connaître autant de langues, s'étonna que Martin Chantenoz eût négligé le romanche, considéré par lui comme une langue nationale, au même titre que les trois autres, et surtout le schwyzerdütsch, dialecte alémanique, que tout le monde, en Suisse, était censé comprendre ! Chantenoz s'insurgea contre cet helvétisme étroit et suranné, surtout pour le fils d'un bourgeois dont le négoce dépassait les limites du pays, qui aurait un jour à voyager, à prendre la succession de son père. Alors que les affaires allaient se développant à travers l'Europe, pourquoi charger l'esprit et la mémoire d'un enfant doué pour les études avec des patois que n'employaient que les paysans, les gens sans instruction, les vieillards et les conservateurs opposés à toute évolution ?

— Sais-tu dans quelle langue fut conclue, le 1er août 1291, la fameuse Alliance perpétuelle entre les cantons d'Uri, de Schwyz et d'Unterwald, qui passe pour fondement de la Confédération ?

— En schwyzerdütsch, bien sûr ! s'écria Blanchod, triomphant.

— Non, Simon, en latin, la seule langue que nos trois bougres comprenaient !

Mais le père Blanchod ne s'estimait pas vaincu et revenait régulièrement à la charge auprès de son ami Métaz.

— C'est bien bon de faire apprendre toutes ces langues à ton fils, mais il ne faut pas pour autant négliger les dialectes de nos ancêtres ! répétait le vieux vigneron.

— Va-t'en parler le schwyzerdütsch en Espagne, en Hollande et même en Allemagne, personne ne te comprendra ! Si l'on veut voyager et faire des affaires comme je l'entends, il faut s'adresser aux gens dans leur langue, disait Guillaume, apportant son soutien au précepteur.

— Que tu le veuilles ou non, dit Blanchod, un soir où l'enseignement des langues était revenu dans la discussion, nous autres Suisses, nous sommes des insulaires, comme les Anglais. Sauf que notre pays, au lieu d'être entouré d'eau, est entouré d'étrangers !

— Belle insularité en vérité ! Sur leur île, les Anglais sont protégés par des flots, que même Napoléon n'a pas osé franchir. Or, nous qui avons été si longtemps le champ de bataille de la Révolution et de l'Europe, quel rempart naturel avons-nous, à part nos montagnes, maintenant franchies par cent routes, contre ces étrangers, hein ? Le romanche, le schwyzerdütsch ? lança Chantenoz.

— C'est notre neutralité qui fait notre insularité ! répliqua Blanchod paisiblement.

— Fragile insularité, mon ami, l'histoire le prouve ! Les Français, les Russes et les Autrichiens n'ont pas hésité à violer nos frontières !

— C'est à nous de protéger la neutralité, à nous tous de la faire respecter...

— Notamment en parlant les langues de nos voisins, en admettant leurs cultures, en entretenant avec tous des relations amicales sans jamais nous mêler aux différends qui peuvent surgir entre eux, insista Chantenoz.

— Et surtout en faisant des affaires avec tous et dans toutes les bonnes monnaies, sans discrimination. On ne va pas demander à des clients s'ils préfèrent la monarchie ou la république, quel dieu ils prient, s'ils sont ou non circoncis ! ajouta Guillaume d'un air entendu.

Ces cahiers, qu'Axel tint consciencieusement et avec application, comme tout ce qu'il faisait, donnèrent à l'enfant l'idée d'en ouvrir un troisième. Pernette ayant cassé un plat, il avait, par jeu, ramassé puis laissé retomber les morceaux et Polline l'avait accusé du forfait initial. La coupable ne s'étant pas dénoncée, il avait endossé la faute et reçu sans murmurer une punition imméritée.

Au soir de cet incident, Axel choisit un carnet à couverture de toile noire, cadeau de la défunte tante Mathilde, et calligraphia en ronde sur la première page : *Registre des rancunes*. Jour après jour, il y nota désormais, avec dates et références, toutes les injustices et offenses dont il s'estimait victime, ainsi que les noms des responsables et des témoins. Les petites méchancetés des camarades de jeu, leurs phrases blessantes, les malveillances, farces, médisances, taquineries, tourments, tous les affronts qui, à ses yeux, exigeaient réparation, furent inscrits dans le carnet noir, qu'il dissimulait dans sa chambre, sous une latte du parquet. Cela afin de ne pas oublier les mauvais procédés dont il était présentement dans l'incapacité de se venger, ce qu'il ferait dès qu'avec l'âge les moyens, la force et le pouvoir lui en seraient donnés.

Cette intransigeance, née d'un sens aigu de l'injustice et d'une conception altière de ses rapports avec les autres, appartenait au caractère d'Axel. Chantenoz, plus proche de l'enfant que Charlotte et Guillaume, l'avait tôt décelée et parfois s'en inquiétait.

A partir du moment où il fut libre d'aller dans les vignes et de courir la campagne, Axel suivit souvent l'infatigable Simon Blanchod, dont la connaissance de la nature complétait heureusement l'enseignement de Chantenoz. Au flanc du mont Pèlerin, le vieil homme lui apprit à reconnaître les races de vaches, les bernoises tachetées de blanc et de roux, les fribourgeoises en blanc et noir, les schwyzoises à robe grise. Il sut vite faire la différence entre blé, froment et sarrasin, entre la féverole et la fève de cheval. L'avoine blanche, l'orge d'automne, les pois gris lui devinrent familiers. Blanchod lui enseigna les saisons et travaux de la vigne. Axel commença par préparer les attaches pour échalas, il tressa des hottes et paniers, puis, comme il était assez robuste, il voulut, comme les journaliers, porter la terre à dos en haut des parchets. Il sut comment enlever, sur les chapons de l'année, les bourgeons du bas dès que les feuilles se développent, comment choisir deux rameaux espacés sur les chapons de deux ans et couper les faux jets qui sortent du pied d'un cep en force. Après avoir participé à la vendange, en octobre 1812, Axel but son premier verre de vin de Belle-Ombre. Le soir, il dansa le picoulet entre Nadette et Nadine Ruty, invitées, elles aussi, pour la première fois, à la fête des vendangeurs.

Sur le lac où tout gamin de Vevey devait être aussi à l'aise que dans les vignes, Pierre Valeyres initia Axel à la manœuvre d'un naviot, lui apprit à ramer sans recevoir l'aviron dans la poitrine, à godiller debout à l'arrière du bateau, puis à naviguer à la voile sur la barque familiale. Les pêcheurs, qu'il accompagnait par beau temps, renseignèrent le fils Métaz sur les mœurs particulières du Léman. Il sut comment l'état du ciel modifiait la coloration des eaux, pourquoi certains jours on pouvait entendre au milieu du lac les voix des lavandières d'Ouchy et le tambour de Thonon, il identifia les vents d'après les rides changeantes de l'onde, fit l'inventaire des brumes, brouillards et nuées traînantes. Il apprit à déceler les signes précurseurs des colères lacustres. Le garçon eut plus de mal à faire parler les bateliers de la magicienne qui suscitait, par forte chaleur ou par grand froid, des mirages troublants, mur liquide, reflet d'une cité imaginaire, agrandissement fantastique d'un paysage, nuées translucides et vibrantes. Chantenoz avait beau répéter qu'il s'agissait, d'après les savants, d'aberrations optiques dues à un phénomène de réfraction, quand l'air était plus froid ou plus chaud que le lac, aucun bacouni n'acceptait cette explication. Fata Morgana, la fée des Brouillards, était seule responsable de ces manifestations surnaturelles ! Qui pouvait dire qu'il n'existait pas, au plus profond du lac, une ville noyée, sorte d'Ys lémanique, dont le fantôme venait rappeler aux Vaudois la vanité de bâtir d'orgueilleuses cités ?

Au hasard des navigations, entre Vevey et Meillerie, sur les grandes barques paternelles, foulques, canards, grèbes, martins-pêcheurs sortirent de l'anonymat des oiseaux aquatiques. Le dimanche, trempant un fil dans l'eau, Axel apprit des jumelles Ruty, depuis longtemps instruites par leur père, fin pêcheur, à faire la différence entre la perchette, la féra, la gravenche, l'omble, le chevesne. Ensemble, garçon et filles regrettaient que certaines des dix-neuf sortes de poissons recensés et dessinés au XVIe siècle par Jean Du Villard, syndic de Genève [1], aient disparu du Léman.

Depuis la petite enfance, Axel se plaisait aux visites chez Tignasse, sœur de Flora. L'épicerie de La Tour-de-Peilz, à l'enseigne du Jardin des gourmandises, avait longtemps été, pour le bambin, un lieu magique, une caverne d'Ali Baba, tant il y avait à voir, à toucher, à sentir. On y venait de Vevey, des villages de la montagne, des bourgs de la côte, mais aussi de Montreux et même de Lausanne où, d'après les bourgeoises informées, on ne trouvait pas semblable assortiment de thés, de cafés, de sucre roux, blanc ou à la ficelle, de condiments raffinés, de bonbons acidulés importés d'Angleterre, de dragées moulées de France, de pain d'épice de Dijon, de madeleines de Commercy, de sirops et liqueurs douces pour dames. On y débitait, comme ailleurs, du jambon à l'os cuit au foin, de la viande séchée des Grisons et des pâtes italiennes, mais aussi des bâtons de réglisse que les enfants mordillaient en bavant à s'en jaunir le menton, des pastilles de menthe propres à faciliter les digestions laborieuses, des cornets de papier glacé nommés surprises, que les mères payaient au prix fort du mystère, afin d'offrir aux bambins des cadeaux cachés, babioles décevantes, assorties de friandises plâtreuses.

A cinq ans, pendant que sa marraine ou Polline bavardait avec l'épicière, Axel tournait la manivelle du gros moulin à café, casqué de cuivre comme un pompier, ou, mieux encore, poussait le bras de

1. Cette planche, datée du 8 juin 1581, est conservée à la Bibliothèque publique de Genève. Paul Schauenberg en a donné une reproduction dans son excellent ouvrage *le Léman vivant,* éditions Journal de Genève-Gazette de Lausanne, 1984.

la râpe à fromage, d'où tombaient des frisures de gruyère dont on lui accordait une pincée. Tignasse lui offrait toujours un petit pain d'épice rond, emballé dans un papier crissant, qu'elle appelait nonnette, ou prélevait pour l'enfant, sur le cône de sucre candi, un éclat pareil au cristal, qu'il suçait en revenant vers Rive-Reine.

Plus tard, Axel s'était intéressé aux produits, car l'épicerie proposait, à pleins rayons, des alignements de boîtes décorées de voiliers, de négresses à plateaux, d'odalisques au regard velouté, d'arbres ou de fleurs étranges. On voyait aussi des bouteilles aux étiquettes enluminées, des tonnelets lilliputiens, des caissettes de bois clair portant, en chinois ou en arabe, d'indéchiffrables inscriptions. Tout cela faisait rêver le garçonnet à des navigations sans fin quand, pour mieux voir, il grimpait sur les sacs de jute débordants de légumes secs qui formaient rempart devant le comptoir où trônait la balance, aux plateaux sonores comme des cymbales.

L'odeur des épices, cannelle, girofle, bergamote, muscade, coriandre, celles plus forte de la morue séchée, plus piquante du cari et des poivres, plus aromatique du café fraîchement moulu et des thés que Tignasse puisait avec une petite pelle dans de belles boîtes noires, décorées d'arabesques d'or, pour ensacher à la demande, participaient à l'attrait du Jardin des gourmandises.

L'épicière constituait aussi une attraction. Crinière volumineuse aux boucles serrées — Tignasse disait elle-même ne pouvoir y passer le peigne — vive, pâle, yeux sombres bordés de longs cils, mains sèches, toujours vêtue de noir, elle avait longtemps intimidé Axel. Petit enfant, il l'observait avec curiosité et méfiance, parce que cette femme ténébreuse lui rappelait une sorcière de trop bonne apparence, vue dans un livre d'images. A onze ans, en revanche, il aimait qu'elle le complimentât sur sa taille, plus élevée que la normale, et la façon qu'elle avait de l'embrasser, en appuyant avec fougue des lèvres chaudes sur sa joue, le troublait.

Axel ne rechignait jamais, quand on l'envoyait à l'épicerie chercher un condiment ou un fromage. Il lui arrivait même de s'y arrêter sans raison, au retour d'une promenade, pour le plaisir de bavarder avec Rosine, qu'il ne voulait plus appeler Tignasse.

La crise économique qui sévissait en France — des émeutes dues à la disette avaient éclaté à Caen — se répercutait sur le négoce local et de transit. A Paris, le quintal de blé était passé de 58 à 80 francs en l'espace d'une saison et la rente de 5 %, à la suite d'une panique financière consécutive à la banqueroute ou aux difficultés de plusieurs banques parisiennes importantes comme Laffitte, avait perdu la confiance des épargnants. Le 5 % ne cotait plus que 47,50 francs, alors que Métaz l'avait acheté 80 francs un an plus tôt.

Le fait que les ports de Marseille et de Bordeaux soient bloqués par la Royal Navy compromettait le commerce international. Le nombre des chômeurs augmentait chaque mois.

L'exploitation des carrières de Meillerie, qui fournissaient la pierre nécessaire à la construction des routes et ouvrages d'art ainsi qu'aux entrepreneurs de Genève et de Nyon, assurait cependant, avec les transports de bois, de vins et de denrées, un bon revenu à Guillaume Métaz. La reprise des hostilités avait même ouvert à son entreprise un nouveau débouché : la flotte française achetait à Vevey les fromages de la Gruyère que Métaz livrait à Toulon, via Genève et Lyon. Le mari de Charlotte, dont l'habileté commerciale était depuis longtemps reconnue, avait, de plus, acquis une réputation de négociateur compétent. Dans l'affaire qui opposait les édiles à l'ordre de Saint-Jean, dont le gouvernement avait séquestré les terres et les vignes afin de les réunir au domaine cantonal, Guillaume s'était entremis et avait obtenu pour l'intendant de Saint-Jean, le commandeur Charles de Wigand, une rente viagère appréciable. On prévoyait que M. Métaz entrerait bientôt au conseil d'une commune dont le nombre d'habitants augmentait chaque année.

Les trois meilleurs hôtels de la ville, dont celui de M. Gabriel Monnet, les Trois-Couronnes, faisaient régulièrement leur plein de voyageurs et Vevey, grâce à quelques hommes entreprenants, devenait une vraie ville. Il ne se passait pas de mois sans qu'on abattît une partie des anciens remparts et quelque antique porte médiévale pour construire de nouvelles maisons, des ateliers ou élargir les rues. C'est ainsi que l'ancienne porte du Chapitre venait d'être démantelée, afin de faire place à une extension du grenier à blé, bâti autrefois par les Bernois.

Dans cette cité paisible et prospère, Axel trouvait encore à s'instruire de façon plaisante, en passant des heures au musée ornithologique fondé par le pasteur Daniel-Alexandre Chavannes, secrétaire du Grand Conseil cantonal, professeur de zoologie à l'Académie de Lausanne, ou au nouveau musée d'Histoire naturelle ouvert par le docteur Louis Levade, naturaliste, historien et numismate. Il lui arrivait aussi d'aller chez Doret voir scier les marbres importés d'Italie ou de rendre visite au paysagiste Alexandre Calame, dont il admirait la maîtrise. Il ne se risquait pas, en revanche, chez un autre peintre de grand talent, François-Aimé-Louis Dumoulin, qui, en 1805, avait illustré de cent cinquante gravures le *Robinson Crusoé* de Daniel Defoe [1]. M. Dumoulin était fort en colère contre le Conseil des douze de Vevey. Les édiles venaient en effet de renoncer à la création d'une école de dessin, qu'aurait dû diriger l'artiste, sous prétexte que les fonds municipaux seraient mieux employés à la démolition des portes et remparts qui bridaient le développement de la ville !

En utilisant ainsi le peu de loisirs que lui laissaient ses études, Axel Métaz ne faisait encore que suivre les consignes de son maître : « Regarde un moment chaque jour une belle chose, peinture, gravure, médaille, et un paysage », recommandait Chantenoz.

Le paysage, comme tous les Veveysans, le garçon le possédait en permanence. De la terrasse de Rive-Reine, quand il levait les yeux du livre qu'il étudiait, il laissait errer son regard sur un décor dont il goûtait mieux, à l'approche de l'adolescence et d'une maturité précoce, toute la beauté. L'automne était sa saison préférée. A l'heure où le soleil déclinait du côté de Genève, après avoir doré les vignes toute la journée, les montagnes de Savoie devenaient une seule falaise mauve. Réduites fallacieusement à deux dimensions, leurs silhouettes, soudées et plaquées sur le ciel encore clair, ressemblaient à une découpure de carton à la Huber. Axel y voyait l'épine dorsale crénelée d'un monstre allongé sur l'autre rive du lac, toile de fond du théâtre lémanique. A cette heure-là, dans un reste de jour, de bizarres taches apparaissaient sur l'eau lisse et luisante. Les barques attardées, traçant un maigre sillage, imploraient de leurs voiles en oreille la brise indolente. Une soudaine paresse s'emparait des eaux et du ciel où les nuages se diluaient en effilochures indécises. Quand l'air fraîchissait, les canards et les foulques dérivaient au long des berges, engourdis et silencieux. L'heure était venue d'allumer les lampes. Axel reconnaissait le pas de sa mère sur le gravier et, bientôt, la voyait apparaître, enroulée, frileuse, dans son châle blanc.

— Tu as assez travaillé pour aujourd'hui, Axou. Polline servira dans un quart d'heure. Va te laver les mains et te donner un coup de peigne.

Le rite terminal d'une journée d'automne, dans le temps des

1. Ce recueil se trouve au musée du Vieux-Vevey.

vendanges, était ainsi consommé. En se dirigeant vers la maison, Charlotte à son bras, Axel savait déjà que tout au long de sa vie, quand il voudrait retrouver une sensation de paix et de bonheur, il penserait à ce moment, à ce décor, au pas léger de sa mère sur le gravier crissant, à la douce inflexion de sa voix : « Tu as assez travaillé pour aujourd'hui, Axou... »

A cette époque, Martin Chantenoz vit souvent son élève rêveur. Un matin, il l'interrogea.

— Je ne puis m'empêcher de penser à tante Mathilde. C'est bizarre, Martin, autrefois, quand elle était vivante, je pensais moins souvent à elle que maintenant. Ici, à Vevey, je peux croire qu'elle est toujours à Lausanne, mais je sais en même temps que, si je vais à Lausanne, je ne pourrai plus la voir ni lui parler. Ce que je ressens est difficile à expliquer !

— Le premier rapport que nous avons avec la mort nous laisse longtemps incrédule, Axel. La mort, tout en nous la refuse, or elle finit par s'imposer parce qu'elle est l'inéluctable corollaire de la naissance. Naissance et mort sont les deux extrémités d'une corde plus ou moins longue, plus ou moins noueuse, plus ou moins solide, qu'on appelle vie. D'abord vient la mort des autres et un jour notre propre mort. La disparition de Mathilde a été pour toi une brusque déchirure dans le voile de bonheur égoïste qui te cache les laideurs des êtres et du monde.

— Suis-je égoïste, Martin ?

— Egoïstes, nous le sommes tous ici, à cause de ce que nous ne voulons pas voir. Il faut prendre conscience que nous avons la chance de vivre au pays de Vaud, dans un îlot de civilisation protégé. L'Europe est, depuis vingt ans, à feu et à sang. On se bat à Smolensk et sur la Moskova, Moscou brûle. On se bat autour de Madrid et en Andalousie, et, sur la mer, des vaisseaux se canonnent. Pendant que tu dors, que tu joues ou que tu étudies Homère avec, sous les yeux, un des plus beaux décors du monde, à tout moment, ailleurs, des gens s'entre-tuent, saignent, souffrent, meurent. Le temps de prononcer ces mots, la haine, les canons, la misère, les maladies ont tué des hommes, des femmes, des enfants comme toi. Même si notre pays de Vaud a connu des heures difficiles, quelques violences révolutionnaires, vite et sagement apaisées, dis-toi, répète-toi, que nous sommes en ce début de siècle des citoyens privilégiés. Nos vignes et nos pâtures sont des trésors, notre lac et nos montagnes, des dons inestimables de la nature ; nous sommes libres d'aller et de venir, d'apprendre, de prier le dieu en qui nous croyons ou de ne croire en aucun ; nos lois sont le plus souvent saines et justes ; nos lenteurs, dont l'étranger se moque, restent un luxe. Personne, sur ce rivage, ne meurt de faim et chacun sait que l'homme qu'il croise sur son chemin ne peut s'en prendre impunément à sa vie ou à ses biens. Et, privilégié, tu l'es encore plus que les autres, parce que né dans une bonne famille, assez riche pour que tu ne sois privé de rien. Et cela te paraît normal.

— N'est-ce pas normal ? demanda Axel, étonné.

— Cela te paraît normal parce que tu n'as pas connu l'adversité, comme il te paraissait normal que Mathilde vive jusqu'à ce qu'elle meure. Aucune existence humaine n'est exempte de drames, de déceptions, d'arrachements. La mort veille à nous le rappeler. Les hommes... et les femmes aussi parfois !

Cette conversation conduisit Axel à prêter plus d'attention aux autres et aux événements. Ceux-ci eussent d'ailleurs sollicité son attention même sans la tirade en forme de mise en garde de Martin. On sut en effet, dès le commencement de l'hiver, que la campagne de Russie tournait au désastre pour la Grande Armée, en retraite sous la neige et par un froid intense.

Quand, en janvier 1813, un journal de Fribourg publia le récit d'un Suisse rescapé de la campagne de Russie, Charlotte, sans nouvelles depuis plusieurs mois de Blaise de Fontsalte, se mit à prier chaque jour pour son amant.

L'officier fribourgeois, dont on rapportait les souvenirs, avait appartenu à la 9ᵉ division du 2ᵉ corps d'armée, composé de quatre régiments suisses, de deux bataillons recrutés dans le Valais et à Neuchâtel, ainsi que du 35ᵉ de ligne de Genève. Ces troupes, commandées par le général Auguste-Daniel Belliard, aide de camp de Murat, étaient aux ordres du maréchal Oudinot. Elles avaient franchi le Niemen le 24 juin 1812, avec la Grande Armée, et s'étaient illustrées dès le commencement de la campagne et jusqu'à Saint-Pétersbourg. Quand sonna la retraite, par un froid de vingt-cinq degrés sous zéro, le 4ᵉ régiment suisse, commandé par le colonel Charles d'Affry, qui protégeait les arrières de l'armée, dut soutenir seul l'assaut russe, pendant que les bataillons traversaient la Duna sur des ponts de fortune. Quatre cents Suisses, dont vingt-quatre officiers, trouvèrent la mort ce jour-là. Les félicitations de l'empereur et une moisson de croix de la Légion d'honneur, glanées sur le champ de bataille, devaient être vite oubliées tant était grand le dénuement des hommes, contraints de manger des chevaux morts de froid et de la bougie !

Les Suisses, emportés par l'inévitable reflux, reçurent le 26 novembre l'ordre de passer la Berezina, autre rivière gelée. La Grande Armée n'était déjà plus qu'une longue cohorte de fantômes frissonnants, à la barbe et aux moustaches ourlées de glaçons !

Le 4ᵉ régiment, dont le narrateur avait dû prendre le commandement, ses chefs ayant été tués, se trouva réduit à deux cents hommes quand le Styx russe fut franchi. Les habits rouges des Suisses étaient reconnaissables de loin sur la neige et la glace. Plus de dix mille d'entre eux, officiers, sous-officiers et soldats, sur les quatre-vingt-dix mille hommes que la Confédération avait fournis à la Grande Armée, ne rentreraient jamais au pays. Quant aux huit cents Suisses survivants de cette boucherie, ils étaient déjà regroupés sous les ordres du général Amey. Certains murmuraient que le bataillon serait envoyé en Hollande, car on savait, la Prusse ayant fait alliance avec la Russie, qu'une nouvelle coalition, la sixième, s'organisait contre la France, saignée à blanc et abandonnée par la Victoire.

Les Vaudois venaient d'apprendre par leurs gazettes que la Prusse avait, en effet, déclaré la guerre à la France le 16 mars 1813 et que Pie VII dénonçait le nouveau concordat, signé à Fontainebleau le 25 janvier, quand Mᵐᵉ Métaz reçut enfin un message du général Fontsalte.

La lettre de Blaise était datée de Paris, où Ribeyre avait rappelé son ami au service des Affaires secrètes. L'officier, rentré de Russie en France en décembre 1812, précédant de peu l'empereur, annonçait son passage à l'hôtel du Lion d'or, à Lausanne, vers le 15 avril. C'est au cours de ce bref séjour de son amant que Charlotte apprit ce qui s'était passé depuis leur dernière rencontre.

Le général refusa de commenter la trop sanglante et humiliante campagne de Russie. Il s'était battu certains jours avec la hargne du désespoir. S'il revenait sans grand dommage physique autre que des rides nouvelles, une peau tannée par le gel et des favoris plus gris que bruns, Charlotte sentit que la foi du soldat en Bonaparte était entamée et qu'il redoutait, pour la France, des malheurs à venir.

Il raconta aisément, en revanche, comment, dès son arrivée à Paris, il avait été promu général de division, bien qu'il eût refusé d'organiser, comme le souhaitait Savary, un nouveau service d'espionnage au sein même du grand quartier général. Napoléon, rendu circonspect par les complots, voulait « connaître la conduite de chacun de ses officiers du plus petit au plus grand ». Il n'était pas dans la nature de Fontsalte, ni dans celle de Ribeyre, d'épier les actes et de sonder les pensées d'officiers dont ils avaient apprécié la bravoure au feu. Les deux hommes avaient, d'une seule voix, demandé à être renvoyés aux armées.

« On ne va pas risquer de perdre des officiers de cette trempe sur un coup de fusil », avait déclaré le chef d'état-major en refusant leur demande. Blaise avait alors accepté d'organiser le contrôle des agents entretenus en Angleterre, notamment à Hart-well House, où résidait le comte de Provence, reconnu comme Louis XVIII par les monarchistes.

On commençait en effet à douter que ces espions, dont le duc d'Aumont, que Savary payait vingt-quatre mille francs par an pour envoyer deux rapports par mois, n'aient secrètement opté, après le désastre russe, pour les ennemis de l'empereur. Ribeyre considérait que l'appui apporté par les royalistes intransigeants à la conspiration du général Malet, républicain exalté, et le silence des espions français en Angleterre à ce moment-là permettaient de douter de la fiabilité du réseau d'outre-Manche. Comme Mᵐᵉ Métaz ignorait tout de l'affaire Malet, Blaise la résuma en tirant sur sa pipe et dégustant le vin de Belle-Ombre, lové sur une couverture devant la cheminée du moulin où Trévotte venait d'allumer un bon feu.

Le général Malet avait réussi, entre quatre heures du matin et midi, le 23 octobre 1812, à faire croire que Napoléon avait été tué en Russie et qu'il convenait de nommer un gouvernement provisoire, qu'il avait tiré, tout composé, de sa poche. Ancien mousquetaire du roi, Claude-François de Malet, de noble extraction, s'était mué, dès 1789, en républicain acharné, approuvant la Révolution dans ses plus sanglantes manifestations. Il appartenait déjà à la catégorie des terroristes, dont les militaires se méfiaient. Malet avait néanmoins servi dans l'armée d'Italie, avant de prendre, comme général de brigade, le gouvernement militaire de Rome. Mêlé à une série de scandales, il avait été destitué en 1807 et s'était aussitôt mis à comploter contre l'empereur. Cela lui avait valu d'être une première fois arrêté puis interné dans une maison de santé peu surveillée du faubourg Saint-Antoine. Dès lors, Malet avait mis à profit cette semi-liberté pour s'aboucher avec d'autres prisonniers sur parole, royalistes exaltés. Le vindicatif Malet ne voyait d'avenir que par la républi-que, les autres n'en concevaient qu'avec le retour des Bourbons, mais la haine commune de Napoléon avait suffi à cimenter l'accord de ces rivaux. Faire croire que l'empereur avait péri et prendre le pouvoir à Paris constituaient l'originalité du complot.

A 9 heures du matin, le 23 octobre, Malet, ayant fabriqué un sénatus-consulte, avait déjà convaincu un certain nombre de gens de la disparition de Napoléon, y compris plusieurs généraux que cet effacement arrangeait, deux ou trois traîneurs de sabre niais et plus d'un millier de soldats sans jugeote. Tout ce monde accompagnait l'ancien mousquetaire dans sa tournée des états-majors. Le général Hulin, commandant la 1re division de Paris, eut le tort de se montrer incrédule. Un coup de pistolet dans la mâchoire, tiré par Malet, ne le fit pas changer d'avis, mais confondit le traître et ses complices. Arrêtés sur-le-champ, jugés le 28 octobre, Malet et douze conspirateurs furent condamnés à mort et fusillés, le 29 octobre, dans la plaine de Grenelle.

C'est ce complot, depuis longtemps classé, qui justifiait cependant la présence de Fontsalte en Suisse. Tous les complices de Malet n'avaient pas été arrêtés en octobre 1812. Manquait notamment à l'appel un prêtre espagnol, chez qui le général félon avait endossé son uniforme et retrouvé certains de ses complices. On considérait aux Affaires secrètes que ce mystérieux personnage, dont personne n'était certain qu'il fût un véritable ecclésiastique, circulait entre Genève et Milan, où il rencontrait des agents des princes. Fontsalte se devait de vérifier qu'il ne trouvait pas un relais chez les anciens habitués de Coppet.

— Mais Mme de Staël est absente depuis plus d'un an, observa Charlotte.

— Nous le savons, Dorette. Elle s'est éclipsée fort adroitement, sans que nos agents s'en aperçoivent, le 23 mai 1812. De là, elle s'est rendue à Vienne, à Saint-Pétersbourg, à Moscou, où nous avons bien failli la rencontrer, avant que la ville ne brûle, en compagnie d'un certain banquier genevois. De là, elle a gagné Stockholm, en traversant la Finlande, pour rencontrer un autre traître, M. Bernadotte, devenu, on ne sait comment, prince héréditaire de Suède. Et cependant, Bernadotte doit tout à l'empereur, y compris sa femme, née Désirée Clary, qui fut la première inclination de Bonaparte, quand il n'était que lieutenant d'artillerie.

— Mais qu'est-elle allée faire en Suède ? C'est un pays très froid..., s'étonna naïvement Charlotte.

— La Staël, qui se prend pour un Metternich en jupons, est allée, non seulement comploter contre l'empereur, c'est son habitude, mais encourager les ennemis de sa patrie. Bernadotte est entré dans la coalition et va conduire, au côté des Russes, une armée contre ses anciens compagnons d'armes. Et Mme de Staël a proposé à cet ambitieux, avec l'accord du tsar, des Anglais et des Prussiens, la couronne de France !

— La couronne de France ! répéta Charlotte, étonnée.

— Comme si elle était à prendre !

— Et où est-elle, maintenant, la dame de Coppet ?

— A Londres, où elle continue à prêcher la croisade contre la France ! A mon avis, malgré ses taches de son et ses cheveux carotte, elle se voit déjà princesse suédoise. Nos agents assurent qu'à Stockholm elle avait ses entrées chez Bernadotte... à toute heure !

— Mais on dit par ici qu'un jeune officier, Michel-Jean Rocca, qui se fait appeler John et qu'elle a rencontré il y a deux ans, la suit partout. Un jour, dans un restaurant de Genève, il a même voulu provoquer M. Benjamin Constant en duel et on dit aussi...

— Dorette ! Nous savons tout sur ce charmant garçon, qui s'est bien battu en Espagne ! Et je peux vous dire qu'avec la même discrétion qu'elle mit à quitter Coppet, en mai de l'an dernier, la Staël avait accouché, un mois et demi plus tôt, le 7 avril, d'un fils, dont l'heureux père est ce brave hussard de Rocca ! Il a vingt-quatre ans, elle en compte quarante-six !

— Moi aussi, je serai bientôt une vieille femme. Vous savez ce que l'on dit chez nous : « Après trente ans, une femme ne peut qu'offrir ce que personne ne veut. »

— Je suis toujours preneur de ce que vous avez à offrir, Dorette !

— Cependant j'ai trente-deux ans et...

— Moi trente-trois, l'âge auquel le Christ est mort. Je me disais cela, dans le froid et sous le feu des cosaques, quand nous marchions, derrière l'empereur, vers les deux derniers ponts jetés sur la Berezina. Nous étions bien vingt généraux démontés, portant les aigles de nos régiments anéantis. Titus me soutenait de sa verve, répétant qu'il disposait d'un avantage personnel : « Ma jambe de bois ne gèlera pas et, si vous manquez de quoi chauffer votre café, général, je la brûlerai ! » Brave Titus ! Il a dû achever Yorick, mon vieux cheval pris par le gel. Enfin, nous sommes passés et je suis là, conclut Blaise en attirant Charlotte contre lui.

Les amants n'eurent qu'une nuit pour s'aimer et quand, au matin, vint pour le général Fontsalte le moment de quitter le moulin, il serra plus tendrement que jamais Charlotte dans ses bras.

— Quand vous reverrai-je ? ne put-elle s'empêcher de demander, cette fois, alors qu'il se préparait à monter dans la berline avancée par Trévotte.

Fontsalte interrompit son mouvement et revint vers celle qui, de simple maîtresse, était devenue la femme qu'il aimait.

— J'ai le sentiment que nous allons vers le dénouement. Les batailles qui s'annoncent seront décisives, Dorette. Je ne veux pas manquer le dernier acte. Vainqueur ou vaincu, c'est vers toi que je reviendrai, acheva Blaise, tutoyant Charlotte pour la première fois.

Ils échangèrent un dernier baiser et le général s'engouffra dans sa voiture.

— Je vous le ramènerai, parole de Bourguignon, dit Trévotte en fermant la portière.

C'est au cours de l'été 1813 qu'Axel Métaz fit, avec son précepteur, son premier grand voyage en Italie. La diligence les porta, en soixante-deux heures, de Villeneuve à Milan, par la route du Simplon via Brigue et Domodossola. Chantenoz trouva cette route « digne d'une voie romaine » et Axel admira que des hommes aient pu entailler la montagne, tracer une chaussée roulante de quinze lieues côtoyant, derrière des parapets rassurants, les sombres précipices que franchissaient des ponts d'apparence fragile mais sûrs.

Milan fut, pour le garçon, une leçon d'architecture, mais Florence lui offrit d'éblouissantes révélations. Plus que le Dôme, couronné par la coupole de Brunelleschi, les tableaux, rassemblés depuis les Médicis dans les galeries des Offices, enthousiasmèrent Axel. La peinture se révéla dans sa splendeur, il s'emplit les yeux et l'esprit de visions antiques, d'illuminations bibliques, de paysages irréels, de scènes bucoliques. Au musée, Axel, qui à douze ans en paraissait quinze par sa taille et son assurance, découvrit la femme. Des vierges et saintes il ne retint, en bon huguenot, que la vertueuse ou douloureuse féminité, mais quand il se trouva face aux trois danseuses de Botticelli, robes transparentes et gestes souples, dans l'allégorie du printemps, son silence et son attention amusèrent Martin. Un moment plus tard, ce dernier vit son élève au bord de l'extase devant la nudité provocante de la Vénus d'Urbin, peinte par Titien.

— J'envie diablement le petit chien endormi aux pieds de cette belle créature, dit Axel à son maître, d'une voix rendue rauque par l'émotion.

Ce fut cependant par la sculpture qu'Axel acquit la connaissance esthétique du corps. Devant nymphes et déesses, il ressentit, pour la première fois, l'attrait sensuel des formes féminines. Le marbre, chair dense et figée, offrait à ses yeux poids et volume. Aux femmes dénudées des jardins florentins ne manquait que la vie.

— Je sais maintenant pourquoi Pygmalion, le Chypriote, a supplié Vénus de donner vie à sa statue d'ivoire, dit-il à son maître alors qu'au Bargello Chantenoz tentait d'arracher son élève à la contemplation de la vertu opprimant le vice, de Jean de Bologne.

Le lendemain, dans les jardins Boboli, le précepteur comprit mieux encore qu'Axel était sorti de l'enfance. Martin, attendri, se détourna et se mit à polir ses verres de lunettes quand il vit Axel poser une main timide sur la cuisse de marbre d'une vénus callipyge !

Au retour de voyage, Axel, qui avait tant de choses à raconter, fut un peu déçu de ne pas retenir aussi aisément l'attention qu'il l'avait escompté. L'Europe s'étant embrasée d'un bout à l'autre, les Vaudois, toujours attachés, dans leur grande majorité, au destin de Napoléon, avaient de quoi être soucieux. Mme Métaz, inquiète pour son amant, ne manifestait pas grand intérêt aux récits de son fils ; Guillaume, préoccupé par ses affaires, paraissait d'humeur maussade, comme Blanchod, comme les Ruty, comme la plupart des gens du cercle de Rive-Reine. Seules les sœurs Baldini semblaient à l'aise et tendaient une oreille complaisante aux descriptions d'Axel. Cette morosité générale, même si elle avait des causes diverses suivant les gens, était, chaque jour, alimentée par de nouveaux événements, dont aucun ne pouvait réjouir les Veveysans.

Après quelques victoires, à Lützen et à Bautzen notamment, un armistice signé à Pleswitz le 4 juin, une tentative de médiation de l'Autriche, l'échec d'un congrès réuni à Prague, l'existence de l'empire français paraissait maintenant menacée. L'Autriche, ayant rejoint la Russie, la Prusse et l'Angleterre, avait déclaré la guerre à la France le 12 août. Puis la Bavière avait fait défection et opté pour la coalition. Bien que les coalisés aient souffert à Dresde une défaite qui leur avait coûté six mille hommes, ils s'étaient ressaisis et, du 16 au 19 octobre, une bataille titanesque s'était déroulée autour de Leipzig. Les Français avaient affronté, en trois jours, toutes les armées d'Europe : Autrichiens, Prussiens, Bavarois, Russes et les Suédois de Bernadotte.

Ces affrontements, les plus sanglants de la campagne d'Allemagne, avaient mis hors de combat cinquante mille Français, dont vingt mille tués. Les coalisés, que les gazettes appelaient maintenant les Alliés, avaient perdu soixante mille hommes, tués ou blessés.

Pendant ce temps, les Anglais, qui avaient libéré le Portugal dès 1809 et soutenaient, depuis, la cause espagnole, en aidant la guérilla et en faisant marcher des troupes contre les Français, avaient, sous les ordres de Wellington, remporté plusieurs victoires et chassé les Français d'Espagne. Dès le mois de juin, Joseph Bonaparte s'était, une fois de plus, enfui de Madrid, pour se réfugier à Saint-Jean-de-Luz, après avoir échappé de peu à la capture.

Depuis le 8 octobre, les troupes anglaises passaient les Pyrénées et marchaient vers Toulouse tandis que les restes de la Grande Armée, poursuivis par les Alliés, refluaient vers le Rhin.

Maintenant, les abandons français se succédaient, faisant craindre une marche des Alliés sur Paris. Le 24 novembre, Amsterdam fut évacuée et la maison d'Orange rétablie dans ses droits. Le 11 décembre, Napoléon, renonçant à l'Espagne, céda le trône de son frère, Joseph, à Ferdinand VII.

Le 19 décembre, Vevey apprit que les Autrichiens passaient le Rhin à Schaffhouse et, dès lors, on suivit la progression du corps d'armée qui, malgré les promesses faites par le tsar Alexandre Ier, se préparait à violer la neutralité de la Suisse, qu'une petite armée fédérale, commandée par Wattenwyl, était bien incapable de défendre. Quant aux envoyés des Alliés, le chevalier de Lebzeltern pour l'Autriche et le comte Jean Capo d'Istria, médecin et aristocrate grec de Corfou, pour le tsar Alexandre, présents à Zurich depuis le 21 novembre, ils avaient pour mission d'obliger la Suisse à rompre tous ses liens avec l'empire français, en abrogeant l'Acte de Médiation de 1803. Si le représentant autrichien avait reçu pour consigne de dissoudre la Confédération et de rétablir l'ancien régime, c'est-à-dire de rendre autorité, prérogatives et domaines à Leurs Excellences de Berne, en s'appuyant sur l'oligarchie évincée par la Révolution de 1798, le délégué du tsar s'était vu, au contraire, recommander par Alexandre de sauvegarder la Confédération des dix-neuf cantons, en s'opposant au rétablissement du système bernois des bailliages, et, surtout, de confirmer l'autonomie du canton de Vaud.

Mais, le 20 décembre, Metternich ayant convaincu le tsar Alexandre que la Confédération helvétique était une fabrication de Napoléon et ne méritait pas considération, les troupes autrichiennes entraient à Bâle. Le 22, elles marchaient sur Soleure, le 23 sur Berne. La veille de Noël, elles occupaient Fribourg ; le lendemain de Noël, le feld-maréchal, comte de Bubna, venant de Payerne par Morges, installait son quartier général à Lausanne.

Tandis que des troupes autrichiennes marchaient sur Genève, ville française en état de siège depuis le 24 décembre, les Vaudois ne cachaient pas leur inquiétude. Certes, les militaires autrichiens se conduisaient bien, mais ils se posaient en libérateurs et ne comprenaient pas que la majorité des Vaudois rejette « le retour de l'ancien et respectable ordre des choses ». Les patriciens de Berne, eux, se voyaient déjà rétablis dans leurs biens et privilèges. Forts de l'appui de Metternich et de l'armée autrichienne, ils manifestaient l'intention de reprendre en main le sort de « leurs sujets » des cantons de Vaud et d'Argovie, indépendants depuis l'Acte de Médiation. Les héritiers de Leurs Excellences voulaient ignorer tout ce qui avait changé depuis 1798 !

— Si les Bernois maintiennent leurs prétentions de nous remettre sous le joug et si les Autrichiens se mêlent de les aider, nous allons à la guerre civile. Et nous devrons prendre les armes, déclara Guillaume Métaz, approuvé par tous ses amis.

Cette menace bien réelle, car les Vaudois, gens paisibles mais épris de liberté, étaient déterminés à se battre, fut heureusement écartée en quelques jours. D'abord, le comte Capo d'Istria sut imposer ses vues à l'envoyé de Metternich et jouer les médiateurs entre les factions suisses. Il dit aux Bernois et à leurs partisans : « Que voulez-vous ? L'Argovie ? Vous ne l'aurez pas. Le canton de Vaud ? Vous ne l'aurez pas. On saura se passer de vous. On vous laissera en dehors de la Confédération[1]. » Ensuite, la mission d'Henri Monod, président de la commission du canton de Vaud auprès du tsar à Fribourg-en-Brisgau, le 1er décembre, porta ses fruits, Alexandre ayant renouvelé devant Monod sa promesse de protéger l'existence des cantons de Vaud, d'Argovie, de Thurgovie

1. *Capo d'Istria, premier citoyen d'honneur du canton de Vaud et bourgeois d'honneur de Lausanne,* Jean Hugli, Revue historique vaudoise, juin 1956, Lausanne.

et de Saint-Gall, pareillement menacés d'un retour à l'ancien régime.

Le général-comte Bubna, évaluant la réaction unanime des Vaudois et des Argoviens, y compris les grands propriétaires et les anciens notables, chez qui les Bernois espéraient trouver un soutien enthousiaste, se résolut à respecter l'indépendance des cantons, où il se plut à reconnaître un ordre parfait. Il éluda toutes les sollicitations des Bernois, rassembla ses soldats et prit la direction de Genève évacuée par les Français.

Le 29 décembre, les Vaudois se sentirent enfin rassurés. Les représentants des cantons, réunis à Zurich, où Berne, Soleure et Unterwald n'avaient pas envoyé de délégués, prononcèrent, comme le souhaitaient les Alliés qui se préparaient à entrer en France, l'abolition de l'Acte de Médiation, mais confirmèrent le maintien de la Confédération des dix-neuf cantons, telle que l'avait autrefois organisée Bonaparte !

Chez les Métaz, comme dans beaucoup de familles vaudoises, on fêta allégrement le 1er janvier 1814. L'indépendance du canton et les libertés conquises en 98 étaient sauves. On but le vin de Belle-Ombre au dessert puis Blandine, qu'on était allé chercher à Fribourg avant l'arrivée des Autrichiens, chanta en s'accompagnant au piano *Allons danser sous les ormeaux.*

— Nous pouvons enfin espérer que le Tout-Puissant, qui a ces temps-ci entendu nos prières, accordera à l'Europe une belle unité et une longue paix, dit le pasteur, dont l'épouse attendait un neuvième enfant.

— L'Europe, monsieur le pasteur, l'Europe fédérative, dont nous rêvions, elle est morte à Leipzig ! dit Blanchod d'un ton lamentable.

Le pasteur, dont c'était le métier de susciter l'espérance, ne renonça pas à son idée :

— Mais, puisque notre Confédération est sauvée et sort même fortifiée de cette épreuve, que la neutralité suisse est reconnue, admise par les nations, et nos dix-neuf cantons unis, nous restons pour l'Europe future un germe, une promesse, un exemple. Quand les peuples auront compris...

— Quand les monarques auront compris, monsieur le pasteur ! Car les souverains absolus, qui règnent encore et tiennent alternativement leurs sujets pour serfs et chair à mitraille, n'ont pas encore compris, coupa Chantenoz, un peu gris.

— Auront compris quoi ? demanda Flora.

— Que la Révolution française n'a pas été une grosse émeute sociale, mais le commencement de la fin d'un monde! Un tremblement de civilisation, dont l'épicentre a été Paris. Et les ondes puissantes de ce bouleversement — Napoléon fut l'une d'elles — ne sont qu'assoupies. Elles surgiront à nouveau et anéantiront leurs trônes et leurs dominations! L'Europe ne se fera, monsieur le pasteur, que sur les ruines des monarchies!

Les événements semblèrent, pendant toute l'année 1814, contredire les prévisions de Martin Chantenoz. Quand les Alliés entrèrent dans Paris, le 30 mars, et que le maréchal Sérurier, grand soldat à l'honnêteté légendaire, fit brûler, dans la cour d'honneur des Invalides, les mille quatre cent dix-sept drapeaux pris aux ennemis de la France afin que ces trophées ne retombent pas entre leurs mains, toute l'Europe sut que la puissance napoléonienne était anéantie et que la France acceptait la défaite.

Un journal de Lausanne rapporta la réponse du brave général Daumesnil, unijambiste et gouverneur du fort de Vincennes, à l'envoyé des Russes, qui lui proposait deux millions pour qu'il livrât la place sans combat : « Allez dire aux Russes que je leur rendrai Vincennes quand ils m'auront rendu ma jambe ! »

Les actes de bravoure des Français au cours de la campagne n'avaient pas été sans inquiéter Charlotte Métaz. Elle imaginait Blaise, dont la dernière lettre, de janvier, ne faisait état que d'une prochaine libération du pape, conduisant des charges désespérées contre les envahisseurs. Elle ignorait que Fontsalte, attaché par les Affaires secrètes à la personne de Joseph Bonaparte, ne courait plus aucun danger. Nommé par Napoléon, le 28 janvier, lieutenant général avec mission de défendre Paris, Joseph avait discrètement quitté la capitale le 30 mars, après avoir « pourvu à la sûreté de l'impératrice et du roi de Rome ». Tandis que le Sénat proclamait la déchéance de l'empereur, son frère, et faisait appel à Louis XVIII, l'ex-roi d'Espagne attendait à Orléans, avec sa femme, ses filles, son secrétaire et son médecin, la suite des événements.

Charlotte ignorait aussi que Blaise avait proposé de conduire Joseph Bonaparte en Suisse. Et cela clandestinement, puisque le frère de l'empereur abdicataire avait refusé, pour obtenir un passeport, de s'engager par écrit à ne pas rentrer en France sans autorisation d'un gouvernement encore dans les limbes.

5.

La complicité ironique du temps et de l'histoire fit que les Veveysans apprirent le 13 mai 1814 l'entrée du roi Louis XVIII à Paris, quatorze ans, jour pour jour, après qu'ils eurent acclamé Bonaparte sur la place du Marché. Le général au teint jaune qui, le 13 mai 1800, avait passé en revue les soldats de la République, en marche, par le Grand-Saint-Bernard, vers la conquête de l'Europe, l'empereur qui avait régné d'Amsterdam à Cadix, de Hambourg à Rome, fait des rois, des princes, des ducs, gagné cent batailles, médité à l'ombre des Pyramides, dansé à Vienne, enlevé le pape, épousé la nièce d'une reine décapitée et incendié Moscou venait de débarquer à l'île-prison d'Elbe, royaume dérisoire, aux dimensions d'une sous-préfecture.

De cette humiliation, Charlotte Métaz prenait sa part, à travers son amour pour Blaise de Fontsalte. Elle rencontrait presque chaque semaine le général, arrivé, fin avril, avec Joseph Bonaparte, frère de l'empereur déchu, maintenant hébergé par le comte de Sellon au château d'Allaman, entre Rolle et Morges, à moins de huit lieues de Vevey.

Blaise souffrait de la défaite en soldat, du retour des Bourbons en républicain ; en aristocrate, de la lâche résignation du peuple français, déjà aux genoux d'un souverain sexagénaire et podagre, venu dans les fourgons de l'ennemi. Sur la route, entre Fontainebleau et Fréjus, où Napoléon avait embarqué le 28 avril pour l'île d'Elbe, la dormeuse de l'empereur avait failli, à plusieurs reprises, être lapidée et renversée par la plèbe, subitement rendue à la

ferveur royaliste ! Les femmes surtout s'étaient montrées agres-
sives, réclamant le sang du vaincu en échange de celui versé sur les
champs de bataille par leur mari ou leurs fils.

Isolée dans le cercle des Métaz, seule Flora Baldini osait se
réjouir ouvertement de la déroute française, de la restauration de la
monarchie, du démembrement de l'empire par le congrès de
Vienne. Julien Mandoz, son beau-frère, le garde pontifical, en
route pour Rome, que regagnait le pape libéré, avait raconté, lors
d'une brève étape à La Tour-de-Peilz, comment, à Fontainebleau,
la veille de son abdication, le tyran — c'est ainsi qu'on nommait
maintenant l'empereur — avait vainement tenté de s'empoisonner.

— Il n'aurait fait qu'ajouter un péché à tous ceux, plus graves,
qu'il a déjà commis ! avait commenté Flora.

Martin Chantenoz, comme Simon Blanchod, n'augurait rien de
salutaire du retour des Bourbons sur le trône de France. Triom-
phants, les royalistes et surtout les anciens émigrés n'allaient penser
qu'à rentrer dans leurs biens et privilèges avant de tirer vengeance,
non seulement des révolutionnaires régicides de 93, mais aussi de
tous ceux qui avaient servi Napoléon et qu'ils appelaient Corses.
Quant aux monarques alliés, enfin vainqueurs par les armes, et
n'ayant plus à craindre le mauvais exemple français, ils allaient
redoubler de rigueur avec ceux de leurs sujets que les idées de la
Révolution avaient pu séduire et inciter à réclamer plus de libertés.
Chantenoz traduisait le pessimisme de ceux qui clamaient : « Il
voyait plus loin que la Grenette. »

— Napoléon, comme Alexandre, disait vouloir apporter la paix
et le meilleur gouvernement à tous les peuples. Comme Alexandre,
il a été vaincu par ses conquêtes. Sa défaite ne donnera pas le
bonheur à l'Europe, contrairement à ce que croient les monarchistes béats. Les peuples vont retourner à leurs anciens antago-
nismes territoriaux ou politiques, à leurs rivalités commerciales.
Cette belle coalition des anti-bonapartistes ne résistera pas à la
montée des nationalismes, révélés et exacerbés par les guerres,
mais aussi par les idées que transportèrent pendant tant d'années
dans leur giberne, à travers l'Europe, les soldats de la Grande
Armée.

Guillaume, lui, se préoccupait surtout, et comme d'habitude, de
ses affaires. Depuis que la république de Genève avait été
officiellement restaurée le 31 décembre 1813, après le départ des
troupes françaises, M. Métaz passait le plus clair de son temps dans
cette ville. Pendant une quinzaine d'années, la cité de Calvin avait

été le chef-lieu du département du Léman et les Genevois s'étaient adaptés à la francisation de leur cité sans récriminer. Ils y avaient même trouvé quelque profit. Les citoyens instruits, devenus fonctionnaires impériaux, avaient vécu confortablement, les juristes, banquiers, industriels de l'horlogerie ou du textile, négociants et commerçants avaient fait de bonnes affaires. Aussi, dès que les événements s'étaient précipités avec l'approche de l'armée autrichienne, un comité avait été discrètement formé par des notables, afin d'organiser au mieux des intérêts de tous et de chacun les changements qui s'annonçaient.

Dans le même temps, une délégation avait été envoyée à Paris pour assurer l'impératrice Marie-Louise « du dévouement des habitants de Genève à son époux » ! On ne pouvait prendre moins de garanties !

D'anciens membres des Conseils du temps où Genève était une ville indépendante, MM. Lullin, Pictet, Des Arts, Gourgas, de La Rive, Turrettini, Prévost et Boin avaient repris du service dans le Comité provisoire encore à demi clandestin. Seul M. Augustin de Candolle, dont le fils, éminent botaniste, enseignait à l'université de Montpellier, avait argué de son grand âge, soixante-dix-sept ans, pour se récuser. Les mauvaises langues disaient que le premier syndic de la république d'autrefois se souciait peu de nuire à la carrière de son fils[1], en posant comme accoucheur d'une république nouvelle.

Très sagement, les patriotes, qui se donnaient le titre de syndics provisoires s'étaient gardés de solliciter ceux des leurs qui avaient été mêlés aux événements de l'époque révolutionnaire. Quant aux quatorze membres du Conseil provisoire, ils appartenaient tous à des familles d'une honorabilité reconnue. On y trouvait des noms familiers à tous les Genevois comme Pictet de Rochemont, Saladin de Bude, Odier-Eynard et Necker de Saussure. Ce dernier était un cousin de Mme de Staël, qui venait de rentrer d'Angleterre à Paris,

---

1. Augustin-Pyrame de Candolle (1778-1841), célèbre botaniste, élève de Cuvier et de Lamarck, dont il refondit et enrichit la troisième édition de *la Flore française*. Professeur à la faculté de médecine de Montpellier, il fut nommé recteur pendant les Cent-Jours et devint ainsi suspect sous la Restauration. Il s'exila un temps en Angleterre puis vint, en 1816, habiter Genève où fut créée pour lui une chaire d'histoire naturelle. Son influence fut considérable sur le développement des études botaniques et c'est grâce à son enseignement, à ses travaux et publications, que Genève dut de devenir, à partir de 1820, la ville phare des botanistes du monde entier.

sans doute pour faire bénéficier le Bourbon rapatrié de ses subtils conseils !

Les « magnifiques et très-honorés Seigneurs syndics et Conseil provisoires de la Ville et République de Genève » avaient conclu leur proclamation du 31 décembre 1813 par une édifiante et prudente déclaration : « Reposons-nous sur les intentions bienfaisantes qui nous sont manifestées. Présentons-nous toujours tels que nous sommes aujourd'hui ; c'est-à-dire, comme une association d'hommes sages et paisibles, liés entre eux par des sentiments de bienveillance et de confiance réciproques, par leur attachement à tous les devoirs que la Patrie et la Religion nous imposent, et dont nos ancêtres nous ont donné un si bel exemple. »

Ce qu'ignoraient la plupart des lecteurs de ce texte, affiché le 1er janvier 1814, c'est qu'il n'était pas celui initialement rédigé par Ami Lullin, dont le ton résolument républicain avait déplu au comte Bubna, commandant des troupes autrichiennes.

Guillaume Métaz faisait cependant confiance à ce gouvernement provisoire, dont il connaissait plusieurs membres, pour administrer la République, où l'on continuait, en attendant mieux, de rendre la justice au nom de l'empereur des Français ! Tous les Genevois n'étaient pas aussi bien disposés que Métaz à l'égard de ces aristocrates qui venaient de prendre le pouvoir sans y avoir été invités.

Certains républicains se souvenaient que l'un des membres du Comité, M. Joseph Des Arts, qui ne reconnaissait au peuple aucune prétention ni aptitude à la souveraineté, avait dit en 1795 : « Les hommes naissent et demeurent inégaux en droit [...]; l'inégalité des fortunes établit l'inégalité des droits politiques. » Etant donné l'époque où ils avaient été prononcés, de tels propos supposaient un vrai courage. La vérité n'est pas toujours bonne à dire ou à rappeler !

En quittant la ville, les premiers libérateurs autrichiens avaient emporté les canons, les boulets, la poudre, les balles de la milice genevoise, ne laissant que vingt-quatre pièces d'artillerie de médiocre qualité. Ils avaient aussi fixé le prix de leur intervention à quarante-sept mille francs, imposition que la ville devrait verser au plus tôt. Enfin, quand le 26 février les Français avaient repris l'offensive et occupé Carouge, on s'était empressé de faire disparaître les emblèmes et banderoles exprimant le bonheur des Genevois d'être, comme le répétait imprudemment M. de Candolle, « soustraits au joug du tyran de l'Europe ». Fort heureusement, tout s'était bien passé. Les Français, appelés par d'autres combats, avaient évacué Carouge le 22 mars, sans franchir l'Arve ni tirer un coup de canon.

Au printemps, les Genevois restaient néanmoins partagés entre la joie de l'indépendance retrouvée et l'inquiétude. Si les citoyens réalistes souhaitaient voir Genève devenir un nouveau canton de la Confédération, d'autres tenaient à une république indépendante, sans se rendre compte de l'isolement préjudiciable dont souffrirait le nouvel Etat. La sagesse eût été de renouer les liens anciens entre Genève et les cantons afin que la cité pût s'agréger, sans rien perdre de son autonomie, à une confédération capable de se défendre et de prospérer. Les puissances qui avaient abattu le vrai fondateur de cette entité nationale exemplaire soutenaient les partisans de l'entrée de Genève dans la Confédération. Le baron Henri de Stein, grand seigneur libéral, artisan du redressement prussien — il avait aboli le servage des paysans, ouvert à toutes les classes de la société le droit de posséder de la terre et autorisé la création de municipalités élues — avait dit, en janvier 1814, aux membres d'une députation genevoise : « Il vous faut coller à la Suisse [1]. »

Agrandir la Confédération par l'adjonction des cantons de Genève, du Valais, qui n'était plus département français du Simplon depuis le 24 décembre 1813, de Neuchâtel, qui avait cessé d'être principauté impériale : tel était le souhait des Suisses sensés.

Charlotte Métaz ne pouvait révéler à personne, sauf à Flora, que c'était aussi le vœu de Blaise de Fontsalte et de ceux qui restaient fidèles à l'idée que Napoléon se faisait d'une Suisse indépendante, économiquement prospère et neutre, au milieu de l'Europe qui aurait dû s'inspirer d'une telle expérience.

Le service des Affaires secrètes et des Reconnaissances déserté par les officiers et agents fidèles à l'empereur, qui refusaient de servir ceux qu'ils avaient combattus depuis quatorze ans, travaillait maintenant pour le nouveau régime sous la houlette des Alliés. L'activité de l'organisation, composée d'officiers émigrés, d'espions dévoués à Louis XVIII pendant son exil, plus quelques rares transfuges des bureaux impériaux, portait exclusivement sur la surveillance des bonapartistes susceptibles de comploter contre la monarchie. Les successeurs de Ribeyre et de Fontsalte avaient été fort déçus de ne trouver aux Tuileries que des dossiers vides,

---

1. *Genève et les Suisses,* Louis Binz et Alfred Berchtold, éditeur Etat de Genève, département de l'Instruction publique, économat cantonal, mai 1991.

documentation et fichiers ayant été transportés en un lieu tenu secret.

Bien que Napoléon eût abdiqué et se fût engagé à résider à l'île d'Elbe, quelques officiers, groupés autour du général Ribeyre, continuaient à servir les Bonaparte. Ils assuraient les liaisons, transportaient fonds et courrier, organisaient les déplacements clandestins, trouvaient des relais et des abris sûrs, s'efforçaient de repérer les espions que les Alliés tentaient d'introduire dans ce qui ressemblait fort à une nouvelle émigration.

Chasseurs devenus gibier, les anciens des Affaires secrètes devaient se tenir sur le qui-vive, l'ennemi restant l'ennemi. Pour ces patriotes, la défaite de la France ne pouvait être qu'accidentelle et l'éviction de Napoléon provisoire. Quand l'aigle aurait repris des forces, il quitterait son aire de captif et chasserait de ses palais ceux que l'étranger y avait logés !

Savary, en tant que ministre de la Police, avait longtemps supervisé le service des Affaires secrètes, du moins ce que l'état-major général voulait bien lui laisser voir. Il s'était retiré dans son château de Nainville après avoir accompagné, le 29 mars, avec une forte escorte de la Garde impériale, Marie-Louise, le roi de Rome et les Bonaparte dans leur fuite vers Blois, siège de la Régence. Mais c'était le général Ribeyre, recherché comme Fontsalte par les Autrichiens, les Prussiens et les Anglais, qui avait ensuite organisé, avec quelques fidèles, le départ de Louis et Jérôme Bonaparte, tandis que Blaise se chargeait, avec d'autres officiers, de faire passer Joseph en Suisse, par Nevers, Autun, Chalon-sur-Saône, Dole, Salins, Pontarlier et Verrières, où les fugitifs avaient franchi sans difficulté la frontière.

L'impératrice Marie-Louise ayant refusé de suivre Joseph et Jérôme, ses beaux-frères avaient projeté de l'enlever avec le roi de Rome pour les conduire en Suisse après avoir fait sauter les ponts sur la Loire afin de protéger leur fuite. Joseph disposait en effet d'une consigne écrite de Napoléon, lui demandant « de ne jamais quitter son fils [le roi de Rome] et de le jeter plutôt dans la Seine que de l'abandonner aux mains des ennemis de la France [1] ». Marie-Louise avait opposé « une résistance violente » à cette tentative d'enlèvement puis, appelant les officiers de sa maison, elle avait réclamé la protection du comte Chouvalov, délégué près d'elle par les puissances étrangères. Dès le lendemain, l'impéra-

1. Lettre de l'empereur à Joseph, datée de Reims, le 16 mars 1814.

trice, qui n'était plus, depuis le 11 avril, que duchesse de Parme, de Plaisance et de Guastalla, avait quitté Blois pour Orléans. Logée au palais épiscopal, elle y avait attendu le prince Esterhazy envoyé de son père l'empereur d'Autriche François II, qui venait d'arriver à Rambouillet. Quelques jours plus tard, sans avoir rien tenté pour se rapprocher de son époux, Marie-Louise avait pris la route de Rambouillet puis, de là, le 23 avril, celle de Vienne par Dijon et Bâle. Soixante-dix personnes l'accompagnaient dans vingt voitures. Cent seize chevaux de poste étaient retenus à chaque relais. Un escadron de hussards l'escortait. Le général comte de Caffarelli, le marquis de Beausset, le baron de Méneval, secrétaire du portefeuille de l'empereur Napoléon, et le baron Corvisart, médecin de la cour, figuraient dans la suite de Marie-Louise. Cet impressionnant convoi ramenant au bercail la fille de François II était arrivé à Schönbrunn le 24 mai.

Pour ceux qui avaient suivi Joseph Bonaparte en Suisse, la trahison de Marie-Louise était dès lors devenue patente.

Cet afflux de Bonaparte et de bonapartistes sur la rive nord du Léman irritait les Bernois. Sachant qu'ils ne pouvaient aller contre la volonté de plus en plus affirmée du tsar Alexandre Ier, protecteur avoué des Suisses et qui se disait « complètement contre la violation de leur territoire et de leur neutralité et encore plus contre toute espèce de changement dans leur intérieur [1] », les partisans de l'Ancien Régime traitaient les irrécupérables Vaudois de jacobins.

Les espions de Berne et de Metternich ne manquaient pas une occasion d'attirer l'attention des Alliés sur la concentration de réfugiés français entre Genève et Lausanne. Dès leurs retrouvailles au moulin sur la Vuachère, fin avril, Blaise de Fontsalte avait mis Charlotte en garde :

— Ne faites aucune confidence à votre amie Flora car elle va certainement être à nouveau sollicitée par ceux qu'elle servait en 1800. Elle doit appartenir à la catégorie des Suisses qui vont répétant, à l'instigation de vos restaurateurs frustrés de Berne, que le canton de Vaud est en passe de devenir « le pot de chambre de la Révolution ». Alors, qu'elle se tienne en dehors de toutes les

---

1. Lettre de la grande-duchesse Catherine de Wurtemberg adressée de Schaffhouse à Mlle Jeanne Huc-Mazelet, à Tolochenaz, en décembre 1813. La grande-duchesse rapporte à l'ancienne gouvernante des sœurs d'Alexandre Ier un propos que le tsar lui a demandé de répandre. Archives de Me Claude Reymond. Cité dans *Encyclopédie du pays de Vaud, l'histoire vaudoise*, éditions 24-Heures, Lausanne, 1973.

intrigues. Je serai cette fois sans pitié et Titus saura la rendre définitivement muette. Désolé de vous dire cela, mais il y va de la vie d'un certain nombre de gens honorables... dont votre serviteur !

Mme Métaz transmit tel quel cet avertissement à Flora Baldini et, serrant le poing sur le manche d'un poignard imaginaire, elle ajouta, à la grande stupéfaction de son amie :

— Dans le cas où tu chercherais à nuire à Blaise ou à ses amis, Trévotte n'aurait pas à intervenir. Je te tuerais de la main que voilà !

Revenue de son étonnement, Flora sourit et prit affectueusement le bras de Charlotte :

— Je n'ai aucune intention de nuire à quiconque, Carlotta. J'ai compris que les princes qui ont battu les Français et chassé l'ogre ne pensent qu'à nous livrer aux Bernois, à nous ramener à la condition de sujets de Leurs Excellences, qui nous traiteraient en serfs comme au temps des baillis ! La seule bonne chose qu'ait faite Bonaparte fut l'Acte de Médiation de 1803. Cela n'excuse en rien ses innombrables crimes, mais notre pays de Vaud lui doit liberté et indépendance. Et puis, ton Blaise, depuis le temps, j'ai fini par l'accepter tel qu'il est. Dans son genre, c'est un fidèle ! Et je respecte la fidélité. Et puis, je crois qu'il t'aime, peut-être plus que tu ne l'aimes toi, bien installée dans ta vie paisible et confortable, exempte de drames et de soucis !

Quand Charlotte rapporta cette déclaration rassurante à Blaise, elle trouva son compagnon incrédule :

— Ne lui faites pas confiance pour autant, Dorette. Un jour viendra où nous saurons tous deux si elle a été ou non sincère en parlant ainsi. En attendant, ne lui racontez rien de nos entretiens ni de mes déplacements. Hier, Trévotte a démasqué un homme qui tentait de se faire embaucher comme domestique chez le roi Joseph. Et c'était un Italien !

Ce fut Blaise qui annonça à Charlotte, trois jours avant la publication de la nouvelle dans les journaux, la mort de l'impératrice Joséphine, le 29 mai, à Malmaison.

— On dit qu'elle a pris froid en faisant une promenade en barque sur le lac de Saint-Cucufa avec le tsar, commenta le général.

— Fin triste mais souveraine ! Aller au-devant de la mort en compagnie du tsar de toutes les Russies est digne d'une impératrice, dit Charlotte, sentimentale.

— En réalité, Joséphine était souffrante depuis plusieurs semaines, une sorte de faiblesse, et les malheurs de l'empereur l'avaient beaucoup affectée. Me croirez-vous si je vous dis qu'elle voulait, au contraire de Marie-Louise, le rejoindre à l'île d'Elbe ?

— Elle l'aimait donc tant ?

— Je le crois. Et lui-même pensait souvent à elle. Combien de fois, aux Affaires secrètes, avons-nous été chargés de porter des lettres ou des cadeaux à Malmaison !

— Mais que faisait-elle sur un lac avec celui qui a envoyé l'empereur à l'île d'Elbe ? demanda naïvement Charlotte.

— Sans Alexandre, adversaire loyal et généreux vainqueur, l'empereur n'eût pas pu choisir son lieu d'exil. Le tsar a, croyez-moi, plus de considération pour la famille Bonaparte que pour les Bourbons. Il était vers le 15 mai en visite à Saint-Leu, chez la reine Hortense, et cette dernière avait demandé à sa mère de la rejoindre. Joséphine, bien que fatiguée, avait accepté le déplacement. Elle comptait qu'au cours de cette rencontre, qui n'était pas la première, elle obtiendrait enfin du tsar des assurances quant au sort futur de ses enfants, le prince Eugène de Beauharnais et Hortense, l'hôtesse du lieu.

— Et que vont-ils devenir ? Le sait-on ?

— Eugène est au mieux avec le tsar, qui l'a invité au congrès de Vienne, et il pourra vivre très tranquillement chez son beau-père, roi de Bavière. N'oubliez pas qu'il a fait six enfants à Augusta, la fille de ce rusé Max-Joseph ! Quant à Hortense, qui n'a jamais supporté de cohabiter avec son mari, le roi Louis, nous croyons savoir qu'elle n'eut pas besoin du charme de sa mère pour amadouer le tsar. Les siens, qui sont bien réels et, m'a-t-on assuré, assez accessibles, avaient sans doute suffi. Le Russe reconnaissant a réclamé au flasque Louis XVIII une forte pension pour la belle-sœur préférée de Napoléon ! C'est ainsi, Dorette, que les princes font payer leurs troussades par d'autres ! Et puis, Hortense hérite de sa mère le château de Pregny. Je ne donne pas six mois avant que Ribeyre vous y fasse inviter !

Depuis qu'il habitait le château d'Allaman, sous le nom de comte de Survilliers, Joseph Bonaparte ne pensait qu'à se fixer sur cette rive bénie du Léman, où la paix semblait établie depuis le commencement des temps et à jamais.

L'ex-roi d'Espagne, fort imbu de sa majesté passée, désirait acquérir Allaman, mais le comte Sellon ne voulait pas vendre son château, fût-ce à une altesse exilée. Joseph avait, dès lors, chargé

ses amis de trouver, entre Genève et Lausanne, une résidence
digne de l'homme qui avait régné sur Naples et les Deux-Siciles,
puis sur l'Espagne. Il voulait un château où il pût accueillir sa
femme, née Julie Clary — sœur de Désirée, l'épouse de Bernadotte
— et ses filles Zénaïde et Charlotte, respectivement âgées de treize
et douze ans. Toutes trois attendaient son appel, retirées discrètement dans leur belle propriété de Mortefontaine, en compagnie de
Désirée. Cette Méridionale devenue princesse nordique détestait la
Suède et vivait le plus souvent à Auteuil sous le nom, assez flatteur
pour la fille d'un marchand de savon marseillais, de comtesse de
Gotland.

Les soucis immobiliers de Joseph allaient se résoudre, le 9 juillet,
quand le colonel suisse Charles Guiguer invita le comte de
Survilliers à dîner au château de Prangins, situé près de Nyon.
Cette belle résidence, sur un plateau dominant le lac d'une
cinquantaine de mètres, n'avait rien d'une forteresse. Le château
actuel avait été construit, vers 1725, par l'ancêtre du colonel, Louis
Guiguer, banquier de Saint-Gall, sur les ruines superposées d'une
série de forts, dont le premier datait du xıᵉ siècle. Les quatre tours
carrées, coiffées de toits d'ardoise, qui le flanquaient justifiaient
qu'on nommât château ce qui, sans elles, n'eût été qu'une grande
gentilhommière. Le corps de bâtiment principal, avec deux ailes en
retour, était de belles proportions. L'intérieur offrait tous les
agréments du confort bourgeois. Joseph fut immédiatement séduit
par le cadre, la maison, la terrasse d'où l'on jouissait d'un point de
vue superbe et surtout par le vaste jardin avec pièce d'eau, qui
descendait en pente douce vers le Léman. Il fit aussitôt une offre
d'achat qui fut acceptée. Le 27 juillet, l'ex-roi d'Espagne acquit
ainsi le château de Prangins pour 95 000 francs de Suisse [1].

Avant de quitter Allaman, Joseph, grand seigneur, offrit à son
hôte, M. Sellon, deux tableaux peints sur cuivre qui ne lui avaient
rien coûté parce que puisés dans les butins italien et espagnol de ses
règnes : une *Sainte Famille* de Carlo Maratta, peintre siennois du
xvııᵉ siècle, favori du pape Alexandre II, et *Tobie et l'Ange*,
d'Alonso Cano, artiste andalou du xvıᵉ siècle, condisciple de
Velázquez, dont les vierges ornaient les cathédrales de Grenade et
de Málaga.

_____

1. Joseph Bonaparte devait acheter les terres voisines, dont une partie de la
presqu'île de Promenthouse, où, plus tard, deux fils de Jérôme Bonaparte, le
prince Napoléon, comte de Montfort, et le prince Jérôme Napoléon, construisi-
rent plusieurs villas.

Mais, au soir du 9 juillet, tout le monde ignorait, sauf les intimes et Blaise de Fontsalte, que Joseph rencontrerait chez le colonel Guiguer l'impératrice Marie-Louise, hébergée pour quarante-huit heures à Prangins.

Partie de Vienne, où elle avait laissé le roi de Rome, cette dernière se rendait à Aix-en-Savoie pour prendre les eaux, suivant en cela l'exemple de la défunte Joséphine! Marie-Louise était accompagnée du comte Adam-Adalbert Neipperg, borgne élégant et fin causeur, qui portait un bandeau noir sur l'œil droit, comme d'autres une décoration! Ce général, autrefois ambassadeur d'Autriche en Suède, avait incité Bernadotte à entrer en guerre contre la France et, plus récemment, avec l'assistance de Fouché, avait su convaincre Murat de trancher les liens unissant son royaume de Naples à l'empire français.

Blaise de Fontsalte, qui savait par ses agents à la cour de Vienne à quoi s'en tenir sur le personnage, unissait dans un même mépris Marie-Louise et l'homme que l'on disait déjà être son amant.

Une trentaine de personnes composaient la suite de la duchesse de Parme et autres lieux : secrétaires, dames de cour, dames de la garde-robe, coiffeur, cuisiniers et marmitons, confiseur, vaguemestre, valets, femmes de chambre et sept chasseurs, que l'on nommait estafiers!

Si, au cours du dîner chez le colonel Guiguer, Joseph s'était montré courtois avec sa belle-sœur, bien que celle-ci ne manifestât aucune envie réelle de rejoindre son mari à l'île d'Elbe, comme certains le lui suggéraient, la population de Lausanne et d'Ouchy avait accueilli assez fraîchement l'ex-impératrice, que les Vaudois nommaient ironiquement Marion et à qui ils lançaient parfois des « Vive Napoléon » qui faisaient grimacer M. Neipperg! Les promenades en bateau ou en calèche de la duchesse de Parme laissaient les gens indifférents. Charlotte Métaz, qui la vit passer alors qu'elle revenait un après-midi du moulin sur la Vuachère, remarqua l'élégance de l'ex-impératrice. Marie-Louise portait une robe blanche sous une tunique de soie verte, un châle de cachemire, un chapeau de paille garni de dentelle et de fleurs.

Le jour où il apprit que Marie-Louise était passée en France, Fontsalte parut satisfait. Il avait craint que la présence de l'ex-impératrice sur les bords du Léman n'attirât un plus grand nombre d'agents autrichiens qui, sous prétexte de mieux assurer la sécurité de la fille de François II, auraient incité les Vaudois à se débarrasser des institutions qui rappelaient l'influence française.

Car l'indépendance du canton était à nouveau menacée par les menées des Bernois. Le gouvernement de Louis XVIII, les Autrichiens, les Prussiens, plus que les Russes et les Anglais, supportaient mal de voir les Vaudois et les Argoviens, notamment, continuer à vivre sous des lois inspirées par la Révolution française. Le 4 août 1814, le canton de Vaud se vit donc forcé d'adopter une nouvelle Constitution réactionnaire qui favorisait les grands propriétaires fonciers par l'augmentation du cens électoral, ignorait la séparation des pouvoirs, faisait la part belle à l'exécutif par rapport au législatif, garantissait une sorte d'inamovibilité aux fonctionnaires, supprimait la liberté de la presse et interdisait toute information sur les débats du Grand Conseil!

Martin Chantenoz vit dans le choix de cette date du 4 août une volonté délibérée des zélateurs de l'Ancien Régime de commémorer, de façon narquoise, le vingt-cinquième anniversaire de l'abolition des privilèges par l'Assemblée constituante française de 1789 en amorçant le rétablissement, en Suisse, de certains d'entre eux! Mais, une fois encore, les Vaudois se montrèrent courageux et avisés défenseurs des libertés publiques. Malgré une loi électorale faite sur mesure pour faciliter le retour au pouvoir du parti dit aristocratique, les électeurs confirmèrent massivement dans leurs fonctions les patriotes qui avaient maintenu l'indépendance du canton. Henri Monod, Jules Muret, Auguste Pidou, Louis Secrétan et François Clavel furent invités à poursuivre leur œuvre. Une fois de plus, les nostalgiques de l'Ancien Régime et Leurs Excellences de Berne furent désavoués, sans cris ni violence mais avec l'arme des républicains : le bulletin de vote.

Le cercle des Métaz célébra joyeusement cette confirmation des libertés cantonales, que tous voulaient croire décisive. Les Vaudois se montraient d'autant plus confiants que Genève allait être officiellement rattachée à la Confédération. Depuis le 1er juin, jour fameux où les troupes suisses, deux compagnies fribourgeoises et une soleuroise, arrivant par le lac, avaient débarqué devant Cologny, sous les acclamations de la population, aux cris de *Vive les Suisses! Vive Genève! Vive la République!* et *Vive le nouveau canton!* l'agrégation de la grande ville à la Confédération paraissait acquise. Le 24 août, les Genevois, comme les Vaudois, adoptèrent à une forte majorité une nouvelle Constitution[1] que certains

---

1. Sur 2 758 votants, 2 444 approuvèrent la Constitution, 314 votèrent contre le texte.

jugeaient un peu rétrograde. Mais il importait alors de ne pas effaroucher, par un républicanisme trop ardent, les représentants des cantons, membres de la Diète fédérale, appelés à décider en dernier ressort du rattachement de Genève à la Confédération helvétique. Cet événement tant attendu eut lieu le 12 septembre 1814, « les Suisses ayant été conquis par Genève ». Ce même jour, la Confédération s'agrandit de deux autres cantons : le Valais et Neuchâtel.

Il n'était pas dans le caractère de Mme Métaz de participer aux réjouissances politiques et son bonheur du moment était d'une autre essence. La chute de l'empire et la déportation de Napoléon lui valaient d'avoir son amant à demeure, ce qui l'obligeait à organiser sa vie en conséquence. Comme Guillaume, de plus en plus sollicité par ses affaires, voyageait plusieurs jours chaque mois, elle pouvait voir souvent M. de Fontsalte. Entre deux missions mystérieuses en France, où il courait chaque fois le risque d'être reconnu et arrêté comme d'autres généraux de l'empire, Blaise résidait à Ouchy. Occuper en permanence le moulin sur la Vuachère eût fini par attirer l'attention et compromettre Dorette.

Le général, toujours vêtu en bourgeois, avait donc loué une maison de pêcheur, où il habitait avec Jean Trévotte. Il se disait géographe, venu pour étudier les courants et seiches du Léman. Cette profession supposée lui permettait de naviguer sur le lac à toute heure du jour et de la nuit, sans que personne pût s'en étonner. Il disposait pour ses « observations scientifiques » d'une barque rapide à voile unique, dans laquelle on voyait un valet à jambe de bois charger de bizarres instruments. Le bateau, nommé *Yorick* en souvenir de l'alezan de Blaise, mort en Russie, servait souvent à transporter, de Savoie au pays de Vaud, quelque bonapartiste en quête d'un refuge ou conduire à Villeneuve des émissaires qui, par le Grand-Saint-Bernard ou d'autres passages alpins, s'en allaient jusqu'à Gênes. De là, des marins capables de quitter ou de toucher l'île d'Elbe sans éveiller la méfiance des frégates anglaises conduisaient ces courriers jusqu'à l'empereur.

Tandis que Joseph Bonaparte aménageait son château et réclamait meubles, tableaux et objets d'art « confisqués » aux Espagnols et chargés dans des tapissières au moment de l'évacuation du palais royal de Madrid, Mme de Staël s'installait à Coppet pour l'été, en compagnie de John Rocca que l'on disait miné par la tuberculose. La châtelaine de Coppet, elle-même amaigrie, pâle,

fatiguée, avait été assez déçue par Louis XVIII qui avait
« octroyé » aux Français une Charte bourgeoise dont elle n'appréciait guère les termes.

A Paris, elle avait rouvert un temps son salon, rue du Bac, pour
recevoir le tsar, les princes et généraux vainqueurs de Napoléon,
les nouveaux notables et courtisans dont Talleyrand, ministre des
Affaires étrangères, mais elle avait aussi connu une sorte de
désenchantement. Le roi ne semblait pas pressé de rembourser les
deux millions quatre cent mille francs prêtés à Louis XVI, son
frère, par le banquier Jacques Necker. Or, Germaine avait besoin
d'argent, intérêt et capital, pour doter sa fille Albertine, promise au
duc de Broglie !

A quarante-huit ans, cette femme au charme usé conservait tout
son aplomb, son goût et sa science de l'intrigue. Après avoir
soutenu les ennemis de son pays, milité contre Napoléon, s'être
réjouie de la chute de ce dernier en compagnie de ceux qui avaient
étréci la France jusqu'à ses frontières de 1792, Mme de Staël
entreprit de renouer des relations avec Joseph Bonaparte, Coppet
n'étant situé qu'à une dizaine de kilomètres de Prangins.

Fontsalte voyait d'un assez mauvais œil ce rapprochement, que
l'on disait fondé sur la commisération qu'inspiraient à Mme de Staël
les douloureux revers des Bonaparte. Blaise appréciait la gentillesse naturelle, le caractère loyal et paisible de Joseph mais
connaissait aussi la rouerie onctueuse de Mme de Staël qui avait eu
autrefois un faible pour ce frère de Napoléon. Aux Affaires
secrètes, le dossier Staël contenait en effet la copie d'une lettre
adressée de Suisse à Joseph Bonaparte par Germaine, le 8
décembre 1801, pendant les préliminaires du traité d'Amiens :
« Cherchez autour de vous qui vous aime plus sincèrement que
moi, qui vous aime plus pour vous-même, sans avoir à demander
rien de plus que votre présence [1] », minaudait-elle en ce temps-là.
Ces manières n'étaient plus de mise, mais la châtelaine de Coppet
choisit le jour où Joseph recevait à dîner le célèbre Talma, qui
tenait le rôle d'Oreste dans *Andromaque* qu'on jouait à Genève,
pour intervenir sans s'être fait annoncer. Elle argua d'un excellent
prétexte : la vie de l'empereur était en danger ! Le général Carlo
Filangieri, aide de camp de Murat, lui avait confié que deux
hommes allaient se rendre de Corse à l'île d'Elbe pour assassiner

---

1. Cité par Hector Fleischmann, *le Roi Joseph Bonaparte. Lettres d'exil inédites*,
librairie Charpentier et Fasquelle, Paris, 1912.

Napoléon. Sachant ce projet, elle ne pouvait, en conscience, le taire. Joseph prit cette confidence au sérieux et fit immédiatement partir pour l'île d'Elbe un homme de confiance avec mission d'alerter l'empereur et de prendre toutes dispositions pour prévenir l'attentat. L'exilé était déjà informé des menaces qui pesaient sur sa vie.

Les anciens des Affaires secrètes savaient depuis plusieurs semaines que le chevalier de Guérin de Bruslard, un des hommes liges de Louis XVIII, avait été nommé préfet de la Corse avec mission d'organiser l'assassinat ou l'enlèvement de Napoléon. La besogne des tueurs devait être facilitée par Mariotti, consul de France à Livourne, que des agents royalistes, infiltrés dans l'entourage immédiat de l'empereur, tenaient informé des faits et gestes de ce dernier. Les hommes de Ribeyre avaient heureusement identifié depuis longtemps tous ces espions qu'on laissait vaquer sous surveillance, afin de ne pas éveiller l'attention de Mariotti et de Bruslard. De temps à autre, on se servait même de ces gens, à leur insu, pour faire passer aux royalistes de faux renseignements.

Blaise de Fontsalte savait Lausanne truffée d'espions à la solde des Alliés et de Louis XVIII, aussi confiait-il parfois à Charlotte Métaz des documents qu'il ne voulait pas conserver dans la petite maison d'Ouchy. Elle les cachait dans son hôtel de la rue de Bourg, « chez Mathilde », comme on disait encore. Au moulin sur la Vuachère, le général et son ordonnance avaient dissimulé leurs uniformes, deux caisses de fusils et des munitions « pour le cas où des amis auraient besoin d'armes » ! Ces petits services, rendus sous le sceau du plus absolu secret, amusaient Mme Métaz. Elle avait ainsi le sentiment de participer à la préparation d'événements d'importance et de compenser aux yeux de son amant les méfaits anciens de Flora Baldini.

Un matin, alors que les amoureux se rejoignaient dans la campagne, entre Ouchy et Pully, Blaise prit Charlotte aux épaules en souriant :

— Devinez qui Claude Ribeyre de Béran a rencontré à Genève, dans un cercle où se retrouvent, m'a-t-on dit, les patriciens, les membres du gouvernement et tout ce qui compte en ville dans la banque et les affaires ?

— Il y a plus de trente cercles à Genève, mon cher Blaise ! Celui auquel vous faites allusion doit être le Cercle de la Rive, le plus huppé. Mais, comme les femmes n'y sont pas admises, je ne puis dire qui le général Ribeyre a pu y rencontrer.

— Votre mari, tout bonnement !

— Oh! mon Dieu!... Il n'a pas parlé de...

— Soyez sans crainte, Claude est d'une parfaite discrétion. Mais, vous vous souvenez tout de même qu'il a connu M. Métaz à Paris...

— Donc ils se sont reconnus, bien sûr.

— Ils ont renoué chaleureusement et même fait affaire.

— Affaire! Mon mari et Ribeyre! Oh non!

— Si, Dorette. Votre mari, qui possède une véritable flotte sur le Léman, a accepté de transporter discrètement, pour rendre service à nos amis, des gens ou des colis qui, arrivant d'Italie, doivent passer de Villeneuve à Lausanne sans attirer l'attention. Ses bateliers les chargeront aux carrières de Meillerie et les porteront à Morges, à Nyon, voire Genève. Je pense qu'on peut faire confiance à M. Métaz, Ribeyre l'a entendu exprimer des sentiments très républicains.

— C'est un homme loyal, acquis à vos idées et très déluré, en effet, fit Charlotte, rêveuse, car elle redoutait l'interférence qui ferait découvrir sa liaison avec Blaise.

— M. Métaz est très fier de vos enfants, m'a dit Ribeyre, et..

— Qu'a-t-il dit? coupa Charlotte, encore plus alarmée.

— Il a dit que votre garçon, qui va paraît-il sur ses quatorze ans, est grand, fort, beau, presque un homme déjà et une sorte de génie, parlant plusieurs langues, apprenant tout facilement et sérieux avec ça.

— C'est vrai, notre fils est tout à fait au-dessus de la moyenne des enfants de son âge, aussi bien au physique que pour l'instruction.

— M. Métaz a aussi parlé de sa fille. Il paraît qu'elle est très belle, qu'elle vous ressemble beaucoup... C'est pourquoi elle ne peut qu'être belle, conclut Blaise en embrassant Charlotte.

— Et... c'est tout ce qu'a dit mon mari?

— Ah! parlant de votre fille, il a aussi ajouté, ce qui a amusé Ribeyre : « Elle est catholique comme sa mère et élevée par de persuasives nonnains de Fribourg qui voudraient bien la coiffer d'une cornette. Mais je compte qu'il se présentera un bon huguenot pour la marier. »

— Blandine n'a que onze ans et vient de faire sa première communion... Il voit loin, monsieur mon mari! Mais il ne faudrait pas que ces relations de M. Métaz avec le général Ribeyre nous fassent courir le risque de...

— Soyez sans crainte, vous dis-je; Ribeyre est un homme de

grand sang-froid... et il en faut dans ce métier ! Et puis il ne tient pas à développer des relations avec votre époux ni à se montrer trop souvent par ici. M. Métaz et lui ont fait affaire, c'est tout. Il est d'ailleurs malin en affaires, votre mari. Il a calculé que le prix du transport clandestin d'un homme ou d'une caisse équivalait à celui d'une tonne de pierre de Meillerie ou de dix meules de fromage de la Gruyère ! C'est cher, convenez-en. Voilà une façon d'évaluer le risque qui en vaut bien une autre..., encore que la référence à la pierre me paraisse plus flatteuse que celle au fromage !

— J'avais seulement peur qu'une phrase maladroite, ou une allusion échappée à M. Ribeyre, fasse découvrir votre existence à mon mari et nos relations... particulières, insista Charlotte, encore craintive.

— Chez nous, Dorette, la main gauche ignore toujours ce que fait la droite. C'est non seulement un principe, mais une sauve-garde ! Alors, ne craignez rien.

L'évocation des enfants de Charlotte, de Blandine surtout, incita Blaise à penser à sa propre fille. Les dernières nouvelles reçues du Forez n'étaient guère édifiantes. Adrienne, qui venait d'avoir dix-sept ans, avait quitté, au prix d'un subterfuge, le pensionnat de Montbrison, avec une de ses amies et le père de cette dernière. Cet homme de bonne apparence était venu chercher une élève qui se disait sa fille pour l'emmener à Paris. Adrienne, dont la conduite avait toujours laissé à désirer — les religieuses ne comptaient plus ses escapades et ses méfaits — avait profité de l'occasion. Elle avait raconté, pour s'échapper, une grosse fable à la mère supérieure. D'après cette enfant de gitane, d'une beauté sauvage, M. de Fontsalte la réclamait et le père de son amie avait reçu mission par le général de la conduire à Paris, avec sa propre fille. L'homme, inconnu de Blaise, avait confirmé ces dires et les deux jeunes filles étaient montées dans la diligence, en faisant des pieds de nez aux naïves religieuses.

Depuis deux mois Mme de Fontsalte n'avait aucune nouvelle d'Adrienne et personne ne savait où la chercher. Les religieuses montbrisonnaises paraissaient d'autant plus inquiètes qu'une enquête avait établi que l'homme mûr, qui s'était fait passer pour père de l'autre pensionnaire, était en fait l'amant de celle-ci.

La marquise de Fontsalte exprimait dans sa lettre plus de colère que de peine. Cette petite-fille tombée d'une roulotte lui était indifférente. En la faisant instruire et éduquer, elle n'accomplissait qu'un devoir, comme le jour où elle avait exigé de Blaise qu'il donnât son nom à l'enfant. Le général s'était contenté de répondre à la douairière qui l'informait de cette fugue : « Adrienne est sans doute aussi folle que sa mère. Elle doit avoir, comme elle, le feu sous ses jupes. Qu'elle aille au diable. » Le général n'avait pas la fibre paternelle !

L'année 1814, fertile en événements internationaux, en drames, en dangers, en inquiétudes, s'acheva pour les Vaudois dans un climat serein, sur la promesse d'une ère nouvelle de paix et de prospérité.

Le 19 décembre, Guillaume Métaz confirma la notoriété qu'on lui reconnaissait déjà lors de la première assemblée générale des souscripteurs de la Caisse d'épargne de Vevey. Le fait que ce soit la première institution du genre dans le canton de Vaud mit en vedette les fondateurs, dont Guillaume faisait partie. Il avait su, en peu de temps, convaincre ses concitoyens de participer à la création d'un fonds de réserve d'au moins mille cinq cents francs.

Le 1er janvier 1815, s'étant rendu au Jardin des gourmandises pour présenter ses vœux à Tignasse, Axel reçut de l'épicière, comme chaque année, un petit cadeau en plus de la grosse boîte de bonbons acidulés qu'elle offrait toujours. Cette année-là, faisant glisser le ruban qui fermait le paquet et dépliant avec soin le papier glacé, il découvrit un superbe soldat de plomb. C'était un cavalier, un hussard peut-être, dont l'uniforme, parfaitement reproduit, dolman vert, culotte blanche, colback à plumet, bottes vernissées, sabre au clair, était du plus bel effet. Le cheval gris pommelé piaffait, prêt à prendre son élan pour une charge glorieuse. Le cavalier aux manches surchargées d'arabesques d'or devait être au moins colonel. Le peintre l'avait doté de favoris et d'une grosse moustache.

Axel remercia et donna un baiser supplémentaire à Tignasse.

— Il est vraiment très beau ! C'est presque une œuvre d'art. Je le mettrai sur ma cheminée. Mais quelle est son arme... et son régiment ?... J'aimerais savoir...

— Tu demanderas à ta mère. Peut-être saura-t-elle te répondre, dit l'épicière d'un ton sibyllin.

En rentrant à Rive-Reine, Axel se rendit directement au salon où, depuis le matin, M. et Mme Métaz accueillaient amis et connaissances qui venaient présenter des vœux. S'y trouvaient avec les familiers, retenus pour le repas de Nouvel An, des gens qu'Axel ne connaissait que de vue. Il mit néanmoins en circulation la boîte de bonbons de Tignasse et, comme Guillaume demandait à son fils ce que contenait le paquet qu'il tenait à la main, Axel montra le cavalier offert par l'épicière.

— Rosine Mandoz m'a dit que maman pourrait me dire à quel armée appartient ce soldat, dit-il en tendant la figurine à sa mère.

— Mais... quelle idée ? Je ne connais rien aux uniformes, moi ! Pas plus celui-ci qu'un autre ! Quelle drôle d'idée a eue Tignasse de te dire ça !

Devinant le trouble de Charlotte, Martin, seul de l'assemblée avec Flora à comprendre l'allusion cachée dans la phrase anodine de l'épicière, vint au secours de Charlotte. Il saisit le soldat de plomb, releva ses lunettes, examina de près le cavalier, ayant l'air de le humer comme chaque fois qu'un myope veut être certain de ce qu'il voit.

— C'est un hussard autrichien, tiens ! dit-il, péremptoire. Comme ceux que nous avons vus à Vevey il n'y a pas si longtemps.

— Eh oui, nous leur avons même porté de la charpie, ta mère et moi, avec les dames de la paroisse. Il y avait deux ou trois cavaliers blessés sous la Grenette, renchérit Flora, qui avait remarqué le trouble et l'agacement de son amie.

Mme Métaz s'empressa de parler de l'incommodité de circuler sur les chemins enneigés, en adressant à Chantenoz un regard chargé de reconnaissance.

Pendant le repas, Axel ayant posé son cavalier devant son assiette, Martin et Flora ne furent pas étonnés cependant de voir Charlotte fixer, l'air rêveur, la figurine de plomb.

Au cours d'un aparté, Mlle Baldini assura son amie qu'elle n'avait fait aucune confidence à sa sœur ni commis la moindre indiscrétion.

— Mais, depuis des mois que vous vous promenez autour d'Ouchy, Blaise et toi, Tignasse, qui va souvent à Lausanne pour s'approvisionner, a très bien pu vous apercevoir, ajouta-t-elle.

— Il y a bien longtemps que Blaise ne se promène plus en uniforme. Or cette figurine, que ta sœur a offerte à Axel, ne représente pas un hussard autrichien mais un chasseur de la Garde des consuls. Tu penses que je connais cette tenue-là ! Exactement celle de Blaise quand je l'ai rencontré ! A croire qu'on a voulu faire son portrait de l'époque ! Arrange-toi pour apprendre ce que Tignasse sait ou ne sait pas. Et, si elle sait, par qui elle sait. Et qu'elle cesse ce genre de plaisanterie !

Pendant quelques jours, Mme Métaz continua de s'interroger, imaginant successivement que Chantenoz avait parlé à Tignasse du drame de Loèche en allant acheter son tabac, que Flora avait laissé traîner une lettre de Blaise, que l'épicière l'avait vue autrefois avec un officier français. Aucune de ces hypothèses n'étant vérifiable, Charlotte, conduite par un heureux caractère à dominer avec fatalisme son anxiété, avait bientôt cessé de penser à l'incident du jour de l'An, bien qu'il lui arrivât d'entrer dans la chambre de son fils pour regarder le cavalier de plomb, qui chargeait sur la cheminée d'invisibles commères !

A peine avait-on appris, le 3 février 1815, que les restes de Louis XVI et de Marie-Antoinette avaient été transportés, le 28 janvier, à la basilique Saint-Denis, lieu de sépulture des rois et reines de France, que Blaise de Fontsalte usa du moyen mis au point pour assurer une communication entre lui et sa maîtresse en cas d'urgence. Une convocation de l'Ouvroir des dames catholiques de Lausanne, apportée par un messager à jambe de bois qui n'était autre que Titus, devait alerter Charlotte. Cela signifiait que Blaise attendrait le lendemain, à l'heure indiquée sur le faux avis, au moulin sur la Vuachère. M. Métaz comprenait fort bien que l'épouse d'un bourgeois connu pour l'importance de ses affaires fût sollicitée par les institutions charitables qu'animaient les dames de la meilleure société lausannoise.

Cet après-midi-là, en arrivant au moulin, Charlotte contrôlait difficilement les battements de son cœur, mais Fontsalte la rassura dès les premiers mots :

— Rien de grave, Dorette, mais la pression de l'ambassadeur de Louis XVIII, le comte Auguste de Talleyrand, encore un parent du traître, sur les membres du gouvernement suisse, jointe à celle qu'exercent les représentants de l'Autriche et de la Prusse, fait que le roi Joseph risque de se voir signifier une décision d'expulsion du canton. J'ai beau lui répéter que les Vaudois ne céderont pas aux Bernois, il est inquiet et...

— Les Vaudois ne sont pas aussi sûrs que vous croyez, intervint Charlotte. Nous aimons notre tranquillité et j'entends des gens dire qu'il ne faut plus se mêler de rien, que nous devons, pour que la neutralité helvétique soit respectée par les puissances, nous conduire de telle sorte qu'elle soit respectable. Or on dit que Prangins est un centre de communication entre l'île d'Elbe, le royaume de Naples et la France... et je suis bien placée pour savoir que c'est vrai !

— Que dit-on encore, chère Dorette ? Vous m'intéressez !

— On dit qu'il y a des transports d'argent, que le banquier parisien Baguenault envoie les fonds du roi Joseph chez un banquier de Nyon, on dit que l'arsenal de Morges fabrique des fusils pour les bonapartistes et...

— Mais qui dit cela, Dorette ?

— Mon mari, qui connaît beaucoup de membres du Conseil cantonal et des officiers de la gendarmerie. Il est bien renseigné, croyez-moi. Un commandant lui a dit qu'on a trouvé sur la route, entre Prangins et Nyon, une épée à poignée d'or portant sur la lame les armes de Joachim Ier, roi de Naples. On pense donc que le prince Murat est venu lui-même voir le roi Joseph à Prangins.

Blaise parut contrarié par les propos de Charlotte, mais ne démentit pas la dernière supposition qu'elle avait exprimée. Il lui dit simplement de ne pas s'inquiéter s'il ne donnait pas de nouvelles pendant quelque temps. Mme Métaz en conclut que son amant taisait certaines choses ou qu'un événement d'importance se préparait.

L'événement, elle le connut cependant avant tout le monde et grâce à Blaise, dès le 5 mars. Lors d'une nouvelle entrevue à Ouchy, le général lui apprit que Napoléon s'était évadé de l'île d'Elbe, le 26 février, avait débarqué avec six cents hommes, le 1er mars, à Golfe-Juan, que Masséna, gouverneur militaire à Marseille, n'avait rien fait pour lui interdire la ville et que l'empereur, bien accueilli par le peuple, marchait sur Grenoble, qu'officiers et troupes envoyés pour combattre le « tyran de l'Europe » se ralliaient à lui aux cris de « Vive l'empereur ! », que partout sur son passage les aigles sortaient de leur cachette pour dévorer la fleur de lys et que l'heure de la revanche avait sonné !

L'excitation du général et de Titus, qui ne pensaient plus qu'à passer en France, plut à Charlotte. Elle retrouvait le Blaise du temps des victoires.

— Titus ira au moulin demain pour emballer nos uniformes. Je laisserai ma berline à Lausanne. Deux bons chevaux nous suffiront. Si je n'avais pas Joseph sur les bras, nous serions déjà partis. Mais il attend de savoir comment tournent les affaires de son frère. Ah ! je brûle, Dorette, de rejoindre l'armée qui va se reformer... et je suis là, contraint de jouer les maître Jacques pour un souverain sans trône ! Quoi qu'il arrive, gardez-moi votre confiance. Ici, je reviendrai toujours ! dit Fontsalte en la quittant.

Quelques jours plus tard, quand on sut à Prangins que Napoléon campait à Grenoble, Joseph envoya un messager à son frère. Cette estafette lui rapporta, quarante-huit heures plus tard, une lettre de l'empereur. Ce dernier souhaitait que Joseph assurât l'ambassadeur d'Autriche en Suisse que l'empereur des Français ne rentrait chez lui « que pour faire la paix ». Il donnait aussi rendez-vous à l'ex-roi d'Espagne à Paris, au palais des Tuileries, entre le 20 et le 25 mars.

Dès lors, on se mit aux préparatifs de départ, car les autorités helvétiques, sommées par les Alliés de s'emparer de Joseph Bonaparte et de l'interner dans la forteresse de Gratz ou, tout au moins, de l'amener à Schaffhouse avec ceux qui le servaient, ne semblaient plus en mesure, depuis le retour de Napoléon en France, de repousser pareille exigence.

Tout se résolut le 19 mars au matin, quand un officier de gendarmerie vint à Prangins annoncer, pour le lendemain, l'arrivée d'un commissaire fédéral avec un piquet de cavalerie pour procéder à l'arrestation du roi Joseph et le conduire à Berne. Les bagages étaient déjà prêts et Joseph mit à profit les dernières heures qui lui restaient pour enterrer dans le parc de Prangins des sachets de diamants, des coffres contenant des papiers familiaux et diplomatiques précieux. Seul le secrétaire Joseph-Louis Mailliard était censé connaître l'emplacement exact de ces cachettes, mais Blaise de Fontsalte, qui suivait de loin à la lorgnette cette discrète inhumation, aurait pu les retrouver. Le crépuscule s'annonçait sur le lac par une brume mauve et le général allait quitter son poste d'observation quand le comportement d'un valet de la reine Julie, qui se trouvait à Paris où sa mère était décédée le 28 janvier, attira son attention. Il vit l'homme, un domestique de confiance, desceller un des blocs de pierre formant soubassement de la margelle d'une fontaine à trois bassins, située près de l'entrée du parc. Le valet glissa dans une cavité plusieurs petits sacs de cuir puis, ayant remis la pierre en place, la rejointoya avec le ciment extrait d'un seau. Blaise se dit que la bonne reine Julie, qui n'ignorait rien des infidélités passées de son mari, voulait peut-être s'assurer, étant donné les incertitudes de l'avenir, quelques ressources personnelles cachées !

Joseph Bonaparte possédait des domaines en France, une terre aux Etats-Unis, de nombreux tableaux de grande valeur, signés Velázquez, Murillo, Titien, Van Dyck, Léonard de Vinci, Raphaël Mengs, Rubens, et une fortune bien arrondie par ses royautés successives ! Sans être un pillard, cet amateur d'œuvres d'art, qui tenait au confort et au faste, s'était servi à Naples comme à Madrid. Depuis 1814, les Espagnols se demandaient d'ailleurs où étaient passés les bijoux de la couronne, dont Ferdinand VII avait laissé un scrupuleux inventaire avant de céder son trône. Les généraux Ribeyre et Fontsalte étaient de ceux qui auraient pu, peut-être, donner une réponse !

Mais, en ce 19 mars 1815, l'heure n'était pas aux révisions comptables. Avant de quitter Prangins, le roi Joseph voulut prouver sa reconnaissance à ceux qui l'avaient si bien accueilli au bord du Léman. Il distribua aux épouses de ses voisins parures ou colliers. A Lina Guiguer, fille du colonel, il fit porter un déjeuner d'enfant en argent massif, cafetière, théière, pot à lait, sucrier, tasse avec soucoupe, le tout présenté sur un plateau d'acajou à galerie d'argent ! Quand tout fut en ordre, le frère de Napoléon, quittant Prangins par un escalier secret, embarqua avec ses filles sur un bateau qui les conduisit à Genève, où tout avait été organisé pour un passage de la frontière vers minuit. Par le fort de l'Ecluse et Bellegarde, la berline prit sans encombre la route de Paris. Le 23 mars, Joseph dînait aux Tuileries, en famille, après avoir embrassé son frère, accueilli trois jours plus tôt de manière triomphale par les Parisiens, tandis que Louis XVIII, au grand galop de la peur, arrivait à Gand.

Les Vaudois, qui n'avaient eu connaissance de l'évasion de Napoléon de l'île d'Elbe qu'au moment où l'empereur approchait de Paris, sentirent renaître toutes leurs inquiétudes. Cette fois-ci, même Guillaume Métaz, qui savait toujours quelle attitude adopter, avoua son indécision. Chantenoz, Blanchod, les Ruty et tous les familiers de Rive-Reine n'osèrent se prononcer. Jamais l'idée de neutralité n'avait eu autant de partisans et de défenseurs. Fort heureusement, le civisme et la prudence politique de ceux qui avaient en charge les destinées du canton furent salutaires. Le départ clandestin de Joseph Bonaparte avait évité qu'on n'arrêtât le frère de celui que toute la France semblait avoir attendu pendant neuf mois, comme l'enfant chéri de la patrie. Le commissaire fédéral et son escorte n'avaient trouvé à Prangins, le 20 mars au matin, que des domestiques vaudois, qui ne savaient rien, et des armoires vides ! Si l'empire renaissait de ses ruines, le pays de Vaud

pourrait se targuer d'avoir offert plus que l'hospitalité aux Bonaparte. Si les Alliés, qui n'allaient certainement pas accepter le
retour du « tyran de l'Europe », l'emportaient une nouvelle fois,
les Vaudois pourraient toujours faire valoir qu'ils se préparaient à
arrêter le roi Joseph à la date souhaitée par Berne mais que celui-ci
avait passé la frontière du Jura à la barbe de la police et même des
espions appointés par les autorités confédérales !

L'incertitude dura trois mois, cent jours exactement, le temps
que la septième coalition, réunie dix jours après le retour de
Napoléon aux Tuileries, vînt à bout de la résurgence impériale. A
Vevey comme ailleurs, on suivit avec une attention fébrile la
reprise des hostilités, d'autant plus qu'on y entendit pour la
première fois le canon.

Le 21 juin, il se mit à tonner sur la rive sud du lac, du côté des
carrières de Meillerie, où s'étaient rencontrés les Autrichiens,
descendant du Valais, et les Français venus de Carouge. Un
batelier de Guillaume Métaz, qui avait quitté les carrières peu de
temps avant les premiers coups de feu, assurait que la troupe
française, commandée par le colonel Bochaton, était forte de
quatre compagnies plus cent cinquante partisans et dotée d'une
seule pièce d'artillerie. Les Autrichiens étaient soutenus par des
grenadiers sardes et des chasseurs tyroliens, excellents tireurs.

— Et tout ce monde se bat dans et autour des carrières. J'ai dit à
un artilleur que ses boulets pourraient bien faire le travail des
carriers, mais aussi ensevelir tout le monde, si les grandes plaques
leur tombent dessus !

— Sacrebleu et qu'a-t-il répondu ? demanda Métaz, fort inquiet
pour sa propriété.

— Il a dit comme ça... Vrai, j'ose pas dire, patron !

— Dis, nom d'une pipe, dis ce qu'il a répondu, ce vaurien !

— Il a dit comme ça : « Va voir un peu si le cul de ton patron a
pas besoin d'un coup de canon ! »

Chantenoz et Charles Ruty éclatèrent de rire. Guillaume haussa
les épaules.

Sur la terrasse de Rive-Reine, on s'arrachait les lorgnettes de
Charles Ruty et de Guillaume Métaz, pour tenter de voir d'où
partaient ces flocons blancs, crachés avec les boulets par le canon
français, et si les coups portaient. Mais on ne trouvait pas deux
observateurs voyant de même ! Tous les Veveysans se pressaient
cependant sur les berges et certains redoutaient l'arrivée par le lac
de fuyards, de déserteurs ou de blessés.

— Je n'ai qu'une barque à Meillerie, mais sûr qu'ils vont me la prendre, se lamentait Guillaume.

Ils la prirent et, quand la canonnade cessa, les Français, qui n'avaient pu s'emparer de Saint-Gingolf, s'étant repliés sur Thonon et Carouge, on vit, au matin du 22 juin, le bateau aborder devant la place du Marché. Guillaume s'y précipita, Axel et ses amis sur les talons. Déjà, des femmes s'occupaient des quelques blessés que les bateliers avaient embarqués. On sut qu'il y avait des morts des deux côtés, dont deux officiers français.

Charles Ruty reconnut, parmi les passagers militaires, un civil hagard : le receveur général du Trésor de Thonon. Ce fonctionnaire avait réussi à sauver la caisse contenant les finances publiques, que les Autrichiens eussent pillées aussi allégrement que les Français. Les Métaz lui offrirent aussitôt l'hospitalité.

Après cet épisode local, les Vaudois suivirent, avec, toujours, une bonne semaine de retard, la brève campagne de Belgique et la lutte courageuse de Murat en Italie. Quand fut consommée la défaite de Waterloo et rendue publique la seconde abdication d'un empereur cette fois irrémédiablement vaincu, Flora Baldini put lancer, avec sa véhémence coutumière et sans être contredite, la vraie condamnation de Napoléon :

— L'ogre n'est revenu d'Elbe que pour immoler cent mille hommes de plus à son orgueil, dit-elle, posant un regard noir sur Charlotte, dans l'ignorance du sort de son amant.

Au cours de cette année 1815, si fertile en événements, Axel Métaz fit de grands progrès en latin et en grec, dans ce qu'il nommait les langues suisses, en littérature, en histoire, en géographie, en sciences naturelles et commença de s'intéresser à la philosophie. En revanche, il se révéla médiocre en mathématiques, matière dont Martin Chantenoz avait d'autant plus tendance à négliger l'enseignement qu'il était lui-même incapable d'en comprendre les subtilités. Guillaume ayant exigé que son fils puisse connaître l'essentiel de l'art chiffré de la comptabilité, le garçon fut pourvu d'un professeur spécialisé, chez qui il se rendit sans enthousiasme deux fois par semaine.

Dans le même temps, il dut, comme tous les enfants de son âge, assister au cours de catéchisme pour se préparer à la confirmation, renouvellement des vœux du baptême que l'on prononçait à seize ans, avant d'être admis à participer à la Sainte Cène, sacrement qui correspond à la première communion chez les catholiques. Mais, plus que les riches annales de l'Histoire sainte, les merveilleux mensonges qui avaient tenu lieu, pendant des siècles, de croyance aux Grecs et aux Romains passionnaient Axel.

A toujours entendre parler, autour de lui, de cet ensemble de pays en guerre, qu'on nommait Europe, il voulut savoir l'origine du mot et Chantenoz lui proposa, en guise de réponse, l'étude d'une aventure mythologique qui, aussitôt, enfiévra son imagination : l'enlèvement d'Europe, fille d'Agénor, par Jupiter.

Le garçon vit dans le travestissement de Zeus amoureux, qui se métamorphose en taureau docile pour séduire une belle mortelle, un geste sublime et rassurant, Jupiter démontrant ainsi que les dieux, comme les humains, sont capables de folles entreprises, quand le désir de la femme les saisit.

Après avoir lu et commenté l'Iliade, que son mentor donnait, à l'instar de la plupart des éducateurs académiques, comme fondement indispensable à toutes les études de civilisation, Axel dut traduire, en vers français, le chant IX, où Ulysse s'en vient prier Achille de reprendre les armes contre les Troyens, en vers italiens, les adieux d'Hector à Andromaque, en vers allemands, ce qui lui donna beaucoup de mal, les funérailles d'Hector. Cela avant d'ouvrir l'Odyssée et d'accompagner Ulysse dans sa circumnavigation dilettante.

Martin Chantenoz, pour distraire son élève, introduisit un Latin chez les Grecs. Ce fut dans les Métamorphoses d'Ovide que le garçon, de quatorze ans révolus, trouva le récit à ses yeux le plus exaltant et le plus coloré de l'enlèvement d'Europe. Plus que le vieil Homère, le Latin des Abruzzes savait rendre toute fable crédible et enivrante. Axel passa ses soirées à traduire, sans que Martin eût besoin d'insister, la croisière sur le dos d'un taureau, à travers la mer Egée, de l'imprudente et jolie fille du roi de Phénicie. De cette étude le garçon sortit rêveur et ravi.

Après les Métamorphoses, comme il réclamait Ovide à son maître, ce dernier l'invita à lire du même auteur les Tristes et les Pontiques. Ces élégies et ces épîtres, qu'Axel se contenta de traiter cette fois comme devoirs, en écolier, le firent bâiller. Elles contenaient trop de descriptions, trop de nostalgie, trop d'états d'âme mélancoliques, trop de plaintes et de supplications. Et puis le sentiment d'abandon que le poète romain, exilé à Tomes, développe avec complaisance l'agaçait. Ovide ne devait ses malheurs qu'à lui-même. N'avait-il pas été chassé de Rome pour s'être mêlé de politique, la première bévue que doit éviter un artiste ?

Pour Axel, Ovide était d'abord le conteur élégant et badin, le chantre de l'amour antique, l'insouciant butineur de beauté. Le livre qu'il aurait bien voulu obtenir de Martin, et dont la souple reliure de maroquin vert aux fers dorés attirait sans cesse son regard sur les rayons de la bibliothèque de son mentor, était *l'Art d'aimer*. L'ouvrage passait pour un véritable traité de la séduction et, depuis qu'il avait lu chez un commentateur du poète que ce dernier affirmait lui-même n'avoir pas écrit ce livre à succès pour les honnêtes femmes, Axel lui trouvait le parfum du fruit défendu. Quand Martin Chantenoz lut la version axelienne du passage des *Métamorphoses* qui raconte l'enlèvement d'Europe, le maître fit quelques remarques acerbes sur les erreurs de traduction, souligna des approximations vicieuses, corrigea des superlatifs mais reconnut finalement que l'esprit du texte gagnait en lyrisme ce que la lettre perdait en fidélité. Ayant compris que son élève s'était abandonné à son penchant romanesque, il le mit en garde :

— Attention, tu es en présence d'une altération chatoyante du répertoire grec, mon garçon. Ovide est un galant, un mondain, un bel esprit, un habile, un virtuose, un décadent, un cherche-à-plaire.

C'était là une des expressions préférées de Martin : pour lui, tous ceux qui présentaient les choses sous leur meilleur jour étaient des cherche-à-plaire.

— Oui, mon garçon, Ovide assaisonne la mythologie au goût de la jeunesse dorée et des patriciennes romaines, ses lecteurs et ses clientes. Quand il décrit les vierges de Tyr jouant avec la princesse Europe au teint de lys — on dit qu'elle a dérobé le pot de fard de Junon — Zeus travesti en taureau blanc comme neige, œil de velours, cornes d'or pur, mufle rose, poitrail frisé, parfumé à la violette et à la jacinthe comme une courtisane, notre Latin arrange les choses, enlumine le mythe, fait du théâtre. Revenons aux Grecs plus virils et moins farceurs, à Hésiode, au Sicilien Moschos, qui en cent soixante-deux vers, usant du dialecte ionien, a donné le ton de la légende. Tiens, voilà son dénouement, voilà le moment de la révélation pour la naïve Europe, dit Chantenoz en choisissant un mince volume broché.

Il lut :

— « Où me conduis-tu, taureau divin ? Qui es-tu ? Pourquoi ne crains-tu pas la mer ? Serais-tu un dieu ? Malheur à moi qui ai quitté pour te suivre la maison de mon père ! — Sois sans peur : je suis

Zeus, je t'aime, et c'est en Crète, dans cette île qui m'a nourri moi-même, que je t'emmène. Je t'y rendrai mère de nobles fils qui seront tous des porteurs de sceptres parmi les hommes. » Hein, c'est autrement sobre, élégant et évocateur et un peu plus près de l'origine historique de l'affaire…, si affaire il y eut jamais. Car ne se laissent enlever par les taureaux ou par les hommes que les demoiselles qui le veulent bien. Souviens-toi d'Hélène, Pâris n'eut guère à prêcher pour l'enlever à Ménélas !

Comme Axel insistait pour savoir si la fable de l'enlèvement d'Europe avait ou non, chez les Grecs, un fondement historique, Chantenoz, qui préférait à tout la spéculation intellectuelle dont il avait su donner le goût à son élève, fit appel à Hérodote, « le père de l'histoire ».

— Toutes les fables rassemblées dans la mythologie ont, mon garçon, un fondement historique. Mais il est bien souvent impossible de l'identifier. Car les hommes, qui ont besoin de passer de l'histoire, c'est-à-dire de la réalité vécue, aux mythes, à la fois pour se souvenir et pour se rassurer, usent d'allégories, de symboles, de signes qui, au fil des siècles, perdent toute signification. Si bien qu'aujourd'hui, en étudiant les mythologies grecque et romaine, nous ne savons plus distinguer le fond de la forme. Nous ne pouvons qu'interpréter, en fonction de nos connaissances, de nos expériences, en courant grand risque de nous tromper. Dans le cas de l'enlèvement d'Europe, Hérodote propose une interprétation que tu trouveras dans le livre dédié à Clio, muse de l'Histoire. Il raconte d'une façon plus humaine, mais tout aussi belle, l'arrivée des Phéniciens en Crète et l'enlèvement de Io, fille du roi Inachos, non par Zeus travesti en taureau mais plus simplement par des marins de Phénicie, en escale à Argos. Ces gais lurons emmenèrent la belle et quelques-unes de ses compagnes en Egypte. Je trouve un petit air de vérité au récit de l'historien d'Halicarnasse car il explique, comme tu pourras le lire, que ces demoiselles se pavanaient autour du vaisseau phénicien soi-disant pour faire des emplettes, mais plus sûrement, à mon avis, pour aguicher ces beaux marins aux muscles dorés, qui, comme tous les navigateurs, devaient être privés de tendresse féminine depuis longtemps !

Or, la tendresse féminine, Axel, sans oser l'avouer et sans savoir exactement comment elle s'exprimait ou s'accueillait, avait maintenant envie d'y goûter ! Les temps lui furent favorables et sa précoce maturité, décelable au duvet apparu depuis peu à l'ourlet de sa lèvre supérieure, le servit.

La dissolution définitive de l'empire français, le retour sans gloire ni grandeur de Louis XVIII à Paris, la déportation de Napoléon à l'île de Sainte-Hélène, la fondation en septembre de la Sainte-Alliance, tous événements qui semblaient inquiéter ses parents et les amis de ceux-ci, occupaient les adultes et donnaient à Axel une grande liberté de mouvement. Aussi se rendait-il de plus en plus souvent chez Tignasse, devenue sa confidente préférée. Longtemps, le garçon s'était intéressé au contenu de la boutique, support de ses rêveries exotiques. Depuis peu, sans même qu'il en fût conscient, Rosine Mandoz, plus que ses boîtes décorées, polarisait son attention.

Tout le monde s'entendait pour dire que Tignasse possédait de grands yeux et de beaux cheveux, mais qu'elle n'avait rien d'attirant pour un homme, avec sa peau blême, son corps sec et une absence de rondeurs dans le corsage qui l'avait fait surnommer sainte Agathe [1] par les bacounis.

Quand Tignasse montait à l'échelle qu'elle accrochait à une barre de cuivre jaune, courant tout au long du rayon le plus élevé, le garçon ne pouvait se retenir de jeter un regard sous les jupes que l'épicière devait relever pour gravir les échelons. Axel devinait que c'était dans ce froufrou de faille et de jupons que résidait le mystère féminin. Depuis qu'il avait vu, dans les vignes, Nadine Ruty remonter son pantalon après s'être accroupie pour ce qu'elle avait nommé « un pipi d'oiseau », il voulait en savoir davantage. La pilosité entrevue l'avait intrigué, bien qu'il sût depuis longtemps — il avait assisté quand il était petit à la toilette de sa sœur cadette — que les filles ne sont pas faites comme les garçons. Des camarades plus âgés avaient déjà tenu devant lui des propos lestes donnant à penser qu'une certaine partie cachée du corps de la femme était destinée à recevoir le sexe de l'homme, quand un couple voulait procréer, et que ce rapprochement procurait un plaisir particulier à nul autre comparable. Rapprochement interdit en dehors du mariage par les commandements de Dieu, ainsi que l'enseignait le pasteur.

Tout cela avait éveillé la curiosité d'Axel et la froide nudité des

1. Cette Sicilienne, martyrisée en 251 pour s'être refusée à Quintien, gouverneur de Catane, eut les seins coupés avant d'être jetée sur des charbons ardents. D'après la légende, son supplice provoqua un tremblement de terre. Les Italiens disent d'une femme plate qu'elle est une sainte Agathe. Vierge et martyre, Agathe, malgré son horrible mutilation, est vénérée comme patronne des nourrices !

statues antiques observées au cours de son voyage en Italie le conduisait à souhaiter la révélation de nudités vivantes. C'est ainsi que naît souvent le désir de la femme chez un garçon sain.

Axel comprit, sans pouvoir se l'expliquer, que ce besoin de connaissance débordait la simple curiosité, l'envie de découverte. Cette quête excitait en lui d'autres appétits que ceux de l'esprit. Quand il levait les yeux sur les jambes de Tignasse, une sorte de fourmillement le parcourait, comme si les regards portés sur la femme produisaient spontanément dans son corps un réflexe physiologique, une bizarre sollicitation organique. Souvent, moulant du café ou râpant le parmesan pour rendre service, il se prenait à souhaiter que la cliente demandât aussi un produit perché sur un rayon élevé, ce qui obligeait Tignasse à grimper à l'échelle, à moins que l'épicière ne le déçoive, en lui demandant d'y monter à sa place ! Chaque vision de la cuisse blanche de Rosine émergeant du bas noir que retenait, au-dessus du genou, une jarretière ornée d'un nœud de soie mauve pétrifiait Axel de confusion.

— Qu'as-tu ? Tu es devenu muet tout à coup ! lui criait Tignasse en riant.

Il bafouillait une vague explication et regardait dans la rue.

Les choses se passèrent ainsi jusqu'au jour où il s'aperçut que Rosine, du haut de son échelle, avait surpris ses regards indiscrets. Il s'attendait à une remontrance, voire à une remarque ironique qui le couvrirait de honte, mais Tignasse ne fit aucune réflexion. Quelques jours plus tard, quand, en présence d'Axel, Rosine gravit à nouveau l'échelle pour remettre de l'ordre sur un rayon, le garçon se tint volontairement à l'écart. C'est alors qu'elle l'appela.

— Attrape ça, s'il te plaît, dit-elle en lui tendant une boîte de riz, sans dissimuler ses jambes aux regards du garçon.

Axel eut même le sentiment qu'elle avait, à ce moment-là, volontairement troussé sa jupe plus que d'habitude, offrant ainsi à voir plus qu'il n'était décent de montrer. Il découvrit qu'elle ne portait pas de bas. La finesse de la jambe et la blancheur lisse de la peau l'éblouirent.

Dès lors, commença un étrange jeu entre cette femme au tempérament ardent, que l'absence d'un mari privait du plaisir de l'amour, et le garçon dont elle percevait la curiosité. Elle se montra, au fil des jours, de plus en plus libre avec Axel, n'hésitant pas à remettre sa jarretière en place devant lui, à laisser béer son corsage, moins dégarni que disaient les bacounis, provoquant des frôlements d'apparence fortuite, évaluant le trouble croissant du garçon. Le jour vint où, à l'heure de la fermeture de l'épicerie, alors qu'un orage violent s'abattait sur le lac, elle demanda à Axel de rester un moment avec elle dans la boutique close.

— J'ai grand-peur du tonnerre, vois-tu, et puis cet été pluvieux me rend triste.

Elle amena ainsi le garçon, sans qu'il perçût la manœuvre, à se montrer protecteur quand fulguraient les éclairs, puis tendre quand grondait le tonnerre et soudain caressant alors que la pluie fouettait la vitrine. Elle finit par l'entraîner dans l'arrière-boutique « pour ne pas voir l'orage », se blottit contre lui et fit une constatation qui laissa Axel confus et désorienté.

— Eh bien, que se passe-t-il là ? dit-elle, montrant puis posant la main sur la protubérance qu'il tentait vainement de dissimuler.

— Je sais pas, fit-il, gêné.

— Qu'est-ce que ça te fait quand tu m'embrasses ?... Est-ce comme lorsque tu embrasses ta maman ?

— Non, c'est pas pareil, vous, j'ai envie de vous embrasser encore... et plus fort, oui, plus fort !

— Eh bien ! embrasse-moi tant que tu voudras, dit-elle en l'attirant, en le serrant contre elle, jusqu'à ce qu'il sente les petits seins durs contre son torse, à travers la mince chemisette qu'il portait.

Elle guida les lèvres hésitantes du garçon vers sa propre bouche et obtint le premier baiser passionné qu'Axel eût jamais donné à une femme.

Déconcerté au-delà de toute mesure, l'adolescent se demandait s'il ne devait pas fuir pendant qu'il était temps. Le feu aux joues, il esquissa un mouvement de recul.

— Mais tu es un homme ! dit-elle, faussement étonnée.

Puis, comme il se taisait, à la fois confus et animé d'un désir inconnu, elle ajouta :

— Sais-tu ce qu'est une femme ?

Axel eut de la tête un mouvement de dénégation, qui la fit sourire.

— Veux-tu le savoir ? ajouta-t-elle.

De la tête encore, il fit signe que oui.

— Alors, viens, dit-elle avec fougue, entraînant le garçon vers sa chambre. Viens, mais jure-moi de ne jamais dire à quiconque ce que je vais te montrer, ce que nous allons faire.

— Je vous le jure, dit Axel d'une voix rendue rauque par l'émotion et le désir.

Après l'amour, elle lui baigna le sexe et le visage à l'eau fraîche. La pluie avait cessé, le soleil déclinant irisait les flaques.

— Et, si l'on s'étonne de ton retard, que diras-tu ?

— Je dirai… que j'ai attendu la fin de l'orage et puis que vous aviez reçu des colis à déballer et que je vous ai aidée, lança-t-il en apercevant trois caisses livrées le même jour.

— Souviens-toi ! C'est un secret entre nous.

— J'ai juré… mais j'aimerais qu'on recommence, encore et encore…

— Nous recommencerons… bientôt, c'est promis. Mais, tu sais, ce ne sera jamais comme la première fois. Jure aussi que tu n'oublieras jamais cette première fois. J'ai voulu être pour toi la première femme ! Il ne fallait pas qu'un garçon comme Axel Métaz offre ça à une prostituée de Lausanne, comme le font les paysans !

Elle avait des larmes plein les yeux et une bizarre trémulation des lèvres. Axel la prit dans ses bras, la serra fort, maladroitement, mais avec une réelle tendresse, puis il l'embrassa. Sous la batiste de la chemise de nuit enfilée en hâte, sa main trouva la pointe dardée d'un sein.

— Jamais plus je ne vous appellerai Tignasse. Maintenant, vous êtes Rosine, pour moi tout seul ! Je suis votre amoureux !

— Va-t'en, tu vas te faire gronder par ta maman. Et surtout, souviens-toi… un secret, notre secret, conclut-elle en le poussant dehors.

Il s'en fut sur un dernier baiser, galopant le long du lac, sautant les flaques, léger, heureux, amoureux, serrant au fond de sa poche le sucre d'orge alibi qu'elle lui avait glissé et qui était son salaire habituel quand il aidait au déballage des colis.

Ce fut tout de même avec un peu de crainte qu'Axel pénétra dans le salon où la famille était rassemblée autour de M. Métaz qui pérorait avec véhémence. A l'hôtel de la Couronne, à Nyon, tenu par son ami Olivier, il avait rencontré, le matin même, des bonapartistes soucieux d'échapper à la Terreur blanche que faisaient maintenant régner en France les royalistes, échaudés par la dernière aventure napoléonienne. Ces nouveaux émigrés ne souhaitaient qu'être hébergés discrètement et pour un temps dans le canton de Vaud, où les autorités ne recherchaient que mollement ceux qui avaient aidé Napoléon pendant les Cent-Jours. Blanchod, Chantenoz et Charles Ruty citaient des noms de gens qu'ils étaient prêts à aider : le maréchal Ney, le général Hulin et le célèbre peintre Jacques-Louis David, déjà arrivé à Yverdon.

Mme Métaz écoutait en silence ces considérations. Blaise de Fontsalte n'avait pas donné de nouvelles depuis le printemps, quand il croyait encore à la survie de l'empire. Peut-être s'était-il embarqué avec le roi Joseph pour l'Amérique. Savoir cela aurait rassuré Charlotte, car les échos des représailles infligées par les royalistes aux bonapartistes attisaient son inquiétude. A Paris, le général La Bédoyère, un ami de Blaise et de Ribeyre, avait été fusillé ; à Avignon, des fanatiques avaient assassiné le maréchal Brune et jeté son corps dans le Rhône ; à Nîmes, les monarchistes catholiques exaltés, se proclamant Chevaliers de la Foi, s'en étaient pris aux femmes protestantes, fouettées à mort avec des battoirs hérissés de clous ; dans toutes les villes, la chasse aux fidèles de l'empereur exilé était conduite par des bandes de pillards sanguinaires. Blanchod estimait ces exactions inévitables, après tant de malheurs infligés par les guerres de l'empire, mais, incorrigible optimiste, il voyait une espérance nouvelle dans le fait que l'abbé Grégoire préconisât, dans une brochure, des réunions annuelles de savants et d'artistes à Francfort « pour faire l'Europe ».

Dans cette ambiance, le retard du déniaisé passa inaperçu.

Pendant des semaines, Axel et Rosine, que le garçon ne supportait plus d'entendre appeler Tignasse, pratiquèrent, avec une ardeur qui laissait la jeune femme ravie et épuisée, tous les jeux de l'amour. Après ces joutes, il arrivait que le garçon s'endormît sur la poitrine de l'épicière qui, à regret, devait le réveiller pour le renvoyer chez ses parents. Axel, que son père ne pouvait habituellement convaincre d'éteindre sa chandelle tant il passait d'heures à lire dans son lit, soufflait maintenant la lumière sans y être, comme autrefois, plusieurs fois invité. Il somnolait pendant les leçons de Chantenoz qui, plus attentif que les Métaz, finit par remarquer des cernes bistre sous les yeux de son élève. Il s'inquiéta, imaginant des pratiques solitaires, banales certes, mais considérées comme préjudiciables à la santé et au développement intellectuel, même par ceux qui ne prenaient pas au sérieux les épouvantables conséquences de la masturbation décrites par le docteur Tissot. Martin finit par s'en ouvrir à Axel, avec la franchise qui, depuis toujours, caractérisait leurs rapports.

— Dis-moi, mon garçon, ne prends pas en mauvaise part la question que je vais te poser... entre hommes.

Chantenoz s'éclaircit la voix, ôta ses lunettes et se mit à polir les verres avant de poursuivre :

— Voilà... Je trouve que tu n'as pas bonne mine ces temps-ci, ton attention se relâche, on dirait que tu ne t'intéresses plus autant à l'étude. Tu fais des fautes dans tes versions et tes dissertations, que tu ne faisais pas il y a encore quelques semaines. Que se passe-t-il ? Tu es fatigué ? Tu dors mal ? Tu as des soucis cachés ?

— Non. Tout va bien, je vous assure, Martin.

— Allons, allons, je vois ces cernes-là sous tes yeux, ils disent que tu es fatigué, ou malheureux, ou les deux à la fois, ou encore...

— Ou encore ?

— Ou encore que tu pratiques ce que les anciens appelaient l'onanisme et que nous nommons masturbation ! Hein, me trompé-je ?

Axel sourit et posa une main sur l'avant-bras de son mentor.

— Je sais que des garçons se livrent à une telle pratique contre laquelle le pasteur nous met en garde. Il dit que ça peut rendre sourd, idiot ou poitrinaire ! Non, ce n'est pas mon cas, rassurez-vous. Parce que je n'ai pas de secret pour vous, à vous, je peux bien le dire, j'ai une maîtresse et...

— Tu as toujours été précoce... mais je ne pensais pas que dans ce domaine aussi...

— C'est un secret, un vrai secret, n'est-ce pas ?

— Cela va de soi. Prends garde à ne pas trop user d'un plaisir qui te fait pareille mine. D'autres que moi pourraient s'en apercevoir et poser des questions, voire te surveiller. Alors, hein, prudence. Si la dame qui t'honore de ses faveurs est une amoureuse honnête, si elle est de notre ville, prends garde aux commères... et aussi aux maris jaloux. En général, on pardonne l'adultère, mais pas le scandale de sa révélation. Prudence donc... en toute chose !

Axel promit d'être prudent, de ne pas mettre en péril la réputation de celle qui avait été son initiatrice « non par vice mais parce qu'elle souffrait d'une vraie solitude du cœur et des sens », crut-il bon de préciser. Il promit aussi de tenter de contenir sa passion, afin de ne plus s'endormir sur ses cahiers.

— Puisque nous pouvons désormais, entre nous, parler librement de l'amour qui tient une place dans nos vies, souviens-toi que Platon veut que l'on garde la maîtrise de ses désirs. Qu'on ne leur cède qu'à un rythme « honnête », c'est-à-dire raisonnable, c'est-à-dire suivant une périodicité que l'on juge adaptée à sa propre nature. Platon ne condamne pas la passion, il dit même que c'est un bienfait des dieux, mais il conseille d'en bien choisir l'objet et, si j'ose dire..., d'en régler l'exploitation !

Axel fut reconnaissant à son maître d'en rester là et de ne pas poser de questions, auxquelles il n'aurait pu répondre. Chantenoz était l'être au monde en qui il avait le plus confiance et Rosine celui qui lui inspirait le plus d'amour. Il était comblé et la sagesse de Platon, dont il avait appris la verdeur, l'éclectisme sexuel et les bonnes fortunes, lui paraissait une suffisante assurance sous l'œil des dieux. Le philosophe, dont personne n'était sûr qu'il eût observé la modération qu'il prônait, était mort à quatre-vingt-un ans. Chiffre significatif, d'après Chantenoz, puisque carré de neuf, qui est le nombre des Muses[1]!

Un matin d'octobre, Axel, sous prétexte d'aller jusqu'à l'Ognonaz, rivière qui séparait Vevey de La Tour-de-Peilz, pour chercher des vers, en prévision d'une partie de pêche, se préparait à rendre visite à Tignasse. Il fut étonné de découvrir dans l'épicerie une jeune fille inconnue.

— Rosi... Mme Mandoz n'est pas là aujourd'hui? s'enquit-il prudemment, faisant effort pour prendre un ton indifférent.

— Non, elle n'est pas là..., mais n'êtes-vous pas le fils Métaz?

— Si, mademoiselle.

— Tignasse a laissé ça pour vous, dit la fille en tendant à Axel un petit sachet de papier.

Comme il prenait le paquet, la fille ajouta :

— Elle m'a dit, avant de partir, de vous le remettre en main propre, que vous viendriez certainement chercher du thé pour votre maman. Je l'ai d'ailleurs préparé.

— Ah! oui, bien sûr... Mais... où est-elle partie, s'il vous plaît?

— A Rome, mon garçon, pour rejoindre son mari qui est retourné là-bas avec le pape. Il est devenu officier et peut maintenant avoir sa femme avec lui. C'est mieux pour elle.

— Oui..., c'est mieux, balbutia Axel, abasourdi.

Comme il s'apprêtait à quitter le Jardin des gourmandises, enseigne qui avait pris, depuis quelques mois, une signification particulière dont il avait ri bien des fois avec Rosine, la fille le rappela :

— Eh! vous oubliez le thé de votre maman!

Ivre d'un chagrin subit, Axel marcha jusqu'à la berge, s'assit sur les galets et là, face au lac, se mit à pleurer. Quand il eut le courage de reprendre le chemin de Rive-Reine, il ouvrit le sachet

1. Abel Hermant, *Platon*, Bernard Grasset, Paris, 1925.

que lui avait remis la fille. Celui-ci contenait un sucre d'orge qu'il se promit de conserver à jamais. Pour la première fois de sa vie, Axel Métaz pouvait se dire malheureux.

Chantenoz ne fut pas étonné, ce jour-là, de voir son élève triste. Il savait par Flora que Tignasse allait quitter définitivement La Tour-de-Peilz, pour rejoindre son mari. Quand Axel apparut, pâle et défait, dans la salle d'étude, il lui proposa tout de suite un tour en barque.

— Nous réviserons aussi bien sur le lac qu'enfermés ici. L'hiver sera bientôt là, profitons des derniers beaux jours, dit-il.

Dès qu'ils se furent éloignés de la rive, en ramant avec application, Martin leva les avirons et les laissa glisser au fil de l'eau :

— Alors, elle est partie !

— Comment... Vous saviez que c'était Rosine ma...

— Il y a longtemps que je sais, Axel. Ce n'était pas difficile à deviner. Et tu as eu de la chance que personne ne se doute de cette aventure.

— Mais Flora... elle sait ?

— Non, et c'est heureux, car vous auriez eu, Tignasse et toi, à faire face à une vraie furie moralisante. Elle vous aurait trempés dans l'eau bénite pour purifier votre chair pécheresse ! Je vois ça d'ici !

— C'est pas bien, qu'elle soit partie sans me prévenir ! Vous ne trouvez pas ça cruel, Martin ? Sûr qu'elle ne m'aimait pas comme elle me le disait ! Et moi, je croyais... Je suis malheureux, Martin.

Mentor affectueux, Chantenoz considéra un instant ce bel enfant, dont il recueillait la première désillusion. Les larmes retenues diluaient le regard bicolore d'Axel. Il l'envia d'avoir ainsi appris l'amour d'une femme sage. Puis il cita Pindare :

> *Aux yeux des étrangers sachons cacher nos peines.*
> *Ecoute : notre part de plaisirs et de biens,*
> *Nous devons la montrer aux regards de chacun,*
> *Mais s'il te vient des dieux le dur malheur humain,*
> *C'est dans l'ombre caché qu'il faut que tu te tiennes* [1].

---

1. *Fragments d'hymnes*, traduction de Robert Brasillach, *Anthologie de la poésie grecque,* Stock, Paris, 1950.

Un vol de canards décolla du lac et ponctua de ses battements d'ailes la fin du poème.

— Eux aussi s'en vont, dit Axel Métaz.

6.

Dès que les Anglais eurent confirmation, par les journaux de Londres, de l'arrivée de Napoléon à Sainte-Hélène, île lointaine d'où le diable ne sortirait plus, les gens de la bonne société, comme les négociants, s'empressèrent de passer la Manche pour voyager en Europe. C'est ainsi qu'au printemps 1816 on vit à Vevey une dame anglaise, accompagnée de sa fille.

Lady Elizabeth Moore et Janet descendirent à l'auberge des Trois-Couronnes et annoncèrent leur intention d'y séjourner longtemps.

Les deux femmes offraient des types de beauté différents mais l'un et l'autre remarquables. La mère venait à peine de passer le cap de la trentaine et faisait spontanément penser aux belles portraiturées par les artistes de cour sous George III : maintien altier, traits nobles et réguliers, carnation lumineuse.

Elizabeth, née Selwyn, épouse de sir Christopher Moore, brune, grande et bien faite, paraissait heureusement moins apprêtée que Mrs. Siddons peinte par Gainsborough en Muse de la Tragédie ! Lady Elizabeth, Liza pour ses intimes, pouvait être fière — et elle l'était — de la finesse exceptionnelle de sa taille, qui mettait exagérément en valeur les rondeurs fermes d'un buste de Junon inattendu, presque disproportionné, chez cette Anglaise svelte. Le visage d'un ovale parfait, des traits bien équilibrés, un nez très droit, que les Français trouvaient un peu long, un sourire à usage mondain désignaient la femme racée, possédant, avec l'assurance que donne la fortune, l'absolue maîtrise des manières du monde et un sens inné de la mesure. Sous l'arc net des sourcils à peine retouchés, le regard, sombre et velouté, eût traduit incuriosité et nonchalance sans le friselis de cils démesurés qui fit dire à l'hôtelier : « Je n'ai jamais vu des yeux plus aptes à exprimer aussi bien les feux et les langueurs de l'amour que l'arrogance absolue. »

Janet, la fille, avait le charme de la beauté neuve et timide. On pouvait penser, en considérant ce fruit frais du verger aristocratique d'Albion, que le destin avait accordé à miss Janet des faveurs insignes, la laissant grandir à l'abri des incertitudes vulgaires, lui épargnant non seulement les avanies accidentelles mais les simples désagréments, lot quotidien des gens ordinaires.

Si la nature avait privé Janet du regard fascinant de sa mère, elle lui avait fait don, en revanche, de pupilles mordorées et du regard rieur de son père. Comme lui blonde et frisée, comme lui expansive et frivole, elle pouvait soudain s'enfermer sans raison apparente dans l'apathie mélancolique des dépressives. Le charme qui émanait de la personne de sir Christopher, admis et reconnu par *the nobility and gentry* [1] — plus spécialement par les dames, encore que certains hommes n'y fussent pas insensibles — avait été fort utile au baronet dans des circonstances ignorées de sa fille. Le même charme chez Janet, dont on avait fêté le quinzième anniversaire sur le bateau, entre Douvres et Calais, restait encore un potentiel inemployé, passif, une sorte de réserve de courant lumineux, comme celui contenu dans la pile électrique inventée par M. Alessandro Volta, qui venait de se retirer, fortune faite, à Côme, sa ville natale.

On s'interrogea beaucoup sur la présence à Vevey de ces deux femmes élégantes, jusqu'au jour où, la période probatoire imposée aux étrangers par la méfiance vaudoise étant écoulée, elles furent invitées à prendre le thé par l'épouse du syndic, en compagnie de la femme du pasteur, de Mmes Ruty, Métaz et autres animatrices ornementales des manifestations mondaines, charitables ou civiques. Lady Moore, cet après-midi-là, satisfit spontanément la curiosité qu'elle savait latente chez les dames de la bourgeoisie veveysanne. Elle s'exprima en français avec, enjolivant certains mots, une pointe d'accent britannique.

— Je suis une parente, éloignée par le sang mais proche par le cœur, d'une gracieuse personne, hélas défunte, lady Margaret Gordon, quatrième fille du comte d'Aboyne, épouse de lord

1. La haute et petite noblesse.

William Beckford. Elle est morte il y a trente ans, le 26 mai 1786, tout près d'ici, au château de La Tour-de-Peilz, après avoir mis au monde, le 14 mai, sa seconde fille, Susan Euphemia. Elle fut emportée par une fièvre puerpérale que le docteur Frédéric Scholl, de Lausanne, médecin et ami de lord Beckford, ne put juguler. Quelques habitants de La Tour-de-Peilz gardent peut-être le souvenir de ma pauvre cousine, qui laissa deux orphelines, l'enfant dont la naissance lui coûta la vie et la sœur aînée de celle-ci, Maria Margaret Elizabeth, âgée de treize mois au moment de la disparition de sa mère.

Cette déclaration suscita dans l'assemblée des exclamations apitoyées et éveilla quelques souvenirs précis. Charlotte Métaz, plus que toutes les femmes présentes, parut intéressée, car les papoteuses de la rue de Bourg avaient souvent évoqué, dans le salon de sa défunte tante, Mathilde Rudmeyer, la personnalité de l'étrange et inaccessible M. Beckford.

— Je me souviens que le major de Blonay avait loué, vers 1785, son château à des nobles anglais très fortunés, mais j'avais douze ans à l'époque et ne m'intéressais pas beaucoup à ce qui se passait à La Tour-de-Peilz, dit simplement la doyenne des invitées.

— J'ai souvent entendu mon oncle, alors portier des Lettres, on dirait aujourd'hui commis des Postes, parler de M. Beckford dont la prestance, l'élégance et l'extrême courtoisie semblaient beaucoup l'impressionner, compléta Elise Ruty, qui avait tout de suite éprouvé de la sympathie pour les deux Anglaises.

— Sir William est en effet un être tout à fait exceptionnel, confirma Elizabeth en s'animant. Il est surtout connu chez vous comme auteur de *Vathek*, conte arabe, dont une nouvelle édition française vient de paraître, grâce à l'un de vos compatriotes ami de l'écrivain, M. le pasteur David Levade. J'en ai vu un exemplaire chez un libraire de Lausanne, où lord Beckford a souvent résidé depuis son veuvage. M. Beckford, qui ne s'est jamais consolé de la mort de sa femme, est présentement âgé de cinquante-six ans et vit retiré du monde dans sa splendide demeure de Fonthill, près de Salisbury. Son goût et sa connaissance de l'art et des mœurs orientaux — il a traduit des manuscrits arabes en français et en anglais — l'ont fait surnommer le calife de Fonthill. Et croyez-moi, mesdames, il savait être, avant son malheur, aussi fastueux qu'un sultan.

Cette assertion incita les Veveysannes à presser l'Anglaise d'en dire plus. Lady Moore y consentit de bonne grâce :

— En 1781, année de sa majorité, M. Beckford donna pour Noël une fête, qui dura trois jours et trois nuits, dans le hall égyptien de son immense demeure. Mes parents, invités, logeaient au château. Toutes les portes et fenêtres avaient été closes, les rideaux tirés et nul visiteur n'était admis à jeter même un simple regard, dans les salons. Ma mère racontait que, les invités, tous jeunes et beaux, s'étant engagés à ne jamais évoquer autrement qu'entre initiés ce qu'ils avaient vécu pendant ces trois jours... et ces trois nuits, rien ne transpira de la folle magnificence de lord Beckford.

— Que de mystère, vraiment ! remarqua la femme du pasteur, imaginant des diableries derrière les rideaux tirés.

— Comme cela devait être amusant ! dit Elise Ruty, l'œil pétillant.

Mrs. Moore approuva d'un signe de tête et d'un sourire la dernière appréciation.

— A la fin de sa vie, mon père, se souvenant de sa jeunesse joyeuse, nommait cet épisode féerique, digne d'après lui d'un conte des *Mille et Une Nuits*, le Grand Sabbat du Palais des Cinq Sens, ce qui, aujourd'hui encore, vous l'imaginez, mesdames, éveille toujours la curiosité de ceux et celles qui, comme moi, n'étaient que bébés en ce temps-là. Ma mère, excellente musicienne, disait avoir conservé dans l'oreille les chants qui montaient du hall où se produisaient les trois plus grands chanteurs italiens du moment : Pacchierotti, Tenducci et Rauzzini. Quant aux mets orientaux, aux pâtisseries suavement parfumées, aux friandises tout miel et pâte d'amandes, ah ! mesdames, il y avait, paraît-il, de quoi se faire Turc sur l'heure !

A cette évocation, les plus jeunes des invitées gloussèrent sans retenue. Non seulement le récit de lady Elizabeth Moore les avait intriguées par son mystère, mais le ton exalté de la narratrice les subjuguait, au point qu'elles oublièrent la défunte Margaret Beckford dont le décès, vieux de trente années, justifiait la présence à Vevey de lady Moore et œ sa fille Janet.

Pendant l'exposé de sa mère, cette dernière n'avait pas cessé de grignoter des gâteaux secs en jetant sur les tableaux qui décoraient le salon des regards détachés. « Peut-être a-t-elle entendu cent fois ce récit, ou sait-elle que les mystères du Palais des Cinq Sens devaient plus aux démons de la Sublime Porte qu'aux séraphins britanniques ! » se dit Charlotte. Elle eût aimé questionner la jeune fille sur les amusements actuels des demoiselles anglaises.

Lady Moore, revenant à son propos initial, expliqua qu'elle avait pour mission de vérifier que l'urne contenant les entrailles de sa cousine trop tôt disparue était toujours ensevelie dans le temple de La Tour-de-Peilz et que ces restes n'avaient subi aucune injure au cours des révolutions, « ni lors du passage des Français qui haïssent si fort tout ce qui est anglais », précisa-t-elle. Déjà, on lui avait communiqué un document rassurant, qui prouvait que la municipalité de la ville avait accepté, dès 1786, la responsabilité d'une pieuse conservation. Le papier fut montré à l'assemblée et la femme du syndic en donna lecture d'un ton grave, qu'elle jugea adapté à la circonstance :

— « En Conseil extraordinaire, le 28 mai, M. le Syndic expose que M. le Major de Blonay l'a chargé de prier ce Noble Corps, de la part de M. Beckford, de permettre d'ensevelir en notre temple les entrailles de Milady sa chère épouse, décédée le 26 courant au château en cette ville, son corps devant être embaumé pour être conduit à Londres, y être inhumé dans la tombe de sa noble famille. Ce que par décision unanime lui a été accordé [1]. »

» Cette pièce, ajouta la lectrice, porte plusieurs signatures, dont celles du doyen Muret, que nous avons toutes connu, et du major de Blonay.

Quand les dames eurent pris congé de lady Moore et de sa fille, après avoir proposé à l'Anglaise toute l'aide qu'elles pourraient souhaiter pendant leur séjour à Vevey, Charlotte offrit d'inviter un jour Janet à faire, avec d'autres jeunes filles, une promenade sur le lac, à bord de la barque des Métaz. Cette proposition parut tirer la jeune Anglaise de son apathie.

— Mère me le permettra certainement et je serai ravie de naviguer sur votre lac : il est si dramatiquement romantique ! dit-elle, avec un charmant accent qui rendait mélodieux son français.

De retour à Rive-Reine, Charlotte Métaz fit sortir et mettre en place les meubles de jardin. Bien que le printemps fût pluvieux, frileux et peu riant cette année-là, l'air devenait par moments assez doux pour autoriser les flâneries sur la terrasse, près du bassin aux dauphins qui crachaient leur eau en jets courbes. Assise face au lac et enveloppée dans un châle, Charlotte goûtait l'amer plaisir de méditer sur le sort de la seule personne qui l'intéressât vraiment : elle-même.

1. Document extrait des Manuaux du Conseil de La Tour-de-Peilz et cité par L. Seylaz dans la *Gazette de Lausanne*, 28 août 1932, puis par Silvio Corsini dans le catalogue de l'exposition *Un calife à Lausanne*, organisée du 10 décembre 1987 au 30 janvier 1988, à l'université de Lausanne.

La rencontre avec Mrs. Moore avait aggravé chez elle la mélancolie et la torpeur qui l'accablaient depuis des mois.

— Je me fane, avait-elle gémi un soir devant Flora, toujours aussi vive et remuante.

Les dénégations de l'amie ne pouvaient combattre l'impartialité des miroirs ni tromper le mètre de la couturière ! La belle Mme Métaz prenait de l'embonpoint, de la poitrine ; sa taille, longtemps fine, épaississait ; il lui venait un supplément de menton, alors que, en dépit de soins quotidiens, la peau de son visage se plissait en ridules malignes autour des yeux et de la bouche. Malgré une blondeur entretenue par la méthode vénitienne, elle trouvait sur sa brosse plus de cheveux blancs que de fils dorés qui avaient, quinze ans plus tôt, inspiré à Blaise de Fontsalte le doux prénom de Dorette. Depuis plus d'un an, elle ne s'était pas entendue appelée ainsi et sa maussaderie, dont se plaignait Guillaume, gras et rougeaud comme un abbé, toujours dispos, entreprenant, laborieux à l'excès, tenait surtout à l'absence prolongée de l'homme qu'elle n'osait même plus, dans ses secrètes pensées, nommer amant.

Après la défaite de Waterloo, elle avait été des mois sans nouvelles, jusqu'à ce qu'elle trouvât, en novembre 1815, au moulin sur la Vuachère, une longue lettre de Claude Ribeyre de Béran, qu'un mystérieux messager avait imprudemment glissée sous la porte. Le général annonçait que Fontsalte avait attendu en sa compagnie à Rochefort, jusqu'au 15 juillet 1815, le départ de Joseph Bonaparte pour les Etats-Unis en espérant, comme ce dernier, que Napoléon accepterait de passer, lui aussi, en Amérique. « Mais l'empereur, qui croyait encore à un changement de fortune, a préféré demander noblement un asile aux Anglais. C'était mal connaître la fourberie de ce peuple de boutiquiers hypocrites. Vous devez savoir, à l'heure qu'il est, Madame, comment les fils d'Albion conçoivent l'hospitalité que l'on doit à un soldat malheureux », avait écrit l'ami de Blaise.

Le message de Ribeyre était surtout destiné à informer Mme Métaz que Fontsalte s'était, lui, embarqué pour les Etats-Unis avec Joseph Bonaparte. Mais il ne s'agissait pas, pour le général, d'une installation définitive outre-Atlantique. Elle pouvait donc s'attendre à le revoir dans un délai plus ou moins long. Blaise ne manquerait pas de lui écrire dès qu'il pourrait faire passer un courrier.

« Soyez assurée, et je me suis engagé à vous le dire à la demande réitérée de mon ami, que M. de Fontsalte ne vous oublie pas, que son plus cher désir — ce furent ses propres mots quand il monta à bord du brick *le Commerce*, le 15 juillet — est de revenir auprès de vous, au bord du Léman, oublier de trop longues fatigues et goûter à vos genoux la paix de votre heureux pays. »

Depuis, Charlotte avait reçu deux lettres de Blaise, dans lesquelles le général racontait son départ de Rochefort, son arrivée à New York, l'établissement du roi Joseph à Philadelphie et sa propre installation à Boston, où il avait trouvé, pour subsister, un emploi de maître de français. Il se préparait à recevoir Claude Ribeyre et n'osait fixer de date pour son retour, « les sbires de Louis XVIII ne souhaitant rien plus que mettre la main au collet des anciens officiers des Affaires secrètes, afin de les livrer au peloton d'exécution » !

L'océan, que le destin mettait entre Charlotte et son amant, conjuguait pour cette femme gâtée par la vie, l'espace et le temps. De la même façon que les terriens perçoivent la lumière venue d'étoiles déjà mortes, les messages de Blaise semblaient émaner d'un être aussi désincarné qu'un souvenir. Les journaux avaient beau vanter l'organisation récente du service postal aux Etats-Unis, une lettre mettait de six à huit semaines pour parvenir à Lausanne. L'homme dont elle lisait les mots tendres était-il encore celui qui les avait écrits ?

La rencontre de cette dame anglaise, si parfaitement « comme il faut », tellement à l'aise dans un salon et qui paraissait si heureuse, incitait Charlotte à des comparaisons irritantes. Physiques d'abord, car, d'après l'hôtelier qui avait vu les passeports de Mrs. Moore et de sa fille, la belle Elizabeth n'avait qu'un an de plus qu'elle ; sociales ensuite, parce que Guillaume, s'il eût été moins économe, aurait pu permettre à sa femme de mener, ailleurs qu'à Vevey, une vie comparable à celle des dames de la haute société britannique. Mme Métaz ne pouvait s'ouvrir de ces choses qu'à Flora, sans cacher son amertume.

— Cette lady Moore me paraît une femme si complète, si achevée dans sa féminité, que je me demande si elle a jamais été une petite fille, si jamais elle eut le menton barbouillé de confiture et les mains sales, si jamais elle a joué à la poupée. Elle semble être venue au monde ainsi que nous la voyons. Comme un être qui serait passé directement de la nursery au salon !

— De la nursery à l'alcôve, veux-tu dire, persifla Flora, qui avait tout de suite détesté l'Anglaise.

— On raconte, c'est Pernette qui le tient d'une femme de chambre des Trois-Couronnes, que lady Moore a des moyens secrets pour préserver sa beauté des atteintes du temps. Car, hein, nous avons à peu près le même âge, toutes les trois !

— Des moyens secrets !

— On dit que, pour avoir les narines minces et serrées, elle passe des heures avec une pince à linge au nez ! Que, pour conserver des chevilles fines, elle les bande tous les soirs et dort les jambes en l'air ! Que, pour aviver son teint, elle s'applique sur les joues des rondelles de concombre ! On a vu sa camériste en acheter au marché des quantités, alors que ces dames prennent tous leurs repas au restaurant de l'hôtel.

Ces recettes de beauté déclenchèrent l'hilarité de Flora et Charlotte en fut vexée.

Si Mme Métaz avait été moins obnubilée par sa propre déréliction, elle aurait pu partager avec les Vaudois qui n'appartenaient pas à la classe privilégiée des inquiétudes plus concrètes. Les autorités fédérales ne cachaient pas que plusieurs cantons risquaient de connaître, en fin d'année, la famine oubliée depuis des décennies, si le temps, exceptionnellement humide et froid, compromettait de façon pernicieuse les récoltes. On murmurait que les blés, couverts d'une grosse épaisseur de neige pendant l'hiver précédent, manquaient de force, que le vignoble souffrait d'une pluviosité excessive et d'un manque tragique de soleil. On espérait, certes, les bienfaits d'un été capable de compenser de telles déficiences climatiques mais Simon Blanchod, qui avait l'expérience de mauvaises années d'autrefois, conseillait à Guillaume d'acheter des blés, de l'avoine et toute sorte de céréales, et même des fromages de la Gruyère, en prévision de l'hiver à venir.

— Si la disette s'installe, tu y trouveras ton compte, mon gars, et tu me remercieras. Et puis ne vends pas trop de vin des dernières saisons. Garde-le en tonneau. Si la vendange est mauvaise, les cours monteront à Genève et à Soleure.

M. Métaz suivait souvent les avis du vieux vigneron. Il fit construire deux nouveaux greniers et engrangea du grain en même temps qu'il détachait une équipe de carriers pour participer à la démolition de l'ancienne douane, située à l'entrée de la rue du Sauveur, tout près de sa maison. Quand le service des péages fut transporté de l'autre côté de la place du Marché, dans l'ancienne demeure de Jacques-Philibert d'Herwart, Guillaume fournit les matériaux nécessaires à la construction d'une fontaine, surmontée d'un obélisque, offerte à sa ville natale par M. Vincent Perdonnet, qui avait fait fortune comme agent de change à Paris.

Une autre menace, moins publique mais tout aussi réelle, pesait plus particulièrement sur le canton de Vaud. La défaite de la France, rendue aux royalistes, et la fondation d'une Sainte-Alliance, sorte de pacte pseudo-mystique, véritable instrument de répression antirévolutionnaire à l'échelle de l'Europe, conduisaient bonapartistes et anciens conventionnels à se réfugier en Suisse. Les souverains alliés, le tsar Alexandre Ier, l'empereur d'Autriche et le roi de Prusse, se posant en défenseurs intransigeants de la foi et de la monarchie, exigeaient du Conseil d'Etat fédéral que les autorités cantonales recherchent, arrêtent, expulsent les proscrits.

La Diète helvétique avait aussitôt signifié aux cantons « qu'ils ne doivent souffrir sur le territoire suisse aucune des personnes qui ont conspiré contre Sa Majesté Louis XVIII ». Tout en accueillant avec respect les consignes fédérales et les admonestations des ambassadeurs étrangers, dont le français, Auguste de Talleyrand, n'était pas le moins exigeant, les dirigeants du canton de Vaud ne manifestaient aucun empressement pour agir contre les « indésirables ». Eussent-ils donné des ordres propres à satisfaire Metternich et les réactionnaires, que les gendarmes vaudois, soutenus par la population, se seraient empressés de prévenir les gens menacés, voire de les cacher ou d'organiser leur fuite !

La seule satisfaction accordée aux nouveaux maîtres de la France par les autorités de Genève, moins bien disposées que les vaudoises à l'égard des Français, avait été l'obligation pour Hortense, fille de la défunte Joséphine, devenue duchesse de Saint-Leu par la grâce de Louis XVIII, sous la première restauration, d'avoir à quitter le château de Pregny, hérité de sa mère. Ce domaine genevois était jugé trop proche de la frontière française !

Hortense, à qui les dames de Vevey avaient rendu visite pendant son séjour en Suisse, en 1815, résidait à Constance, dans une maison sans confort, avec son plus jeune fils Louis-Napoléon[1], âgé de huit ans. Son fils aîné, le prince Napoléon-Louis, avait rejoint son père, l'ex-roi de Hollande, à Rome.

Si les dames de Vevey s'entretenaient avec sympathie de celle qu'elles nommaient toujours la reine Hortense, elles se montraient plus sévères pour l'ex-impératrice Marie-Louise. Les journaux ayant rapporté que la duchesse de Parme s'était enfin décidée à

1. Le futur Napoléon III.

visiter son duché — où elle était arrivée le 19 avril sans son fils, le roi de Rome, mais avec M. Neipperg — les commentaires allaient bon train dans le cercle des Métaz. Flora, qui recevait souvent des journaux italiens, raconta qu'à Parme Marion avait entendu les gens crier sur son passage : « Viva Napoleone il Grande e sua felice sposa. »

— La place d'une femme est auprès de son mari quand il est dans le malheur. Elle devrait donc se trouver à Sainte-Hélène, pour partager la captivité de Napoléon, comme elle a partagé autrefois ses privilèges, commenta Guillaume.

— Elle devrait aussi y emmener leur fils. Au lieu de cela, elle s'en va danser en Italie et laisse son enfant aux mains des Autrichiens, qui sont toujours les ennemis des Français et tiennent sous leur coupe la Romagne et la Vénétie ! renchérit Flora.

Bien qu'ayant toujours détesté Napoléon, celle-ci raisonnait en femme italienne pour qui la famille représente une cellule sacrée. Charlotte Métaz, à l'étonnement de son mari et de Flora Baldini, fut seule à prendre la défense de l'ex-impératrice.

— N'importe comment, le mariage de cette Autrichienne avec Napoléon était une union politique. Il n'y a sans doute jamais eu d'amour entre les époux. Ce que l'empereur voulait, c'était l'héritier que la bonne Joséphine n'avait pu lui donner. Alors, Marion a bien rempli ses devoirs. Qu'elle profite maintenant de sa liberté !

Martin Chantenoz, qui venait de vider coup sur coup plusieurs verres de vin, toussota d'une façon ironique, ce qui alerta Charlotte. Le poète pressentait que, certains jours, Mme Métaz, estimant, elle aussi, avoir bien rempli, aux yeux de tous, son rôle d'épouse et de mère, rêvait d'une certaine liberté !

Comme la déclaration de Charlotte risquait d'ouvrir une de ces disputes dont on faisait à Rive-Reine le délice des soirées, Simon Blanchod, le doyen écouté et respecté, estima qu'il était assez tard et donna le signal de la séparation.

— Je ne vois rien d'immoral, en effet, dans l'attitude de Marie-Louise, dit gravement Martin en saluant la compagnie.

Au lendemain de la réception organisée par la femme du syndic, Mrs. Moore fit porter à celle-ci un grand flacon d'eau de lavande et à Charlotte Métaz, pour la remercier par avance de son invitation à une promenade sur le lac, un coffret de bois de santal qui contenait trois savonnettes parfumées.

Ces attentions permirent aux Métaz de nouer des relations privilégiées avec les dames anglaises, comme les nommait Guillaume, enchanté que sa femme fût la bourgeoise veveysanne la plus prisée de la très aristocratique lady. Axel, présenté à Mrs. Moore et à sa fille, devint, en quelques jours, l'accompagnateur attitré de la jeune fille. Comme sa mère, Janet remarqua tout de suite le regard bicolore de ce bel adolescent dont la taille, l'assurance, les traits virils et la distinction naturelle ne pouvaient manquer de séduire.

Axel promena Janet sur le lac avec les jumelles Ruty, la conduisit à Belle-Ombre dans le cabriolet de sa mère, lui ouvrit les chais où se bonifiaient, dans d'énormes tonneaux de chêne clair, les vins des Métaz. Comme la jeune fille sortait d'un caveau un peu étourdie par les effluves vineux, elle osa, pour la première fois, évoquer le regard d'Axel.

— Vos yeux sont difficiles à regarder. Je n'en ai jamais vu de semblables, c'est un accident ou...

— Non, je suis né avec ces yeux-là. C'est une anomalie... naturelle, pas une maladie, s'empressa de répondre le garçon d'un ton sec.

Janet, consciente de sa bévue, crut bon d'ajouter une considération propre à augmenter l'agacement d'Axel, mais qui, au contraire, l'amusa.

— Chez nous, on dit d'un cheval qui a les yeux comme vous qu'il est *walleyed*.

— Alors, je suis comme un cheval anglais, miss ! dit Axel en riant, ce qui accrut à tel point la confusion de la jeune fille qu'elle enchaîna dans sa langue maternelle :

— *But have you... good eyesight*[1] ? demanda-t-elle, gentille et rougissante.

— *I have eyes for nobody but you*[2] ! répliqua-t-il sur le même ton, prouvant ainsi qu'il possédait assez d'anglais pour faire un compliment en forme de déclaration.

Janet se détourna pour dissimuler une délicieuse émotion, puis, avec une vivacité expéditive, posa ses lèvres fraîches sur la joue de son compagnon. Ce baiser maladroit, presque brutal, émut Axel sans le troubler. Initié par Tignasse aux embrassades voluptueuses,

1. Mais avez-vous... une bonne vue ?
2. Je n'ai d'yeux que pour vous !

il prit ce geste pour ce qu'il était : emportement innocent et tendre d'une enfant.

Il devint vite évident pour les Métaz et leurs familiers que la jolie miss Janet se plaisait en compagnie d'Axel. Les adolescents passaient des heures ensemble, à parler de tout et de rien. Le garçon découvrit bientôt que les études des jeunes filles de l'aristocratie d'outre-Manche se limitaient à la lecture de quelques auteurs anglais du XVIIIe siècle — comme Pope, lady Montagu, la Mme de Sévigné britannique, Tobias Smollett, Henry Fielding, Olivier Goldsmith et Samuel Richardson — aux danses anglaises, aux jardins anglais, à la broderie anglaise, aux courses de chevaux, au théâtre de Shakespeare et de Sheridan, à l'équitation, au jeu de volant, à la meilleure manière de commander aux domestiques, d'organiser un thé, un raout, un dîner, un bal et à la pratique de la religion anglicane, qui avait ses évêques comme la catholique. Tout cela afin d'avoir un comportement aisé, digne et avantageux pendant la *season* de Londres, qui durait de mai à fin juillet, c'est-à-dire durant le temps où l'on ne pouvait chasser à courre ou autrement.

— Ainsi, cette année, nous manquons la saison, c'est maman qui a voulu qu'il en soit ainsi. Elle a sans doute ses raisons, mais j'ai pleuré trois jours quand elle m'a dit, deux semaines avant le premier bal à Park Lane, que nous partions pour la Suisse. Savez-vous que j'avais appris le quadrille et que je comptais bien me distinguer à cette occasion !

— Vous distinguer ? Et pourquoi et comment ? s'étonna Axel.

— Parce que c'est le moment où les jeunes messieurs cherchent une future épouse possible parmi les jeunes filles de leur monde. Et je vais avoir seize ans à la prochaine saison et je serai présentée à la cour !

Martin Chantenoz, à qui son élève rapportait avec humour les propos de miss Janet, conseilla à Axel de profiter de cette relation pour perfectionner son anglais en obligeant la demoiselle à user avec lui de sa langue maternelle.

— Depuis que je lui donne des cours pour faire plaisir à tes parents, que je vois bien entichés de ces Anglaises, la petite miss a fait de grands progrès dans notre langue ! Alors...

— Mais elle veut perfectionner son français avec moi, Martin ! La courtoisie m'oblige à... et puis j'aime beaucoup mieux parler anglais avec sa mère. Elle sait parfaitement me reprendre, avec intelligence et gentillesse, quand je commets une faute et m'aider à trouver le juste accent. Mrs. Moore est une femme admirable, d'une beauté fascinante. Une grande dame vraiment. Je la trouve autrement séduisante que sa fille, qui est agréable à regarder, drôle mais simplette.

— Eh, eh, eh! Je me suis bien aperçu de ta préférence, dit Chantenoz d'un air entendu.

M. Métaz avait, lui aussi, remarqué, lors de dîners auxquels Charlotte conviait de temps en temps les étrangères, combien son fils marquait d'attentions à Mrs. Moore, surtout quand il s'adressait à elle en anglais, langue incompréhensible pour Guillaume. Mais ce dernier déduisait de cette attitude tout autre chose que le précepteur.

— Plaire à la mère pour avoir la fille, c'est une tactique, fit-il remarquer à sa femme, après une de ces réunions.

— Axel n'a pas besoin de faire d'effort, mon bon Guillaume, la petite Moore est coiffée, c'est sûr! répliqua Mme Métaz, rêvant pour son fils d'un grand mariage à Westminster.

Les fréquentes sorties, souvent sans chaperon, d'Axel et Janet finirent par éveiller la jalousie de Nadine et Nadette Ruty. Les jumelles se sentaient dépossédées de leur compagnon de jeu, de randonnées montagnardes et de pêche. La frustration était plus sensible encore depuis qu'elles avaient reçu un fusil, comme le fils Métaz, mais n'étaient autorisées à chasser qu'en compagnie de Simon Blanchod et de leur ami d'enfance.

Quand les Moore s'absentèrent pour une visite à la mer de Glace de Chamouny, le trio se reforma spontanément. Un soir, au bord du lac, alors que les jumelles venaient, comme souvent, de taquiner leur camarade d'enfance à propos de son flirt supposé, qu'elles nommaient toujours « l'Anglaise », le jugement d'Axel fut sollicité par les sœurs.

— Toi qui es un garçon, veux-tu nous dire laquelle de nous deux embrasse le mieux? demanda Nadette.

— A seize ans, une fille doit savoir si elle embrasse bien et il n'y a qu'un garçon, en qui elle a confiance, qui puisse le lui dire, compléta Nadine.

— Je vous trouve bien audacieuses, mesdemoiselles, et...

— Oh! ça va, ça va, fais pas le benêt. Tu as bien dû en embrasser d'autres! Et l'Anglaise surtout! Non? s'écrièrent en chœur les adolescentes.

Allongé sur l'herbe entre les deux sœurs, Axel fut surpris par l'impétuosité de ses robustes compagnes.

— Je commence, lança Nadette en se jetant sur lui.

Elle plaqua ses lèvres chaudes et charnues sur celles du garçon avant qu'il ait eu le temps d'esquiver le baiser.

— A toi maintenant, dit Nadette à sa sœur en se redressant, le feu aux joues.

Axel ne pouvait refuser de bonne grâce à Nadine ce que Nadette avait obtenu par surprise. Comme le baiser se prolongeait, devenait savoureux, et qu'il sentait palpiter le buste de la jeune fille, manifestement enflammée par là démonstration, il se dégagea, sentant que le jeu, innocent en apparence, risquait de dégénérer. Les jumelles, ardentes de tempérament et d'une franchise rustique, semblaient en savoir plus sur les rapports homme-femme qu'il n'aurait osé l'imaginer. Un désir libertin l'effleura. Pourquoi ne pas devenir l'amant, peut-être l'initiateur, des deux sœurs ? Mais il rejeta avec scrupule cette pensée.

— N'est-ce pas moi qui embrasse le mieux ? demanda Nadine en passant une langue gourmande sur ses lèvres.

— Bien sûr, toi, ça a duré plus longtemps ! protesta Nadette en faisant mine de recommencer.

— Cessons ce jeu, dit vivement Axel. Je ne veux pas choisir entre vous, d'abord parce que vous êtes identiques et qu'une fois le choix fait je ne saurais plus distinguer celle à qui revient la palme. Pâris eut moins de mal à se prononcer devant les trois Grâces !

— D'abord, nous ne sommes que deux et nous avons une petite différence que tu ne connais pas ! On lui montre ? dit Nadette à sa sœur.

Il ne put prévenir leur geste. Elles ouvrirent simultanément leur blouse et exhibèrent sans gêne leurs seins qu'elles avaient l'une et l'autre d'une provocante insolence.

— Tu vois, j'ai deux grains de beauté là, dit Nadine en désignant de minuscules taches brunes, proches de l'aréole du sein gauche.

— Et moi je n'en ai qu'un là, fit Nadette en mettant le doigt sous l'aréole de son sein droit.

En prime à cette exhibition, les filles exigèrent qu'Axel déposât deux baisers sur le sein gauche de Nadine, un seul sur le sein droit de sa sœur ! Cette épreuve câline, dont Axel n'eut pas loisir de se demander si elle révélait une redoutable innocence ou procédait d'une sensualité déjà maîtrisée, avait de quoi émoustiller un garçon.

— Je vous aime toutes les deux autant l'une que l'autre et je ne ferai jamais de différence entre vous, conclut-il en déposant un second baiser sur le sein de Nadette avant de refermer la blouse de la jeune fille.

— Tu es donc notre amoureux à toutes deux ! Nous sommes jalouses de l'Anglaise mais nous ne le serons jamais l'une de l'autre, tu sais ! déclara Nadine.

— Mais, si un jour tu voulais te marier, laquelle choisirais-tu ? On ne peut pas épouser deux femmes à la fois ! observa Nadette.

— J'en choisirais une troisième, pardi ! lança Axel.

— Ça, c'est méchant ! s'écria Nadine.

— Très méchant, renchérit Nadette.

— Tu pourrais épouser celle de nous deux que nous tirerions au sort et puis... on passerait nos jours tous les trois ! proposa Nadine.

— Nos jours... et... pour nos nuits, quel arrangement voyez-vous ? Il faut y penser, demanda malicieusement Axel, entrant à nouveau dans le jeu.

— Eh bien, eh bien..., c'est simple : Nadine pour les nuits des jours pairs et moi pour les nuits des jours impairs, lança Nadette en s'esclaffant.

Axel parut réfléchir gravement.

— Quelque chose ne va pas dans cet arrangement. L'une de vous serait fatalement désavantagée...

— Comment ça, désavantagée ? firent d'une seule voix les demoiselles.

— Oui, désavantagée... Ne savez-vous pas que l'année compte sept jours impairs de plus que de jours pairs ?... sans compter les années bissextiles, lança Axel en riant.

— Oh ! tu te moques de nous, tu te moques..., firent-elles en chœur.

— Oui, je me moque de vos drôles d'idées, qui ne devraient pas venir à l'esprit de demoiselles bien élevées, reconnut-il en se levant et en tendant les mains à ses amies.

Toutes deux se mirent à rire en boutonnant leur blouse. Puis elles lui plaquèrent avec fougue et d'un même élan de gros baisers enfantins sur les joues.

Et tous trois, bras dessus, bras dessous, prirent le chemin de la ville, heureux d'être jeunes, à l'aise dans leur corps, contents d'être ensemble, unis par une affection que les jeunes filles prenaient pour de l'amour et que le garçon savait déjà n'être que le désir masqué qui, soudain, saisit les filles pubères.

Avec Elizabeth Moore, l'enjeu était différent et Axel ne s'y trompait pas. Mais la dame anglaise envisageait-elle aussi la trouble perspective d'une aventure sensuelle, où sa fille servirait d'écran, peut-être d'alibi aux amants ? Le soir où, raccompagnant, à la demande de sa mère, les dames Moore à leur auberge, Axel se trouva seul un moment avec la mère, pendant que la fille allait quérir dans sa chambre un livre qu'elle voulait lui prêter, il profita du bref tête-à-tête pour prendre sans hésiter l'offensive. Saisissant la main de Mrs. Moore, il y déposa un baiser plus appuyé qu'il ne convenait. La pression des doigts de la femme et le regard ironique, mais intéressé, qu'elle posa sur le garçon furent perçus par ce dernier comme un encouragement.

Avant que Janet ne paraisse, il osa glisser :

— Demain, ma barque sera amarrée à dix heures, dans l'anse, derrière le château de La Tour-de-Peilz. Viendrez-vous... seule ?

— Et, si je disais « oui »..., que penseriez-vous de moi, jeune homme ? souffla-t-elle, entendant le pas de Janet dans l'escalier.

— Je penserais que vous êtes non seulement la plus belle mais aussi la plus généreuse des femmes, madame ! s'empressa de répliquer à voix basse le garçon.

L'apparition de miss Moore interrompit le marivaudage. Axel prit congé sans avoir pu déceler sur le visage de celle qu'il nommait déjà, à part soi, Eliza, la promesse escomptée.

Il mit, ce soir-là, beaucoup de temps pour trouver le sommeil. Mais, parce qu'il devenait assez présomptueux et croyait déjà connaître les femmes — Rosine Mandoz ne lui avait rien refusé, Janet ne dissimulait guère son goût pour lui et les sœurs Ruty ne demandaient qu'à se livrer — il s'endormit confiant. Eliza viendrait au rendez-vous. N'avait-il pas choisi l'heure où Janet prenait son cours de français chez Chantenoz ?

Contrairement à cette prévision, Mrs. Moore ne vint pas. Axel attendit, s'impatienta, tantôt guettant sur le chemin d'entre deux villes, tantôt se dissimulant aux regards des passants qui pouvaient le reconnaître. Puis il se résigna, l'heure étant largement passée, à rentrer à Rive-Reine. Déçu, vexé, honteux de l'audace démesurée et de la présomption dont il avait fait preuve, il se fustigea, se dit qu'il ne pourrait jamais·plus se trouver en présence de cette femme, qu'elle devait rire de son impertinence puérile, qu'elle était sans doute fâchée et prête à raconter à Dieu sait qui, à Mme Métaz peut-être, la conduite irrévérencieuse et outrecuidante de son fils.

Pendant plusieurs jours, il évita de passer rue du Simplon, devant les Trois-Couronnes. Il quittait la maison à l'heure du thé, quand sa mère risquait de recevoir Mrs. Moore comme souvent. Puis, après quelques jours, il apprit par Janet, qui toujours l'attendait après son cours de français chez Chantenoz, qu'Elizabeth, ayant été souffrante, se remettait en gardant la chambre et qu'il serait aimable d'aller la distraire un moment car elle s'ennuyait.

— Maman m'a demandé de vous dire que vous pourriez lui faire visite entre trois et cinq heures, cet après-midi. Elle sera seule, car j'ai mon cours de piano. Je ne pourrai lui tenir compagnie et votre mère m'a dit qu'elle ne rentrera de Lausanne que demain. Alors, allez voir maman, ça lui fera plaisir.

Axel, réconforté mais inquiet, redoutant l'accueil de Mrs. Moore, ses moqueries ou sa commisération, se rendit à l'auberge, un paquet de livres à la main. Il trouva Eliza, dans sa chambre, les cheveux défaits, sans maquillage, allongée sur une méridienne, face au lac, devant la porte-fenêtre ouverte malgré la pluie fine qui mouillait le balcon.

— Notre lac est plus beau sous le soleil, n'est-ce pas, dit-il, se forçant au naturel et n'osant approcher.

Gracieuse, elle le pria de venir près d'elle, lui désigna un pouf et lui prit la main avec l'insistance d'une malade cherchant le contact d'un être en bonne santé. Chemin faisant, il s'était juré de s'abstenir de toute allusion au rendez-vous manqué, mais ce fut elle qui, tout de suite, l'évoqua :

— J'ai beaucoup regretté de ne pouvoir aller me promener avec vous en barque, l'autre jour. Cela à cause d'un petit malaise féminin sans gravité qu'on appelle migraine, mais qui m'a obligée à garder le lit. Je n'ai su comment vous prévenir de cet empêchement subit, car j'avais cru comprendre qu'il s'agissait d'un rendez-vous secret, d'une rencontre que tout le monde devait ignorer, n'est-ce pas ?

— Autrement, vous seriez venue ? demanda Axel.

— Je serais venue, cher garçon. Croyez-vous que je n'ai pas déchiffré le message que m'adresse, quelquefois très audacieusement, votre si étrange regard, votre fascinant et double regard, lapis-lazuli et topaze brûlée ! Message auquel, bien sûr, je ne puis répondre... en public !

Le sourire d'Eliza Moore reflétait une telle douceur consentante et ses sombres pupilles, derrière le friselis des longs cils, tant de promesses, qu'Axel tomba à genoux devant la méridienne et couvrit de baisers fougueux la main qu'on lui abandonnait.

D'attendrissements en cajoleries, de caresses en baisers, de câlineries en attouchements, elle attira le garçon contre elle, l'embrassa goulûment, exprimant ainsi qu'elle partageait son désir. Axel, encore craintif, un peu désorienté par le trop prompt abandon de cette femme, eut alors la certitude qu'elle acceptait d'aller au-delà des mignardises. Mrs. Moore ne portait qu'un déshabillé mousseux sur une chemise de nuit ténue qui ne laissait rien ignorer d'un buste luxuriant, d'une taille dont Axel sut plus tard qu'il pouvait presque l'enserrer dans ses grandes mains. De la méridienne au lit, il n'y avait que trois pas.

— Soyez assez patient pour prendre le temps de pousser le verrou, dit-elle en abandonnant son dernier voile sur le tapis, avant de se couler nue entre les draps.

Les semaines qui suivirent furent, pour Axel, une période de griserie des sens et d'angoisse morale. Eliza Moore, dont le registre voluptueux était beaucoup plus étendu, varié et subtil que celui élémentaire et fruste enseigné par Tignasse, étourdissait son jeune amant. L'Anglaise vénusiaque faisait des prémices de l'étreinte une liturgie affolante, une exquise torture, une attente délectable, conduisant Axel à implorer le don qu'elle différait par des dérobades tantalisantes, avec un art consommé et une science avérée du corps masculin.

Elle organisait, avec une audace qui le terrifiait, des rendez-vous en des lieux inattendus comme le vieux cimetière Saint-Martin, les dépendances de l'hôtel, une masure abandonnée dans les vignes. Ayant fixé une heure et choisi un lieu écarté pour rencontrer Axel sur la route de Chardonne ou de Blonay, elle arrivait dans son coupé couleur aubergine, se débarrassait du cocher en l'envoyant chercher un verre d'eau dans une ferme, tandis qu'ils s'enlaçaient dans la voiture. Eliza montrait cependant une préférence pour la barque d'Axel, dans laquelle elle osait s'allonger dévêtue tandis qu'il ramait à bonne distance du rivage en évitant d'approcher les pêcheurs qui connaissaient son bateau.

Comme lady Moore ne pouvait accueillir souvent le fils Métaz dans sa chambre, ce qui eût attiré l'attention des domestiques, Eliza faisait preuve d'une imagination diabolique pour obtenir, quand l'envie lui venait, une brève étreinte du garçon. Il arriva un après-midi qu'ayant invité Mme Métaz à prendre le thé avec d'autres dames, sur la terrasse de l'hôtel, elle s'esquiva soudain, sous prétexte d'aller chercher un ouvrage de tapisserie qu'elle voulait montrer à ses amies. Quand elle apparut au balcon de sa

chambre, donnant des signes d'agitation, toutes levèrent anxieuse-
ment la tête.

— Axel, pouvez-vous monter, je vous en prie, il y a un rat, je ne
peux plus sortir, il est devant la porte ! lança-t-elle du ton
exagérément alarmé que prennent les femmes dans ce cas.

Axel se précipita, gravit l'escalier en courant et trouva Eliza nue
sur son lit lui tendant les bras.

— Pousse le verrou et viens vite !

— Mais... si Janet ou... une autre monte ?

— Personne ne viendra. Elles ont trop peur des rats, dépêche-
toi !

Longtemps, Axel Métaz se souvint d'avoir, ce jour-là, satisfait
Eliza en entendant le caquetage des femmes et le cliquetis des
couverts d'argent contre la porcelaine !

Une autre fois, ils s'étreignirent à la sauvette dans la salle d'étude
de Rive-Reine, et aussi dans la chambre du château de La Tour-de-
Peilz où était morte, trente ans plus tôt, Margaret Beckford. Janet,
qui croyait à l'existence de fantômes opportunément évoqués la
veille par sa mère, avait refusé d'accompagner celle-ci. Axel,
devinant le stratagème, s'était aussitôt proposé. En revanche, ils
s'aimèrent plus confortablement l'après-midi à Belle-Ombre, dans
le lit où Axel avait été conçu seize ans plus tôt, et, d'une façon plus
risquée et silencieuse, pendant trois nuits, « chez Mathilde », à
Lausanne, où Mme Métaz avait invité Mrs. Moore et sa fille. Axel
rejoignit Eliza dans sa chambre, alors que sa mère, sa sœur
Blandine et Janet dormaient à l'étage inférieur.

Après les intermèdes les plus hardis, le garçon se sentait un peu
confus et même mal à l'aise en retrouvant la compagnie, alors que
Mrs. Moore, avec un parfait sang-froid, sa toilette rétablie,
rejoignait les invités en racontant avec force détails l'incident
imaginaire qui avait motivé son absence. Parfois, elle poussait
même le jeu pervers jusqu'à faire remarquer, comme à Lausanne,
qu'Axel avait petite mine, travaillait, ou lisait trop... la nuit !

En quelques semaines, Elizabeth Moore apprit à Axel Métaz
l'art amphibologique de la dissimulation. Attitudes méditatives,
façons distantes, *self-control,* comme elle disait, estimant que le
mot français sang-froid ne traduisait qu'imparfaitement la notion
positive de la maîtrise de soi à l'anglaise : tout devait concourir à
dissimuler aux autres sentiments, envies, peines ou bonheur.
D'autant plus, ajoutait-elle, citant approximativement Epicure,
que : « Tous les vrais plaisirs sont d'ordre physique. »

En femme qui aimait l'amour comme on aime le vin, c'est-à-dire en tant que substrat d'une griserie, Eliza avait apprécié que le garçon fût à la fois très jeune, doué d'une sensualité délicate mais résistante et déjà assez instruit des gestes de l'amour pour se comporter en homme, en amant compétent. Car lady Moore n'avait pas vocation à jouer, comme autrefois Tignasse, les initiatrices pour puceaux !

Axel n'était entré dans cette aventure que pour satisfaire le désir qu'il avait de posséder une belle dame, mais, très vite, il devint amoureux d'Eliza. Comme tout homme épris d'une femme mariée qui lui a ouvert les bras sans atermoiement ni scrupule apparent, il finit par poser des questions sur le mari oublié. D'après Janet, sir Christopher était un excellent père, se conduisait toujours en parfait gentleman, gérait avec sagesse ses domaines, fréquentait les cercles les plus fermés de Londres, avait son couvert chez les ministres, ses entrées à Buckingham et, surtout, chassait à courre avec les plus grands noms d'Angleterre.

Mrs. Moore, devinant le sentiment qui poussait Axel, refusa d'abord, en prenant un air triste et accablé, de parler de son époux.

— Cher garçon, *my love,* ne parlons pas de ces choses. Je suis heureuse ici avec toi. Ces heures sont des moments privilégiés qui rachètent pour moi bien des jours sombres...

— Vous êtes malheureuse... en Angleterre ? s'inquiéta Axel.

— Aux yeux des gens, je passe certainement pour une femme très heureuse, alors que... la réalité est bien différente, Axel.

— Mais... dites-moi, insista le garçon.

— Non, dis-moi, tu dois dire !

Eliza exigeait en effet qu'il la tutoyât dans leurs moments d'intimité. « C'est un des charmes de la langue française dont les amoureux anglais sont privés... puisque nous ne tutoyons que Dieu et quelquefois les fantômes... dans les poèmes », avait-elle ajouté.

— Alors, dis-moi, je veux savoir pourquoi tu n'es pas heureuse comme on le croit, reprit-il.

— Parce que les choses ne sont pas aussi simples que vous semblez le croire, vous, les Vaudois. Depuis que je suis arrivée ici, j'ai le sentiment que votre lac est un magicien tutélaire et que vos vignes suent de l'or. Sur ses rives, on travaille en paix, on s'aime, on ne semble pas connaître le mal et les turpitudes humaines. Vous avez de la chance de vivre ainsi, dans une sorte de simplicité biblique.

Par atticisme, l'élève de Martin Chantenoz s'insurgea :

— Dis que nous sommes des rustres, des paysans, des êtres primitifs, que tous nos gestes et nos sentiments sont ceux de barbares amollis ! Des gens que la civilisation n'a pas encore atteints, en somme ! fit Axel avec un peu d'humeur.

— Ce n'est pas du tout ce que je veux dire. Je crois, au contraire, que vous êtes sages et de parfaits jouisseurs de la vie. Un décor superbe, un climat sain, du vin sur vos coteaux, des lois justes et, avec ça, sachant plaire et faire plaisir aux femmes..., j'en sais quelque chose, *my sweet boy !*

— Mais tu as l'art de dévier la conversation. Je veux savoir : ton mari est-il... amoureux de toi ?

Mrs. Moore sourit avec tendresse et le regard qu'elle posa sur Axel, à travers la frise de ses longs cils, le jeta confus dans ses bras.

— Je comprends ce que tu veux dire, mais tu n'as pas à être le moins du monde jaloux. Il y a des années que sir Christopher ne m'approche plus, n'entre plus dans ma chambre. C'est clair ?

— Il ne vous aime plus ?

— S'il m'aime, je ne sais. Peut-être comme il aime ses chevaux ! Sans doute pas tout à fait autant, cependant ! Mais nous sommes tous deux issus de familles qui comptent en Angleterre, comprends-tu ? Pour te rassurer, je puis te dire, et j'aimerais que nous en restions là, en tant que femme, je n'intéresse pas sir Christopher. Voilà.

Comme, après cette conversation, Axel assurait une fois de plus Mrs. Moore de sa passion « indéfectible et éternelle » — ce furent ses mots — Eliza lui mit la main sur la bouche.

— Tais-toi, tais-toi ! Tu peux te faire très mal... et à moi aussi ! Il ne faut pas confondre l'engouement passionné des sens avec le véritable amour qui est captation de l'âme ! dit-elle avec un trémolo dans la voix, trahissant un émoi qui n'était pas feint.

Cet entretien satisfit Axel, encore enfantin et bien naïf, malgré la précocité de ses rapports avec les femmes. Désormais, il n'imagina plus Eliza, son Eliza, contrainte de se livrer à un gros homme barbu, arrogant et cruel, qui ressemblait à Henri VIII, dans un lit à baldaquin, au fond d'un sinistre manoir à la Walter Scott, dont il venait de lire le dernier roman historique, *le Lord des îles,* prêté par Janet Moore.

Les dames Moore, comme on les appelait à Vevey, n'étaient pas les seuls sujets de Sa Majesté britannique présents autour du Léman ce printemps-là. A Genève, d'après un chroniqueur local,

ils étaient « presque aussi nombreux que les natifs », mais deux
d'entre eux seulement intéressaient Martin Chantenoz, deux poètes
fameux dont la vie privée défrayait la chronique en Angleterre :
lord Byron, qu'il mettait au rang de Goethe, et Percy Bysshe
Shelley. Les journaux mentionnaient leurs déplacements.

Shelley était arrivé le premier, le 15 mai, en compagnie de sa
jeune maîtresse, Mary Godwin, et de Claire Clairmont, dernière
conquête londonienne en date de lord Byron. Claire et Mary
s'aimaient comme des demi-sœurs qu'elles n'étaient pas, la seconde
étant la fille, d'un précédent mariage, du deuxième mari de la mère
de la première !

Le trio s'était installé à l'hôtel d'Angleterre, chez Jean-Jacques et
Jérémie Dejean, qui avaient, au fil des années, des guerres et des
révolutions, vu défiler de nombreuses célébrités, têtes couronnées
ou découronnées, artistes peintres, écrivains ou acteurs. Ils avaient
même accueilli, en 1783, M. William Beckford et sa jeune épouse,
née Margaret Gordon, alors en voyage de noces.

Puis, le 25 mai, avait débarqué, en grande pompe, chez Dejean,
George Gordon, lord Byron, qui ne s'attendait pas à trouver là
Claire Clairmont, dont il n'était pas amoureux.

Pour éviter la France et les Français qu'il n'aimait guère, le poète
avait quitté Douvres le 25 avril, touché le continent à Ostende,
traversé Gand, Anvers, Malines, bifurqué vers Bruxelles, visité le
champ de bataille de Waterloo avant de continuer sur Carlsruhe,
Bonn, Coblence, Mayence, Mannheim et Bâle. Il voyageait dans
une immense et lourde berline, copie de celle de Napoléon Ier,
fabriquée, spécialement pour lui à Londres, par le carrossier
Baxter, auquel il devait encore le coût du véhicule : cinq cents
livres. Cette voiture faisait partout l'admiration de ceux qui
l'approchaient. Elle contenait en effet un lit, une table à écrire et à
manger, un placard plein de vaisselle et d'argenterie, une bibliothèque bien garnie.

L'auteur de *Childe Harold* était accompagné d'un maître Jacques
se disant philosophe, William Fletcher, d'un médecin, le docteur
John W. Polidori, qui avait appris la médecine à Edimbourg, d'un
valet suisse nommé Berger et de trois servantes anglaises, qui
suivaient, avec les bagages, dans une voiture ordinaire. S'il avait
été, à Londres, l'amant d'une nuit et sans grand empressement de
Claire Clairmont qui le poursuivait depuis de ses assiduités, Byron
n'avait jamais rencontré Shelley avant d'arriver à Sécheron.
Certaines œuvres de ce confrère en poésie et en proscription lui

étaient cependant familières, *Queen Mab,* notamment, qu'il tenait pour un chef-d'œuvre. Les deux hommes sympathisèrent immédiatement et formèrent bientôt, avec Mary, Claire et le docteur Polidori, un groupe fantaisiste qui ne passait pas inaperçu.

Au bout de peu de temps, les Anglais en eurent assez d'être attendus, observés, suivis par des familles entières pour qui l'hôtel d'Angleterre, à Sécheron, était devenu, depuis leur arrivée, un but de promenade.

Les Shelley décidèrent les premiers de fuir les indiscrets. Ils traversèrent le lac, passant de la rive nord à la rive méridionale moins fréquentée, et louèrent à Cologny la maison de Jacob Chapuis connue sous le nom de Mont-Alègre. Quelques jours plus tard, lord Byron et sa suite émigrèrent à leur tour, le poète ayant retenu la plus belle villa de Cologny, propriété de la famille Diodati, dont le fondateur, Alessandro, né en 1459, avait été gonfalonier de Lucques. Un tel patronage ne pouvait que séduire celui qui, avant de quitter l'Angleterre, venait de publier *Parisina,* tragédie à l'italienne.

Au milieu des vignes et des prés pentus, construite à flanc de coteau, la villa Diodati constituait, avec sa terrasse, un belvédère idéal. On y jouissait d'une vue exceptionnelle sur le lac, Genève enclose dans ses remparts et, au-delà de Pregny et Sécheron que les poètes venaient de quitter, sur la chaîne du Jura.

Après une rude montée, une double rangée d'arbres séculaires abritait l'allée qui conduisait à une cour, prolongée par un bouquet de marronniers, sur laquelle ouvrait la maison, construite vers 1710 par Gabriel Diodati. Cette grande bâtisse rectangulaire était sans prétentions architectoniques mais la distribution intérieure en faisait un havre confortable, d'où l'on ne pouvait rien oublier du superbe décor : le Léman, le ciel, les montagnes, la proche cité de Calvin.

Un calme bucolique régnait sur le paysage ; dans les vignes déjà bourgeonnantes grésillaient les grillons et le domaine paraissait assez vaste pour que les plus proches voisins ne soient pas gênants. Lord Byron élut domicile dans une chambre du rez-de-chaussée, côté cour, mais au premier étage côté lac. Pourvue d'une cheminée, la pièce aux murs bleu pâle offrait pour tout décor de fines moulures « dans le genre le plus délicat du XVIIIe siècle » et quelques gravures ayant pour sujet le lac omniprésent et les montagnes. Le poète installa sa table devant une baie et fut enchanté de découvrir que l'ambiance du site « contrastait avec le monde orageux » où il avait vécu [1].

Dès que Chantenoz fut informé de l'installation des deux poètes anglais contemporains qu'il admirait le plus, il n'eut de cesse d'obtenir une introduction pour les approcher avec son élève. Mrs. Moore paraissait toute désignée pour jouer les introductrices, mais elle déçut en éludant la demande du précepteur. Axel n'eut pas plus de chance mais apprit, en revanche, pourquoi Eliza refusait d'intervenir auprès de compatriotes qu'elle n'avait d'ailleurs jamais rencontrés mais que la bonne société tenait à l'écart.

— Ces écrivains ont probablement du talent, cela se dit chez nous, mais ils ne sont, en tant qu'hommes, ni l'un ni l'autre recommandables. Mr. Percy Shelley a abandonné sa femme et son enfant pour vivre avec une fille, sans doute dénaturée, de ce William Godwin, auteur de *Political Justice,* incroyant, républicain, terroriste, qui prône l'union libre ! Quant à lord Byron, sorte de don Juan claudicant, s'il a fui l'Angleterre, c'est parce qu'il est proscrit pour avoir commis le crime d'inceste avec sa sœur, Augusta ! On dit « qui se ressemble s'assemble », n'est-ce pas ?

Axel, un peu déconcerté par le conformisme inattendu d'Elizabeth, fit observer que leur propre comportement devait être, si l'on jugeait à la même aune, moralement et socialement critiquable.

— Tu devrais peut-être faire preuve de plus d'indulgence, surtout à l'égard de lord Byron, sorte de génie, que j'aimerais tant rencontrer...

— Nous, toi et moi, en nous donnant du plaisir en secret, nous ne causons pas de scandale et nous ne faisons de peine à quiconque. Ne va pas comparer l'amour et l'inceste, une gerbe de roses avec un tas de fumier !

Quand il avait rapporté à Chantenoz les propos de Mrs. Moore, le mentor s'était récrié avec véhémence :

— Cette opinion reflète bien l'état d'esprit d'une *gentry* hypocrite. Les Anglais de Genève, et même les Genevois, s'en inspirent. Certains vont jusqu'à dire que nos deux poètes échangent leurs

1. La villa Diodati a changé de propriétaires, mais les actuels possesseurs ont conservé intact, avec un grand respect pour la mémoire de Byron, le décor de la chambre du poète, sa table de travail et les objets qu'il utilisa pendant son séjour de 1816.

femmes au milieu de la nuit afin de comparer leurs performances sexuelles, d'autres insinuent qu'il y a de l'inceste dans l'air et, qui plus est, à leur yeux, de l'athéisme ! Il s'en trouve pour soutenir que Byron et Shelley ont signé un pacte avec le démon, par lequel ils se seraient engagés à « outrager tout ce qui est regardé comme le plus sacré dans la nature humaine ».

— Est-ce possible, Martin, ce genre de choses ? demanda Axel, stupéfait.

— Ce sont des ragots... et, même si les fautes commises en Angleterre par Shelley et Byron sont réelles, personne n'a le droit de juger un poète. Le poète ne peut avoir une vie banale. Un poète n'est pas, Axel, un simple mortel. C'est un élu des dieux !

— Je comprends cela, mais les gens veulent qu'on leur ressemble. Or, moi, je n'aime pas ressembler aux autres.

— Tu auras souvent l'occasion dans la vie, étant donné ton caractère, tes goûts, tes façons, tes exigences, d'être, toi aussi, en contradiction avec ton époque et même, parfois, de te sentir étranger au milieu des tiens. C'est le lot de certains hommes.

Grâce à M. Métaz, Chantenoz et Axel purent cependant approcher Byron, Shelley et leurs compagnes... à la lorgnette. Guillaume connaissait le banquier de Byron à Genève, M. Hentsch, et obtint par lui que le propriétaire d'une maison voisine de la villa Diodati hébergeât, pendant quelques jours, son fils et le précepteur de ce dernier. C'est ainsi qu'ils aperçurent, quand il ne pleuvait pas, Byron lisant, assis sur un banc, à l'ombre d'un pommier, ou écrivant sur le balcon, devant ce que les initiés affirmaient être sa chambre. Bientôt, Axel et Chantenoz connurent tout de l'emploi du temps du poète, qui les attirait plus que son ami Shelley, dont la demeure, plus modeste, se trouvait presque sur la berge du lac, en contrebas de la villa Diodati. Par observation directe ou en écoutant parler les gens informés par des domestiques indiscrets et des fournisseurs fureteurs, ils surent que Byron déjeunait tard, de thé et de pain frais, puis se promenait dans le parc, dînait à cinq heures, toujours seul — il ne supportait pas de voir une femme en train de manger — d'une assiette de légumes, en buvant du vin de Graves allongé d'eau de Seltz. Chaque soir, vers six heures, quel que fût le temps, il descendait, à travers vignes et champs, retrouver à Mont-Alègre son ami Shelley, Mary Godwin et Claire Clairmont, qu'il appelait aussi Clara. Ensemble, ils montaient dans un bateau loué et s'éloignaient de la rive à la rame. Le soir, quand le vent était favorable, on les entendait chanter et rire.

— En somme, des gens heureux menant une vie simple qui ne peut scandaliser personne..., même pas Mrs. Moore, constata malicieusement Martin.

— C'est vrai qu'ils ont l'air heureux et peut-être aurons-nous un jour un poème de lord Byron évoquant ce printemps, dit Axel[1].

La nuit protégeait des indiscrétions à la lorgnette les poètes et leurs amis. Chantenoz, qui fréquentait, le soir, la taverne du village, apprit par un paysan qu'une femme montait, à la nuit tombée, de Mont-Alègre à Diodati et qu'elle redescendait avant le lever du jour. Ces visites avaient été constatées par des vignerons. Plusieurs d'entre eux, ayant repéré des traces de pas, petites empreintes, dans la terre meuble, pensèrent avoir affaire à un jeune maraudeur et s'étaient mis à l'affût. Quelle n'avait pas été leur surprise en voyant, à l'aube, une femme sortir de la villa Diodati et dévaler la pente. Elle avait été si émue, à la vue des vignerons qui riaient de la voir courir, qu'elle avait perdu une chaussure et ne s'était pas arrêtée pour la ramasser. Les paysans avaient remis le petit soulier au syndic de Cologny, qui attendait toujours, en cette fin mai, qu'on vînt le réclamer[2]!

Ce n'est que le 25 juin, alors qu'ils étaient depuis longtemps rentrés à Vevey, que Chantenoz et son élève entendirent à nouveau parler de lord Byron et de son ami Shelley par Pierre Valeyres, le maître bacouni des Métaz. Les deux poètes avaient décidé de faire le tour du lac sur le seul voilier doté d'une quille qu'on pût trouver à Genève. C'était un bateau anglais, importé de Bordeaux! Après des escales à Nemi, à Evian et à Meillerie, ils s'engageaient dans la traversée du Léman, en direction de Clarens, quand un orage, accompagné de fortes rafales de vent, comme il s'en produisait trop souvent en cet été pourri, avait transformé le « lac de cristal » en une mer démontée. D'après Valeyres, qui avait vu les Anglais revenir au rivage, lord Byron s'était déjà débarrassé de ses vêtements pour nager plus à l'aise en cas de naufrage et, surtout, pour sauver son ami Shelley. Ce dernier ignorait la brasse et, couché au fond du bateau, affirmait qu'il s'abandonnerait à la noyade! Comme Valeyres avait ajouté que les deux hommes devaient se rendre à Clarens pour tenter de retrouver le bosquet de

1. Lord Byron écrivit effectivement à Diodati *Sonnet to Lake Leman,* qui figure dans ses œuvres complètes.
2. La chaussure de Claire Clairmont fut conservée de longues années à la mairie de Cologny.

Julie avec *la Nouvelle Héloïse* sous le bras, puis à Chillon pour visiter le cachot de Bonivard, Axel emprunta le cabriolet de sa mère et emmena Janet visiter le château, espérant y rencontrer le poète.

Ils arrivèrent trop tard, mais le gardien leur montra, sur le pilier auquel avait été enchaîné le condamné, le nom du lord, gravé de sa main. Miss Moore, sans doute inspirée par ce geste de vandale révérencieux, voulut que son compagnon inscrivît au couteau : « Axel et Janet », sur un rocher affleurant dans le cachot. Très maladroitement, elle emprunta ensuite la lame du garçon pour enfermer, dans le tracé malhabile d'un cœur, leurs prénoms accolés.

— Je suppose qu'après ça il ne vous reste qu'à m'embrasser, dit la jeune fille, que la pénombre rendait audacieuse.

Axel lui posa sur la joue un baiser fraternel. Elle fit la moue, se détourna et marcha en sautillant vers la poterne, ouverte sur la lumière. Elle avait espéré mieux !

Le lendemain, au cours du souper, Mme Métaz, qui rentrait de Lausanne où elle comptait toujours trouver des nouvelles de Blaise de Fontsalte exilé dans le Massachusetts, apprit à son fils que lord Byron et son ami Shelley, une fois de plus surpris par le mauvais temps, avaient dû s'arrêter à Ouchy. Ils logeaient à l'hôtel de l'Ancre [1] où, d'après une servante, M. Byron écrivait toute la nuit en marmonnant. Certains disaient que le poète paraissait de méchante humeur. Pendant sa navigation sur le lac, il avait, en effet, laissé échapper sa canne-épée dans l'eau et attendait avec impatience que son ami Hobhouse, auquel il avait écrit d'Evian le 23 juin, lui envoyât une nouvelle canne-épée de chez Jackson, « le seul qui sait ce que je veux [2] », avait-il précisé !

Chantenoz emprunta à son tour le cabriolet de Charlotte pour courir à Ouchy, espérant obtenir des servantes de l'hôtel de l'Ancre une page de brouillon du poète, qui, d'après les domestiques, semait partout des « écritures froissées ». Comme Axel à Chillon, il arriva trop tard. Sa Seigneurie et ses amis étaient déjà partis pour

---

1. Aujourd'hui hôtel d'Angleterre. Une plaque, apposée sur la façade, rappelle le séjour du poète, du 28 au 30 juin 1816. C'est là que Byron écrivit, en une nuit, dit-on, son fameux poème *le Prisonnier de Chillon*.
2. Lettre de Byron à John Cam Hobhouse, lord Broughton of Gyfford, 23 juin 1816, *Correspondance de lord Byron, publiée par John Murray,* librairie Plon, Paris, 1928.

Genève. Quant aux papiers trouvés épars dans sa chambre, ils avaient été brûlés[1] !

Les dernières nouvelles qu'on eut, cet été-là, du poète furent des échos de ses visites à Mme de Staël. Les journaux affirmaient que lord Byron aimait Coppet et tenait en grande estime sa propriétaire. Mais la présence de *Childe Harold* n'était pas, d'après lady Moore, qui avait rendu visite à la châtelaine, appréciée de tous les invités de Germaine de Staël, maintenant secrètement mariée à John Rocca[2]. Mrs. Elizabeth Hervey, romancière et demi-sœur de William Beckford, ne s'était-elle pas évanouie en voyant son illustre compatriote entrer dans le salon !

Ces péripéties intellectuelles et mondaines étaient ignorées de la plupart des Veveysans et ceux qui s'y intéressaient, souvent pour s'en gausser, eurent, dès le commencement de l'automne, de plus sérieuses préoccupations. La disette, prévue et redoutée, apparut dès le commencement de l'hiver. Moins sensible dans le canton de Vaud, qui disposait de plus de ressources et bénéficiait, avec le lac, d'un régulateur climatique, elle sévit bientôt dans toute l'Europe occidentale. En France, certaines régions souffraient de façon tragique de la famine : le Jura, l'Ain, le Doubs, la Haute-Saône, les Vosges et la Loire notamment. En Suisse, les pluies incessantes et le froid très précoce avaient, dans plusieurs cantons, compromis, parfois anéanti les récoltes. Du canton de Glaris parvenaient des nouvelles alarmantes. On signalait de nombreux cas de dysenterie, dus au pain d'avoine, aux soupes d'orties et d'herbes des champs réputées comestibles. Dans le Valais, le blé, n'ayant pu mûrir normalement, avait donné peu de grain ; les châtaigniers du bas Valais semblaient frappés de stérilité ; les fruits étaient rares ainsi que les noix, récoltées d'habitude en grande quantité. Les rats et les taupes, eux aussi affamés, s'en prenaient aux pommes de terre et

1. Un peu plus tard, après le départ de Byron pour Milan, le propriétaire de la villa Diodati, visitant sa demeure, s'enquit auprès de son majordome de ce qu'étaient devenues les pages de brouillon que Byron abandonnait dans toutes les pièces et qui pouvaient constituer pour les admirateurs du poète de précieux autographes. Il s'entendit répondre par son majordome : « Je mentirais à Monsieur si je ne lui disais pas qu'on a mis au moins deux jours à brûler toutes ces paperasses. » D'après *Causeries d'un octogénaire genevois*, Vernes-Prescott, Genève, 1883. Cité par Paul Naville, *Cologny*, ouvrage édité avec l'appui de la commune de Cologny, Genève, 1981.
2. La rumeur de ce mariage courait depuis longtemps. En réalité, Germaine de Staël et John Rocca ne se marièrent, secrètement, à Coppet, que le 10 octobre 1816.

aux légumes des jardins, où ils causaient des dégâts sensibles, étant donné la médiocrité des productions. Le gel, survenant brutalement au commencement d'octobre, avait confit sur pied le raisin du vignoble valaisan. Les chutes de neige anticipées obligeaient les vachers et bergers à descendre leur troupeau des alpages avant la date prévue et l'on manquait de fourrage pour nourrir les bêtes, le regain ayant fait défaut après des fenaisons tardives.

Les ursulines de Fribourg venaient de renvoyer, pour l'hiver, les pensionnaires dans leur famille, craignant de ne pouvoir assurer nourriture et chauffage. Blandine Métaz, rentrée à Vevey, expliquait à ses parents et à son frère que les poêles du pensionnat étaient restés allumés tout l'été à cause du froid humide et persistant, que la moisson n'avait commencé que le 18 août, pour le seigle, et fin septembre pour le froment. Elle racontait que les gens de Neuchâtel faisaient maintenant leur pain avec le son qu'ils venaient acheter sur les marchés de Fribourg.

A Vevey, même Blanchod ne se souvenait pas d'avoir jamais vu un temps aussi détestable pendant une aussi longue durée. La pluie n'ayant pratiquement pas cessé de tomber de juin à la mi-août, les foins avaient pourri. Dès le 5 août, le vigneron avait été étonné de voir, dans les vignes les plus exposées au vent, le raisin encore sans fleur. Les quelques beaux jours de la fin du mois de septembre n'avaient pu compenser le manque d'ensoleillement de l'été et, le 12 novembre, une première gelée, alors que les vendanges étaient commencées de la veille, laissait mal augurer de la cueillette. Au matin du 17 novembre, quand les Métaz ouvrirent leurs volets, le mont Pèlerin et le vignoble étaient sous la neige.

— C'est pas la peine de continuer la vendange, sûr que les grappes qui restent à Belle-Ombre sont gelées, dit Guillaume en levant un regard désolé vers la montagne, devenue blanche en une nuit.

— Si, si, il faut y monter, crois-moi, le raisin est mûr là-haut. Il faut le cueillir ! Nous secouerons les ceps pour faire tomber la neige et nous vendangerons, tant bien que mal, en nous gelant les doigts. Mais, crois-moi, Guillaume, faut y aller, assura Blanchod, déjà équipé.

— On va pas laisser le raisin de maman pourrir sous la neige. Je vais avec vous, parrain Simon, décida Axel, péremptoire.

Guillaume Métaz, un peu étonné, découvrit ce matin-là que son fils pouvait réagir comme un homme de la terre, comme un vrai vigneron. Il en fut fier et réconforté, donna une grande tape sur l'épaule du garçon, maintenant aussi grand que lui, et fit atteler les deux chars de vendanges.

— On y va! dit simplement le maître aux journaliers, qui attendaient transis de froid dans la cour de Rive-Reine.

La vendange, comme tout le monde s'y attendait, donna un mauvais vin, acide et plat, qui se révéla invendable. Mais M. Métaz disposait, grâce aux bonnes prévisions de Blanchod, du tiers des deux précédentes vendanges. Cette réserve, mûrie dans ses chais, lui permit d'honorer les commandes de sa clientèle de Genève et de Berne au double du prix qu'il aurait normalement obtenu!

Dans tous les cantons, le numéraire devenait rare à cause des achats de grains étrangers et ceux qui disposaient de capitaux ne manquaient pas d'en tirer profit. Le gouvernement vaudois finit par ouvrir une souscription auprès des citoyens et des municipalités et recueillit plus de sept cent mille francs, qui permirent d'acheter soixante-cinq mille quintaux de froment italien livré à Marseille. Guillaume Métaz, en tant que transporteur, fut intéressé à l'opération. Il fut aussi l'un des premiers bourgeois à demander qu'on attribuât des secours aux déshérités et aux ouvriers privés de travail par les intempéries. Ces gens couraient le risque de ne plus pouvoir nourrir leur famille. Le prix du pain avait doublé, celui de la viande augmenté de vingt à trente pour cent et le vin, même à Vevey, valait un franc vingt-cinq le pot!

Noël et le jour de l'An furent fêtés sans fastes, encore que les menus de Rive-Reine ne soient pas obérés par la disette, thème inévitable des conversations. Devant la table bien garnie, Chantenoz, facilement provocateur après boire, ne manqua pas de faire allusion aux profits que tirait Guillaume de la situation.

— Il arrive que la famine des uns nourrisse les autres, glissa-t-il à Charlotte.

Celle-ci prit aussitôt la défense de son mari :

— Guillaume a tout simplement été prévoyant. Avec Blanchod, ils ont envisagé les mauvaises récoltes et emmagasiné de quoi satisfaire notre clientèle, tout simplement. Il n'y a rien de honteux là-dedans, non! Ce sont les affaires!

— Ce sont les affaires, en effet, convint Chantenoz, persifleur éméché.

Lady Moore avait annoncé son départ pour les premiers jours de janvier, ce qui rendait Axel très morose et Janet d'autant plus triste qu'elle n'avait jamais obtenu que le fils Métaz lui manifestât plus qu'une amitié attentive mais sans élan. Mrs. Moore avait beau dire à sa fille que le garçon était amoureux mais que la timidité d'Axel, la réserve connue des huguenots vaudois et le fait qu'il fît des études sérieuses l'empêchaient de trop s'engager, Janet souffrait du manque d'amourette. Elle guettait un écho sentimental et le silence absorbait ses appels comme le lac un galet. Aussi, quand Mrs. Moore proposa à Mme Métaz d'emmener son fils passer quelques mois en Angleterre, pour parfaire ses connaissances en anglais et son éducation, Janet battit des mains. Elle était bien persuadée que l'acceptation d'Axel — s'il acceptait — serait un premier pas vers un attachement plus complet. A Londres, et plus encore peut-être à Pendlemoore, le domaine de son père, elle pourrait paraître à son avantage, inciter Axel à prendre en compte les sentiments qu'il inspirait et que Mrs. Moore ne désapprouvait pas.

La confiance de Janet grandit quand sa mère lui confirma qu'Axel avait accepté avec enthousiasme la perspective d'un séjour en Angleterre et que Mme Métaz n'y était pas hostile. Tout le monde ignorait, bien sûr, que le plus cher désir du garçon était de ne pas être séparé d'Eliza, à qui il vouait un culte sensuel. Quant à Charlotte, elle estimait que Janet ferait une bru idéale, aristocrate, jolie et riche.

La décision revenant à Guillaume, celui-ci fut promptement consulté. Après une journée de réflexion, qui parut un siècle aux intéressés, et une visite au pasteur, qui mit en garde M. Métaz contre la religion anglicane, déviation de la religion réformée, Guillaume donna son accord. Il exigea seulement que Chantenoz fût du voyage, Axel ne pouvant interrompre ses études.

Le précepteur fit mine d'hésiter un moment, pour taquiner Axel, puis il se déclara enchanté.

Le 20 janvier 1817, par temps clair et froid sec, l'élégant coupé aubergine de lady Moore, suivi d'une grande voiture où s'entassaient une gouvernante et deux femmes de chambre, d'une tapissière transportant le valet et les bagages, quitta la cour de l'auberge des Trois-Couronnes, devant un personnel plein de regrets de voir partir cette cliente qui avait la bonne main si généreuse ! Le cocher fit un bref arrêt devant Rive-Reine, pour embarquer Axel Métaz, Martin Chantenoz et leurs bagages.

Après les derniers adieux et souhaits de bon voyage, le coupé, tiré par quatre chevaux, s'engagea au trot dans la rue du Sauveur, traversa la place du Marché et prit la route de Lausanne. L'horloge de la Grenette sonnait neuf heures et le soleil, si avare de ses rayons pendant toute l'année 1816, laquait les monts enneigés d'une blancheur aveuglante. Dans la voiture, les deux hommes, assis à contresens, faisaient face à Eliza et à Janet. Des chaufferettes, placées entre les pieds des voyageurs, et les plaids, étalés sur les genoux des femmes, autorisaient, pour Axel et Eliza, des frôlements et des pressions complices.

— Où avez-vous placé l'urne contenant les viscères de cette chère Margaret Beckford ? risqua Chantenoz, pour rappeler, par courtoisie, la raison primordiale du séjour de lady Moore à Vevey.

— Nulle part, cher monsieur. L'urne n'a pas été retrouvée [1]. Le cœur de Margaret est, semble-t-il, égaré ! C'est triste, pour une morte, de perdre son cœur, n'est-ce pas ?

— Certains êtres le perdent de leur vivant, madame, dit Martin Chantenoz, avec un tendre regard de myope pour la jolie Janet qui souriait aux anges.

---

1. L'auteur a vainement tenté de retrouver cette urne dans les cimetières de La Tour-de-Peilz et Vevey. Les archives locales ne conservent aucune trace de l'éventuelle décharge qu'aurait pu signer un mandataire de la famille.

7.

Lady Moore décida d'éviter Paris « où il faut s'arrêter un mois ou pas du tout », dit-elle. Elle tint à faire halte à la sortie de Boulogne-sur-Mer, sur les lieux où Napoléon avait rassemblé l'armée qui devait envahir l'Angleterre, devant une colonne en marbre de Marquise, érigée en 1804, mais inachevée.

— Ce monument, imaginé par le tyran, sera transformé pour commémorer le retour en France des Bourbons, souverains légitimes de ce pays, expliqua-t-elle, empressée et satisfaite.

Chantenoz et Axel connaissaient la haine typiquement britannique et sans nuance que cette femme vouait à Napoléon Ier. Ce sentiment avait contribué à la rendre supportable à Flora Baldini. Il motivait en partie la détestation de l'Anglaise pour lord Byron. Ce dernier avait osé écrire une *Ode à la Légion d'honneur* et des *Adieux de Napoléon* qui se terminaient par un appel à la France ingrate, jailli du cœur de l'exilé sous la plume du poète : « Dans la chaîne qui nous retient captifs, des anneaux peuvent se briser ; tourne-toi alors vers moi, et appelle le chef de ton choix. »

Devant le trophée de la Grande Armée, détourné de son objet par les thuriféraires de Louis XVIII, lady Moore donna libre cours à une rage que la déchéance de l'empereur n'atténuait pas.

— C'est bien dommage que le tyran de l'Europe ne se soit pas lancé dans cette aventure, qui eût fixé son sort plus tôt et permis d'épargner beaucoup de vies humaines perdues dans dix années de guerre. Notre marine et nos vaillants soldats auraient envoyé les assaillants au fond de la Manche en un rien de temps. La Grande-

Bretagne est une île imprenable, mes amis, et Sainte-Hélène une prison dont on ne peut sortir !

— Croyez-vous, milady ? dit benoîtement Martin Chantenoz.

— Je ne le crois pas, je le sais, monsieur. Le capitaine du *Bellerophon*, qui a transporté le tyran jusqu'à sa prison, M. Maitland, l'a dit.

Chantenoz se tut par courtoisie, Axel parce qu'il ne voulait pas ouvrir de discussion en présence de tiers avec Eliza, Janet parce qu'elle ignorait qu'une menace eût jamais pesé sur l'Angleterre.

Avant d'embarquer à Calais, sur le premier vapeur en service, le *Rob Roy*, jaugeant quatre-vingt-dix tonneaux et propulsé par une machine de trente chevaux, Mrs. Moore tint à s'enquérir de la situation d'un exilé anglais que sir Christopher connaissait bien : George Bryan Brummell. Cet ami du prince de Galles — dont la tenue, toujours si raffinée, paraissait parfois exagérément muscadine quand il portait un manteau rose et des boucles de chaussures de la dimension d'une assiette à dessert — avait longtemps donné le ton à toute l'aristocratie anglaise. Il avait dû traverser précipitamment la Manche, le 18 mai 1816, fuyant une meute de créanciers d'autant plus agressifs que le beau Brummell venait d'être abandonné par ses hauts protecteurs. Présentement, il habitait cependant le Dessein, le meilleur hôtel de la ville, où descendaient tous les Anglais fortunés. Mrs. Moore n'y passa que quelques minutes et ressortit rassurée.

— Tout va bien pour notre maître dandy : il est reçu dans les meilleurs salons. Le duc de Wellington est venu dîner avec lui. Bien que ruiné et couvert de dettes, il ne semble pas manquer d'argent. Il voulait nous inviter tous à souper, mais j'ai décliné l'invitation. Notre steamer va partir. Nous serons à Douvres dans trois heures et demain à Londres, chez nous !

— Et comment s'est ruiné ce gentleman ? demanda Axel.

— Au jeu, mon cher garçon, au jeu ! Le jeu est le pire des vices, car il détruit tout : fortune, demeures, amitié, famille, amour. Restez toujours à l'écart des tapis verts, Axel, ce sont des linceuls !

Pendant toute la traversée, Axel se tint sur le pont ou sur la passerelle. Il s'informa de la vitesse du bateau, du fonctionnement des chaudières qu'il visita, de la consommation de bois et de charbon, du coût d'exploitation d'un vapeur. Comme le capitaine s'étonnait qu'un adolescent suisse s'intéressât pareillement à son navire et prît des notes, Axel expliqua qu'un jour, peut-être pas très éloigné, son père commanderait à un constructeur un bateau dans ce genre pour naviguer sur le Léman.

« On croirait vraiment que c'est le fils de son père », pensa Chantenoz en voyant son élève se renseigner avec autant de scrupule !

Depuis quelques mois, Martin se rendait compte que la croissance physique de son élève allait de pair avec un gain rapide de maturité et d'assurance. Axel le surprenait souvent en réagissant en homme là où un garçon du même âge n'eût manifesté qu'un réflexe d'adolescent.

Les voyageurs arrivèrent de nuit à Londres, ce qui permit aux Suisses de découvrir des rues et places éclairées par des réverbères au gaz de charbon. Les Moore possédaient, à Mayfair, un hôtel particulier auquel on accédait par un perron abrité sous une marquise qui se développait comme un grand éventail de verre au-dessus des marches de marbre. De vastes dépendances et des écuries ouvraient sur une cour, derrière la maison. A l'intérieur, toutes les pièces étaient lambrissées et les hautes fenêtres fermées par de lourds rideaux de soie damassée. Meubles d'acajou, fauteuils nombreux, belles lampes et tapis moelleux conféraient à l'ensemble une opulence de bon ton. Suspendus aux murs, dans de lourds cadres tarabiscotés et dorés, des messieurs graves, parfois bizarrement accoutrés, alternaient avec des dames mélancoliques et dédaigneuses. Toutes portraiturées dans la même attitude, assises, mains croisées, elles paraissaient accablées par le poids de colliers, sautoirs, broches, pendentifs, bracelets et bagues, peints avec autant de minutie que leurs traits.

— Lord Moore se fera un plaisir de vous présenter ses ancêtres et les miens, dit Elizabeth.

— Vous en verrez dix fois plus à Pendlemoore, ajouta Janet.

Un majordome et un valet furent requis pour conduire les invités aux pièces qui leur étaient réservées.

— Vous avez une belle chambre, au second étage du bâtiment principal. Monsieur votre précepteur est logé au même niveau, mais dans l'aile de droite, en retour sur le jardin, dit Janet.

— Mon mari se réserve le premier étage ; Janet occupe l'aile gauche, précisa Mrs. Moore en battant des cils.

— Quand verrons-nous sir Christopher ? demanda Axel.

— Dieu seul le sait, cher garçon ! Sir Christopher est l'homme le plus imprévisible qui soit au monde.

Comme Axel semblait marquer quelque étonnement, Eliza

l'entraîna devant un grand tableau qui représentait, sur une immense esplanade semée de bosquets, un long château de style Tudor, hérissé de tourelles, de clochetons, d'échauguettes. Festonnés de créneaux plus décoratifs que militaires, les toits en terrasse débordaient pour coiffer une galerie, libre interprétation du chemin de ronde médiéval. Sur les encorbellements germaient de prétentieuses gargouilles. Un porche tétrastyle monumental ouvrait sur une enfilade de cours et jardins étendus jusqu'à l'horizon.

— Voici Pendlemoore, où nous irons plus tard, dit-elle à haute voix, pour être entendue des domestiques qui, déjà, montaient l'escalier.

Puis elle ajouta, mezza voce :

— Je te rejoindrai cette nuit. Ne fais pas cette tête, il n'y a aucun danger !

Sir Christopher apparut deux jours plus tard, à l'heure du breakfeast qu'on prenait en famille, dans une petite salle à manger réservée à ce seul usage. Le maître de maison, grand, mince, souple, cheveux blonds tirant sur le roux, courts et ondulés, teint pâle, traits nets et d'une indéniable distinction, plut à Axel. Le jeune Vaudois reconnut chez le père de Janet les yeux rieurs de l'adolescente et la même voix mélodieuse. Plusieurs pierres précieuses, dont une énorme émeraude, attirèrent l'attention du garçon sur les mains de cet aristocrate désinvolte et charmeur. D'une finesse et d'une blancheur quasi féminines, les doigts aux ongles rosis de sir Christopher semblaient appartenir au règne végétal.

Chantenoz trouva son hôte fort bel homme, racé, mais d'une affabilité conventionnelle, attentif par courtoisie plus que par intérêt aux propos des invités de sa femme. Le regard de Christopher et son sourire respectueusement dubitatifs révélaient un désintérêt atavique, non seulement pour l'opinion, mais pour la condition des gens étrangers à l'aristocratie.

Axel éveilla cependant la sympathie du baronet et cela se traduisit par des attentions immédiates.

— J'ose espérer que vous serez encore là pour la saison, aussi faut-il vous y préparer, dit avec autorité le mari d'Eliza.

Dans son coupé de laque bleu marine, dont l'intérieur capitonné de soie parme ressemblait à un boudoir roulant et fleurait la lavande, Christopher conduisit le garçon chez son tailleur de Savile Row et lui offrit une garde-robe complète.

Costume du matin, redingote d'après-midi, tenue de soirée : tous les vêtements indispensables à un jeune Londonien de la bonne société furent coupés et cousus pour Axel en un temps record. Sir Christopher assistait aux essayages, donnait avis et conseils, s'assurait avec des gestes de nourrice de l'aisance des entournures et des entrejambes. Il apprit à celui qu'il nommait « mon jeune ami » à reconnaître les bons tissus de laine fine, les tweeds, les cachemires, à choisir un voile de coton pour chemise, une soie pour cravate, une batiste pour mouchoir. Il l'entraîna dans Jermyn Street, chez son bottier et son chapelier, lui fit fumer un premier cigare et boire un premier porto. Chaque fois qu'ils sortaient ensemble, Moore emmenait Axel prendre le lunch au White's, un club de Saint James's Street, dont le père de Christopher avait été membre fondateur. Ce rappel incita Axel, très à l'aise avec son hôte, à poser des questions sur la famille, les parents du lord, tous deux décédés.

Christopher s'exprima avec bonne grâce et franchise :

— Mon père était grand amateur de chasse à courre, de bonne chère et de femmes. Chasser le renard, manger gras et trousser les cameristes étaient les seules occupations qui justifiaient, à ses yeux, la présence de l'homme sur cette terre de misère ! Il se goinfrait de gibier, de fromage de Stilton et vidait, comme notre cher docteur Johnson, ses vingt ou trente verres de porto à l'heure du dîner ! Quand nous étions à Londres, où il passait le moins de temps possible, il guettait l'arrivée des rapports de ses piqueurs avec l'impatience d'un amoureux attendant les lettres de sa maîtresse ! Il riait d'un rire effrayant et, à table, tordait les fourchettes quand un mets n'était pas à son goût ! Il ne supportait pas de voir une femme manger...

— Comme lord Byron, coupa Axel, intéressé au plus haut point par les confidences du lord car il avait conscience, depuis qu'il était en Angleterre, d'apprendre une autre vie que celle vécue à Vevey.

Le baronet sourit, sans s'offusquer de l'interruption.

— Comme lord Byron peut-être ; en tout cas, mon père ne prit jamais un repas avec ma mère. En revanche, il festoyait pendant des heures avec ses amis, chasseurs et jouisseurs comme lui. Au cours de ces agapes, dignes de la cour de Byzance, ces hommes racontaient des histoires salées qui faisaient rougir les domestiques. La nuit venue, il arrivait que Pendlemoore retentît de grands cris à l'étage des bonnes. Mon père enfonçait les portes des chambres de celles qui refusaient d'assouvir ses désirs. Si l'on ajoute à cela qu'il était rat comme un Ecossais dès qu'il s'agissait de dépenser pour autre chose que ses fusils, ses chevaux, ses chiens ou sa table, vous avez le portrait résumé de mon père. Ce taureau me tenait, bien sûr, pour un avorton et ne m'adressait pas la parole plus de trois fois par an : les jours d'ouverture et de fermeture de la chasse et pour mon anniversaire.

— Mais votre mère ? J'ai vu un tableau qui la représente : elle avait l'air douce et gentille, dit Axel, un peu interloqué par le portrait que sir Christopher venait de brosser de son père.

— Ma mère, qui affichait en tout des conceptions antinomiques à celles de son mari, n'était pas plus gracieuse, contrairement à ce que donne à penser le peintre. Une parfaite puritaine, sèche, résignée, qui se rassurait en pensant que son infortune conjugale lui vaudrait une place de choix au paradis. Comme elle entendait compenser les déficiences paternelles en matière d'éducation, elle me tenait en permanence sous sa férule vertueuse et me conduisait sans tendresse, afin de m'enseigner la rigueur morale et les manières qui faisaient tellement défaut à son époux. Ainsi, voyez-vous, mon jeune ami, je ne reçus jamais de jouets, car, aux yeux de ma mère, en acheter équivalait à commettre un péché de futilité. Cette femme était, dans son genre, aussi dure que son mari et j'ai souvent voyagé, entre Pendlemoore et Londres, en retenant mes larmes parce qu'il m'était interdit de m'adosser à la banquette de la berline ! Et cela prenait une douzaine d'heures ! C'est peut-être pourquoi, aujourd'hui, je me tiens si droit ! Je devais, chaque soir, en sa présence, lire la Bible à haute voix et quand, tombant de sommeil, je sautais une ligne ou ne mettais pas l'intonation requise, elle envoyait son carlin me mordre les mollets !

— Peut-être était-ce un jeu sans méchanceté ? risqua Axel, stupéfait par ce tableau familial.

— Ni jeu ni méchanceté. Méthode d'éducation. Mais, quand mon père me donna mon premier fusil — je devais avoir onze ans — ma première cartouche fut pour le carlin. Je l'attirai dans un bosquet et le truffai à bout portant ! Il expira à mes pieds et je l'enterrai sur place. Je vous montrerai l'endroit où pourrit ce maudit chien, dont ma mère ignora toujours le sort !

— Et vos études, monsieur, furent-elles intéressantes ?

— Elles furent celles de tout garçon de la noblesse. Beaucoup d'amusements et peu de travaux ! Ma mère aurait voulu que je fusse ministre du culte. Grâce à ses relations, elle eût fait de moi un évêque, mais elle mourut heureusement avant d'avoir pu imaginer que son fils deviendrait le garnement le plus dissipé du comté et, plus tard, un dilettante bien décidé à ne régler sa vie et ses mœurs que suivant son bon plaisir ! Quand mon père mourut d'une crise d'apoplexie en me laissant ses propriétés, ses chevaux, sa meute et cent cinquante mille livres, une vraie fortune, j'ai béni le vieil épicurien et remercié ma mère de m'avoir, à jamais, dégoûté de la vertu.

— Il semble que cela ne vous ait pas mal réussi. Vous donnez l'impression d'un homme heureux, remarqua Axel.

— Méfiez-vous des impressions, Axel. Elles peuvent être trompeuses, dit sir Christopher, le sourire ambigu.

Et, pour prouver que son conseil était amical, voire affectueux, il étendit le bras au-dessus de la table et glissa ses doigts secs sous la manchette du garçon pour lui caresser le poignet. Le fils Métaz vit dans ce geste une pure manifestation de sollicitude.

Chantenoz, qui passait son temps dans la bibliothèque ou à courir les libraires entre deux cours de français à Janet, comprit le premier que les attentions, cadeaux, invitations, confidences que sir Christopher réservait à son élève déplaisaient à lady Moore.

Les journées de cette dernière étaient occupées par des courses dans les magasins, des thés avec les amies perdues de vue depuis des mois, les bonnes œuvres, négligées durant son séjour en Suisse. Elizabeth se rendait, presque chaque matin, à l'hôpital pour enfants malades nécessiteux que sa grand-mère avait fondé au siècle précédent.

Janet, en revanche semblait ravie par l'entente spontanément établie entre Axel et sir Christopher.

— Lui qui est toujours si difficile sur les garçons, surtout quand ils sont étrangers — il déteste les continentaux et ne peut pas supporter les Américains — semble avoir complètement adopté Axel. J'en suis si heureuse ! dit-elle, un matin, à Martin.

La jeune fille se plaisait maintenant à rêver qu'elle pourrait épouser Axel, passer à Londres le temps de la saison et partager le reste de l'année entre les bords du Léman, où elle avait vu de beaux châteaux, où l'air paraissait si léger et si pur, où la vie se déroulait avec une indolence bucolique, et Pendlemoore, pour s'occuper des fleurs et chasser à courre.

Après quelques semaines, Axel fit observer à son précepteur, avec une évidente satisfaction, que les rapports entre sir Christo-

pher et sa femme n'étaient pas du tout ceux qui existent habituellement entre gens mariés !

— Ils semblent étrangers l'un à l'autre. D'ailleurs, dans cette
maison, tout le monde a l'air d'être de passage, dit Axel, au cours
d'une promenade avec Martin sur les quais de la Tamise.

— Nous sommes dans une autre société que la nôtre, mon
garçon, dans un autre monde régi par des règles différentes de
celles que nous connaissons dans la bourgeoisie vaudoise. Mais,
attention, c'est un monde plein d'artifices, égoïste, amoral et...
corrupteur.

— Comment ça, amoral et corrupteur ? demanda brutalement
Axel.

Chantenoz ôta ses lunettes, polit les verres, puis s'accouda au
parapet, laissant errer son regard sur le fleuve encombré de
bateaux de tout tonnage. Quand il se retourna vers Axel, son visage
marquait une gravité inhabituelle.

— Crois-tu que je ne sais pas, depuis longtemps, quel genre de
rapport tu entretiens avec Mme Moore et où celle-ci passe une
partie de ses nuits ?

— Ah ! Vous savez ! Vous avez entendu du bruit ! dit Axel,
inquiet.

— Je n'ai rien entendu parce qu'il n'y a pas besoin d'écouter aux
portes pour savoir. Il suffit de t'observer quand tu la regardes. Elle
sait dissimuler, pas toi.

— Croyez-vous que sir Christopher peut...

— De ce côté-là, tu ne cours aucun risque. A mon avis, il se
moque éperdument que sa femme dorme avec toi ou avec un autre.
Et, s'il s'en est aperçu, il ne fera rien pour vous gêner : ses plaisirs
et intérêts sont ailleurs. Et puis c'est un gentleman, n'est-ce pas,
acheva Chantenoz, narquois.

— Alors, où est le mal, Martin ? dit Axel, rassuré.

— Le mal ! Le mal, c'est d'utiliser la pauvre Janet comme
paravent, de jouer auprès d'elle les cavaliers servants, d'entretenir
de fallacieuses illusions, de lui donner juste assez de considération
et de tendresse pour qu'elle continue à croire l'amour possible
entre elle et toi. Elizabeth se sert de sa fille comme un saltimbanque d'une marotte, pour détourner l'attention des gens ! Et tu tiens
ton rôle dans cette comédie. Là est le mal, Axel, et je te mets en
garde. C'est un jeu pervers, dangereux et assez peu digne d'un
garçon comme toi.

— Que faire, maintenant, Martin ? J'aime Eliza, elle m'aime : je ne veux penser à rien d'autre ! Mais je ne veux pas que Janet soit malheureuse.

— Ne confonds pas l'amour et ses plaisirs. Les choses, Axel, se résoudront d'elles-mêmes. Les dieux fassent que ce soit sans drame !

Contrairement à ce qu'aurait pu penser Chantenoz, Axel Métaz fut plutôt rasséréné par cette conversation. Soulagé de savoir son mentor au courant de ses relations amoureuses avec Mrs. Moore, conforté dans l'idée que sir Christopher était un mari indifférent, il se promit simplement d'ôter peu à peu à Janet les illusions que sa chère Eliza voulait qu'il entretînt dans l'esprit et le cœur de sa fille.

Un soir, alors qu'assez exceptionnellement sir Christopher dînait en famille en rentrant avec Axel de chez le tailleur, la conversation vint sur les qualités physiques des hommes et des femmes. Janet dit avec une véhémence un peu niaise qu'Axel avait de beaux traits. Sir Christopher approuva et cita Chérophon parlant de Charmide à Socrate :

— « Tout son corps est si beau que tu oublierais qu'il a un visage s'il voulait se dépouiller de ses vêtements », dit-il, d'un ton assez emphatique pour faire passer comme boutade ce qui pouvait être interprété d'autre façon.

Chantenoz identifia la citation et vit la gêne d'Axel.

— Hélas, j'ai l'œil vairon, lança ce dernier, confus et ne sachant que dire.

— Cela ajoute à votre charme, cher garçon. L'œil bleu pour la tendresse, le brun pour la colère, n'est-ce pas, Janet ? dit Mrs. Moore, d'un ton définitif.

Au cours de longues promenades avec Janet et sa mère, Axel découvrit Londres, énorme capitale de « plus d'un million d'habitants », d'après sir Christopher. Il trouva d'abord que la ville sentait le cheval. La quantité incroyable d'attelages, cabs, voitures, berlines, tombereaux, haquets, charrettes, calèches, cabriolets, carrosses et bêtes de selle montées par des gentlemen, raides comme des piquets, qui encombraient rues et avenues expliquait ce pénétrant parfum citadin. Comme il s'en étonnait, Janet intervint :

— Les excréments des chevaux nourrissent les enfants pauvres et les oiseaux. Regardez : les premiers ramassent le crottin et vont le vendre aux jardiniers ; les seconds le picorent. Dieu a bien fait les choses, n'est-ce pas ! dit-elle, attendrie à la vue des gamins qui couraient entre les voitures, une pelle à la main, pour cueillir sur la chaussée les déjections fumantes de chevaux bien nourris, croupes luisantes et sabots cirés.

— En effet, Dieu a bien fait les choses... surtout pour les oiseaux, répliqua Axel d'un ton aigre.

Le Strand lui parut une artère aussi animée qu'une foire vaudoise ; moins attrayante cependant que Bond Street avec ses magasins de luxe dont les vitrines à petits carreaux contenaient les plus beaux objets — tableaux, meubles, vêtements, chaussures — que l'on pût trouver « dans le monde entier », précisa Eliza. Au long des rues marchaient des femmes élégantes, à l'aise en mantelet surbrodé, des hommes en redingote gris perle à col de velours et chapeau haut de forme, des pasteurs pimpants, habit cintré coupé par les meilleurs tailleurs, cravate de soie blanche, des officiers de la Garde, coiffés d'énormes bonnets d'ourson dont les plumets frôlaient les réverbères. Des épiciers en long tablier blanc accueillaient leur pratique au seuil des boutiques ; les bouchers, coiffés de chapeaux de paille, taillaient avec une dextérité chirurgicale d'énormes roastbeefs dans des quartiers de viande sanguinolents suspendus aux crocs des étals et décorés de rubans, de cocardes, de bouffettes.

Axel parut subjugué par l'ampleur du dôme de la cathédrale Saint-Paul, déjà plus que centenaire. En chuchotant contre la paroi de la fameuse galerie des murmures, Janet prononça tendrement le nom de son ami qui jaillit à cent pieds de là, amplifié comme un appel au peuple. Devant le *sequoia gigantea* du musée d'Histoire naturelle, planté au temps de l'empereur Justinien — « ce qui lui fait mille deux cent cinquante ans », calcula Axel — Janet fut, elle, éblouie par le savoir de son compagnon.

Ils allèrent visiter l'abbaye de Westminster, sépulture des rois et des poètes, le Parlement, la Tour où Ann Boleyn et Catherine Howard avaient eu la tête détachée du corps par la hache du bourreau. Pour plaire au jeune Suisse, Janet osa se mêler avec lui à la foule interlope de Piccadilly et ils dégustèrent des glaces au Café Royal. Ils parcoururent en calèche, au milieu des plus beaux équipages et des dandies montés, les parcs ombragés de Hyde et de Kensington et assistèrent, comme tous les visiteurs de la capitale, au défilé de la Garde autour de Saint James's Palace, résidence du roi. Axel apprit la monnaie britannique, *guinea, souvereign, pound, shilling, penny,* et découvrit qu'en Angleterre la moitié de dix est six ! Il dut goûter le bouillon de tortue, la sauce aux huîtres, la soupe à la queue de bœuf, le pudding et fut autorisé à boire de la bière amère.

En alternance avec ces excursions plaisantes, Chantenoz proposait à son élève des promenades moins affriolantes, mais plus instructives.

— Londres des Moore n'est pas tout Londres, ce n'est qu'une infime partie, opulente et heureuse de cette ville, une vitrine, mon garçon. Je vais te montrer des lieux moins reluisants et des gens moins satisfaits de leur sort.

Axel apprit ainsi l'existence de la prison de Newgate et de Marshalsea, où l'on enfermait les citoyens endettés. Il approcha des abattoirs souterrains, qu'on ne lui avait pas montrés, bien qu'ils fussent voisins de la cathédrale Saint-Paul. On y tuait des centaines de moutons, ce qui répandait dans le quartier une odeur fétide de suint et de sang. A deux pas du Strand élégant, qu'il avait parcouru en coupé, Martin le conduisit devant des masures de brique, rognées et crasseuses, des taudis puants, dans des rues où s'entassaient les immondices que des chiens galeux disputaient à de gros rats pelés, d'une audace inouïe. Près de Saint James's et de Regent Street, où les ladies froufroutantes faisaient leurs emplettes, déambulaient des prostituées faméliques et des hommes louches proposaient aux passants des images pornographiques.

Dans un pub de Soho, quartier populeux, un journaliste avec qui Chantenoz avait lié connaissance au cours de ses expéditions solitaires lui raconta, devant Axel, que des enfants de huit ans travaillaient dans les mines de charbon et dans les usines, que des familles entières mouraient de faim.

— En dépit des promesses de prospérité faites au lendemain de la paix retrouvée, la nation anglaise est loin d'être à l'aise. Les finances publiques sont en mauvais état, les récoltes ont été, l'an dernier, aussi médiocres qu'en France et que chez vous. Ici aussi, on manque de blé. Le commerce et les affaires stagnent, dit le polygraphe.

— Cependant, j'ai vu de belles boutiques, pleines de victuailles et de marchandises, et de nombreux acheteurs, s'étonna Axel.

— Oui, jeune homme, dans les beaux quartiers, les rayons des boutiques sont pleins de produits que les gens modestes — je ne dis pas les pauvres, ceux-là ne viennent pas jusque-là, mais les employés de banque ou de commerce de la cité — n'ont plus les moyens d'acheter. Il y a du chômage, provoqué par l'introduction dans les manufactures de la machine à vapeur. Des ateliers ferment leurs portes et les gens privés de travail, souffrant de la faim, commencent à gronder. Des meneurs, comme Henry Hunt et Watson, haranguent les foules affamées. Dans certaines villes, il y a eu des émeutes et la populace a pillé les boutiques des armuriers. L'armée a dû intervenir. On arrête des gens, mais ceux qui les ont incités à la révolte échappent souvent à la répression. Ainsi, Watson a réussi à passer en Amérique, déguisé en quaker !

— Vous connaîtrez peut-être une révolution, dit Chantenoz.

— Je ne crois pas. En Angleterre, les vraies révolutions sont silencieuses, et puis le peuple est apathique. Bien qu'on ait, dans bien des cas, réduit les appointements et salaires de ceux qui travaillent, alors que les prix des denrées et des objets augmentent, les Anglais ne songent pas à une révolte généralisée.

— Cependant, ils protestent et manifestent parfois violemment, vous nous l'avez dit, rappela Martin.

— Quand nous avons appris, lors du mariage de la princesse Charlotte, fille unique du régent et héritière présomptive du trône, avec le prince Léopold de Saxe-Cobourg, qu'une rente annuelle de soixante mille livres sterling avait été votée aux jeunes époux, des citoyens se sont indignés, mais beaucoup d'autres ont estimé qu'il était normal que les princes aient les moyens de vivre... comme des princes ! Alors qu'on ne peut pas faire rentrer les impôts ! conclut le journaliste en vidant sa chope de bière, dans laquelle il venait de verser une large rasade d'un alcool ambré nommé whisky.

En quittant le pub, Chantenoz compléta l'information de son élève :

— Cet homme, que retient sans doute devant des étrangers la fierté insulaire, ne dit pas tout, Axel. Les catholiques d'Irlande, qui ont adressé au gouvernement une pétition pour demander que leur code pénal soit modifié, ce qui ne leur est pas accordé, s'insurgent. Des troubles ont éclaté et M. Peel, secrétaire pour l'Irlande, a dû envoyer vingt-cinq mille soldats britanniques pour rétablir l'ordre. Le bruit court aussi que l'état du roi George III, qu'une maladie mentale a rendu incapable d'exercer le pouvoir depuis 1810, année où le prince de Galles avait été promu régent du royaume, s'aggrave. Victime de cinq accès de folie, le souverain, qui est aveugle depuis 1812, semble abandonné par les médecins.

Le même soir, Axel Métaz, avec le bon aplomb vaudois dont il usait à l'occasion, interrogea lord Moore sur la maladie du roi. Comme la plupart des Anglais, Christopher répugnait à traiter ce sujet avec un étranger.

— Le roi George est un souverain valeureux. On loue sa bonté, sa générosité, son courage, son ardeur au travail. Il a, autrefois, entrepris la guerre d'Amérique pour conserver les colonies à la couronne. Mais il a perdu cette guerre, faite par des rebelles que les Français ont aidés. Les insurgents ont proclamé l'indépendance des colonies anglaises et fondé, en 1776, les Etats-Unis d'Amérique, république que certains disent exemplaire, parce qu'elle a inscrit dans sa Constitution le droit utopique au bonheur pour tous les citoyens. Et cela a fait grand mal à George III.

Sur le chapitre de la misère du peuple, Eliza et son mari étaient d'accord pour tenir les pauvres responsables de leur état et considérer que des démagogues illettrés tentaient de les exciter contre l'aristocratie.

— Il s'agit d'une classe dangereuse, qui peut susciter des émeutes pour piller, surtout les dépôts d'alcool et de bière, car la plupart de ces gens sont des ivrognes et des paresseux, ajouta Janet.

Il arrivait fréquemment qu'Axel restât une semaine sans voir lord Moore à Mayfair. Le baronet sortait l'après-midi et rentrait à l'aube. Le garçon finit par apprendre, de la bouche d'Eliza, que son époux fréquentait assidûment le club Watier, situé sur Piccadilly, à l'angle de Bolton Street. On y donnait des soirées musicales mais c'était surtout le rendez-vous des joueurs et le jeu attirait, retenait et coûtait fort cher à lord Moore.

— Brummell y a perdu de grosses sommes et, même si les membres du club ont donné, en juillet 1814, à Burlington House, une fête et un bal masqué en l'honneur de Wellington, c'est autant au joueur qu'au vainqueur de Waterloo qu'ils voulaient rendre hommage ! D'ailleurs, ce lord Byron que tu admires tant assistait à cette soirée ! dit, d'un ton acide, lady Moore.

Axel, maintenant initié aux manières du monde, apprit à danser avec le maître de Janet et fut conduit à son premier bal, chez des amis de ses hôtes, à Belgravia. Le garçon remarqua tout de suite que les hommes se montraient empressés autour de Mrs. Moore et semblaient lui faire la cour. Des compliments, parfois très appuyés, adressés à Eliza, des comportements familiers, qu'il prit comme séquelles d'anciennes intimités, lui déplurent. Comme il se devait de faire danser Janet et plusieurs dames ou jeunes filles, il prit l'occasion d'un aparté pour interdire à sa maîtresse de valser avec un autre que lui. Cette danse à deux, importée d'Allemagne et mise à la mode après la Révolution française, avait traversé la Manche avec des Autrichiens. Elle donnait lieu à un enlacement qu'Axel, comme les puritains du xvie siècle, trouvait soudain indécent.

Mrs. Moore parut retirer de cette interdiction une satisfaction secrète et assura qu'elle s'y conformerait quand un homme, qu'elle semblait bien connaître, approcha et l'invita à danser à l'instant où l'orchestre attaquait une valse.

— Non, mon ami, dit-elle en prenant le bras d'Axel, mon amoureux me l'interdit.

L'homme parut d'abord étonné, puis, toisant Axel, s'esclaffa :

— Quoi ! Mais c'est un gamin !

— Croyez-vous ? roucoula Eliza en entraînant son jeune amant qui, déjà, serrait les poings.

— C'est un raseur, ses mains moites graissent la soie des robes ! Et puis je suis prête à t'obéir en tout. Nous allons bientôt rentrer, conclut-elle avec un battement de cils, qu'Axel savait depuis longtemps interpréter.

Le 18 juillet 1817, Axel et son précepteur purent assister grâce à leurs hôtes à l'inauguration du pont de Waterloo, construit par John Rennie, sur les plans de l'architecte Ralph Dodd. Bien que la première pierre de cet ouvrage eût été posée le 11 octobre 1811, les Anglais avaient tenu à en faire un symbole de leur victoire sur Napoléon. Cette cérémonie marquait, en effet, le deuxième anniversaire de la défaite française. Axel, bien que suisse et tout en admirant l'ouvrage qui enjambait la Tamise sur quatre cents mètres grâce à neuf arches elliptiques, souffrit, ce jour-là, de l'outrecuidance britannique.

Chantenoz partagea son agacement et, dès le lendemain, il révéla à son élève que les Anglais, insulaires et nationalistes, ne dédaignaient pas, dans de nombreux domaines et depuis le xvie siècle, de faire appel à des Helvètes.

Il rappela d'abord, puisqu'il avait été question de pont, que c'était un natif de Vevey, l'ingénieur Charles-Paul Dangeau de La Beyle, qui avait construit, entre 1738 et 1750, celui de Westminster et dessiné les plans du nouveau Saint James's Palace.

— Je pourrais te citer aussi cent pasteurs vaudois qui ont officié ou officient encore dans les temples d'Angleterre. Parmi ceux du passé, Paschoud, Calame, Tacheron, Boisot, Vallotton, Tavan, David Levade, qui revint enseigner la théologie à l'Académie de Lausanne, Jean-François Miéville, qui fut pasteur à Canterbury en

1789, et tant d'autres. Et puis, aussi, des précepteurs, des professeurs, des hommes de lettres, qui traduisirent les auteurs anglais, comme Monod, qui nous fit connaître Richardson ; des juristes, comme Charles-Victor de Bonstetten ; des médecins, comme Jacques-Daniel Veillard, qui, après avoir servi dans la marine anglaise, revint s'établir à La Tour-de-Peilz en 1763.

— Et les horlogers ? demanda Axel.

— Il me vient à la mémoire Ferdinand Berthoud, Recordon, inventeur de la montre à secousse, Josias Emery, horloger de Chardonne, Henri-Louis Jacquet-Droz, qui fabriquait des automates. Et puis les artistes de chez nous furent aussi nombreux à traverser la Manche, peintres, graveurs, émailleurs... et notre fameux aquarelliste veveysan, Michel-Vincent Brandouin, dont ta défunte tante Mathilde possédait des œuvres.

— Nous aurions pu coloniser la Grande-Bretagne, observa gaiement Axel.

— Et je ne parle pas des banquiers, des employés de commerce... et des militaires, qui servirent dans les troupes et la marine de Sa Majesté[1].

La saison de Londres s'étant achevée par un grand bal, comme elle avait commencé, les Moore et leurs invités prirent la route de Pendlemoore. Le domaine, situé au milieu des collines du Hampshire, entre Salisbury et New Forest, où Rufus, fils du Conquérant, avait péri d'une flèche reçue à la chasse — sans que l'on sût jamais s'il s'était agi d'un meurtre ou d'un accident — passait pour un des plus vastes du comté. Le château parut à Axel encore plus fabuleux par son hybridation architecturale que sur le tableau conservé à Londres. Le jeune garçon n'avait vu semblables bâtisses que dans les livres de contes de son enfance. On pouvait se perdre dans les galeries et corridors démesurés, les cloîtres obscurs et les dépendances de cette construction néogothique, agrandie de façon anarchique, au cours des siècles, par des propriétaires indifférents aux anachronismes et aussi peu soucieux de style que de confort. Seule une partie de Pendle-

---

1. Dans son ouvrage *l'Angleterre dans la vie intellectuelle de la Suisse romande au XVIIIᵉ siècle* (Bibliothèque historique vaudoise, Lausanne, 1974), Ernest Giddey, professeur de littérature anglaise, vice-recteur de l'université de Lausanne, président de The International Byron Society, consacre un important chapitre aux *Suisses en Grande-Bretagne*.

moore, aménagée pour plus de bien-être par lord Moore, restait habitable.

Une rotonde dallée, immense et éclairée par une coupole dont les vitraux de verre coloré offraient à la lumière de l'été une palette élémentaire, tenait lieu d'entrée. Le rez-de-chaussée était occupé par une longue bibliothèque, où Chantenoz déclara vouloir passer ses jours et ses nuits, et, faisant face à ce sanctuaire, le cabinet de travail avec salon de lord Moore. Des armures, d'où les occupants de jadis semblaient s'être évaporés, abandonnant intact et figé leur habit de fer damasquiné, brandissaient, serrées dans leurs gantelets vides, des hallebardes effrayantes. Cette garde aveugle, montée par des fantômes, impressionna Axel et fit sourire son mentor.

De part et d'autre du hall, un escalier à double révolution, pourvu d'énormes balustres, s'élevait vers les deux étages du château. Lord Moore, passant son bras sous celui d'Axel, conduisit le jeune Vaudois au centre de cet atrium prétentieux.

— D'ici, vous pouvez avoir l'impression que ces escaliers symétriques desservent pareillement les paliers supérieurs. Eh bien ! c'est une aberration optique. Celui de gauche monte, sans qu'il y paraisse, directement au second et ne croise ni ne rencontre en aucun point celui de droite, qui s'interrompt au premier. Tout est astuce d'architecte et trompe-l'œil. C'est une invention d'un ancêtre misanthrope, qui ne voulait croiser personne dans son escalier, ni épouse, ni enfant, ni domestiques. J'ai conservé cette très commode disposition privée. J'habite le second... mais, quand l'envie vous prendra, mon jeune ami, et j'espère, je souhaite, je compte, qu'elle vous prendra, vous êtes autorisé à emprunter mon escalier à tout moment, dit, avec une extrême complaisance, Christopher Moore.

L'emploi du temps d'Axel fut rapidement fixé. Le châtelain fit initier son invité à l'escrime par un maître d'armes employé dans tous les châteaux de la région et qui, deux fois par semaine, s'arrêtait à Pendlemoore pour tirer avec le baronet.

— Savoir tenir une épée et s'en bien servir est indispensable à une époque où l'on vous manque facilement de respect, avait expliqué Christopher.

Avec Janet, Axel apprit à monter des chevaux plus vifs et plus rapides que les percherons de M. Métaz. Les jeunes gens firent ensemble de grandes courses à travers la campagne, visitant les fermiers, sautant des haies afin de s'entraîner pour la chasse au renard, impatiemment attendue par tous dans le comté. Ils suivirent en barque les méandres d'une rivière bordée de saules, qui traversait le domaine et se perdait dans un étang poissonneux. Le Veveysan, habitué aux perches, ombles et féras de son lac, apprécia peu les carpes de Pendlemoore : aucune sauce ne pouvait masquer leur goût de vase !

Les jours de pluie, Axel fréquentait la bibliothèque, avec une assiduité qui enchantait son précepteur. Martin se disait ébloui par les trésors alignés sur les rayons. Perché sur un escalier à plate-forme monté sur roues, il poussait des cris de Sioux quand il parvenait à extraire, de la poussière accumulée, un très ancien volume de Shakespeare, une édition originale du *Tristram Shandy* de Sterne ou du *Rasselas* de Samuel Johnson. Parmi les livres contemporains qu'il mit entre les mains de son élève, le roman d'Horace Walpole *le Château d'Otrante* fut pour Axel une étrange révélation. Pendlemoore était tout à fait le lieu propice à une telle lecture car la nuit, dans les longs couloirs au parquet gémissant, on pouvait, à chaque instant, s'attendre à voir surgir d'une encoignure de porte le fantôme de Manfred, l'usurpateur, qui assassina sans le savoir sa fille Mathilde, maîtresse de Théodore, le véritable héritier d'Otrante.

Axel, qui, au contraire du héros de Walpole, rejoignait non pas la fille mais l'épouse de son hôte, comprit fort bien l'avertissement déguisé que lui signifiait Chantenoz en lui conseillant ce livre. Mais toute sagesse se diluait dans la volupté que distillait Eliza et Axel Métaz, subjugué, sortant du lit de cette femme plus que femme, ou canotant avec Janet, dont la tendre et patiente dévotion l'émouvait, ne cessait de se répéter une phrase de Martin Chantenoz : « Les choses se résoudront d'elles-mêmes. »

A la fin d'un après-midi radieux, passé à chevaucher avec Janet, comme il quittait sa chambre pour descendre à la bibliothèque travailler à la traduction du fameux poème de Samuel Taylor Coleridge *la Chanson du vieux marin*, imposée par Chantenoz, Axel entendit, montant du hall, une conversation animée. Il interrompit sa progression sur le palier du premier étage. Elizabeth et son mari dialoguaient avec véhémence. Quand Axel comprit qu'il était l'objet de la dispute, il se dissimula derrière la balustrade pour écouter.

— Ah ! non ! Celui-là n'est pas pour vous et je vous prie de ne pas débaucher ce garçon ! lança Elizabeth, s'efforçant de contenir sa voix.

— Il semble que vous vous en soyez déjà chargée, ma chère !

Le ton de sir Christopher parut à Axel étrangement sarcastique.

— C'est un être sain et bon et...

— Et un amant studieux, j'imagine. Vos talents de pédagogue trouvent là à s'exercer. J'espère que vous le récompensez comme il se doit... quand il a bien... appris sa leçon !

— Taisez-vous ! Laissez-le-moi et contentez-vous de vos valets d'écurie et de vos garçons de bains ! Laissez ce garçon en paix... et cessez de lui faire des cadeaux ! Méfiez-vous, Christopher..., un écart et je cesse de payer vos dettes. Vous n'avez pas envie de vous retrouver à la Marshalsea !

— Si vous le prenez ainsi, je vous le laisse. Mais vous devriez être plus prudente ! Janet a le sommeil léger et vos déplacements nocturnes manquent parfois de discrétion. Cette petite est amoureuse d'Axel. Vous n'êtes pas sans le savoir, j'imagine, puisque vous entretenez les illusions de la pauvre enfant. Si elle découvrait que l'admirable, le bel Axel, le savant Axel, le pieux Axel passe une partie de ses nuits dans le même lit que sa mère...

— Vous préféreriez que ce fût dans celui de son père, sans doute ?

— A propos de dettes, je m'attends à recevoir une notification du Watier... Serez-vous assez aimable pour l'honorer ?

— Je paierai si vous laissez Axel tranquille... Le jeu est, de tous vos vices, le seul qui me coûte vraiment !

Il y eut une sorte d'apaisement dans la dispute et le ton redevint mondain, ce qu'il était toujours entre les époux.

— Méfiez-vous tout de même, pour Janet. C'est un être fragile et qui vous admire. Imaginez qu'elle apprenne la... qualité de vos relations avec ce garçon. Et d'ailleurs, quand vous serez lassée du gentil Vaudois, que comptez-vous en faire ?

— Je compte, mon cher, en faire votre gendre !

Il y eut un silence dont Axel, de la place qu'il occupait sur le palier, ne put apprécier l'impact. Il perçut seulement les pas de sir Christopher se dirigeant vers son cabinet de travail et craignit d'être aperçu, dans le cas où Mrs. Moore lèverait les yeux. Arrivé au milieu du hall, Christopher se retourna vers sa femme et dit, répondant à l'ahurissante déclaration d'Elizabeth :

— Ah, ah, ah ! Notre gendre ! Mais savez-vous que c'est une excellente idée, ça, Eliza ! Ce garçon me plaît, ainsi que vous l'avez compris mais, aussi, d'une autre façon, toute banale. Vous pourriez même le conserver comme amant et..., si vous étiez moins conformiste, nous pourrions en user tous trois, nous deux et votre fille... Ça ne sortirait pas de la famille !

Atterré par tant de cynisme, Axel attendait, serrant les poings, une réplique cinglante de sa maîtresse, mais seuls lui parvinrent des éclats de rire se faisant écho, mêlés, complices.

— Je reconnais bien là votre sens de la famille ! lança enfin Elizabeth.

— De la famille et... de l'économie, ma chère !

De nouveaux rires ponctuèrent cette réplique et sir Christopher, poursuivant son chemin en lançant des « Ah, ah, ah ! » assez puissants pour faire tinter les pendeloques de cristal du grand lustre, quitta la maison. L'heure était venue, pour lui, d'aller, comme chaque jour, visiter les serres où il élevait des orchidées et s'entretenir avec les jeunes jardiniers qu'il ramenait de Londres.

Le premier réflexe d'Axel fut de se précipiter chez Chantenoz, mais celui-ci passait la journée à Salisbury. Il décida alors que, dès le retour de son précepteur, il lui ferait part de la scandaleuse conversation qu'il venait de surprendre et le convaincrait de quitter au plus vite Pendlemoore.

Meurtri, souffrant de la pire des salissures qu'il eût jamais imaginée, le garçon se contint jusqu'au dîner, n'attendant que le retour de son mentor pour réagir. Comme, à l'heure du coucher, Chantenoz n'était pas rentré, Axel regagna sa chambre et poussa le verrou de la porte. Ne le voyant pas arriver chez elle, Eliza ne manquerait pas de venir le relancer. Il n'eut pas à attendre longtemps et Mrs. Moore, étonnée de trouver close une porte toujours ouverte, agita le lourd loquet pour manifester son impatience.

— Va-t'en ! Je te déteste. J'ai entendu, cet après-midi, ta conversation avec sir Christopher. Tu es une mauvaise femme et lui un...

Eliza, atterrée, se fit aussitôt suppliante :

— Quelle conversation ? Laisse-moi entrer, Axel. Tu n'as rien compris, tu interprètes mal ce que tu as entendu ou cru entendre ! Je t'en prie, il faut que je t'explique.

Comme il demeurait silencieux, elle changea de ton :

— Si tu n'ouvres pas, je fais un scandale. J'appelle... tout le monde... Janet aussi !

Il ne lui restait qu'à céder. Axel ouvrit sa porte et laissa passer Eliza, pâle, le visage crispé par la colère. Il l'obligea à s'asseoir dans un fauteuil, loin de lui.

— Je t'écoute. Qu'as-tu à dire ? Inutile de nier vos propos. Je vous ai entendus et bien entendus ! Veux-tu que je te les répète ?...

Eliza renonça à tergiverser :

— Mon mari est un malade, Axel. Je dois entrer dans son jeu. Quand il est en crise, il ne faut surtout pas le contredire. Un jour, à Vevey, tu m'as demandé pourquoi j'étais malheureuse. Maintenant, tu le sais. Christopher est un dépravé et un joueur, qui nous ruine. Tu es ma seule, et certes coupable, consolation. Mais c'est ainsi que...

Elle n'acheva pas sa phrase et vint se jeter aux pieds d'Axel, lui entourant les jambes de ses bras en pleurant.

— Relevez-vous, dit-il, gêné par l'humiliation que s'infligeait cette femme.

Il refusait de croire à sa sincérité, d'où le voussoiement qui lui était revenu spontanément.

— Et ce projet de mariage avec Janet, qui vous a tant amusés, sir Christopher et vous ?

— Je veux te conserver, Axel. Je veux que tu restes avec moi... C'est une phrase en l'air, lancée comme ça dans mon désarroi... pour calmer mon mari... Je ne sais que faire, que dire, pour te convaincre, acheva-t-elle en allant s'asseoir sur le lit.

Le déshabillé, seul vêtement que portait Eliza quand elle rejoignait Axel, s'était ouvert dans l'agitation du moment. Elle se soucia peu de couvrir son corps nu. Ses cheveux défaits croulaient sur son buste et, les mains posées à plat sur les genoux, elle prit l'humble attitude d'une coupable dans l'attente du jugement.

— Demain, tout à l'heure, nous quitterons Pendlemoore avec Martin... et Janet. Nous irons à Londres, loin de ton mari, ordonna-t-il, sans trop savoir pourquoi.

— Je ferai ce que tu voudras..., oui, partons demain ! C'est ça, partons ! Mais maintenant, viens, dit-elle, brusquement rassérénée, en lui tendant les bras.

— Ah ! non ! Pas comme ça. Pas maintenant ! Va dans ta chambre. Prépare-toi et trouve ce qu'il faut dire à Janet. Moi, je vais aller voir si Chantenoz est rentré.

Surprise par l'autorité soudaine de ce garçon, Mrs. Moore se leva, croisa négligemment les pans de son déshabillé et noua la ceinture.

— Embrasse-moi tout de même, exigea-t-elle.

Il s'exécuta mais refusa de prolonger son baiser, se dirigea vers la porte et l'ouvrit.

En voyant Janet suffocante, appuyée au chambranle, la phrase de Chantenoz lui traversa l'esprit. « Voilà que les choses, d'elles-mêmes, se résolvent », se dit-il incongrûment, dans un éclair. Janet avait entendu, elle aussi, une conversation inimaginable. Elle poussa un cri en voyant sa mère en déshabillé béant près d'Axel et s'enfuit en courant. Elle allait disparaître dans l'escalier quand, du palier, sa voix parvint au couple :

— Je n'ai plus qu'à mourir ! cria-t-elle.

Puis elle dévala les marches en courant. Eliza, pétrifiée, au bord de la suffocation, saisit le bras d'Axel. Le grincement de la lourde porte du hall la tira brusquement de cette défaillance. Axel sentit les ongles de sa maîtresse lui entrer dans la chair.

— Vite, Axel, rattrape-la ! rattrape-la ! Empêche-la... La rivière..., l'étang... Je ne sais, va, cours !

Avant qu'Eliza ait terminé sa supplique, Axel se jetait à son tour dans l'escalier. En traversant le hall, il vit de la lumière dans le cabinet de travail et se demanda sans ralentir sa course si sir Christopher avait conscience de ce qui se passait sous son toit.

La nuit claire permit au garçon de repérer tout de suite la forme blanche qui, tel un feu follet, glissait en zigzaguant loin devant lui sur une allée. Janet se dirigeait vers l'étang. Il allongea sa foulée et ne se trouvait plus qu'à vingt pas de la jeune fille quand celle-ci s'engagea sur le ponton. Les planches gémirent à peine sous les pieds nus de la légère Janet. Le heurt de son corps dans l'eau prit en revanche, dans la nuit, la sonorité d'un coup de cymbale. Axel plongea sans hésiter, saisit la jeune fille en lui maintenant la tête hors de l'eau, comme le lui avait enseigné Pierre Valeyres, et la ramena sur la berge.

Etendue sur l'herbe, Janet grelottait malgré la tiédeur de la nuit d'août. La chemise de nuit collée au corps, elle se taisait, hagarde, refusant de répondre aux objurgations d'Axel. En d'autres circonstances, il eût trouvé désirable cette fille mince, dont les petits seins pointus tendaient la batiste mouillée. Renonçant à parler, il la souleva et Janet, sanglotante, en un geste impulsif, sorte d'appel désespéré à la force protectrice, lui passa les bras autour du cou. Ils revinrent sans un mot vers le château. Eliza attendait sous le porche, avec une femme de chambre et un valet portant une lanterne.

Quand Janet fut déposée dans sa chambre, séchée, frictionnée, bordée dans le lit bassiné par sa femme de chambre qui sanglotait, Axel se retira, pour aller se changer. Au moment où il quittait, rassuré, le chevet de la jeune fille, une phrase d'Elizabeth lui dicta subitement sa détermination :

— Les jeunes gens ont parfois de drôles d'idées, n'est-ce pas ! Ces deux-là ont voulu se baigner à minuit... Janet aura sûrement un rhume !

Ainsi, une fois de plus, avec aplomb, Mrs. Moore travestissait les faits, transformait le drame qui aurait pu coûter la vie de sa fille en un banal caprice d'amoureux, s'en tirait par une pirouette mondaine. Ce cynisme avéré dessilla complètement Axel. Quand Eliza quitta la chambre de Janet, elle marqua un instant d'étonnement en se heurtant au garçon.

— Viens, que je te frictionne, tu dois avoir froid, dit-elle, naturelle et tendre.

— Je suis glacé, en effet, dit-il durement, et il la gifla.

Avant qu'Eliza, titubante, soit revenue du choc, Axel dévalait l'escalier. Il lui restait une autre affaire à régler. Il entra sans frapper dans le cabinet de travail de lord Moore. Le baronet, assis à son bureau, lui sourit.

— J'attendais votre visite, mon jeune ami, dit le lord, souriant.

— Voulez-vous m'accompagner jusqu'à la salle d'armes, j'ai à vous demander raison de certaines paroles, dit Axel.

— Allons, allons, pas de tragédie, jeune homme. Et puis je ne croise pas l'épée avec un paysan ! Pour qui vous prenez-vous, mon...

Christopher Moore n'eut pas loisir d'achever sa phrase. Axel le tira de son fauteuil, le gifla à toute volée et, d'un seul coup de poing, l'expédia contre un guéridon qui s'effondra.

— C'est ainsi que les paysans de chez nous traitent les tricheurs et les voleurs de poules, dit-il.

C'était la première fois qu'Axel Métaz giflait une femme et frappait un homme mûr. Ça ne lui avait pas demandé beaucoup de courage et ne lui laissa aucun remords.

Chantenoz, enfin informé, fit ses bagages et, quand Axel se rendit, à l'aube, aux écuries, pour demander au cocher de le conduire à Londres avec son précepteur, personne ne s'opposa à leur départ.

Comme le coupé passait le porche, Martin Chantenoz observa simplement qu'autrefois, à la cour de Turin, un homme ne pouvait s'éprendre de l'épouse sans faire en même temps la cour au mari !

— Je m'étais trompé sur le compte des Moore, Axel. Ce ne sont pas des aristocrates dévoyés de notre temps. Ce sont des personnages de la Renaissance. Ils se sont, et nous aussi, d'une certaine façon, trompés de siècle !

— Oui, mais comment un homme peut-il préférer les caresses des garçons à celles des femmes ? Je trouve ça dégoût...

— Chut ! Axel. Ne condamne pas une attirance particulière entre personnes du même sexe. C'est une forme de l'amour. Dénaturée suivant les uns, sublimée suivant les autres. Et ne juge pas ces gens-là d'après lord Moore. C'est un joueur, un dépravé, un pervers. S'il préférait les filles aux garçons, comme la plupart d'entre nous, il serait le même personnage répugnant.

Tandis que la voiture roulait entre les collines, Axel, pris d'un désir soudain de purification, se mit à donner à son mentor beaucoup de détails, parfois impudiques, sur ses amours avec Eliza. Avec une certaine nostalgie, il tenta de trouver des excuses à cette femme dont il n'oublierait jamais les étreintes. Cette indulgence, Chantenoz ne l'admit pas.

— Byron, en villégiature il n'y a pas si longtemps au bord du lac Léman et qui doit, mieux que toi, connaître les femmes, condamne Eliza sans appel. Il a écrit quelque part : « Personne ne peut revenir sur le premier pas. La femme qui est tombée tombera plus bas. » N'aie donc pas de regrets. Eliza est une perverse et sa fille une petite dinde. Tu as vécu une aventure, une expérience devrais-je dire, qu'un homme ne peut connaître habituellement que dans sa maturité. Que ce soit pour toi une leçon de vie. Que le souvenir de cette passion reste...

— Un souvenir éblouissant, oui, fit Axel, la gorge nouée par l'émotion.

Chantenoz lui entoura l'épaule de son bras.

— Comme ceux qui n'étaient pas admis aux banquets de Platon — il ne faisait dresser que trente-huit couverts — moi qui n'ai connu que « l'odeur du festin et l'ombre de l'amour », j'envie plus ton chagrin que ta colère.

L'aube d'un matin de fin août sur la campagne anglaise, paisible, somnolente, créait une ambiance virgilienne. Le chemin de terre jaune paraissait lisse et clair, comme laqué par la dernière ondée. Dans le ciel, quelques nuages blancs se fissuraient, telle une toile qui se craquelle ou un puzzle qui se délite et laisse passer, entre les pièces écartées, une lumière vague.

— En grec, le point du jour se dit « matin profond », constata, comme pour lui-même, Chantenoz.

Puis il ajouta, citant Socrate :

— « Les champs et les arbres n'ont rien à m'apprendre. Je ne trouve de maîtres utiles qu'à la ville. »

— Mon lac et mes vignes m'ont cependant plus appris que Londres, dit Axel.

Puis il ajouta, soudain pensif :

— J'ai l'étrange sensation que le déroulement des événements et du temps s'accélère. Quand j'étais petit, et même ces dernières années, les jours me paraissaient longs, les semaines interminables. Et puis il ne se passait jamais rien, à Vevey, avant l'arrivée d'Eliza.

— Crois-tu ? Tandis que tu grandissais, des centaines de milliers d'hommes se battaient à travers l'Europe et, partout, des gens tentaient de survivre à la guerre et aux privations, sans toujours y parvenir. Toi, tu as vécu ta vie d'enfant sage et privilégié dans un pays qui ne l'est pas moins. D'où cette sensation que le monde entier est à l'image de notre petit univers vaudois, entre lac et vignoble, où rien n'apparaît de très spectaculaire. C'est peut-être pourquoi nous sommes si attentifs à ce qui se passe ailleurs mais aussi en nous : aux sentiments, aux conflits intimes, aux relations secrètes des êtres. Nos destinées sont comme ces courants qui circulent, se heurtent, se croisent, s'unissent dans les profondeurs du Léman sans rider sa surface.

L'aventure anglaise était terminée. Une semaine plus tard, au soir d'une étape à Dijon, où Martin Chantenoz avait comparé avec conscience plusieurs vins blancs bourguignons avant de décerner la palme au meursault, Axel tira de sa sacoche le *Registre des rancunes*, où il inscrivait depuis des années les affronts essuyés. Il y ajouta ceux qui relevaient de la perversité d'Eliza et de la dépravation de lord Moore. Ces considérations occupèrent quatre pages du carnet noir. La pauvre Janet, elle-même, ne fut pas épargnée, mais plus modestement qualifiée de niaise et de veule.

Incapable d'imaginer, sur l'heure, le type de vengeance qu'il devrait un jour tirer de cette famille pour être fidèle au principe qu'il s'était fixé depuis l'enfance, il écrivit, comme pour rendre son ressentiment inaltérable et déjouer, par avance, l'influence du temps qui dilue les rancunes : « Jusqu'au sang ! » Et il souligna.

8.

A Vevey, Axel fut accueilli avec d'enthousiastes effusions par ses parents et sa sœur, auxquels se joignirent bientôt Flora, Polline, Pernette, Simon Blanchod, Pierre Valeyres, les Ruty et, plus tard, les voisins. Passé les premières considérations sur sa taille et sa mine — « Mon Dieu ! Comme il a grandi ! Comme il a forci ! Comme il fait homme, maintenant ! Mais il va bientôt devoir se raser chaque jour ! » — qui agacèrent le jeune homme, il dut, pendant des semaines, raconter l'Angleterre et les Anglais. Guillaume voulut savoir comment on traitait les affaires, ce que mangeaient et buvaient les Britanniques, si l'on pouvait espérer leur vendre des montres, aussi bien que du vin et des fromages, et encore s'ils appréciaient le chocolat, car M. Métaz venait d'investir dans cette nouvelle production très prometteuse.

Axel avait trouvé sa mère alourdie, peu expansive, dolente. Charlotte se plaignit : le temps avait coulé, pour elle, monotone, et, au fil de mois sans surprises, le seul événement à retenir était les funérailles de Mme de Staël. La châtelaine de Coppet avait succombé à Paris, le 14 juillet, à une seconde attaque d'apoplexie, la première l'ayant fortement éprouvée dès le 21 février.

Mme Métaz s'était rendue à Coppet pour assister à l'inhumation de Germaine de Staël dans le tombeau familial où reposaient déjà, derrière des murs élevés autour d'un bouquet d'arbres, Jacques Necker et son épouse.

— Dès que le cercueil fut en place, les maçons murèrent le caveau et soudèrent la grille de fer qui tenait lieu de porte à l'enclos. Désormais, personne ne peut approcher ce mausolée. Cet enfermement, voulu par les Necker, nous causa à tous une grande émotion, conclut Charlotte.

Comme Martin Chantenoz soulignait, avec quelque malice, que l'égérie, déçue par tous les régimes politiques, était morte le jour anniversaire de la prise de la Bastille, Charlotte le pria fermement de ne pas dauber sur le sort d'une grande dame qui avait eu le mérite universel de révéler à plusieurs générations l'existence d'un esprit européen.

Mme Métaz questionnait Axel sur Londres, la saison des bals, les châteaux, les équipages, la mode, la façon qu'avaient les Anglaises — étaient-elles toutes rousses? — de coiffer leurs cheveux. Elle attendit cependant de voir réunis son mari, son fils et Chantenoz pour aborder un sujet qui lui tenait à cœur. Elle savait, avant qu'Axel ne partît pour l'Angleterre, que Janet Moore était amoureuse de lui.

— Sa maman le laissait clairement entendre. Elle avait même dit qu'elle verrait bien sa fille épouser un Suisse. C'est pourquoi nous te laissions assez libre de faire des visites aux dames Moore. Mrs. Moore parlait de toi en termes chaleureux. Et, pendant ton séjour à Londres, elle m'a même écrit que son mari te tenait en bonne estime, t'offrait des cadeaux, t'initiait à la vie de gentleman et qu'il ne ferait certainement pas d'objection si tu sollicitais, un jour, la main de sa fille... unique! Crois-moi, ce genre de pensées a souvent occupé mon esprit. Ça m'a même fait rêver. La fille d'un lord, d'un baronet, qui a ses entrées chez le roi et chez les princes! Je te montrerai la lettre de Mrs. Moore. Il n'y a pas de secret...

Axel sourit. La vanité de sa mère et ses naïves ambitions l'irritaient, mais il jugea charitable de ne pas la décevoir dans l'immédiat.

Guillaume intervint, avec son bon sens habituel, pour dire qu'un tel débat paraissait singulièrement prématuré.

— Notre garçon est bien jeune pour parler d'un futur mariage. Il faut qu'il profite un peu de la vie, pas vrai, gamin; qu'il voyage, apprenne à connaître cette Europe qui, d'après Blanchod, finira bien par se faire. Et qu'il se prépare ainsi à prendre une position dans mes affaires! Car on peut épouser une femme bien dotée, dit-il en jetant un regard tendre vers celle qui lui avait apporté les chantiers navals et les carrières de Meillerie, mais un honnête mari ne doit pas vivre des revenus de son épouse! Et puis cette Janet ne m'a pas l'air bien robuste. Je ne l'ai jamais vue que pâle comme un navet. Elle est mignonne et distinguée, d'accord, mais elle a les épaules étroites et sa mère est un peu mijaurée, non ?

Comme Mme Métaz percevait chez son fils une certaine réticence à parler de ses relations avec Janet, dont il affirmait qu'elle ne lui était rien plus qu'une bonne camarade, Charlotte revint à la charge :

— Ne me fais pas croire que tu ne contais pas fleurette à cette petite, qu'elle ne t'y encourageait pas ? A ton âge, ce sont des choses...

— Non, maman ! coupa Axel.

Cette fois, le ton fut plus catégorique.

Bien que surprise par la vivacité de la réaction de son fils, Charlotte ne s'avoua pas vaincue.

— Les Moore m'ont promis de venir, dans deux ans, pour la fête des Vignerons, qui doit être plus belle que toutes celles qui l'ont précédée. D'ailleurs, ton père fait maintenant partie du conseil de la Confrérie, ajouta-t-elle.

Le fait que Guillaume Métaz fût un des responsables de l'organisation semblait garantir, d'avance, un succès sans précédent pour une fête qui avait lieu, de loin en loin, depuis la fondation, en 1647, de la Louable Confrérie des Vignerons de Vevey.

— J'imagine, conclut Charlotte, que tu seras heureux de revoir Janet car, si je comprends ta discrétion, je me doute bien aussi — une mère sent cela — que cette jolie jeune fille ne t'a pas laissé, quoi que tu dises aujourd'hui, indifférent.

— Cesse de taquiner Axel, Charlotte. Il est tellement content de revoir son lac et ses montagnes que la brumeuse Angleterre et les jolies Anglaises... de tout âge méritent d'être oubliées un moment, intervint Chantenoz.

Martin avait raison. Si Axel était heureux de retrouver les siens, ses amies Nadine et Nadette, ses camarades, il était encore plus satisfait de revoir le décor de sa ville. Vevey embellissait chaque année. Les anciens remparts qui gênaient son expansion tombaient les uns après les autres, des maisons neuves remplaçaient les masures du temps des baillis. Le Conseil municipal ne perdait jamais une occasion d'élargir une rue, de dégager une placette, d'inaugurer une fontaine.

Presque chaque soir, depuis son retour, Axel s'en allait, au crépuscule, marcher seul sur la berge du lac jusqu'à La Tour-de-Peilz. Le Jardin des gourmandises de Tignasse lui paraissait maintenant une petite boutique sans mystère. La nouvelle épicière avait fait repeindre la devanture, mais elle avait conservé l'enseigne. Quand, dans la tiédeur du crépuscule, le profil noir des montagnes de Savoie prenait, sur le ciel indigo, qui paraissait beaucoup plus éloigné de la terre qu'en Angleterre, l'aspect d'un découpage plaqué, il regagnait Rive-Reine avec la sensation d'avoir déjà vécu une longue vie.

Moins de dix mois s'étaient écoulés depuis son départ, mais tant d'événements avaient eu lieu et tant d'expériences lui avaient été offertes ou imposées qu'il se sentait bien différent du garçon amoureux de la dame anglaise des Trois-Couronnes. « Jamais les choses ne seront plus comme avant et j'ai tout appris d'un coup. Que me reste-t-il à découvrir de la vie ? » se demandait-il, avec le touchant désenchantement de l'adolescent qui se croit blasé. A ces ruminations, Chantenoz répliquait par une boutade anglaise : « *In love two is one; the question is : which one*[1] ! »

Au cours d'une partie de pêche avec les Ruty, Axel trouva Nadine et Nadette embellies, presque femmes. Elles lui apprirent qu'elles allaient se fiancer aux vendanges et se marier en août 1819, après la fête des Vignerons.

Bien qu'il n'eût jamais pensé épouser un jour l'une ou l'autre des jumelles, le jeune Métaz ressentit comme une trahison le fait qu'elles ne se disent plus à l'unisson, même en manière de plaisanterie, amoureuses de lui. Quand elles lui présentèrent leurs futurs maris, bons gars du pays, fils l'un de vigneron, l'autre d'un greffier du tribunal, qu'elles mignotaient en sa présence, avec des regards mouillés qui en disaient long sur l'impatience sexuelle des jumelles, Axel espaça ses relations avec les fiancés.

Après l'amère déception causée par Elizabeth, dont il se persuadait qu'elle resterait le seul amour, la seule passion de sa vie, l'attitude de ses amies d'enfance augmenta la méfiance que lui inspiraient maintenant les femmes. Dans le carnet noir, et bien que cela fût injustifié, il ajouta les noms des demoiselles Ruty en stipulant que sa vengeance, le jour venu, ne pourrait qu'être infligée sous la forme d'une piqûre d'amour-propre.

Axel se réadapta vite au rythme veveysan. Sur les conseils de Chantenoz, il s'inscrivit à l'Académie de Lausanne pour suivre les cours de droit. Mme Métaz lui aménagea une chambre « chez Mathilde », où elle-même séjournait souvent, dans le décor à peine modifié où avait vécu sa défunte tante. Comme tous les étudiants,

1. En amour deux ne font qu'un ; la question est : lequel des deux ?

Axel, au cours des premiers mois de liberté, fit un peu la fête. Mais il n'évoluait pas avec aisance dans le cercle des fils de bourgeois promis aux belles carrières. Il s'ennuyait dans les tavernes, boire le rendait malade. Il trouvait stupide de brailler, la nuit dans les rues, des chansons grivoises jusqu'à ce que les Lausannois, tirés du sommeil, jettent par les fenêtres le contenu de leurs pots de chambre sur les trublions. Ses condisciples, souvent plus âgés que lui, considéraient encore comme un exploit de pincer la taille ou de voler un baiser à une servante. Les plus délurés ne connaissaient de l'amour que les étreintes sommaires et vénales des quelques prostituées locales dont ils évoquaient et comparaient les appas usés comme s'il se fût agi de ceux des Grâces ! Conscient d'avoir plus vécu que tous ses camarades, Axel abordait les êtres et les choses d'une façon différente et, comme le lui avait un jour prédit Chantenoz, son confident des fins de semaine, il se sentait étranger dans le milieu estudiantin et même, depuis son retour d'Angleterre, parmi les siens.

Aux vendanges 1817, il fut heureux, en revanche, de participer aux travaux comme aux réjouissances. Il eut conscience de retrouver ses propres marques et cette bonne santé morale dévolue aux travailleurs de la terre, simples et francs. C'était d'ailleurs à Belle-Ombre, sur la terrasse qui dominait le lac, qu'Axel aimait se réfugier pour lire, méditer et se remémorer son récent passé.

Au cours du traditionnel banquet des vendangeurs, Charlotte Métaz parut soudain retrouver, elle aussi, le plaisir de vivre. On la vit arborer de nouvelles toilettes, sourire d'un rien, plaisanter, danser avec son fils. Guillaume mit cela sur le compte de la réussite d'Axel à ses examens, de l'abondance et de la qualité de la récolte, du retour de la prospérité qui effaçait, peu à peu, les mauvais souvenirs de la disette de l'hiver précédent. Seule Flora Baldini connaissait la vraie raison de cette heureuse renaissance : le général Fontsalte était de retour.

L'officier, arrivé fin septembre, s'était, sur les conseils de Charlotte, installé à Morges. Mme Métaz ne tenait pas à ce qu'il eût trop d'occasions de rencontrer, dans les rues de Lausanne, certain regard vairon qui lui eût immanquablement rappelé le sien !

Les retrouvailles des amants furent plus affectueuses que passionnées. Avec l'âge — Blaise venait d'entrer dans sa trente-huitième année — l'officier semblait se dessécher, comme ces êtres habitués par les circonstances à vivre de peu. Maigre, noueux, mais plus alerte que jamais, il apparut à Mme Métaz, après trois années d'absence, comme un homme qui avait déposé définitivement les armes. Il avait rasé ses favoris et réduit sa moustache. Sa chevelure frisée, poivre et sel, atténuait seule maintenant la dureté de ses traits, que soulignaient le hâle et les rides. On remarquait plus qu'autrefois son regard bicolore. Après l'avoir tenue à bout de bras et examinée avec douceur, Blaise trouva Dorette « grassouillette comme une caille et moelleuse comme un beignet ». Charlotte voulut ensuite tout connaître de l'Amérique, de la vie qu'y menaient les proscrits et aussi quelle était la noble cause qui lui ramenait son amant.

— J'accomplis ma dernière mission pour les Bonaparte, après quoi je m'installe à Fontsalte, car ma vieille maman veut se retirer, pour finir ses jours, dans le couvent que dirige maintenant ma sœur. De là, je viendrai souvent à Lausanne, dès que l'exploitation de notre source thermale sera mieux organisée, ce qui devrait, avec ma demi-solde de général — une gracieuseté de Louis XVIII — me permettre de vivre, sinon dans l'opulence, du moins dans un confort relatif.

Charlotte applaudit à ce programme, imaginant déjà, alors que Guillaume s'absentait de plus en plus souvent pour ses affaires, une sorte d'existence néoconjugale avec Blaise.

Le général devait en réalité assumer deux missions. Une avouable, l'autre qui l'était moins. La première consistait, à la demande de l'épouse de Joseph Bonaparte qui n'avait pas voulu rejoindre son mari en Amérique, à stimuler l'homme d'affaires chargé de la vente du château de Prangins. Julie et ses filles, Zénaïde et Charlotte, vivaient assez chichement à Francfort et avaient besoin d'argent. L'ex-reine d'Espagne en était déjà réduite à vendre ses bijoux. Elle cherchait à négocier un collier de diamants d'une valeur de quatre cent mille francs et, aussi, une épée de son mari dont la poignée, sertie de pierres précieuses, était estimée à deux cent quarante mille francs.

La seconde mission de Blaise consistait officiellement à protéger, mais en fait à surveiller, Joseph-Louis Mailliard, secrétaire du roi Joseph, que ce dernier avait délégué à Prangins pour déterrer les caisses enfouies dans le parc en 1815 et rapporter leur contenu aux Etats-Unis. En priorité, les diamants qui seraient placés dans une ceinture spécialement confectionnée pour le secrétaire. Joseph, qui menait à Point Breeze, sur les rives de la Delaware, un train princier, avait, lui aussi, besoin d'argent. Les sacs de pierres précieuses cachés dans le parc de Prangins et, même, certaines correspondances diplomatiques, confiées par Napoléon à son frère et pareillement enterrées sur les bord du Léman, constitueraient des produits négociables.

Mailliard avait quitté les Etats-Unis le 16 août 1817 pour débarquer en Angleterre. De là, il s'était rendu auprès de la reine Julie avant de passer en Suisse où il avait rencontré, à Prangins, M. Vérat, administrateur des biens de Joseph.

A la veille du jour de l'An 1818, Blaise de Fontsalte, avant de partir pour son Forez natal, ses missions terminées, omit de donner à Dorette certains détails. La récupération du trésor du roi Joseph, effectuée au cours de la nuit du 25 au 26 décembre par Mailliard, qui se faisait passer pour géologue, n'ayant donné lieu à aucune mauvaise surprise, un procès-verbal avait été signé à Nyon lors de l'ouverture des caisses par deux témoins de confiance.

En revanche, personne n'avait vu le général Fontsalte récupérer, seul, la nuit suivante, dans le parc désert de Prangins, un trésor dont il était seul à connaître l'existence et la cachette, sous la margelle d'une fontaine. Les trois sachets de diamants dérobés et enfouis en 1815 par un domestique indélicat, mort sans avoir pu profiter de son larcin, devinrent ainsi, provisoirement, un bien Fontsalte. Personne, hormis celui qui les avait dérobés et dissimulés, ne connaissait l'existence de ces diamants et Fontsalte lui-même ignorait leur provenance. C'est pourquoi Blaise, qui n'avait rien d'un tire-laine, estima, sans léser quiconque, qu'il déciderait plus tard de l'usage à faire de cette petite fortune. En attendant, il choisit de musser les sachets dans une des cachettes du moulin sur la Vuachère.

Pendant que se déroulaient ces péripéties secrètes, séquelles de la chute de l'empire, Guillaume Métaz et ses collègues de la Confrérie des Vignerons, que l'on préférait appeler, par référence au passé, Abbaye des Vignerons, débordaient d'activité. La fête des Vignerons, événement majeur, n'avait pas été organisée depuis 1797[1]. Dès 1816, des Veveysans avaient pensé la rétablir, mais les guerres européennes, la crise économique puis la disette avaient réduit les ressources et refréné les ardeurs. Maintenant, les promesses d'une nouvelle prospérité stimulaient les membres de la

1. Après 1819, la fête des Vignerons fut organisée en 1833, 1851, 1865, 1889, 1905, 1927, 1955, 1977. A l'heure où nous mettons sous presse, les organisateurs n'ont pas encore exactement fixé la date de la prochaine fête, qui devrait se tenir autour de l'an 2000.

Confrérie. Il fallait non seulement que la fête de 1819, la première du siècle, renouât avec la tradition, mais qu'elle fût, à travers l'exaltation de la vigne et du vin, un hommage à l'Helvétie qui, dans sa maturité sagement mais parfois douloureusement acquise, prouvait à l'Europe que les hommes peuvent jouir de la liberté sans licence et faire du travail et de la concorde une règle de vie capable de conduire les peuples au bonheur.

Au cours de l'année 1818, le canton de Vaud parut illustrer mieux qu'aucun autre ces principes. La reprise des affaires, la stabilité politique, des récoltes abondantes renouvelèrent la confiance que les Vaudois avaient dans leur destin privilégié.

Seule la nature manifesta une colère dévastatrice dans le canton voisin, le Valais, quand, le 16 juin, les eaux de la Drance, à la suite d'une crue subite, déferlèrent dans la plaine du Rhône et inondèrent Martigny. L'énorme barrage de glace constitué, dans la partie supérieure de la vallée de la Drance, par la glissade du glacier de Giétroz s'était rompu sous la poussée des eaux accumulées par la fonte des neiges. Cette rupture avait provoqué une gigantesque débâcle. Le val de Bagne, noyé sous un déferlement d'eau noire qui charriait des arbres déracinés et des cadavres de vaches, était devenu un immense champ de boue. Plusieurs semaines furent nécessaires pour connaître l'étendue des dégâts et le gouvernement cantonal organisa une collecte pour venir en aide aux victimes.

Guillaume Métaz, un des fondateurs du nouveau Cercle du Marché, qui réunissait les bourgeois veveysans, se fit remarquer par ses dons et son dévouement.

Axel, maintenant bien adapté à la vie lausannoise et très assidu aux cours de l'Académie, gagna, cette année-là, à la grande satisfaction de son père, son premier argent de poche en donnant des répétitions d'anglais à des employés de banque et à des demoiselles de la bourgeoisie. Chaque dimanche, il arrivait à Rive-Reine par le lac à bord de sa barque abritée pendant la semaine au port d'Ouchy. Le lundi à l'aube, quel que fût le temps, il embarquait pour Lausanne, avec les provisions préparées par Polline, ayant au cœur le sentiment de retrouver la liberté du solitaire. Il formait souvent des projets de voyage, car, certains jours, ce que Chantenoz nommait le provincialisme vaudois commençait à lui peser. La fête des Vignerons allait créer une animation exceptionnelle.

Le 21 janvier 1819, par cent huit voix contre sept, le Conseil municipal de Vevey avait autorisé la Confrérie des Vignerons à organiser la fête les 5 et 6 août.

Dès le mois de mai, on avait engagé un maître à danser, David Constantin, et un maître de musique, David Glady, un Français établi depuis 1816 à Vevey. Ces messieurs faisaient répéter les figurants — sept cent trente garçons et filles — arrangeaient les musiques, réglaient tableaux et cortèges. Bergers, jardiniers, armaillis, vignerons, bacchantes, silènes, encadreraient Palès, Cérès et Bacchus et la noce villageoise fermerait le défilé. Pour la première fois, une tribune gigantesque, capable d'accueillir deux mille spectateurs, serait construite, côté lac, sur la place du Marché, face à la Grenette. Des dames puritaines et quelques pieux vieillards critiquaient cette célébration des dieux païens de l'Antiquité. « De païen à paillard il n'y a pas loin », disaient-ils. Un journaliste de la *Gazette de Lausanne* leur avait répliqué avec à-propos : « Il ne s'agit point d'éblouir, mais d'être utile ; de séduire l'imagination, mais de parler au cœur. [...] On aimera ainsi contempler cette fête comme une production de notre climat et de nos mœurs. Sous le voile des allégories on aimera retrouver l'agriculture honorée, la vertu respectée, et même, dans le bruit du plaisir, au travers du prestige des arts, on n'oubliera peut-être pas que le travail est le premier devoir de l'homme, et que le premier travail est celui de la terre [1]. »

A partir du mois de mai, dès l'annonce solennelle des réjouissances, toute la ville se mit au travail. La fête des Vignerons, grand jeu scénique qui attirerait des milliers de Suisses et peut-être d'étrangers, devrait assurer une grande réclame aux vins vaudois et à toutes les productions du pays, des fromages au chocolat qu'un Veveysan, François-Louis Cailler, fabriquait maintenant mécani quement dans une maison de Corsier.

Ce serait aussi, d'une façon plus intime et pudiquement déguisée, pour tous ceux qui, agrippés aux parchets, vivaient de la vigne, une célébration quasi mystique des éléments sublimés dans la grappe livrée au pressoir. Si, au jour de la vendange, le sang de la terre descendait « dans le tombeau des caves », comme écrivait le poète, c'est parce que l'air des montagnes, le soleil, le lac, les vents, la pluie s'étaient unis pour le produire, sous la houlette du père Noé et de l'Eternel.

Guillaume Métaz, fier de l'allure athlétique de son fils, de ses

1. Article publié le 19 juillet 1819.

proportions harmonieuses, de la beauté virile de ses traits, aurait voulu qu'Axel tînt le rôle d'Apollon. Mais Apollon, dieu séduisant mais étranger à la vigne, n'avait pas été convoqué par les auteurs et Axel se vit confier la figuration du grand prêtre de Bacchus, rôle envié. Blandine et les jumelles Ruty, qui s'attendaient à figurer parmi les bacchantes, furent déçues. Le Conseil décréta ces rôles trop fatigants pour des jeunes filles. Les faneuses, les moissonneuses et les bacchantes seraient des garçons costumés, avec plus ou moins de bonheur, en demoiselles! En revanche, les rôles de déesses et de suivantes furent dévolus à des jeunes filles pour la seconde fois depuis l'origine de la fête, que les vieux Veveysans, à défaut de plus ancien témoignage écrit, faisaient remonter à la bravade du 28 juillet 1673. Blandine se retrouva dans le cortège de Palès, une corbeille de fleurs dans les bras. Nadine et Nadette, plus plantureuses, furent désignées, avec deux autres filles, comme suivantes de Cérès, la féconde.

La préparation de ces festivités créait au sein des familles une excitation permanente. Les couturières étaient débordées de commandes par les dames de la bourgeoisie, qui exigeaient des toilettes neuves, alors que toutes les tireuses d'aiguilles du canton consacraient leur temps à la confection des costumes des sept cents figurants. Mme Métaz et Elise Ruty avaient mis en commun leur compétence pour préparer avec Polline et Pernette les costumes des trois filles et l'accoutrement d'Axel. Tous les frais de costumes, perruques et maquillage restaient, suivant la règle, à la charge des figurants ou de leur famille.

Comme Charlotte se plaignait, un soir, devant Flora, de cette agitation, l'Italienne la rabroua:

— Maintenant que ton soudard, fatigué et sans guerre où courir, est revenu, que tu as retrouvé ta mine et perdu un peu de cet embonpoint disgracieux, produit de ta mélancolie pâtissière, tu ne vas pas faire des mines parce qu'il y a trop de va-et-vient dans ta maison!

— Ce mouvement, ces essayages, Guillaume qui entre et sort sans arrêt, ces gens qu'il amène ici pour discuter de la qualité des chansons composées pour la fête — entre nous, pas très fameux, leurs vers! — troublent ma vie et...

— Troublent ta vie! La belle affaire! Que s'est-il passé de marquant, dans ta vie, depuis la naissance d'Axel? Car celle de Blandine, hein, fut très banale! Dis-moi un peu? Il ne s'est rien passé du tout! Tes enfants ont grandi facilement, sans maladies graves, sans même que tu t'en rendes compte. Toi qui as souvent le mot de passion à la bouche, tu as vécu sans alerte sérieuse, dans l'adultère épisodique, un amour plan-plan, et cela depuis dix-neuf ans ! M. Blaise arrivait, repartait, disparaissait, donnait de ses nouvelles ou n'en donnait pas. Une petite blessure par-ci, une petite mission par-là ! Et toi, Pénélope sans illusions — car ton Ulysse, hein ! combien a-t-il rencontré de Calypso ? — tu as vécu en bourgeoise indolente et choyée par un mari laborieux. Ton péché, qui aurait pu déboucher sur une passion tragique et fulgurante, est resté un cocuage sans risque ni brio !

— Flora, tu es folle ! Une passion tragique et fulgurante ! Du brio ! C'est mon genre ! Tu t'enflammes, toi qui n'as même pas été capable de trouver un garçon à aimer !

— Qu'en sais-tu, Carlotta ? En tout cas, ne te plains pas que la fête crée, pour une fois, de l'animation dans le pays et dans ta vie ! Nous en avons beaucoup manqué, et depuis longtemps. Car les guerres et les révolutions, hein, chez les Métaz, on en a parlé beaucoup, mais qui les a faites ? Toi, tu les as vécues à travers les glorieux faits d'armes de ton soudard et Guillaume... en faisant des comptes !

— Tu deviens vraiment insupportable, Flora.

— Insupportable comme une conscience, hein !

— A toujours donner des leçons, on indispose ses meilleurs amis, sais-tu !

— Tu n'auras plus longtemps à me supporter. Je m'en vais à Rome, d'abord chez Tignasse. Ta correspondance avec Blaise et ta littérature emplissent une malle ! En voici la clé et, aussi, celle de ma maison. Tu iras prendre ton bien quand tu voudras !

En achevant sa phrase, Flora lança les deux clés sur un guéridon et quitta le salon.

Charlotte, habituée aux sorties de son amie, ramassa les clés en haussant les épaules, sans attacher d'importance à ce nouveau mouvement d'humeur.

Trois jours avant le commencement de la fête, le général Fontsalte s'annonça et Charlotte courut au moulin sur la Vuachère pour le rencontrer. Blaise, très élégant dans une redingote puce, paraissait heureux et fringant.

— Je compte, chère Dorette, me rendre à Vevey le 6 août pour assister à votre grandiose fête des Vignerons. L'administrateur de

Prangins m'a offert une place. On dit partout qu'il s'agit d'un événement unique en Europe. Je ne veux pas manquer ça !

La moue de Mme Métaz signifia que ce projet suscitait une vive contrariété.

— Je crois qu'il serait plus sage de ne pas vous montrer ce jour-là... Tout Vevey sera sur les gradins... On pourrait vous reconnaître !

— Qui pourrait me reconnaître ? J'ai rencontré si peu de monde, ici ! Et, vêtu comme un bourgeois, qui voulez-vous qui reconnaisse en moi le capitaine d'autrefois ?

— Ce ruban rouge que vous portez et la façon que vous avez de vous tenir... si droit, votre démarche altière vous désignent au premier regard comme un militaire français ! Un ancien de Napoléon ! Nous en avons vu tellement passer à Vevey depuis 1798 ! Je vous en prie, Blaise, un scandale est si vite arrivé !

— Seule Flora me connaît et, comme elle est au courant de nos relations et, j'imagine, de ma présence dans le pays de Vaud, je ne vois pas où est, pour vous, le risque d'un scandale. Votre mari et vos enfants ne m'ont jamais vu !

— Je crains justement un mauvais hasard, une rencontre fortuite, insista Charlotte.

Elle pensait à Chantenoz, aux bains de Loèche. Certes, le précepteur ne faisait jamais allusion à l'incident et Blaise ignorait tout du drame de ce jour-là, mais Martin, requis pour guider les étrangers de marque, pouvait se heurter à Blaise et le reconnaître. Et si le vin lui donnait alors de l'audace...

— Vraiment, Blaise, je crains une rencontre inopportune. Pensez que vous avez un regard... particulier ! Que l'on remarque, que l'on retient ! Renoncez, je vous prie, à vous montrer en ville ces temps-ci.

— J'ai prévu de me cacher un œil pour circuler, pour aller à la fête, dans le cas où une autre Veveysanne aurait gardé le souvenir de mon regard ensorcelant, dit-il gaiement.

Comme Charlotte se taisait, visiblement contrariée, Blaise tira de sa poche un couvre-œil de cuir noir muni d'un ruban. Il mit le bandeau en place et fixa Charlotte de l'œil découvert.

— Vous préférez le bleu ou le marron ? Choisissez !

— Taisez-vous, c'est odieux ! Je vous en prie, n'allez pas à la fête avec ce... cette... Vous attirerez encore plus l'attention !

— Quoi ? Vous voudriez priver du plaisir de la fête un vaillant militaire qui a perdu un œil à Waterloo ? Allons, Charlotte, votre tranquillité n'est pas menacée. Dès la fin du spectacle, je m'esquive !

Comme tous les étrangers qui assistèrent à la fête des Vignerons, Blaise de Fontsalte fut subjugué par cette grandiose célébration de la vigne et du vin. En prenant place dans la tribune, le général se souvint que dix-neuf ans plus tôt, à la veille de son vingtième anniversaire, le 13 mai 1800, il se tenait sur cette même place du Marché, attendant Bonaparte qui devait passer en revue six mille hommes en route pour l'Italie.

Au-delà des gradins, Blaise repéra aisément l'hôtel de Londres et le balcon d'où Charlotte Métaz, jeunette, blonde, gracieuse, élégante, lui avait adressé, ce jour-là, un geste de la main qui allait engager son cœur pour longtemps. Car il lui avait été fidèle de cœur, sinon de corps, à sa Veveysanne. Il tira sa lorgnette, imaginant que Dorette pouvait avoir choisi ce même balcon pour suivre de loin le spectacle du moment, mais sa lunette ne rapprocha que des matrones à ombrelle et des visages d'enfants coincés entre les barreaux du garde-fou.

Dans l'arène bruyante, inondée de soleil, hérissée de mâts porteurs d'oriflammes aux couleurs des cantons, de banderoles, de l'écu vert et blanc du pays de Vaud, une foule dense et joyeuse s'impatientait. Les ombrelles, les chapeaux de paille et les robes claires des femmes transformaient les gradins en une cascade bigarrée et frémissante. En attendant que la fête commençât, Blaise ouvrit le livret officiel qu'il avait acheté à l'entrée et lut le préambule :

« Les événements politiques survenus ces années dernières sont encore présents à notre mémoire ; les années calamiteuses que nous avons traversées, si heureusement comparativement à d'autres peuples, sont trop récentes pour les avoir oubliées ; il est donc inutile de rappeler que ce concours de circonstances a mis un intervalle de vingt-deux ans entre la dernière Fête et celle que nous allons célébrer, avec d'autant plus de plaisir et de satisfaction qu'à des années de discorde et de deuil, a succédé pour l'Europe une paix générale basée sur un système protecteur des petits Etats comme des grands [1]. »

« Braves Vaudois ! Pourvu que ça dure », se dit Blaise, à la manière de Letizia Bonaparte lors du couronnement de son fils !

---

1. Cité par Emile Gétaz, *la Confrérie des Vignerons et la Fête des Vignerons*, éditions Klausfelder, Vevey, 1941.

Un silence subit, imposé par le carillon de la Grenette, annonça le commencement de la parade. Du porche ménagé dans la base de la tribune surgirent bientôt tambours et fifres et un détachement de militaires, les fameux Cent-Suisses, puis les vignerons de l'année, couronnés par leurs pairs pour avoir présenté les plus belles vignes. Tous précédaient le grand maître de la fête, l'abbé-président de la Confrérie, habit brodé, tricorne empanaché de blanc et crosse en main. « C'est M. Louis Levade », souffla quelqu'un. Escortant cette personnalité, les membres du Conseil suivaient avec gravité. Visage et ventre ronds, ils apparurent à Fontsalte, dans leur habit vert amande, réjouis comme les gens arrivés par le travail et le mérite.

Se succédèrent des bergères à la robe bleue, des bergers avec leurs moutons, des jardiniers, outil sur l'épaule. Puis vint le cortège de la déesse Palès, une jolie fille couronnée de roses et portée par quatre femmes sur un trône à dais. Sa robe blanche, brodée de fleurs, et ses anglaises brunes furent remarquées par les voisines de Fontsalte, qui citèrent la couturière de cette reine des bergers. Les vachers et leurs vaches à robe rousse furent applaudis autant que la belle Palès, moins cependant que Cérès, sœur de Jupiter, déesse des moissons, une superbe blonde au buste marmoréen, précédée de prêtresses et de canéphores qui balançaient des encensoirs. Enfin, apparurent les vignerons, héros de la fête. La bannière de leur Confrérie, dont la devise en lettres d'or résumait la divine consigne *Ora et Labora* — prie et travaille — fut saluée par de longues acclamations. Ces Vaudois du vignoble ouvraient la voie à Bacchus, le dieu jovial et rubicond, à cheval sur un tonneau soutenu par des gaillards grimés en esclaves noirs, accompagné par des faunes sautillants et de mâles bacchantes trop musclées et poilues pour jouer les ribaudes lascives ! Le sacrificateur de service avait bien du mal à conduire le bouc tutélaire des turbulences bacchiques.

On en était là de la parade quand un gamin, se faufilant de gradin en gradin, vint se planter devant Fontsalte.

— Vous êtes bien M. Blaise, monsieur ?

Fontsalte acquiesça et l'enfant lui tendit aussitôt une enveloppe, tourna les talons et dévala les gradins, avant que Blaise ait pu lui poser la moindre question. Fontsalte pensa immédiatement à un message urgent de Dorette et ouvrit le pli. Ce qu'il lut lui fit aussitôt oublier le spectacle, les chants, les danses et les applaudissements que les spectateurs voisins décernaient frénétiquement à la noce villageoise qui, maintenant, occupait la scène. Pendant une seconde, Blaise de Fontsalte, dont la vie militaire avait été jalonnée d'émotions fortes et de dangers, eut une sorte d'éblouissement, de vertige. Retrouvant son sang-froid, il parcourut à nouveau les lignes tracées d'une écriture élégante et ferme, qu'il avait cru reconnaître dès le premier regard.

« Général, vos amours d'autrefois avec la jolie Mme Métaz ne sont pas restées sans conséquences, quoiqu'on ne vous ait jamais rien dit. Vous avez ici un fils, qui se reconnaît à un signe très particulier que vous lui avez légué. Il figure, dans la parade, le grand prêtre de Bacchus. Vous pourrez, si le cœur vous en dit, le revoir au caveau des Métaz, après la fête. Ne quittez sous aucun prétexte votre couvre-œil. Avant de me retirer du monde, je tenais à libérer ma conscience d'un mensonge qui ne m'appartient pas, mais que je contribue à entretenir depuis dix-huit ans. Dieu pourvoira aux conséquences de cette tardive indiscrétion. » Cette révélation était signée : Flora Baldini.

Le message parvenait trop tard pour que Blaise pût identifier ce fils dont l'ancienne espionne dénonçait l'existence. Bacchus, son grand prêtre et son cortège avaient quitté la scène. Obnubilé par cette surprenante divulgation, Blaise ne vit rien des derniers tableaux du spectacle. Ce fils qu'on lui attribuait devait donc avoir, au plus, dix-huit ans.

En quittant l'enceinte de la fête avec la foule, il décida qu'il irait au caveau des Métaz. Son apparence de borgne lui permettrait une incursion sans risque. Puis il se dirigea vers le pont de la Veveyse où il avait donné rendez-vous à Trévotte, qui devait l'attendre avec les chevaux.

Titus avait suivi le déroulement de la fête juché sur un toit avec de joyeux paysans qui n'avaient pas d'argent pour payer leur place. Sans donner de détails, Blaise dit au Bourguignon, qui partageait son sort depuis vingt ans, qu'il aurait à faire en ville assez tard et qu'il le rencontrerait, au même endroit, vers dix heures, à la nuit tombée. Il lui demanda, bien que cela fût difficile dans une ville envahie par les étrangers, de retenir un logement. Ils passeraient la nuit à Vevey.

Il ne restait à Blaise qu'à trouver le caveau des Métaz, que tout Vevey connaissait. Un passant le renseigna. C'était une coutume des vignerons, les soirs de fête, de réunir leurs amis dans ce qu'ils nommaient leur caveau, sorte de cellier plus ou moins confortablement aménagé, où l'on pouvait manger, boire, chanter, fumer, se raconter entre hommes des histoires salées et faire tout le bruit qu'on voulait sans gêner ni épouses ni voisins.

Le caveau de Guillaume, dans la famille depuis plusieurs générations de vignerons, se trouvait en pleine ville, sous un vieil immeuble adossé aux derniers vestiges des anciens remparts. Il comprenait principalement une longue salle voûtée, aux murs de pierre brute, contre lesquels étaient dressés des casiers qui contenaient les meilleures bouteilles de plusieurs récoltes. Martin Chantenoz, qui s'y rendait souvent, appelait cette salle fraîche la bibliothèque de Guillaume. Celle-ci était meublée de lourdes tables en chêne poli par les coudes des buveurs et de bancs de bois qui, avec quelques vieux outils rouillés, raclets et serpettes, suspendus à la voûte et des blasons communaux, conféraient au lieu une ambiance médiévale. Quand Fontsalte y pénétra, une vingtaine d'hommes bavardaient, assemblés par groupes autour des tables où jambons, pain et fromage circulaient, chacun taillant une part à sa faim. Deux tonneaux enrubannés aux couleurs vaudoises rappelaient la fête du jour. A chaque instant, un ami de Guillaume Métaz levait son verre, lançait en patois ce qu'on eût ailleurs appelé un toast et invitait l'assistance à boire à la santé des vignerons de tous les temps !

Charlotte ne fréquentait pas les caveaux. Elle ne supportait ni les beuveries rustiques ni les ivrognes et, pendant que les hommes se restauraient et buvaient en commentant la fête avec leurs invités, Mme Métaz, sa fille Blandine et leurs amies soupaient tranquillement chez la femme du syndic. Cette dernière avait convié les épouses des membres du Conseil et celles des personnalités de passage à Vevey. Et cela, en attendant de se rendre au bal.

A peine Blaise de Fontsalte eut-il fait trois pas dans le caveau que Guillaume, en hôte soucieux de bien accueillir les visiteurs, même inconnus, le remarqua. Ce grand gaillard sec, en redingote stricte, portant ostensiblement l'insigne de commandeur de la Légion d'honneur et l'œil droit couvert, ne pouvait passer inaperçu.

— Venez prendre avec nous le verre de l'amitié, monsieur, dit le vigneron en lui faisant place sur le banc.

Blaise se présenta comme baron des Atheux, officier en demi-solde et voyageant en Suisse pour son plaisir et son instruction. Guillaume, après s'être fait reconnaître comme maître des lieux, nomma au nouveau venu les invités qui l'avaient précédé : un négociant anglais que le vin blanc avait endormi, un horloger genevois et deux messieurs qui venaient d'ouvrir une banque à Vevey.

— Alors, monsieur, en tant que Français et militaire, que pensez-vous de notre fête ? demanda l'hôte.

— Votre fête, messieurs, si je ne craignais pas de vous choquer par trop de religion, m'a fait penser à ces mystères que l'on représentait au Moyen Age sur les parvis des cathédrales. Je l'ai vue comme une sorte de grand-messe profane, en même temps qu'un opéra. Pour ceux qui estiment que les dieux et déesses de l'Antiquité ont joué un rôle civilisateur, cette belle parade rythmée par les saisons de la vigne vaut tous les enseignements. Elle honore la fécondité de vos terres, vos travaux, et met en évidence votre belle jeunesse, ardente et patriote. Votre fête, messieurs, est un exemple pour l'Europe, comme votre sage Helvétie romande.

On approuva hautement les propos du Français et Blaise eut droit à un toast.

Tout en parlant, il avait parcouru l'assistance du regard, à la recherche de celui qu'il voulait à tout prix voir, au moins une fois dans sa vie. En se retournant, il eut la surprise de découvrir à la table voisine un garçon au regard vairon, au regard Fontsalte, à n'en pas douter.

Axel, débarrassé de sa barbe postiche, de sa robe et de la lourde tiare du grand prêtre, n'était venu au caveau que pour plaire à son père et parce que ce dernier avait invité un Anglais. Mais le négociant était ivre mort et incapable de tenir une conversation, quelle que soit la langue proposée. Axel s'ennuyait.

La vue de ce grand garçon au torse puissant, aux muscles longs, causa chez Blaise une curieuse sensation. Autant qu'il pût s'en rendre compte — la marquise de Fontsalte eût été meilleur juge — ce jeune homme devait beaucoup ressembler à l'adolescent qu'il avait été. M. Métaz, ayant remarqué l'intérêt de l'étranger pour son fils, le présenta.

— C'est mon garçon, monsieur. Il se nomme Axel Métaz et fait ses études de droit à Lausanne. Et c'est mon successeur, ajouta Guillaume, d'un air entendu, en se penchant vers Fontsalte.

Blaise s'apprêtait à interroger le garçon sur son rôle dans la fête quand un homme, un verre dans une main, une bouteille dans l'autre, approcha du fond de la salle en se heurtant aux épaules des buveurs attablés. Il vint se planter devant Fontsalte et, la paupière tombante, le toisa d'un air narquois.

— Monsieur..., permettez-moi..., j'ai égaré mes lunettes et ma vue peut me trahir, mais...

— Mais tu es saoul comme une grive, compléta un quidam.

L'ivrogne ne se laissa pas impressionner et reprit son discours :

— Ma vue peut... me trahir, mais je crois, monsieur, que
vous êtes borgne !

Cette constatation déclencha l'hilarité générale.

— C'est mon précepteur, un homme remarquable, mais il ne
tient pas le vin, souffla Axel Métaz à Fontsalte.

— J'ai perdu un œil, en effet, convint Fontsalte d'un ton
conciliant afin de ne pas contrarier un ivrogne un jour de fête.

— Est-il indiscret, monsieur, de vous demander où vous avez
perdu votre œil droit... car... j'imagine que ce bandeau noir
cache une orbite vide.

— J'ai perdu mon œil à la guerre, monsieur.

— Aucune guerre ne vaut un œil, surtout un œil de général !
Car vous êtes bien général français, n'est-ce pas ?

— J'ai cet honneur, monsieur. Général de division, à l'heure
qu'il est sans commandement ! précisa Blaise en s'inclinant.

Chantenoz prit de l'assurance et parut soudain mieux dominer
son ivresse.

— Mais vous n'avez pas toujours été général et... je crois
même vous avoir rencontré, à Vevey, il y a bien longtemps,
dix-huit ans au moins, sous l'uniforme de capitaine. En ce
temps-là, vous aviez vos deux yeux. Me trompé-je ?

Après cet effort, Chantenoz eut un hoquet et prit appui sur
la table, en dodelinant de la tête. L'alcool diluait la timidité
naturelle du précepteur et son élocution, contrairement à ce
qu'on remarque chez d'autres ivrognes qui bafouillent, devenait
emphatique et plus assurée que ses gestes ou son maintien.

— Je n'ai pas gardé le souvenir de cette rencontre, monsieur.
Mais, les hasards de la guerre m'ayant amené autrefois à
Vevey, il est bien possible que vous m'y ayez croisé, admit le
général.

Il se sentait mal à l'aise et, comme il avait vu qui il souhaitait
voir, Blaise posa son verre et fit mine de quitter la salle.

— Grand merci pour votre accueil, messieurs, et pour cet
excellent vin de vos coteaux. Permettez-moi de vous laisser
entre amis...

— Vous n'êtes pas si pressé, général... La guerre est finie,
n'est-ce pas ? lança Chantenoz.

La boutade suscita de nouveaux rires, mais Blaise l'ignora et
se dirigea vers la porte.

— Eh ! partez pas comme ça ! Je ne suis pas le seul à conserver le souvenir de votre passage à Vevey, général. Et je veux bien parier que...

Guillaume Métaz, en tant que maître de céans, crut nécessaire d'intervenir :

— Voyons, Martin, tu es gris. Assieds-toi et n'importune pas notre visiteur. Et vous, monsieur le général, acceptez un autre verre de vin.

Blaise reprit en main le verre vide qu'il venait de poser sur la table et le tendit au vigneron qui fit couler de la channe un jet doré.

— Ça alors, c'est drôle, c'est vraiment drôle, lança en riant Chantenoz.

— Qu'est-ce qu'il y a de drôle ? fit Guillaume, excédé.

— De te voir servir à boire à cet homme, tiens ! C'est drôlement... drôle.

Axel, que l'attitude de son mentor ivre contrariait autant que le gênait le regard insistant du borgne, tendit à ce dernier, resté silencieux, l'assiette où restaient encore quelques cubes de fromage de gruyère. Le perturbateur, dont l'insistance devenait embarrassante, ne cessait de rire.

— On dit que les meilleurs fromages viennent de vos pâturages de montagne, dit le général, s'adressant à Axel et à Guillaume et ignorant résolument Chantenoz.

Mais ce dernier ne se souciait que de retenir l'attention.

— C'est vraiment drôle, je vous dis, je vous le dis, vous entendez, de vous voir, comme ça, tous les trois ! C'est drôle ! C'est même plus que drôle, cela tient du prodige !

Cette fois, Chantenoz avait presque crié et plusieurs convives tentèrent de l'obliger à s'asseoir et à se taire.

— Tais-toi, tu déparles, dit fermement Blanchod, de sa voix de basse.

Il y eut un brouhaha de conversations soudain relancées, chacun s'efforçant de parler à son voisin pour faire oublier les propos incohérents du précepteur et couvrir ce qu'il se préparait à dire. Avec l'obstination de l'ivrogne, Martin réussit cependant à se remettre debout et, pointant vers le général Fontsalte un index tremblant, s'écria :

— Cet homme est un imposteur !

— N'est-ce pas un vrai général ? s'étonna quelqu'un.

— Si, c'est un général... mais un général imposteur ! Je suis certain qu'il a ses deux yeux, comme vous et moi..., et des yeux particuliers..., très particuliers, moi, je vous le dis!

Un grand silence se fit sous la voûte et tous se tournèrent vers Blaise, qui lut sur les visages épanouis de ces paysans autant de sympathie que de curiosité.

— Qu'il enlève son bandeau, vous verrez! reprit Chantenoz avec autorité.

Cette fois-ci, Guillaume se leva, vint derrière le perturbateur, le prit aux épaules et le força à s'asseoir.

— Tiens-toi tranquille ou je t'envoie cuver dehors, dit-il, tu es ici chez moi et le général est mon hôte.

— Ça, pour être ton hôte, il est ton hôte... et ce n'est pas la première fois!

— Ne faites pas attention à ce qu'il dit. M. Chantenoz, ce soir, s'est laissé aller à boire plus que de raison, c'est tout, dit Axel à Blaise.

Chantenoz fixait son élève, en conversation avec le général. Il ne put entendre les propos d'Axel, mais, le voir ainsi parler à voix basse à cet homme le mit dans une extrême agitation. Il se dressa, échappa à ceux qui tentaient de le retenir, fit avec une étonnante vélocité le tour de la grande table, arriva derrière Fontsalte et, sans que quiconque eût pu prévenir son geste, il lui arracha son bandeau.

La stupeur se peignit sur tous les visages et, avant que Blaise, soudain dressé, les poings serrés, fût prêt à frapper le précepteur, ce dernier eut le temps de crier en tentant de parer le coup :

— Regardez, regardez tous, vous voyez qu'il a ses deux yeux... Axel et Guillaume, vous, surtout, regardez-les, ses yeux, et...

Chantenoz ne put en dire plus. On entendit un grand fracas de verre brisé. D'une gifle rageuse et violente, Blaise avait envoyé choir le précepteur dans les casiers à bouteilles.

Quand il se retourna, dans un silence pesant, tous les buveurs le fixaient avec attention. Il ne chercha pas à fuir les regards.

— Croyez que j'avais mes raisons de porter ce bandeau, dit-il en se tournant vers Axel, figé et silencieux.

Guillaume Métaz réagit le premier, tandis que s'écroulaient encore quelques bouteilles. Il prit un des candélabres de fer forgé qui éclairaient la pièce et l'éleva devant le visage de Blaise, qui ne cilla pas.

— Vous aviez vos raisons, en effet, de cacher cet œil si différent de l'autre! dit-il rageusement.

Une seconde avait suffi à Métaz pour reconnaître chez l'étranger le regard d'Axel. Le médecin de Lausanne n'avait-il pas dit, autrefois, que l'anomalie d'Axel pouvait être héréditaire ?

Avec une violence contenue, Guillaume reposa le chandelier sur la table et tendit la main à son fils.

— Allons, rentrons chez nous, dit-il d'une voix enrouée.

Puis il se tourna vers Blaise, blême et immobile :

— Je compte vous revoir seul à seul, ici, demain à midi, monsieur. Nous aurons à parler.

Il se dirigea vers la porte et Axel le suivit.

Quand les Métaz eurent quitté le caveau, les hommes se détournèrent, comme si tous voulaient ignorer l'incroyable scène dont ils venaient d'être témoins. La plupart d'entre eux, trop éloignés, n'avaient pu comparer, comme Guillaume, les yeux d'Axel à ceux de l'étranger. Tout en subodorant un drame domestique qui les dépassait et dont ils ne pouvaient imaginer la gravité, ils entendaient, en bons Vaudois qui ne se mêlent pas des affaires de famille des autres, se tenir à l'écart. Tandis que reprenaient, à voix basse, des conversations volontairement sans rapport avec l'incident, deux vignerons relevèrent Chantenoz, dont la lèvre saignait. Blaise de Fontsalte quitta la salle sans qu'on lui eût accordé ni regard ni salut.

Seul Blanchod, qui devinait la portée du geste de Chantenoz, murmura assez fort pour être entendu du général, au moment où il franchissait le seuil :

— Chantenoz, cet imbécile, a fait tomber, ce soir, plus qu'un bandeau !

Blaise se retourna vers le vieil homme et le prit fermement aux épaules.

— Dites à cet ivrogne, si c'est un de vos amis, que j'attendrai qu'il soit dessoulé pour le tuer !

Quand Guillaume arriva chez lui, sa femme n'était pas rentrée de la réception chez le syndic. Il décida immédiatement de l'envoyer chercher par Polline. Prévenue par cette dernière que « M. Métaz avait sa figure des mauvais jours », Charlotte laissa Blandine se rendre au bal avec les jumelles Ruty et regagna Rive-Reine. Guillaume ne lui laissa pas loisir d'imaginer une raison plausible à cette convocation et lui déclara brutalement qu'il venait d'apprendre qu'Axel n'était pas son fils, mais celui d'un général français. Comme Charlotte tentait de protester,

puis manquait de défaillir en comprenant au regard du garçon qu'il
était vain de nier, Guillaume serra les poings.

— Je t'en prie, pas de vapeurs, pas de simagrées. Tu sais mieux
que quiconque à quoi t'en tenir ! Alors, explique-toi !

Puis il s'écria, soudain agacé par le silence de la coupable :

— Eve a péché, Adam a péché et toutes les femmes et tous les
hommes après eux. Tous leurs enfants sont marqués du sceau du
péché, signe de la colère divine. Axel est un enfant de la colère !

Charlotte se rendit et confessa sa liaison avec le marquis de
Fontsalte.

— Qui est au courant ? Et aux yeux de qui dois-je passer pour un
risible cocu ? demanda-t-il.

Charlotte assura que seuls Flora et Chantenoz avaient eu
connaissance de sa faute : Flora, dès la naissance d'Axel, Chantenoz fortuitement à Loèche, quand Blaise de Fontsalte était venu l'y
rejoindre, en 1810.

Au prix d'un effort qu'Axel admira, Guillaume conserva son
calme. Il annonça simplement qu'il réservait ses décisions.

— En attendant, cette nuit même, tu prendras tes effets et tu
t'en iras d'ici. Tu sais où aller. A Loèche, peut-être, ça te rappellera
de bons souvenirs ! ordonna-t-il à sa femme.

— J'irai à Lausanne, chez Mathilde, murmura-t-elle, soumise.

— Et tu y resteras jusqu'à ce que je te fasse connaître les
arrangements que je vais décider. En tout cas, j'entends que, dès le
petit matin, tu aies quitté Rive-Reine.

— Je te fais remarquer que c'est ma maison, celle de mes
parents, protesta Charlotte en regimbant mollement.

— Sois sans crainte, je n'ai jamais conservé ce qui ne m'appartient pas... Nous ferons les comptes. Mais, pour l'heure, va-t'en !

Quand elle sut par Axel comment le scandale avait éclaté au
caveau, Charlotte s'inquiéta du sort de Chantenoz.

— Je me charge de dire son fait à cet imbécile qui ne tient pas le
vin, comme du reste à ton... amant décoré ! Mais, sois tranquille, tu
ne seras pas veuve tout de suite. Je ne suis pas assez bête pour aller
provoquer en duel un traîneur de sabre accompli. Ce sont des
mœurs de viveurs et de petits-maîtres et je me soucie peu de me
faire embrocher par un gaillard qui doit avoir la main tueuse ! Il m'a
pris ma femme, il ne me prendra pas la vie. Vous seriez trop
contents l'un et l'autre !

— Guillaume, je t'en prie ! gémit Charlotte, effondrée dans un
fauteuil

— Tu n'as pas à me prier de quoi que ce soit. Unissez vos turpitudes si bon vous semble et allez au diable ! Quant à Axel, je le tiens toujours pour mon fils. Car, qui est le plus père : le soudard qui abuse du manque de caractère et de vertu d'une femme sans foi ou l'honnête travailleur qui élève jusqu'à l'âge d'homme un garçon dont il a prévu, depuis toujours, de faire son successeur ?

Axel se tenait au côté de son père, silencieux, les yeux baissés, n'osant regarder sa mère. Charlotte vit dans ce silence et cette attitude une approbation des propos de Guillaume. Libérant enfin l'affolement qu'elle retenait, elle voulut attirer son fils contre elle pour l'embrasser.

— Mais moi, je suis et reste à jamais ta mère ! s'écria-t-elle dans un sanglot.

Axel, le visage crispé, eut un mouvement de recul vite réprimé mais que perçut Charlotte.

— Moi aussi, vous m'avez trompé. Vous restez à jamais ma mère, certes, mais je ne connais qu'un père, celui que j'ai vu chaque jour de ma vie faire son devoir et nous aimer. En fait, ce n'est pas lui que la révélation de ce soir éloigne le plus de moi, c'est vous qui m'avez laissé dans l'ignorance de ma naissance. Désormais, nous serons tous malheureux ! conclut-il, sans pouvoir retenir ses larmes.

Charlotte se souvint alors de ce que lui avait dit Chantenoz à Loèche. Le moment était venu où son fils devait lui reprocher son mensonge.

Après cette scène, à la nuit tombée, Axel sortit sur la terrasse, descendit au ponton et prit sa barque. S'efforçant au calme, il s'éloigna en ramant sur le lac. Les lumières de Rive-Reine ne trahissaient rien du drame qui venait de se jouer dans la vieille maison. A bonne distance de la berge, il remonta les avirons et laissa le bateau dériver. La nuit ne semblait cacher aucune menace et, cependant, ce qui venait de se passer constituait le plus douloureux bouleversement de sa vie. Sa pensée revint à l'homme que l'on disait être son véritable père. Héros séduisant, vaillant guerrier, authentique noble français, pourquoi cet homme, qui avait dû vivre de si dangereuses aventures à travers l'Europe, avait-il fait irruption dans le petit univers tranquille de Rive-Reine ?

Axel s'interrogea aussi sur l'attitude de Guillaume. La froide intransigeance de ce dernier ne laissait prévoir aucune indulgence. Cependant, lui se refusait à condamner sa mère. Un officier en route pour la guerre, une jolie femme qui s'ennuie, dont le mari consacre tout son temps aux affaires et méconnaît peut-être certaines aspirations de l'épouse, n'imagine pas que le monde existe au-delà de ses vignes et de ses livres de comptes : tels avaient été les acteurs d'une pièce, comédie ou tragédie, que les hommes et les femmes jouent avec des bonheurs divers depuis le commencement du monde. « Moi-même, ne suis-je pas déjà entré dans ce jeu banal ? » se demanda-t-il.

Il se souvint de Tignasse, des après-midi dangereux, quand elle lui offrait son corps, lui apprenait les gestes de l'amour. Ne trompait-elle pas son mari, soldat du pape, et n'était-il pas, lui, Axel, complice de cela, comme le général français avait été le complice de sa mère quand cette dernière trompait Guillaume ?

De Tignasse, sa pensée vint à Elizabeth que, bien souvent, il évoquait avec une douloureuse intensité. S'il rappelait son image en attendant le sommeil, il ne parvenait plus à s'endormir. Parfois, comme convoqué par une phrase, un mot lu dans un livre, le souvenir d'Eliza s'interposait entre sa lecture et lui. Il voyait, derrière le friselis des cils, son regard enflammé par le désir. Il l'imaginait à son côté. Un sentiment de honte l'envahissait quand il se remémorait ce qu'avait entendu Janet derrière la porte de sa chambre, la nuit fatale !

Il n'osait en revanche examiner l'attitude de son mentor. L'ivresse n'expliquait pas tout. On a plus d'obligations à son maître qu'à son père, avait écrit un philosophe grec. Et lui devait à Chantenoz d'être ce qu'il était. Il reprochait moins à Martin d'avoir été le révélateur stupide de l'adultère maternel que sa longue et hypocrite dissimulation. Lui savait qu'il n'était pas le fils de Guillaume. Et Flora savait aussi. Or ces gens avaient entretenu le mensonge pendant des années, sans gêne apparente et avec une parfaite équanimité.

Un moment, l'idée lui vint de s'éloigner à jamais de sa famille et de cette société, de ramer jusqu'à la côte de Savoie et de disparaître, lui aussi. Mais pourrait-il se passer de son lac, de ses montagnes, de l'amphithéâtre changeant des vignobles ? Il reprit les avirons et revint vers la berge.

En ville, les derniers fêtards rentraient chez eux en chantant, s'interpellant, menant tapage avec ce qui leur restait de forces et de voix. La grande maison des Métaz était silencieuse comme une arche endormie, mais ce n'était qu'apparence. En cette nuit d'août, baignée d'une bienveillante clarté, la plupart des fenêtres de la maison restaient ouvertes pour accueillir la brise du lac.

Une lumière brûlait dans la pièce qui, au premier étage, servait de bureau à son père. De sa chambre, au second, Axel vit Guillaume penché sur ses livres de comptes, remuant des paperasses et écrivant. Une lumière plus discrète filtrait entre les doubles rideaux tirés devant la fenêtre de la chambre de sa mère. Mme Métaz ne craignait rien plus que les piqûres de moustiques. Axel s'avança dans le couloir, avec l'intention de donner à cette femme malheureuse le baiser qu'il lui avait refusé, mais, comme il allait frapper à la porte, des chuchotements l'en dissuadèrent. Charlotte s'entretenait à voix basse avec Polline. Il entendit les femmes aller et venir dans la pièce. Des bruits de tiroirs ouverts et refermés, des grincements de portes de placards indiquaient que les femmes faisaient les bagages. La chambre de Blandine était obscure et silencieuse. Elle, au moins, qui avait dansé longtemps au bal du syndic, dormait, sans doute dans l'ignorance de ce qui s'était passé.

Au petit matin, un roulement sur le pavé de la cour tira Axel de son lit. Dans l'aube limpide, il vit Charlotte monter en voiture. Guillaume, qui n'avait pas dû se coucher car il portait encore le gilet noir et la chemise blanche de la veille, l'accompagnait. Il abaissa le marchepied et aida sa femme à prendre place dans le coupé. Ils n'échangèrent que peu de paroles, à voix basse, sans doute à cause du cocher.

Malgré sa honte d'avoir été découverte après tant d'années, de se voir éloignée de ses enfants et de sa maison, son étrange liaison avec Blaise de Fontsalte restait la grande affaire de la vie de Charlotte. Elle ordonna à Pierre Valeyres de la conduire chez Mlle Baldini.

— J'ai une petite malle à prendre. Venez avec moi, Pierre.

— Bigre, c'est lourd comme de l'argenterie, fit le vieux bacouni.

Les reliefs de la passion de Charlotte et de Blaise s'évaluaient au poids du papier !

Le coupé avait à peine franchi le pont sur la Veveyse que la proscrite se mit à examiner avec calme sa situation. D'abord, elle ne regrettait rien. La seule chose qui la préoccupât pour l'instant était de savoir si la ville allait jaser et prononcer à son encontre une condamnation sociale et mondaine sans appel ou si elle pourrait, dans quelque temps, y revenir tête haute. Ses intérêts personnels dans les affaires de bateaux et les carrières de Meillerie, sa vigne de Belle-Ombre lui assureraient, avec les biens laissés par Mathilde, de bons revenus. La souciait aussi la manière dont sa mère prendrait la chose, si Guillaume demandait le divorce, comme il fallait s'y attendre. En tant que catholique, Mme veuve Rudmeyer était aussi rigoriste que son gendre huguenot. Dans la circonstance, elle pourrait fort bien donner raison à Guillaume et répudier sa fille.

Quant au sort de Blaise de Fontsalte dans le présent épisode, elle ne s'en souciait guère. Guillaume, réaliste et maître de lui, se garderait, comme il l'avait dit, de demander réparation par les armes. On ne voyait ce genre d'affrontement que dans les romans. Charlotte avait déjà compris que Guillaume traiterait ce drame comme une faillite en s'efforçant de sauvegarder tout ce qui lui serait utile, sans tenir compte des sentiments des autres ni même des siens. Le coupé n'avait pas dépassé Rivaz qu'elle estimait que la situation humiliante où elle se trouvait offrait au moins une compensation : la liberté.

Tandis que Mme Métaz roulait vers Lausanne, son fils courait chez Chantenoz. La logeuse de Martin apprit au garçon que M. Chantenoz avait quitté la maison.

— Toute la nuit, il a fait un vrai remue-ménage. Il a emballé ses affaires, ses livres et ses écritures et, à l'aube, il est allé réveiller le marchand de bois. L'homme est venu avec son grand char. Ils ont chargé des malles et des tas de paquets et puis... fouette cocher... ils sont partis par la route de Villeneuve. Mais M. Chantenoz ne m'a pas dit où il allait.

— Il ne vous a rien dit ! s'étonna Axel.

— Non, mais il m'a griffonné ce bout de papier pour vous. Il m'a dit : « Vous le donnerez au fils Métaz, s'il vient », alors, voilà. C'est pas grand-chose, à mon avis, en tout cas pas une adresse, précisa la femme, qui avait lu le billet.

Axel s'éloigna et lut : « Adieu Axou ! J'ai tué mon albatros. » Cette allusion à la *Chanson du vieux marin*, de Coleridge, Axel en comprit aussitôt le sens. La brutale dénonciation de Chantenoz avait été pour lui le moyen de se débarrasser, comme le vieux matelot de la légende, d'un cauchemar ou d'un rêve qui le torturait. Axel savait que Martin avait été autrefois amoureux de sa mère.

En bon huguenot, Guillaume Métaz demandait souvent à sa bible conseil ou inspiration. Dans son désarroi, la nuit précédente, il avait pris le livre, qui s'était ouvert au chapitre des proverbes de

Siracide[1]. Il répéta à Simon Blanchod, convoqué tôt à Rive-Reine, ce qu'il avait lu.

— « La femme qui est infidèle à son mari et lui donne un héritier conçu d'un autre homme a désobéi à la loi du Dieu Très-Haut. Ensuite, elle a causé du tort à son mari. Enfin, en commettant l'adultère, elle s'est conduite en prostituée. Elle sera donc présentée au jugement de l'assemblée et l'on enquêtera sur ses enfants. Après sa mort, on maudira encore son souvenir. »

— Et... que comptes-tu faire ? demanda Simon, effrayé à l'idée que Guillaume, dont il partageait la foi protestante, pourrait s'inspirer du proverbe du fils de Sirac pour faire fustiger publiquement Charlotte par la communauté.

— Il est indéniable que Charlotte a désobéi à la loi du Dieu Très-Haut et qu'elle me cause, en tant que mari, un tort considérable. Néanmoins, je ne la considère pas comme une prostituée, mais comme ce qu'elle est : une épouse adultère qui m'a donné un héritier conçu par un autre homme. Elle n'est donc plus digne d'être ma femme ni la mère de mes enfants. C'est surtout en pensant à eux et au préjudice que le scandale pourrait causer à mes affaires que j'ai pensé en arrêtant une série de décisions.

Le sang-froid de Guillaume plaisait à Blanchod. Simon admirait que cet homme, dont l'honneur et les sentiments venaient d'être si douloureusement bafoués, pût considérer la situation non en mari et père trompé mais en homme d'affaires ayant à résoudre une rupture d'association !

Le même jour, à midi, Guillaume rencontra, comme prévu, le général Fontsalte au caveau. Les deux hommes, aussi gênés l'un que l'autre, ne surent tout d'abord comment engager la conversation. Blaise se dit immédiatement prêt à accorder réparation par les armes. Guillaume étant l'offensé n'avait qu'à choisir : l'épée, le sabre ou le pistolet.

— Vous me tiendrez peut-être pour un mari cocu et pleutre de surcroît, mais je ne conçois pas de réparation par le sang. Je désapprouve le duel qui ne fait qu'ajouter un scandale à un autre. Je laisse cette façon de faire à ceux qui n'ont d'autre exutoire. Je dois vous dire que j'ai simplement décidé de me séparer de Mme Métaz. Elle est donc libre, désormais. Vous pouvez la rejoindre et faire votre vie avec elle, comme bon vous semble. Cela

---

1. Juif de Palestine, scribe et maître de sagesse qui vécut au début du IIe siècle avant Jésus-Christ.

relève de votre responsabilité, j'allais presque dire de votre devoir. Elle n'existe plus pour moi. J'exige seulement, pour mes enfants et pour couper court à tout développement déplaisant, que vous ne réapparaissiez dans le pays de Vaud ni l'un ni l'autre avant longtemps ! Naturellement, il n'est pas question que vous revoyiez jamais Axel, qui est peut-être de votre sang, mais qui est mon fils pour l'état civil et pour mon cœur.

— Je l'ai vu hier pour la première fois et...

— Pour la première fois, dites-vous ?

— Oui. Jusqu'à hier matin, j'ignorais son existence !

— Cependant, vous êtes revenu dans le pays, depuis que... et vous avez revu... Charlotte souvent !

— Oui, plusieurs fois. Assez souvent même, mais, si je savais que Mme Métaz était mère de deux enfants, je ne soupçonnais pas que l'on pût un jour m'imputer la paternité du garçon. Elle ne m'a jamais rien dit à ce sujet, je vous en donne ma parole d'honneur !

Guillaume resta un moment abasourdi et Fontsalte rompit le silence :

— En somme, si j'avais eu les yeux comme tout le monde, personne ne se serait jamais douté que ce garçon n'était pas de vous !

— Mais alors, comment avez-vous su ?

— Par un billet de Mlle Baldini, qu'un gamin m'a apporté pendant la fête des Vignerons. D'ailleurs, le voici.

Guillaume lut avec attention. Puis il replia le papier, le rendit à Blaise et fit trois pas nerveux dans le caveau.

— Ah ! Martin avait bien raison de dire que cette Italienne est une sorcière. Voilà qu'elle est partie chez le pape, sous prétexte de se retirer du monde, maintenant que le mal est fait ! Bon débarras ! Mais, vous, pourquoi êtes-vous venu au caveau ? Pourquoi avez-vous voulu rencontrer mon garçon ? dit Guillaume, véhément.

— Parce que je voulais voir ce que sont les yeux Fontsalte chez un adolescent. Car notre défaut de vision est héréditaire. Guy de Fontsalte, mon ancêtre, qui accompagna Saint Louis en croisade, avait l'œil vairon. J'ai une fille qui a le regard vairon et les médecins prétendent que ce défaut n'apparaît jamais deux fois chez des enfants de la même génération, sauf s'ils sont jumeaux.

Guillaume se retint de répondre qu'il se moquait de la généalogie du soudard comme de sa première bouteille de dézaley. Il désigna la porte à Blaise, qui sortit sans un mot.

À l'heure du dîner, Guillaume rejoignit ses enfants. Blandine, qu'il avait dès le matin mise au courant de la situation et de la proscription de l'épouse infidèle, se mit à pleurer en revoyant son père. Ses sanglots redoublèrent quand elle constata, en même temps qu'Axel, les changements déjà survenus dans la maison. Guillaume avait fait enlever de la salle à manger la grande table rectangulaire et l'avait remplacée par une table ronde. Ainsi, les trois convives formaient un cercle. Pour tout commentaire, M. Métaz pria énergiquement sa fille de sécher ses pleurs.

— Je n'aime pas les chaises vides et les couverts inutiles ! ajouta-t-il.

A la fin du repas, il réclama du café, ce qui n'était pas dans ses habitudes, et recula sa chaise de la table.

— Maintenant, j'ai besoin de savoir ce que vous souhaitez l'un et l'autre. J'ai décidé, après ce qui vient d'arriver, de quitter mes affaires dans ce pays et de partir pour l'Amérique. J'ai des amis veveysans qui ont fondé, dans l'Ohio, une petite colonie fort prospère, d'après ce qu'ils écrivent. Là-bas, je me referai une vie, peut-être une fortune. Et puis M. Albert Gallatin, un Genevois, qui est devenu, à Washington, secrétaire au Trésor, quelque chose comme ministre des Finances, est en ce moment en visite dans sa famille, à Genève. Nous avons des amis communs : par lui, j'aurai certainement de bonnes introductions. On m'a dit qu'il a négocié l'achat de la Louisiane par les Américains en 1803.

— Tu veux partir... pour toujours ? demanda Blandine, interloquée.

— Il y a deux mots qu'un simple mortel ne doit pas prononcer : jamais et toujours. Ce sont des mots qui n'appartiennent qu'à Dieu, Blandine ! La seule chose dont nous puissions être sûrs, c'est la mort ! Voulez-vous venir avec moi en Amérique ? Telle est ma question. Ne répondez pas tout de suite, réfléchissez. Nous en reparlerons plus tard. Sachez qu'il existe en Nouvelle-Angleterre de très bonnes institutions pour l'éducation des jeunes filles ; quant à toi, Axel, qui parles anglais couramment, tu trouverais à Boston la meilleure université des Etats-Unis.

— Maman acceptera-t-elle de quitter Vevey ? risqua naïvement Blandine.

— Il est hors de question qu'elle vienne avec nous. Tu dois comprendre, après ce qui s'est passé, qu'il s'agit entre elle et moi d'une rupture définitive. Un avocat de Lausanne obtiendra le divorce et, si Charlotte reste votre maman, elle n'est déjà plus mon épouse. Je vous propose de m'accompagner en Amérique pour construire une nouvelle vie, mais, si vous tenez à rester avec votre mère, celle-ci aura à vous entretenir. Je quitte définitivement ce pays.

— Et notre maison... faudra la laisser ? larmoya Blandine.

— Cette maison fait partie de la dot de ta mère, comme une part des carrières de Meillerie. Vous n'aurez rien à changer, je pense, à votre vie.

— Sinon, qu'on n' vous verra plus..., sanglota Blandine.

Guillaume ignora l'interruption.

— Quant à l'avenir d'Axel, il est tout tracé : il reprendra toutes les affaires quand il aura terminé ses études. Seulement, il serait bon qu'il voyageât pendant quelques semaines, voire quelques mois, si ça lui plaît, jusqu'à ce que les commères soient fatiguées de ragoter sur le scandale Métaz. Moi, je vais mettre la fin de l'année à profit pour régler certaines affaires et organiser mon départ. Car ce n'est pas rien de partir pour l'Amérique ! Réfléchissez, mais assez vite, et rendez-moi chacun votre réponse.

Le lendemain matin, à l'heure du premier repas, Blandine, qui s'était interrogée toute la nuit, entre deux crises de larmes et deux accès d'exaltation, déclara, sans hésiter, ce qui surprit Axel, qu'elle s'en irait en Amérique avec son père. Elle avait connu en pension plusieurs jeunes filles américaines et tenait ce pays pour une sorte d'Eldorado. Tout en buvant son chocolat, elle se mit à regarder Axel comme si elle ne l'avait jamais vu.

— En somme, tes yeux sont ceux d'un autre homme que papa !

— Il semble, fit Axel.

— En somme, tu n'es pas vraiment mon frère, pas complètement mon frère !

— Non, je suis ton demi-frère, mais nous avons la même mère, dit Axel, excédé.

— C'est moins... complet. Mais, ça fait rien, je t'aime tout pareil qu'avant !

Tandis que Guillaume, bien que moralement éprouvé et fatigué par deux nuits blanches, allait à ses affaires, Axel fit seller un cheval et, quittant la ville purgée des déchets de la fête, prit, à travers le vignoble désert, le chemin de Belle-Ombre.

Août laissait un bienfaisant répit aux vignerons. On ne pouvait qu'attendre le mûrissement du raisin en priant Dieu qu'un orage de grêle ne vînt pas vendanger pour Satan. Entre les ceps, les épouvantails aux bras de paille, vêtus de défroques, cravatés de rouge, ne trompaient plus les grives gourmandes. Mois des mariages, des fêtes pastorales, des concours de tir, des courses de barques, août vidait les parchets, remplissait les tavernes.

En arrivant à Belle-Ombre, Axel Métaz fut étonné de découvrir, à l'attache, près du puits, sous l'appentis, un bel anglo-normand à robe de jais, sellé à l'anglaise. Il prit soin d'attacher sa propre monture à bonne distance du demi-sang, contourna la maison et avança vers la terrasse.

Assis sur le banc, devant les volets clos, un homme fumait la pipe en observant le lac. Axel reconnut le visiteur du caveau, le général Fontsalte, l'amant de sa mère.

— Puis-je vous demander, monsieur, ce que vous faites ici?

— Un pèlerinage, mon garçon, mais je m'en vais, dit Blaise, quittant son siège.

Axel le retint d'un geste.

— J'aimerais, puisque l'occasion est là, vous parler... un peu, monsieur.

— J'ai juré à M. Métaz que je ne vous reverrai pas et j'ai pour habitude de tenir mes promesses. D'ailleurs, nous n'avons rien à nous dire, jeta d'emblée Fontsalte, pour décourager le garçon.

Axel ne se laissa pas impressionner, s'assit et invita Fontsalte à reprendre sa place sur le banc.

— C'est un peu facile! Ne croyez-vous pas, monsieur? Une famille est plongée dans le trouble et le chagrin parce qu'un nouveau père vient de me tomber du ciel comme une météorite! Je veux essayer de comprendre comment ma mère a pu entretenir une telle liaison secrète pendant si longtemps.

Le ton ferme du garçon ne déplut pas à Blaise. « Il n'a pas des Fontsalte que les yeux vairons », se dit-il.

— Vous avez, en effet, le droit de savoir, reconnut Blaise après un temps de réflexion.

Axel avait envie de poser des questions sur les relations de sa mère avec le général, mais il n'osait le faire. Cette curiosité paraîtrait malsaine. Et puis cet homme calme, dont le regard était le reflet du sien, l'impressionnait.

— Depuis ma naissance, avez-vous souvent vu ma mère? finit-il par lâcher.

— Toutes les fois que je venais dans le pays de Vaud. Nous avions toujours grand plaisir à nous revoir. Votre mère est une femme intelligente, qui s'intéresse aux événements, à la politique, aux façons de vivre des autres. Je lui parlais de tout ça, de la guerre, des menées diplomatiques, de la vie en France, à la cour. Elle est curieuse de tout.

Axel se dit que c'était là un aspect du caractère maternel qu'il n'avait pas connu.

— Etes-vous, vous-même, marié, monsieur ? osa-t-il encore.

— Non. Je ne suis pas fait pour le mariage. Je suis soldat depuis l'âge de seize ans et je ne crois pas avoir couché plus d'une semaine ou deux sous le même toit ou sous la même tente. D'abord, l'Egypte : sable, pyramides, odalisques et... peste. Puis, plus souvent qu'à mon tour : la Prusse, l'Italie, l'Autriche, l'Espagne, la Russie... Fifres, tambours, mitraille, blessures, lauriers... et tout cela pour rien, mon garçon ! Nous voulions faire, avec Bonaparte, une Europe fédérative des peuples. Les rois, les princes... et l'Angleterre n'en veulent pas. C'est manqué. Il faut savoir qu'un soldat en campagne peut recevoir le coup de biscaïen qui mettra fin à la vie, bonne ou mauvaise. Alors, il ne laisse jamais passer l'occasion de jouir d'une femme belle, douce, compréhensive. Vous comprenez ? Je suis revenu souvent en Helvétie...

— Je comprends. C'est ce qui s'est passé avec maman.

— Oui, mais, après, ce fut différent. Beaucoup plus sérieux que ça ! N'empêche qu'au contraire de ce qu'écrivent les poètes des petits feux des sens, c'est l'absence qui a prolongé, fortifié, cimenté cet... cette affection entre votre mère et moi.

— Vous hésitez à prononcer le mot amour. Pourquoi ? Je puis comprendre. Ça m'est arrivé !

Blaise sourit et ralluma sa pipe en observant de biais ce garçon qui lui plaisait de plus en plus. Comme il s'y attendait, Axel finit par l'interroger sur l'anomalie qui les distinguait des autres. Blaise raconta la longue hérédité de l'œil vairon chez les Fontsalte avant d'en venir à ce qui lui tenait à cœur et qu'il souhaitait confier à ce fils inconnu.

— Voyez-vous, les savants et les moins savants pensent qu'il s'agit seulement d'une anomalie de la vision. Ils se trompent tous et, comme moi, vous vous en apercevrez... parfois à vos dépens. Nous n'avons pas que l'œil vairon, mais aussi... le cœur vairon et l'esprit vairon. C'est à croire que notre regard bicolore nous fait voir les choses et les gens simultanément de deux façons différentes. Nous avons notre propre perception de la vie et cela fait de nous des étrangers au milieu, à la société, au monde dans lequel nous vivons. Il faut que vous sachiez ces choses.

— J'ai déjà ressenti cela, dit Axel.

Le lac, au pied du vignoble, paraissait, ce matin-là, encore plus bleu que le ciel.

— Avez-vous d'autres enfants... comme moi ? demanda soudain Axel.

— Une fille, plus âgée que vous, très belle et un peu folle, je le crains. Elle a aussi le regard vairon, les yeux Fontsalte. Elle se nomme Adrienne, mais on l'appelle Adriana et même, parfois, Adry. C'est une belle fille, volontaire et fantasque, aussi bizarre que sa mère, une gitane, qui passait pour un peu sorcière et qui a disparu, pendant que je guerroyais en Egypte, en abandonnant l'enfant et sans laisser d'adresse. Adrienne avait dix-sept ans quand elle s'est échappée du pensionnat où je l'avais placée, pour suivre, à Paris, le père d'une de ses camarades de pension, un médecin venu en Forez visiter une adolescente qu'il disait sa fille et qui n'était que sa maîtresse. Parfois, Adry daigne envoyer des nouvelles à ma mère qui l'a élevée, rarement toutefois, et sans jamais donner d'adresse. Il semble qu'elle ait adopté la façon de vivre de sa propre mère saltimbanque. Seulement, Adrienne connaît les manières du monde et possède une bonne instruction. Avec les atouts qu'elle a sous ses jupes et dans la tête, elle doit prétendre à faire carrière dans la courtisanerie de haut vol ! Son aventure avec le médecin fut brève. En fait, l'homme ne servit qu'à la conduire à Paris, à la présenter dans quelques salons huppés, où elle fréquenta des banquiers et trouva des amants. Car, ce qu'elle voulait, comme moi, c'était sortir du milieu des nobliaux misérables et connaître la vraie vie. Elle et moi y sommes parvenus, par des moyens différents, et j'espère qu'elle finira par rencontrer l'amour et la fortune.

— Et vous ne savez rien d'elle ! C'est tout de même votre fille ! On ne peut pas dire que vous ayez l'esprit de famille ! remarqua Axel, s'enhardissant.

— Je sais qu'elle est, ou a été, la maîtresse d'un diplomate autrichien de la suite de l'impératrice Marie-Louise. Pendant le congrès de Vienne, elle était dans l'entourage de Metternich et c'est là que j'ai pu, enfin, par un de nos agents diplomatiques, retrouver sa trace. Elle ne m'a écrit qu'une fois depuis, de Venise. On dit qu'elle a suivi l'impératrice Marie-Louise à Parme et qu'elle parade à la cour. Je la croyais bonne patriote et attachée à la gloire de l'empereur. Je me demande aujourd'hui dans quelle intrigue, et avec quel homme, elle évolue ! J'ai appris qu'elle réside souvent à

Venise, qui est, paraît-il, la ville d'Europe où l'on s'amuse le plus librement. Les femmes émancipées sont ainsi, mon garçon, inattendues, surprenantes, coquines. Vous verrez ! Je vous dis tout cela, mon garçon, parce que cette charmante personne, fieffée gourgandine, est aussi votre demi-sœur !

L'attitude du général, qui semblait faire si peu cas de ses enfants, étonnait Axel sans toutefois le scandaliser.

— J'ai donc deux demi-sœurs. L'une par ma mère, l'autre par... vous ! persifla-t-il.

— Deux demi-sœurs qui ne le sont pas entre elles !

— La situation est originale ! observa Axel.

— Si l'on veut !

— Comment vivez-vous ? demanda encore le garçon.

— Comme un demi-solde, c'est-à-dire mal ! On me confie des missions et, entre deux, je rentre à Fontsalte, où il y a toujours des pommes de terre, du cochon... et de l'eau sulfureuse et gazeuse à la source qu'exploitaient autrefois les Romains et où les dames en mal de maternité viennent boire et se tremper les fesses. Cela me laisse quelques dizaines de livres par mois, tout juste suffisantes pour payer l'entretien et le garde du griffon ! Fontsalte n'est pas Loèche, mon garçon, mais c'est un beau pays, un énorme piton rocheux planté au milieu d'une plaine fertile où paresse la Loire. Comme on ne sait ce que réserve la vie, vous pourrez toujours trouver vivre et couvert au château de Fontsalte !

Blaise se leva, vida sa pipe en frappant le fourneau sur le muret, ramassa ses gants et sa cravache : le moment de la séparation était venu.

Côte à côte, l'homme et l'adolescent suivirent un instant, sur le lac aveuglant, la lente progression d'une grande barque aux voiles en oreilles.

— Beau pays, beau lac, belles femmes, beaux bateaux ! dit Blaise avec un sourire mélancolique en désignant la barque.

— C'est la *Charlotte*, une barque de mon pè... des Métaz, dit le garçon.

— Appelez-le votre père, toujours. Vous lui devez tout. Moi, je ne vous laisse qu'un regard.

Puis, après un silence, Blaise reprit :

— J'ignore quels sont vos projets, mais voici un viatique, partout négociable, qui vous donnera pendant quelque temps un peu d'indépendance ! Ce dont les yeux vairons ont le plus besoin.

Axel hésita, puis prit le sachet, le trouva lourd pour son volume, remercia et, toute gêne oubliée, serra la main que lui tendait Fontsalte.

— Bonne chance, dit Blaise en s'éloignant sur la terrasse.

— Prenez garde aux guêpes, près du puits, cria Axel.

Une autre voix avait lancé ce même avertissement, en ce lieu béni, au cours d'un été lointain.

Axel suivit un moment du regard le cavalier qui s'en allait, au pas prudent de sa monture, vers Saint-Saphorin. Quand les silhouettes eurent disparu, Axel dénoua les cordons du sac de peau que l'on venait de lui remettre. Des gemmes de toute taille, rubis, saphirs, diamants, émeraudes, topazes, roulèrent sur le muret. Interloqué, il les recueillit, les fit couler entre ses doigts, puis les remit dans l'étui.

En trottant vers Rive-Reine, le garçon se posa mille questions sur l'origine de ces pierres précieuses, subodorant, sans pouvoir l'évaluer, leur grande valeur.

Quand il retrouva Guillaume, à l'heure du repas, sa détermination était prise.

— Vous m'avez proposé de voyager. Je suis prêt à partir tout de suite.

— Ah ! c'est bien. Cet esprit de décision me plaît. Ça, c'est Métaz, au moins ! Et... où souhaites-tu te rendre, mon garçon, que je demande pour toi un passeport au syndic ? En Angleterre, peut-être ?

— Non, père, en Italie : à Venise.

— A Venise ! Eh bien ! va pour Venise !

Axel eut un sourire, que la grande glace de la salle à manger lui renvoya en même temps que son regard vairon.

— A Venise, bon ! Mais pourquoi Venise ?

— Pour voir, dit Axel.

REMERCIEMENTS

L'auteur tient à remercier les nombreuses personnes qui, au fil des années et au cours de multiples entretiens, l'ont aidé à mieux connaître l'histoire de la Suisse, à comprendre le comportement helvétique, à apprécier le caractère vaudois. Il est impossible de toutes les citer ici. Que trouvent cependant l'expression d'une reconnaissance particulière : Mmes et MM. Drago Arsenijevic, Alfred Berchtold, Françoise Bonnet, Nina Brissot-Carrel, Jacques Clerc, Didier Coenca, Silvio Corsini, Samuel Cossy, Jacques Delarue, Fernand Dorsaz, Edgar Fasel, Pierre-Yves Favez, Nicolas Gagnebin de Meuron, Daniel Gallopin, Paul Ganière, Jean-Etienne Genequand de Roguin, Gilbert Gex-Fabry, Ernest Giddey, Jacques E. Hentsch, Jean-Pierre Joly, Irène Keller-Richner, Françoise Lambert, Guy Magnin, Gisèle Massin-Larroudé, Jean-Charles Munger, Jacques Paternot, Michel Petroff, René Ponti, Bernard Reymond, Claude Richoz, Michel Rochat, Catherine Santschi, Michel Steiner, Fabienne-Xavière Sturm, Sonia Susstrunk, Robert Turberg, Gabriel Veraldi, Suzanne Werly-Lanoyerie, Michel Zangger, ainsi que les familles Djeva Hirdjian, Dorsaz, Washer. Une mention toute particulière à l'intention de Mme Louisette Rastoldo qui pour cet ouvrage comme précédemment, s'est montrée infatigable dans ses recherches, inépuisable dans sa disponibilité et son dévouement à la cause de l'information exacte.

BIBLIOGRAPHIE SÉLECTIVE

Abrantès (Laure Junot, duchesse d'), *Mémoires complets et authentiques* (Jean de Bonnot, Paris, 1967).

Achard (Lucie), Favre (Edouard), *La Restauration de la République de Genève*, témoignages de contemporains (Librairie A. Jullien, Genève, 1913).

Allegri (Claude), *Louis Saugy : la vie et l'œuvre du découpeur de Rougemont* (éditions du Ruisseau, Genève, 1977).

Alville, *Anna Eynard-Lullin et l'époque des congrès et des révolutions* (Paul Feissly, Lausanne, 1955).

Andlau (B. d'), *Madame de Staël* (quatrième édition, Coppet, 1985).

Archinard (Charles), *Histoire de l'instruction publique dans le canton de Vaud* (imprimerie Charles Borgeaud, Cité-Derrière, 1870).

Aymes (Jean-René), *Los españoles en Francia 1808-1814 : la deportación bajo el Primer Imperio* (Siglo Veintiuno editores, México, España, Argentina, Colombia, 1987).

Barret (Pierre), Gurgand (Jean-Noël), Tiévant (Claire), *Almanach de la mémoire et des coutumes 1980* (Hachette, Paris, 1979).

Bazin (M.-A.), *L'Epoque sans nom* (Alexandre Mesnier, Paris, 1833).

Beckford (William), *Journal intime* (José Corti, Paris, 1986) ; *Vathek* (Flammarion, Paris, 1981) ; *Voyage d'un rêveur éveillé* (collection romantique, n°s 17, 18, 19, José Corti, Paris, 1988-1989).

Bégin (Emile), *Voyage pittoresque en Suisse, en Savoie et sur les Alpes* (Belin-Leprieur et Morizot, Paris, 1852).

Berchtold (Alfred), *La Suisse romande au cap du xxe siècle, portrait littéraire et moral; La Suisse romande au cap du xxe siècle, matériaux pour une bibliographie* (Payot, Lausanne, 1963).

Berchtold (Alfred), El-Wakil (Leïla), *Sismondi genevois et européen, une conscience politique* (Editions Chênoises, Genève, 1991).

Berger (Ric), *La Côte vaudoise du Jura au Léman et ses monuments historiques* (Interlingua, Morges).

Binz (Louis), Berchtold (Alfred), *Genève et les Suisses* (Etat de Genève, département de l'Instruction publique, économat cantonal, Genève, 1991).

Blanchard (Marcel), *Les Routes des Alpes occidentales à l'époque napoléonienne, 1796-1815* (imprimerie Joseph Allier, Grenoble, 1920).

Blavignac, *Histoire des enseignes d'hôtellerie, d'auberges et de cabarets* (Grosset et Tremblay, Genève, 1879).

Bled (Victor du), *La Société française du XVIᵉ siècle au XXᵉ siècle* (Perrin et Cⁱᵉ, Paris, 1911).

Bonaparte (roi Joseph), *Lettres d'exil inédites, 1825-1844,* publiées avec une introduction, des notes et des commentaires par Hector Fleischmann (Charpentier et Fasquelle, Paris, 1912).

Bouchot (Henri), *Les Elégances du second Empire* (Librairie illustrée, Paris).

Boulenger (Jacques), *Les Dandys* (Paul Ollendorff, Paris).

Boutet de Monvel (Roger), *Grands seigneurs et bourgeois d'Angleterre* (Plon, Paris, 1930).

Brasillach (Robert), *Anthologie de la poésie grecque* (Stock, Paris, 1950).

Bray (René), *Sainte-Beuve à l'Académie de Lausanne, chronique du cours sur Port-Royal, 1837-1838* (E. Droz, Paris — F. Rouge, Lausanne, 1937).

Bucquoy (Cdt E.-L.), *Les Uniformes du Iᵉʳ Empire : la garde impériale* (Jacques Grancher, Paris, 1977).

Budé (Eugène de), *Les Bonaparte en Suisse* (Henry Kündig, Genève — Félix Alcan, Paris, 1905).

Byron (lord), *Correspondance publiée par lord Murray* (Plon, Paris, 1928).

Cambry (citoyen), *Voyage pittoresque en Suisse et en Italie* (H.-J. Jansen, Paris, an IX de la République).

Candolle (Roger de), *L'Europe de 1830 vue à travers la correspondance d'Augustin Pyramus de Candolle et Mᵐᵉ de Circourt* (A. Jullien, Genève, 1966).

Castelot (André), *Bonaparte* (Librairie académique Perrin, Paris, 1964) ; *Joséphine* (Librairie académique Perrin, Paris, 1964).

Cazamian (Louis), *Anthologie de la poésie anglaise* (Stock, Paris, 1946).

Ceresole (Alfred), *Notes historiques sur la ville de Vevey, dédiées à mes jeunes combourgeois* (Lœrtscher et fils, Vevey, 1890) ; *Un épisode vaudois de 1798 : Suzanne Ceresole* (imprimerie Georges Bridel et Cⁱᵉ, Lausanne, 1900).

Chambrier (James de), *La Cour et la société du second Empire* (Librairie académique Perrin et Cⁱᵉ, Paris).

Chapuis (Alfred), *Les Corporations d'horlogers vaudois au XVIIIᵉ siècle* (Payot-Arts graphiques Haefeli et Cⁱᵉ, La Chaux-de-Fonds).

Charles-Picard (Gilbert), *Hannibal* (Hachette, Paris, 1967).

Charrière (Isabelle de), *Lettres neuchâteloises* (La Différence, Paris, 1991).

Chastenet (Jacques), *William Pitt* (Librairie Arthème Fayard, Paris, 1959).

Chevallaz (Georges-André), *Le Gouvernement des Suisses ou l'histoire en contrepoint* (éditions de l'Aire, Lausanne, 1989).

Chevrillon (A.), *Sydney Smith et la renaissance des idées libérales en Angleterre au xixe siècle* (Hachette, Paris, 1894).

Clausewitz, *La Campagne de 1789 en Italie et en Suisse* (Librairie militaire R. Chapelot et Cie, Paris, 1906).

Clay (Jean), *Le Romantisme* (Hachette Réalités, Paris, 1980).

Cooper (J. Fenimore), *Excursions in Switzerland* (Richard Bentley, New Burlington Street, London, 1836).

Cordey (Pierre), *Mme de Staël et Benjamin Constant sur les bords du Léman* (Payot, Lausanne, 1966).

Cornaz-Besson (Jacqueline), *Qui êtes-vous, monsieur Pestalozzi ?* (éditions de la Thièle, Yverdon-les-Bains, 1987).

Cugnac (capitaine de), *Campagne de l'armée de réserve en 1800. Première partie : passage du Grand-Saint-Bernard ; deuxième partie : Marengo* (Librairie militaire R. Chapelot et Cie, Paris, 1901).

Daudet (Léon), *Le Stupide xixe siècle* (Nouvelle Librairie nationale, Paris, 1922).

Delécluze (Etienne-Jean), *Journal 1824-1828,* texte publié avec une introduction et des notes de Robert Baschet (Grasset, Paris, 1948) ; *Souvenirs de soixante années* (Michel Lévy frères, Paris, 1862).

Desbarolles (E.), *Voyage d'un artiste en Suisse à 3 F 50 par jour* (Michel Lévy frères, Paris, 1865).

Desloges (Chrétien), *Essais historiques sur le Mont-Saint-Bernard*, 1789 (édition du bimillénaire du Grand-Saint-Bernard, 1989).

Diaz-Plaja (Fernando), *Historia de España en sus documentos, siglo XIX* (Cátedra, Madrid, 1983) ; *Las Españas de Goya* (Editorial Planeta, Barcelona, 1989).

Donnet (André), *Le Grand-Saint-Bernard* (éditions du Griffon, Neuchâtel, 1950).

Dumas (Alexandre), *Impressions de voyage en Suisse*, volume I : *Du mont Blanc à Berne* (François Maspéro-La Découverte, Paris, 1982).

Duplessis (général), *Bonaparte à Dijon* (Damidot, Dijon, 1926).

Ebel (docteur J. G.), *Manuel du voyageur en Suisse* (Orell-Fussli et Cie, Zurich, 1811).

Espadas Burgos (Manuel), Urquijo Goitia (José Ramón de), *Historia de España : guerra de la independencia y época constitucional* (Editorial Gredos, Madrid, 1984).

Fauchier-Magnan (A.), *Lady Hamilton* (Perrin, Paris, 1910).

Fontannaz (Monique), *Les Cures vaudoises, histoire architecturale, 1536-1845* (Bibliothèque historique vaudoise, Lausanne, 1986, collection dirigée par Colin Martin, n° 84).

Forel (F.-A.), *Le Léman* (F. Rouge, éditeur-Librairie de l'Université, Lausanne, 1901).

Fugier (André), *Napoléon et l'Italie* (J.-B. Janin, Paris, 1947).

Gautier (Théophile), *Impressions de voyages en Suisse* (L'Age d'Homme, Lausanne, 1985).

Géroudet (Paul), *Les Oiseaux du Léman* (Delachaux et Niestlé, Neuchâtel-Paris, 1987).

Gétaz (Emile), *La Confrérie des Vignerons et la fête des vignerons, leurs origines, leur histoire* (Klausfelder, Vevey, 1942, et édition revue et complétée, 1969).

Giddey (Ernest), *L'Angleterre dans la vie intellectuelle de la Suisse romande au XVIIIᵉ siècle* (Bibliothèque historique vaudoise, Lausanne, 1974).

Girod de l'Ain (Gabriel), *Joseph Bonaparte* (Librairie académique Perrin, Paris, 1970).

Goethe (Johann Wolfgang von), *Conversations recueillies par Eckermann* (bibliothèque Charpentier, Eugène Fasquelle, Paris, 1912, 2 volumes) ; *Correspondance avec Schiller* (Plon, Paris, 1923, 4 volumes) ; *Entretiens avec le chancelier de Müller* (Stock, Delamain et Boutelleau, Paris, 1930) ; *Lettres à Madame de Stein* (Stock, Delamain et Boutelleau, Paris, 1928) ; *Lettres à Madame de Stolberg* (Stock, Delamain et Boutelleau, Paris, 1933) ; *Ses Mémoires et sa vie* (Le Signe, Paris, 1980, 3 volumes, fac-similé de l'édition Hetzel, Paris, 1863).

Gourmont (Remy de), *Le Latin mystique,* présenté par Charles Dantzig (Editions du Rocher, Paris, 1990).

Grellet (Pierre), *La Suisse des diligences* (L'Age d'Homme, Lausanne, 1984).

Gréville (Charles C.-F.), *Les Quinze Premières Années du règne de la reine Victoria* (Firmin-Didot, Paris, 1888).

Grin (Micha), *Histoire imagée de l'école vaudoise* (Cabédita, collection Archives vivantes, Yens-Morges, 1990).

Guex (André), *Mémoires du Léman* (Payot, Lausanne, 1975).

Guiton (Paul), *La Suisse romande* (Arthaud, Grenoble, 1929).

Hackländer (F.W.), *La Vie militaire en Prusse* (Hachette, Paris, 1869).

Haefeli (T.), *Histoire de la poste de Vevey et son environnement* (Club philatélique de Vevey et environs, 1984).

Hardÿ (général Jean), *Correspondance intime,* recueillie par son petit-fils le général Hardÿ de Perini (Plon, Paris, 1901).

Haussez (baron d'), *Alpes et Danube ou Voyage en Suisse, Styrie, Hongrie et Transylvanie* (Société typographique belge, Adolphe Wahlen et Cie, Bruxelles, 1837).

Heller (Geneviève), « *Tiens-toi droit!* » (Editions d'en bas, Lausanne, 1988).

Hennequin (capitaine breveté L.), *Zurich, Masséna en Suisse* (Librairie militaire Berger-Levrault, Paris-Nancy, 1911).

Henrioud (Marc), *Les Anciennes Postes valaisannes et les communications internationales par le Simplon et le Grand-Saint-Bernard, 1616-1848* (imprimerie Lucien Vincent, Lausanne, 1905).

Henry (J.-P.), *Jean-Pierre et les promesses du monde, souvenirs d'un enfant de Meyrin (Genève), 1814 à 1835* (Payot, Lausanne, 1978).

Hermant (Abel), *Platon* (Bernard Grasset, Paris, 1925).

Hugo (Victor), *Voyages en Suisse* (L'Age d'Homme, Lausanne, 1982).

Koenig (René), Schwab-Courvoisier (Albert), *Vevey-Montreux photographiés par nos aïeux* (Payot, Lausanne, 1973).

Lagarde (André), Michard (Laurent), *Les Grands Auteurs français du programme, XIXe siècle* (Bordas, Paris, 1955).

Laqueur (Walter), *Weimar : une histoire culturelle de l'Allemagne des années 20* (Robert Laffont, Paris, 1978).

Laver (James), *Les Idées et les mœurs au siècle de l'optimisme* (Flammarion, Paris, 1969).

Leclerc (Max), *Les Professions et la société en Angleterre* (Armand Colin et Cie, Paris, 1894).

Léonard (Jacques), *La Vie quotidienne du médecin de province au XIXe siècle* (Hachette, Paris, 1977).

Liselotte, *Guide des convenances* (bibliothèque de la société anonyme du *Petit Echo de la Mode*, Paris).

Loliée (Frédéric), *La Fête impériale* (Félix Juven, Paris).

Martha-Beker (F.), *Le Général Desaix* (Didier, 1852).

Martin (Bruno-Jean), *Le Matin et le vent, promenades à Saint-Galmier, Chazelles-sur-Lyon et Saint-Saphorien-sur-Coise* (Librairie Le Hénaff, Saint-Etienne, 1981).

Martin-Fugier (Anne), *La Vie élégante ou la formation du Tout-Paris, 1815-1848* (Fayard, Paris, 1990).

Martineau (Alfred), May (L.-P.), *Tableau de l'expansion européenne à travers le monde* (Société de l'Histoire des colonies françaises-Librairie Leroux, Paris, 1935).

Melville (Lewis), *The Life and Letters of William Beckford of Fonthill* (William Heinemann, London, 1910).

Meystre (Edouard), *Histoire imagée des grands bateaux du lac Léman* (Payot, Lausanne, 1972).

Meystre (Edouard), Bernard (Richard-Edouard), *Bateaux à vapeur du Léman* (éditions de Fontainemore, Paudex, Suisse, 1976).

Monnet (L.), *Au bon vieux temps des diligences* (imprimerie Lucien Vincent, Lausanne, 1897).

Montet (Albert de), *Dictionnaire biographique des Genevois et des Vaudois qui se sont distingués dans leur pays ou à l'étranger par leurs talents, leurs actions, leurs œuvres littéraires ou artistiques, etc.* (Georges Bridel, Lausanne, 1878) ; *Vevey à travers les siècles* (imprimerie Saüberlin et Pfeiffer S.A., Vevey, 1978).

Montet (Albert de), Rittener (H.), Bonnard (Albert), dessins à la plume d'Emile Fivaz, *Chez nos aïeux* (F. Rouge, Lausanne).

Muller (Fédia), *Images du Vevey d'autrefois* (Säuberlin et Pfeiffer S.A., Vevey, 1975).

Muray (Philippe), *Le 19ᵉ Siècle à travers les âges* (Denoël, Paris, 1984).

Naville (Paul), *Cologny* (deuxième édition, Genève, 1981).

Oberkirch (baronne d'), *Mémoires* (Charpentier, Paris, 1853).

Orieux (Jean), *Talleyrand ou le sphinx incompris* (Flammarion, Paris, 1970).

Palacio Atard (Vicente), *Manual de Historia de España : edad contemporánea I* (Espasa Calpe, Madrid, 1978).

Perrot (A.M.), *Itinéraire général de Napoléon* (Bistor, Paris, 1845).

Pestalozzi (Johann Heinrich), *Comment Gertrude instruit ses enfants*, traduction Michel Soëtard (Castella, Albeuve, Suisse, 1985).

Pommereul (François-René-Jean), *Campagne du général Buonaparte en Italie pendant les années IV et V de la République française par un officier général* (Plassan-Bernard, Paris, l'An V-1797).

Prados de la Escosura (Leandro), *De imperio a nación* (Alianza Editorial, Madrid, 1988).

Quaglia (chanoine Lucien), *La Maison du Grand-Saint-Bernard des origines aux temps actuels* (Hospice du Grand-Saint-Bernard-imprimerie Pillet, Martigny, 1972).

Rambert (E.), *Alexandre Vinet : histoire de sa vie et de ses ouvrages* (Georges Bridel, Lausanne, 1875).

Ramuz (Charles Ferdinand), *Fête des vignerons* (Séquences, 1984) ; *Montée au Grand-Saint-Bernard* (Les Amis de Ramuz, université François-Rabelais, Tours, 1989) ; *La Suisse romande* (Plaisir de lire, Lausanne, 1955).

Raoul-Rochette, *Lettres sur la Suisse, écrites en 1824 et 1825* (C. Froment, Paris — Barbezat et Delarue, Genève, 1826).

Recordon (E.), *Etudes historiques sur le passé de Vevey* (imprimerie Saüberlin et Pfeiffer S.A., Vevey, 1970).

Reynold (Gonzague de), *La Démocratie et la Suisse* (Les Editions du Chandelier, Bienne, 1934) ; *Qu'est-ce que l'Europe ?* (Egloff, Fribourg, 1944).

Rioux (Jean-Pierre), *La Révolution industrielle 1780-1880* (Le Seuil, Paris, 1971).

Rod (Edouard), *La Fête des vignerons à Vevey, histoire d'une fête populaire* (Payot, Lausanne — Klausfelder, Vevey, 1905).

Roulier (A.), *Villages vaudois*, tome II (Le Journal des Parents, Lausanne, 1943).

Rufer (Alfred), *La Suisse et la Révolution française* (Société des Etudes robespierristes, Paris, 1974).

Ruskin (John), *Praeterita, Souvenirs de jeunesse* (Hachette, Paris, 1911).

Russell-Killough (Frank), *Dix années au service pontifical* (Victor Plamé, Paris, 1871).

Saint-Amand (Imbert de), *Les Dernières Années de l'impératrice Joséphine* (Dentu, Paris, 1885).

Sainte-Beuve, *Portraits de femmes* (Didier, Paris, 1852).

Saint-Germain Leduc, *Les Vacances en Suisse : journal du voyage d'un collégien* (Levrault, Strasbourg, 1837).

Saint-Simon (Claude-Henri de), *Œuvres*, tome I (Anthropos, Paris, 1966).

Salamin (Michel), *Documents d'histoire suisse, 1798-1847* (collection Recueil de textes d'histoire suisse).

Salem (Gilbert), *La Côte-Riviéra, passé et présent sous le même angle*, photographies Nicolas Crispini (Slatkine, Genève, 1985).

Saurel (Etienne), *Histoire de l'équitation, des origines à nos jours* (Stock-Christian de Bartillat, Paris, 1971-1990).

Saussure (Horace-Bénédict de), *Voyages dans les Alpes*, précédés d'un essai sur l'*Histoire naturelle des environs de Genève* (Louis Fauche-Borel imprimeur du Roi, Neuchâtel, 1803).

Schauenberg (Paul), *Le Léman vivant* (*Journal de Genève-Gazette de Lausanne*, 1984).

Scherer (général), *Précis des opérations militaires de l'armée d'Italie depuis le 21 ventôse jusqu'au 7 floréal an 7* (Dentu, Paris, An VII).

Schifferli (Luc), *Les Oiseaux d'eau* (Station ornithologique suisse, Sempach, 1990).

Scott (Walter), *Vie de Napoléon* (Laurent frères, Bruxelles, 1827).

Senancour, *Oberman* (Editions d'Aujourd'hui, 1979).

Staël (Germaine de), *Corinne ou l'Italie* (Firmin-Didot, Paris, 1894).

Staff (baronne), *Le Cabinet de toilette* (Flammarion, Paris); *Règles du savoir-vivre dans la société moderne* (Victor-Havard, Paris, 1895).

Stahl (P.-J.), Muller (E.), *Le Nouveau Robinson suisse* (Ramsay-Jean-Jacques Pauvert, Paris, 1990).

Strachey (Lytton), *Eminent Victorians* (Penguin Books, 1986).

Suarès (André), *Goethe le grand Européen* (Méridiens Klincksieck, Paris, 1990).

Suès (Marc-Jules), *Journal pendant la Restauration genevoise, 1822-1835* (Librairie A. Jullien, Genève, 1929).

Terrero (José), *Historia de España* (Editorial Ramón Sopena, Barcelona, 1988).

Thuillier (Guy), *La Vie quotidienne dans les ministères au XIXe siècle* (Hachette, Paris, 1976).

Töpffer (Rodolphe), *Voyage autour du lac de Genève, 1827* (Slatkine, Genève, 1982); *Voyages en zig-zag* (P. Cailler, Genève, 5 volumes, 1945-1952); *Bouquet de lettres 1812-1845*, choisies et commentées par Léopold Gautier (Payot, Lausanne, 1974).

Vicens Vives (J.), *Atlas de Historia de España* (Editorial Teide, Barcelona, 1987); *Aproximación a la Historia de España* (Editorial Vicens-Vives, Bolsillo, Barcelona, 1976).

Vincenot (Henri), *La Vie quotidienne dans les chemins de fer au XIXe siècle* (Hachette, Paris, 1975).

Vuillème (Jean-Bernard), *Le Temps des derniers cercles, chronique turbulente des cercles neuchâtelois et suisses romands* (éditions Zoé, Genève, 1987).

Waleffe (Maurice de), *Quand Paris était un paradis* (Denoël, Paris, 1947).

Walsh (Theobald), *Voyage en Suisse, en Lombardie et en Piémont* (Dumont, Bruxelles — Dulau, Londres, 1835); *Notes sur la Suisse et une partie de l'Italie* (C.-J. Trouvé, Paris, 1823).

Zbinden (Louis-Albert), *Suisse* (Petite Planète, Le Seuil, Paris, 1978).

Zermatten (Maurice), *Valais* (La Tramontane, Lausanne, 1958).

OUVRAGES COLLECTIFS

Cent cinquante ans d'histoire vaudoise 1803-1953 (Société vaudoise d'histoire et d'archéologie, Payot, Lausanne, 1953).

Dictionnaire historique et biographique de la Suisse (Administration du dictionnaire historique et biographique de la Suisse, Neuchâtel, 7 volumes, 1921-1933).

Diccionario de Historia de España (Revista de Occidente-Alianza Editorial, Madrid, 1979).

Encyclopédie illustrée du pays de Vaud (éditions 24-Heures, Lausanne, 12 volumes, 1970-1987).

España y la revolución francesa (Editorial Pablo Iglesias, Madrid, 1989).

Grand atlas suisse (Kümmerly-Frey, Berne, 1982).

Grande encyclopédie de l'histoire : les nations de 1850 à 1914, la Première Guerre mondiale (Bordas, Paris-Bruxelles-Montréal, 1973).

Histoire de Lausanne, sous la direction de Jean Charles Biaudet (Privat, Toulouse — Payot, Lausanne, 1982).

La Louable Confrérie, les fêtes de Vevey, 1647-1955 (Hermès-R. Joseph, Lausanne, 1956).

La Suisse, 1982 (Kümmerly-Frey, Berne, 1982).

La Suisse au quotidien depuis 1300, sous la direction de Sylvie Lambelet et Bernhard Schneider (éditions Zoé, collection Histoire, Carouge-Genève, 1991).

Lettres sur quelques cantons de la Suisse, écrites en 1819 (H. Nicolle, Paris, 1820).

Nouvelle collection de costumes suisses des XXII cantons, d'après les dessins de F. Kœnig, Lory, et d'autres (Neue Zürcher Zeitung, Zurich, 1980 ; reproduction d'une édition de 1820, réalisée par Nestlé).

The Hand-Book for Travellers in Switzerland (John Murray and Son, Albemarle Street, London — Maison, Paris, 1839).

Un siècle : mouvement du monde de 1800 à 1900 (Goupil et Cie-Jean Boussod-Manzi-Joyant et Cie, Paris, 1900).

Vevey et ses environs : hôtes illustres, fête des vignerons ; préface de Paul Morand (Mermod, Lausanne, 1955).

PUBLICATIONS DIVERSES

Album du voyage de l'impératrice Joséphine en Savoie et en Suisse, 1810, sépias du comte de Turpin de Crissé, préface de Gérard Hubert (Société des Amis de Malmaison, 1986).

Campagne de 1799 en Allemagne et en Suisse, ouvrage traduit de l'allemand par un officier autrichien (Arthus Bertrand, Paris, 1920).

Capo d'Istria, premier citoyen d'honneur du canton de Vaud et bourgeois d'honneur de Lausanne, Jean Hugli (Revue historique vaudoise, Lausanne, juin 1956).

Catholiques et protestants dans le pays de Vaud, histoire et population

1536-1986, Blanc (Olivier) et Reymond (Bernard) (Histoire et société, n° 13, Labor et Fides, Genève, 1986).

Centenaire du bâtiment du collège de Vevey (Société de l'imprimerie et lithographie Klausfelder, Vevey, 1938).

L'Angleterre dans la vie intellectuelle de la Suisse romande au xviiiᵉ siècle, Ernest Giddey (Bibliothèque historique vaudoise, n° 51, collection dirigée par Colin Martin, Lausanne, 1974).

Lausanne, destin d'une ville, Jean Hugli (Esquisse d'histoire lausannoise publiée à l'occasion du 500ᵉ anniversaire de l'union de la Cité et de la Ville inférieure, municipalité de Lausanne, 1981).

Les Anglais au pays de Vaud, G.-R. de Beer (Revue historique vaudoise, 1951).

Lettres des enfants Jullien, 1812-1816, élèves chez Pestalozzi (Centre de documentation et de recherches Pestalozzi, Yverdon, 1985).

Livret officiel de la Fête des Vignerons se célébrant à Vevey les 4, 5, 7, 8, 10 et 11 août 1905 (Klausfelder, Vevey, 1905).

Mélanges offerts à Monsieur Georges Bonnard, professeur honoraire de l'Université de Lausanne, à l'occasion de son quatre-vingtième anniversaire : La Vision créatrice de Vathek *de Beckford*, par Ernest Giddey (université de Lausanne, publications de la faculté des lettres, XVIII, librairie Droz, Genève, 1966).

Stations balnéaires suisses et leurs sources minérales (Association des stations balnéaires suisses, avec le concours de l'Office suisse du tourisme, Zurich et Lausanne, des Chemins de fer fédéraux, Berne, et de la Société suisse des hôteliers, Bâle).

Tableau chronologique et synoptique d'histoire de la musique, P. Van de Vyvère (Alphonse Leduc, Paris).

The Byron Journal, n° 6, 1978 (Published in association with the Byron Society).

Vevey, centre économique régional, thèse par André Hilfiker (université de Lausanne, école des hautes études commerciales, Imprimerie vaudoise, Lausanne, 1966).

CATALOGUES D'EXPOSITIONS

Anglais à Lausanne au xixᵉ siècle (à l'occasion du centenaire de l'Eglise anglicane à Lausanne ; Musée historique de l'Ancien-Evêché, Lausanne, 1978).

Autour du groupe de Coppet (à l'occasion du second colloque de Coppet ; Musée historique de l'Ancien-Evêché, Lausanne, 1974).

Jacques-Louis David (ministère de la Culture, de la Communication, des Grands Travaux et du Bicentenaire-éditions de la Réunion des musées nationaux, Paris, 1989).

Gibbon à Lausanne (à l'occasion du colloque *Gibbon et Rome* ; Musée historique de l'Ancien-Evêché, Lausanne, 1976).

Lausanne 1900-Lausanne en chantier (Guides de monuments suisses, Société d'histoire de l'art en Suisse, 1977-1978).

Les Tableaux remis par Napoléon à Genève, Renée Loche, Maurice Pianzola (musée d'Art et d'Histoire, Genève).

Silhouettes et découpures genevoises des 18ᵉ et 19ᵉ siècles, Anne de Herdt, Garry Apgar (musée d'Art et d'Histoire, cabinet des dessins, Genève, 1985).

Un Calife à Lausanne, William Beckford et Vathek (Bibliothèque cantonale et universitaire, Lausanne, 1987).

JOURNAUX, MAGAZINES, REVUES

Collections de :
Almanach de Lausanne.
Almanach du Valais.
Bulletin helvétique.
Dernière Quinzaine.
Estafette.
Etrennes helvétiennes curieuses et utiles.
Feuille d'avis de Lausanne.
Feuille d'avis de Vevey.
Gazette de Lausanne.
Journal de Lausanne.
Journal d'Yverdon.
Journal helvétique.
Journal illustré des stations du Valais.
Le Conservateur suisse ou recueil complet des Etrennes helvétiennes (1855, 1856, 1857).
Le Drapeau suisse.
Le Véritable Messager boiteux de Berne et Vevey, almanach romand.
Mélanges helvétiques.
Revue historique vaudoise.

ARCHIVES ET SOURCES D'INFORMATION

En Suisse :

Archives cantonales vaudoises, Lausanne, série H, cotes 177, 178, 179, et ACV. Eb 129/85.
Archives communales : Bourg-Saint-Pierre, Vevey.
Archives de l'Etat de Genève, Genève.
Archives familiales Perrin-Magnin, Grenoble.
Bibliothèque cantonale et universitaire, Lausanne.
Bibliothèque de la ville de Genève, Genève.
Bibliothèque municipale, Vevey.
Bibliothèque publique et universitaire, Genève.
Collections de la Maison Tavel, Genève.
Collections des Pirates d'Ouchy, Lausanne.
Collections du Centre de documentation Pestalozzi, Yverdon.
Collections du musée de l'Horlogerie et de l'Emaillerie, Genève.
Collections du musée du Léman, Nyon.
Collections du Musée historique de Lausanne.
Collections du Musée historique du Vieux-Vevey et du musée de la Confrérie des vignerons, Vevey.
Fondation pour l'histoire des Suisses à l'étranger, Genève.
Musée des Suisses à l'étranger, Genève.

En France :

Archives de l'armée de terre, château de Vincennes.
Fondation Napoléon, Paris.

Table

PREMIÈRE ÉPOQUE

La Part du lion   11

DEUXIÈME ÉPOQUE

La Part du feu.   201

TROISIÈME ÉPOQUE

La Part du diable.   379

REMERCIEMENTS   626

BIBLIOGRAPHIE SÉLECTIVE.   627

Ce volume composé par Bussière
a été réalisé dans les ateliers de B.C.A.
à Saint-Amand-Montrond (Cher)
pour le compte des Éditions Denoël
en février 1992.

N° édition : 3695. N° d'impression : 165-92/013.
Dépôt légal : mars 1992.
Imprimé en France